KINDER, KUNST UND KOMPETENZEN

Kreatives Gestalten in der Sozialpädagogik

von
Akkela Dienstbier

Handwerk und Technik – Hamburg

VORWORT

Kunst ist Kindheit nämlich.
Kunst heißt, nicht wissen,
dass die Welt schon ist,
und eine machen.
Nicht zerstören, was man findet,
sondern einfach nichts Fertiges finden.
Lauter Möglichkeiten,
lauter Wünsche.

Und plötzlich Erfüllung sein,
Sommer sein, Sonne haben.
Ohne dass man darüber spricht, unwillkürlich.
Niemals vollenden.
Niemals den siebenten Tag haben. (…)

Rainer Marie Rilke

Dieses Gedicht drückt für mich die große Faszination von Kunst aus und wurde deshalb zum Anlass zu diesem Buch: Ich wollte meine eigene Freude und Lust an künstlerischen Entwicklungen, am Kunstbetrachten und Kunstschaffen weitergeben. Dabei konnten meine langjährigen Erfahrungen und Beobachtungen aus Kursen, Projekten, Fortbildungen und Unterricht als Fachwissen einfließen.

Die in sich geschlossenen Themen von »Kinder, Kunst und Kompetenzen« können selbstständig erarbeitet werden. Die Anregungen und Informationen unterstützen sowohl die Ausbildung als auch die Berufspraxis und dienen als schnelles Nachschlagewerk im Alltag.

Ich hege den Wunsch, dass dieses Buch vielen Menschen Lust macht, zu schauen, zu blättern und mit den Anregungen zu experimentieren, um die eigenen kreativen Fähigkeiten (weiter-) zu entwickeln – möglichst frei von Anspruchshaltungen und Leistungsdenken. Und ich wünsche mir, dass viele Menschen den Mut haben, Kinder in ihren offenen, selbstbildenden, künstlerischen Prozessen zu unterstützen und dadurch stark zu machen.

Allen meinen Schülerinnen und Schülern, den Kindern aus meinen Projekten, meinen Freunden, Kolleginnen und Kollegen danke ich für ihre Unterstützung und ihr Engagement, für Ideen und Gespräche und natürlich für die vielen Bilder und Kunstwerke in diesem Buch, die ihr großes kreatives Potenzial sichtbar machen.

Möge der leidenschaftliche Funke für die Kunst und das Kunstschaffen mit Kindern beim Betrachten und Lesen des Buches überspringen!

Akkela Dienstbier

INHALTSVERZEICHNIS

1 KÜNSTLERISCHE ERZIEHUNG

1.1 Was ist Kunst?

Diese Frage liefert immer wieder kontroversen Diskussionsstoff, denn Kunst lässt sich nicht einfach definieren. Jeder Mensch verbindet mit Kunst andere Vorstellungen, die weit auseinander gehen können. Sie sind unter anderem abhängig vom Alter, der sozialen Schicht, den persönlichen Lebensumständen und natürlich insbesondere vom Interesse an Kunst. Kunstinteressierte Personen haben meist konkretere Vorstellungen, die aber individuell unterschiedlich ausgeprägt sind. Manche Werke werden von fast allen Menschen als Kunst anerkannt, z. B. die Mona Lisa von Leonardo da Vinci (1452–1519). Insbesondere moderne Kunstwerke hinterlassen jedoch häufig bei den Betrachtern nur ein Fragezeichen und Unverständnis. Selbst Fachleute sind sich in der Beurteilung von Kunst uneinig.

Jeder kann sich mithilfe zweier Kriterien der Kunst annähern: Dies sind die Schönheit und die Wahrheit, die sich in jedem Kunstwerk wiederfinden lassen.

1 *Leonardo da Vinci: Mona Lisa, 1503 – 1506*

2 *Robert Rauschenberg: Achse, 1964*

Schönheit eines Kunstwerks

Oft ist der erste Ausruf beim Betrachten eines Kunstwerks: »Oh, ist das schön!« oder im Gegenteil dazu: »Oh je, wie hässlich!« Diese Aussagen spiegeln die spontanen Gefühle der Betrachter wider, liefern aber keine sachlichen Informationen über das Werk an sich. Um die Schönheit genauer zu beurteilen, ist eine differenziertere Betrachtung erforderlich. Danach erfolgt vielleicht folgende Aussage: »Das Dargestellte ist hässlich, aber die Darstellungsweise ist genial!« Ein eindrucksvolles Beispiel hierfür ist das »Bildnis der Mutter« von Albrecht Dürer (1471 – 1528).

Die Schönheit eines Kunstwerks lässt sich also differenziert beurteilen, aber die Schlussfolgerung hieraus unterliegt den individuellen Vorstellungen des Betrachters und wird deshalb nicht eindeutig sein.

Wahrheit eines Kunstwerks

Jeder Künstler gestaltet sein Werk in der von ihm empfundenen Wahrheit. Deshalb wird ein bestimmtes Thema von verschiedenen Künstlern auf unterschiedlichste Weise bearbeitet. Es stellt immer die jeweilige Sicht des Schaffenden dar. Auch die Entwicklung eines Künstlers lässt sich an der unterschiedlichen Umsetzung eines Themas nachvollziehen. Das Einbringen der persönlichen Wahrheit bedeutet die ehrliche, aufrichtige Bearbeitung und Wiedergabe eines Themas. Passt ein Künstler seine Arbeit »nur« dem Wunsch und Geschmack seiner möglichen Käufer an, dann entspricht dies nicht mehr seiner wahren Arbeit. Seine persönliche Aussage geht verloren. Auf die Spitze getrieben wird das Kunstwerk zu Kitsch.

Je mehr der Betrachter und der Künstler auf einer Wellenlinie liegen, desto mehr Wahrheit wird ein Kunstwerk für den Betrachter enthalten. Die Beurteilung hinsichtlich der Wahrheit wird also von Betrachter zu Betrachter verschieden sein.

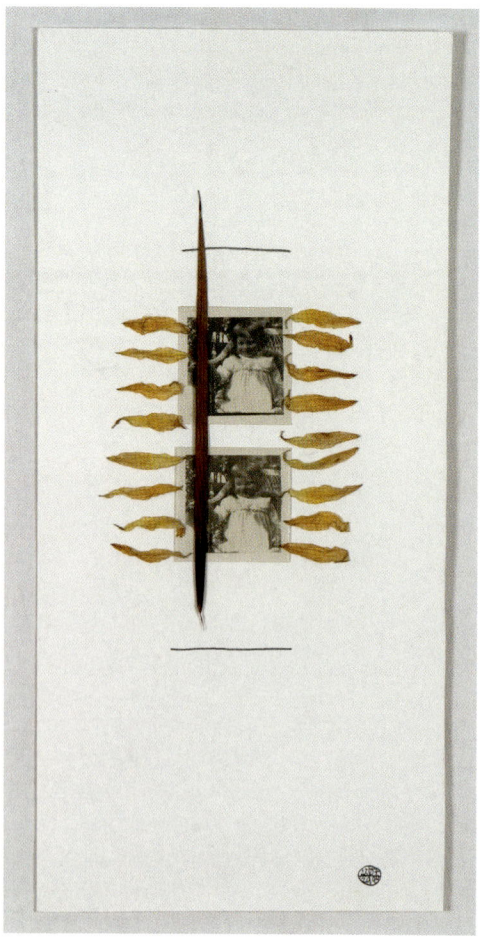

3 *Albrecht Dürer: Bildnis der Mutter, 1514*

4 *Kind sein, Collage*

Es gibt keine Faustregel dafür, Kunst zu klassifizieren. Dies gilt insbesondere für die moderne Kunst. Mit möglichst vielen unterschiedlichen Betrachtungsweisen können wir uns jedoch sowohl der Wahrheit als auch der Schönheit nähern. Diese Vorgehensweise eröffnet neue Sehens- und Verständnismöglichkeiten für Kunst.

»Kunst ist eine besondere Weise, die Welt zu betrachten und widerzuspiegeln.« (Schülerin)

Aufgaben

1. Diskutieren Sie Ihre persönlichen Erfahrungen mit Kunst:
   Welche Maßstäbe legen Sie an ein Werk?
   Welche Kunstwerke kennen und interessieren Sie?
   Versuchen Sie auch, Ihr Interesse zu begründen.
2. Diskutieren Sie das oben genannte Zitat und überlegen Sie, welche Bedeutung es für die Arbeit mit Kindern hat.
3. Sammeln Sie in einem Brainstorming alles, was Ihnen zu Kunst und Kunstpädagogik einfällt. Ordnen Sie anschließend die verschiedenen Begriffe nach Material, Technik, Kunstrichtung, Ausdruck/Gefühl, Kunstgeschichte, Pädagogik usw. Wobei könnte Ihnen diese Übersicht in Ihrer Arbeit helfen?

1.2   Anforderungen an die künstlerische Erziehung

Menschen haben ein unterschiedlich starkes Empfinden und Interesse für Kunst. Durch äußere Einflüsse lassen sich diese fördern oder hemmen. Die künstlerische Erziehung ist einer der wichtigsten Einflussfaktoren, da sich durch sie die Aufmerksamkeit und das Verständnis für Kunst entwickeln, besonders dann, wenn sie bereits im frühen Kindesalter beginnt.
Die neuen **Rahmenpläne für frühkindliche Bildung** der einzelnen Bundesländer fordern einen Bildungsansatz, der die Selbstbildungsprozesse des Kindes unterstützt. Die pädagogische Beglei-

tung ästhetischer Prozesse hat damit eine neue, offenere Ausrichtung bekommen. Kreatives Gestalten mit verschiedenen Techniken und Materialien sowie die Auseinandersetzung mit Kunst unterstützen die motorische Entwicklung sowie die Persönlichkeitsentwicklung und somit die Ich-, Sozial-, Emotional- und Fachkompetenz.
Bildung beinhaltet nicht nur die Vermittlung von Wissenschaften, sondern ebenso von ästhetischen Fähigkeiten. Zum Beispiel greift auch die Sprachförderung auf sinnliche Entwicklungen, wie sie durch künstlerisches Gestalten angeregt werden, zurück. Die Bedeutung der frühkindlichen künstlerischen Erziehung setzt sich in der künstlerischen Arbeit mit älteren Kindern und Jugendlichen fort.
»In der Kunst setzt sich der Mensch auf eindrucksvolle Weise mit seiner Menschwerdung und seinem Menschsein auseinander. Im eigenen kreativen Tun und im künstlerischen Handeln anderer wird etwas von der Welt sichtbar, in der wir leben. Wir gewinnen so Erkenntnisse über uns und die Welt. Kunst ist somit eine spielerische Suche nach Lösungen« (Gebauer; Hüther: Kinder brauchen Spielräume, 2003, S. 25).
Die Umsetzung dieses Zitats erfordert ein experimentelles, offenes Lernen und Lehren in der künstlerischen Erziehung. Sie geht damit also weit hinaus über die reine Vermittlung und Anleitung von Techniken und vorgedachten Werkideen im Sinne einer Schablone oder Bastelidee. Sowohl die Kinder und Jugendlichen als auch die Erzieherinnen müssen stets offen für neue Ideen sein und individuelle Empfindungen berücksichtigen.

5 *Herbst-Spiel mit Farben*

6 *Fliegende Kuh nach Marc Chagall, Smilla (5 Jahre)*

7 *Kunst in der Natur*

1.3   Künstlerische Erziehung lernen

Die Lehrpläne fordern, pädagogische Kompetenzen zu erarbeiten, um Kindern und Jugendlichen einen Zugang zu Handwerk, Kunst und Kultur in der Welt zu ermöglichen. Die vielfältigen kulturellen Erfahrungen der Kinder und Jugendlichen sind Teil der Bildungsprozesse.

Ästhetische Erfahrungen sowie Ausdrucks- und Gestaltungsmöglichkeiten legen dafür die konkreten Grundlagen. Anregende sinnliche Wahrnehmungstätigkeiten ermöglichen das Anwenden und Umsetzen verschiedenster Materialien und Techniken. Theoretische Grundlagen qualifizieren für einen gezielten Einsatz von Gestaltungsmöglichkeiten – auch in fächerübergreifenden Prozessen. Die Rolle kultureller Güter wie Feste und Rituale im Alltag sollen deutlich werden. Ästhetischer Ausdruck und Gestaltungswille ist ein menschliches Grundbedürfnis, dem mit kreativen Angeboten Rechnung getragen werden muss.

Ein experimenteller, offener Kunstunterricht setzt bei den Erzieherinnen die Auseinandersetzung mit den eigenen hemmenden und fördernden Kunsterfahrungen voraus. Sie ist die Ausgangsbasis für einen individuellen Lern- und Wahrnehmungsprozess, der sich in der Berufspraxis auf die Gestaltungsplanung und -umsetzung in der Praxis mit den Kindern übertragen lässt. Daher sollen die Informationen und Aufgaben in diesem Buch dazu anregen, durch eigenes Handeln und Reflektieren einen individuellen Ausdruck und einen eigenen Stil zu entwickeln. Für die pädagogische Arbeit ist es wichtig, einen persönlichen Zugang zu Handwerk, Kunst und Kultur zu erwerben, um Bildungswerte vermitteln zu können.

Das Buch liefert qualifiziertes Hintergrundwissen für die pädagogische Arbeit. Die Einstimmungen, gestalterischen Übungen, Reflexionen und Aufgaben sind so gestaltet, dass sie eigene künstlerische Erfahrungen und Denkansätze während der Ausbildung ermöglichen. Außerdem sind sie unter Berücksichtigung der Altersstruktur und der Fähigkeiten der Zielgruppe in der beruflichen Praxis einsetzbar.

Bewusst steht die Theorie, also das Hintergrundwissen, nicht am Anfang dieses Buches, sondern folgt erst nach vielseitigen Erfahrungen und Reflexionen zu Material, Werkzeug, Technik und künstlerischen Umsetzungen beim bildnerischen Gestalten. Dadurch steht die Theorie in einem engen Zusammenhang mit dem Erlebten und ist daher einfacher nachvollziehbar. Zuerst sollen die eigene kreative Gestaltungslust sowie verschüttete Wahrnehmungsfähigkeiten neu entdeckt werden und damit auch die Freude am sinnlichen Umgang mit verschiedensten Materialien.

»Früher war ich der Meinung, Kunst können nur Menschen mit Talent machen. Inzwischen habe ich erkannt, dass künstlerisches Gestalten eher eine Haltung ist, sich mit der Welt auseinanderzusetzen. Nun geht es mir darum, meiner eigenen Stimme zu folgen, Materialien und Techniken auszuprobieren, meine Grenzen kennenzulernen und sie im schöpferischen Sein zu erweitern. Das ist sehr befriedigend. Und das will ich auch den Kindern vermitteln.« (Sonja, Auszubildende)

Der Lehrstoff gliedert sich in diesem Buch in sieben Hauptbereiche:

◆ Bildnerisches Gestalten – Praxis
◆ Bildnerisches und plastisches Gestalten – Theorie
◆ Plastisches Gestalten – Praxis
◆ Gestalten mit Textilien
◆ Architektur – den eigenen Lebensraum gestalten
◆ Technische Medien zur Gestaltung
◆ Planung und Durchführung von Aktionen und Projekten

Jedes Kapitel enthält grundlegende Informationen über Material, Technik und Werkzeug. Die Einstimmungen auf die Gestaltungsaufgaben und die Projektaktivitäten beinhalten außerdem fächerübergreifende Impulse für die Heranführung von Kindern und Jugendlichen an Kunst und Kultur. Alle Kapitel sind in sich abgeschlossen und können daher in unterschiedlicher Reihenfolge bearbeitet werden. Bewusst wurde oft auf konkrete Altersangaben bei den Anregungen für die gestalterische Arbeit mit Kindern verzichtet, da diese Impulse altersübergreifend nach den ganz unterschiedlichen Fähigkeiten und dem Entwicklungsstand jedes einzelnen Kindes gegeben werden müssen. In einzelnen Kapiteln wird zusätzlich auf das kreative Gestalten mit Kindern unter drei Jahren eingegangen.

Ziel der künstlerischen Erziehung ist es, **die grundlegende Bedeutung kreativen Denkens und Handelns für alle Arten von Problemlösungen** zu verstehen und zu erleben.

8 *Maske aus Speckstein*

9 *Feilen am Ytong*

10 *Gemeinsam malen*

2   DAS KUNSTPORTFOLIO

2.1   Dokumentation des Entwicklungsprozesses

Portfolio: *(lat. portare »tragen« und folium »Blatt«) bezeichnet eine Sammlung von Objekten eines bestimmten Typs*

Die Beobachtung und Dokumentation der Entwicklung von Kindern ist einer der Schwerpunkte in der Arbeit der Erzieherinnen. Bisher lag das Hauptaugenmerk dabei auf der Erkennung von Defiziten, um entsprechende Förderprogramme zu initiieren, und darauf, den Kompetenzerwerb einzelner Kinder an bestimmten Standards zu messen. In der seit einigen Jahren geführten Diskussion über neue Ansätze in der frühkindlichen Bildung werden diese Beobachtungskriterien hinterfragt.

Da die selbstständige Entwicklung des Kindes im Vordergrund stehen soll, ist nun eine begleitende und dokumentierende Beobachtung der Entwicklungsprozesse erforderlich. Dabei werden die Erzieherinnen wie in der Reggio-Pädagogik zu Begleiterinnen und unterstützenden Konstrukteurinnen dieser Dokumentation. Die Kinder werden aktiv in die Dokumentation ihrer eigenen Entwicklung einbezogen, um auch ihnen die Lernprozesse sichtbar und anschaulich zu machen. Zur Dokumentation werden Kunstwerke, Fotos, begleitende Geschichten, Kommentare usw. in einem Portfolio gesammelt. In Schweden wird die Portfoliomethode der Reggio-Pädagogik bereits seit den Achtzigerjahren angewandt.

Das Portfolio dient der Erzieherin dazu, den (künstlerischen) Entwicklungsprozess des Kindes zu dokumentieren und mit als Grundlage für Reflexionen, Förderpläne, Projektplanungen und Elterngespräche zu nutzen. Die ressourcenorientierten Beobachtungen und gestalteten Werke verdeutlichen die Interessen des einzelnen Kindes, z. B.:

◆ Welche Materialien oder technischen Themen wie Farbe oder Statik beschäftigen das Kind?
◆ In welchen Bereichen hat das Kind besondere Fähigkeiten, kann es etwas gut?
◆ Welche Kompetenzen werden eingesetzt?

1 *Porfolio-Ordner*

Anschließend ist zu überlegen, wie das Kind weitere Unterstützung erhalten kann. Das Portfolio bietet sich auch für eine gemeinsame Betrachtung mit dem Kind im Hinblick auf seine Fähigkeiten und Weiterentwicklungsmöglichkeiten an. Anhand der bildlichen, also sichtbaren Spuren in den Kunstwerken sind Veränderungen leicht nachvollziehbar und erinnerbar. Die Kinder lernen so, sich selbst einzuschätzen und eigene Lernziele zu formulieren. Der Lernende weiß selbst am besten, was er braucht, um weiterzukommen.

Die Kunstportfolios sind für die Erstellung eines gesamten Portfolios, das auch Beobachtungen aus anderen Bereichen enthält, eine wichtige Ergänzung. Die Kunstwerke können in Bezug auf die motorische, kognitive, emotionale sowie soziale Entwicklung den Status quo sichtbar machen und motivieren die Kinder, sich neue Ziele zu setzen.

2.2   Inhalt des Kunstportfolios

Sammelmappen für Bilder gibt es schon lange. Ein Portfolio beinhaltet jedoch nicht nur die einzelnen Bilder oder Fotos von Kunstobjekten und Plastiken. Darin befinden sich auch die Beobachtungen der Erzieherinnen über den Gestaltungsprozess sowie Bemerkungen und eventuell Geschichten zu den Kunstwerken. Auch die Gedanken und Erklärungen der Kinder werden festgehalten. Ein in der frühkindlichen Bildung angelegtes Portfolio wird in der Schule weitergeführt und ermöglicht Erziehenden

2 *Selbst gestaltetes Portfolio*

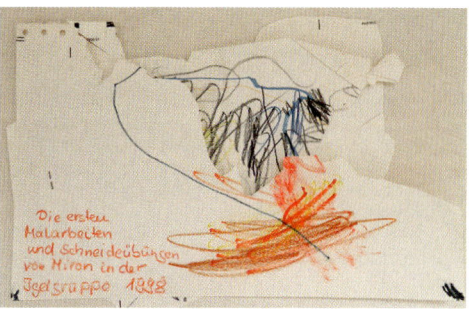

3 *Anmerkungen im Portfolio*

wie Kindern, über die Entwicklungen anhand von sichtbaren Materialien zu reflektieren.
Im Portfolio werden die Werke mit Datum versehen gesammelt. Eine schriftliche Notiz wie Titel oder Anlass für die Gestaltung kann hinzugefügt werden. Die Erzieherin schreibt auf, was das einzelne Kind während des Gestaltungsprozesses angemerkt hat. Eventuell hält sie auch ihre eigenen Beobachtungen über den Entstehungsprozess fest. Dreidimensionale Objekte werden als Fotografien abgelegt.

2.3 Anlegen eines eigenen Kunstportfolios

Während der Ausbildung empfiehlt es sich, ein eigenes Kunstportfolio in Form einer Kunstmappe anzulegen. Zusätzlich sollten in einem Heft reflektierende Gedanken zu den eigenen künstlerischen Auseinandersetzungen mit einzelnen Materialien, Techniken und Themen festgehalten werden. Diese können geschrieben, gezeichnet, gemalt oder mit anderen künstlerischen Materialien ergänzt werden. Das Portfolioheft kann kreativ gestaltet werden. Auch die eigenen Erfahrungen, Beobachtungen, Einstellungen, Fragen und Überlegungen zu den Bereichen Kunst und Werken können in das Heft geschrieben werden. Wichtig ist dabei, dass es nicht darum geht, Techniken zu protokollieren, sondern darum, ganz persönliche Erfahrungen und Erkenntnisse zu reflektieren!

Folgende Fragen können unterstützend bei der Erstellung eines Portfolioheftes eingesetzt werden:
◆ Was für Materialien/Techniken habe ich kennengelernt und welche Erfahrungen habe ich damit gemacht?
◆ Was war für mich neu, wichtig oder spannend?
◆ Wo habe ich neue Impulse und Anregungen für Kunstgestaltungen oder Kunstthemen bekommen?
◆ Wie habe ich meine eigenen kreativen Prozesse erlebt?
◆ Was wurde mir im Zusammenhang mit meiner Arbeit in der Praxis klarer?
◆ Womit möchte ich mich näher beschäftigen? Was hat mich neugierig gemacht?

Um eine Bilanz im Hinblick auf die eigene Entwicklung zu ziehen, können die Kunstwerke im Portfolio gemeinsam mit einer Mitschülerin betrachtet und konstruktiv kommentiert werden. Das persönliche Kunstportfolio unterstützt dabei, sich selbst im Lern- und Entwicklungsprozess zu beobachten, um den beruflichen Kreativbereich individuell und fachlich kompetent zu gestalten. Hierfür sollte regelmäßig ausreichend Zeit vorgesehen werden.

»Am Anfang hatte ich ganz große Hemmungen, zu experimentieren. Aber über die Reflexionen und die Bildbetrachtungen wurde ich mutiger. Ich konnte sehen, wie sich mein Stil verändert hat und ich immer kreativer wurde – auch mit den Kindern.« (Sandra, Schülerin)

Reflexion

1. Reflektieren Sie regelmäßig für sich selbst mithilfe Ihres Portfoliohefts bezüglich Ihrer Lerndispositionen.
Setzen Sie sich anschließend in Kleingruppen zusammen und tauschen Sie sich über Gestaltungsprozesse aus.

Für die Selbstreflexion der eigenen (kreativen) Entwicklung können folgende Fragen hilfreich sein:

- Woran erkenne ich, dass ich interessiert bin?
- Woran erkenne ich, dass ich engagiert bin?
- Woran erkenne ich, dass ich Herausforderungen und Schwierigkeiten standhalte?
- Woran erkenne ich, dass ich mich mitteile und ausdrücke?
- Woran erkenne ich, dass ich an einer Lerngemeinschaft mitwirke und Verantwortung übernehme?

Um den eigenen Lernprozess zu verfolgen, können die fünf Lerndispositionen der **Lerngeschichten** von Margret Carr (Neuseeland) hilfreich sein. Grundlage für die Lerndispositionen (um gut und selbstmotiviert lernen zu können) sind nach Margret Carr folgende Ziele:

- Zugehörigkeit
- Wohlbefinden
- Exploration (verschiedene Wege gehen)
- Kommunikation
- Partizipation

Die Lerndispositionen beruhen auf den oben genannten Zielen und ermöglichen:

- interessiert zu sein
- engagiert zu sein
- standhalten zur können bei Schwierigkeiten
- sich ausdrücken zu können
- sich in einer Gemeinschaft verantwortlich zu beteiligen

Die Lerndispositionen lassen sich hervorragend auf verschiedene Situationen (gestalterische Übungen in Einzel-/Gruppenarbeit, Selbstlerngruppen, Textarbeit etc.) übertragen und ermöglichen das Erkennen und Wertschätzen von Kompetenzen (Kompetenzanalyse) und das Erkennen von hemmenden Bedingungen.

2. Betrachten Sie in Kleingruppen oder zu zweit einige Werke aus den eigenen Mappen Ihres Kunst-/Werkunterrichts. Geben Sie sich gegenseitig eine unterstützende (!) Rückmeldung über die Entwicklung und künstlerische Auseinandersetzungen. Tauschen Sie sich über Ihre eigene Wahrnehmung der persönlichen Entwicklung aus:

- Was hat sich sichtbar verändert? Welche Beobachtungen haben Sie noch gemacht?
- Wie können Sie ihre eigenen Erfahrungen des Portfolios für die Beobachtung und Dokumentation von Entwicklungsprozessen bei Kindern nutzen?

»Lernen ist so eigen wie ein Gesicht.«
Heinz Foerster (1911– 2002)

3. Die eigene Kunstbiografie
Lassen Sie sich mithilfe einer Fantasiereise oder inneren Besinnung in Ihre eigene Biografie zurückversetzen: Gehen Sie zurück in das Alter von etwa 5 Jahren, in die Zeit der Grundschule, in die Zeiten als Jugendliche, als junge Erwachsene und in die heutige Zeit:

- Welche Erfahrungen haben Sie mit kreativem Gestalten gemacht?
- Welche Materialien haben Sie kennengelernt?
- Welche Orte waren für Ihre Kreativität wichtig?
- Welche Anregungen haben Sie erhalten?
- Welche Unterstützung und Anerkennung haben Sie für kreatives Gestalten erhalten?

Mit den erinnerten Erfahrungen gestalten Sie frei gegenständlich oder nur aus Farben und Formen ein Bild. Danach tauschen Sie sich in Kleingruppen über das entstandene Werk und Ihre kreative Biografie aus:

- Welche Bedeutung haben Ihre Erfahrungen für Sie heute in Ihrer Rolle als werdende pädagogische Fachkraft?
- Wie haben Sie diese dargestellt und was kann das Bild spontan erzählen?

Die Reflexion der eigenen kreativen Entwicklung ermöglicht es, die Rolle als Erzieherin professionell zu erfüllen.

BILDNERISCHES GESTALTEN – PRAXIS

3   GRUNDMATERIALIEN UND MALPLATZ

3.1   Kriterien für die Materialauswahl

Vor Beginn einer künstlerischen Tätigkeit müssen geeignete Materialien ausgewählt werden. Dabei sind folgende Aspekte zu berücksichtigen:

◆ Welche Materialien werden angeboten?
◆ Wo sind die Materialien zu beziehen?
◆ Wie viel kosten die Materialien?
◆ Welche Eigenschaften haben die Materialien?
◆ Wie sind die Materialien zu pflegen?
◆ Wie sind die Materialien aufzubewahren?

Es empfiehlt sich, Materialien und Werkzeuge mit einer guten Qualität zu benutzen, da sich mit diesen einfacher befriedigende Ergebnisse und besondere Erfolgserlebnisse erzielen lassen. Da hochwertige Materialien meistens teuer sind, ist darauf zu achten, dass sie fachgerecht eingesetzt werden. Teure, qualitativ hochwertige Wasserfarbe zum Malen auf Papier darf beispielsweise nicht für das Bemalen einer Plastik für den Außenbereich benutzt werden. Diese Regeln umzusetzen, erfordert von den Kindern und Jugendlichen einen bewussten Umgang mit Qualitätsmaterialien sowie deren Wertschätzung – Einstellungen, die den Kindern und Jugendlichen vermittelt werden müssen. Im experimentellen Bereich können oft günstige, einfache Alltags- und Restmaterialien eingesetzt werden.

3.2   Zusammensetzung von Farben

Malfarben bestehen aus **Farbpigmenten** und einem **Bindemittel**. Es gibt anorganische und organische Pigmente. Die Pigmente sind in Pulverform erhältlich. Sie werden am besten in geschlossenen Behältern und trocken sowie aus Sicherheitsgründen nicht in Reichweite der Kinder aufbewahrt.
Anorganische Pigmente sind zum Beispiel natürliche oder gebrannte Erdpigmente wie »Ocker«, »Umbra«, »Siena«, »Ocker gebrannt« und »Siena gebrannt«. Durch das Brennen erhalten die Pig-

mente einen neuen Farbton. Früher wurden Pigmente auch aus gemahlenen Mineralien wie Lapislazuli hergestellt.
Eine zweite Gruppe anorganischer Pigmente enthält nicht lösliche Teilchen wie Metallverbindungen, z. B. Eisenoxidpigmente, und ist synthetisch hergestellt. Hierzu gehören Pigmente wie »Titanweiß«, »Kadmiumrot«, »Kobaltblau«, »Zinkweiß«. Sie sind oft giftig und deshalb nicht für das Experimentieren mit kleinen Kindern geeignet.
Organische Pigmente bestehen aus Kohlenwasserstoffverbindungen. Früher waren alle organischen Pigmente pflanzlicher oder tierischer Herkunft. Das Farbpigment »Indisch Gelb« wurde

1   *Erdpigmente*

2   *Synthetische Pigmente*

17

beispielsweise aus dem Urin von mit Mangos gefütterten Kühen gewonnen. Heute werden diese Pigmente meistens künstlich hergestellt (synthetische Pigmente).

Bindemittel verkleben die Pigmente, sodass eine Farbpaste oder Stifte zum Malen entstehen. Die Bindemittel gewährleisten außerdem eine Haftung auf dem Malgrund. Die Eigenschaften und der Charakter einer Farbe werden wesentlich vom verwendeten Bindemittel bestimmt. Deshalb werden Farben oft mit dem Bindemittelnamen bezeichnet: Bei Ölfarbe ist der Binder ein Ölharzgemisch, bei Wachskreide ist es das Wachs, bei Acrylfarbe beruht der Binder auf einer Kunstharzbasis. Als Bindemittel können Öle, Harze, Kasein, Ei, Wachs, Kleister oder künstlich hergestellte Binder, die jedoch giftig sind, verwendet werden. Künstliche Binder sind im Baumarkt erhältlich und müssen kindersicher aufbewahrt werden.

Spannend ist das eigene Herstellen von Farben. Hierbei kann der Ursprung vieler Farbpigmente nachvollzogen werden (siehe Kapitel 13 »Farbküche«). Das Gewinnen von Farben aus Pflanzen kann themenübergreifend sehr gut mit naturwissenschaftlichen Untersuchungen verknüpft werden.

3.3   Papier und Karton

Papierherstellung

Handgeschöpftes Papier wurde vor etwa 2000 Jahren in China erfunden. Von 1389 gibt es erste Zeugnisse davon, dass Ulman Stromer in der Geismühle in Nürnberg Papier herstellte. Die erste Papiermaschine wurde in Deutschland 1808 installiert.

Früher erfolgte die Papierherstellung aus Hadern (Lumpen) und später aus Baumwollfasern. Sie wurden eingeweicht, zu einem Brei verarbeitet und anschließend auf einem Sieb/Schöpfrahmen zu Bögen geformt. Durch Schütteln des Siebes verfilzten die einzelnen Fasern und bildeten so ein einheitliches Blatt. Das Wasser aus dem Baumwollfaserbrei lief dabei durch das Sieb ab. Anschließend wurden die Papierbögen mit einem Filz vom Rundsieb abgehoben.

Für die Herstellung von Aquarellpapier wurde das Papier in ein natürliches Gelatinebad gegeben. Diese Naturleimung festigte das Papier, sodass

es durch das Befeuchten beim Malen nicht wellig wurde und sich nicht auflöste. Diese Bearbeitungsmethode wird auch heute noch bei hochwertigem Aquarellpapier eingesetzt.

Die einzelnen Papierbögen wurden anschließend jeweils mit einem Filz getrennt übereinandergelegt und gepresst. Dieser Vorgang wird »Gautschen« genannt. Durch das Trocknen auf dem unterschiedlich strukturierten Filz entstand die unterschiedliche Körnung auf der Oberfläche des Papiers. Zum Schluss wurde der Bogen zum Durchtrocknen auf eine Art Wäscheleine gehängt.

Je nach Qualität des Papiers wird die Herstellung heute von Hand (handgeschöpftes Bütten-Papier für besondere künstlerische Arbeiten) oder maschinell durchgeführt (Industriebütten).

3 *Papierherstellung heute*

4 *Papierherstellung früher*

Papiereignung

Die **Oberfläche** und das Gewicht des Papiers bestimmen seinen Verwendungszweck: Glattes Papier ist für Skizzenzeichnungen mit Bleistift und Filzstift geeignet. Für Zeichnungen mit weichem Grafit, Kohle, Rötel oder Pastellkreide werden matte, leicht raue, fein gekörnte Papiere verwendet, z. B. Ingres Büttenpapier. Für Aquarelle werden besonders saugfähige Papiere mit rauer Oberfläche benötigt. Karton ist stabiler und dicker als das übliche Papier. Er eignet sich für eine festere Malweise mit Ölkreide oder Acryl. Für das Malen mit Acrylfarben gibt es außerdem speziellen Acrylmalkarton.
Kostengünstiges, einfaches Malerabdeckpapier aus dem Baumarkt ist zwar braun gefärbt, aber recht stabil und eignet sich für unterschiedliche Techniken. Es wird in großen Rollen verkauft. Eventuell kann es mit weißer Wandfarbe grundiert werden.
Auf Anfrage ist es manchmal möglich, von Druckereien günstig Papierreste und Papierrollen zu erhalten. Das sehr dünne und sehr glatte Fahnendruckpapier ist aber nur begrenzt künstlerisch einsetzbar.
Der Besuch eines Fachgeschäfts eignet sich dafür, unterschiedliche und neue Papiersorten kennenzulernen und sich beraten zu lassen. Die Anlage eines Fundus mit verschiedensten Papiersorten und Papierresten ist für Experimente sehr zu empfehlen.

Papierunterscheidung

Papiere und Kartone werden nach ihrer **Art**, ihrer **Größe** und ihrem **Gewicht** unterschieden, z. B. Malpapier A 3, 160g/qm. Je schwerer ein Papier ist, desto dicker ist es.

Schwerere Papiere sind Kartons und Pappen mit ca. 180 bis 400 g/qm:
* Plakatkarton: eine Seite weiß, eine Seite farbig
* Tonkarton: durchgefärbt
* Passepartoutkarton
* Wellpappe: fein oder grob gewellt, starr oder elastisch
* Büttenpapier: weich und saugfähig
* Aquarellpapier: saugfähig und stabil

Zu den leichteren Papieren zählen Zeichenpapiere, Faltpapiere, Seidenpapier mit ca. 18 bis 180 g/qm:
* Mal- und Zeichenpapier: weiß
* Tonpapier: durchgefärbt
* Buntpapier: einseitig gefärbt, eventuell gummibeschichtet
* Seidenpapier: durchgefärbt (Achtung: färbt meistens im Kontakt mit Wasser oder Kleber sehr stark ab!), weich, durchscheinend
* Transparentpapier: durchgefärbt, transparent
* Japanpapier: naturweißes Faserpapier, stark saugfähig
* Krepppapier: durchgefärbt (Achtung: färbt meistens im Kontakt mit Wasser oder Kleber sehr stark ab!), dehnbar

Die Papiergröße wird in **A-Formaten** angegeben:
A0: 841 x 1 189 mm
A1: 594 x   841 mm
A2: 420 x   594 mm
A3: 297 x   420 mm
A4: 210 x   297 mm
A5: 148 x   210 mm

5   *Papier von der Rolle*

6   *Himalaya-Papier, handgeschöpft*

7 *Papierschrank*

Papieraufbewahrung

Für die materialgerechte **Aufbewahrung** von Papier ist am besten ein Papierschrank mit Schubladen für die verschiedenen Papiersorten geeignet. Der Raum, in dem der Schrank steht, muss trocken und möglichst staubfrei sein. Papiere und Kartons müssen flach liegend, ohne an den Ecken anzustoßen, aufbewahrt werden. Eine kostengünstigere Alternative zum Papierschrank ist ein Regal mit vielen Fächern, die allerdings tief und breit genug sein müssen. Unpraktisch ist es, alle Papiere auf einem Stapel zu lagern und jeweils das benötigte Papier herauszuziehen.

Aufgaben

1. Informieren Sie sich darüber, wie Papier industriell hergestellt wird.
2. Informieren Sie sich im Fachhandel über das Angebot an Papier- und Kartonsorten. Legen Sie einen Fundus mit unterschiedlichen Papiersorten an.
3. Je nach verwendeter Papiersorte werden unterschiedliche Malergebnisse erzielt. Experimentieren Sie, wie Farbmaterialien auf verschiedenen Papieren wirken. Bestimmte Effekte lassen sich vielleicht auf einem »nicht passenden« Papier besser erzielen, z.B. beim Malen mit Ölkreide auf Aquarellpapier oder Goldpapier.

Das Kapitel 31 »Plastisches Gestalten mit Papier« sowie die Projektaktivität »Papierschöpfen« am Ende von Kapitel 31 enthalten weitere Informationen und praktische Umsetzungsmöglichkeiten rund um das Thema »Papier«.

3.4   Pinsel

Pinselsorten

Der Pinsel gehört zu den ältesten Handwerkszeugen der Menschen. Schon für die Höhlenmalerei wurden neben Fingern und Stöckchen Pinsel verwendet. 1879 entdeckten Forscher in der Höhle von Altamira ein Maleratelier aus der Zeit um 1350 vor Christus. Die Form der Pinsel ist bis heute gleich geblieben: In einen Griff aus Holz werden **Tierhaare**, **Tierborsten** oder **Kunstfasern** von unterschiedlicher Länge und Stärke eingesetzt. Gehalten werden sie von einer **Zwinge** aus Messing, zusätzlich sind sie mit der Zwinge verklebt.

Je mehr Haare ein Pinsel hat, desto mehr Farbe kann aufgenommen werden, da mehr Kapillare (Zwischenräume) zwischen den einzelnen Haaren vorhanden sind. Naturhaare besitzen aufgrund ihrer unregelmäßigen Struktur wesentlich mehr Kapillare als Kunstfasern.

Es wird zwischen **Haarpinseln** und **Borstenpinsel**n unterschieden. Borstenpinsel bestehen aus Schweineborsten oder Kunstborsten und sind sowohl für dünnflüssige als auch für pastose (pastos: dickflüssig, dick aufgetragen) Farben wie Gouache und Acryl geeignet. Haarpinsel für Aquarellfarben sollten hingegen nur für diese Farben eingesetzt werden, weil die feinen Haare leicht abbrechen.

8 *Verschiedene Pinsel*

Pinsel werden hauptsächlich als **Rundpinsel** oder **Flachpinsel** angeboten. Außerdem gibt es verschiedene spezielle Pinselformen für bestimmte Techniken, wie zum Beispiel Fächerpinsel, bei denen die Haare wie ein Fächer gespreizt sind.

Für das Malen mit Kleinkindern, bei denen die Feinmotorik noch nicht so gut entwickelt ist, eignen sich Borstenpinsel in den Größen Nr. 16 bis 20 mit kurzem Stiel. Auch wenn die Kinder schon geschickter ihre Kraft dosieren können, empfiehlt es sich, bei dieser Pinselgröße zu bleiben, damit die Kinder großzügig in das Malgeschehen eintauchen und sich nicht in Details verlieren. Das Arbeiten mit kleinen, feinen Pinseln ist erst für ältere Grundschulkinder geeignet.

Aufgaben

1. Stellen Sie Pinsel aus Stöcken, Gras, anderen Naturmaterialien, Lappen usw. her.
2. Experimentieren Sie mit diesen Pinseln malerisch.

Pinselpflege

Nur ein gepflegter Pinsel behält lange seine Formstabilität und hat eine hohe Lebensdauer. Alle Pinsel werden unter fließendem Wasser gereinigt, bis das Wasser klar abläuft. Zwischendurch werden die Pinsel zusätzlich mit Kernseife gereinigt. Es ist darauf zu achten, dass besonders am Zwingenkopf keine Farbreste kleben bleiben. Nach dem Reinigen werden die Pinsel an einem Läppchen abgestreift und in gespitztem Zustand liegend oder hängend getrocknet. Pinsel dürfen niemals zum Trocknen aufrecht, also die Haare nach oben, in einen Behälter gestellt werden. Das Wasser würde dann in die Zwinge fließen, sodass die Zwinge rosten und die Haare dort faulen würden. Dies gilt auch für einfache Borstenpinsel.

Erst wenn die Pinsel gut getrocknet sind, werden sie mit dem Kopf nach oben abgestellt. Dafür eignen sich ein stabiles Gefäß oder die Poren eines Backsteins.

Pinsel dürfen nie länger im Wasserglas stehen, sondern müssen immer auf einem Lappen abgestreift und beiseitegelegt werden. Stehen Pinsel länger im Wasser, verlieren sie schnell ihre Form und die Haare brechen ab.

3.5   Sonstige Materialien

Zum Malen werden außerdem folgende Utensilien benötigt:

◆ **Farbschälchen** für die flüssige Aquarellfarbe. Am besten geeignet sind kleine Glasschälchen, die in Haushaltsgeschäften erhältlich sind. Auch ausgespülte Joghurtbecher können verwendet werden, sie fallen allerdings leichter um.

◆ **Malschwämme** können Naturschwämme sein, die jedoch recht teuer sind. Ebenso geeignet sind einfache Haushaltsschwämme, die zurechtgeschnitten werden. Unterschiedliche Schwammporen ergeben interessante Strukturen.

◆ **Mallappen** sind einfache, saugfähige Stofflappen. Sie werden vielseitig eingesetzt. In erster Linie können die ausgewaschenen Pinsel darauf abgetupft werden, bevor sie in neue Farbe getaucht werden. Alte Handtücher aus Frottee eignen sich besonders gut als Mallappen.

◆ **Wasserbecher** bestehen aus Sicherheitsgründen aus Plastik. Bei der Auswahl muss auf Standfestigkeit geachtet werden.

◆ **Teller zum Farbenmischen** für die Acrylmalerei sollten am besten aus Pappe bestehen. Gut geeignet sind weiße Partyteller, die hinterher weggeworfen werden können. Aus dem Baumarkt können alternativ abwaschbare Farbrollenschalen aus Plastik besorgt werden. Für Aquarellfarben und andere wasserlösliche Farben eignen sich alte Untertassen oder Teller aus weißem Porzellan, die sich nach dem Mischen leicht abwaschen lassen.

◆ **Malkittel** sind vor allem für alle Maltechniken mit flüssigen Farben und Tuschen notwendig. Sie schützen die Alltagskleidung und erlauben so ein unbefangeneres Ausprobieren und Agieren.

◆ **Klebebandrollen** sind zum kurzfristigen Befestigen der Malblätter hilfreich.

9 *Malschwämme*

3.6 Vorbereiten und Aufräumen des Malplatzes

Der Malplatz sollte sich in einem ruhigen, ungestörten Raum befinden, der mit abwischbaren Böden und Tischen ausgestattet ist. Es ist für geeignete Lichtquellen zu sorgen, am besten eignet sich Tageslicht. Folgende Materialien sollten sich gut sichtbar in Reichweite der Kinder befinden:

- Grundmaterialien wie Farben, Pinsel und Papier
- inspirierende Materialien wie Naturmaterialien, Schrott, Stoffreste, Glitzer
- Materialien für Malexperimente wie Kleister, Spachtel, Schwämme, Farbrollen, Naturpinsel

Kinder malen gerne mit Körpereinsatz, deswegen ist eine Malwand für stehendes Arbeiten besonders gut geeignet.

Eine große Pinnwand sowie einfache Wechselrahmen und Klemmen zum Ausstellen der fertigen Arbeiten ermutigen die Kinder und ermöglichen eine Anerkennung der Leistung. Zur Anregung beim Gestalten können auch Werkabbildungen von Künstlern und Künstlerinnen der Kunstgeschichte sowie aktuelle Kunstwerke aufgehängt werden.

Malkittel und Waschbecken sollten leicht erreichbar sein. Falls kein Waschbecken in der Nähe ist, kann eine große Schüssel mit Wasser zum Reinigen aufgestellt werden. Das verhindert, dass die Kinder mit klecksenden Malutensilien oder Farbfingern durch die Räume laufen und versehentlich etwas beschmutzen.

Weitere Anregungen für die Gestaltung eines Malateliers oder die Einrichtung einer Werkstatt finden sich im Kapitel 21.3 »Was braucht Kreativität in der Erziehung?«.

Je nach Alter und Fähigkeiten sollten die Kinder in die Vorbereitung des Malplatzes mit einbezogen werden. Das gemeinsame Aufbauen des Malplatzes stimmt auf das Malen ein. Die Farben werden angemischt oder bereitgestellt, Wasser, Lappen und Pinsel hingelegt – das Kind ist (mit)verantwortlich. Mit dem aktiven Bereitstellen der Materialien wird ein räumlicher und zeitlicher Rahmen für die kommende Tätigkeit geschaffen. Die Kinder können sich an einer klaren Struktur orientieren. Das erhöht die Konzentration und das Wahrnehmen des Gestaltungsprozesses. Die mitgetragene Verantwortung stärkt das Selbstbewusstsein und den Willen der Kinder.

10 *Einige Werkzeuge für Malexperimente*

11 *Malwand*

Genauso wichtig sind das Sichern der entstandenen Werke und das gemeinsame Aufräumen nach der beendeten Malstunde. Die Werke sollten in großen Mappen gesammelt und umschichtig aufgehängt werden. Das gibt den Arbeiten einen angemessenen Stellenwert und stärkt wiederum das Selbstbewusstsein der Kinder. Alle Malutensilien müssen weggeräumt werden, denn sonst gehen sie schnell verloren, werden verschwendet, nicht materialgerecht eingesetzt oder stellen sogar eine unnötige Gefahrenquelle dar.

Es ist wichtig, die Struktur und Ordnung einer Gestaltungsstunde konsequent einzuhalten, denn die Erzieherin ist das Vorbild, an dem sich die Kinder und Jugendlichen orientieren.

Aufgaben

1. Was bedeutet materialgerechte Verwendung und Aufbewahrung? Welche Einstellung zur Qualität, Quantität und zum Preis von Materialien und Werkzeugen gibt es? Wie wirken sich diese Überlegungen auf die Praxis aus? Diskutieren Sie in Kleingruppen!
2. Vergleichen Sie die Vor- und Nachteile von gesonderten Mal- und Werkräumen im Vergleich zu täglich verfügbaren Materialien für Gestaltungsaktionen. Erstellen Sie eine Vergleichstabelle. Welche Bedingungen haben Sie in der Praxis bisher kennengelernt?
3. Diskutieren Sie die Vor- und Nachteile eines Malplatzes in multifunktionalen Räumen bzw. in einem reinen Atelier.

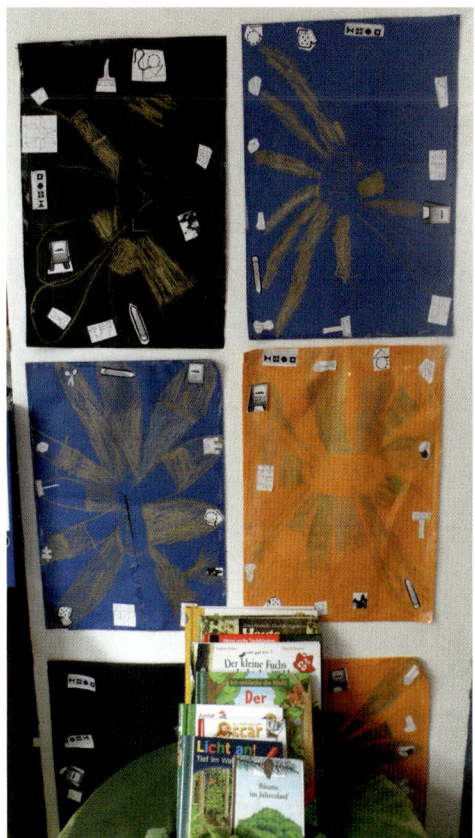

12 *Wäscheklammer als Bilderklemme*

13 *Präsentation der Arbeiten*

4 FARBWAHRNEHMUNG MIT AQUARELLTECHNIKEN

Farbe ist Ausdrucksmittel. Farbe ist Wahrnehmung. Farbe ist Gefühl. Farbe ist Sprache. Farbe ist ein Medium, um die Welt zu beschreiben.

4.1 Altersspezifische Farbwahrnehmung

Schon nach der Geburt können Säuglinge Farben wahrnehmen (nach Oerter). Ab etwa zwei Jahren verwenden die meisten Kinder die Farbbezeichnung Rot – allerdings auch für andere Farben. Kleine Kinder sind bereits früh in der Lage, verschiedene Farben zu erkennen: Schon mit drei Jahren können sie farbige Gegenstände ordnen. Die Farbnamen werden jedoch erst später benutzt. Denn erst wenn Kinder alle vier Farbbezeichnungen (rot, gelb, blau, grün) sprechen können, werden diese auch den Farben zugeordnet.

Kinder haben in unterschiedlichen Lebensaltern bestimmte Lieblingsfarben (nach Fieling): Kindergartenkinder und Grundschulkinder bevorzugen Rottöne, bei den vorpubertierenden Kindern stehen Gelb, Grün und Ultramarin hoch im Kurs. In der Pubertät wird Schwarz zur wichtigsten Farbe. In der Kleidung dominieren vor allem bei jüngeren Kindern die gerade vorherrschenden Modefarben. Mit wachsender differenzierter Wahrnehmung unterscheiden die Kinder auch die Farbnuancen.

4.2 Monochromes Malen

Jede Farbe hat ihren eigenen Charakter und spricht im Menschen unterschiedliche Assoziationen und Emotionen an. Für den Einstieg in eine intensive Farbwahrnehmung bietet sich das monochrome Malen (das Malen in einem Farbbereich) mit den drei Grundfarben an. Dabei werden die Charaktere der einzelnen Farbe am besten deutlich. Die Farbwahrnehmung erfolgt über die Farbreduktion.

Beim monochromen Malen sollte das abstrakte Malen von Flächen, Linien und Punkten im Vordergrund stehen, damit eine Konzentration auf die eigentliche Farbe möglich ist. Das Malen realitätsgetreuer Motive verhindert oft das spontane, ent-

spannte Gestalten, vor allem wenn Malhemmungen aufgrund seltener Übung oder gar schlechter Erfahrungen vorhanden sind.

Das Malen mit Aquarellfarben ermöglicht einen leichten Einstieg in ein intensives Farberleben und Farbenmischen. Über das Erleben einzelner Farben werden die Farbwahrnehmung und Farbdifferenzierung gefördert. Jüngeren Kindern hilft dies außerdem dabei, sich die Farbnamen zu merken. Ältere Kinder finden in eigenen Experimenten heraus, wie aus Farbmischungen der Primärfarben Rot, Blau und Gelb neue Farben, nämlich die Sekundärfarben Grün, Orange und Violett sowie die Tertiärfarben Braun und Grau entstehen. Farbgeschichten können an das Erleben der Farben spielerisch heranführen. Gleichzeitig regen **Farbgeschichten** die Kinder dazu an, sich sprachlich auszudrücken und eigene Geschichten zu den gemalten Bildern zu erfinden (siehe Kapitel 4.6 »Farbgeschichten«).

Beim Erforschen einer Farbe liefern auch Experimente mit Farbverfremdungen interessante Impulse: Was passiert, wenn Gegenstände nicht mehr ihre vertraute Farbe zeigen (siehe Kapitel 11 »Farbverfremdung«)?

1 *Monochromes Malen in Rot, Aquarellfarben*

4.3   Farbwahrnehmungs-übungen und Farbspiele

Um Kinder an das bewusste Erleben von und Gestalten mit Farben heranzuführen, eignen sich Farbwahrnehmungsübungen und Farbspiele, z. B.:

◆ Farbobjekte in der Umgebung sammeln und wahrnehmen.

◆ An einem »Grün-Tag« nur grüne Kleidung tragen und alle Speisen mit Lebensmittelfarbe grün einfärben – wie schmecken wohl grüne Waffeln?

◆ Die Fenster mit farbiger Folie abdecken. Eine Brille basteln und ebenfalls mit farbiger Folie bekleben – wie wirkt der Raum in gelbem oder blauem Licht, wie sehen die Dinge in Rosa aus?

◆ Als Einstieg Kunstbetrachtungen zu monochromen Kunstwerken durchführen.

◆ Für ältere Kinder ist es spannend zu erforschen, woher die einzelnen Farbnamen kommen und wie früher Farbpigmente gewonnen wurden, z. B. wurde das dunkle Karminrot aus getrockneten und gemahlenen weiblichen Cochenille- oder Kermesläusen hergestellt.

◆ Als Farbexperiment eigene Farben herstellen (siehe Kapitel 13 »Farbküche – Farben selbst herstellen«).

◆ Ein rotes, blaues, gelbes oder grünes Land mit den Kindern gestalten. Dafür Steine, Äste, selbst gebaute Häuser gemeinsam in der entsprechenden Farbe bemalen und aufbauen sowie Spielfiguren in den entsprechenden Farben filzen oder kneten. Dann Geschichten über das farbige Land erfinden und darstellerisch spielen, was dort passiert und wie sich die Bewohner der einzelnen Länder begegnen. Farberfahrungen und -erlebnisse werden so in einem größeren

Zusammenhang auch sprachfördernd umgesetzt (siehe Kapitel 4.7 »Farbgeschichten«).

◆ Mit Musik die Charaktereigenschaften der Farben darstellen, z. B. mit anregender Trommelmusik oder Batucadamusik die Dynamik der Farbe Rot verdeutlichen. Batucadamusik muss jedoch nicht zwingend mit der Farbe Rot in Zusammenhang gebracht werden. Es kann mit verschiedenen Musikstücken und -arten experimentiert werden, um herauszufinden, welche Musik am besten zu den verschiedenen Farbcharakteren passt.

◆ Wie kann ich eine Farbe tanzen? Welche Bewegungen passen zu Gelb?

Weitere Anregungen, Farbwahrnehmungsübungen und Farbspiele finden sich in den **Einstimmungen** zu den verschiedenen Farbkapiteln.

»Je mehr ich eine Farbe kenne, desto mehr kann ich mich damit ausdrücken.« (Schülerin)

4.4   Aquarellfarbe

4.4.1   Einsatz von Aquarellfarben

Aquarellfarbe, auch Wasserfarbe genannt, ist eine wasserlösliche Farbe. Bindemittel für diese Farbe ist das glasklare Gummiarabikum. Aquarellfarben werden als getrocknete Farbklötzchen im Farbkasten, als Paste in Tuben und als Paste zum Anrühren mit Wasser zu einer flüssigen Farbe angeboten. Aufgrund ihrer Inhaltsstoffe sind Aquarellfarben auch schon für Kinder unter drei Jahren geeignet.

Beim Anreiben der getrockneten Farbe im Malkasten muss ein nasser Pinsel mit etwas Druck so lange über die getrocknete Farbe gerieben werden, bis sich die Farbpigmente zu einem vermalbaren Farbbrei gelöst haben. Für die Arbeit mit Kindern eignen sich am besten bereits in Wasser gelöste Aquarellpasten, sodass die Kinder ohne Anreiben den Pinsel in die Farbe eintauchen und sofort malen können. Das Eintauchen des Pinsels in die flüssige Farbe ist für die Kinder gleichzeitig ein intensives Farberleben.

2 *Grüne Waffeln*

Schon zwei- bis dreijährige Kinder können mit dieser flüssigen Farbe und Pinsel umgehen und beobachten, welche Spuren und Spiele auf dem Papier entstehen.

Für die beschriebenen Farberfahrungen eignen sich am besten Aquarellfarben in den drei bzw. sechs Grundfarben. Sie werden mit Wasser angerührt und lassen sich in Schraubgläsern monatelang lagern. Eine Geruchsveränderung der Farbe (etwas nach faulen Eiern) hat auf die Farbqualität keinen Einfluss. Um Verschmutzungen der flüssigen Farben zu vermeiden, werden sie einzeln in kleine Farbschälchen gefüllt. So können sie auch individuell nachgefüllt werden.

4.4.2   Material, Werkzeug, Arbeitsplatz

Für das wässrige Arbeiten empfiehlt es sich, immer **Aquarellpapier** zur Verfügung zu stellen. Es ist saugfähig, wellt sich wenig und lässt durch seine leichte Körnung die Farben gut leuchten. Es wird in unterschiedlichen Stärken angeboten. Schulaquarellpapier, ein kräftigeres Papier, ist für viele Malexperimente gut geeignet und lässt sich zum Beispiel auch nach dem Knüllen und Falten noch gut weiterbemalen. Japanpapier dagegen ist ein sehr dünnes, faseriges Papier, das die Farbe stark aufsaugt und vorsichtig bearbeitet werden muss.

Die meisten anderen Papiersorten wellen sich unter der Wasserfarbe sehr stark oder lösen sich auf und sind daher für diese Technik nicht geeignet.

Als **Malwerkzeug** werden große Pinsel, Malschwämme, Wasserbecher und Mallappen benötigt. Hilfreich ist die Verwendung von **Malbrettern**, die als Malunterlage dienen. Es sind weiß beschichtete Pressspanplatten, die etwas größer als das verwendete Aquarellpapier sein müssen, da sich das Papier beim Einweichen ausdehnt. Fertige, noch sehr feuchte Bilder lassen sich mit den Brettern leicht wegtragen. Alternativ kann das nasse Papier auf eine glatte Tischoberfläche aufgezogen werden. Nach dem Malen werden die Bilder dann vorsichtig an einem sicheren Platz zum Trocknen abgelegt. Sehr praktisch hierfür sind Trockenregale.

3   *Trockenregal*

4   *Materialien zum Aquarellmalen*

5 *Malen mit Aquarellfarben*

6 *Aquarell, Nass-in-Nass-Technik*

4.4.3 Malen mit Aquarellfarben

Beim Aquarellmalen sind die Farbpigmente im Wasser stärker gelöst als beim Malen mit anderen Bindemitteln, z. B. Acrylfarbe. Dadurch hat die Farbe mehr Eigenbewegung und folgt eher den Gesetzen des Wassers. Die Farben haben eine intensive Leuchtkraft durch das Wasser und fördern ein starkes Farberleben. Sie sind einfach zu handhaben und laden dazu ein, zu experimentieren und sich dem Fluss des Prozesses hinzugeben. Besonders in der Nass-in-Nass-Technik werden hauptsächlich Farbflächen und nicht so sehr Details gestaltet. Daher entstehen seltener Abbilder der realen Umgebung, sondern gefühlsmäßige Ausdrucksbilder. Dies entspricht dem kindlichen Gestalten, das die Malbewegung, das Farberleben und seine Beziehung zu Körper und Raum sowie seiner gesamten Umwelt erfassen will.

Aquarellmalen beinhaltet mehr als nur das Malen an sich, denn Wasser hat seinen eigenen Willen und für manchen überraschenden Effekt der im Wasser gelösten Farbe ist das Kind gefordert, Lösungen zu finden und diese in den Bildzusammenhang zu integrieren. Dieser Prozesscharakter zeigt sich vor allem beim Nass-in-Nass-Malen (siehe Kapitel 4.4.2 »Die Farbe Blau«). Immer wieder muss die Vorstellung, mit der zu malen begonnen wurde, durch das eigenständige Spiel des Wassers und der Farbe verändert werden. Aquarellmalen steckt voller Überraschungen. Für Kinder, die im Prozess leben und nicht auf ein bestimmtes Endprodukt fixiert sind, ist dies ein spannendes Erlebnis. Viele beginnen meist ohne feste Vorstellung, was auf dem Papier entstehen soll, zu malen.

Kreatives Gestalten für Kinder unter drei Jahren

Schon Säuglinge sind in der Lage, verschiedene Farben wahrzunehmen. Diese Fähigkeit können Kinder umso besser weiterentwickeln, je mehr sie die Möglichkeit haben, durch eigene Erfahrungsprozesse Farbdifferenzierungen wahrzunehmen und Farbbezeichnungen kennenzulernen.

Es sollte kein bestimmtes Ergebnis erwartet werden und auch kein längeres Interesse aller Kinder an dieser Malaktivität. Jedes Kind wird sich entsprechend seinem eigenen Selbstbildungsprozess mit den ihm wichtigen Erfahrungen beschäftigen, wenn die Möglichkeiten dafür angeboten werden.

Die Einstimmungs-, Wahrnehmungsübungen und gestalterischen Übungen, die im Folgenden zu jeder Farbe vorgeschlagen werden, lassen sich auf die Altersgruppe der unter Dreijährigen anpassen. Einfache Farbgeschichten (siehe Kapitel 4.7 »Farbgeschichten«) können die Kleinkinder in der Beschäftigung mit Farben unterstützen.

4.5   Bunte Farben

Alle folgenden Übungen zu den einzelnen Farben werden mit flüssiger Aquarellfarbe durchgeführt.

4.5.1   Die Farbe Rot

Rot ist vom Charakter her eine dynamische und lebendige sowie anregende und warme Farbe.
Die Farbe Rot ist die ursprünglichste Farbbezeichnung, da Kinder als erstes Rot erkennen und benennen können. Bis ins Grundschulalter ist die Farbe Rot die beliebteste Farbe bei Kindern.

Einstimmung

Sammeln Sie »Rotes« und präsentieren Sie ihre Fundstücke auf einem roten Tuch, z. B. rote Früchte wie Kirschen, Erdbeeren; rotes Gemüse wie rote Paprika, Tomaten; rote Blumen; rotes Spielzeug. Kleiden Sie sich in roten Kleidungsstücken. Basteln Sie eine Brille mit roter Folie – wie sieht die Welt jetzt aus? Bekleben Sie ein Fenster mit roten, transparenten Papieren – wie wirkt der Raum jetzt?
Zur weiteren Einstimmung tanzen Sie nach dem Vorbereiten des Malplatzes zu »wilder« Musik. Welche Musik ist rot? Wie tanzt man die Farbe Rot? Als Einstimmungsmusik eignen sich Sambamusik oder afrikanische Trommelrhythmen oder Sie finden eigene Musikbeispiele, die dem anregenden, dynamischen Charakter von Rot entsprechen.

Gestalterische Übung

Beginnen Sie mit folgender Gemeinschaftsarbeit: Je nach Gruppenstärke kleben Sie mehrere Aquarellpapiere mit Kreppklebeband auf der Rückseite zusammen (ca. vier Blätter für sechs Teilnehmer). Malen, schmieren, zeichnen, klecksen Sie nun auf dem trockenen Aquarellpapier mit roter Aquarellfarbe (Zinnoberrot, Karminrot) und allen roten Stiften und Kreiden, die vorhanden sind. Um ein intensives Farberleben kennenzulernen, malen und experimentieren Sie frei mit Formen, Linien und Punkten.

Reflexion

1. Wie erlebten Sie die Farbe Rot? Welche Assoziationen hatten Sie zur Farbe Rot? Hier einige Beispiele: Dynamik, Liebe, rote Rosen, rotsehen, Wut, Wärme, Feuer, Vulkan, Glut, Sonnenuntergang, Blut als Zeichen von Lebendigkeit, Gefahr, Aggressivität, Erotik, Fliegenpilz, Hagebutte, Lied: Im Walde steht ein Männlein ganz still und stumm …
2. Wie war das Malen mit der flüssigen Farbe? Notieren Sie Ihre Beobachtungen.
3. Wie nahmen Sie die Gruppenarbeit wahr? Wie lassen sich Ihre Erfahrungen auf andere Lernsituationen im Alltag übertragen?

Rot im Alltag

Die Farbe Rot hat im Alltag viele Bedeutungen, beispielsweise weist rote Farbe im Straßenverkehr auf Verbote hin: rote Ampel, Straßensperre, Durchfahrt-verboten-Schild. Rot warnt auch vor Gefahren: z. B. das Vorfahrt-achten-Schild. Das rote Zeichen am Wasserhahn weist auf heißes Wasser und die damit verbundene Verbrühungsgefahr hin. Die Feuerwehr hat rote Fahrzeuge, um für Aufmerksamkeit bei der Feuerbekämpfung zu sorgen.

7 *Rote Gegenstände*

8 *Rotes Gemeinschaftsbild, Aquarellfarben*

Rote Früchte wie Kirschen, Erdbeeren, Himbeeren, Tomaten, rote Paprika, Radieschen u. a. wirken appetitanregend. Die Rotfärbung ist bei diesen Früchten ein Zeichen von Reife.

4.5.2   Die Farbe Blau

Blau ist vom Charakter her eher eine ruhige und kühle Farbe.

Einstimmung

Sammeln Sie alles, was blau ist. Suchen Sie in der Natur nach blauen Dingen. Hängen Sie Bilder, Postkarten oder Fotos auf, die viel Blau enthalten.
Schauen Sie sich die blauen Werke des Künstlers Yves Klein an und besprechen Sie diese.
Zur Einstimmung und als Hinführung zur folgenden Aquarelltechnik füllen Sie ein großes Glas mit Wasser und geben einen Schuss Essig hinzu. Lassen Sie einzelne Tropfen Aquarellfarbe hineinfallen. Dabei können Sie beobachten, wie sich die Farbe langsam mit dem Wasser mischt und dieses färbt.

Die Aquarelltechnik Nass-in-Nass-Malen

Für diese Aquarelltechnik wird das Aquarellpapier mit einem Schwamm großzügig auf beiden Seiten mit Wasser eingestrichen. Anschließend wird es wie eine Tapete mit dem ausgedrückten Schwamm auf einen Tisch oder eine Malplatte aufgezogen: Das Papier wird an einer Seite angelegt und dann Stück für Stück mit dem Schwamm angedrückt. Falls Luftblasen unter dem Papier entstehen, werden diese nach außen weggestrichen, damit keine Falten oder Wellen im Papier entstehen. Gutes Aquarellpapier kann alternativ in einer flachen Wanne kurze Zeit eingeweicht und dann aufge-

9 *Yves Klein: Blaues Schwammrelief, 1958*

zogen werden. Auf diesem feuchten Untergrund wird nun mit flüssiger Aquarellfarbe gemalt.

Gestalterische Übung

Erproben Sie das Blaumalen mit der Aquarelltechnik »Nass-in-Nass« zu entspannender »blauer Musik« (klassische Musik, Entspannungsmusik).
Malen Sie auf dem nassen, aufgezogenen Papier mit blauer Aquarellfarbe (Preußischblau, Ultramarinblau). Beobachten Sie, welche Unterschiede zum Malen auf trockenem Papier bestehen. Außer dem Pinsel können auch ein Schwamm oder die Hände als Malwerkzeug ausprobiert werden. Jeder malt für sich alleine auf einem eigenen Blatt.

10 *Mischung von Aquarellfarbe im Wasser*

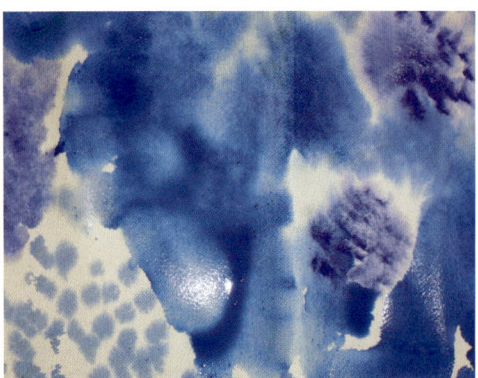

11 *Aquarell, Nass-in-Nass-Technik*

Reflexion

1. **Wie wirkte Blau beim Malen auf Sie? Welche Assoziationen verbanden Sie mit der Farbe Blau?**
   Hier einige Beispiele: Ruhe, beruhigend, Wasser, Himmel, Kühle, Entspannung, blaumachen, ins Blaue fahren, Geborgenheit, Weite, Tiefe, verloren gehen, Treue, Traurigkeit, Dunkelheit, Schutz, blaue Edelsteine, der blaue Mantel der Mutter Maria in mittelalterlichen Darstellungen, Jeans, Blaumann.

2. **Wie erfuhren Sie das Nass-in-Nass-Malen im Vergleich zum Malen auf trockenem Papier? Erstellen Sie eine Vergleichstabelle.**
   Beim Malen **auf nassem Papier** bleiben die flüssigen Farben beweglich und veränderbar. Durch das viele Wasser haben die Farben ein Eigenleben, zerfließen leicht und vermischen sich schnell. Die Farbe ist wenig kontrollierbar und es ergeben sich keine klaren Konturen.

Kontur: *Kontur ist eine Linie, die etwas begrenzt, Randlinie.*

Beim Malen **auf trockenem Papier** können die Farben einzeln gesetzt werden, sie vermischen sich nur bei direktem Kontakt mit einer anderen Farbe oder bewusstem Vermengen. Die Farbränder sind klar abgegrenzt.

3. **Wie wird das Malen zu entspannender Musik erlebt – verändert das Hören bestimmter Musikstücke das Malen? Überlegen Sie sich**

weitere Kombinationen von Malen und Musik und erproben Sie diese.
4. **Wie empfinden Sie das Malen alleine für sich? Welche Vorteile, aber auch Nachteile sehen Sie darin?**

Aufgabe

Welche Lieder über Farben kennen Sie? Legen Sie eine kleine Sammlung an und überlegen Sie, wie Kinder diese in der gestalterischen Arbeit umsetzen können.

Blau im Alltag

Die Bedeutung der Farbe Blau im Alltag deutet auf Gebote hin, z. B. bei Straßenschildern: Fußgängerweg, Fußgängerüberweg. Gleichzeitig signalisiert sie Sicherheit und Unterstützung. Die Polizei hat blaue Fahrzeuge und dunkelblaue Kleidung. Das Technische Hilfswerk hat ebenfalls blaue Fahrzeuge, ein Blaumann ist im Volksmund eine Arbeitskleidung, die blaue Fahne am Meer steht für hervorragende Wasserqualität, eine blaue Farbmarkierung am Wasserhahn für kaltes Wasser.

4.5.3   Die Farbe Gelb

Die Farbe Gelb wird in ihrem Charakter mit Leichtigkeit, geistiger Tätigkeit und Entspannung verbunden.

12 *Gelbe Gegenstände*

Einstimmung

Sammeln Sie gelbe Gegenstände, z. B. gelbes Spielzeug, gelbe Lebensmittel, gelbe Materialien aus der Natur und stellen Sie diese aus.

Legen und bekleben Sie mit gesammelten gelben Plastikteilen (evtl. aus sauberem Abfall) eine gelbe Bildfläche. Wie wirken die Gelbtöne?

Fantasie: Fantasie ist die Fähigkeit, sich etwas in Gedanken auszumalen; Vorstellungskraft.

Eine weitere Einstimmungsübung ist die **Fantasiereise**. Bei einer Fantasiereise wird die Vorstellung innerer Bilder während einer Entspannung angeregt. Dazu passt sanfte Musik im Hintergrund. Eine Fantasiereise wird sitzend oder liegend mit möglichst geschlossenen oder bedeckten Augen durchgeführt. Die Aufmerksamkeit wird zuerst auf den Atem gelenkt. Nach der ersten Entspannungsphase werden die Teilnehmer erzählend beispielsweise durch eine Landschaft mit wogenden, gelben Kornfeldern geführt; eine goldgelbe Sonne steht am Himmel; die Wiesen sind übersät mit gelben Butterblumen; dahinter blühen in einem Garten strahlende Sonnenblumen.

Mit ein paar tiefen Atemzügen werden die Teilnehmer zurück in die Gegenwart geholt. Nach einem kräftigen Recken und Strecken können die »Reisegefühle« nun malerisch umgesetzt werden. Musikstücke für Fantasiereisen, z. B.:

- Pachelbel-Kanon (Kanon in D-Dur für Streicher)
- Ludovico Einaudi: Una Mattina
- Anugama: Shamanic Dream

13 *Aquarell mit eingeklebten Papierschnipseln*

Gestalterische Übung

Malen Sie möglichst abstrakt mit gelber Aquarellfarbe (Goldgelb, Zitronengelb) auf nassem Papier und kleben Sie verschiedene gelbe Papiere in das Gemalte. Zum Kleben auf dem nassen Papier verwenden Sie angerührten Kleister.

---

abstrakt *(in der Kunst): Abstrakt bedeutet vom Gegenständlichen gelöst. Unter abstrakter Kunst werden im Allgemeinen Kunstwerke bezeichnet, die gegenstandslos und nicht figurativ sind.*

Abstraktes Gestalten eröffnet die Möglichkeit, sich mehr auf das Ausbilden der Ausdrucksfähigkeit zu konzentrieren. Blockaden, die durch schlechte Erfahrungen im realitätsgetreuen, abbildenden Gestalten entstanden sind oder entstehen, können so überholt werden. Abstraktes Gestalten hat zwar immer noch die Wirklichkeit als Ausgangspunkt, unterstützt jedoch das vielfältige Erkennen anderer Wahrnehmungsebenen.

Reflexion

1. **Wie erlebten Sie die verschiedenen Gelbfarbtöne: Zitronengelb – Goldgelb? Welche Assoziationen hatten Sie dazu?**

   Hier einige Beispiele: Sonne, Licht, Gold, Raps, Zitrone, Frische, Geist, Konzentration, Leichtigkeit, Gift, Neid, Eifersucht, Galle, Eiter, Gelbsucht, Mond, Sterne, Strand.

   In Märchen weist das Goldgelb oft auf die Besonderheit von Menschen hin (goldene Haare, goldener Stern auf der Brust); Gelb gilt als eine Reifefarbe in der Natur (reife Kornähren, gelbe Trauben); Safran ist ein kostbares, gelb färbendes Gewürz.

   In Sätzen wie »Jetzt geht mir ein Licht auf« oder »Das ist ein heller Kopf« ist Gelb die Farbe des Wissens und des Geistes. Eine negative Bedeutung hat Gelb in Verbindung mit dem Judenstern – einem gelben Stern auf der Kleidung, den Juden im Dritten Reich tragen mussten.

2. **Welche Wirkung haben Entspannungsübungen/Fantasiereisen auf Sie? Wie wurde die Entspannung mit der Fantasiereise »Gelb« erlebt? Wie haben Sie das bildnerische Gestalten danach erlebt?**

1. Informieren Sie sich in der Literatur über Fantasiereisen. In welchen Bereichen werden noch Fantasiereisen eingesetzt? Welche Regeln sind bei Fantasiereisen zu beachten?
2. Überlegen Sie sich selbst eine Fantasiereise mit entsprechender Musik und führen Sie diese mit Ihren Kolleginnen durch. Lassen Sie sich ein Feedback geben!

14 *Grün in der Natur*

Gelb im Alltag

Gelbe Farbe ist im Alltag oft eine Signalfarbe. Sie fordert Aufmerksamkeit und warnt vor Gefahr. Das gelbe Ampellicht heißt »Achtung – gleich ändert sich etwas!« An Strommasten gibt es gelbe Gefahrenschilder mit Blitzen, die vor Stromschlägen warnen. Die Schilder »Betreten verboten« an Baustellen oder »Rauchen verboten« in Garagen sind gelb-schwarz wie die Wespen, die schmerzhaft stechen können. Aber auch Bienen und Honig sind goldgelb. Das Blindenzeichen ist gelb mit schwarzen Punkten. Die Fahrzeuge des ADAC-Autoclubs sowie die Postfilialen und Briefkästen sind auffallend gelb. Und es gibt viele gelbe Blumen, die bekannteste ist die Sonnenblume mit ihrer freundlichen Ausstrahlung.

4.5.4   Die Farbe Grün

Die Farbe Grün wird in erster Linie mit Natur und Naturverbundenheit assoziiert.

Einstimmung

Sammeln Sie verschiedene grüne Zweige, Moose und Blätter aus der Natur und erstellen Sie damit eine grüne Landschaft auf einem Tisch.

Denken Sie sich für die verschiedenen Grüntöne neue fantasievolle Namen aus: Moosgrün, Apfelgrün, Dschungelgrün, Grünspan, Schimmelgrün, Farngrün. Für die Kinder verbindet diese Einstimmung die Bereiche Kunst und Sprachförderung.

Grün ist eine Mischfarbe. Führen Sie als einstimmende Bewegungsübung auf die Begegnung zweier Farben den **Spiegeltanz** durch: Zwei Personen tanzen zu flotter Musik, wobei eine die Bewegung vorgibt und die andere diese Bewegung nachahmt (nach fünf Minuten werden die Rollen gewechselt).

Gestalterische Übung

Diese Übung führen Sie wie den Spiegeltanz in Partnerarbeit aus: Jeder malt von unterschiedlichen Seiten des nassen Blattes beginnend zur Mitte hin mit Aquarellfarbe. Einer malt mit den beiden Gelbtönen (Goldgelb, Zitronengelb), der andere mit den

15 *Begegnung der Farben Gelb und Blau zu Grün (Paararbeit), Aquarellfarben*

beiden Blautönen (Preußischblau, Ultramarinblau) – in der Mitte haben Sie die Aufgabe, die Farben zu mischen,»sich zu begegnen« und somit die Entstehung verschiedenster Grüntöne zu fördern. Lassen Sie Grün »wachsen«. Gemalt wird, ohne dabei zu sprechen und nur mit Linien, Punkten oder Flächen, die sich mischen können.

Reflexion

1. **Wie erging es Ihnen mit der Farbe Grün? Welche Assoziationen hatten Sie zu Grün?**
   Hier einige Beispiele: Wiese, Wald, Fruchtbarkeit, grünes Gemüse, wachsen, ausgleichend, harmonisierend, Hoffnung, Frühling, Frosch, Erholung, Gründonnerstag und der grüne Weihnachtsbaum als christliche Symbole.
2. **Wie empfanden Sie das nachahmende, sich auf den anderen einstellende Tanzen?**
   Hier bietet sich die Verknüpfung mit dem Fach Bewegungserziehung an. Überlegen Sie, ob es in der Praxis weitere Verknüpfungen von Gestalten und Bewegung gibt.
3. **Welche Erfahrungen machten Sie beim gemeinsamen Malen auf einem Blatt, ohne dabei zu sprechen? Was gefiel Ihnen dabei? Was erschien Ihnen schwierig?**
4. **Sammeln Sie verschiedene Aspekte der Partnerübungen und bringen Sie diese in Zusammenhang mit Ihrem Wissen über »nonverbale« Kommunikation.**
   Erstellen Sie eine Vergleichstabelle Ihrer Ergebnisse aus der Gruppenarbeit (Farbe Rot), der Einzelarbeit (Farbe Blau und Gelb) und der Partnerarbeit (Farbe Grün). Siehe auch Kapitel 22 »Kommunikation«.
   Die verschiedenen Übungen verdeutlichen das besondere Merkmal der Kunst: Kunst an sich ist nonverbal, aber über Farbe und Formen können wir uns verständigen.

Grün im Alltag

Im Straßenverkehr hat die Farbe Grün die Bedeutung von Erlaubnis, z. B. die grüne Ampel erlaubt das Überqueren der Straße. Rettungsschilder sind ebenfalls grün. Außerdem ist vieles in der Natur grün, auch die Hinweise auf Natur und Umweltschutz, z. B. Naturschutz- und Wanderwegschilder.

4.5.5   Die Farbe Orange

Die Farbe Orange ist eng mit der Frucht Orange verbunden. Die Farbe Orange wird vielfach als leicht, lustig und sehr energiereich angesehen.

Einstimmung

Beobachten und sammeln Sie orangefarbige Dinge aus dem Alltag und der Natur. Bauen Sie einen Farbtisch mit den orangen Fundstücken auf. Denken Sie sich zu diesen orangefarbigen Gegenständen kurze Geschichten aus, in denen möglichst oft die Farbbezeichnung vorkommt.

Gestalterische Übung

Experimentieren Sie jeder für sich in der Nass-in-Nass-Technik mit roten und gelben Farbtönen, die sich zu Orange mischen.

Reflexion

1. **Wie erlebten Sie die Farbe Orange? Welche Assoziationen hatten Sie zu dieser Farbe?**
   Hier einige Beispiele:
   Apfelsine/Orange, Sonnenuntergang, Wärme, Leichtigkeit, Fröhlichkeit, aufdringlich, grell, Unruhe, Farbe der Mönchskleidung im Buddhismus, bei denen die Farbe Orange die Symbolfarbe für die Erleuchtung ist.
2. **Beobachteten Sie beim Malen verschiedene Orangefarbtöne?**

16 *Gelb und Rot werden Orange, Aquarell Nass-in-Nass*

Orange im Alltag

Da Orange eine Signalfarbe ist, sind die Sicherheitswesten und Anzüge von Straßenarbeitern grell orange. In vielen Städten sind auch die Müllautos orange.

4.5.6 Die Farbe Violett

Die violette Farbe erinnert als Erstes an den Flieder oder das Veilchen.

Einstimmung

Färben oder bemalen Sie kleine Stücke zartes Japanpapier mit Holunderbeersaft violett. Gibt es andere violette Lebensmittel?
Sammeln Sie violette Gegenstände aus Natur und Alltag auf einem »violetten Tisch«.

Gestalterische Übung

Experimentieren Sie jeder für sich in der Nass-in-Nass-Technik mit roter und blauer Farbe, die sich zu Violett mischt.

Reflexion

1. Wie erlebten Sie die Farbe Violett? Welche Assoziationen zu Violett bzw. Lila hatten Sie?
   Hier einige Beispiele: Fliederblüten, Holunderbeeren, Veilchen, Amethyst, Milka-Schokolade, Geheimnis, Einsamkeit, Bischofsgewänder, Farbe des Glaubens und der Theologie, Liturgiefarbe.
2. Beobachteten Sie beim Malen verschiedene Violettfarbtöne?

Violett im Alltag

Violett ist eine wichtige Farbe der Liturgie zur Fasten- und Osterzeit in der evangelischen und katholischen Kirche.

4.5.7 Die Farbe Braun

Braun ist die Erdfarbe schlechthin. Bei Einrichtungen und Mode spielt Braun immer wieder eine wichtige Rolle. Dagegen wird Braun selten als Lieblingsfarbe genannt (nach Heller: Wie Farben wirken).

Einstimmung

Beobachten Sie jüngere Kinder beim Malen. Gerade sie malen oft so lange mit allen Farben auf einem Papierfleck, bis es ein einheitliches Braun geworden ist. Brauntöne entstehen, wenn Sekundärfarben (siehe Kapitel 4.8 »Farbenlehre«) wie beispielsweise Orangerot und Grünblau miteinander gemischt werden.
Sammeln Sie verschiedene Erden und Naturdinge in Braun und stellen Sie diese aus.

Gestalterische Übung

Mischen Sie aus allen Farben verschiedenste Brauntöne. Benutzen Sie diese Farben für das Malen eines Bildes mit dem Thema »Erdschichten«.

17 *Farbmischung Rot – Blau zu Violett, Aquarell*

18 *Braune Erdschichten, Aquarell*

Reflexion

1. **Wie empfanden Sie die Farbe Braun? Welche Assoziationen verbanden Sie mit Braun?**

   Hier einige Beispiele: Erde, Schlamm, Schmutz, Exkremente, Bier, Cola, Schokolade, Tiere wie Bär, Reh, Kuh, Hase, Hund, Kuscheltiere, Verdorbenes, Verblichenes (Papier), fruchtbare Erde, warm, gemütlich, satt, Möbel, Urlaubsbräune.

2. **Überlegen Sie, welche Reaktionen Kinder zeigen könnten, wenn sie intensiv Braun mischen und malen.**

   Entwicklungspsychologisch beschäftigen sich Kinder bis zum Vorschulalter intensiv mit ihren Körperteilen und Körperausscheidungen. Das Gestalten mit braunem Material (z. B. auch Ton) wird schnell mit Kot assoziiert. Beim Malen mit brauner Farbe können die Kinder sich ohne Gefahren (Verunreinigung) mit diesem Thema auseinandersetzen.

3. **Wie viele Brauntöne erhielten Sie beim Malen? Vergleichen Sie mit den Arbeiten Ihrer Mitschülerinnen.**

»Die Farbe Braun zu mischen, war gar nicht so einfach. Aber dann war es ganz faszinierend, wie viele verschiedene Brauntöne entstanden.«
(Markus, Schüler)

19 *Kasimir Malewitsch: Schwarzes Quadrat auf weißem Grund, 1913/1920*

4.6   Unbunte Farben

4.6.1   Licht und Dunkelheit – Schwarz, Weiß und Grau

Die Farben Schwarz, Weiß und Grau werden als unbunte Farben bezeichnet, wobei Grau die Mischfarbe aus Schwarz und Weiß ist. Schwarz und Weiß sind die größten Hell- und Dunkelpole, wie Licht und Finsternis oder Tag und Nacht. Schwarz und Weiß gehören zu den Urfarben der Menschen – in allen Völkern der Erde gibt es diese Farbbezeichnungen.

Weiß und Schwarz werden im Alltag sehr symbolbezogen verwendet. In unserem Kulturkreis steht Weiß oft für das Gute und Schwarz für das Böse.

Bei Aquarellfarben gibt es nur die Farbe Schwarz. Das Helle, also Weiße, entsteht durch das Nichtbemalen des Papiers.

Die folgenden Übungen mit der Farbe Weiß werden mit Deckweiß ausgeführt. Es geht bei den Übungen in erster Linie um das Mischen der bunten Farben mit Schwarz oder Weiß. Die Mischfarben aus Schwarz und Weiß sind auch ein Beispiel für den Qualitätskontrast, bei dem von reinen und getrübten Farben gesprochen wird (siehe auch Kapitel 4.8 »Farbenlehre«).

Eine andere Art Übungen für das Gestalten mit Weiß und Schwarz sind in dem Kapitel 16.5 »Schwarz-Weiß-Experimente mit Linien und Formen« zu finden.

20 *Cy Twombly: Ohne Titel, 1968*

Einstimmung

Sammeln Sie schwarze und weiße Dinge. Gibt es auch schwarze und weiße Lebensmittel?

Überlegen Sie sich Spiele mit Taschenlampen im Dunkeln.

Beobachten Sie im Sonnenschein Schatten, zeichnen Sie diese nach und malen Sie sie schwarz aus. Sind Schatten immer schwarz? Impressionistische Maler setzten Schatten farbig um, statt sie einfach schwarz wiederzugeben.

Legen Sie im Sommer ein weißes und ein schwarzes Tuch in die Sonne und fühlen Sie, welches Tuch mehr Wärme aufnimmt.

Impressionismus: *Der Impressionismus ist eine Stilrichtung der Malerei im späten 19. Jahrhundert, die sich von Frankreich ausgehend weltweit verbreitet hat. Mit ihren stilistischen und thematischen Neuerungen waren die Impressionisten die Vorreiter der Modernen. Sie bevorzugten helle, rein bunte Farben und setzten komplementäre Kontrastfarben als Flecken nebeneinander, sodass bei der Betrachtung aus der Ferne diese als ineinanderfließend und dem Betrachter als Mischfarben erscheinen. Impressionisten malten oft in der Natur, statt wie die Künstler bisher im Atelier. Wichtige Vertreter des Impressionismus sind u. a. E. Manet, C. Monet, A. Renoir.*

4.6.2 Die Farbe Schwarz

Schwarz ist die Farbe der Dunkelheit und wird als nicht vitale Farbe empfunden. Für Künstler ist Schwarz eine eigenständige Farbe. Je nachdem, welche Pigmente verwendet werden, gibt es deutliche Unterschiede in den einzelnen Schwarztönen.

Gestalterische Übung

Malen Sie auf nassem Papier mit allen Farben und Schwarz. Dabei soll sich das Schwarz bewusst an einigen Stellen mit den bunten Farben mischen, an anderen Stellen stehen bleiben.

Reflexion

1. **Wie erging es Ihnen mit Schwarz? Welche Assoziationen hatten Sie zu Schwarz?**

   Hier einige Beispiele: Tod, die Ausdrücke »Schwarz wie die Nacht« oder »schwarzsehen« weisen auf den dunklen, gefährlichen und bedrohlichen Aspekt dieser Farbe hin. Auch der Bereich des Mysteriösen ist schwarz: Friedhöfe bei Nacht, Vampire, Fledermäuse und der Teufel. Ein schwarzes Schaf fällt aus der Reihe und ist deshalb bedauernswert.

2. **Was passiert, wenn sich eine bunte Farbe mit Schwarz mischt? Wie erscheint nun die bunte Farbe? Welche Farben entstehen aus Gelb und Schwarz, aus Orange und Schwarz?**

   Jede Farbe wird durch das Mischen mit Schwarz ins Dunkle bzw. Schmutzige getrübt. Schon ein kleiner Klecks Schwarz genügt, um eine reine Farbe zu »verschmutzen«.

21 *Schwarz neben bunten Farben bringt diese zum Leuchten, Aquarell*

22 *Schwarz in Farben gemischt trübt diese, Aquarell*

Aus Gelb und Schwarz wird Olive, aus Orange und Schwarz wird Braun. Schwarz neben einer bunten Farbe bringt diese noch mehr zum Leuchten.

Aufgabe

Kleben Sie mit schwarzen Papierschnipseln auf weißem Grund ein reliefartiges Bild. Gestalten Sie umgekehrt ein Bild mit weißen Schnipseln auf schwarzem Papier. Beleuchten Sie beide Bilder mit einer Lampe und beobachten Sie die unterschiedlichen Weiß-Schwarz-Kontraste.

Schwarz im Alltag

In unserer Kultur wird schwarze Trauerkleidung getragen und alles, was mit dem Thema Tod verbunden wird, ist schwarz. Während Schwarz früher die Farbe der Armen war, da diese sich ihre Kleidung nur schwarz färben konnten, steht Schwarz heute auch für edel, reich, festlich und seriös (Festgarderobe, Geschäftsanzüge, Autos von Politikern). Der Talar ist ein schwarzes, bis zum Boden reichendes Amtsgewand der Pfarrer in der evangelischen Kirche.

4.6.3   Die Farbe Weiß

Weiß wird mit Licht in Verbindung gebracht. In der Malerei bewirkt Weiß, dass ein Bild/ein Gegenstand Leichtigkeit und Schwerelosigkeit erhält. Damit ist auch die spirituelle Symbolik von Weiß stark verbunden.

Gestalterische Übung

Malen Sie auf trockenem Papier mit Aquarellfarbe, die Sie mit Deckweiß mischen. Dafür mischen Sie die Farben vor dem Auftragen auf Mischtellerchen mit Deckweiß vor.

Reflexion

1. **Wie empfanden Sie die reine Farbe Weiß? Welche Assoziationen hatten Sie zu Weiß?**
   Hier einige Beispiele: Schnee, Lebensmittel wie Zucker, Mehl, Milch, Salz, Licht, Sonne, Tag, Ehrlichkeit, der Satz »eine weiße Weste haben« deutet Ehrlichkeit und Unbescholtenheit an. Sauberkeit und Hygiene werden mit strahlendem Weiß verbunden (Werbung für Waschmittel). Weiß steht auch für Wahrheit und Befreiung.

2. **Was für Farben entstehen, wenn sie mit Deckweiß gemischt werden?**
   Nur eine kleine Menge bunte Farbe kann das reine Weiß schon zu Rosa, Hellblau oder Hellgrün verändern. Dagegen müssen große Mengen Weiß zu einer Farbe gegeben werden, bevor diese ganz verschwindet.
   Mit Weiß werden Farben aufgehellt. Sie werden oft als Pastelltöne bezeichnet, was zarte, helle Farbtöne bedeutet.

23 *Weiß hellt Farben auf, Aquarell*

24 *Aquarell mit Deckweiß erscheint in Pastellfarben*

Weiß im Alltag

In medizinischen Bereichen wie Arztpraxen, Krankenhäusern und Apotheken ist die Farbe Weiß oft aus hygienischen Gründen zu finden, da weiße Kleidung am besten gereinigt werden kann.

In der christlichen Liturgie wird zur Taufe, Kommunion oder Hochzeit weiße Kleidung als Zeichen der Reinheit und Freude getragen. Der Talar der katholischen Priester sowie des Papstes ist ebenfalls weiß.

4.6.4   Die Farbe Grau

Die Farbe Grau ist nicht sehr beliebt – sie wird häufig als nicht lebendig angesehen. In der Sprache wird dies zum Beispiel mit dem Begriff »graue Theorie« ausgedrückt.

Grau kann mit Wasserfarben nur mit stark verdünntem Schwarz oder über das Mischen von Tertiärfarben erreicht werden (z. B. Rotviolett und Blaugrün). Mit deckenden Farben wie beispielsweise Acrylfarben lässt sich Grau aus dem einfachen Mischen von Weiß und Schwarz herstellen.

Grau wird selten als eigenständige Farbe eingesetzt, deshalb wird auf eine gestalterische Übung für diese Farbe verzichtet.

Reflexion

Welche Assoziationen zur Farbe Grau fallen Ihnen ein?

Hier einige Beispiele: grauer Alltag, Unscheinbarkeit, graue Diakonissentracht, graue Maus, Graureiher, graue Haare, Erfahrung, Geister.

Grau im Alltag

Grau findet sich vor allem bei der Behaarung von Mensch und Tier. Der Belag von Straßen und Wegen ist häufig grau. Die Himmelfarbe entspricht häufig einem Grauton. Manche Arbeitskleidung ist grau.

4.7   Farbgeschichten

Kleine Geschichten, in denen die Farben selbst etwas entsprechend ihren Eigenschaften und Charakteren erleben, regen die Kinder an, Farben in ihrer Qualität noch intensiver zu erfassen. Diese Geschichten werden Farbgeschichten genannt. Sie erreichen ihr Ziel am besten, wenn die Farben wie Personen mit anderen Farbpersonen in Kontakt treten: »Blau und Gelb spielen miteinander Fangen« oder wie in folgender Geschichte: »Das helle Gelb wollte mit dem wilden Rot tanzen. Jedoch nicht wild wie das Rot, sondern sanft und zart. Deshalb schenkte das Gelb dem Rot so viel von seiner Helligkeit, bis das Rot etwas orange wurde und friedlicher tanzte.«

Farbgeschichten können die Kinder auch bewusst an die verschiedenen Farbmischungen heranführen: »Rot und Blau hatten einen dicken Streit. Sie kämpften wild miteinander, da entstand ein dunkles Violett.«

»Als das Gelb das Blau fand, rief es aus: ‚Da bist du ja! Ich suchte dich.‘ Sie lachten und umarmten sich. Da wurden sie durch diesen Spaß bei der Umarmung grün wie Gras.« (Leo Lionni: Das kleine Blau und das kleine Gelb, 1962. Seite 12)

»Das Rot ist heute ein Zauberer und verzaubert das ruhige Blau – da wächst eine dicke lila Pflaume in der Mitte zwischen Rot und Blau.«

»Die Sonne trifft ein kleines Rot und lässt eine saftige Orange reifen.«

»Wenn das Gelb seine gelbe Heimat verlässt und ins blaue Land fährt, was passiert dann?«

Mit Farbgeschichten werden die Kinder zu einem Farberleben geführt, bei dem die Farbe an sich im Vordergrund steht.

Die Kinder erfahren, dass Farben einen starken emotionalen Ausdruck haben, und können dieses Wissen für das eigene Ausdrucksmalen nutzen. Diese Art zu malen ist deshalb auch schon für Kinder ab ca. 1,5 Jahre geeignet.

25   *Blau und Gelb werden zu grünem Gras, Aquarell*

26 Rot und Blau lassen eine lila Pflaume wachsen, Aquarell

27 Ein kleines Rot hüpft über die grüne Wiese, Aquarell

Auch in Märchen haben einzelne Farben eine große Bedeutung und können eine Auseinandersetzung mit Farben anregen, z. B. in Rotkäppchen, Sterntaler und Schneewittchen (siehe auch Kapitel 19 »Märchenbücher und Bilderbücher gestalten«).

Farbgeschichte: Ein kleines Rot hüpft über die Wiese

Diese Farbgeschichte ermöglicht eine vielseitige Auseinandersetzung mit Farben. Beim Grünmischen mit gelber und blauer Farbe auf dem nassen Papier entstehen von alleine verschiedene Grüntöne. Das Kind lernt so beim eigenständigen Mischen die Farbnuancen von Grün kennen. Je nachdem, ob die Sonne scheint oder gerade ein dicker Regenguss herabgekommen ist, leuchtet Gras in unterschiedlichen Farbnuancen. Hier wird die Wahrnehmung und differenzierte Beobachtung der Natur angeregt. Sprachliche Bezeichnungen für diese unterschiedlichen Farben erfahren die Kinder von den Erwachsenen. Wenn dann abschließend ein kleines Rot über das Grün hüpft, entsteht schon der erste Komplementärkontrast, der eine besondere Spannung in das Bild bringt (siehe Kapitel 4.8 »Farbenlehre«).

Bei dieser Farbgeschichte beobachten die Kinder selbst, wie empfindlich das Gelb auf Mischen reagiert und dass schon mit einer kleinen Menge einer anderen Farbe sein »Strahlen« zu Orange oder Grün etwas verblasst. Das Rot dagegen ist sehr kräftig und lässt sich nicht so leicht vom Blau oder Gelb beeindrucken, um Violett oder Orange zu werden.

Weitere Anregungen für Farbgeschichten

- ◆ Ein kleines Rot fällt ins Wasser
- ◆ Ein kleines Rot ist unterwegs im großen Wald
- ◆ Das kleine Rot reist durch die Wüste
- ◆ Farbenzauber
- ◆ Farbblütenstrauß
- ◆ Farbenregen
- ◆ Farbentanz
- ◆ Farbtraum

Farbgeschichten können auch als Theaterstücke gespielt werden und fördern somit mehrere Kompetenzen des Kindes.

Aufgaben

1. Erfinden Sie eigene Farbgeschichten für die praktische Umsetzung mit Kindern.
2. Beschäftigen Sie sich mit Bildern der zeitgenössischen Künstler Mark Rothko, Gotthard Graubner. Welche Anregungen zur Auseinandersetzung mit Farbe können diese Künstler Kindern bieten?

28 *Farben machen Spaß*

4.8   Farbenlehre

4.8.1   Wie entstehen Farben?

Es hat gerade geregnet und die Sonne scheint wieder – da entsteht ein leuchtender **Regenbogen** am Himmel. Dadurch, dass es in der Ferne noch regnet, bricht sich das Licht an den Millionen Wassertropfen wie an einem Prisma. Dabei wird das weiße Licht in die sechs Regenbogenfarben – die Spektralfarben – zerlegt. Dies hat der Naturwissenschaftler Isaac Newton (1643 bis 1727) in einem Experiment, bei dem in einem abgedunkelten Raum ein Lichtstrahl auf ein Prisma fiel, nachgewiesen. Der Physiker Thomas Young (1773 bis 1829) bewies einige Zeit später, dass die zerlegten Spektralfarben ebenso wieder zu weißem Licht addiert werden können.

> **Prisma:** *Ein Prisma ist eine dreiseitige Säule mit drei parallelen, gleich großen Flächen; Kristallform. Fällt Licht auf eine der Kanten, wird es »gebrochen« und ein Regenbogen wird an eine gegenüberliegende Wand geworfen.*

29 *Regenbogen*

Farbe ist Licht, Licht ist Farbe

Mit einem Prisma aus Glas kann beobachtet werden, wie ein Lichtstrahl, der auf eine Prismakante trifft, gebrochen wird und als Regenbogen an der Wand zu sehen ist.

Ohne Licht gibt es keine Farben. Direkt ins Auge gelangtes Licht wird als Lichtfarbe bezeichnet. Meist wird die Farbempfindung durch die von einem Gegenstand reflektierte Farbe ausgelöst. Diese reflektierten Lichtwellen werden Körperfarbe (Eigenfarbe, Lokalfarbe, Materialfarbe) genannt. Welche Farbe wir sehen, hängt davon ab, welche Lichtstrahlen reflektiert werden. So werden beispielsweise von einer gelben Zitrone (von ihren gelben Farbstoffen) lediglich gelbe Lichtstrahlen reflektiert, die von unserem Auge als gelbe Farbe wahrgenommen werden.

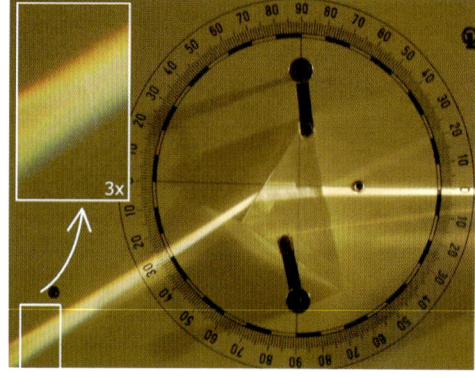

30 *Brechung des Lichts in einem Prisma*

Die **additive Farbmischung** beschreibt das Mischen der Lichtfarben.

Die **subtraktive Farbmischung** beschreibt die Regeln, nach denen die Pigmentfarben, mit denen gemalt wird, gemischt werden.

Viele Wissenschaftler und Philosophen haben Farbenlehren nach unterschiedlichen Gesichtspunkten erstellt: ausgehend vom Licht, von den Pigmentfarben zum Malen, von den Naturfarben oder sogar vom Glauben. Farbempfindungen unterliegen verschiedenen psychischen Wahrnehmungsprozessen, die individuell, kulturell und religiös geprägt sind. Auch diese haben Eingang gefunden in einzelne Farbenlehren.

Bedeutende Farbenlehren stammen von dem Dichter Johann Wolfgang von Goethe und den Künstlern Johannes Itten, Harald Küppers und Adolf Hölzl.

4.8.2 Farbkreis nach Goethe

»Farben sind die Taten und Leiden des Lichts.«
(Goethe)

Der Ansatz für den Farbkreis Goethes ist phänomenologisch geprägt, also davon, welche Erscheinungen er in der Natur beobachtet hat. Goethe machte viele Versuche zu den Farben des Lichts. Seine »Farbenlehre« ist keine naturwissenschaftliche Arbeit, sondern eine Lehre von der Wahrnehmung der Farben. Sein Beitrag »Zur Farbenlehre« besitzt heute vor allem kulturhistorische Bedeutung. Von Künstlern wurde seine Farbenlehre sehr geschätzt, da seine Theorien hauptsächlich auf der Wirkung der Farben basierten. Seine Beobachtungen und Methoden in Bezug auf die Wirkung der Farben sind als Beginn der modernen Farbpsychologie anzusehen: Farbe beeinflusst das Gefühl und wirkt dadurch direkt auf die »Seele« und somit auch auf die Einheit von Körper und Geist.

Goethe entdeckte das Phänomen der subjektiven Farben, die Grundprinzipien des Farbensehens, den Nachbildeffekt sowie den Simultankontrast. Nachdem er sie selbst gesehen hatte, interessierte ihn das Phänomen der farbigen Schatten als Teil einer Farbtheorie, die Farbentstehung als ein lebendiges Ineinanderwirken von Hell und Dunkel versteht. Zwangsläufig empfand er das Grundphänomen der

Newton'schen Optik, das vom Farbspektrum eines gebrochenen Lichtstrahls ausging, als falsch. (Newton hat mit seiner Theorie, dass Sonnenlicht aus vielen Farben zusammengesetzt ist, jedoch recht behalten!) Vom phänomenologischen Standpunkt aus hat Goethe wichtige Entdeckungen gemacht. Seine Beobachtungen der physikalischen Farben sind heute Grundlage der Drucktechnik.

Goethe sprach auch von der sinnlichen – sittlichen – Wirkung der Farbe: Die Harmonie der Farben entsteht im Kampf zwischen Hell und Dunkel. Blau steht für die Finsternis – entsprechend steht Gelb für das Licht. Blau ist eine beruhigende Farbe mit sehr viel Tiefe, während Gelb mit seiner Leichtigkeit einen geistig anregenden Ausgleich schafft. Nach Goethe steht Rot im Farbkreis ganz oben, da es die dynamischste Farbe ist und die Gegensätze zwischen Blau und Gelb in der Waage hält.

Goethes Farbenlehre begründet die heutige Farbpsychologie, die die Wirkung der Farben auf den Menschen untersucht. Für das Verständnis des Farbenmischens ist der Farbkreis von Goethe gut verständlich und daher für viele Künstler wichtig.

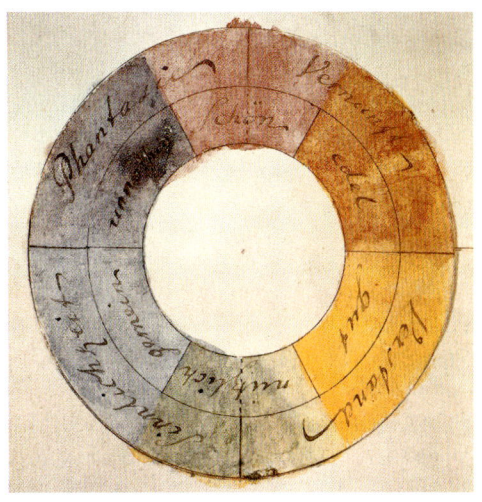

31 *Farbkreis von Goethe*

32 *Johann Wolfgang von Goethe*

Kurzbiografie Johann Wolfgang von Goethe

Goethe lebte 1782 bis 1832 und war der bedeutendste Dichter und Schriftsteller seiner Zeit. Bekannte Werke sind z. B. der »Faust« und »Wilhelm Meisters Lehrjahre«, die noch heute große Beachtung genießen. Außerdem schrieb Goethe ästhetische und naturwissenschaftliche Studien. 1810 vollendete er sein dreiteiliges Werk über die Farbenlehre, worin er sich gegen die Theorie Newtons über die Zerlegung des Lichts in Spektralfarben wandte.

4.8.3   Grundbegriffe der modernen Farbenlehre

Die drei Grundfarben des Farbkreises – die **Primärfarben** – sind Rot, Blau und Gelb. Keine dieser Farben kann aus anderen Farben gemischt werden.

Im Farbkreis stehen sich Blau und Gelb gegenüber. Rot, Blau und Gelb lassen sich mit einem Dreieck verbinden. An der Spitze des Dreiecks steht Rot. Die entsprechenden Mischfarben Violett, Orange, Grün weben sich im Kreis zwischen diesen drei Farbpolen.

Grün wird als psychologische Grundfarbe bezeichnet, denn obwohl Grün maltechnisch eine Mischfarbe ist, wird sie von den meisten Menschen als Grundfarbe betrachtet.

Aus den drei Primärfarben können die **Sekundärfarben** gemischt werden: Orange, Grün und Violett in unterschiedlichen Variationen. Die **Tertiärfarben** entstehen aus weiteren Mischungen der Sekundärfarben untereinander oder mit einer Primärfarbe: Es sind verschiedene Braun- und Grautöne. Dies lässt sich oft beobachten, wenn Kinder immer weiter auf ihrem Papier malen, bis alles braun-grau ist.

33 *Farbkreis nach Goethe, Aquarell*

Gestalterische Übung zum Farbkreis

Malen Sie mit Aquarellfarben in der Nass-in-Nass-Technik einen Farbkreis. Verwenden Sie als Grundfarben Karminrot, Preußischblau und Zitronengelb. Mischen Sie dazu möglichst viele Zwischentöne und schaffen Sie weiche Farbübergänge.

34 *Farbkreis nach Goethe, Aquarell*

- Alltagsgegenstände und sauberen Plastikmüll sammeln. Anschließend die Gegenstände einem Farbkreis auf einer großen Fläche zuordnen. Welche Wirkung haben die Müllteile jetzt?

- Farbfamilien aus farbigen Steinen, Tüchern oder gesammelten Materialien aus dem Gruppenraum zusammenstellen.

- Farbige Folien übereinanderlegen, diese vor eine Lichtquelle, z. B. Fenster, halten und die Farbmischungen beobachten.

4.8.4 Farbkontraste

Die Farbwirkungen untereinander werden von den Farbkontrasten bestimmt. Es werden folgende Kontrastarten unterschieden:

- Kalt-warm-Kontrast: Farben, die als warm oder kalt empfunden werden
- Hell-Dunkel-Kontrast
- Komplementärkontrast: Farben, die sich im Farbkreis gegenüberliegen (Blau – Orange, Gelb – Violett, Grün – Rot).
- Quantitätskontrast: Viel-wenig-Kontrast (z. B. Viel Rot – wenig Blau in einem Bild)
- Qualitätskontrast: Reine Farben – getrübte Farben bestimmen die Farbintensität/Farbsättigung.
- Simultankontrast: Auf einer neutral weißen/schwarzen/grauen Farbfläche erscheint neben Rot, Blau oder Gelb die entsprechende Komplementärfarbe. Dieser Eindruck wird vom Auge erzeugt.
- Farbe-an-sich-Kontrast: Nur gesättigte, reine Farben stehen nebeneinander.

Die Unterscheidung der Kontraste kann mit Übungen verständlich gemacht werden. Bei Bildbetrachtungen mit älteren Kindern kann dieses Wissen mit einfließen.

35 *Kalt-warm-Kontrast, Aquarell*

36 *Hell-Dunkel-Kontrast, Aquarell*

- Für Kindergartenkinder ist der Hell-Dunkel-Kontrast leicht verständlich zu machen: Die Kinder malen ein Nachtbild mit Mond und Sternen.

- Ältere Kinder können mit dem Malen der Jahreszeiten den Kalt-warm-Kontrast kennenlernen. Reine und getrübte Farben können in die Farbgestaltung von Frühling, Sommer, Herbst und Winter einbezogen werden.

Kreatives Gestalten für Kinder unter drei Jahren

Die flüssigen Aquarellfarben sind wunderbar geeignet, um auch den ganz Kleinen Farben nahezubringen. Die Kinder können technisch einfach den Pinsel in die flüssige Farbe tauchen, auf dem feuchten Papier können sie dann verfolgen, wie die Farbwirkung sich entfaltet. Sie können ganz in das Farbspiel »eintauchen«. Das Spiel mit den »Wasserfarben« entspricht noch ganz dem kindlichen Element Wasser: Sie können beobachten, wie sich die flüssigen Farben über das Papier bewegen und neue Farben entstehen. Es geht dabei allein um das **Erforschen** verschiedener Farben und Farbbewegungen. Es sind die Farben an sich, mit denen das Kind sich beschäftigt.

Die Aquarellfarben können auch mit den Fingern oder Händen vermalt werden. Man kann sie auch mit Kleister anrühren oder auf Papier, das mit Kleister eingestrichen wurde, vermalen. Verschieden starke Pinsel unterstützen die Kinder darin, kräftige Spuren zu malen. Aber auch selbst gebaute Pinsel aus Ästen, Lappen oder Schwämme vermitteln spannende Erfahrungen.

Transparente Farbtüten erhalten Sie, wenn Sie mit den Kindern farbiges Wasser in Gefrierbeutel füllen. Die Kinder können auch kleine Gegenstände, die sich nicht auflösen, hinein geben. Mit einem Schweißgerät wird dann die Tüte fest verschlossen. Die Kinder haben nun ein farbiges Wasserkissen – spannend auch für die ganz jungen Kinder, die diese bunten Kissen für erste Wahrnehmungsübungen fühlen und bewegen können.

Ganz konzentriert: Miron malend (2,5 Jahre)

5   WEITERE AQUARELLTECHNIKEN

5.1   Zaubermalen und Papierbatik

Material
Farblose Wachskreide, weiße Kerzen oder weiße Ölkreide, Aquarellpapier, Aquarellfarbe, Pinsel, Wasser, Lappen

Technik
Mit der farblosen Wachskreide wird auf ein weißes, trockenes (!) Blatt gezeichnet. Dabei wird gut aufgedrückt, damit das Wachs auf dem Papier haftet. Die Wachszeichnung ist kaum zu sehen. Jetzt wird mit den nassen Aquarellfarben über das gesamte Blatt gemalt – einfarbig oder bunt.
Da die Wasserfarbe von der Wachskreide abperlt, wird die Zeichnung nun sichtbar. Es ist eine hervorragende, sehr beliebte Überraschungstechnik. Gleichzeitig verdeutlicht die Technik den naturwissenschaftlichen Zusammenhang, dass Öl bzw. Wachs und Wasser sich abstoßen.

Gestalterische Übung
Zeichnen Sie mit der Wachskreide mit festem Druck auf dem trockenen Papier »Zauberkästchen«. Verzieren Sie diese mit »kostbaren Ornamenten und Edelsteinen«. Übermalen Sie anschließend die Zeichnung mit bunter Aquarellfarbe. Dabei können Sie einzelne Bereiche »nach Gefühl« mit bestimmten Farben gestalten.

Reflexion
Wie erlebten Sie das Malen, ohne genau zu sehen, was für Spuren Sie hinterlassen?

Papierbatik
Für die Papierbatik werden Geduld und Experimentierfreudigkeit benötigt. Deshalb ist sie nur für Jugendliche geeignet. Wird die Anleitung Schritt für Schritt befolgt, ergeben sich spannende Effekte.
Alle Teile einer Zeichnung, die weiß werden sollen, werden mit der farblosen/weißen Kreide angelegt und mit einer hellen (!) Aquarellfarbe übermalt.

1 *Zaubermalen*

2 *Farbbatik mit weißer Kreide und Aquarell*

Anregungen für die gestalterische Arbeit mit Kindern und Jugendlichen

◆ Kinder unter drei Jahren und Kindergartenkinder genießen in erster Linie den Überraschungseffekt, wenn ihre Striche und Linien mit dem Übermalen sichtbar werden. Das Thema sollte deshalb sehr offen gehalten werden.

◆ Für ältere Schulkinder bietet sich das Thema »Chamäleon« an. Es wird mit Wachskreide angelegt und taucht erst langsam mit der bunten Farbe auf.

◆ Jugendliche wagen sich an eine Maske, bei der nicht nur Linien, sondern ganze Flächen mit der Wachskreide weiß angelegt werden, bevor sie mit einer Farbe übermalt werden.

Nach dem Trocknen werden die Teile, die später in der hellen Farbe erscheinen sollen, nochmals mit der farblosen Kreide übermalt. Anschließend wird das ganze Bild mit einer dunkleren Farbe übermalt. Nach dem Trocknen können wiederum neue »Farblinien« mit Kreide angelegt werden.

Jede mit farbloser Wachskreide übermalte Farbe bleibt erhalten, während die sonstige Fläche immer dunkler wird. Diese Schritte können bis zu einer ganz dunklen Farbe wiederholt werden. Es entstehen farbige Linien und Flächen, die wie Stoffbatik wirken.

5.2   Aquarellfarbe mit Ölkreide kombiniert

Material
Ölkreide oder Wachskreide, Aquarellfarbe, Aquarellpapier, Pinsel, Wasser, Lappen

Technik
Ein besonderer Effekt wird erzielt, wenn mit farbiger Wachskreide oder am besten mit Ölkreide ein Bild gemalt und dann mit farbiger Aquarellfarbe weiterbearbeitet wird. Einzelne farbige Wassertropfen bleiben auf der Kreide haften und ergeben eine interessante Struktur. Zu beachten ist, dass mit der Ölkreide auf trockenes Papier gemalt wird, da nasses Papier die Ölfarbe nicht gut annimmt und das nasse Papier leicht unter der festen Kreide reißt.

Gestalterische Übung
Zeichnen Sie zum Thema »Feuerwerk in dunkler Nacht« mit bunten Ölkreiden ein Feuerwerk und übermalen Sie die bunte Zeichnung anschließend mit dunkelblauer Aquarellfarbe.

Reflexion
Welche Möglichkeiten sehen Sie in der Verknüpfung verschiedener Techniken?
Beim Experimentieren mit verschiedenen Materialien und Techniken sowie deren Kombinieren werden die Kinder in ihrer Selbstbildung unterstützt. Die Erzieherin kann mit ihren Erfahrungen und ihrem Hintergrundwissen diesen Prozess anregen.

3   *Paul Klee: Der Goldfisch, 1925, Öl- und Wasserfarben auf Papier und Karton*

4   *Feuerwerk in dunkler Nacht, Ölkreide und Aquarellfarben*

Anregungen für die gestalterische Arbeit mit Kindern und Jugendlichen

◆ Kindergartenkinder malen buntes Faschingskonfetti sowie bunte Faschingskringel und ergänzen diese dann mit Aquarellfarben.

◆ Für Schulkinder eignet sich das Thema »Fische unter Wasser«.

◆ Jugendliche wagen sich an ein dramatischeres und technisch herausforderndes Thema wie »Schiffe bei Nacht im Sturm«.

5.3 Knitterbilder

Material
Aquarellpapier, Wachskreide/Ölkreide, Aquarellfarbe, Pinsel, Wasser, Lappen

Technik
Für Knitterbilder werden die beiden zuvor beschriebenen Techniken Zaubermalen (siehe Kapitel 5.1) und Aquarellfarbe mit Ölkreide (siehe Kapitel 5.2) kombiniert. Die Bilder erhalten dadurch eine strukturierte Oberfläche und wirken wie Bilder aus alten Zeiten, wenn das trockene Papier mit der **fertigen** Zeichnung **vor dem Aquarellieren** fest zusammengeknüllt und geknittert wird.

Gestalterische Übung
Zeichnen Sie mit bunten Ölkreiden einen Paradiesvogel im Wald, füllen Sie dabei nicht wie bei einem Ölkreidebild alle Flächen aus. Knüllen, falten und knittern Sie anschließend das Papier und übermalen Sie dann die wieder glatt gestrichene gesamte Zeichnung mit wenigen Aquarellfarben.

5 *Paradiesvogel, Knitterbild*

6 *Paradiesvogel, Knitterbild*

Anregungen für die gestalterische Arbeit mit Kindern und Jugendlichen

- Kinder unter drei Jahren können mit Wachskreide und Aquarellfarbe frei experimentieren und dabei Beobachtungen anstellen.

- Kindergartenkinder malen ein Bild zum Thema »Wald« mit Ölkreide und experimentieren anschließend damit, indem sie das Bild entweder systematisch falten oder wild knüllen.

- Schulkinder setzen die Darstellung eines Drachens in der eben beschriebenen Technik um. Es entsteht eine natürlich wirkende Drachenhaut.

- Jugendliche nehmen sich ein altmeisterliches Thema vor: ein Stillleben mit Früchten. Durch das Knittern wird das Experimentelle in den Vordergrund gerückt. So werden überhöhte Ansprüche der Jugendlichen relativiert. Nach dem Trocknen des übermalten Bildes kann mit Stiften aller Art weitergestaltet werden.

Reflexion

1. Fiel es Ihnen schwer, ein eben erstelltes Bild zu zerknüllen?

   Es ist eine Herausforderung, ein gemaltes Bild scheinbar zu zerstören.

2. Welche Beobachtungen machten Sie nach dem Knüllen an dem Bild?

   Bei dieser Technik wird der Prozess betont. Durch das Knittern werden die Ölkreiden etwas verwischt und geben interessante Effekte, die malerisch nicht zu erzielen sind. Die Knicke und Falten nehmen die flüssige Farbe besser auf und bewirken so einen überraschenden Patinaeffekt.

»Beim ersten Mal fand ich es schwierig, meine schöne Zeichnung zu zerknüllen. Aber die Effekte waren dann einfach spannend und toll. Mit geknittertem Papier erhält man ganz neue Möglichkeiten für Gestaltungen.« (Schülerin)

---

papier ein Bild oder eine Zeichnung gemalt wird. Anschließend werden die Linien und Farbflächen der Zeichnung mit einem feuchten Pinsel laviert, d. h. verwischt. Dabei kann die Linienführung sichtbar bleiben, was interessante Effekte ergibt.

Gestalterische Übung

Zeichnen Sie ein Tier oder Fabeltier Ihrer Wahl mit den Aquarellstiften und lavieren Sie anschließend die Zeichnung.

Reflexion

1. Wie erlebten Sie das zuerst zeichnerische und dann »sich auflösende« Malen?
2. Welche Vorteile und Nachteile sehen Sie in dieser Technik?

5.4   Malen mit Aquarellstiften

Das Lavieren (Verwischen) der Aquarellstiftzeichnung erfordert eine gewisse Fingerfertigkeit, daher ist diese Technik erst für Kinder ab dem Vorschulalter geeignet. Jüngere Kinder können gut auf feuchtem Papier mit den Aquarellstiften experimentieren oder in fertige, noch feuchte Werke mit Aquarellkreide hineinzeichnen.

Material

Aquarellpapier, Aquarellstifte, Pinsel, Wasser, Lappen

Technik

Aquarellstifte sind leider nicht sehr preiswert, jedoch eine hervorragende Ergänzung zur flüssigen Aquarellfarbe. Es sind meist weiche Stifte, mit denen auf trockenem oder nassem Aquarell-

7 *Lavierte Katze, Aquarellstifte, Minthe (8 Jahre)*

Anregungen für die gestalterische Arbeit mit Kindern und Jugendlichen

- ◆ Mit Schulkindern einen Wochenmarkt besuchen, der anschließend dargestellt wird. Dabei können mit den Aquarellstiften klare Formen gemalt werden, die hinterher durch das Lavieren lebendig erscheinen.

- ◆ Für Jugendliche sind Themen zu Architekturabbildungen oder Pflanzenstillleben geeignet.

5.5   Aquarellschichttechnik

Diese Technik ist erst für Jugendliche geeignet, da sie viel Ausdauer und den geübten Umgang mit der Aquarellfarbe erfordert.

Material

Aquarellpapier, Haarpinsel, Wasser, Aquarellfarbe, Teller, auf denen die Farbe verdünnt werden kann, Schwamm, Lappen

Technik

Auf trockenem Papier wird mit sehr zarten, stark verdünnten Farben gemalt. Über die schon getrockneten Farbschichten kann immer wieder eine neue dünne Farbschicht gelegt werden. So bildet sich Schicht für Schicht eine intensive Farbe mit großer Bildtiefe. An Stellen, an denen verschiedene Farbschichten übereinandergelegt werden, entstehen Mischfarben von feiner Transparenz. Diese Technik verlangt viel Fingerspitzengefühl und Geduld.

Gestalterische Übung

Malen Sie mit der sehr verdünnten Farbe in mehreren Schichten ein architektonisches Motiv oder ein gegenstandsloses Farbspiel, bei dem sich die einzelnen Konturen der Schichten leicht verschieben und so eine räumliche, surrealistische Wirkung zur Folge haben.

8 *Gelbe Stadt in Schichttechnik*

9 *Blaue Stadt in Schichttechnik*

Anregungen für die gestalterische Arbeit mit Kindern und Jugendlichen

- ♦ Jugendliche beobachten Wolken und setzen die Beobachtungen verschiedener Wolkenbilder mit unterschiedlichen Wetterlagen in der Schichttechnik um. Vor allem »Gewitterstimmung« ist ein reizvolles Thema.

- ♦ Auch das Thema »Wald« oder »Dschungel« mit verschiedensten Grüntönen bietet sich an.

Reflexion

1. Wie empfanden Sie das feine Schichten mit den sehr verdünnten Farben? Konnten Sie sich Zeit lassen und warten? Hatten Sie die Ausdauer, viele lebendige Schichten entstehen zu lassen?
2. Wie wirkt ein vielfach geschichtetes Bild im Vergleich zur sonstigen Aquarellmalerei auf Sie?
   Durch das Schichten entsteht eine starke Tiefenwirkung und Farbintensität. Gegenständliche Darstellungen werden durch die klaren Konturen der einzelnen Farbschichten deutlich hervorgehoben. Durch das leicht versetzte Auftragen einzelner Schichten erhält das Bild eine leicht surreale Wirkung.

5.6 Kleisterbilder mit Aquarellfarben

Material und Vorbereitung des Arbeitsplatzes

Für den Kleister: Tapetenkleister, Wasser, Eimer, Stab oder alter Rührbesen zum Anmischen. Der Kleister wird nach Anleitung angerührt. Da der Kleister meistens ca. 20 Minuten quellen muss, können in der Zwischenzeit die anderen Materialien vorbereitet werden. Der Kleister kann in einem luftdichten Behälter längere Zeit aufbewahrt werden.
Pinsel: Für die Kleistertechnik werden nur Borstenpinsel verwendet, da Haarpinsel zu sehr unter dem Kleister»leiden« würden.
Farbe: Die Aquarellfarben werden in Extraschälchen gefüllt, da sich der am Pinsel haftende Kleister mit der Farbe vermischt. Die Schälchen sollten auch für das Eintunken mit den Fingern geeignet sein, damit Malen mit den Fingern möglich ist.
Papier: Geeignet ist festes Aquarellpapier oder als preiswertere Alternative alte Tapetenrollen, die als Restposten gekauft werden können. Die Tapetenrolle wird am besten über den ganzen Maltisch gespannt und am Rand festgeklebt. Soll es keine Gruppenarbeit werden, können die einzelnen Bilder hinterher getrennt werden.
Weiteres Material: Lappen, Gegenstände zum Kratzen und Schaben (z. B. Spachtel, Kamm, Stöckchen, Messer, Gabel), Wasserbecher

10 *Sonne, Aquarell und Kleister*

Technik
Das Papier wird großzügig mit Kleister eingestrichen – entweder mit einem dicken Pinsel oder mit den Händen. Anschließend wird die Farbe mit dem Pinsel oder den Fingern in die vorbereitete Kleisterfläche aufgetragen. Zusätzlich können mit Kratzgegenständen Spuren in den Kleister als weiteres Gestaltungsmittel gezogen werden.

Gestalterische Übung
Malen Sie mit Aquarellfarbe ein Unterwasserkleisterbild mit Tieren und Pflanzen. Nach dem Farbauftrag kratzen Sie mit dem Pinselstil oder Ähnlichem in den bemalten Kleister weitere Tiere und Pflanzen oder verzieren die bunt gemalten Fische mit besonderen Strukturen wie z. B. Schuppen. Experimentieren Sie, indem sie einmal die Finger und einmal die Hände zum Malen einsetzen.

11 *Unterwasserkleisterbild*

Reflexion

1. Wie war das Anrühren und Auftragen des Kleisters?

»Wenn ich die Finger erstmal im Kleister habe, ist es ein wunderbares Gefühl, zu streichen, schmieren und zu matschen – sehr sinnlich!« (Schülerin)

2. **Wie verhielt sich die Farbe mit dem Kleister?**
   Im Kleister bleiben im Gegensatz zur Nass-in-Nass-Malerei die Farben stehen – sie zerfließen nicht und vermischen sich nicht von alleine. Obwohl also in einem feuchten und weichen Milieu gemalt wird, behält der Malende Kontrolle über das Geschehen. Zudem können in den Kleister gekratzte Spuren die Farbgestaltung durch klare Linien unterstützen. Außerdem können Kratzer, die nicht gefallen, wieder ausgewischt bzw. korrigiert werden.

3. **Wie war das Malen mit Fingern und Händen?**
   Das Arbeiten mit Kleister ermöglicht einen direkten taktilen Kontakt mit Farbe, Kleister und dem Malgeschehen. Es ist deshalb eine sehr intensive Erfahrung.
   Viele Kinder – vor allem jüngere – genießen es, in dem weichen, schmierigen Kleister zu malen, zu streichen oder zu kratzen. Aber Vorsicht: Für manche Kinder ist dieser intensive taktile Reiz zu stark, sei es aus überzogener Reinlichkeitserziehung oder Reizüberflutung. Eine daraus folgende Abwehr sollte immer respektiert werden.

4. **Welche Möglichkeiten stecken in dem zusätzlichen Arbeiten mit Kratzwerkzeugen?**

12 *Kleisteraquarell mit deutlich sichtbaren Kratzspuren*

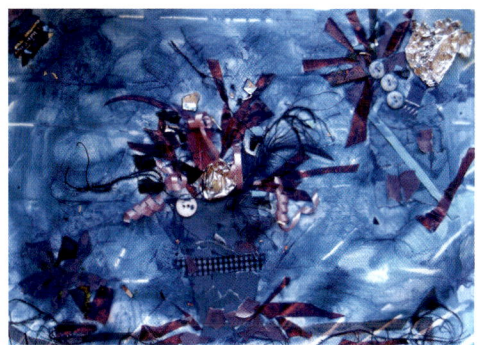

13 *Kleisteraquarell mit Materialcollage*

14 *Den Kleister an den Händen spüren*

Kreatives Gestalten für Kinder unter drei Jahren

Das Gestalten mit Kleister bietet gerade für Kinder unter drei Jahren verschiedenste Erfahrungsmöglichkeiten. Es kann ein sehr intensives taktiles Erlebnis sein, im Kleister zu schmieren. Die Konsistenz des Kleisters verändert sich durch Farbe (flüssig) oder andere Materialien, z. B. Sand, weiche Sägespäne. Das Kind kann im Kleister die Finger oder Pinselspuren genau verfolgen und diese wieder verwischen. Auch andere Werkzeuge wie Stöckchen, Kämme, Spielzeugautos können zum »Spurenlegen« eingesetzt werden. Im feuchten Kleister leuchten die Farben intensiv und regen zu Geschichten an. Aufgrund seiner Klebeigenschaften ist der Kleister auch für Collagen einsetzbar (siehe Kapitel 18 »Collagen gestalten«). So können die Kinder gesammelte Materialien, z. B. aus der Natur, mit in das Bild einbringen und weitere Materialerfahrungen beim Gestalten machen.

Da Krabbelkinder von der Materialbeschaffenheit ausgehen und in erster Linie am Wahrnehmungsprozess orientiert sind, können Sie unterschiedlichste Verhaltensweisen beobachten, wenn Sie ihnen das Material Kleister zur Verfügung stellen. Ein Kind rührt lange in dem Kleistertopf und beobachtet die Bewegungen des Kleisters. Ein anderes Kind füllt den Kleister von einer Schale in die andere. Wieder ein anderes geht nach drei Minuten zu einer anderen Tätigkeit über. Ein Kind experimentiert allein mit der Aquarellfarbe. Vielleicht nur ein Kind ist an dem Thema »Kleister und Farbe« interessiert. Dies ist die besondere Herausforderung an die Erzieherin: Sie muss sich die Mühe machen, Material anzubieten (und sie darf Materialien zur Verfügung stellen!), und muss offen sein für die unterschiedlichsten Selbstlernprozesse der Kinder. Zielorientiertes/produktorientiertes Arbeiten ist in dieser Altersstufe fehl am Platz, wenn die Kinder in ihrem Wahrnehmungs- und Erfahrungsprozess unterstützt werden sollen.

Anregungen für die gestalterische Arbeit mit Kindern und Jugendlichen

◆ Die Kinder benutzen statt der üblichen Malwerkzeuge einen aufgeblasenen Luftballon, um auf dem weichen Kleister Farben zu Formen zu verstreichen.

◆ In den feuchten Kleister nach dem Malen wie bei einer Collage (siehe auch Kapitel 18 »Collagen gestalten«) verschiedene Materialien einkleben: Papier, Sand, Blätter, Glitzer u. a. Die Materialien dürfen jedoch nicht zu schwer sein, da Kleister keine hohe Klebekraft hat.

◆ Kindergartenkinder gestalten direkt nach einem Ausflug ein Wald- und Wiesenbild mit wenigen Farben, in das Fundstücke wie Sand, Gras und Blüten geklebt werden.

◆ Ältere Kinder arbeiten einen Besuch auf einem Bauernhof in der Kleistertechnik nach. Auch das Thema »Aquarium« bietet fantasievolle Umsetzungen für diese Altersklasse.

◆ Jugendliche reizt diese Technik eher, wenn es sich um ein abstraktes Farb- und Formexperiment handelt, bei dem weitere technische Anforderungen gestellt werden. Die Kleistertechnik kann beispielsweise erweitert werden, indem vor dem Auftragen des Kleisters mit Ölkreide ein Bild angelegt wird. Anschließend kann mit Kleisterspuren und Farbe weitergearbeitet werden. Zum Abschluss werden verschiedene Materialien und Papiere eingeklebt. Nach dem Trocknen können Details mit Ölkreide, Pastellkreide oder Buntstiften vertieft werden.

◆ Ein geeignetes Thema für Jugendliche wäre z. B. »Hausansichten«, bei dem es nicht um ein realistisches Abbilden, sondern um einen starken Ausdruck des bunten Farbspiels geht.

5.7   Experimente mit Aquarellfarben

Malen mit dem Schwamm oder den Fingern

Diese Maltechnik eignet sich besonders gut für kleine Kinder. Hierbei kann die Farbe aus einem Farbschälchen aufgenommen und auf das Papier getupft, gewischt und gestrichen werden. Der Schwamm kann auch zum Drucken verwendet werden, dabei entstehen interessante Strukturen.

Schichtbilder

Die nasse Farbe wird auf übereinandergeklebten Papieren aufgetragen.

Pustebilder

Die nasse Farbe wird auf trockenem Papier verpustet, eventuell mit einem Strohhalm. Die dabei entstandenen Formen können mit anderen Stiften zu »Zauberblumen« weitergestaltet werden. Die Kinder üben bei dieser Technik außerdem gezielt zu pusten, wodurch die Mundmotorik gefördert wird.

Fließbilder

Dünnflüssige Farbe wird durch Kippen und Drehen des Blattes zum Verfließen gebracht. Dabei entstehen interessante Farbverläufe. Dieses Experiment eignet sich schon für Kleinkinder. Ältere Kinder können die Farben gezielter fließen lassen und später mit eigenen Assoziationen weiterbearbeiten.

Klatschbilder

Diese Technik ist vor allem bei Kleinkindern beliebt. Das nass gemalte Bild wird ein- oder mehrmals

15   *Aquarell auf geschichteten, geklebten Papieren*

geklappt und die Seiten aneinandergedrückt. Dabei entstehen neue Farbmischungen und interessante Strukturen. Ältere Kinder können aus den entstandenen Formen mit Stiften fantasievolle Gestalten kreieren. Als Thema eignet sich, »Urtiere« in den Klatschformen zu entdecken.

Malen mit Salz

Wenn Salz auf die nassen Farbflächen gestreut wird, entstehen interessante, überraschende Strukturen.

Strukturspiele mit Frischhaltefolie

Auf das feuchte Bild wird eine leicht geknüllte Frischhaltefolie gedrückt. Beim Abnehmen der Folie (evtl. etwas antrocknen lassen) nimmt die Folie Farbe vom Bild auf und es entstehen neue Strukturen. Dieses Experiment ist auch mit saugfähigen, geknüllten Mallappen möglich.

16   *Frischhaltefolie auf das Bild drücken*

17   *Strukturen in der Aquarellfarbe durch die Frischhaltefolie*

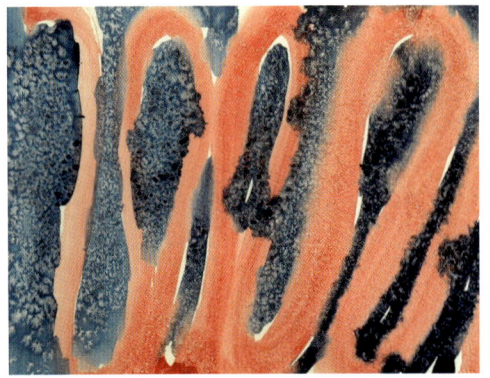

18 *Aquarellmalen mit Salz*

Regentropfenbild

Ein nicht gegenständliches Aquarell wird nach dem Trocknen in den Regen gehalten. Der Regen hinterlässt interessante Spuren und Veränderungen auf dem Bild.

Malen mit einer Wasserpistole oder Spritze

Die flüssige Farbe wird in eine Wasserpistole gefüllt und auf entsprechend vorbereitetes Papier gespritzt. Diese Experimentiertechnik spricht besonders Kinder an, die nicht gerne mit Pinsel oder Stift malen. Außerdem lässt sie sich gut mit anderen Techniken kombinieren.

Projektaktivität   **FRIEDENSREICH HUNDERTWASSER**

Friedensreich Hundertwasser

Einstimmung

Der Maler Friedensreich Hundertwasser (1928 bis 2000) war auch Architekt, Philosoph und ein Vorreiter der heutigen Ökologiebewegung. Ein wichtiges Anliegen war ihm, die organischen, lebendigen Formen der Natur in alle Bereiche der Malerei und Architektur zu integrieren. In seinen Bildern arbeitete er sehr gerne mit der Urform

Friedensreich Hundertwasser: Der große Weg, 1955

Spirale sowie mit kräftigen Farben. Er verwendete gerne Goldfarbe, Silberfarbe und Goldfolie, die den Bildern einen märchenhaften Zauber verleihen.

Hundertwasser lehnt die geometrisch gerade Linie ab, denn sie ist für ihn keine schöpferische, sondern eine reproduktive, eine nachahmende Linie.

Seine Linien sind vegetativ, organisch, sie werden in ihrem Verlauf dicker oder dünner und sind oft von kleinen Kreisen, Spiralen und Quadraten unterbrochen.

Zur Einstimmung auf das Projekt sollten gemeinsam Kunstwerke von Hundertwasser angeschaut werden. Angeregt durch die Spiralbilder von Hundertwasser können die Kinder anschließend selbst mit Goldstiften und Aquarellfarbe experimentieren.

Schülerarbeit, Anna

Material

Goldener Lackstift, Aquarellfarbe, Wasser, Pinsel, Lappen, Aquarellpapier

Technik

Mit dem Goldstift wird eine großzügige Spirale auf das Papier gezeichnet. Die Zwischenräume werden mit verschiedenen farbigen Aquarellfarben gestaltet. Die Goldfarbe bleibt dabei sichtbar.

Aufgabe

Entwickeln Sie in Gruppenarbeit mit den Informationen über F. Hundertwasser ein kleines Projekt für Kinder im Kindergartenalter über Schnecken, indem Sie naturwissenschaftliche Informationen mit den Formenspielen von Hundertwasser und verschiedenen künstlerischen Techniken verbinden.

Anregungen für die gestalterische Arbeit mit Kindern und Jugendlichen

- ◆ Kindergartenkinder malen mit Goldstiften einfache Formen und Linienspiele auf das Papier, kleben gerissene Goldpapierstückchen dazu und übertuschen dann alles.
- ◆ Grundschulkindern kann bereits etwas von der Naturphilosophie Hundertwassers vermittelt werden, sodass die Kinder dann selbst fantasievolle Häuser und Gärten in der ornamentalen Art Hundertwassers sowohl malerisch als auch als Tonmodelle gestalten (siehe auch Kapitel 28.8 »Plastisches Gestalten mit Ton«).
- ◆ Eine interessante Verbindung kann zum Formenzeichnen (siehe Kapitel 6 »Formenzeichnen«) gezogen werden.

Folgende anregende Fragen können sich im Laufe des Projektes ergeben:
Wo finden wir die Spiralenform in der Natur (Schnecke, Wasserstrudel, Farn)? Wo können wir weitere fantasievolle Architektur entdecken oder wie können wir sie selbst bauen (siehe Kapitel 38 »Architektur«)? Wie viele Windungen hat meine Spirale?

Diese Fragestellungen ermöglichen gleichzeitig übergreifende Verknüpfungen zur Naturwissenschaft, Ökologie und Mathematik

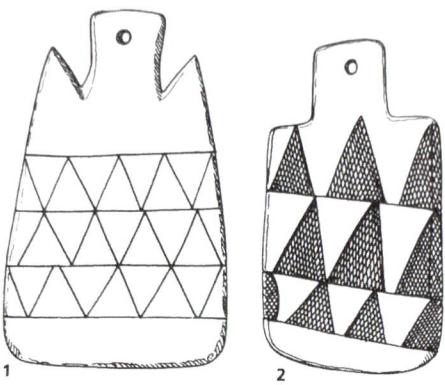

1 *Dreiecke und Linien, portugiesische Megalith-Steinidole*

2 *Urzeichen Spirale, Dreiecke, Kreise, neolithische Grab-kulturen, 3200 v. Chr.*

6.1   Was ist Formenzeichnen?

Der Begriff »Formenzeichnen« geht auf Rudolf Steiner zurück, der bestimmte Übungen zur Unterstützung des Schreibenlernens und später als Einführung in die Geometrie entworfen hat. Hauptsächlich beinhalten diese Übungen Urzeichen wie Kreis, Spirale, Lemniskate, gerade Linien, Wellen, Schlaufen und deren Kombinationen untereinander.

In der Natur können diese Urformen vielfach beobachtet werden (Wasserstrudel, Ohrmuschel, Farne, Schneckenhaus, Sonne, Samenkapseln). Auch in

der Bild- und Schriftsprache selbst alter Kulturen spielen diese Urzeichen eine wichtige Rolle. Ebenso sind sie in den modernen Kunstwerken von Picasso, Miró, Klee, Kandinsky, Haring u. a. zu finden.

Joan Miró (1893 bis 1983) war ein katalanischer Maler, Grafiker und Bildhauer. Seine frühen Werke zeigen eine naive Bildsprache. Ende der 20er-Jahre vollzog er einen Stilwandel. Seine Bildwelten wur-

3 *Formenzeichnen mit beiden Händen, Niki (6 Jahre)*

4 *Joan Miró: Klage der Liebenden, 1953*

den nun von kräftig konturierten surreal-absurden Zeichen dominiert. Quellen seiner Malerei waren immer auch die romanisch-katalanische Malerei und die Volkskunst seiner Heimat. Er gestaltete außerdem großzügige Wandbilder, Plastiken und Keramiken. Im Alter reduzierte sich seine Bildsprache auf wenige Formen und monochrome Gründe. Das Zeichnen der Urformen ist besonders gut geeignet, um die Motorik der Kinder und die damit verbundene Anregung der Gedächtnisentwicklung zu fördern. Wie in der Beschreibung der Mal- und Zeichenentwicklung (siehe Kapitel 25 »Die Zeichenentwicklung des Kindes und Jugendlichen«) des Kindes deutlich wird, liegen dem Zeichnen und später auch dem Schreiben Urformen als Urbewegungen zugrunde.

Im Formenzeichnen ist nicht das Abbilden dieser Urformen, sondern das Nachfühlen und Miterleben des Streckens, Krümmens, Schwingens und Kreisens wichtig. Die Bewegungsentwicklung geht von der Körper- zur Handmotorik (diese entwickelt sich bis ins Schulalter!). Es wurde festgestellt, dass die Feinmotorik sich nicht isoliert, sondern im Zusammenhang mit der sprachlichen Entwicklung bildet. Je mehr ein Kind seinen Körper begriffen hat, desto bewegungsfähiger sind seine Hände. Je mehr ein Kind sich in seiner Motorik sicher fühlt und sich in Raum und Zeit frei und entspannt bewegen kann, desto mehr freie Kapazitäten hat es für seine geistige und sprachliche Entwicklung. Das Gehirn wird durch Bewegung angeregt. Gleichzeitig ist die Entwicklung des Gehirns notwendig, um die Motorik zu trainieren.

Feinmotorik, eine gute Augen-Hand-Koordination, Figur-Grund-Wahrnehmung, Konzentration, Selbstorganisation, Ausgeglichenheit und Entspannung sind nur einige Ziele, die mit dem Formenzeichnen gefördert werden können.

Durch das beidhändige und wechselseitige Zeichnen wird der kinästhetische Sinn, der für die Lage- und Bewegungsempfindung zuständig ist, gefördert. Sich überkreuzende Zeichen sind gute kinesiologische Übungen, die Gehirnstrukturen anregen und so die beiden Hirnhälften verknüpfen und harmonisieren.

Die zu zeichnenden Formen müssen dem Entwicklungsstand und den Fähigkeiten der Kinder ange-

5 *Spiralen*

passt werden. Im Vorschulalter kann mit Kreisen, Wellen und Zickzacklinien begonnen werden, später können Spiegelfiguren und verschlungene Ornamente erprobt werden.

Formenzeichnen ist ein wesentlicher Bestandteil der Projektaktivität »Die Schreibwerkstatt« im Kapitel 17.

Das Formenzeichnen kann mit Bewegungserziehung/Psychomotorik und Musik/Rhythmus verbunden werden. Die Kinder können die Formen beispielsweise zu entsprechender Musik laufen und hüpfen.

Aufgabe

Überlegen Sie sich exemplarisch für die Bewegungserziehung Übungen, in denen Sie mit den Kindern bestimmte Formen anwenden und einüben.

6.2 Formenzeichnen auf Kleister oder mit Ölkreide

Material
Großes Zeichenpapier oder Tapeten, Ölkreiden, Wachskreiden, Kleister, Aquarellfarben, großer Pinsel, Kreppklebeband zum Befestigen der Malfläche

Technik
Das Formenzeichnen kann entweder mit Kleistermalerei (siehe Kapitel 5.6 »Kleisterbilder mit Aquarellfarben«) oder auf festem Papier umgesetzt werden. Es empfiehlt sich, stehend mit dem ganzen Körper zu arbeiten, wenn möglich auf einer an die Wand geklebten Zeichenfläche.

In der gestalterischen Übung werden einige einfache Formen vorgestellt. Alle Formen werden freihändig und möglichst großzügig angelegt. Weiteres Üben besteht darin, die Richtungen zu wechseln bzw. mit der linken Hand oder bei einigen Formen beidhändig (parallel oder gegenläufig) zu zeichnen. Kleine Geschichten oder Lieder zu den Formen oder verknüpften Formenspielen motivieren die Kinder, sich auf diese Übungen schwungvoll einzulassen.

Gestalterische Übungen

Probieren Sie sich an einigen Urformen wie unten beschrieben auf großzügigen Papierformaten aus. Lassen Sie sich für die einzelnen Formen Zeit und zeichnen Sie einzelne Formen ruhig mehrmals übereinander.

Kreis: Zeichnen Sie freihändig zuerst mit der rechten Hand einen großen Kreis mit mehreren Runden. Der Kreis soll möglichst ohne abzusetzen jeweils in einem Schwung gezeichnet werden. Anschließend die Hand und die Richtung wechseln.

Spirale: Lassen Sie eine Spirale sich nach innen und dann wieder nach außen drehen. Zeichnen Sie beidhändig zwei Spiralen gleichzeitig, wobei die Bewegung einmal parallel und dann gegenläufig sein soll.

Konzentrische Kreise: Zeichnen Sie in einen großen Kreis immer kleiner werdende Kreise bzw. legen Sie um einen kleinen Kreis immer größere Kreise.

Lemniskate: Die Lemniskate sieht aus wie eine liegende Acht (das Unendlichkeitszeichen in der Mathematik). Zeichnen Sie die Lemniskate mit möglichst ausgewogenen Schleifen und deutlicher Mitte. Fahren Sie dabei Achterbahn oder lassen Sie imaginäre Autos über eine Rennbahn flitzen.

7 *Lebensbaum, beidhändig von unten nach oben gemalt*

6 *Formenzeichnen an einer Malwand*

8 *Verschiedene Urformen*

Das Kleeblatt: Führen Sie die Schwünge mit einseitiger Richtung immer wieder zur Mitte hin aus. So lässt sich das Kleeblatt später einfach zur mehrblättrigen (Blumen-)Form erweitern.

Die Gerade von oben nach unten: Lassen Sie »Schnürlregen« auf die Erde fallen.

Waagerechte Linien und senkrechte Linien: Weben Sie die Linien wie einen Teppich.

Wellen: Zeichnen Sie zuerst ein ruhiges Meer mit sanften Wellenlinien. Später wird das Meer vom Wind aufgewühlt – es entstehen hohe, steile Wellenlinien, die sich sogar überschlagen.

Zickzacklinien: Zeichnen Sie spitze Berge oder Eiszapfen wie aufgereiht. Hier wird das Stoppen und Richtungsändern geübt.

Symmetriefiguren: Üben Sie diese Formen mit beiden Händen gleichzeitig. Musik kann das Schwingen unterstützen.

Dreieck und Quadrat : Üben Sie das Zeichnen und Erkennen von gleich langen Seiten, also gleichen Proportionen.

Reflexion

1. Welche Formen fielen Ihnen leicht zu zeichnen? Welche Formen erforderten mehr Aufmerksamkeit und Konzentration?
2. Welche Veränderungen im Zeichnen konnten Sie im Laufe der Zeit beobachten?

Durch das schwungvolle Wiederholen und das körperbetonte Malen auf großen Formaten fordern die einzelnen Formen die Konzentration. Gleichzeitig wird das Malen auch als auf sich konzentriert und beruhigend erlebt.

Projektaktivität   **FORMENZEICHENSPIELE**

Die Urformen werden überlebensgroß auf dem Schulhof oder Garagenplatz mit Straßenkreide gezeichnet. Dafür bieten sich besonders die Spirale und ein großes Labyrinth an. Die Urformen können dann real begangen und körperlich im Raum erfahren werden.

Labyrinth, mit Steinen gelegt

Projektaktivität   **DAS DING MIT DEM KREIS – DAS MANDALA**

Das Mandalamalen ist in den letzten Jahren sehr bekannt geworden. Mandala bedeutet ursprünglich Kreis. Das Wort kommt aus dem Sanskrit (altindische Sprache). Es ist ein Symbol (Sinnbild, Wahrzeichen), das es schon immer in allen Kulturen und Religio-

nen gegeben hat. Beispiele hierfür sind die Rosenfenster der gotischen Kirchen oder die buddhistisch-tibetischen Sandmandalas.

Das Besondere ist, dass ein Kreis immer eine Mitte hat. Psychologisch kann diese Mitte mit dem eigenen Zentrum, der eigenen

Selbstverwirklichung in Zusammenhang gebracht werden. »In seiner Mitte zu sein«, sorgt für innere Ruhe und Gelassenheit. Beim Mandalamalen ist es relativ egal, was in den Kreis gemalt oder gelegt wird. Da der Mandalakreis immer eine Mitte hat, führt

die Beschäftigung damit zwangsläufig ins Zentrum und stärkt die Konzentration.

Entwerfen Kinder ein eigenes Mandala, sei es ornamental oder frei mit figürlichem Malen, werden damit ihre Kreativität und Vorstellungskraft gefördert.

Rosenfenster

Gemaltes Mandala, Ölkreide

Anregungen für die gestalterische Arbeit mit Kindern und Jugendlichen

Mandalas können mit Kindern aller Altersstufen gestaltet werden. Dies kann mit oder ohne Vorgabe eines bestimmten Themas erfolgen:

- ◆ Mandalas aus Naturmaterialien (Blätter, Federn, Blüten, Samen, farbiger Sand) drinnen oder draußen legen. Vielleicht können sie so groß gelegt werden, dass man sich mitten hineinsetzen kann. Wie fühlt sich das an?

- ◆ Mandalas großflächig in Kleisterbilder malen, kratzen und kleben. Thema: »Meine Kraft, meine Freude«.

Mandala mit Naturmaterialien in Kleister

- ◆ Mandalas in ein Sandbett zeichnen und das Mandala immer wieder neu anlegen.

- ◆ Mandalas mit kleinen Glassteinchen und Kugeln auf einem weichen Stoff legen.

- ◆ Mandalas aus farbigem Transparentpapier für die Fensterscheiben zusammenkleben. Die Rosettenfenster der Gotik können als Inspiration dienen. Jüngere Kinder können Schnipsel farbig geordnet zu einer Rosette kleben. Ältere Kinder schneiden mit der Schere selbst gewählte Formen dafür aus.

7   MALEN MIT KREIDEN

7.1   Einsatzmöglichkeiten der Kreiden

Wachsmalkreiden und Ölkreiden sind bei den meisten Kindern beliebt. Bei Wachsmalkreiden ist das Bindemittel für die Pigmente das Wachs, bei Ölkreiden das Öl. Daher ist die Wachsmalkreide wesentlich fester und härter als die Ölkreide.

Während die Wachsmalkreiden gerade für jüngere Kinder zum großflächigen und kräftigen Malen geeignet sind, erfreuen Ölkreiden mit ihren verschiedenen technischen Möglichkeiten besonders ältere Kinder und Jugendliche. Pastellkreiden können aufgrund ihrer leichten Zerbrechlichkeit erst bei entwickelter Feinmotorik bzw. kontrollierbarem Krafteinsatz – etwa ab Vorschulalter – eingesetzt werden.

Die Kreiden werden ohne Werkzeug verwendet und vermitteln daher immer auch ein intensives taktiles Erlebnis. Entsprechend ihren Fähigkeiten können die Kinder Krafteinsatz, Handmotorik und Linienführung steuern (lernen). Sie können sich in den Techniken mit realitätsgetreuen Abbildungen auseinandersetzen, ohne sich in Detailtreue und Perfektionsdrang zu verlieren. Durch die starke Farbigkeit werden die Kinder darin unterstützt, stimmungsvolle Ausdrucksbilder zu gestalten. Dies verhindert Frustrationen und fördert das Selbstvertrauen.

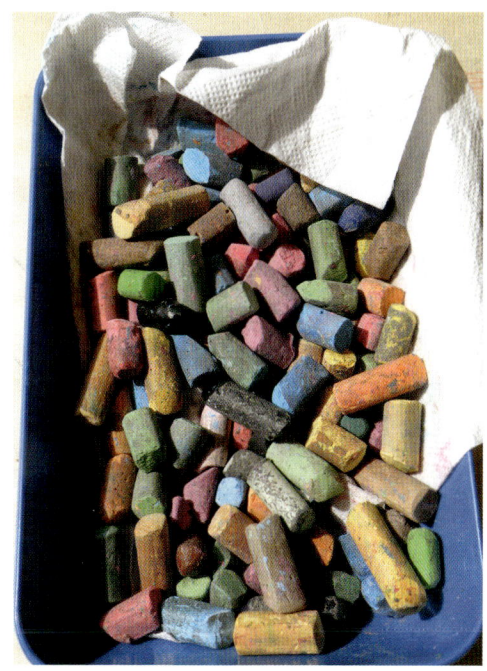

1 *Ölkreiden*

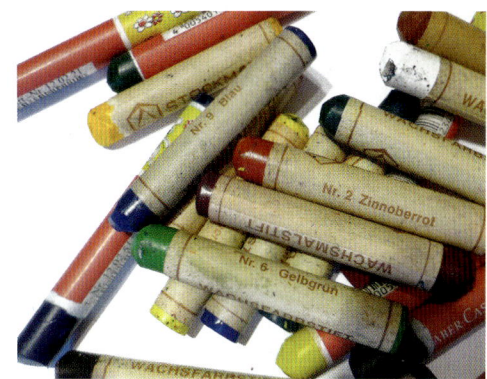

2 *Wachsmalkreiden*

Kreatives Gestalten für Kinder unter drei Jahren

Bei der Auswahl von Wachskreiden sollte darauf geachtet werden, dass sie für Kinder unter drei Jahren geeignet sind. Besonders die Wachsmalklötze können gut mit dem Faustgriff festgehalten werden. Wachskreiden halten auch dem oft noch undifferenzierten Druck und Krafteinsatz der Kleinkinder stand, ohne zu zerbrechen.

Die Kinder begeben sich beim Malen mit Kreiden auf Spurensuche nach unterschiedlichen Materialien und Techniken (,drücke oder drehe ich die Wachskreide, so ergibt sich folgende Linie'). Parallel dazu beschäftigen sie sich intensiv mit den motorischen Fähigkeiten, die sie diffe-

Wachskreideblöcke

renzieren, um ihre Mal- und Zeichenergebnisse zu verfeinern (siehe Kapitel 25 »Die Zeichenentwicklung des Kindes und Jugendlichen«). So entwickeln die Kinder aus sich heraus die Urformen (siehe Kapitel 6 »Formenzeichnen«). Diese Entwicklung kann durch die Erzieherin unterstützt werden, indem entsprechende (Natur-)Materialien und Fotos angeboten werden, z. B. Kreisbilder. Außerdem lässt sich diese Auseinandersetzung mit den Urformen gut mit Bewegungsspielen und Übungen verbinden. Die Kinder können beispielsweise einmal durch den ganzen Raum krabbeln/laufen und dabei auf einer ausgerollten Tapetenrolle eine lange Linie ziehen. Die Raumerfahrung und -richtung wird so sichtbar gemacht.

Die Kinder können zu Musik an der Wandtafel stehend malen oder sie sitzen am Boden und ziehen einen dicken Kreis um sich, indem sie sich im Kreis bewegen. Hierbei wird das Gefühl, »Nabel der Welt« zu sein aufgegriffen. Körpererfahrungen und emotional-kognitive Entwicklungen werden mit diesen Anregungen sichtbar umgesetzt.

Den Kindern sollte großes(!) und festes Papier mit unterschiedlichen Oberflächen angeboten werden, um das Experimentieren und die Wahrnehmung zu unterstützen. Außerdem sollten sie die Möglichkeit haben, sowohl am Tisch, an einer Stellwand als auch auf dem Boden arbeiten zu können, sodass sie sich motorisch frei und großzügig bewegen können.

Die meisten Ölkreiden sind für Kinder unter drei Jahren nicht geeignet, da sie giftige Stoffe enthalten. Sie können nur an Kinder gegeben werden, bei denen sicher ist, dass sie die Kreiden nicht mehr in den Mund stecken. Zum Experimentieren eignen sich auch unterschiedliche Materialien wie Kreiden mit Aquarellfarben.

Kohlekreis, auf dem Papier sitzend gezeichnet

7.2   Malen mit Ölkreiden und Wachskreiden

Material
Wachskreide als Stifte, Wachsmalblöcke, Ölkreide, verschiedene feste Papiersorten (experimentieren Sie mit verschiedenen Papiersorten!)

Gestalterische Übung
- Malen Sie ein Bild zum Thema »Fantasieblumen« mit Wachsmalkreiden. Experimentieren Sie mit Wachsstiften und Wachsblöcken.
- Malen Sie ein Stimmungsbild zum Thema »Freude« mit Ölkreiden.

Reflexion
1. Welche Beobachtungen machten Sie beim Malen mit Wachsstiften, Wachsblöcken und der Ölkreide?

3 *Blumenbild, Wachskreide*

4 *Drache, Ölkreide verwischt, Miron (5 Jahre)*

Mit der Wachsmal- oder Ölkreide kann fest aufgedrückt werden. Es ist sogar ein gewisser Kraftaufwand notwendig, um intensive Farben auf das Papier zu bringen. Es entstehen einfache Linien und Formen. Für Details und feine Striche sind diese Kreiden nicht so gut geeignet, sondern eher für flächiges, farbiges Gestalten. Mit dem Übermalen der Farbschichten entstehen neue optische Mischungen.

Die Farbaufträge haften fest auf verschiedenen Untergründen wie Papier, Karton, Holz oder auch Stoff.

Auf schwarzem Papier leuchten die Farben besonders gut.

2. **Worin liegen die Unterschiede und Gemeinsamkeiten von Wachsmalkreide und Ölkreide?**
3. **Für welche Kinder sind Wachsmalkreiden bzw. Ölkreiden gut geeignet? Stellen Sie eine Vergleichstabelle auf.**

Gerade für jüngere Kinder, deren Feinmotorik und Kraftdosierung noch nicht entwickelt ist, eignen sich für das erste Malen Wachskreiden. Wachsmalblöcke können mit der ganzen Hand gehalten werden, weshalb sie sich schon für erste Malversuche von Kindern unter drei Jahren eignen. Ältere Kinder stellen durch flächiges Übermalen und Schichten interessante Farbmischungen her.

Die weichere Ölkreide eignet sich besser für ältere Kinder. Sie kann mit dem Finger oder einem Lappen verwischt werden, wodurch weiche Konturen, interessante Farbmischungen und zarte Farbtöne entstehen.

5 *Kind malt mit Wachskreideblöcken*

Anregungen für die gestalterische Arbeit mit Kindern und Jugendlichen

♦ Strukturierte Papiere mit Wachsmalkreiden übermalen. Dadurch tritt die Struktur des Papiers deutlich hervor. Dieser Effekt kann bewusst eingesetzt werden.

♦ Da die Ölkreide auf anderen Untergründen gut haftet, können Experimente mit Ölkreide auf Holz, Glas, Pappe, Leinen, Nesselstoff oder Metall als Untergrund durchgeführt werden. Passende Themen dafür sind Räuber- und Piratengeschichten (alte Schatzkarten, Flaschen, Seeräuberfahnen …).

Tulpen auf Packpapier

♦ Herbstmotive auf braunem, rotem oder orangem Tonpapier gestalten. Auf farbigen Tonpapieren entstehen neue Bildeindrücke.

♦ Ölkreide-Leinöltechnik: Ältere Kinder übermalen die Ölkreide mit einem Leinöl-Terpentin-Gemisch. Die Farben vermischen sich dabei mit dem Leinöl. Dadurch werden sanfte Farbübergänge und Farbflächen geschaffen. Diese Bilder müssen länger trocknen. Durch das Leinöl erhalten sie eine altmeisterliche Patina, da das Öl das Papier gelblich färbt. Geeignete Themen sind beispielsweise »Meerbild« oder »Urlaub in den Bergen«.

Marienkäfer, Ölkreide auf Stoff

Ölkreide mit Leinöl

7.3   Herstellen eines Sgraffitos mit Wachskreiden

Der Begriff »Sgraffito« stammt von dem italienischen Wort »sgraffiare« (übersetzt kratzen) ab.

Material
Festes Papier, Wachsmalkreide, Kratz- und Schabwerkzeug wie Pinselstil, Zahnstocher, Nagel, feste Plastikteile zum Kratzen, schwarze Plakafarbe

Technik
Festes Zeichenpapier wird möglichst dicht und deckend mit eher hellen Wachsmalkreiden bemalt. Je dichter die Untermalung ist, desto leuchtender

6 *Sgraffito*

wirkt später das Sgraffito. Über das bunte Wachskreidebild wird mit schwarzer oder dunkler Wachskreide gemalt. Weniger Kraftaufwand erfordert das Einschwärzen/Übermalen mit schwarzer Plakafarbe. Nach dem Trocknen wird mit Kratzwerkzeug eine Zeichnung herausgekratzt. Dabei werden die darunterliegenden Farbschichten freigelegt und leuchten durch das Schwarz besonders intensiv. Achtung: Die abgekratzten Farbreste bleiben schnell überall kleben. Dies sollte beim Einrichten des Arbeitsplatzes berücksichtigt werden.

7 *Zaubervogel, Sgraffito*

Gestalterische Übung

Erproben Sie die Kratztechnik zum Thema »Zaubervogel« auf einem A5-Blatt. Zuerst malen Sie eine farbenreiche, dichte Untermalung und kratzen dann in die dunkle Übermalung aus Wachs oder Plakafarbe Ihren Zaubervogel.

Reflexion

1. **Welche Herausforderungen werden bei dieser Technik gestellt?**
   Für diese Technik muss beim Übermalen mit Kreide sowie beim Kratzen viel Kraft eingesetzt werden. Da der Gestaltungsprozess aus mehreren Teilen besteht, sind Ausdauer und Geduld erforderlich.
2. **Worauf ist in der Praxis zu achten?**
   Sgraffito eignet sich gut für Kinder ab dem Vorschulalter. Es ist darauf zu achten, dass eher kleine Formate, die leicht bewältigt werden können, gewählt werden.

Anregungen für die gestalterische Arbeit mit Kindern und Jugendlichen

- Den Untergrund kräftig bunt malen und das Bild anschließend zu einem Thema gestalten, das Gegensätze wie Tag/Nacht oder Finsternis/Licht beinhaltet.
- Ein Hexenhaus zum Märchen von Hänsel und Gretel gestalten.
- Jüngere Kinder gestalten Fische im dunklen Meer.
- Ältere Kinder wagen sich an detailliertere Weihnachtsmotive.

7.4 Malen mit Pastellkreiden

Pastellkreiden enthalten kein Bindemittel wie Öl oder Wachs, sondern bestehen aus gepressten Pigmenten. Daher sind sie sehr weich im Auftrag. Sie brauchen einen rauen Untergrund, an dem die Pigmente haften können, und müssen mit einem Fixativ (feiner Sprühkleber) an das Papier gebunden werden.

Material

Pastellkreide, Fixativ oder Haarspray, weiches Papier mit leichter Struktur, z. B. Schulaquarellpapier Häufig werden speziell für diese Technik entwickelte Büttenpapiere, Canson-Papiere, Ingrespapier oder Papiere mit Veloursoberfläche verwendet. Diese Papiere sind in verschiedenen Farben erhältlich. Die Farbe des Untergrunds beeinflusst die Wirkung des Bildes.

Technik

Die Farben werden in feinen Schichten aufgetragen, die mit den Fingern verwischt werden können. Pastellfarben lassen sich auf dem Papier sehr gut miteinander mischen. Pastellkreide eignet sich insbesondere für das Anlegen weicher Farbflächen, indem die Kreiden liegend über das Papier gezogen werden. Auf diese Farbfelder können dann die Zeichnung sowie Details gelegt werden. Beson-

ders reizvoll sind weiße Linien oder Tupfen, die zum Schluss aufgetragen werden. Sie wirken wie Lichtpunkte. Die einzelnen Farbschichten werden zwischendurch mit einem feinen Sprühfilm fixiert. Das fertige Bild wird abschließend ebenso fixiert.

Gestalterische Übung

Malen Sie nach einer kurzen Entspannung/Einstimmung ein nicht gegenständliches Bild zu dem Thema »Wärme« oder »Kälte«.

8 *Pastellkreiden*

9 *Wärme, Pastellkreiden*

Reflexion

1. **Wie konnten Sie mit der weichen Kreide arbeiten?**

   Pastellkreide ist eine weiche und leicht zerbrechliche Kreide. Sie vermalt sich sehr einfach und lässt sich besonders gut und leicht verwischen. Durch Übereinandermalen und -wischen werden neue Farbmischungen erzielt. Mit dem Wischen können weiche Schatten und Helligkeitsnuancen geschaffen werden. Es entstehen zarte Bilder mit weichen Übergängen. Auch das Zeichnen von Details ist möglich.

2. **Wie gefiel Ihnen das Verwischen der Farben?**

   Diese Technik ist besonders intensiv, da durch das Wischen mit den Fingern ein intensives taktiles Erlebnis entsteht – der Künstler ist mitten im Bild.

   Kinder lieben es, die Pastellkreiden mit den Fingern und Händen ohne Kraftaufwand zu farbintensiven Bildern zu verstreichen.

3. **Welche Schwierigkeiten können in der Praxis auftauchen?**

   Es muss darauf geachtet werden, dass die Finger vor dem Verwischen immer mit einem Lappen oder Wasser gereinigt werden, um ungewollte Farbmischungen zu vermeiden.

Anregungen für die gestalterische Arbeit mit Kindern und Jugendlichen

◆ Ein Stimmungsbild anfertigen zu den Themen »Geborgenheit« oder »Kerzenlichter«.

◆ Das Thema »Feuer« oder »Tiere« bietet sich aufgrund der intensiven Farben für alle Kinder gut an.

10 *Hase, Pastellkreiden, Minthe (6 Jahre)*

7.5   Malen mit selbst hergestellter Zuckerkreide

Material
Bunte Tafelkreide (keine Straßenkreide!), Wasser, Zucker, Tasse oder Schüsselchen, verschiedene Papiersorten (glatt, rau, gekörnt, farbig), farbiges Tonpapier, Fixativ oder Haarspray

11 *Baum auf Tonpapier, Zuckerkreide*

Technik
Zuckerkreiden lassen sich am besten gemeinsam mit den Kindern herstellen. Die bunten und weißen Tafelkreiden werden dafür in kleine Stücke gebrochen und in einem Zucker-Wasser-Bad (ca. 300 ml Wasser + 1 Esslöffel Zucker) etwa eine Stunde eingeweicht. Durch den Zucker wird die Tafelkreide gebunden. Dadurch haftet sie besser auf dem Papier und erhält mehr Leuchtkraft.
Die weiche, feuchte Kreide lässt sich ohne Druck auf dem Papier vermalen und verschmieren.
Nach dem Malen empfiehlt es sich, die getrockneten Bilder zu fixieren. Die restlichen eingeweichten Kreiden werden an der Luft getrocknet. Sie können später einfach in klarem Wasser eingeweicht und anschließend wieder verwendet werden.

Gestalterische Übung
Malen Sie mit Zuckerkreide auf buntem Tonpapier einen Baum.

Reflexion
1. **Wie konnten Sie die weiche, feuchte Kreide einsetzen?**
2. **Für welche Altersstufen ist dieses Experiment geeignet?**
   Besonders jüngere Kinder setzen gerne die Finger ein, um Farben zu verstreichen und zu mischen. Durch den weichen Charakter der Zuckerkreide ist es ein sanftes Malen und ein interessantes taktiles Erlebnis.
3. **Wie wirken Farben auf buntem Tonpapier?**
   Das Gestalten auf farbigem Papier verändert die gemalten Farbtöne, weil das farbige Papier durchscheint und bestimmte Farbkontraste verstärkt. Deshalb leuchten die Farben auf grauem Papier beispielsweise mehr als auf rotem.

Anregungen für die gestalterische Arbeit mit Kindern und Jugendlichen

◆ Kindergartenkinder setzen einfache bunte Malideen wie »bunte Bonbons« oder »Konfetti mit Luftschlangen« mit Zuckerkreide um.

◆ Ältere Kinder gestalten die verschiedenen Jahreszeiten im Zusammenhang mit dem Märchen Frau Holle (Gebrüder Grimm) auf buntem/schwarzem Tonpapier.

Bunte Bonbons, Zuckerkreide

Projektaktivität   KREIDE SELBST GEMACHT

Mit Gips und Pigmenten lassen sich einfache Kreideblöcke zum Malen selbst herstellen.

Material

Farbige Erden oder Pigmente, Gips aus dem Baumarkt, Wasser, möglichst kleine, schmale Plastikbecher

Technik

1 Teil Pigment
1 Teil Gips
in 4 Teile Wasser
einrühren und in Plastikbecher füllen. Die Becher vorher leicht(!) mit Öl einstreichen, damit sich der Gips später besser löst. Nach dem Abbinden/Erhärten des Gipses die Plastikbecher entfernen und die Kreide durchtrocknen lassen. Die griffigen Malkreiden für Straßen oder große Flächen sind nun einsatzbereit.
Mit diesen Kreiden können die Kinder auf Papier oder auch auf Straßen und Plätzen großformatige Bilder entwerfen.

Kreatives Gestalten für Kinder unter drei Jahren

Besonders kleine Kinder genießen es, mit weichen Materialien zu malen, die sich leicht verstreichen und verschmieren lassen. Die Zuckerkreide bietet eine gute Möglichkeit, auch auf farbigen Papieren zu malen und dabei andere Farbeffekte zu erfahren.

Wie ist es, zum Beispiel auf schwarzem oder rotem Papier zu malen? Bieten Sie den Kindern auch verschiedene Formate und Papierformen an. So können die Kinder einmal auf quadratischem, rundem und dreieckigem Papier zeichnen.

2 *Spachtel und Acrylfarben*

1 *Acrylfarben*

Material

Acrylfarben sind wasserlösliche, dickflüssige bis pastose Farben. Sie haben deckende Eigenschaften und trocknen schnell. Fast alle staub- und fettfreien Materialien (Bretter, Steine, Plastik, Wände, Holz, Stoff, Metall) können als Untergrund dienen. Acrylfarbe ist nach dem Trocknen wasserfest und witterungsbeständig. Beliebige kleine Materialien wie Sand oder Steinchen können in die Farbe eingebettet werden.

Da die Farben giftig sind, eignen sie sich nicht für kleine Kinder!

Es sollte immer Malkleidung getragen und der Boden abgedeckt werden, da Flecken und Spritzer nach dem Trocknen nicht mehr zu entfernen sind.

Aus Kostengründen wird häufig statt Acrylfarbe Dispersionsfarbe aus dem Baumarkt verwendet. Dispersionsfarbe enthält jedoch weniger Pigmente und ist deshalb nicht so farbintensiv. Außerdem gibt es inzwischen in Fachgeschäften auch günstige und gute Acrylfarben zu kaufen.

Als **Malgrund** eignen sich Malerabdeckpapier, dicker Zeichenkarton, Pappe und beliebige andere Materialien wie Holz, Metall oder Bodendämmpappe aus dem Baumarkt (diese kann zu verschiedenen Formaten zurechtgeschnitten werden und sollte mit Wandfarbe einmal grundiert werden; sie ist ein stabiler Malgrund).

Folgende **Werkzeug**e werden benötigt: feine und grobe, große Borstenpinsel, Malerquast, Malerrollen, Spachtel in verschiedenen Größen, Stöckchen, Bürsten, Besen, Gabeln, Kämme usw.

Gestalterische Übung

Um die Qualitäten dieser Farbe kennenzulernen, malen Sie eine »abstrakte Gestaltung« (nicht gegenständlich). Probieren Sie dabei verschiedene »Werkzeuge« aus. Malen, drucken, kratzen, rollen, schaben, kleben Sie und entdecken Sie die unterschiedlichen Möglichkeiten, Acrylfarbe zu verarbeiten.

3 *Acrylfarbe, gespachtelt und gekleckst*

4 *Keilrahmen Rückseite, unbemalt und bemalt*

Reflexion

1. **Wie empfanden Sie die Farbkonsistenz der Acrylfarbe und das Experimentieren mit den Werkzeugen?**

Die pastosen Farben werden mit dem Pinsel, aber auch mit dem Spachtel, mit Malerrollen in verschiedenen Größen sowie anderen fantasievollen Werkzeugen aufgetragen, wodurch unterschiedliche interessante Strukturen entstehen. Die Farben können mit Wasser verdünnt lasiert oder »pur« als »Brei« verarbeitet werden, dann bleiben die Malspuren sichtbar. Im Gegensatz zum Kleister-Aquarellmalen bleiben die Strukturen auch nach dem Trocknen spürbar (als Relief) erhalten. Daher ist ein spannendes Übereinanderlegen von Farbschichten mit dem Spachtel möglich. Dicke Farbkleckse oder -tropfen bleiben plastisch stehen und haben fast eine räumliche Wirkung. Ungewollte Striche oder Flächen können immer wieder übermalt und verändert werden. Dies bietet für einen längeren Gestaltungsprozess vielfältige Möglichkei-

ten – auch über Tage kann das Bild immer wieder verändert werden.

Acrylfarben eignen sich gut für ein großflächiges/großzügiges Malen, z. B. auf ausgerolltem Malerabdeckpapier, Zaunbrettern oder einer Zimmerwand.

Inzwischen gibt es Keilrahmen auch sehr günstig fertig zu kaufen. Das Malen auf Leinwand/Nessel ermöglicht eine ganz andere Erfahrung als auf Papier.

2. **Wie gelang Ihnen das gegenstandsfreie Malen und was bewirkt es?**

3. **Ziehen Sie einen Vergleich zur Aquarellfarbe, insbesondere im Hinblick auf die Besonderheiten beider Techniken.**

Die besonderen Merkmale der Acrylfarben sind im Vergleich zu Aquarell- und Wasserfarben die dickere Konsistenz und die deckende Eigenschaft, die ganz andere Malerfahrungen als mit Wasserfarben ermöglichen. Die Farbe trocknet schnell an und kann bald weiter bemalt werden, ohne dass sich die untere Farbschicht auflöst.

Aufgaben

1. Finden Sie für verschiedene Altersstufen Projektideen und Gemeinschaftsarbeiten für das Arbeiten mit Acrylfarben.

2. Welche Entwicklungsprozesse des Kindes und Jugendlichen können in Projekten mit Acrylfarbe aufgegriffen werden?

3. Was muss bei der Planung und Durchführung einer Stadtteilaktivität, bei der in einem öffentlichen Raum (Jugendzentrum …) gestaltet werden soll, berücksichtigt werden? Beachten Sie dabei sowohl die Kommunikation innerhalb der Kinder/Jugendlichen als auch die Kommunikation nach außen, also z. B. mit Behörden. Erstellen Sie eine Checkliste.

Anregungen für die gestalterische Arbeit mit Kindern und Jugendlichen

◆ Vorschulkinder bemalen kleine, quadratische Leinwände (20 x 20 cm) und fügen alle einzelnen Bilder dann zu einem großen Gemeinschaftswerk zusammen. Als Thema eignet sich ein abstraktes Experimentieren mit Farben und Formen. Zusätzlich können kleine Steinchen und Perlen eingeklebt werden. Die einzelnen Quadrate werden auf eine große Holzplatte geleimt.

◆ Mit Acrylfarbe andere Materialien als Papier bemalen. Glasflaschen erhalten z. B. mit Acrylfarben ein ganz neues Design.

◆ Acrylfarbe eignet sich auch für großflächige Gruppenarbeiten. Die Kinder setzen sich dabei auch mit dem Mischen von bunten Farben, z. B. mit weißer Farbe, auseinander. Anschließend lassen sich weitere Materialien einkleben.

Acrylfarbe auf Glas, Larissa

◆ Grundschulkinder gestalten eine Fahne aus Nesselstoff mit dem »eigenen Wappen«. Dafür können großformatige Bilder von Räubern, Piraten oder Rittern entstehen.

◆ Mit Jugendlichen werden aus Keilrahmenleisten und dickem Nesselstoff Keilrahmen gebaut und bespannt. Der bespannte Nesselstoff wird mit weißer Wandfarbe zweimal grundiert, da der Stoff sonst die Farbe zu sehr aufsaugt. Auf den selbst gebauten Keilrahmen malen die Jugendlichen abstrakte Stimmungsbilder zu den Themen »Trauer«, »Wut«, »Liebe« oder »Tod«. Leinwände können inzwischen auch in vielen Geschäften günstig gekauft werden und müssen daher nicht unbedingt selbst hergestellt werden.

Acrylfarbe mit Papiercollage, Gruppenarbeit

◆ Jugendliche haben auch schon die Ausdauer und Kraft, größere Projekte wie die Gestaltung einer Wand im Freizeitheim durchzuführen. Dies kann in einer Gemeinschaftsarbeit entstehen. Die Jugendlichen müssen sich organisieren, planen und abstimmen. Sie haben einen eigenen Platz für ihre Themen und finden ihre Ausdrucksformen. Dies unterstützt die Identitätsfindung und den Ablöseprozess vom Elternhaus.

Acrylfarbe auf Leinwand

9   GESTALTEN VON KÖRPERBILDERN

Material
Malerabdeckpapier, bunte Wachs- oder Ölkreide, flüssige Farben wie Tempera- oder Acrylfarbe, Pinsel, Lappen, Wasser

Technik
Auf Malerabdeckpapier wird der Umriss einer liegenden Person mit Kreide nachgezeichnet. Das entstandene Körperbild wird anschließend nach eigenen Vorstellungen angekleidet und bemalt.

Dabei können auch die Fantasie und Berufswünsche Ausdruck finden: »Einmal eine Fee sein …« Zum Schluss können alle Körperbilder ausgeschnitten und als lange Kette nebeneinander aufgehängt werden.

1 *Erstes Körperbild zur Körperwahrnehmung*

2 *Bemaltes Körperbild, Nina (7 Jahre)*

Reflexion

Was bedeuten Körperbilder für die eigene Wahrnehmung?

Die Kinder bekommen mithilfe von Körperbildern eine sichtbare Vorstellung von der eigenen Größe und Körperlichkeit. Sie können Messungen (mathematisches Verständnis) vornehmen und diese eintragen: Wie lang ist ein Bein? Wie dick ist der Bauch? Auch die Beschäftigung mit Organen und Körperfunktionen kann mit einem Körperbild unterstützt werden. Die Kinder können sich besser wahrnehmen und vertiefen das biologische Verständnis ihres Körpers. Der Spaß an der selbst gewählten Bemalung/Verkleidung unterstützt das Spiel mit Rollenbildern. Eigene Ausdrucksformen für die Eigenwahrnehmung sowie für Wünsche und Fantasien bezogen auf die Identität und Rollen können ausprobiert werden.

Anregungen für die gestalterische Arbeit mit Kindern und Jugendlichen

- Zu Beginn des Kindergarten- oder Schuljahres Körperbilder anfertigen und die Bilder dann in der Vorstellungsrunde nutzen.

- Körperbilder zu speziellen Themen gestalten, z. B. »Beruf« oder »Karneval«.

Kreatives Gestalten für Kinder unter drei Jahren

Körperwahrnehmung in allen Facetten ist die Grundlage für die gesamte Entwicklung der Kinder. Mit Fingern oder Körperfarben können die Kinder sehr taktile Erlebnisse haben und sich damit ihre Hände und deren Bewegungsmöglichkeiten bewusst machen. Meist wollen die Kinder auch weitere Körperteile anmalen und das Gefühl der Farben am Körper kennenlernen. Da Kinder ebenso ein großes Vergnügen daran haben, Spuren zu hinterlassen, können sie mit den bemalten Körperteilen auch auf Papier malen. Welche Spuren hinterlassen meine Füße oder mein Po?

Quarkfarbe herstellen

- 500 g Speisequark

- mit Lebensmittelfarbe und

- 100 ml Wasser anrühren.

Diese Farbe kann als Körperfarbe und zum Malen auf Papier verwendet werden.

Intensive Körperwahrnehmung durch Körperbemalung und Abdrücke auf Tapete

1 *Jackson Pollock: Nummer 25, 1950*

Jackson Pollock (1912 bis 1956) war ein US-amerikanischer Maler. Seine Stilrichtung gehört zum Action Painting und abstrakten Expressionismus. Er hat sehr große Bildflächen mit getropften und gegossenen Farbspuren und Spritzern gestaltet. Die Eigenbewegung dieser Spuren war ein wichtiges Gestaltungsmittel. So sind riesige, dynamische Bilder mit rhythmischen Liniennetzen entstanden.

Expressionismus: Expressionismus ist eine künstlerische Stilrichtung des frühen 20. Jahrhunderts, die sich vor allem in Deutschland entwickelte. Kennzeichnend ist die Darstellung von Impulsen, Gefühlen und Befindlichkeiten durch eine großflächige, stark konturierte Formsprache mit starken Farb- und Proportionskontrasten. Zur Steigerung des Ausdrucks wird auf ein realistisches Abbilden verzichtet. Themen wie Widerspruch der Geschlechter, Krieg und Revolution stehen im Mittelpunkt. Expressionistische Künstler und Künstlerinnen waren u. a. Emil Nolde (1867 – 1956), Paula Modersohn-Becker (1876 – 1907), Gabriele Münter (1877 – 1962), Marc Chagall (1887 – 1985), Alexej von Jawlensky (1865 – 1941), Wassily Kandinsky (1866 – 1944). Als bekannte Künstlervereinigungen des Expressionismus wurde 1905 »Die Brücke« in Dresden und 1911 »Der Blaue Reiter« in München gegründet.

Material

Dosen, Plastik- und Metallgefäße, flüssige Farben, Malerabdeckpapier oder Tapetenrollen (Baumarkt), Nagel oder Ahle zum Lochstecken

Technik

In den Boden leerer Plastikgefäße wird ein kleines Loch gestochen, damit die flüssige Farbe herauslaufen kann (evtl. die Farbe verdünnen, um die richtige Fließkonsistenz zu erhalten). Die Plastik- oder Metallgefäße werden mit drei Schnüren zum Aufhängen und Schwingen versehen (dafür drei

2 *Gabriele Münter: Äpfel auf Blau, 1908/09*

Löcher im gleichen Abstand am oberen Rand der Gefäße bohren). Nun werden die Farbgefäße über das großzügig ausgelegte Malerabdeckpapier am Boden oder auf großen Tischen geschwungen. Sie hinterlassen dabei farbige Spuren und Kleckse. Es ergeben sich engere und weitere Liniennetze. Die dynamische Bewegung des Schwingens bleibt sichtbar. Die sich überlagernden Farblinien schaffen eine eigenwillige Raumwirkung.

Das sogenannte Dripping kann mit Pinsel- und Spachtelarbeit ergänzt werden.

Auch das Arbeiten auf farbig grundiertem Papier wirkt faszinierend.

3   *Farbdripping*

Reflexion

Welche Erfahrungen machten Sie mit dieser »Maltechnik«? Worauf mussten Sie achten?

Beim Farbdripping wird die Farbe sehr indirekt durch die Bewegung der tröpfelnden Farbdosen auf den Malgrund gebracht. Linien und Punkte sind dabei hauptsächlich dem Zufall überlassen. Das Bild entsteht vor allem durch Wiederholungsbewegungen und das Prinzip der Streuung und Verdichtung einzelner Farbspuren. Gleichzeitig schützt das Experimentieren mit diesen zufälligen Spuren vor überhöhten Ansprüchen. Die genaue Beobachtung und die entsprechend eingesetzte Feinmotorik werden gefördert, da sich nur so spannende Ergebnisse erzielen lassen. Kinder, die wenig Interesse an klassischen Malmaterialien und Techniken haben, lassen sich meistens mit Action Painting motivieren.

Hier steht der Prozess des Malens mit ganzem Körpereinsatz im Vordergrund!

Action Painting *(engl., »Aktionsmalerei«) bezeichnet eine Kunstrichtung der modernen Malerei ab 1950 innerhalb des abstrakten Expressionismus. Durch Jackson Pollock wurde sie auch international bekannt.*

Anregungen für die gestalterische Arbeit mit Kindern und Jugendlichen

◆ Die Themen »Chaos!?«, »Windhose« und »Weltraum-Galaxie« umsetzen. Dafür kann auch schwarzes Papier verwendet werden. Kindergartenkinder experimentieren ohne Thema.

◆ Eine Variante des Action Paintings ist es, die Farbe mit großen Pinseln oder Quastpinseln auf ein Papier zu spritzen und zu schleudern. Dafür das Papier am besten großformatig auf dem Boden auslegen und hinterher zurechtschneiden.

11 FARBVERFREMDUNG

Aus der Erfahrung ordnen wir Gegenständen immer bestimmte Farben zu: Der Himmel ist blau, ein Apfel ist rot usw. Haben diese Dinge eine andere Farbe, erscheinen Sie auf den ersten Blick fremd. Eine Farbverfremdung, z. B. ein roter Hase, lässt die Welt neu wirken – Sehgewohnheiten werden infrage gestellt.

Der Aspekt der Verfremdung findet sich auch bei der Technik der Collage (siehe Kapitel 18 »Collagen gestalten«) wieder. Gegenstände, Papiere, Bildausschnitte usw. werden in neue Zusammenhänge gebracht.

Einstimmung
Bildbetrachtungen von Künstlern geben Anregungen für farbliche Verfremdung, z. B. das Bild »Blaues Pferd« von Franz Marc.

Franz Marc *(1880 bis 1916) war deutscher Maler. Er gründete in München die Künstlervereinigung »Der Blaue Reiter« mit und ist ein bedeutender Vertreter des deutschen Expressionismus. Seine bekanntesten Motive zeigen Tiere.*

1 *Franz Marc: Blaues Pferd, 1911*

Gestalterische Übung
Malen Sie ein Tier Ihrer Wahl in Blau, Rot oder Gelb, z. B. einen blauen Elefanten sowie eine blaue Landschaft. Setzen Sie den Hintergrund deutlich ab.

Reflexion
Was passiert, wenn wir Gegenstände, Menschen, Tiere und Pflanzen in fremden Farben (an-) malen?

Die Irritation fordert dazu auf, die Form der Gegenstände genau wahrzunehmen, mit der Farbe zu spielen und dann zu entdecken, welche Wirkung dabei entsteht.

Auch Menschen, Tiere und Pflanzen erhalten eine andere Wirkung, wenn sie in einer ungewöhnlichen Farbe dargestellt sind. So entsteht beispielsweise eine ganz eigene Stimmung in einem blauen Wald.

2 *Roter Hase*

Anregungen für die gestalterische Arbeit mit Kindern und Jugendlichen

Kinder sammeln Gegenstände aus dem Alltag, die nicht mehr gebraucht werden, z. B. ein Paar alte Schuhe. Die Schuhe werden auf einem festen Untergrund (Holz, Pappe) befestigt und monochrom oder bunt mit Acrylfarbe angemalt. Wie wirken die Schuhe jetzt?

Schuhverfremdung, Miro (5 Jahre)

1 *Acrylfarbe mit Sand vermischt*

2 *Acrylfarbe mit gestreutem Sand und Ästen*

Material

Acrylfarbe, dicke Malkartons als Untergrund, Dämmpappe aus dem Baumarkt oder Pressspanbretter, die mit weißer Wandfarbe vorgrundiert wurden, Pinsel, Spachtel in verschiedenen Größen, Wasser, Farbpigmente und Marmormehl (aus dem Künstlerbedarfladen), Quarzsand (aus dem Garten oder Baumarkt), Gefäße zum Anrühren, lose Farbpigmente (Achtung: Viele Farbpigmente sind giftig!)

Technik

Mit Quarzsand oder Marmormehl kann die Acrylfarbe noch dicker angerührt werden. Diese pastose Farbmasse lässt sich mit deutlichen Strukturen auftragen und mit dem Spachtel schichten, sodass sich reliefartige Höhen und Tiefen bilden und eine räumliche Wirkung entsteht. Zusätzlich können in diese Farbschichten Zeichnungen gekratzt werden.

Gestalterische Übung

Experimentieren Sie mit den dicker angerührten Acrylfarben. Verwenden Sie dabei auch den Spachtel.

Reflexion

1. **Welche Erfahrungen machten Sie bei der Arbeit mit der dicken, schweren Farbe?**
   Die angedickte Acrylfarbe ist schwerer aufzutragen. Alle Strukturen sind leicht zu erkennen und können als Gestaltungsmittel eingesetzt werden. Insgesamt ist es ein schwerer Farbauftrag und nicht jedem gefällt die grobe, raue Oberfläche.
2. **Welchen Reiz hat diese Technik für Sie?**

Anregungen für die gestalterische Arbeit mit Kindern und Jugendlichen

- ◆ Themen wie »Erdschichten«, »Erdhöhle«, »Vulkane« oder einfache Ornamente bieten sich für alle Altersgruppen an.

- ◆ Vorschulkinder kratzen erste Buchstaben in die Sandbilder.

- ◆ Ein spannendes Experiment für ältere Kinder ist es, über die dick aufgemalte Acrylfarbe lose Farbpigmente zu streuen. Dabei bleibt der pulverige, leichte Charakter der ungebundenen Pigmente erhalten. Einzelne Farbflächen werden so hervorgehoben und betont.

Acrylfarbe mit weißen Pigmenten bestreut

Einstimmung

Farben lassen sich leicht selbst herstellen. Kinder lernen dabei den Unterschied zwischen Mineralfarben, die aus pulverigen Pigmenten gebunden werden, und Pflanzenfarben, die meist aus Pflanzensäften gewonnen werden. Außerdem entdecken sie durch das Experimentieren ganz eigene Farbnuancen und -konsistenzen.

Früher stellten die Maler ihre Farben aus im Mörser zerriebenen Erden und Steinen her. Sie vermischten sie mit verschiedenen Bindern wie Öl, Eiweiß oder Quark (Kasein).

Auch heute können solche Farben selbst gemischt werden.

Bindemittel

Es gibt **natürliche Binder** und künstlich hergestellte Binder. Ein natürliches Bindemittel für Farbpigmente ist die Ei-Öl Mischung:

Ei-Öl-Tempera

1 Ei (= 1 Raumteil)
1 Raumteil Leinöl $\Big\}$ miteinander verquirlen
3 Raumteile Wasser

Anschließend das Farbpulver zugeben und alles zu einem Brei verrühren. Das Bindemittel bleibt im Kühlschrank einige Wochen haltbar. Farbpigmente jeweils kurz vor Gebrauch einrühren!

Ein weiteres natürliches Bindemittel ist Kleister. Angerührter Kleister wird im Verhältnis 1 : 1 mit den vorab eingesumpften Pigmenten gemischt. Farben, die sich nicht gut im Wasser auflösen, wird ein Spritzer Spiritus hinzugefügt.

Künstlicher Binder ist im Baumarkt erhältlich. Dieser wird mit Wasser angerührt und anschließend das Pigmentpulver untergemixt. Die mit künstlichem Binder hergestellten Farben binden besser als die mit Kleister gemischten, sind aber giftig. Je nachdem, wie viel Pigmentpulver zum künstlichen Binder zugegeben wird, entsteht eine dünnflüssige oder pastose Farbe.

Material

Kleine verschließbare Behälter, Borstenpinsel, Spachtel, Stöckchen, Wasser zum Verdünnen und Pinselauswaschen, festes Papier, Pigmente (im Künstlerbedarf erhältlich – auf Ungiftigkeit achten), Bindemittel

1 *Erdpigmente mit Bindemittel angerührt*

2 *Selbst hergestellte Kreideklötzchen aus Erdpigmenten*

Technik

Das Pigmentpulver wird mit dem Bindemittel so vermischt, dass ein dickerer oder leicht flüssiger Brei entsteht. Der Farbbrei wird nun auf das feste Papier aufgetragen. Auch gekühlt und luftdicht verschlossen sind die Farben nur eine kurze Zeit haltbar. Daher sollten die Pigmente möglichst je nach Bedarf frisch dem Bindemittel zugefügt werden.

Gestalterische Übung

Rühren Sie verschiedene Erdfarben mit Pigmenten und einer Ei-Öl-Tempera als Binder an. Gestalten Sie ein Bild zum Thema »Erde«.

Reflexion

1. Welchen Eindruck haben Sie von den selbst gemischten Farben?
2. Wie gestaltet sich das Malen mit diesen Farben?

   Das Malen mit den selbst gemischten Farben fühlt sich meist anders an als mit fertigen Farbmischungen, da die Konsistenz oft dünner und rauer ist. Wenn nur ungiftige Erdpigmente verwendet werden, ist es außerdem gewöhnungsbedürftig, nur mit einer eingeschränkten Farbpalette arbeiten zu können.

   Die Malergebnisse erscheinen je nach Bindemittel glänzend (Öl-Binder) oder sehr matt (künstlicher Binder).

   Durch eine unterschiedliche Farbkonsistenz und Pigmentverteilung entstehen sehr lebendige und interessante Effekte.

»Erdpigmente ergeben eine ganz eigene Farbpalette. Eine richtig gute Bereicherung!«
(Hille, Schülerin)

3 *Malen mit Farben aus Erdpigmenten*

4 *Vulkan, Erdpigmentfarbe auf Tapete*

Projektaktivität   **FARBEN AUS WALD UND WIESE**

Einstimmung

Für diese Aktion kann den Kindern zur Einführung die Geschichte von der Maus Frederick (Leo Lionni) erzählt werden, die Farben für den kalten Winter sammelt. Mit kleinen Papierschnitzeln in verschiedenen Farben werden die Kinder draußen auf Entdeckungstour geschickt. Ihre Aufgabe ist es, die Farben in Wald und Flur wiederzufinden und sich anschließend an einem Treffpunkt zu sammeln. Die Papierschnitzel mit den gefundenen Farben werden geordnet und ausgestellt. Dabei können Informationen über Namen und Verwendung der Pflanzen vermittelt werden. So lassen sich naturwissenschaftliche und künstlerische Lernerfahrungen verbinden. Außerdem kann den Kindern erzählt und eventuell sogar gezeigt werden, dass früher Stoffe und Wolle mit Pflanzen gefärbt wurden.

Anschließend geht es in die Farbenküche: Dort finden sich verschiedene Früchte und Säfte, Gewürze und Schalen, aus denen sich Farben herstellen lassen.

Material

Rote Bete, Karotten, Holunderbeeren, braune und rote Zwiebelschalen, schwarzer Tee, Kamillentee, Roibuschtee, Kaffee, Hagebuttenschalen, Klee, Salbeiblätter, Möhrenkraut, Walnussblätter, Birkenblätter, Löwenzahnblätter

Werkzeug

Töpfe zum Einkochen, Gläser mit Verschluss, Sieb, Schüsseln, Reibe, Küchenmesser, Herd, Kittel

Technik

Die zerkleinerten oder geriebenen Zutaten werden mit wenig Wasser aufgekocht und anschließend etwa 15 bis 30 Minuten geköchelt. Nach dem Abkühlen wird der Sud durch ein Sieb gefiltert. Um mehr Farbintensität zu erhalten, müssen einige Säfte oder Tees länger erhitzt werden. Mit einem Spritzer Essig kann der Farbton verstärkt werden. Einfach experimentieren! Am besten liegen kleine Probepapiere zur direkten Beobachtung der gewonnenen Farben bereit.

Kakao sowie die Gewürze Safran und Kurkuma (Gelbwurz) werden nur mit heißem Wasser angerührt. Karottensaft wird frisch gepresst verwendet. Grüne Walnussschalen müssen einen Tag in etwas Wasser vorgeweicht werden, der gesiebte Saft färbt braun.

Aus Pflanzenfarben entstehen sehr zarte, weiche Farbtöne. Gekühlt und luftdicht verschlossen halten sich die Farblösungen eine Weile.

Geräte und Schüsseln für die Farbküche

Anregungen für die gestalterische Arbeit mit Kindern und Jugendlichen

◆ Kinder ab Vorschulalter können ihre Farberfahrungen aus dem Wald auf das Papier bringen. Sie werden am besten mit feinen Haarpinseln auf Aquarellpapier gemalt. Die vermalten Farben sind nicht lange lichtecht, d. h., sie verblassen schnell.

◆ Das alte Buch »Etwas von den Wurzelkindern« (Sibylle Olfers) kann sehr anregend für die Projektaktivität sein. Die Wurzelkinder bringen nach dem grauen Winter den Blumen im Frühling die Farben zurück.

◆ Ältere Kinder legen Farbrezepte an, die aus ihren eigenen Pflanzenfarbenexperimenten entstanden sind, und kolorieren sie.

Heidelbeer- und Blattgrünfarbe mit Petersilie

Aufgaben

1. Informieren Sie sich, welche Pflanzen früher und heute noch zum Färben von Stoffen und Wolle benutzt werden.

2. Planen Sie zusätzlich zur eben beschriebenen Projektaktivität eine ergänzende Färbeaktion von Textilien und Wolle und verbinden Sie diese mit textilen Gestaltungselementen (siehe Kapitel 37 »Verarbeitung textiler Materialien«).

Projektaktivität   MALEN WIE IN AFRIKA

Als Einführung eignen sich die Bilder aus dem Buch »Die Farben Afrikas« von Margaret Courtney-Clarke. Dazu kann den Kindern erzählt werden, wie die Frauen in Afrika Farben herstellen: Sie nehmen dafür die Elemente, die ihnen zur Verfügung stehen: Erde, Urin, Dung, Pflanzen und eventuell Wasser. Die selbst gewonnenen Farben werden mit den Händen direkt auf die Hauswände aus Lehm aufgetragen. Dabei entstehen durch die unterschiedlichen Handabdrucke interessante Muster. Manchmal stellen die Frauen aus Stöckchen, deren Spitzen sie faserig zerstampft haben, Pinsel her. Die Frauen bevorzugen einfache, geometrische Muster und Formen. Da es in

Afrika selten regnet, bleiben die Wandmalereien lange erhalten und werden daher nur alle paar Jahre neu gestaltet.

Wandmalerei in Afrika

Material

Sand, Erde, Erdpigmente, Bindemittel (siehe Kapitel 13 »Farbküche – Farben selbst herstellen«), kleine verschließbare Gefäße, Borstenpinsel und selbst hergestellte Malwerkzeuge, festes, grobes Papier oder Steinuntergrund

Technik

Die Kinder sammeln aus der näheren und ferneren Umgebung verschiedenfarbige Sande und Erden. Sie lieben es auch, weiche Steine oder alte Ziegel zu zerreiben und diese als Farbpigmente zu verwenden. Zusätzlich empfiehlt es sich, Erdpigmente im Fachgeschäft zu erwerben. Umbra, Umbra gebrannt, Siena, Siena gebrannt, grüne Erde, Braunocker, Rotocker, Gelbocker, Kasseler Braun, Tonerde weiß und Rußschwarz ergänzen die eigene gesammelte Erdfarbenpalette.

Die Sande und Erden werden mit einem feinen Sieb von Unreinheiten und groben Stücken befreit. Nun können mit den Bindemitteln Farben angerührt werden. Am besten erproben die Kinder auf kleinen Papierstücken, wie es sich mit den Erdfarben malt. Danach können auch großformatige Bild- oder Steinflächen gestaltet werden – allein oder als großes Gemeinschaftswerk.

Erdpigmente

Gestalten mit Erdpigmentfarben auf Leinwand

Anregungen für die gestalterische Arbeit mit Kindern und Jugendlichen

◆ Nur mit Wasser angerührte, farbige Erden mit Besen oder Pinselquasten auf Straßen und Plätze aufmalen. Der Regen wäscht die Farben später wieder weg.

◆ Die Projektaktivität »Malen wie in Afrika« in ein »Afrika-Projekt« mit afrikanischen Märchen (Sprache), Musik, Tanz, afrikanischen Symbolen (Schrift) auf Stoff, Bauen eines Tonofens, Kochen von afrikanischen Speisen einbinden.

1 *Temperafarbenpucks*

2 *Gouachefarben*

Einstimmung

Gouache und Temperafarben sind deckende Wasserfarben. Daher können mit diesen wässrigen Farben auch dunkle Farbflächen hell übermalt werden, eine Technik, die mit Aquarellfarbe nicht möglich ist. Mit Deckweiß lassen sich die Farben aufhellen und weiße Übermalungen ausführen. Im Gegensatz zur Acrylfarbe sind die Farben auch nach dem Trocknen noch wasserlöslich.

Der Farbauftrag erscheint »samtig matt« und sanft. Die Farben lassen sich problemlos mit anderen Techniken kombinieren, wie z. B. mit Bleistift, Kohle, Kreiden oder Collagen. Temperafarben gibt es getrocknet und in runde Formen gepresst als sogenannte Pucks für Farbkästen. Sie sind am besten für Kinder geeignet. Die Farben sind aber auch als Pulver oder Farbpaste erhältlich. Je nach den beigefügten Zusätzen können sie für die Herstellung von Fingerfarben oder anderen Farben verwendet werden.

Achtung: Es gibt auch Öltemperafarben, die wie Ölfarben verarbeitet werden und daher für kleine Kinder nicht geeignet sind.

Die eher flüssigen Gouachefarben gibt es als Schulgouache günstig in Plastikflaschen zu kaufen.

Material

Gouachefarben oder Temperafarben in Pucks (Blöcken) zum Anreiben, Pinsel, Wasser, Deckweißtube, Farbbecher/Teller für die flüssige Gouache, einfache Papiere: Schulmalblöcke (große Formate!), raue oder glatte Papiere, Karton oder Pappe, Pinsel, Spachtel

Technik

Die Verarbeitung flüssiger Gouachefarbe ist ähnlich wie die Verarbeitung der Acrylfarbe. Die Farbe wird direkt aus den Farbbechern oder mit Wasser verdünnt auf das Papier aufgetragen. Es ist möglich, mehrere sich überdeckende Schichten zu malen. Die gemalte Farbe kann auch nach dem Trocknen noch abgewischt werden.

Beim Arbeiten mit den Farbkästen muss die trockene, feste Farbe erst mit dem feuchten Pinsel angerieben und angerührt werden, bevor sie vom Pinsel aufgenommen und vermalt werden kann. Diese Technik muss erst eingeübt werden und ist daher eher für ältere Kinder geeignet, die schon die notwendige Handmotorik, Ausdauer und Konzentration entwickelt haben.

Gestalterische Übung

◆ Malen Sie die Stimmung eines Regentags mit Gouache oder Temperafarben.

3 *Regentag, Temperafarben*

◆ Malen Sie ein abstraktes Motiv mit Gouache-farben.

4 *Bäume am Fluss, Gouache, Anette*

Reflexion

Welche Unterschiede oder Gemeinsamkeiten mit anderen Techniken fallen Ihnen auf?

Die Gouachefarbe lässt sich weicher und cremiger auftragen als Acrylfarbe. Da sie wasserlöslich bleibt, kann sie außerdem wieder weggewischt oder angelöst werden. Daher sind andere Gestaltungsmöglichkeiten gegeben und weniger Sicherheitsmaßnahmen erforderlich. Im Vergleich zur transparenten Aquarellfarbe bietet sie die Vorteile, dass sich »Fehler« übermalen lassen und dass Farbmischungen einfach mit Weiß herzustellen sind. Außerdem können mit Weiß Höheneffekte erzielt werden. Die Eigenschaften der Temperafarben sind ähnlich. Temperafarben haben den besonderen Vorteil der praktischen Aufbewahrung und Transportmöglichkeit als feste Pucks in Farbkästen. Es erfordert jedoch ein gewisses motorisches Geschick, die Farbpucks anzulösen.

Anregungen für die gestalterische Arbeit mit Kindern und Jugendlichen

◆ Jüngere Kindergartenkinder erhalten nichtgegenständliche Anregungen zu Themen wie z. B. »Farbentanz« oder »Blaue Stunde«.

◆ Ältere Kinder malen mit Gouache auf zwei Meter langem, ausgerolltem Malerabdeckpapier den »Riesen Dragomir« in Gemeinschaftsarbeit. Dieser kann dann im Gruppenraum aufgehängt werden.

◆ Beobachtungen in der Natur lassen sich mit Temperafarbe oder Gouache hervorragend in einem Bild festhalten.

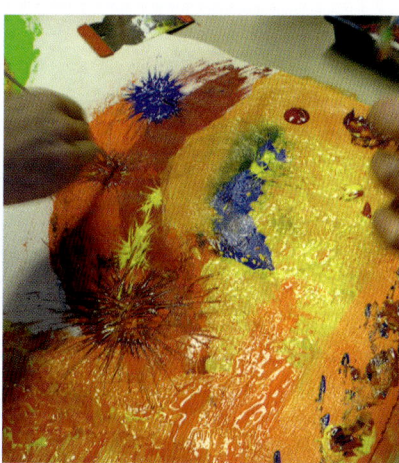

Malen mit flüssiger Temperafarbe

Baum, Temperafarben, Jan (8 Jahre)

15   FINGERFARBEN – FÜR KLEINE SCHMIERFINKEN

Einstimmung

Schon für die Kleinsten ist das Arbeiten mit Finger-farben ein großes Vergnügen. Die Farben haben eine breiige Konsistenz, mit der es sich leicht schmieren und malen lässt. Sie sind wasserlöslich, leicht abwaschbar und nicht giftig! Es gibt sie in Flaschen und Dosen zu kaufen. Fingerfarben las-sen sich auch einfach selbst herstellen. Damit die Kinder die Farben ungehemmt ausprobieren kön-nen, empfiehlt es sich, Malkittel anzuziehen und die Arbeitsfläche abzudecken.

Material

Fingerfarben, Schälchen zum Abfüllen, große Bögen stabiles Papier oder alte Tapetenrollen, Malerabdeckpapier, Mallappen, Malkittel

Gestalterische Übung

Experimentieren Sie ohne Thema mit den Finger-farben und lenken Sie Ihre Aufmerksamkeit auf den Malprozess.

Reflexion

1. Wie erfuhren Sie den direkten Kontakt der Fin-ger und Hände mit der Farbe und dem Unter-grund?

   Werden Finger und Hände als Malwerkzeug benutzt, ist die glibberige Farbe auf der Haut zu spüren und die Bewegungen und Berührun-gen auf dem Papier sind deutlich wahrzuneh-men. Dies vermittelt sehr direkte und deutliche Reize: Zu dem visuellen Farberleben kommen noch weitere Sinneswahrnehmungen (taktile und kinästhetische) hinzu.
2. Was für Bilder sind entstanden?
3. Welche Wirkung hatte der Malprozess auf Sie?

1 *Fingerfarben*

2 *Hier werden Fingerfarben ausprobiert, Tina (1,8 Jahre)*

Kreatives Gestalten für Kinder unter drei Jahren

Schwungvolles Malen mit Fingermalfarben, Miron (2 Jahre)

Käfer, Fingermalfarben, Johannes (2,5 Jahre)

Gerade den jüngeren Kindern unter drei Jahren, die noch ganz in der Körperbewegung und der sinnlichen Wahrnehmung verankert sind, gibt das Malen mit Fingerfarben wichtige Erfahrungsmöglichkeiten. Das Gestalten mit Fingerfarben entspannt und regt dazu an, großzügig über das gesamte Blatt mit ganzem Körpereinsatz zu malen. Meist werden beide Hände benutzt und die Kinder genießen das weiche Schmieren und Streichen mit der weichen Farbpaste. Die taktile kinästhetische Wahrnehmung wird gefördert. Das Erkunden des Materials in der Auseinandersetzung mit dem eigenen Körpe wird angeregt. Durch die taktilen Erfahrungen werden die Kinder angeregt, ihre Handmotorik zu differenzieren. Wie bei der Kleistermalerei (siehe Kapitel 5.6 »Kleisterbilder mit Aquarellfarben«) sollten die Kinder auch bei der Arbeit mit Fingerfarben nicht gedrängt werden, wenn Abneigungen oder zu große Hemmungen bestehen. Manche Kinder finden über das Zuschauen später einen eigenen Zugang zu diesem Malmaterial. Für das Malen sollten verschiedene Malgründe angeboten werden, z. B. Pappe, Stoff, Plexiglas usw. Insbesondere das »Sich-selbst-Bemalen« ist eine wichtige Erfahrung sehr sinnlicher Art (siehe unten).

Anregungen für die gestalterische Arbeit mit Kindern und Jugendlichen

Körpermalfarbe herstellen
1 Tasse Maisstärke
½ Tasse Wasser
½ Tasse Körpercreme
einige Tropfen Lebensmittelfarbe
(Die Farbe lässt sich leicht aus Textilien wieder auswaschen.)

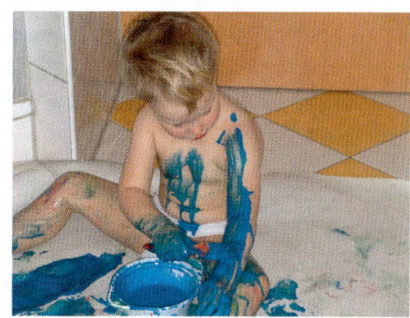

Im Sommer malen sich die Kinder mit den Fingerfarben selbst oder gegenseitig den Körper an. Diese Technik wird als **Body Art** bezeichnet. Das Tabu, sich nicht zu beschmutzen, wird verwandelt in ein körperbetontes

Am liebsten malen die Kinder sich selbst an

sinnliches Spiel mit Farbe: »Wenn ich so blau bin, bin ich wie der Himmel.« Der eigene bemalte Körper wird zum Kunstwerk. Das Anmalen ist außerdem ein sehr sinnliches körperliches Erleben, angefangen beim Auftragen der Farbe, beim Trocknen der Farben, beim Spielen mit der Bemalung bis hin zum Abwaschen, verbunden mit der Äußerung: »Igitt, das Abwaschen war blöd!«

Projektaktivität   PUDDINGFARBE

Puddingfarbe ist ganz leicht selbst herzustellen. Das Besondere an dieser Farbe ist die puddingartige Konsistenz, die selbst nach dem Trocknen eine **fühlbare** Struktur hinterlässt, im Gegensatz zu Kleisterstrukturen (siehe Kapitel 5.6 »Kleisterbilder mit Aquarellfarben«), die beim Trocknen verschwinden. Außerdem ist das Malen und Experimentieren mit Puddingfarbe ein sehr sinnliches Vergnügen. Da die Farbe aus Wasser, Mehl, Salz und Zucker besteht, ist sie auch für sehr kleine Kinder geeignet.

Material
Angerührter Kleister, dicke Pappe, große Borstenpinsel, Lappen, Wasser
Für die Puddingfarbe:
1 Tasse Mehl
5 Tassen Wasser
3 Teelöffel Salz
½ Tasse Zucker

Alle Zutaten mit dem Rührbesen oder Mixer zu einer sämigen Substanz rühren, dann langsam aufköcheln, bis die Masse dick wird. Dabei ständig umrühren, damit keine Klumpen entstehen. Den Brei abkühlen lassen und in Gläser abfüllen. Anschließend den Brei mit Acrylfarbe (oder Lebensmittelfarbe für sehr kleine Kinder) einfärben. Gekühlt ist diese Puddingfarbe etwa drei Wochen haltbar.

Werden dem Farbbrei noch ein paar Tropfen Duftöl (Orange, Lavendel, Zitrone) beigemengt, entsteht nicht nur eine bunte, sondern auch eine duftende Farbe.

Technik
Die Puddingfarbe wird mit Pinsel oder Händen auf die mit Kleister vorgrundierte Pappe aufgetragen. Sie verhält sich wie Strukturmasse, die sowohl gemalt als auch geformt werden kann.
Die fertiggestellten Werke langsam trocknen lassen, da sich sonst Risse bilden.

*Mit duftender Puddingfarbe matschen,
Tina (2,8 Jahre)*

Anregungen für die gestalterische Arbeit mit Kindern und Jugendlichen

Die Kinder gestalten Alltagsobjekte mit der Puddingfarbe um: Sie verwandeln alte Schuhe oder bauen aus Pappe größere Objekte wie beispielsweise einen Vulkan und lassen anschaulich die »Pudding-Lava« hinausfließen.

Indem ein paar Tropfen natürliches(!) Duftöl in die Farbe gegeben werden, lassen sich nicht nur Bilder zum Sehen, sondern auch zum Fühlen und Riechen erschaffen.

16 GESTALTEN MIT LINIEN

16.1 Punkt und Linie – Grundlagen bildnerischen Gestaltens

Die ersten Striche und Linien zeichnet ein Kind schon in sehr frühem Alter – erste Spuren entstehen z. B. im Sand oder in verschüttetem Brei. Punkt und Linie sind neben der Farbe das grundlegende Element bildnerischen Gestaltens. Am Anfang steht ein Punkt. Viele Punkte aneinandergereiht ergeben eine Linie. Überall in unserer Umgebung können wir unterschiedlichste Linien entdecken: Fenster, Bäume, Geräte, Muster – Linien bestimmen die Form eines Gegenstands. Punkte und Linien strukturieren und ordnen Oberflächen.

Die Entwicklung des Linien- und Formenverständnisses hängt wie in der Zeichenentwicklung beschrieben (siehe Kapitel 25 »Die Zeichenentwicklung des Kindes und Jugendlichen«) eng mit der kognitiven Entwicklung zusammen. Vielfältige Kenntnisse über Linien und ihre Einsatzmöglichkeiten unterstützen Kinder in einer differenzierten Wahrnehmung und in ihrem Abstraktionsvermögen. Sie lernen, Linien bewusst zu variieren in dicke, dünne, kurze, lange, gerade, wellige, horizontale und vertikale Linien. Sie erkennen, dass Linien, die wieder aufeinandertreffen, Flächen einschließen. Diese Flächen können weiter gestaltet werden, z. B. mit Farben oder mit Mustern. Flächen können gegenständliche Abbildungen (z. B. Hund, Mensch) oder abstrahierte Zeichen (z. B. das Fußgängerampel-Zeichen) sein.

Zeichnen mit Linien ist eine feinmotorische Tätigkeit, daher können Kinder mit den verschiedenen Zeichnungsmöglichkeiten und Zeichenmaterialien auf unterschiedlichste Weise ihre Feinmotorik ausformen. Das Zeichnen erfordert außerdem viel Konzentration und Durchhaltevermögen. Wie beim Formenzeichnen kann das rhythmische Zeichnen mit beiden Händen oder zu Musik anregende Impulse geben.

Beim Zeichnen ist auf eine entspannte Körperhaltung zu achten, die auch für das spätere Schreibenlernen förderlich ist.

16.2 Punkt, Punkt, Komma, Strich – Zeichenspiele

16.2.1 Bilder aus Linien

Material
Bleistift, Kugelschreiber, schwarzer Stift, einfaches Zeichenpapier A4

Gestalterische Übung
Gruppenarbeit: »Streuen« Sie mit einem schwarzen Stift Punkte über das Papier, geben Sie das Blatt nach einer Minute weiter an Ihre linke Nachbarin. Verbinden Sie die Punkte mit geraden oder geschwungenen Linien. Die Linien dürfen sich auch überkreuzen. Nach einer Minute geben Sie das Blatt weiter. Fügen Sie weitere Linien in das bestehende Punkt-Linien-Gefüge ein. Nach einer Minute geben Sie das Blatt weiter.

Nun betrachten Sie das vorliegende Linienspiel und lassen Ihre Fantasie schweifen: Können Sie

1 *In den feuchten Sand zeichnen nach Regenguss*

2 *Freier Vogel, Gruppenspiel Zeichnen*

etwas in dem Gezeichneten entdecken? Verstärken Sie dann durch Nachziehen von Linien und durch Ergänzungen Ihre Entdeckung, sodass diese deutlich hervortritt. Geben Sie Ihrer fertigen Zeichnung einen Namen. Betrachten Sie gemeinsam die »Zufallsergebnisse« der verschiedenen Gruppen und tauschen Sie Ihre Erfahrungen aus.
Einzelarbeit: Befestigen Sie ein Blatt Papier mit Kreppklebeband vor sich auf dem Tisch. Schließen Sie nun die Augen und zeichnen Sie »blind« – am besten mit einem fortlaufenden Strich – auf einzelnen Blättern einen wütenden Hund, eine tanzende Frau, ein Haus mit einem Baum, einen Mann und eine Frau, einen Mann mit einem Kind.

Reflexion
Betrachten Sie gemeinsam die Ergebnisse und tauschen Sie Ihre Erfahrungen aus. Welchen Eindruck haben Sie von den blind gezeichneten Bildern?
Meist wird erwartet, dass ohne visuelle Kontrollmöglichkeit »falsche« Bilder entstehen. Die Zeichnungen sind jedoch oft sehr lebendig und ausdrucksstark.

Jeder kann seinem inneren Formgefühl vertrauen und spielerisch ans Zeichnen herangehen!

3 *Wilder Hund, blindes Zeichnen*

16.2.2 Verdichtung und Streuung

Material
Makulatur- oder Packpapier, Kreppklebeband, Wandfläche, an der das Papier großflächig befestigt werden kann, Grafitstifte, Bleistifte, Kugelschreiber, schwarze Filzschreiber, lebhafte Musik, die zur Bewegung anregt

Gestalterische Übung
Zeichnen Sie stehend auf die angeklebte Papierfläche an der Wand. Lassen Sie sich von der Musik zu Bewegungen verführen. Zeichnen Sie mit dem ganzen Körper und lassen Sie die Bewegungen auf das Papier fließen, hüpfen, springen, tanzen. Achten Sie beim »tanzenden Zeichnen« darauf, die Linien und Punkte nicht (!) gleichmäßig über das Papier zu verteilen, sondern mit Verdichtung (viele Punkte/Linien an einer Stelle) und Streuung (wenige Punkte/Linien an einer Stelle) zu arbeiten.

Reflexion
Diskutieren Sie bei der anschließenden Betrachtung der Bilder, was beim Experimentieren mit den Gestaltungselementen Streuung und Verdichtung auf dem Bild passiert.
Bei der Verdichtung von Punkten und Linien wird das Gezeichnete dunkler, bei der Streuung heller. Durch Hell- und Dunkelgestaltung können Räumlichkeit und Tiefe erzielt werden. Werden mehrere Linien einfach oder mehrfach übereinandergelegt, wird von Schraffuren gesprochen, mit denen sehr starke Tiefenwirkungen und Schatten zu erreichen

4 *Streuung und Verdichtung*

sind. Schraffuren erfordern ein hohes Maß an Feinmotorik und Konzentration und eignen sich daher
gut für das Arbeiten mit Jugendlichen. Häufig wird
angenommen, dass eine gleichmäßige Verteilung
von Gestaltungselementen ein harmonisches Bild
ergibt. So ein Bild wirkt jedoch oft langweilig – es
fehlt der »Pfeffer«. Ein Bild wird lebendig, interessant und harmonisch – spannungsvoll –, wenn die
Elemente rhythmisch und lebendig zueinander
gesetzt sind.

Harmonie lebt von einer spannenden Unterhal-
tung zwischen den Gestaltungsmöglichkeiten.

16.3 Der Maler Paul Klee

16.3.1 Künstlerporträt
Der Künstler Paul Klee lebte von 1897 bis 1940. Er
war ein Künstler, der sich selbst intensiv mit dem
Linienspiel beschäftigte. Er zeigte großes Interesse an der offenen und direkten Ausdruckskraft
von Kinderbildern und malte oft wie manche Kinder mit einem forschenden und doch bestimmten
Strich.

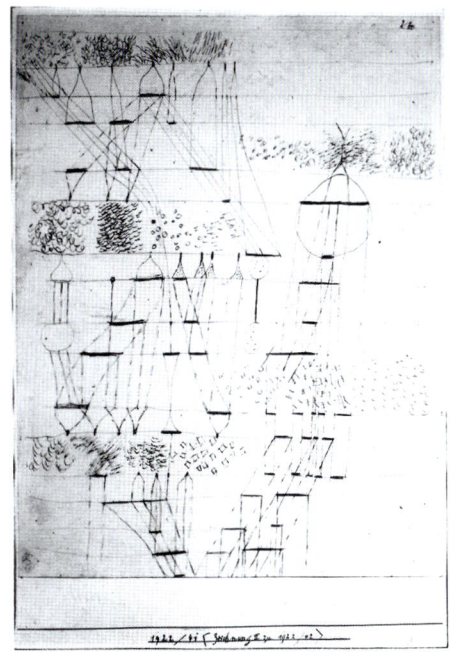

6 *Paul Klee: Zeichnung II, 1922*

Paul Klee war Sohn eines Musikers und studierte an
der Münchner Akademie Malerei. Ihn verbanden
enge Freundschaften mit den expressionistischen
Künstlern der Künstlervereinigung »Blauer Reiter«.
Ausschlaggebend für seine farbigen Werke war
seine Tunesienreise 1914 zusammen mit dem Maler
August Macke. 1921 wurde Paul Klee nach Weimar
an das »Bauhaus« (Kunstakademie) gerufen. Dort
unterrichtete er zehn Jahre Formenlehre. 1933 ver-
ließ er Deutschland als »entarteter Künstler«. 1937
erkrankte er schwer. Bis zu seinem Tod arbeitete er
vorwiegend kleinformatig und skizzenhaft.
Klee untersuchte die Zeichenelemente Punkt und
Linie, die passiven und aktiven Gestaltungsmöglichkeiten mit diesen Formen sowie die unterschiedlichen Charaktere des Linieneinsatzes:
Gerade, bewegte, zackige, geschwungene, gebro-
chene, dicke oder feine Linien waren ein vielfälti-
ges Ausdrucksmittel für ihn. Er verband Linienbil-
der mit zarten Farbspielen und entwickelte eine
eigene Zeichensprache. Paul Klee hat ein tiefsinni-
ges und humorvolles Werk hinterlassen. Kinder finden zu seinen Bildern meist einen sehr leichten und
guten Zugang.

5 *Paul Klee*

1. Recherchieren Sie im Internet über den Maler Paul Klee.

2. Welche Werke sprechen Sie persönlich an?

3. Welche Arbeiten Paul Klees können Sie sich vorstellen, mit Kindern zu betrachten? (Siehe Kapitel 23.2 »Was erzählt mir ein Kunstwerk?«)

16.3.2 Paul-Klee-Collage

Material
Weißes Papier A4, Bleistift, Kleber, Schere

Gestalterische Übung
Vergrößern und kopieren Sie mit dem Kopiergerät eine Zeichnung von Paul Klee und schneiden Sie die einzelnen Linien und Flächen aus (s. Beispiel). Nun legen Sie diese Papierschnitzel in anderer

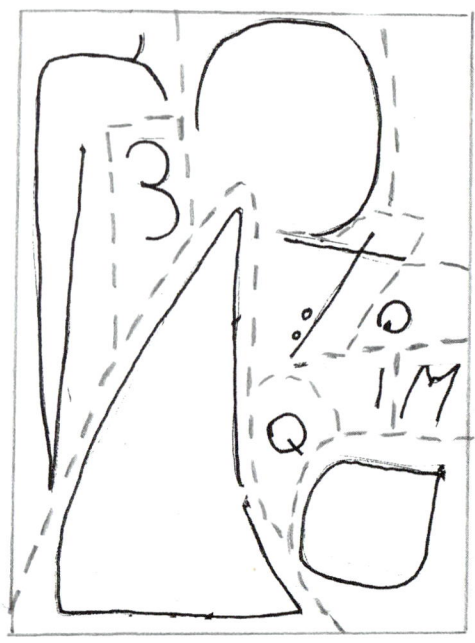

7 *Zeichnung mit Schnittlinien für Collageübung*

Form zusammen und lassen eine neue Zeichnung entstehen. Kleben Sie die neu zusammengefügte Zeichnung als Collage auf das Papier. Eventuell ergänzen Sie die Zeichnung mit eigenen Strichen. Geben Sie Ihrem Werk einen Titel.

Reflexion
Vergleichen Sie untereinander die verschiedenen Variationen aus Paul Klees Linienspiel. Welche verschiedenen Interpretationen des Linienspiels haben Sie entdeckt?

16.3.3 Fantasietier

Material
Weißes Zeichenpapier, Bleistifte, schwarze Filzschreiber, Kugelschreiber

Gestalterische Übung
Zeichnen Sie mit der linken Hand (am besten in einer Linie) ein Fantasietier. Lassen Sie den Stift sich dabei winden, ringeln und krakeln – Ihr Fantasietier darf ruhig ungewöhnliche Ecken und Rundungen haben!

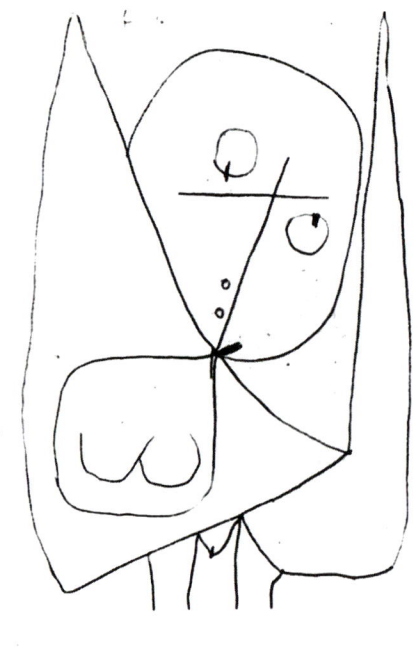

8 *Paul Klee: Schwarz-Weiß-Skizze zu Engel, noch weiblich, 1939*

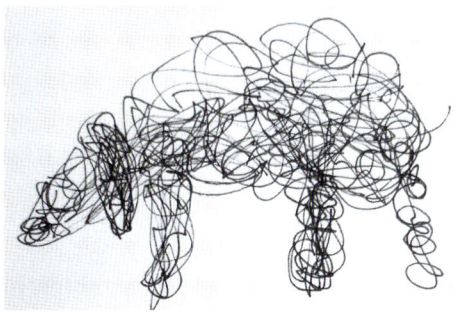

9 *Krakeltier*

»Zeichnen war mir immer ein Graus – ich dachte, das kann ich nicht. Nach den Zeichenspielen denke ich anders darüber – ich kann viel mehr!« (Andrea, Schülerin)

Reflexion

1. Welche Anregungen und Impulse haben Sie aus der Beschäftigung mit Paul Klees Zeichnungen bekommen? Tauschen Sie sich über Ihre Einschätzung und Ihre neuen Zeichenerfahrungen aus.

2. Welche Linien und Formelemente haben Sie kennengelernt? Tragen Sie diese zusammen.

Paul Klee hat sich bei seinen Zeichnungen nicht an die genauen Umrisslinien eines Gegenstands oder einer Person gehalten. Er spielte vielmehr mit dem Ausdruck der Linie, umspielte eine Form.

Eine Linie verfügt über ganz unterschiedliche Temperamente: Sie kann ruhig, bewegt, dynamisch, aggressiv oder ganz entspannt über das Papier »wandern«. Ebenso gegensätzlich kann sie sich entweder passiv durch eine Fläche (Flächenrand) ergeben oder aktiv eine Fläche definieren. So können mit wenigen einfachen Linien spannende Bildkompositionen gestaltet werden.

Anregungen für die gestalterische Arbeit mit Kindern und Jugendlichen

◆ Eine Bild- bzw. Werkbetrachtung von Paul Klee durchführen, um den Kindern für ihre Zeichenerfahrungen ein interessantes Vorbild anzubieten.

◆ Kindergartenkindern die Geschichte »Pippi findet einen Spunk« aus dem Buch »Pippi in Taka-Tuka-Land« von Astrid Lindgren vorlesen. Die Kinder fantasieren, was wohl ein Spunk ist. Anschließend bringen die Kinder ihren eigenen Spunk mit Zeichenmaterialien auf das Papier.

Spunk, Bleistift, Sabine

◆ Vorschulkinder oder Grundschulkinder nehmen sich einen wasserfesten Filzstift und ziehen zu entspannender Musik Linien über das feste Papier. Anschließend füllen sie die entstandenen Flächen mit Aquarellfarbe oder anderen Materialien aus. Nicht alle Flächen müssen ausgemalt werden. Ein interessantes Linien- und Flächenspiel entsteht.

◆ Mit älteren Kindern ein spannendes Experiment durchführen: Die Kinder stellen schwarzen Flüssigkleber aus zwei Teilen Kleber und einem Teil Tinte her (am besten in der Flasche mischen). Mit dem glänzenden Kleber ziehen sie Linien über das Papier. Nach dem Trocknen (!) füllen sie die entstandenen Flächen mit flüssiger Aquarellfarbe oder mit Pastellkreiden aus. Mögliches Thema: »Stadtansichten«.

16.4 Zeichenmaterialien natürlichen Ursprungs

16.4.1 Arbeiten mit Zeichenmaterialien natürlichen Ursprungs

Grafit, Kohle, Kreide, Rötel, Tinte und Feder sind alles Zeichenmittel natürlichen Ursprungs und schon seit Jahrhunderten im Einsatz. Da sie nicht giftig sind, können bereits die Kleinsten damit experimentieren. Sie lassen sich untereinander hervorragend für einfache erdfarbige Zeichnungen kombinieren. Damit diese leicht verwischbaren Zeichnungen nicht gleich wieder verschwinden, müssen sie fixiert werden.

Ein Fundus aus unterschiedlichsten Papieren und Formaten lädt zum Ausprobieren und Kennenlernen ein. Auch das Zeichnen auf Steinen, Fliesen und Schiefer kann interessante Werke hervorbringen.

Fixativ, Fixierspray: *Zeichenmaterialien wie Grafit, Kohle, Kreide, Rötel oder Pastell beinhalten keine Bindemittel. Deshalb haften sie schlecht auf dem Papier und verwischen sehr leicht. Mit einem Fixierspray, das wie ein dünner, matter Klarlack wirkt, wird die Zeichnung gesichert. Fixativ darf das Bild nicht verändern.*

16.4.2 Zeichnen mit Grafitstiften

Grafit ist, wie Diamant, ein aus Kohlenstoff bestehendes Mineral. Es ist weicher als viele andere Mineralien und hat eine grauschwarze Färbung. Grafitstifte werden meist als Bleistifte bezeichnet, da sie früher mit Bleiminen hergestellt wurden. Bleistifte enthalten Grafit in unterschiedlicher Härte.

◆ Mit H beschriftete Stifte: harter Grafit. Je höher die Zahl vor dem Buchstaben ist, desto härter ist der Grafit.

◆ Mit HB oder F beschriftete Stifte: mittelweicher Grafit.

◆ Mit B beschriftete Stifte: weicher Grafit. Je höher die Zahl vor dem Buchstaben ist, desto weicher ist der Grafit.

Je nach Struktur des Papiers und Zeichendruck ist eine Grafitlinie dunkel/körnig oder hell/glatt. Mit einem Radiergummi können Grafitstriche entfernt/radiert werden. Größere graue Flächen können nur durch Schraffieren angelegt werden – eine Technik, die erst für ältere Kinder geeignet ist. Während der Pubertät ist das Hell-Dunkel-Zeichnen mit Schatten aus Schraffuren besonders wichtig (siehe Kapitel 25 »Die Zeichenentwicklung des Kindes und Jugendlichen«). In Künstlerbedarfläden gibt es dicke Grafitstifte, mit denen flächig gezeichnet werden kann.

10 *Kohle, Grafit, Rötel und Stifte*

11 *Märchenzeichnung mit weißer Kreide, Rötel, Kohle auf grauem Tonpapier und Collage mit Blättern*

Material
Grafitstifte, Bleistifte, einfaches Zeichenpapier oder Kopierpapier A4, Fixierspray, Zickzackschere

Gestalterische Übung
Entwerfen Sie Ihre eigene Briefmarke. Vergessen Sie dabei nicht den Perforierrand der Briefmarke. Zeichnen Sie so klein oder groß wie Sie möchten. Veranstalten Sie eine kleine Ausstellung der entstandenen Entwürfe.

12 *Briefmarken, Grafit*

Reflexion
Welche gestalterischen Möglichkeiten bietet die Arbeit mit Grafitstiften?

Mit Bleistiften lassen sich klare Zeichnungen erstellen. Grafit lässt sich leicht verwischen, um graue Flächen zu erzeugen.

Anregungen für die gestalterische Arbeit mit Kindern und Jugendlichen

◆ Die Kinder erhalten ein Blatt Papier, auf dem sich nur zwei schwarze Punkte oder ein Kreis befinden. Wie könnte das Bild fortgeführt werden?

◆ Die Kinder betrachten Bildergeschichten. Anschließend wird besprochen, wie aus einzelnen einfachen Bildern eine Erzählung entsteht. Die Kinder entwickeln nun selbst in Einzel- oder Gruppenarbeit einen kleinen Comic. Er beginnt jeweils mit einem spannenden Anfang, z. B.: »Der Postbote klingelt und gibt Lisa ein großes Paket. Was da wohl drin ist?«, »Peter findet ein großes Ei. Plötzlich knackt die Eierschale auf und …«.
Je nach Alter skizzieren die Kinder drei bis fünf Bilder. In einer gemeinsamen Runde werden die einzelnen Comics betrachtet und erzählt.

◆ Kinder zeichnen den Innenraum einer Fantasiemaschine zum Thema »Wie sähe meine Wunschmaschine aus?«

◆ Jugendliche gehen in die Natur und zeichnen dort selbst ausgewählte Motive. Der Blick auf die Wirklichkeit in der Natur unterstützt die in dieser Lebensphase wichtige Beschäftigung und Auseinandersetzung mit der Frage nach dem Sinn und Ziel des Lebens. Außerdem stärkt sie den Blick für realistische Darstellungen. Dies wird auch deutlich beim Zeichnen und Dichten auf weißen Kieselsteinen.

Überraschungsei, Grafit, Andrea

Kreatives Gestalten für Kinder unter drei Jahren

Die ersten Zeichenspuren von Kindern sind Linien und Punkte (siehe auch die Zeichenentwicklung im Kapitel 25). Körpererfahrungen und die Entwicklung der Feinmotorik, des kognitiven Denkens gehen Hand in Hand mit den Ausdrucksmöglichkeiten von unterschiedlichen Materialien. Die ersten Linien, die ein Kind hinterlässt, können von einem Stift herrühren oder von einem Stock, mit dem es im feuchten Sand Striche gezogen hat. Gerade die kleinen Kinder gehen stark vom Material aus und erforschen die unterschiedlichen Wirkungen, die sie damit erreichen können.

Geben Sie den Kindern neben Buntstiften auch dicke, weiche Grafitstifte zum Experimentieren. Der Grafitstrich ist ein klarer Kontrast zu weißem Papier – eine deutliche Linie. Er kann auch verwischt werden, wodurch zarte Grautöne entstehen.

Binden Sie mit Klebeband einen Grafitstift an einen Stock und lassen Sie die Kinder ausprobieren, damit (wie in feuchtem Sand) auf einem großen Papier Striche zu hinterlassen. Mit diesem Werkzeug entstehen neue Möglichkeiten des Gestaltens, die den gesamten Körper in großzügigen Bewegungen mit einbeziehen.

Ebenso interessant ist das Material Kohle, Rötel oder weiße Kreide (auf schwarzem Malgrund). Die Kinder können diese Zeichenmaterialien unbesorgt verwenden, da es Naturmaterialien sind. Die damit gezeichneten Linien, Punkte und Flächen lassen sich einfach in verschieden starke Linien differenzieren und auch zur Fläche verwischen.

Kinder können stehend an der Wandtafel oder auf dem Boden auf großzügigen Papierformaten mit Kohle zeichnen. Es braucht kein Thema vorgegeben zu werden, sondern die Kinder sollen das Material einfach erfahren. Gerne experimentieren die Kinder auch mit ihren von der Kohle geschwärzten Händen und sind begeistert von den Abdrücken. Zum Schluss wird alles verwischt und alle Spuren verschwinden »in der dunklen Nacht«.

Bieten Sie verschiedene Malgründe (z. B. Papiere, Stein, Holz) an, um unterschiedliche Wahrnehmungen und Ergebnisse zu ermöglichen. Regen Sie ruhig auch schon die Zeichensprache der Kinder durch Bilder von bekannten Künstlern wie Klee oder Hundertwasser an. Denn schon in diesem Alter haben die Kinder Interesse, sich mit Werken von Künstlern auseinanderzusetzen.

Apfel und Kirschen, Rötel, Jana (2,4 Jahre)

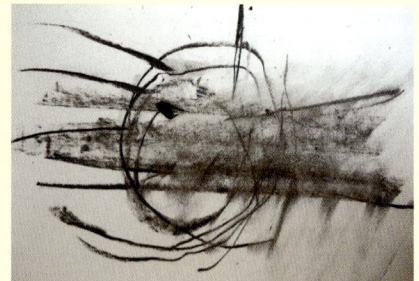

Kohlezeichnung, Lukas (2,5 Jahre)

16.4.3   Zeichnen mit Kohlestiften

Kohlestifte bestehen aus Holzkohle, die beim Verbrennen von meist Birken- oder Weidenholz übrig bleibt. Schon in der Steinzeit wurden Holzkohlestücke zum Zeichnen an Steinwänden benutzt. Meist wurde die Kohle nur zum Skizzieren verwendet. Seit der Verwendung eines Fixiermittels im 15. Jahrhundert tritt die Kohlezeichnung als eigenständiges Werk auf.

Es sollte mit kurzen Kohlestücken gearbeitet werden, da Kohlestifte leicht zerbrechlich sind.

13 *Runde und eckige Kohlestäbchen*

Material

Kohlestifte in unterschiedlicher Stärke, weiches Papier oder Zeichenkarton, Fixierspray, ein weicher Lappen zum Verwischen

Gestalterische Übung

Zeichnen Sie mit Kohle ein Bild zum Thema »Abenddämmerung« oder »Laterne bei Nacht«. Tauschen Sie sich vorher gemeinsam darüber aus, was die Merkmale von Abend- und Nachtstimmung sind.

»Es ist angenehm und überraschend, mit dem Material Kohle zu zeichnen. So weich!«
(Nora, Schülerin)

Reflexion

Welche Möglichkeiten bietet das Zeichnen mit Kohlestiften?
Die weiche Kohle leistet wenig Widerstand beim Zeichnen. Es können zarte oder kräftigere Spuren auf dem Papier hinterlassen werden. Durch einfaches Verwischen lassen sich fließende Übergänge zwischen den Schwarz- und Grautönen schaffen, die anschließend wieder mit klaren Linien abgegrenzt werden können. Mit Kohlestiften lassen sich weiche Hell-Dunkel-Kontraste ohne Schraffurtechnik erarbeiten.

Aufgabe

Informieren Sie sich über herausragende Zeichner wie Albrecht Dürer, Käthe Kollwitz, George Grosz oder M.C. Escher.

14 *Dschungel, Kohle, Tatjana*

15 *Pferd, Sonne, Regenwolke; Kohle, Samira (5 Jahre)*

Anregungen für die gestalterische Arbeit mit Kindern und Jugendlichen

◆ Zeichenkohle lässt sich mit den Kindern selbst herstellen. Dafür fingerdicke Birken- oder Weidenäste in Aluminiumfolie einwickeln. Die Alupäckchen für mehrere Stunden in ein Grillfeuer legen. Mit einer Grillzange die Päckchen aus der Glut holen. Nach dem Auskühlen sind die Holzstäbchen zum Zeichnen geeignet.

◆ Die Kinder mit Grillkohlestückchen experimentieren lassen, z. B. auf alten Wegplatten im Außengelände. Die Zeichenwerke werden dann langsam vom Wind und Wetter ausgelöscht.

◆ Kindergartenkinder begeistern sich für Räubergeschichten. Die Kinder zeichnen mit Kohlestiften eine Schatzkarte, in der nur der Schatz farbig markiert ist.

◆ Grundschulkinder zeichnen einen wilden Dschungel mit Kohlestiften. Durch das Verwischen und die einfach zu erzielenden Hell-Dunkel-Kontraste wirkt der Dschungel geheimnisvoll und unheimlich. Zusätzlich können schwarze Flächen mit einem Knetradiergummi wieder ausgewischt werden, wodurch helle Flächen entstehen.

◆ Jugendliche entwerfen eine Nachtszene.

Nachtstimmung, Kohle

16.4.4   Zeichnen mit Naturkreiden

Kreiden sind ein wichtiges Zeichenmittel. Weiße Kreide besteht aus weichem, sehr lockerem Kalkstein und wird seit dem 15. Jahrhundert zum Zeichnen verwendet. Die Höhlenzeichnungen in Altamira/Spanien und Lascaux/Frankreich sind überwiegend mit Rötel, Kohle und Kreide gemalt. Unter anderem in Nordfrankreich und auf der Insel Rügen wird diese Kreide abgebaut. Manche Kreiden erhalten durch Verunreinigungen eine Grau- oder Braunfärbung (Ocker) oder verändern ihre Farbe durch einen Brennvorgang. Durch den weichen, samtigen Auftrag eignen sich weiße Kreiden gut zum Aufhellen von Kohle- und Rötelzeichnungen.

Material
Weiße Kreiden in Stäbchenform, schwarzer Zeichenkarton oder schwarzes Tonpapier, Fixierspray

Gestalterische Übung
Zeichnen Sie auf schwarzem Zeichenkarton eine Winterlandschaft.

Reflexion
Welche besondere Wirkung beobachten Sie beim Zeichnen auf dunklem Untergrund im Vergleich zum hellen Untergrund?
Während sonst beim Zeichnen dunkle Umrisse und Schatten im Vordergrund stehen, wird das Bild beim Weiß-auf-dunklem-Grund-Zeichnen mit Lichtflächen und Lichtlinien gestaltet.

16 *Winter, weiße Kreide, Markus*

Anregungen für die gestalterische Arbeit mit Kindern und Jugendlichen

- Kindergartenkinder experimentieren auf schwarzem Papier zu Themen wie »Schneemann« oder »Es schneit«. Aus dem Tierreich werden Themen wie »Zebra im Dunkeln« oder »Gestreifter Tiger im Dunkeln« umgesetzt. Aber auch einfache Ornamente oder Mandalas haben eine faszinierende Wirkung in dieser Technik.

- Ältere Kinder und Jugendliche wagen sich an die Gestaltung einer Maske, die aus weißen und dunklen (unbemalten) Teilen besteht.

Maske, weiße Kreide auf schwarzem Tonpapier, Anna

16.4.5   Zeichnen mit Rötel

Rötel besteht aus Hämatit, einem Eisenoxidmineral. Schon in frühesten Zeiten wurde Rötel (auch »roter Ocker« genannt) von den Menschen abgebaut. Seit jeher ein beliebtes Zeichenmittel, ist es z. B. in den Höhlenzeichnungen von Altamira/Spanien zu finden. Noch heute benutzen Naturvölker Afrikas Rötel mit Tierfett gemischt für kosmetische und rituelle Zwecke. Bekannte Künstler, die mit Rötel zeichneten, sind u. a. Leonardo da Vinci, Michelangelo, Pablo Picasso oder Vincent van Gogh. Heute ist der fein gemahlene Rötelstein in kleine Stäbchenformen gepresst im Handel erhältlich.

Material

Rötel in Stäbchenform, weiches, strukturiertes Papier oder Zeichenkarton, Fixierspray

18 *Rote und braune Rötelkreiden*

19 *Landschaft, Rötel*

17 *Leonardo da Vinci: Selbstporträt, Rötel, um 1512*

Gestalterische Übung

Zeichnen Sie gegenseitig kleine Porträts. Erheben Sie dabei weniger den Anspruch auf realitätsgetreue Abbildungen, sondern versuchen Sie, mit Rötel etwas vom Charakter der Person einzufangen.

Reflexion

Wie hat Ihnen das Farbspiel mit Rötelkreiden gefallen im Gegensatz zu den schwarzen Zeichenmaterialien Grafit und Kohle?

Die warmen Braun- und Rottöne der Rötelkreiden bieten einen weniger klaren Schwarz-Weiß-Kontrast als bei Kohle oder Rötel. Daher eignet sich die Rötelkreide gut für Porträts und »entspannende« Bildthemen.

Aufgabe

Informieren Sie sich kurz über die Bedeutung und Geschichte der Porträtmalerei (siehe auch Kapitel 23.2.2, die Darstellung von Kindern in der Kunst).

20 *Porträt, Rötel, Jens*

Anregungen für die gestalterische Arbeit mit Kindern und Jugendlichen

♦ Mit Vorschulkindern und Grundschulkindern über unterschiedliche Gefühle und die dazugehörigen Körperhaltungen sowie Mimik und Gestik sprechen. Anschließend zeichnen die Kinder mit Rötel verschiedene Darstellungen von Gesichtern, die Gefühle wie Trauer, Wut, Freude, Ärger, Liebe ausdrücken (siehe auch Kapitel 22 »Kommunikation«, Projektaktivität Gefühle kommunizieren).

Zeichnen mit Rötel

♦ Nach dieser Vorübung porträtieren sich die Kinder gegenseitig. Hierbei wird deutlich, wie präzise die Beobachtung der Kinder bereits ist.

♦ Ein spannendes Thema sind auch die Bilder aus der Steinzeit, die oft mit natürlichen Malmaterialien wie Kohle und Rötel gefertigt wurden.

♦ Naturbeobachtungen lassen sich ebenfalls gut mit diesem einfachen Zeichenmittel einfangen.

♦ Jugendliche zeichnen Objekte wie ein Werkzeug, eine Tasse, eine Flasche. Sie versuchen, mit dem Aufsetzen von weißen Kreidestrichen Lichtreflexe abzubilden.

Die Kastanie, Rötel und Kohle, Merle (4 Jahre)

16.4.6   Zeichnen mit Tinte und Feder

Im Handel sind **Zeichenfedern** aus Metall zu erwerben. Sie unterscheiden sich in der Dicke und der Spitzenart für verschiedene Strichführungen. Die Federn werden auf Federhalter (die meist aus Holz bestehen) gesteckt und können je nach Zeichenwunsch einfach ausgewechselt werden. Zum Zeichnen werden die Federn in flüssige Tinte getaucht und dann über das Papier gezogen. Dabei erzeugen sie einen gleichmäßigen Strich und sind leicht zu führen.

Das ursprüngliche Zeichenwerkzeug sind **Vogelfedern**, meist Gänse- oder Schwanenfedern, weil diese groß und stabil sind. Auch heute noch ist es spannend, sich Vogelfedern selbst zurechtzuschnitzen. Das Zeichnen mit einer Vogelfeder birgt viele Überraschungen, weil die Feder ein großes Eigenleben führt, manchmal mehr oder weniger Tinte abgibt und weil die Strichführung weniger kontrollierbar ist als bei industriell hergestellten Metallfedern. Große Vogelfedern von einheimischen Vögeln gibt es im Künstlerbedarf oder Bastelgeschäft zu kaufen.

Material

Zeichenfedern aus Metall, angespitzte Vogelfedern, Tinte, weißes A4-Papier

Gestalterische Übung

Erstellen Sie in Gruppenarbeit eine lange Schlange, die sich über viele Papierblätter »schlängelt«. Bemalen Sie dafür das Zeichenpapier im Querformat: Eine Person übernimmt die Aufgabe, den Kopf zu zeichnen, eine andere Person das Schwanzende.

21   *Tinte, Federhalter und Schreibfedern aus Metall*

Bedingung ist, dass alle darauf achten, dass jeweils der Anfang und das Ende der weiteren Teilstücke der Schlange in der Breite zusammenpassen. Jeder gestaltet sein Schlangenteil nach eigenen Ideen mit Linien, Mustern oder gegenständlichem Zeichnen (z. B. mit einer gefressenen Maus im Bauch). Probieren Sie sowohl das Zeichnen mit der Metallfeder als auch mit der Vogelfeder aus.

Am Ende werden die einzelnen Blätter zusammengeklebt und die Papierschlange wird an die Wand - eventuell über mehrere Ecken – gehängt.

22   *Vogelfeder zum Zeichnen mit Tinte*

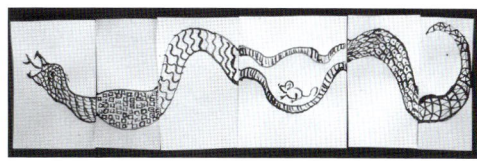

23   *Zeichenschlange, Tinte und Vogelfeder, Gruppenarbeit*

Reflexion

1. Wie hat Ihnen diese Herangehensweise an eine Gruppenarbeit gefallen?
2. Welche Eigenschaften der Tinte und Werkzeuge haben Sie beobachtet?

Es braucht etwas Übung, um mit den Zeichenfedern gleichmäßige Striche übers Papier zu ziehen. Kleine (oder große) Kleckser können in die Gestaltung mit einbezogen werden. Der klare dunkle Tintenstrich eignet sich gut für grafische Arbeiten und hat in dem Hell-Dunkel-Kontrast eine starke Wirkung.

Kreatives Gestalten für Kinder unter drei Jahren

Für diese Altersgruppe ist chinesische Tusche, die meist in gepresster Form als Tuschestäbchen angeboten wird, wunderbar geeignet. Die Tuschestäbchen werden an dem Reibestein gerieben, der großzügig mit Wasser angefeuchtet ist. Die Kinder können nun entweder diese Stäbchen direkt zum Malen verwenden oder mit einem weichen Pinsel die Farbe vom Reibestein aufnehmen und damit malen. Die blauschwarze Farbe hinterlässt unterschiedliche Tuschespuren auf dem Papier.

Zeichnen mit einer Vogelfeder

◆ Bieten Sie auch einmal das zarte, strukturierte Japanpapier an: Hier wird die Farbe ganz anders aufgesogen.

◆ Lassen Sie die Kinder die Tinte mit dicken weichen Haarpinseln vermalen. Ähnlich den japanischen Zeichnungen werden ganz unterschiedliche weiche Linienspiele entstehen.

Anregungen für die gestalterische Arbeit mit Kindern und Jugendlichen

◆ Kindergartenkinder finden es spannend, mit ungewöhnlichen Werkzeugen umgehen zu dürfen. Sie führen erste Schreibversuche mit den Vogelfedern durch, um so nachzuempfinden, wie die Menschen in früheren Zeiten geschrieben haben.

◆ Schulkinder schreiben sich mit Tinte und Feder gegenseitig Briefe und Bildernachrichten.

Lavierte Zeichnung, Anja

◆ Ältere Kinder gestalten mit Tinte ein persönliches Logo (grafisches Symbol) oder gestalten wie in der mittelalterlichen Buchmalerei die eigenen Anfangsbuchstaben besonders aus (siehe auch Kapitel 17 »Die Druckwerkstatt« und Projektaktivität »Die Schreibwerkstatt«).

◆ Jugendliche »lavieren« eine Tintenzeichnung, d. h., sie verwischen mit Pinsel und Wasser einzelne Striche. So entstehen neben den schwarzen Linien zarte Grau-Nuancen.

16.4.7 Zeichnen mit Buntstiften und Filzstiften

Buntstifte werden neben Wachsmalkreiden häufig von Kindern als Malwerkzeuge benutzt. Da sie in verschienen Dicken angeboten werden, sind sie für das Gestalten in allen Altersstufen geeignet. Bei kleinen Kindern fördern sie das Üben des Dreipunktgriffes, der später zum Schreibenlernen mit einem Füller wichtig ist.

Buntstifte ermöglichen farbiges Zeichnen, wobei durch leichtes oder festes Aufdrücken zarte oder kräftige Farbtöne entstehen. Mit weichen Buntstiften gemalte Bilder lassen sich mit einem Lappen verwischen, was einen zarten Farbschimmer erzeugt. Die Kinder können mit Buntstiften schon früh unterschiedliche Farbintensitäten und Strichführungen (dicke/dünne Striche) kennenlernen. Diese eignen sich jedoch eher für kleinere Papierformate (um A4), da ein großflächiges Malen zu anstrengend ist.

Filzstifte zeichnen sich durch ihre gleichbleibende Farbintensität aus. Ein mit dem Filzschreiber gezeichneter Strich hat im Gegensatz zum Buntstiftstrich eine gleichmäßige Strichführung und Farbe. Es entstehen farbkräftige Bilder. Schulkinder benutzen häufig lieber Filzstifte für ihre detaillierten Zeichnungen. Spannend ist das Gestalten mit Filzstiften, wenn mit einem Löschstift Muster und Linienspiele in farbige Flächen »gezeichnet« werden. Leider sind die Farben der meisten Filzstifte nicht lichtecht und bleichen schnell aus. Auch Filzstifte sind eher für kleine Papierformate (um A4) geeignet.

Beim Kauf von Filzstiften ist darauf zu achten, dass die Stifte mit dem CE-Zeichen gekennzeichnet sind, denn diese Stifte enthalten keine gesundheitsschädigenden Stoffe.

Material
Buntstifte, Filzstifte, Zeichenpapier unterschiedlicher Größe (max. A4)

Gestalterische Übung
Experimentieren Sie frei mit Motiven und Farbenspielen, um die Eigenschaften von Buntstiften und Filzstiften kennenzulernen.

Reflexion
Wie beurteilen Sie die Möglichkeiten dieser Zeichenmittel gegenüber Kohle, Grafit oder Tinte?
Buntstifte sind ein leicht zugängliches, im Kindergarten meist frei verfügbares Malmittel. Im Gegensatz zum rein schwarzen Linienspiel von Kohle, Grafit und Tinte heben sich die Buntstiftfarben weniger kontrastreich vom Papier ab. Dagegen ist es anregend, mit farbigen Spuren auf dem Papier zu spielen und Gegenstände farbig zu definieren. Bei Filzstiften haben die Linien eine intensive Farbe.

24 *Zeichnen mit Filzstiften, Miron (5 Jahre)*

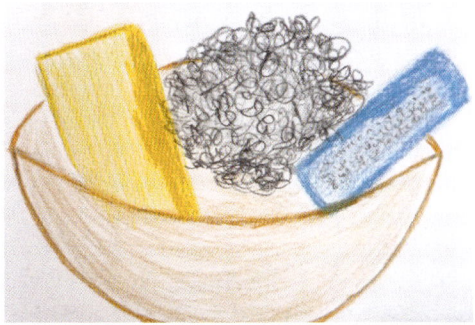

25 *Stillleben mit Putzschwämmen, Buntstifte, Christa*

16.5   Schwarz-Weiß-Experimente mit Linien und Formen

Linien beschreiben Formen und Flächen. Neben dem Ziehen von Linien ist es für das mathematische Verständnis wichtig, dass Kinder die Grundformen erkennen und benennen können. Einfache Zeichen- und Malübungen unterstützen diesen Wahrnehmungsprozess und führen die Kinder zu einem abstrahierenden Denken. Im ersten Schritt geht es um das Gestalten mit geometrischen Grundformen wie Kreis, Dreieck, Quadrat und Rechteck. Wenn man mit offenen Augen durch die Welt geht, erkennt man, dass wir von diesen Grundformen und vielen weiteren geometrischen Formen umgeben sind. Spielereien mit Zeitschriften bieten ein anregendes Feld, um mit Buchstabenlinien und dem schwarzweißen Raster der Zeitung zu experimentieren.

16.5.1   Geometrische Formen

Material
Schwarzes Tonpapier, weißes Papier, Kleber oder Kleister, Schere

Gestalterische Übung
Schneiden Sie aus dem Tonpapier ohne Schablonen frei Hand Grundformen wie Kreise, Dreiecke, Quadrate und Rechtecke in verschiedenen Größen aus. Kleben Sie die schwarzen Formen in freier Gestaltung auf weißes Papier, und zwar als
◆ gegenständliches Motiv und als
◆ abstraktes Motiv.

Reflexion
Wie leicht oder wie schwer fiel es Ihnen, Grundformen frei Hand auszuschneiden?
Wenn man frei Hand Formen schneidet, werden diese nicht perfekt – dies trägt aber zu einem lebendigen Formenspiel bei. Lassen Sie die Kinder ruhig die Formen noch vorzeichnen (Kinder brauchen diese Schneidelinien i.d.R. noch) und ausschneiden, um daraus eine Formencollage zu kleben. Die schwarzen Formen auf dem weißen Papier ergeben an ihren Grenzen auch Linien, die aus der dunklen Fläche entstehen. Dies ist eine andere Herangehensweise an Linien, als diese mit einem Stift zu ziehen.

26   *Tänzerin, Collage mit geometrischen Formen*

16.5.2   Tierische Zeitung

Material
Tageszeitungen, Kleber oder Kleister, weißes oder schwarzes großes Papier

Gestalterische Übung
Reißen Sie verschiedene Formen aus dem Zeitungspapier. Die Formen müssen nicht exakt geometrisch sein. Legen Sie aus den gerissenen Teilen Tiere oder Fantasiewesen und kleben Sie diese auf ein weißes oder schwarzes Papier.

27   *Tierische Zeitung Fisch, Collage*

Reflexion

Vergleichen Sie die entstandenen Werke mit der vorherigen Übung, bei der die Gestaltung mit klaren, geschnittenen geometrischen Formen erfolgte.

Mit gerissenen Formen lassen sich ebenso abstrakte wie gegenständliche Formen erkunden. Durch den gerissenen Rand sind die Formlinien nicht so klar und abgegrenzt wie bei geschnittenen Formen. Durch das »Zeitungsornament« der gedruckten Buchstaben entsteht eine stärker bewegte Oberfläche als beim rein schwarzen Papier. Dies bietet neue Gestaltungsimpulse.

16.5.3   Geheimzeichen

Material

Tageszeitung, weiße, schwarze oder bunte Temperafarbe, Kleister, großes Papier

Gestalterische Übung

Kleben Sie eine Seite der Zeitung auf das Papier, damit sie stabil wird. Führen Sie anschließend folgende Übungen durch:

* Malen Sie mit der weißen oder schwarzen Farbe Geheimzeichen auf das Zeitungspapier. Erfinden Sie verschiedene interessante Linien und Formen.
* Malen Sie das Zeitungspapier mit schwarzer Farbe an, mit Ausnahme »bedeutsamer« Zeichen, die dann aus dem Zeitungspapier herausschauen.

29   *Bei Anruf Flirt, Zeitung, bemalt, Anke*

28   *Positiv/Negativ, Geheimzeichen, Zeitung, bemalt*

Reflexion

Welche Erfahrungen haben Sie mit dem Experimentieren auf Zeitungspapier gemacht?

Zeitungspapier ist ein einfaches, günstiges Gestaltungsmittel. Es begegnet uns oft im Alltag und ist vielseitig einsetzbar. Es als Malgrund für Zeichen und Formen zu verwenden, scheint zuerst ungewöhnlich. Während einen beim weißen Papier eine neutrale leere Fläche empfängt, hat man hier schon eine gestaltete Grundlage, die man umdefinieren kann. Durch die unterschiedlichen Druckseiten können ganz neue Impulse entstehen. Dies kann auch eine Erleichterung bedeuten, da man weniger »falsch« machen kann.

Anregung: *Lassen Sie die Zeitungsseiten auch einmal farbig bearbeiten.*

16.5.4   Absprengtechnik

Material

Deckweiß, schwarze Tusche, festes Papier, Pinsel, Wasser, Lappen, Waschbecken, Schwamm

Technik

Mit Deckweißfarbe wird auf dem festen Papier eine Zeichnung angelegt. Die Farbe darf nicht zu dünn aufgetragen werden! Nach dem Trocknen wird mit der Tusche darübergemalt. Ist auch die Tusche getrocknet, wird das Blatt von hinten vorsichtig unter einen Wasserstrahl gehalten. Da das Wasser durch das Papier zu der Deckweißfarbe dringt, wird diese angelöst. Die Tusche bleibt nach dem Trocknen wasserfest!

Nun wird vorsichtig mit einem Schwamm über die Tuschefläche gestrichen. Dabei sprengt die angelöste Deckweißfarbe die schwarze Tusche ab und die weiße Zeichnung erscheint wieder. Die Wirkung gleicht jetzt eher der eines Linolschnitts (siehe Kapitel 17.8.2).

Gestalterische Übung

Gestalten Sie in der Absprengtechnik eine Zeichnung.

Reflexion

Wie empfanden Sie das Zeichnen, wenn das Ergebnis nicht genau vorhersehbar ist?

Diese Technik stellt ähnlich wie das Zaubermalen mit Aquarellfarbe und weißer Ölkreide (siehe Kapitel 5.1) eine Überraschungstechnik dar. Wie in einem naturwissenschaftlichen Experiment lassen sich unterschiedliche Effekte erforschen.

Aufgaben

1. Vergleichen Sie die unterschiedlichen Zeichenverfahren aus Kapitel 16 und überlegen Sie, welche Techniken Sie konkret in die Praxis umsetzen können.

2. Arbeiten Sie Lernziele der Zeichentechniken sowie Experimente mit geometrischen Linien und Formen heraus, auch in der Verknüpfung mit dem Anspruch, Bildungsprozesse zu fördern.

30   *Absprengtechnik, Lukas (5 Jahre)*

Anregungen für die gestalterische Arbeit mit Kindern und Jugendlichen

◆ Lassen Sie in der Absprengtechnik Themen mit Winter und Nacht gestalten, z. B. »Haus in der Nacht« oder »Ritterburg im Winter«. Da Geduld und eine feine Handmotorik zum Abwaschen benötigt werden, eignet sich die Absprengtechnik erst für Vorschulkinder und ältere Kinder.

MALEN MIT SCHLAMMFARBEN AUF DEM HOF

Material
Verschiedenfarbige Tone (ocker, braun, rotbraun, weiß) oder Lehm, Wasser, Eimer, Stöcke zum Anrühren, dicke alte Pinsel, Quaste, alte Besen, kleine Gießkannen

Technik
Die verschiedenfarbigen Tone mit viel Wasser in den Eimern verrühren und verdünnen, sodass ein kräftiges Farbwasser entsteht. Nun können die Kinder großflächig mit den Pinseln und Besen auf die Steine oder den Asphalt des Parkplatzes/der Hoffläche malen. Mit in Gießkannen abgefülltem Farbwasser können Spuren gegossen oder gespritzt werden.
Falls die Sonne scheint, können die Kinder zuerst die Schatten ihrer Umrisslinien zeichnen und später die Körper ganz mit Farbwasser ausfüllen. Nach dem Trocknen »springt« dann eine gemalte Schar Kinder über den Hof. Ist noch zu erkennen, welcher Schatten von wem ist? Und wie verändern sich die Proportionen beim Schatten im Vergleich zur Realität?

Kreise, Malen mit Schlammfarben

GESTALTEN VON GRAFFITI

Einstimmung
Schon immer haben die Menschen Wände bemalt. Angefangen bei den Höhlenmalereien über Innenraumgestaltungen von Kirchen und Palästen, über Wandzeitungen in Afrika bis zu den Graffitizeichnungen der Jugendlichen von heute. Der Begriff »Graffiti« stammt aus dem Italienischen und bedeutet »das Gekratzte«. Graffiti ist ein bildnerischer Ausdruck von Breakdance, Hip-Hop und Rapmusic, der aus den USA importiert wurde.
Das wichtigste Merkmal ist Spontaneität in Abgrenzung zu den gesellschaftlich anerkannten kulturellen Ausdrucksweisen. Die Suche nach der Identität und das Ziel, die eigene Existenz aus der als grau empfundenen Urbanität herauszuheben, sind die Motive dieser Subkultur.

Der Stil ist meist von Comics inspiriert mit grellen aufwendigen Effekten und markanten Schriftzügen, die teils die ganze Darstellung beherrschen. Buchstaben und Zahlen werden dreidimensional mit deutlichen Schatten gezeichnet. Wie bei den Höhlenmalereien geht es um eine direkte Ausdrucks- und Darstellungsform. Jeder

Graffiti an einer Grundschule

Graffitisprayer hat ein eigenes individuelles Zeichen, um seinen Stil zu definieren. Graffitis sind umstritten und oft bewegen sich die Graffitisprayer auf illegalem Terrain, wenn sie die Graffiti auf Hauswände, Eisenbahnwaggons oder Brücken sprühen. Meist erhalten die Jugendlichen eine Anzeige wegen Sachbeschädigung und müssen sich vor Gericht verantworten.

Material

Wichtig ist es, den Jugendlichen Alternativen zur Illegalität aufzuzeigen. Dies widerspricht zwar einerseits der Spontaneität, bietet jedoch die Möglichkeit, die künstlerischen Aktivitäten sozial einzubinden und zusätzlich für Anerkennung zu sorgen. Eine Möglichkeit besteht darin, dass die Jugendlichen dünne Pressspanbretter ansprühen. Diese können an Wänden und Balkonen angebracht, aber auch wieder entfernt werden.

Für die Realisierung größerer Projekte können Firmen und Hausbesitzer angesprochen werden, ob sie eine Garagen- oder Hallenwand gestalten lassen möchten. Manchmal treten die Firmen sogar als Auftraggeber auf, sehen die Entwürfe ein und übernehmen die Kosten. Die Jugendlichen erhalten auf diesem Wege Verantwortung, Raum und Akzeptanz für ihre Kunst. Sie lernen die Unterschiede zwischen illegalen Aktionen, die meist den Ärger der Hausbesitzer provozieren, und erwünschten Auftragsgraffiti kennen. Mit legalen Projekten kann ein hohes Maß an innerer Bestätigung und Befriedigung sowie an öffentlicher Anerkennung erzielt werden.

Beispiele für Begriffe aus der Graffitiszene

Blackbook: Skizzenbuch für Graffitientwürfe
Burner: besonders gelungenes Graffiti
Car: Graffiti auf Waggons
Rooftops: Graffiti an Häusergiebeln

(Siehe auch Kapitel 25 »Die Zeichenentwicklung des Kindes und Jugendlichen«.)

50 Cent, Sprayerbild auf Leinwand, Miron (13 Jahre)

Aufgabe

Informieren Sie sich darüber, was Mangas sind. Welche Bedeutung haben sie für Jugendliche? Welche Anregungen finden Sie in Ihren Informationen für kreative Aktionen mit Jugendlichen?

17 DIE DRUCKWERKSTATT

Einstimmung

Drucken bzw. Druckgrafik ist im Bereich des bildnerischen Gestaltens die einzige Technik der Vervielfältigung. Erst das Drucken hat ermöglicht, dass Texte, Informationen und Bilder einer breiten Volksmenge zugänglich und für diese auch erschwinglich wurden. Trotz modernster Medien bleiben Bücher und andere Druckwerke immer noch wichtige Kommunikationsmittel.

Die vielen verschiedenen Drucktechniken ermöglichen eine große Bandbreite künstlerischer Ausdrucksmöglichkeiten. Buchstaben und Bilder können spielerisch miteinander verbunden und umgesetzt werden. Das Verständnis für Schrift und Form wird so kreativ vertieft.

Mit den unten aufgeführten einfachen Drucktechniken können Werke mit großer Ausdruckskraft entstehen. Sie laden zum experimentellen Umgang mit verschiedenen Materialien und ihren Oberflächen ein. Beim Materialdruck und der Frottage können Kinder sich auf die Spurensuche nach Oberflächenstrukturen begeben und ganz neue Wahrnehmungen ihrer Umwelt erhalten.

17.1 Technik des Druckens

Ein Druck ist der Abdruck eines **Druckstocks** (= Gegenstands) auf einem **Druckträger** (= Material, z. B. Papier).

Hochdruckverfahren verwenden einen Druckstock, aus dem Teile herausgeschnitten wurden und dessen stehen gebliebene Flächen gedruckt werden. Beim **Tiefdruck**, z. B. bei der Radierung, wird die Farbe, die sich in den geritzten Linien und Flächen befindet, gedruckt.

Materialien für den Druckträger können außer Papier auch Stoff, Holz oder Folie sein. Als **Druckfarben** eignen sich Linoldruckfarben aufgrund ihrer Konsistenz am besten, aber auch andere wasserlösliche Farben wie Plakatfarbe, Acrylfarbe oder Tusche.

Zum Einfärben des Druckstocks wird meist eine Druckwalze benötigt. Mit der **Druckwalze** wird mehrere Male über einen Farbträger (z. B. eine Glas-platte) gerollt, auf die zuvor die Druckfarbe aufgetragen wurde. Wenn die Walze genügend Farbe angenommen hat, wird sie über den Druckstock gerollt und gibt dabei die Farbe an ihn ab.

Um eine **Druckwerkstatt** einzurichten, werden mehrere Tische für die unterschiedlichen Arbeitsgänge benötigt:

- ein Materialtisch zum Schneiden und Kleben der Druckstöcke
- ein Tisch zum Einwalzen bzw. Bestreichen des Druckstocks mit Farbe von der Glasplatte
- ein sauberer Platz zum Abdrucken und Aufbewahren der Druckträger
- zum Trocknen von großen Mengen Druckblättern: eine Wäscheleine oder ein weiterer Tisch zur Ablage

1 *Druckwalze, Farbträger und Linoldruckfarbe*

Das Einrichten einer Druckwerkstatt mit allen Materialien für einen gewissen Zeitraum ermöglicht Kindern und Jugendlichen einen Zugang zu den verschiedenen Materialien. Gleichzeitig können sie verschiedene Techniken ausprobieren und kombinieren. So wird die Suche nach neuen Kreationen angeregt.

Linoldruckfarben sind wasserlöslich. Die verschiedenen Farben lassen sich gut untereinander mischen. Für einen kontrastreichen Druck sollten auf jeden Fall die Farbe Schwarz und die Grundfarben zur Verfügung stehen. Linoldruckfarbe eignet sich aufgrund ihrer Eigenschaften für die meisten Druckverfahren am besten. Sie ermöglicht es, Feinheiten und Details des Druckstocks sehr genau zu drucken.

Linoldruckfarben und Handdruckwalzen sind im Künstlerbedarf oder im Versand erhältlich. Nicht jedes Kind benötigt eine eigene Walze, da die Kinder sich abwechseln können. Statt einer Glasplatte können auch mit Resopal beschichtete Bretter oder ein alter Toilettenspiegel verwendet werden. Besonders gut eignen sich Plexiglasplatten, die nicht leicht zerbrechlich sind.

Achtung: *Die scharfen Ränder bei nicht geschliffenen Glasplatten zur Sicherheit mit Klebeband abkleben!*

Experimentieren Sie beim Drucken mit verschiedenen Papieren, mit unterschiedlichen Oberflächen und Farben.

17.2   Körperabdrücke

Die einfachste und älteste Drucktechnik ist das Abdrücken von Körperteilen. Schon die Kleinsten können ihre mit Farbe eingestrichenen Fußsohlen oder Handteller auf Papier abdrücken und anschließend über die eigenen Körperformen und Körperspuren staunen. Auch andere Körperteile wie einzelne Finger, Handkanten, Unterarm, Nase oder Fersen hinterlassen interessante Abdrücke.

Material
Linoldruckfarben, Pinsel oder eine kleine Walze, Plexiglasplatte, große Papiere

Gestalterische Übung
Drucken Sie verschiedene Körperteile ab. Anschließend gestalten Sie als Gruppenarbeit zuerst ein nicht gegenständliches Bild, dann kombinieren Sie einzelne Körperabdrücke, sodass Tierbilder entstehen.

Reflexion
1. Welche Erfahrungen machten Sie mit dem Abdrücken von Körperteilen?
2. Welche Kombinationen in der Gruppenarbeit sind besonders interessant?
   Wie bei der Schwarz-Weiß-Grafik können auch beim Drucken spannende Ergebnisse erzielt werden, wenn Motive nach Rhythmus, Streuung und Verdichtung kombiniert werden. Dabei können einzelne Körpermotive im zweiten Schritt zu gegenständlichen Motiven gestaltet werden. Diese Drucktechnik lässt sich sehr gut zur Förderung der Körperwahrnehmung einsetzen.

2 *Hühner, Hand- und Fingerabdruck*

Anregungen für die gestalterische Arbeit mit Kindern und Jugendlichen

- ◆ Kinder stellen einzelne Körpermotive zu einer Geschichte zusammen.

- ◆ Die Körpermotive werden assoziativ mit Stiften ergänzt.

- ◆ Ältere Kinder kombinieren verschiedene Abdrücke zu abstrakten oder gegenständlichen Gestaltungen.

Urtierchen, Fingerabdrücke und Grafit, Johannes (6 Jahre)

17.3   Stempeldruck

Schon die Kleinsten kennen und lieben fertige Stempel, die es mit verschiedenen Motiven zu kaufen gibt. Gerne werden diese auf einem Stempelkissen eingefärbt und in eigene Bilder integriert. Stempel können jedoch auch selbst hergestellt werden. Die einfachste Stempeltechnik ist der **Kartoffeldruck**. Sie eignet sich für **einfache Formen,** da sich Details nur schwer in die Kartoffel schnitzen lassen.

Material
Kartoffeln, Messer, verschiedene weiße Papiersorten, Linoldruckfarben, Pinsel, Lappen, Küchenpapier

Technik
Die Kartoffel wird halbiert und mit Küchenpapier trocken getupft. Anschließend werden mit einem Messer Teile flächig ausgeschnitten oder Löcher gebohrt, sodass noch Teilflächen stehen bleiben. Die Flächen werden mit der Linoldruckfarbe eingestrichen und dann auf das Papier gedruckt. Die Kartoffelform kann mehrmals verwendet werden. Der Druck erscheint spiegelverkehrt. Buchstaben und Zahlen müssen daher seitenverkehrt eingeritzt werden.

Kartoffeldruck gehört zu den Hochdruckverfahren – die stehen gebliebenen Teile werden gedruckt.

Gestalterische Übung
Schneiden Sie mehrere Stempel aus den Kartoffeln mit unterschiedlichen Motiven zum Thema »Steinzeit« und gestalten Sie durch Streuung und Bündelung eines oder mehrerer Motive ein Bild. Experimentieren Sie mit dem Rhythmus, mit dem Sie die Motive auf dem Blatt komponieren. Drucken Sie auf weißes Papier und auf Papier, das Sie zuvor mit der Druckwalze farbig bearbeitet haben. Machen Sie Erfahrungen mit unterschiedlichen Papieroberflächen.

3 *Arbeitsplatz für den Kartoffeldruck*

4 *Steinzeittiere, Anna*

5 *Eine Form variiert, Kartoffeldruck*

Reflexion

1. Welche Wirkungen erreichen Sie mit diesen einfachen Motiven durch unterschiedliche Anordnungen auf dem Papier?
2. Welche Beobachtungen machen Sie beim Drucken auf unterschiedlichen Papieren?

Kartoffeldruck ist eine sehr einfache Technik. Durch eine gezielte Anordnung einfacher Motive entstehen auf dem Papier spannende Variationen. So kann in einem Bild mit vielen in Blau gedruckten Fischen mit einem kleinen orangefarbenen Fisch (= Komplementärfarbe) eine ausdrucksstarke Wirkung erzielt werden.

Anregungen für die gestalterische Arbeit mit Kindern und Jugendlichen

- ◆ **Schaumstoffplatten** (Baumarkt): Aus den festen Schaumstoffplatten werden einfache Formen zum Stempeln geschnitten. Durch Eindrücken mit einem spitzen Gegenstand entstehen zusätzliche Muster auf dem Druckstock. Die Stempel können auch größer geschnitten werden; entsprechend muss mit ganzem Körpereinsatz gedruckt werden! Für erste Druckerfahrungen können auch andere Farben, die nicht zu flüssig sind, ausprobiert werden.

- ◆ Kinder erproben den **Stoffdruck**. Dafür streichen sie Kartoffeln oder Korken mit Stofffarben ein und drucken auf Baumwollstoffen.

- ◆ Ältere Kinder, die handmotorisch geschickt sind, schnitzen Stempel aus **Radiergummis**. Die Stempel können zur besseren Handhabung auf Holzklötzchen geklebt werden.

- ◆ Ältere Kinder schneiden aus **Moosgummi** Formen und Bilder. Diese werden auf kleine Holzklötze geklebt und können dann wie Stempel benutzt werden. Die Moosgummistempel lassen sich auch auf einer zweiseitig klebenden Schaumplatte, die leicht zu schneiden ist, befestigen. Diese Schaumplatten gibt es im Künstler- und Architekturbedarf.

6 *Rotkäppchen, Schablonendruck, Susanne*

7 *Schablonen nach dem Schablonendruck*

17.4   Schablonendruck

Material
Verschieden dicke Pappen und Kartons (u. a. Wellpappe), Schere, Handdruckwalze, Linoldruckfarben, Glasplatte, Lappen, Papiere zum Bedrucken

Technik
Bei der klassischen Variante dieser Drucktechnik wird die Pappe in verschiedene Formen geschnitten. Diese Formen werden als Druckstock auf ein Papier fest aufgeklebt. Dann wird mehrmals in gleicher Kombination vervielfältigt: Der Druckstock wird per Walze eingefärbt; anschließend legt man ein Papier auf den Druckstock und drückt das Motiv mit einer sauberen Walze ab.
Mehr kreative Gestaltungsmöglichkeiten bietet folgende Technik: Einzelne Pappen werden in Formen geschnitten, direkt mit Farbe eingewalzt und wie ein Stempel abgedruckt. Dieses Verfahren macht es möglich, die Formen immer wieder neu anzuordnen und auch übereinanderzudrucken. Mit dem seitlichen Versetzen einer Form kann ein Bewegungsbild mit räumlicher Wirkung entstehen. Für einen stabilen Griff können auf der Rückseite Korken oder kleine Holzklötzchen aufgeklebt werden.

Gestalterische Übung
Schneiden Sie aus verschiedenen Pappen Formen und kleben Sie diese zu einem gegenständlichen Motiv zum Thema »Märchen« auf ein Papier. Achten Sie dabei darauf, dass die Pappen gleiche Höhen aufweisen, da sonst nicht alle Formen gedruckt werden.
Schneiden Sie aus Pappe einfache Formen (z. B. Kreise, Dreiecke, Schlangen) und drucken Sie diese nach dem Einfärben in einer nicht gegenständlichen Gestaltung ab. Verwenden Sie dafür verschiedene Farben oder walzen Sie das Papier vorher mit Farbe ein. Experimentieren Sie mit verschiedenen Oberflächen und Mustern.
Schneiden Sie aus Pappe eine Mensch- oder Tierform. Drucken Sie diese nun leicht versetzt mehrmals nebeneinander ab.

8 *Variationen, mehrfarbiger Schablonendruck, Sören*

9 *Laufende Tiere, Schablonendruck, Jana*

Reflexion

1. Welche Technik des Schablonendrucks kön-nen Sie sich für verschiedene Altersgruppen vorstellen?
2. Welche Wirkungen können mit Schablonen-druck erreicht werden?
3. Welche Wirkung ergibt das leicht versetzte Drucken von Motiven?

Beim Schablonendruck werden häufig auch das Umfeld und Restformen eingewalzt (und gedruckt), was einen Überraschungseffekt in sich birgt. Auch unterschiedliche Oberflächen sorgen wie beim Materialdruck für überraschende Ergebnisse: Der Druck bekommt einen lebendigen Charakter. Fast von selbst entstehen gegenstandslose Bilder, in denen mit der Wirkung von Farbe, Formen und Bildraum experimentiert wird.

Anregungen für die gestalterische Arbeit mit Kindern und Jugendlichen

◆ Jüngere Kinder brauchen Schablonenpapiere, die sie selbst schneiden können und die stabil genug zum Drucken sind. Einfache Formen kombinieren sie dann rhythmisch zu abstrakten Gestaltungen und Mustern. Für einen besseren Halt kann rückseitig ein Holzklötzchen aufgeklebt werden.

◆ Größere Kinder zeichnen selbst gegenständliche Motive, schneiden sie aus und drucken sie.

◆ Jugendliche stellen selbst scherenschnittartige Schablonen zum Drucken her: Für einzigartige Plakate können Ornamente und Buchstaben entwickelt werden. Zum besseren Halten der Schablonen können zweiseitig klebende Schaumplatten verwendet werden (siehe Kapitel 17.3 »Stempeldruck«).

17.5   Materialdruck und Prägedruck

Diese Technik lädt zum Experimentieren ein. Zuerst müssen verschiedenste Gegenstände gesammelt und am besten im aktiven Ausprobieren überprüft werden, ob sie sich zum Drucken eignen. Für den Materialdruck eignen sich alle Materialien, deren Oberflächenreliefs interessant sind und die sich mit der Druckwalze einfärben und abdrucken lassen.

Material

Verschiedene Materialien aus der Natur oder aus dem Alltag: Blätter, Rinde, Stöckchen, alter Gummihandschuh, Plastikteile mit Struktur wie LEGO-Steine, Schuhsohlen, Fahrradschlauch, Spitze, grobe Stoffe, Schwämme, alte Lappen mit Falten, flache Rostteile, Tapetenreste
Linoldruckfarben, Druckwalze, Glasplatte, weiches Papier (am besten Bütten)

Technik

Die Oberfläche des Druckstocks wird vorsichtig mit der Druckwalze eingefärbt. Dabei sollte wenig Farbe benutzt werden, um feine Oberflächenstrukturen nicht zu verschließen. Es muss ausprobiert werden, was die richtige Menge an Farbe ist. Nun wird der Druckträger (= das Papier) aufgelegt und mit der Hand, einem alten Nudelholz oder einer sauberen Druckwalze abgedrückt.

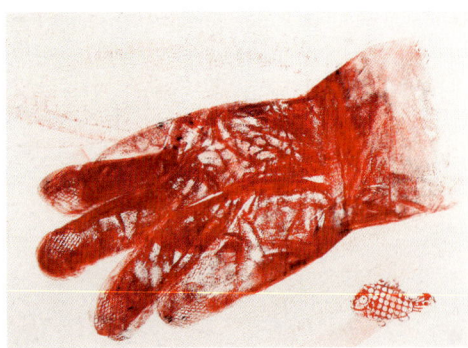

10 *Handschuh und Süßigkeit, Materialdruck*

Gestalterische Übung

Experimentieren Sie mit den unterschiedlichen Materialien und erstellen Sie ein nicht gegenständliches Druckmotiv. Verwenden Sie auch andere schon bekannte Drucktechniken und kombinieren Sie diese.

Reflexion

Welche Erfahrungen machten Sie beim Arbeiten mit verschiedenen Materialien?

Es wird schnell deutlich, dass sich nicht alle Materialien gleich gut zum Drucken eignen und dass die Wirkung nicht immer so interessant ist wie ursprünglich erwartet. Andererseits ergeben sich viele Überraschungen – vor allem, wenn verschiedene Materialien übereinandergedruckt oder mehrere Techniken kombiniert werden.

11 *Spitze, gedruckt auf Stoff, Anna*

Anregungen für die gestalterische Arbeit mit Kindern und Jugendlichen

- ◆ Für kleine und größere Kinder ist der **Prägedruck** mit unterschiedlichsten Materialien ein spannendes Forschungsprojekt. Welche Spuren hinterlassen welche Materialien, ohne Farbe zu verwenden? Für diesen Druck die harten, strukturierten Materialien (Metalllochstreifen, Knöpfe usw.) auf sehr weiches, leicht feuchtes Tiefdruckpapier (Künstlerbedarf) legen und am besten mit einer Druckerpresse oder mit einem Nudelholz/einer Nudelmaschine abdrücken. Es entsteht ein farbloses Relief in dem weichen Papier, das mit seinem zarten Licht-und-Schatten-Spiel besticht.

Druckstock aus Ton und gedrucktes Krokodil

- ◆ Eine interessante Alternative ist es, über die sauberen Gegenstände ein Papier zu legen und mit der eingefärbten Walze darüberzurollen. So entstehen auf dem Papier ebenfalls die Strukturen der Gegenstände.

- ◆ **Drucken mit Tonformen:** Ton zu einem flachen Druckstock formen und mit einem spitzen Gegenstand kleine Details in die flache Seite ritzen. Mit Farbe eingestrichen und mit wenig Druck können ausgefallene Motive entwickelt werden.

Kreatives Gestalten für Kinder unter drei Jahren

Drucken ist auch schon für Kinder unter drei Jahren eine interessante Technik.

◆ Am besten eignet sich natürlich der **Körperabdruck:** Die Kinder können mit bemalten Fußsohlen über ein großes ausgerolltes Papier laufen; sie können ihre Hände und Finger abdrucken und über verschiedene Variationen auf Papier staunen. Aber auch andere Körperteile wie Bauch und Po ergeben interessante Drucke und Spuren. Das Drucken mit Körperteilen unterstützt stark die eigene Körperwahrnehmung. Siehe auch Kapitel 9 »Gestalten von Körperbildern«.

◆ Auch der **Materialdruck** ist für Kinder unter drei Jahren hervorragend geeignet. Sie können – nach einer Einführung mit Beispielen wie Schuhsohlen, Bauklötzen oder LEGO-Steinen – selbst Gegenstände suchen und herausfinden, welche Druckergebnisse damit erzeugt werden können. Eine Variation auf farbigen Papieren ergibt neue Effekte.

◆ Spannende Ergebnisse erzielen die Kinder, wenn sie einfache Farbrollen abdrucken und diese Spuren mit schlichten Stempeln aus Korken ergänzen. Statt eines komplizierten Kartoffelschnittes können die Kinder die einfachen Schnittflächen von Kartoffeln, Zwiebeln oder Zitronen ausprobieren.

◆ Bieten Sie ruhig auch **fertige Stempel** an, die die Kinder in ihre Arbeiten integrieren können.

◆ Eine Alternative ist es, flache Gegenstände mit einem weißen, dünnen Papier abzudecken und dann mit einer eingefärbten Rolle durchzudrücken. Dabei die Gegenstände leicht fixieren, damit sie beim Überrollen nicht verrutschen.

◆ Auch einfache **Farbmonotypien** können die Kinder begeistern. Die Farben können leicht mit dem Finger auf der Druckplatte verteilt werden.

◆ Kleinkinder finden auch den **Schnurwalzendruck** faszinierend. Dafür eine dicke Schnur (oder andere Materialien zum Drucken) auf eine feste Papprolle oder ein Nudelholz wickeln bzw. kleben. Die Seiten bleiben als Grifffläche frei. Die Schnur mit Farbe einstreichen und auf weißem und farbigem Papier abrollen. Dabei hinterlässt die Schnur interessante Strukturen.

◆ **Frottagen** mit einem dicken Grafitstift oder Wachsmalblöcken können die Kinder ebenso schon selbstständig durchführen. Welche Spuren hinterlassen der Fußabtreter oder die Betonplatten im Hof? Hier gibt es bestimmt noch mehr zu entdecken.

◆ Drucke mit Schnitzwerkzeugen sind aus Sicherheitsgründen noch nicht geeignet.

Rolle mit Schnur umwickelt für den Schnurwalzendruck

Mit der Farbrolle eingefärbtes Papier und Autoreifenspuren, Johannes (2,5 Jahre)

17.6   Frottage

Die Frottage ist keine Drucktechnik im eigentlichen Sinne der Vervielfältigung eines Motivs, sondern eine Abriebtechnik, bei der verschiedenste Materialien mit grober, reliefartiger Oberfläche auf Papier durchgerieben werden.

17.6.1   Bleistiftfrottage

Material
Weicher Bleistift, Grafitkreide, dünnes Zeichenpapier, reliefartige Materialien wie Rinde, Hölzer, Gräser, Münzen, grobe Textilien, Drahtgewebe, Schnur, alte Tapetenbücher

Technik
Auf das Material mit der kräftig strukturierten Oberfläche wird ein Papier gelegt. Mit einem weichen Bleistift oder Grafitstift schraffiert man über die Oberfläche. Dabei wird die Oberflächenstruktur des Gegenstands durch das Abreiben auf dem Papier grafisch sichtbar. Bei dieser Technik wird also nicht der Druckstock, sondern das Papier eingefärbt.

Gestalterische Übung
Sammeln Sie Naturmaterialien und ordnen Sie diese zu einer Gestaltung an. Reiben Sie sie in der Frottagetechnik ab.

Reflexion
1. Welche Materialien eignen sich besonders gut für die Frottage?
2. Welche Themen sind für die verschiedenen Altersgruppen geeignet?
   Durch den Abrieb entsteht ein genaues Abbild des benutzten Materials. Die Oberflächenstruktur erscheint in einem scharfen Hell-Dunkel-Kontrast. Alle spürbaren Oberflächen werden sichtbar gemacht und eröffnen einen neuen Blick auf die Umwelt.

Aufgabe

Finden Sie heraus, welche Künstler mit dieser Technik gearbeitet haben. Stellen Sie Ihre Ergebnisse vor.

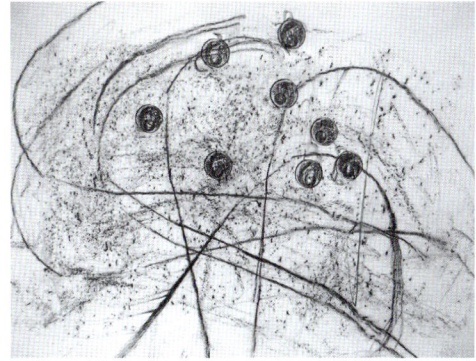

12 *Centbaum, Frottage mit Gartenfliese, Schnur und Centstück*

13 *Haifisch, Frottage, Miron (13 Jahre)*

Anregungen für die gestalterische Arbeit mit Kindern und Jugendlichen

◆ Vorschulkinder stellen mit dieser Technik selbst Münzen aus Papier her, um den Umgang mit Geld zu erfassen. Sie gehen ebenso wie ältere Kinder auf Spurensuche im Kindergarten oder in der Natur und legen ein Sammelbuch unterschiedlichster Strukturen an.

◆ Grundschulkinder lassen sich von den Frottagen des Künstlers Max Ernst zu eigenen fantastischen Kombinationen und Weiterbearbeitungen anregen.

◆ Jugendliche stellen mit unterschiedlichen Frottagestrukturen eine Landschaft auf einem Papier zusammen.

Max Ernst (1891–1976) war ein deutscher Maler und Bildhauer des Dadaismus und des Surrealismus.

Dadaismus: Der Dadaismus war eine Bewegung der bildenden Kunst, in der die Provokation Programm ist. 1916 in Zürich gegründet, war es eine Revolte gegen die Kunst vonseiten der Künstler selbst, die die Normen und Werte ihrer Zeit ablehnten und sich durch künstlerische Proteste und Skandale davon lösen wollten. Es handelte sich dabei um willkürliche, meist zufallsgesteuerte Aktionen in Bild und Wort. Für ihre Revolte wählten die Akteure die bewusst banal klingende Bezeichnung »Dada«. Die Bewegung bereitete den Weg zum Surrealismus vor.
Wichtige Vertreter des Dadaismus sind u. a. J. Heartfield, H. Hoech, G. Grosz.

Surrealismus: Der Surrealismus war eine Bewegung in der Literatur und der bildenden Kunst, die um 1920 in Paris entstand. Geprägt durch die Psychoanalyse Sigmund Freuds versuchten die Künstler, das Unbewusste und Traumbilder sichtbar auf die Kunst anzuwenden. Die Formensprache des Surrealismus beinhaltet auch das Fantastische und Absurde.
Wichtige Vertreter des Surrealismus sind u. a. S. Dali, R. Magritte, M. Ernst.

17.6.2   Nitrofrottage

Die Nitrofrottage ist nur für ältere Kinder und Jugendliche geeignet, da für den Abdruck der Bilder, Texte und Zeitschriftenfotos Nitroverdünnung verwendet wird. Die Bilder bekommen mit dieser Abdrucktechnik einen weichen, traumhaften Charakter.

Vorsichtsmaßnahmen: Da die Dämpfe der Nitroverdünnung gesundheitsschädlich sind, sollte nur bei offenen Fenstern oder im Freien gearbeitet werden. Außerdem darf die Nitroverdünnung nicht an Schleimhäute von Mund, Augen und Nase gelangen!
Die Vorsichtsmaßnahmen müssen den Kindern vorab erklärt werden!

Material

Nitroverdünnung, Zeitschriften, breite Pinsel, einfaches Zeichenpapier, verschließbares Glas, Zeitungspapier als saugfähige Unterlage

Technik

In das Glas wird etwas Nitroverdünnung gefüllt. Das Zeitungspapier wird ausgebreitet. Aus Zeitschriften werden nun Bilder und Fotos ausgeschnitten/ausgerissen. Dabei ist darauf zu achten, dass keine beidseitig farbig bedruckten Seiten verwendet werden! Die Bilder werden dann mit der farbigen Seite nach unten auf einen Bogen Zeichenpapier gelegt. Mit schnellen Pinselstrichen wird auf die Rückseite der Bilder Nitroverdünnung aufgetragen. Erscheinen kleine Pünktchen auf der Bildrückseite, wird ein zweites Zeichenpapier daraufgelegt und fest angedrückt.

Nach dem Abnehmen der Blätter erscheint das Foto spiegelbildlich auf dem unteren Zeichenpapier. Dies liegt daran, dass sich die Farbschicht des Bildes in der Nitroverdünnung anlöst und auf das Zeichenpapier abdruckt.

Gestalterische Übung

Stellen Sie eine Gestaltung aus Zeitschriftenfotos zusammen und wenden Sie die Nitrofrottagetechnik an.

14 *Nitrofrottage mit einem Foto einer Pfauenfeder*

Anregungen für die gestalterische Arbeit mit Kindern und Jugendlichen

Aus verschiedenen Nitrofrottagen eine Collage zusammenkleben. Als Thema eignen sich das Abdrucken bekannter Persönlichkeiten und das Umgeben von diesen Personen mit einer ganz anderen Kleidung oder Situation, z. B. ein Popstar im Wald oder der Weihnachtsmann in der Küche.

17.7   Monotypie

Die Bezeichnung Monotypie leitet sich von den Begriffen »mono« = ein und »Typ« = Urbild, Sorte, Bauart ab. Monotypie steht für eine Technik, bei der immer nur ein Druck (mono) entsteht. Daher ist die Monotypie keine Vervielfältigungstechnik im Sinne der klassischen Drucktechniken. Monotypien lassen sich auch schon mit kleineren Kindern herstellen, da es ein sehr einfaches experimentelles Verfahren ist.

Material

Linoldruckfarben, Glasplatten, viele Papiere zum Ausprobieren, Stöckchen (z. B. Pinselstiele, Schaschlikstäbe), Stifte

Technik

Es werden drei verschiedene Techniken bei der Monotypie unterschieden:

- Einfache Farbmonotypie: Auf eine Glasplatte oder einen glatten Untergrund werden Linoldruckfarben aufgetragen (gespritzt, gegos-

sen oder gemalt). Ein leeres Papier wird auf die Farbe gelegt. Anschließend wird mit der Hand mit leichtem Druck über das Papier gestrichen. Die Farbkleckse zerfließen dabei und bleiben am Papier haften. Nach dem Abziehen des Blattes von der Glasscheibe liegt ein interessantes Farbspiel als Druck vor.

»Diese Drucktechnik ist wie ein überraschendes Spiel mit Farben.« (Martina, Schülerin)

15 *Farbmonotypie*

17 *Monotypie, Zeichung auf Papier*

16 *Monotypie, Zeichnung in die Farbe auf der Platte gekratzt, Sabine*

◆ Zeichenmonotypie I: Mit der Farbwalze wird auf die Glasplatte Farbe dünn aufgetragen. In die Farbfläche wird nun mit einem spitzen Gegenstand eine Zeichnung geritzt. Ein leeres Blatt wird über die Farbfläche gelegt und sehr vorsichtig mit der Hand ausgestrichen. Nach dem Abziehen des Blattes bleibt die geritzte Zeichnung als weiße Linien und Flächen in der abgedruckten Farbfläche sichtbar. Bei dieser Technik sind meist mehrere Versuche notwendig, um das richtige Verhältnis zwischen Farbmenge und Handdruck zu finden.

◆ Zeichenmonotypie II: Die Glasplatte wird mit der Farbwalze eingefärbt. Ein leeres Blatt wird aufgelegt und mit einem Stift wird eine Zeichnung auf das Blatt gezeichnet. Dabei darf die zeichnende Hand nicht auf das Papier drücken, sonst entsteht ein Handabdruck! Die Stellen des Blattes, die vom Stift »gedrückt« wurden, nehmen die Farbe intensiver an und bilden die Zeichnung ab.

Gestalterische Übung

Probieren Sie die verschiedenen Monotypietechniken aus.

Reflexion

1. **Welche Beobachtungen machten Sie bei den einzelnen Monotypietechniken?**
   Bei der Monotypietechnik mit Farbklecksen entstehen Bilder mit einem farbenprächtigen Formenspiel. Kinder geraten dabei oft in einen richtigen Schaffensrausch.

2. **Welche Techniken können Sie welchen Altersgruppen anbieten?**
   Die Zeichenmonotypien stellen höhere Ansprüche an die Handmotorik und eignen sich daher erst für Kinder ab dem Vorschulalter (ab 5 Jahre). Es entstehen Drucke von weichem, zartem, etwas traumhaftem Charakter.

Anregungen für die gestalterische Arbeit mit Kindern und Jugendlichen

◆ Vorschulkinder zeichnen Märchenfiguren für die Monotypie.

◆ Grundschulkinder finden in Verknüpfung mit wissenschaftlichen Forschungen Unterwasserwelten mit Einzellern und Urtierchen interessant. Diese werden als Monotypien umgesetzt.

◆ Jugendliche verwenden eigene Kinderbilder als Anregungen für die zeichnerische Monotypie.

◆ Für alle Altersgruppen geeignet sind Experimente mit Bürsten, Schabern, Gabeln, Messern, Lappen (oder einfach mit der Handfläche) zum Kratzen und Drücken.

17.8   Ritztechniken und Schnitztechniken

Linolschnitt ist ein aufwendigeres Hochdruckverfahren. Da mit scharfen Linoldruckschnitzmessern in die Linoleumplatten geschnitten wird, eignet es sich erst für Kinder ab dem Ende des Grundschulalters (10 Jahre und älter).

Eine einfachere, auch für Kindergartenkinder geeignete Technik ist das Ritzen in Styreneplatten. Diese Technik gehört zur Weißliniengrafik, was bedeutet, dass die Linien der Zeichnung im Druck weiß erscheinen. Styreneplatten sind im Künstlerbedarf erhältlich.

17.8.1   Styrenedruck

Material

Styreneplatten (alternativ können die Deckel von Eierbehältern – nicht Papier! – oder die Innenseiten von Tetrapaks/Milchtüten verwendet werden), Nagel oder Kugelschreiber, Linoldruckfarben, Druckwalze, Papier

Technik

In die Styreneplatte wird mit einem Nagel eine Zeichnung geritzt oder gedrückt. Anschließend wird die Platte mit der Druckwalze farbig eingewalzt. Ein saugfähiges Papier wird aufgelegt und mit der Walze fest abgedrückt. Die Styreneplatte kann auch farbig bemalt und dann im Mehrfarbendruck abgenommen werden.

Gestalterische Übung

Ritzen Sie eine Zeichnung in die Styreneplatte zum Thema »Luftfahrzeuge« und drucken Sie diese im Mehrfarbendruck, indem Sie die Platte verschiedenfarbig einfärben.

Reflexion

Welche Erfahrungen machten Sie mit dieser Drucktechnik?

Die Styreneplatte lässt sich einfach und ohne großen Kraftaufwand ritzen. Auch einfache Zeichnungen werden deutlich sichtbar. Das verschiedenfarbige Einfärben der Platte eröffnet viele farbige Gestaltungsmöglichkeiten und ein Motiv kann farblich immer wieder neu variiert werden. Diese Technik – vor allem auf Tetrapaks geritzt, mit nur einer Farbe – ist auch schon für Kleinkinder ein Erfolgserlebnis.

18   *Styrenedruck, mehrfarbig*

Anregungen für die gestalterische Arbeit mit Kindern und Jugendlichen

- Jüngere Kinder setzen Motive aus dem Alltagsgeschehen im Styrenedruck um.

- Ältere Kinder arbeiten an dem Thema »Wundermaschinen«.

17.8.2 Linoldruck

Diese Technik eignet sich nur für ältere Kinder und Jugendliche, die sicher im Umgang mit den scharfen Linolschnittmessern sind und sich an die Sicherheitsregeln halten. Da für diese Drucktechnik viel Kraft erforderlich ist, um ein gutes Ergebnis zu erzielen, ist die Verwendung einer Druckpresse vorteilhaft (aber nicht zwingend notwendig).

Material

Linolschnittplatten (entweder aus dem Künstlerbedarf oder selbst gekauftes und zugeschnittenes Linoleum aus dem Teppichladen), Linolschnitzwerkzeug (Künstlerbedarf), Linoldruckfarben, Glasplatte, saugfähiges Papier (Linoldruckpapier), Druckerpresse

Bei Linoleum aus dem Teppichladen darauf achten, dass das Material nicht zu hart ist.

Technik

◆ Beim **Weißliniendruck** wird die Zeichnung mit den Schnitzmessern entfernt. Die Druckfarbe wird auf die stehen gebliebenen Flächen gewalzt und auf Papier abgedruckt. Alle entfernten Linien oder Flächen erscheinen dann im Druck weiß. Diese Technik bietet sich für Anfänger an. Am besten wird die Zeichnung mit Bleistift auf der Platte angelegt und mit den Messern ausgearbeitet.

◆ Der **Schwarzliniendruck** ist die anspruchsvollere Technik. Dabei wird alles mit Ausnahme des Motivs aus der Platte geschnitten. Um feine Stege herauszuarbeiten, ist viel Geschick erforderlich. Im Anschluss wird die Platte eingewalzt und auf Papier abgedruckt.

Sicherheitshinweis *zum Linolschnittmesser: Es wird immer vom Körper weg geschnitzt! Die Hand, die die Platte hält, liegt immer hinter der Schnittrichtung, in Körpernähe. Um in verschiedene Richtungen zu arbeiten, wird die Platte gedreht, nicht die Schnittrichtung.*

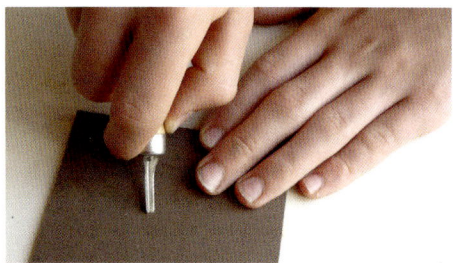

Dies ist die sichere Handhabung des Linolschnittmessers

So darf nicht mit dem Linolschnittmesser gearbeitet werden. Verletzungsgefahr!

19 *Werkzeug für Linolschnitt*

20 *Meerschweinchen, Linoldruck*

Gestalterische Übung

Gestalten Sie eine Linolschnittplatte mit einem frei gewählten Motiv. Probieren Sie einen schwarzen und einen farbigen Druck aus.

Reflexion

Welche kognitiven und emotionalen Kompetenzen werden in dieser Technik geübt?

Kinder und Jugendliche müssen sich beim Linolschnitt aus Sicherheitsgründen eng an die vorgegebenen Regeln und Arbeitsschritte halten. Sie üben sich in Ausdauer, Konzentration, Handmotorik und Krafteinsatz. Um gute Ergebnisse zu erhalten, ist sorgfältiges Arbeiten erforderlich. Das räumliche Vorstellungsvermögen wird durch den spiegelverkehrten Druck angeregt. Soll ein konkretes Motiv gestaltet werden, muss dies gut geplant und eventuell vorgezeichnet werden. Das selbst entworfene Motiv kann auch von einer Papierzeichnung mit Durchschlagpapier auf die Linolplatte übertragen werden.

Anregungen für die gestalterische Arbeit mit Kindern und Jugendlichen

◆ Grundschulkinder arbeiten zum Thema »Wir entwerfen Spielkarten«, angelehnt an Sammelkarten, die in dieser Altersstufe oft eine große Bedeutung haben.

◆ Da Jugendliche über eine präzise Arbeitsweise verfügen, stellen sie einen Mehrfarbendruck her. Für jede Farbe wird eine eigene Platte geschnitten. Dabei kann es hilfreich sein, den Schnitt für eine Farbe auf die folgende Platte zu drucken, um zu sehen, welche Schnitte auf der neuen Platte notwendig sind. Die fertigen Platten werden nacheinander gedruckt: erst die hellen, dann die dunklen Farben. Eine spannende Variante besteht darin, dass erst farbige Flächen geschnitten und gedruckt werden und dann eine Platte mit einem Kontur- und Linienschnitt in schwarzer Farbe darübergedruckt wird.

Drache, Linoldruck, Miron (13 Jahre)

Echse im Zweifarbendruck, Linoldruck, Sonja

17.9   Drucken mit Druckpressen

Techniken wie Radierung und Holzdruck eigen sich aufgrund ihrer sehr differenzierten Arbeitsweise nur für ältere Grundschulkinder und Jugendliche. Für ein deutliches Druckergebnis brauchen diese Techniken in jedem Fall eine Druckerpresse! Es wird daher nur kurz auf diese Techniken eingegangen. Eine spannende Anregung für Jugendliche können die sozialkritischen Holzschnitte der Künstlerin Käthe Kollwitz sein.

Käthe Kollwitz (1867 – 1945) gehörte zu den bekanntesten deutschen Künstlerinnen des 20. Jahrhunderts. Ihre ernsten Druckgrafiken wurden von einem zeitlosen und ausdrucksstarken Kunststil geprägt. Ihre Arbeiten waren sehr sozialkritisch und standen im Widerspruch zur großbürgerlichen Salonmalerei. Kunst sollte nach ihrer Meinung die sozialen Lebensumstände darstellen und somit den Betrachter aufwecken. Zeitweilig war sie auch als Bildhauerin tätig.

21 *Käthe Kollwitz: Hunger, 1925, Holzdruck*

17.9.1 Holzdruck und Furnierdruck

Die Arbeitsweise des Holzschnittes ist der Linolschnitttechnik (Kapitel 17.8.2) sehr ähnlich. Als Schnitzwerkzeuge können bei sehr weichem Holz Linolschnittmesser verwendet werden. Bei hartem Holz müssen sehr scharfe Schnitzmesser – für jüngere Kinder ungeeignet! – zum Einsatz kommen. Als Druckstock wird eine weiche Massivholzplatte oder (für den Anfang) eine furnierte Sperrholzplatte aus der »Restekiste« im Baumarkt verwendet.

Technik

Wie beim Linolschnitt wird alles aus der Holzplatte herausgehoben und -geschnitten, was nicht gedruckt werden soll. Die massive Holzplatte wird gehobelt und geschliffen. Da das Holz spröder ist und eine Maserung aufweist, muss mit der Wachstumsrichtung des Holzes geschnitten werden. Deshalb stellt eine Holzplatte höhere Ansprüche an die Gestaltung als eine Linolschnittplatte. Das Ausarbeiten von Feinheiten und Details ist schwer möglich. Dafür wird im Druck auch die Maserung als lebendiges Bildelement mit abgedruckt. Die Drucke erhalten einen archaischen, expressiven Charakter.

Die Drucktechnik erfolgt ansonsten wie beim Linolschnitt. Die Farbe wird jedoch nicht nur auf die Platte gewalzt, sondern zusätzlich mit einem sogenannten Handreiber aufgebracht.

archaisch: altertümlich, aus der Urgeschichte der Menschheit stammend

22 *Gesichter, Holzdruck*

Material

Holzplatte (Größe zu Anfang A4 – A5) aus trockenem, altem Kiefernholz, Holzschnittwerkzeug oder Linolschnittmesser, Druckerpresse, Handreiber (Stoffballen um ein Stück Holz gewickelt und mit weichem Leder gut umhüllt), Linoldruckfarben, saugfähiges, weiches Papier

Gestalterische Übung

Erstellen Sie einen Holzschnitt in der Größe A5 mit einem freien Motiv und drucken Sie diesen in mehreren Farbabzügen.

Reflexion

Welche Erfahrungen haben Sie mit dem Schnitzen der Holzplatte gemacht?

Beim Bearbeiten einer Holzplatte muss man auf viele Dinge achten: Maserung des Holzes, Sicherheitshaltung, Schnitttiefe, Linienverlauf. Es erfordert eine hohe Konzentration und Krafteinsatz. In dem Holz können Details nur schwierig geschnitten werden. Das Ergebnis ist geprägt von einfachen Formen, fast groben Linien und der interessanten Maserung des Holzes.

»Ich finde, je einfacher das Motiv, desto mehr Ausdruckskraft liegt in der Darstellung.« (Schülerin)

23 *Bernard Essers: Duinlandschap, 1922 –1923, Holzdruck*

24 *Werkzeuge für den Holzdruckstock*

Anregungen für die gestalterische Arbeit mit Kindern und Jugendlichen

- Über die Beschäftigung mit den Expressionisten erhalten Jugendliche Ideen für eigene Motive und Darstellungsmöglichkeiten des Holzdrucks. Die Expressionisten arbeiteten sehr gerne mit dieser Drucktechnik, da sie ihrem Bedürfnis nach direktem Ausdruck und einfacher Formensprache entgegenkam (Expressionismus siehe Kapitel 10).

- Eine Alternative für Grundschulkinder ist der **Furnierdruck**. Dabei wird die Rückseite eines Furniers mit Doppelklebeband abgeklebt. Nun können mit einer Schere Motive ausgeschnitten werden. Das Klebeband verhindert das Splittern der Furnierplatte. Nach dem Fertigstellen des Druckmotivs wird die Schutzfolie des Klebebandes abgezogen und das Motiv auf einen festen Karton geklebt. Dann kann mit lösemittelhaltiger Farbe gedruckt werden. Auch hierbei wird die Holzmaserung lebendig sichtbar.

17.9.2   Radierung

Ursprünglich wurden Radierungen in Kupferplatten geritzt oder geätzt. Mit ihren unterschiedlichsten Variationsmöglichkeiten ist die Radierung eines der wichtigsten künstlerischen Vervielfältigungsverfahren. Es ist ein sehr altes Druckverfahren, das bereits von Albrecht Dürer gerne angewandt wurde. Die Radierung gehört zu den Tiefdruckverfahren, da die Farbe, die in den geritzten Linien liegt, gedruckt wird.

Albrecht Dürer *(1471 – 1528) war Maler, Grafiker, Kunsthistoriker von europäischem Rang. Er war ein großer Künstler des Humanismus und der Reformation.*

Humanismus: *Eine Geisteshaltung, die zwischen dem 14. und 16. Jahrhundert die historische und kulturelle Epoche der Renaissance kennzeichnete. Wichtige Prinzipien des menschlichen Zusammenlebens waren Toleranz, Gewaltfreiheit, Bildung und Würde des Menschen. Hinzu kam die wichtige Erfindung des Buchdrucks Mitte des 15. Jahrhunderts. Wichtige Vertreter des Humanismus in der Kunst sind: S. Botticelli, Raffael, A. Dürer, auch L. d. Vinci war beeinflusst.*

Reformation: *Kirchliche Erneuerungsbewegung im 16. Jahrhundert, die in Deutschland überwiegend von Martin Luther angestoßen wurde. Sie führte zur Spaltung des westlichen Christentums in verschiedene Konfessionen.*

Beim **Kaltnadelverfahren** wird mit einer Radiernadel aus Stahl in eine Kupferplatte geritzt. Je nach Druck entstehen verschieden tiefe Linien. Mit dem Handreiber wird dann die Farbe in die Rillen gerieben. Die Oberfläche der Platte wird vor dem Druck fast sauber gewischt, nur ein Hauch Farbe darf stehen bleiben. Ein weiches, leicht feuchtes Papier wird nun auf die Platte gelegt und durch die Druckerpresse geschoben.

Kostensparender und kraftsparender ist das Ritzen von dünnen Plexiglasplatten. Diese können mit einem spitzen Nagel geritzt und dann gedruckt werden. Allerdings erfordert das Ritzen eine gute Feinmotorik und einen gezielten Krafteinsatz und ist daher eher für ältere Kinder geeignet.

Auf eine sichere Arbeitshaltung wie beim Linolschnitt (Kapitel 17.8.2) muss geachtet werden!

Material

Plexiglasplatten (ca.10 x 10 cm), Radiernadel oder spitzer Nagel, Linoldruckfarben, Handreiber (Stoffballen, um ein Stück Holz gewickelt und mit weichem Leder gut umhüllt), Druckerpresse, Büttendruckpapier

Gestalterische Übung

Ritzen Sie in die Platte ein Motiv Ihrer Wahl.

Reflexion

Welche Schwierigkeiten hatten Sie beim Ritzen der Platte und wie können Sie Kinder unterstützen, diese zu vermeiden?

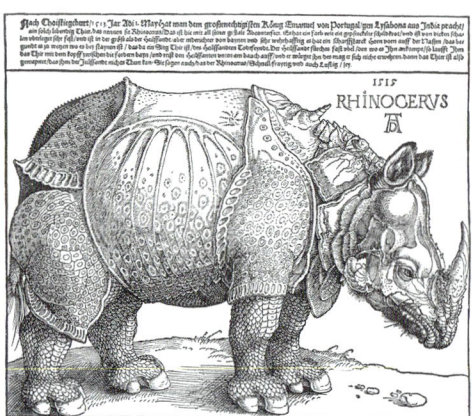

25   *Albrecht Dürer: Rhinocerus, 1515, Radierung*

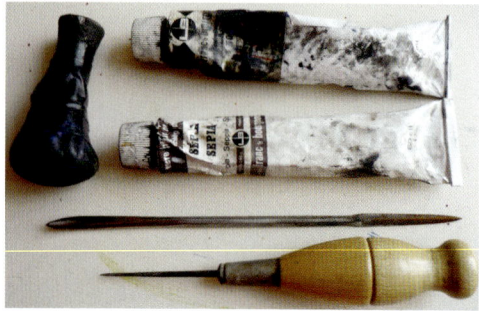

26   *Radierwerkzeug und Farbe*

1. Vergleichen Sie die unterschiedlichen Verfahren des Druckens und überlegen Sie, welche Techniken Sie konkret in die Praxis umsetzen können.

2. Arbeiten Sie Lernziele der Drucktechniken heraus, auch in der Verknüpfung mit dem Anspruch, Bildungsprozesse bei Kindern und Jugendlichen zu fördern.

3. Welche Rolle spielt/spielte die Kunst des Druckens für die kulturelle Entwicklung?

4. Informieren Sie sich über die Entwicklung des Buchdrucks.

27 *Geigerin, Radierung, Rosa*

Anregungen für die gestalterische Arbeit mit Kindern und Jugendlichen

◆ Ältere Schulkinder entwerfen ein eigenes Namensschild.

◆ Sie zeichnen, angelehnt an Tierradierungen von Albrecht Dürer (z. B. das »Rhinocerus«), mit der Nadel strukturreiche Fantasietiere.

Projektaktivität **DIE SCHREIBWERKSTATT**

Die Entwicklung des Schreibens

Kinder haben von sich aus den Drang, in die Welt der Schriftsprache vorzudringen. Während sie anfangs Schrift nur als Ornamente auffassen und einfach die Tätigkeit des Schreibens nachahmen, verstehen sie mit der Zeit, dass Schreiben eine Form der Kommunikation ist. Sie beobachten daraufhin genauer und beginnen, erste Buchstaben in ihrem Umfeld zu erfassen und selbst zu malen. Jetzt erkennen sie Buchstabenkombinationen als **Zeichenbilder** wieder, z. B. Ladenschilder, Autokennzeichen oder Ortsschilder.

In ihrer ganz eigenen Logik nähern sie sich dann der verlauteten Schriftsprache an, d. h., dass sie den Zusammenhang zwischen Lauten und Buchstaben begreifen. Dies ist der wichtigste Schritt in der Schreibentwicklung: das Verstehen, dass Schrift eng mit Sprache verbunden ist und dass Schrift Nachrichten verschiedenster Art übermittelt. Erste Schritte zum Lesen können nun (!) folgen (erst wird das Schreiben, dann das Lesen erlernt).

Es geht nicht darum, die Schriftsprache schon vor Schuleintritt zu perfektionieren

– gerade im **Kindergarten** soll die Beschäftigung mit Schrift frei von Verbesserungen und Bewertungen bleiben, um die Freude am Entdecken zu erhalten! Bis zum Schreiben nach den allgemeinen Rechtschreibregeln haben die Kinder noch viele Stolperschwellen zu überwinden. Diese überwinden zu helfen, ist dann die Aufgabe der Schule.

Mit kreativen Techniken und Texten bekommen auch schreibmüde Schulanfänger wieder Lust am Lesen und Schreiben. Dafür bietet eine kreative Schreibwerkstatt im **Hort** einen guten Forschungs- und Entdeckungsraum.

Für **Jugendliche** interessant ist die Schriftgestaltung unter ästhetisch-bildnerischen Aspekten, die die Textaussage wesentlich beeinflussen. Gleichzeitig haben sie schon so viel Schrifterfahrung, dass sie Buchstaben für abstrakte oder gegenständliche Kompositionen bis zur Unkenntlichkeit aus dem Schriftbild herauslösen können.

Heranführen an das Schreiben

Nach den neuen Rahmenplänen für die frühkindliche Bildung soll der Schwerpunkt darauf liegen, die Selbstbildungsprozesse der Kinder zu begleiten. Für das Schreiben bedeutet dies, Kindern vielfältige Möglichkeiten zum Kennenlernen von Buchstaben, Schriftformen, Schreibgeräten, Geschichten und Wortspielen anzubieten und sie in ihrem Forscherdrang zu unterstützen. Dabei greifen verschiedene Entwicklungsbereiche ineinander bzw. bauen aufeinander auf. Wichtig für das Schreiben ist natürlich eine intensive Beschäftigung mit der Sprache: hören, Vokale erkennen, Sätze bilden, eigene Geschichten erzählen usw.

Für die Schreibtätigkeit sind handmotorische Fähigkeiten sowie eine gute Augen-Hand-Koordination und Kraftdosierung Voraussetzungen. Räumliches Sehen und

Erste Schreibversuche mit Filzschreiber und Bleistift, Minthe (5 Jahre)

Gestalten sind wichtig für das Erkennen und Beherrschen von Raumrichtungen (links, rechts, oben, unten). Im Kapitel 6 »Formenzeichnen« werden grundlegende Übungen vorgestellt.

Beispiele für Schreibwerkstätten

◆ Gerade im künstlerischen Bereich kann das Interesse der Kinder für Buchstaben hervorragend aufgegriffen und vertieft werden. Kinder können sich mit alten Schriften beschäftigen und angeregt durch die Hieroglyphen der alten Ägypter eine eigene Bilderschrift erfinden. Diese Bilderschrift können sie in die heutige Zeit übersetzen und dann mit Buchstaben verbinden, z. B. der Buchstabe H zum Bild eines Hundes. In **Anlauttabellen** werden solche Bilderbrücken angeboten. Finden und malen die Kinder ihre eigenen Bilder, entsteht eine ganz individuelle Anlauttabelle.

Hieroglyphen: *Schriftzeichen, die sich zumeist aus Piktogrammen zusammensetzen, also eine Art Bilderschrift sind. Am geläufigsten sind die ägyptischen Hieroglyphen, die das älteste bekannte Schriftsystem darstellen. Sie wurden von etwa 3200 v. Chr. bis 300 n. Chr. benutzt.*

- Kinder setzen fertige **Buchstabenstempel** kreativ in ihren Bildern ein. Später stellen sie eigene Buchstabenstempel her und drucken damit kleine Nachrichten in ihre Bilder.
- Sie formen mit **Ton** Buchstaben oder ritzen wie in der Steinzeit ihre Zeichen und Buchstaben in eine weiche Tonplatte ein.
- Bei einem Ausflug ins Mittelalter verwenden sie **Vogelfedern und Metallfedern sowie Tinte** zum Schreiben – Vorbilder können die kunstvollen Buchmalereien und Initialen der Buchdruckkunst sein.
- Mit den verschiedenen Drucktechniken entwerfen die Kinder eigenes Briefpapier, drucken Einladungskarten, Briefmarken oder sogar Geldscheine.
- Mit Buchstabencollagen und Farbe entstehen bunte Arbeiten. Beim Sammeln der Buchstaben aus Zeitschriften lernen die Kinder, zu differenzieren und sich die Merkmale einzelner Buchstaben genau einzuprägen.

Material – was braucht man für eine Schreibwerkstatt?

Neben den üblichen Zeichen- und Malmaterialien sowie Druckutensilien sind verschiedene Buchstaben- und Zahlstempel sowie eine Anlauttabelle zu empfehlen. Am Anfang sollten nur Großbuchstaben angeboten werden, da es für die Kinder unübersichtlich ist, dass zwei verschieden aussehende Buchstaben für einen Laut stehen.

Ein Fundus mit Briefumschlägen, Karten, Quittungsblöcken, Formularen und alten Taschenkalendern bietet den Kindern die Möglichkeit, mit vorgefertigten Druckerzeugnissen eigene Kreationen zu entwickeln. Durch differenziertes Beobachten werden sie sich das System der Buchstaben aneignen.

Auch Medien wie Kamera (Plakate und Logos fotografieren) und Computer können für die Schreibwerkstatt eingesetzt werden (siehe Kapitel 39–42).

![Buchstaben und Zeichen in eine Tontafel gekratzt]

Buchstaben und Zeichen in eine Tontafel gekratzt wie die Steinzeitmenschen, Ayla (4,5 Jahre)

Das große H im See, Lara

18 COLLAGEN GESTALTEN

18.1 Collagen – eine einfache Technik mit vielen Möglichkeiten

Der Begriff Collage leitet sich von dem französischen Wort coller = kleben ab. Collagen sind Bilder, die aus geklebten Materialien bestehen und oft zusätzlich malerisch bearbeitet werden. Verschiedene Elemente werden zu einem neuen Ganzen zusammengeklebt. Schon frühere Naturvölker stellten Klebebilder aus Naturmaterialien her.

Die Technik der Collage entwickelte sich im 20. Jahrhundert zur eigenen Kunsttechnik, angeregt durch die kubistischen Arbeiten von George Braque (1886–1963) und Pablo Picasso (1882–1973), in denen Alltagsfragmente wie Zeitungsausschnitte, Plakatfetzen oder Fahrscheine verarbeitet wurden. Die Arbeiten der beiden Künstler provozierten einen veränderten Blick auf die Wirklichkeit und Collagen wurden als neues bildnerisches Darstellungsmittel anerkannt. Farben und Formen bekamen eine eigenständige Bedeutung in den Werken und waren nicht mehr nur an die Abbildung der Realität gebunden.

Hannah Höch *(1889 – 1978) war eine deutsche Collagekünstlerin des Dadaismus (siehe auch Kapitel 17.6).*

Kubismus: *Der Kubismus ist eine Stilrichtung der modernen Kunst, in der die Gegenstände auf bestimmte Grundformen hin analysiert und häufig in geometrische oder abstrakte Teile zergliedert werden.*
Wichtige Vertreter sind: P. Picasso, G. Braque, F. Léger.

Collagen zu gestalten ist ein niedrigschwelliges Angebot, da bei der Verwendung fertiger Bilder oder Objekte leicht ein Erfolgserlebnis eintritt. Auch gehemmte Kinder, die sich beim Malen/Bauen wenig zutrauen, finden zu diesem Angebot meist einen Zugang. Schon kleine Kinder können Papiere reißen und kleben. Das Gestalten von Collagen ist daher für alle Altersgruppen geeignet.

Das Arbeiten mit der Collagetechnik bietet viele Entwicklungsanregungen:

◆ Erfahrungen des Suchens und Sammelns und damit des Differenzierens
◆ Ausprobieren, etwas auseinanderzunehmen, zusammenzufügen, zu kombinieren und zu konstruieren
◆ Erfahrungen, etwas aus alten Zusammenhängen und Bedeutungen zu lösen und in neue Sinnzusammenhänge zu stellen
◆ Vertrautes verfremden und gleichzeitig durch den eigenständig gesteuerten Gestaltungsprozess wieder vertraut machen
◆ Anregung, neue Blickwinkel zu finden, gleichzeitig eine Auseinandersetzung mit Fremdem
◆ Vertraute Alltagsgegenstände ihrem Zweck/ihrer Funktion entheben und ihnen durch eine andere Kombination eine neue Funktion geben (Materialcollage)
◆ Formen und Farben von Gegenständen lösen und ihnen so einen eigenständigen Gestaltungswert geben
◆ Förderung von Handmotorik, Raumwahrnehmung, Figur- und Grundwahrnehmung

1 *Hannah Höch: Meine Haussprüche, 1922, Collage*

18.2   Papiercollage

Verschiedenste Papiere mit unterschiedlichen Oberflächen, bedruckt, farblos oder geprägt, laden zum spielerischen Formen- und Farbenspiel ein. Spannungsbezüge und Dynamik einer Collage entstehen aus inhaltlichen oder auch bildnerischen Kombinationen, aus der Streuung und Bündelung von Formen und Farben.

Material
Zeitschriften, Fundus mit Papiersorten mit unterschiedlicher Struktur und Farbe, Kleber, Papier zum Aufkleben, Stifte und Malmaterial zum Weitergestalten

2 *Blüte aus bunten Schnipseln, Mareike*

Gestalterische Übung
Farbcollage: Sammeln und reißen Sie verschiedene Papiere **einer Farbe** aus Zeitschriften. Ergänzen Sie diese mit Papier aus dem Papierfundus. Gestalten Sie ein Farbbild mit feinen Farbnuancen. Wählen Sie eventuell einen Farbschnipsel einer anderen Farbe als Kontrast.
Sammeln Sie bunte Schnipsel aus Zeitschriften und dem Papierfundus und kleben Sie ein gegenständliches Bild zum Thema »Urwald«.
Kombinieren Sie aus Zeitschriften ausgeschnittene oder ausgerissene Bilder und Fotos zu einem Bild mit dem Thema »Mann/Frau«. Sie können die Fotocollage auch mit Stiften oder anderen Farbmaterialien ergänzen.

Reflexion
1. **Fällt es Ihnen leicht, Farben und Bilder aus einem vorhandenen Fundus auszuwählen?**
2. **Welche Erfahrungen machten Sie bei der Gestaltung eines Bildes aus »fertigen« Teilen?**
   Beim Sammeln von einfarbigen Farbschnipseln aus Zeitschriften werden die vielen feinen Nuancen einer Farbe sichtbar. Damit gestaltete Collagen wirken sehr lebendig. Gegenständliche Darstellungen können auf fertige und realistische Motive zurückgreifen. Menschen, die sich in diesem Bereich nicht sicher fühlen, finden hier viele Gestaltungsmöglichkeiten.

3 *Stadturwald, Collage, Anna*

4 *Mann/Frau, Collage*

Anregungen für die gestalterische Arbeit mit Kindern und Jugendlichen

◆ **Fensterbild:** Transparentpapierschnipsel auf die Fensterscheibe geklebt lassen zarte Lichtbilder scheinen. Sie müssen keine gegenständlichen Motive ergeben. Dies ist insbesondere für die Weihnachtszeit eine passende Arbeit.

◆ **Stadtcollage:** Kindergartenkinder lassen aus vielen gemalten und gezeichneten Häusern eine gemeinsame Stadtcollage entstehen.

◆ **Gemüsegesicht:** Ältere Kinder kombinieren aus Schnipseln ein Gesicht. Eine witzige Anregung können die Bilder von Giuseppe Arcimboldo (1526–1593) sein, der nur Obst und Gemüse für seine Porträts verwendete. Aus getrockneten Blättern kann sogar eine lebensgroße Figur in Gruppenarbeit geklebt werden.

Giuseppe Arcimboldo: Frühling, 1573

◆ **Buchstabensalat:** Zum Verständnis von Schriftzeichen bieten sich Collagen mit dem Thema »Buchstaben« an.

◆ **Mundcollage:** Die Kinder schneiden aus Zeitschriften einen großen Mund aus, kleben ihn auf weißes Papier und malen zu dem Mund Gesichter und Figuren. Ebenso witzig kann dies mit anderen Körperteilen gemacht werden.

◆ **Kunstschlange:** Die Kinder kleben in die Kunstwerke alter Künstler (Farbkopien) eine selbst gemalte Schlange ein. Auf die Weise beschäftigen sich die Kinder nicht nur mit der Collagetechnik, sondern lernen auch alte Kunstwerke und Künstler kennen.

◆ **Stadtansichten:** Ältere Kinder oder Jugendliche gestalten Collagen zu kritischen Themen aus den Bereichen Umwelt, Gewalt oder Politik. Stadtansichten lassen sich mit witzigen kleinen »Einlagen« verändern.

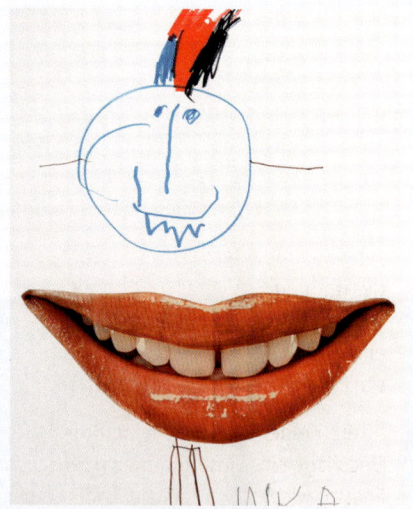

Mund, Collage, Mika (4 Jahre)

18.3   Decollage

Die Decollage ist das Gegenteil zur Collage. Es geht nicht darum, Bilder durch Zusammenkleben entstehen zu lassen, sondern das Bild wird erst durch Zerstören und Abreißen »entdeckt«. Es ist eine Überraschungstechnik, bei der nicht alle Details vorgegeben sind. Das französische Wort decollager bedeutet ablösen, abtrennen.

Material

Zeitungen und Zeitschriften, verschiedenfarbige Papiere, angerührter Kleister zum Kleben, weißes Papier und Malmaterial, Messer

Technik

Mehrere Schichten Zeitschriftenseiten werden mit jeweils **unregelmäßig** aufgetragenem Kleister übereinandergeklebt. Es soll auch Flächen ohne Kleber geben. Nach dem Trocknen werden die einzelnen Schichten mit einem Messer geöffnet und aufgerissen. Dabei lassen sich die kleberfreien Papiere leicht lösen. Die darunterliegenden Bilder, Farb- und Formenspiele werden sichtbar. Durch die aufgerissenen Flächen wirkt die Arbeit dreidimensional. Einzelne Bildelemente tauchen gestalterisch aus dem gerissenen Papier wieder auf.

Gestalterische Übung

- ◆ Kleben Sie verschiedene Zeitschriftenbilder übereinander und reißen Sie diese dann punktuell auf.
- ◆ Malen Sie ein buntes Bild und überkleben Sie es wie oben beschrieben mit einem farbigen Papier, z. B. Seidenpapier, Butterbrotpapier oder Transparentpapier. Reißen Sie nun alle nicht klebenden Teile ab. Das gemalte Bild wird so durch die gerissenen Formen verändert und ergänzt.

Reflexion

1. Wie empfanden Sie das Überkleben und anschließende Abtrennen – Zerstören – der Bilder?
2. Konnten Sie mit der Spannung, Ungewissheit und Frustration beim Überkleben eines gemalten Bildes umgehen?

Erst ältere Kinder halten die Frustration aus, eine gerade gemalte Zeichnung zu überkleben. Daher ist es wichtig, am Beispiel von Plakatwänden, an denen oft durch Wind und Wetter Decollagen entstehen, die Technik und Überraschung zu verdeutlichen.

Anregungen für die gestalterische Arbeit mit Kindern und Jugendlichen

- ◆ Jüngere Kinder fertigen eine Decollage an, bei der die unteren Schichten aus bunten und glänzenden Papieren bestehen, über die sie ein dunkles einfarbiges Papier kleben. Im Bunt-Dunkel-Kontrast leuchten die Farben wie Schätze.

- ◆ Ältere Kinder arbeiten kleine Botschaften in ihre Decollage ein. Diese kommen dann wie bei einem Fenster wieder zum Vorschein oder erscheinen nur zum Teil wie ein Rätsel.

Schiff, Decollage, Samira

Kreatives Gestalten für Kinder unter drei Jahren

Die Collagetechnik eignet sich für die kleinen Kinder wunderbar. Als Klebstoff bieten Sie am besten Kleister an. Er ist nicht gesundheitsschädlich und ermöglicht den Kindern sehr sinnliche Erfahrungen. Der Kleister kann mit den Fingern oder einem dicken Borstenpinsel aufgetragen werden. Eventuell wollen die kleinen Kinder längere Zeit nur das Material Kleister kennenlernen und experimentieren mit dessen Konsistenz, Masse und Eigenschaften. Lassen Sie gerade den Kleinen die Zeit und den Raum für diese Forschungen in ihrem Selbstbildungsprozess.

Feinmotorisch ist es eine große Herausforderung für Kinder unter drei Jahren, Papier selbst zu reißen, da diese Tätigkeit erfordert, dass zwei gegenläufige Handbewegungen ausgeführt werden. Einfacher ist es, aus einem Katalog Papierstücke herauszureißen. Mit etwa 2,5 Jahren handhaben Kinder Scheren schon so gut, dass sie selbstständig schnipseln und schneiden können. Diese eigenständig geschnittenen Teile werden liebevoll auf unterschiedlichen Gründen kombiniert und geklebt. Die Schnipsel wirken oft wie ein Mosaik aus leuchtenden Papieren. Mit transparenten Papieren und bunten Folien auf Prospekthüllen oder Abdeckfolie entstehen transparente Collagen.

Sehr einladend und kreativ ist eine **Materialcollage** (siehe auch Kapitel 18.5). Hier können die Kinder am besten aus einem großen Fundus an verschiedenen Materialien auswählen und eine Arbeit einfach gestalten. Dabei wird es sehr viel um die verschiedenen Formen, Farben und Eigenschaften der eingeklebten Materialien gehen.

Thematisch können Sie sehr konkrete Alltagserlebnisse für eine Collagetechnik anbieten: z. B. die Frühstücksverpackungen, Materialien vom Besuch auf dem Bauernhof (Heu, Stroh, Eierschalen) oder verschiedene Steinchen und Hölzchen vom Spaziergang. Das ermöglicht den Kindern immer wieder, ganz direkt ihre Erfahrungen aus dem Umfeld zu verarbeiten. Alltagsmaterialien wie Tetrapaks, Papierrollen und Schachteln dreidimensional zusammenzukleben zu einem großen Objekt fördert das Raumwahrnehmungsgefühl der Kinder.

18.4   Spezielle Collagetechniken für ältere Kinder und Jugendliche

Textcollage
Buchstaben oder ganze Texte sind die Ausgangsbasis für diese Collagetechnik. Hierbei wird mit der rein bildnerischen Wirkung der Textteile, Sätze oder Worte gearbeitet. Sie werden durch die Anordnung in unterschiedlicher Form, Dichte oder Reihung zu einem Bild kombiniert. Eine andere Möglichkeit ist es, die Inhalte bewusst zusammenzustellen und damit eine neue Aussage zu schaffen.

Rollage
Bei dieser Technik werden Bilder in gleich breite Streifen geschnitten und anschließend leicht versetzt oder in veränderter Reihenfolge als Bild auf-

geklebt. Wie in einem Zerrspiegel entstehen dabei Schrumpfungen oder irritierende Veränderungen. Es können auch verschiedene Bilder miteinander verwoben werden. Um eine gute Wirkung zu erzielen, muss mit Schere, Cutter und Kleber sauber gearbeitet werden. Mögliche Themen sind eine Rollage aus zwei Fotoporträts oder eine Rollage aus verschiedenen Naturbildern.

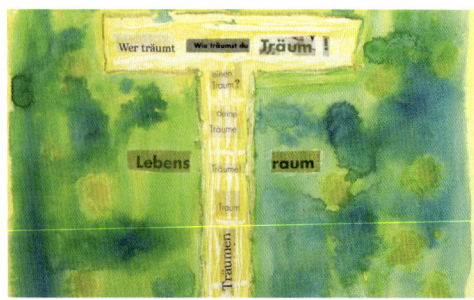

5 *Textcollage*

6 *Rollage*

Fotomontage oder Fotocollage

Bei dieser Technik werden Fotos collagenartig zusammengestellt oder bearbeitet. Eine interessante Variante ist die Bearbeitung des eigenen Porträts. Dafür wird ein Foto mit dem Farbkopierer vergrößert und anschließend zu verschiedenen Themenschwerpunkten bemalt und beklebt. Auch das Gestalten zu einzelnen Gefühlen ist spannend und anspruchsvoll, z. B. »Sieger«, »Verliebt«, »Beerdigung«, »Popstar«. Siehe auch die Kapitel 39–42 Medien.

18.5   Materialcollage und Assemblage

◆ Die **Materialcollage** oder Objektkunst ist die Übertragung der Collagetechnik in dreidimensionale Gestaltungen mit meist gebrauchten Materialien und Fundstücken.
◆ Eine **Assemblage** beschreibt das Einkleben verschiedener Materialien in ein Bild, bei dem dann eine reliefartige Oberfläche entsteht (siehe auch Kapitel 30.3 »Gestalten mit Fundstücken des Alltags«).

Material

Alltagsgegenstände, Bänder, Stoffe, Plastikbecher, Dosen, altes Spielzeug, Knöpfe, Perlen, Kartons, Schachteln, Draht, Hasendraht, Plastikblumen usw.

Gestalterische Übung

Bauen Sie in Gruppenarbeit aus den vorhandenen Materialien Objekte zum Thema »Engel«.
Gestalten Sie in Gruppenarbeit eine Arbeit zum Thema »Groß«.

7 *Engelschor, Materialcollage*

8 *Große Frau, Materialcollage*

135

Reflexion

1. Wie erlebten Sie es, verschiedenste Materialien und »Alltagsreste« zu einem Kunstwerk zusammenzufügen?
2. Hat sich Ihr Blick auf Reste durch die Gestaltungsmöglichkeiten damit verändert?

»Mit Restmaterialien zu arbeiten, eröffnet viele offene Gestaltungsmöglichkeiten und -prozesse.«
(Martina, Schülerin)

Anregungen für die gestalterische Arbeit mit Kindern und Jugendlichen

Kleider machen Leute, Collage mit alter Kleidung, Ute

- ◆ **Fühlbild:** Kleinere Kinder kleben mit selbst gesammelten Materialien (z. B. verschiedene Stoffe, Papiere) eine »Fühlcollage« oder ein »Tastbild«. Auch für Integrationskinder mit Behinderung stellt es eine sinnesfördernde Aufgabe dar, Materialien mit verschiedenen Oberflächen und Formen zu verarbeiten. Ältere Kinder schneiden Buchstaben oder andere Formen aus, die später ertastet und erraten werden sollen.

- ◆ **Naturcollage:** Stellen Sie den Kindern einen Fundus mit verschiedenen Papieren und Naturmaterialien wie Heu oder Blättern zur Verfügung. Die Kinder reißen/schneiden die Materialien selbstständig in Stücke und kleben sie auf ein dick mit Kleister bestrichenes Papier. Thema könnte »Ein Ausflug in den Wald« sein.

- ◆ **Spielzeugcollage:** Für einen Materialfundus werden Plastikteile, Schrott, alte CD-Scheiben und gebrauchtes Spielzeug gesammelt. Die Kinder nehmen das Spielzeug auseinander, kleben es mit anderen Materialien zusammen, bemalen es oder nageln es auf eine einfache Pressspanplatte und bearbeiten es dann weiter.

- ◆ **Kleider machen Leute:** Auf ein großes, an die Wand gehängtes Malerabdeckpapier mit einer Lampe den Schattenumriss eines Kindes vergrößern und nachzeichnen. Anschließend als Ausgangspunkt für die Gestaltung ein ausgedientes Kleidungsstück in die gezeichnete Schattenfigur kleben. Ein paar alte Ringelsocken sind beispielsweise schon da – alles Weitere großzügig mit Farben und Formen fertig malen oder bekleben. Wichtig ist, dass die Collage abwechslungsreich und bunt wird. Ältere Kinder lassen sich von dem aufgeklebten Kleidungsstück inspirieren. Ein vorhandenes Hemd wird beispielsweise übermalt und es entsteht eine Landschaft, die sich auf dem Papier wogt und wellt.

- ◆ **Schuhwerke:** Alte Schuhe mit Farben und anderen Materialien ihrer Funktion berauben und sie neu definieren. So entsteht beispielsweise aus einem Stiefel ein altes Haus oder aus einem Pantoffel ein buntes Meerestier. Hilfreich sind dafür auch Materialien wie Puddingfarbe (siehe Kapitel 15 »Projektaktivität Puddingfarbe«) für kleinere Kinder oder Gips/Gipsbinden für größere Kinder.

- ◆ **Fremdkörper:** Alltagsgegenstände in funktionsuntypische Materialien kleiden, sodass sie eine neue Bedeutung erhalten, z. B. einen Teller mit Stoff überziehen. Oder Alltagsgegenstände aus nicht funktionsgetreuen Materialien nachahmen, z. B. einen Löffel aus Plätzchenteig herstellen, eine Zahnbürste aus einem Besen, ein Hemd aus Schrott.

Projektaktivität   MEIN HOSENTASCHENMUSEUM

Einstimmung

Sammeln und Ordnen sind wichtige menschliche Eigenschaften. Unsere Vorfahren sammelten Beeren und Früchte, um das Überleben der Gruppe zu sichern. Aber auch um kreativ zu werden, ist Sammeln eine der wichtigsten Tätigkeiten: Sammeln von Eindrücken, von Ideen, von Bildern, Steinen, Holzstückchen, Tassen, Autos, Roststücken, Fotos, Flaschen, Trophäen …

Gesammelt wird, weil es Spaß macht. Gesammelt werden Dinge, die einem wertvoll sind, mit denen Erinnerungen oder wissenschaftliche Forschungen begründet werden. Über Sammlungen kann man ins Gespräch kommen und so Neues über andere Menschen und Dinge erfahren.
Alle Museen sind voller Sammelstücke, geordnet nach den unterschiedlichsten Kriterien, z. B. Zweiradmuseum, Heimatmuseum, Naturkundemuseum, Bildhauermuseum, Museum of Modern Art, Designmuseum, Freilandmuseum.

Es gibt zwei Herangehensweisen an das Sammeln: Erst wird gesammelt und dann geordnet oder umgekehrt. Dann müssen Sammelkriterien und das Sammelgebiet ausgewählt werden.

Kinder sind Künstler im Sammeln. Sammeln und Ordnen sind für sie wesentliche Aktionen, sich die Welt anzueignen und zu verstehen. Gesammelte Objekte werden eingehend betrachtet, gezählt, verglichen, differenziert und ihre Eigenschaften genau erforscht. So erweitern sie ihr Bild von der Welt. Und meist sammeln sie eben ihre Schätze in den Hosen- und Jackentaschen, z. B. besondere Bonbonpapierchen, Sand eines besonderen Ortes, tolle Steine, tote Käfer, Blätter, kleine Plastikfiguren, Postkarten, Klebebilder.

Von Kindern können wir lernen, die Dinge neu zu betrachten. Ihr Blick ist noch nicht eingegrenzt vom Nützlichkeitsdenken. Sinnliche Schönheit von Material, seiner Gestaltung und Form übersehen wir oft aus Gewohnheit. Kinder haben noch einen offenen Blick für Details und Feinheiten.

Von kommerzieller Seite wird die Sammelleidenschaft der Kinder leider oft in feste Bahnen gelenkt, bei der sie viel Geld für vorgefertigte Sammelalben oder Sammelkarten ausgeben müssen. Dabei sind Objekte und Präsentation von den Herstellern schon festgelegt.

Hosentaschenmuseum »Meeresschätze«

Technik

Um die individuelle, kreative Sammelleidenschaft der Kinder zu unterstützen, wird mit den Kindern besprochen, welche Dinge sie sammeln, ob sie schon Sammlungen angelegt haben und was sie gemeinsam gern sammeln möchten, um dies später im »Hosentaschenmuseum« zu präsentieren. Gerne können Sammlungen von zu Hause mitgebracht werden, um sie anderen Kindern vorzustellen. Vielleicht kennen die Kinder auch noch andere Menschen, die etwas sammeln, z. B. die Sammeltassen der Oma. Die Kinder sammeln nun über einen bestimmten Zeitraum ihre Objekte.

Gemeinsam wird dann besprochen, wie diese als kleines Museum gezeigt werden können.

- ◆ Dafür bietet sich ein Schuhkarton an, der zum Schaufenster wird.
- ◆ Oder an eine Stoffbahn werden all die besonderen Knöpfe genäht (oder geklebt).
- ◆ An ein Mobile werden die gesammelten Löffel gehängt, die so zu einem ganz eigenen Kunstwerk werden.
- ◆ Interessante Holzstücke werden im Goldrahmen gezeigt.

Nun können andere Kindergruppen und Eltern zum »Museumsbesuch« eingeladen werden.

Jannes Sammlung von gefundenen Kronkorken

Aufgabe

Collagen und Assemblagen spielen auch bei vielen »jungen« Künstlern eine Rolle. Informieren Sie sich über Künstler wie Claes Oldenburg (»Soft Sculptures«), Robert Rauschenberg (»Combine Paintings«) oder Künstlerinnen wie Hannah Hoech und Meret Oppenheim. Welche Ideen und Anregungen aus deren Kunstwerken können Sie für die Praxis mit Kindern und Jugendlichen übertragen?

19.1 Ziele der Buchgestaltung

Die Kinder lernen bei der Buchgestaltung den Entstehungsweg eines Buches kennen. Wenn die Buchgestaltung mit anderen Themenbereichen verbunden wird, sehen sie Bücher in einem größeren, auch geschichtlichen Zusammenhang. Erfahrungsinhalte werden anschaulich dargestellt, z. B. bei der Gestaltung eines Kochbuchs.

Die Buchgestaltung regt die Kinder dazu an, sich intensiv und aktiv gestaltend mit dem Medium Buch auseinanderzusetzen. Bücher werden dadurch meist wertschätzender behandelt. Das Interesse an anderen Büchern und am Lesen wird unterstützt. Die Gestaltung eines eigenen Buches lässt sich gut mit Aktivitäten aus der Schreibwerkstatt verbinden (siehe Kapitel 17).

Durch das Hören, Erzählen und das eigene Ausdenken von Geschichten werden Kinder in ihrem Spracherwerb und ihrer Sprachanwendung gefördert. Dies kann insbesondere zur spielerischen Sprachförderung bei Migrantenkindern beitragen. Hier können auch kulturübergreifende Erfahrungen durch Geschichten und Märchen aus anderen Ländern gefördert werden.

Durch das gemeinsame Erstellen eines Buches werden außenstehende Kinder integriert. Oft werden Malhemmungen Einzelner durch das gemeinsame Tun abgebaut. Die gemeinsame Planung und Umsetzung wirkt positiv auf das soziale Zusammenleben der Kinder. Dies gilt vor allem, wenn bei altersgruppenübergreifenden Projekten das fertige Buch z. B. für die kleineren Kinder gestaltet wird. Die Kinder wertschätzen sehr deutlich das originell gestaltete Werk anderer Kinder.

19.2 Die Bedeutung von Märchen und Geschichten für Kinder

»Kinder brauchen Märchen«, dieser Ausspruch stammt von dem Kinderpsychologen Bruno Bettelheim, der sich intensiv mit der Wirkung und Bedeutung von Märchen für Kinder befasst hat. Nachdem es eine Zeit gab, in der die Märchen der Gebrüder Grimm als zu grausam für Kinder abgelehnt wurden, wird heute wieder auf die unterstützende Wirkung der Märchensymbole für die kindliche Entwicklung verwiesen. Leider gibt es viele Märchenbücher, Märchentonträger und -fernsehserien auf einfachstem Niveau, die mit wenig Verständnis für die symbolischen Inhalte gekürzt, umgeschrieben und meist »verniedlicht« illustriert sind. Ebenso haben die Werbebranche, Fremdenverkehrsbüros und die Freizeitbranche Märchen für ihre Zwecke vereinnahmt (Märchenparks, Märchenstraße usw.). Oft haben Kinder dadurch kein wirkliches Interesse mehr an den ursprünglichen Märchen und ihren wunderbaren (Entwicklungs-)Inhalten.

Am bekanntesten sind die gesammelten Kinder- und Volksmärchen der Gebrüder Grimm. Sie waren die ersten, die Volksmärchen aufgeschrieben haben, davor wurden Märchen lediglich mündlich weitergegeben – und zwar für Kinder wie für Erwachsene! Volksmärchen bedienen sich einer symbolhaften Bildsprache, die dem Verständnis der Kinder sehr entgegenkommt. Das magische Denken vieler Figuren in den Märchen entspricht oft dem kindlichen Denken. Märchen beginnen immer mit einem Problem und zeigen im Laufe der Handlung eine Lösung dafür auf, was ermutigend und stärkend wirkt, und sie haben (fast) immer ein gutes Ende. Märchenbücher bieten sich daher hervorragend an, um die beschriebenen Eindrücke und Gefühle auch bildhaft auszudrücken.

Gestalterische Übung

1. Überlegen Sie in Kleingruppen, ob Sie ein Märchen oder eine andere Geschichte, eigene Erzählung/Dichtung in einem Bilderbuch mit oder ohne Text, einem Klappbilderbuch oder einem beweglichen Bilderbuch darstellen wollen. Die einzelnen Techniken hierfür werden im Folgenden beschrieben.

2. Protokollieren Sie Ihren Gestaltungsprozess mit Ihren begründeten Planungsschritten und Hinweisen für die Praxis. Für die Gestaltung können

Sie alle Ihnen bekannten bildnerischen Techniken verwenden und kombinieren.

3. Bereiten Sie für Ihr fertiges Buchexemplar eine Präsentation und Vorstellung auf einer kleinen gemeinsamen »Buchmesse« im Anschluss vor.

Experimentieren Sie auch mit neuen Formaten, begleitenden Spielfiguren oder mit über den Buchrand reichenden, aufgeklappten Formen usw. Versuchen Sie, angeregt durch die unten aufgeführten Techniken, außergewöhnliche Buchkreationen zu gestalten.

Reflexion

Was haben Sie durch das genaue Protokollieren des Gestaltungsprozesses über das Buchgestalten erfahren?

Eine gute Planung von Arbeitsschritten, Materialien und Arbeitsteilung ist für den Erfolg einer gemeinsamen Buchgestaltung wichtig. Auch wenn jemand allein ein Buch herstellen will, ist eine durchdachte Abfolge der Arbeitabläufe sehr hilfreich. Es erfordert viel Konzentration und Weitblick, alle verschiedenen Schritte von Bildern, Text, Seitengestaltung, Einband und Bindung durchzuführen. Kinder brauchen also jemanden, der den Überblick behält und an entsprechenden Stellen hilfreich koordinieren kann. Eine Besprechung der wichtigsten Darstellungsinhalte hilft, sich auf die wesentlichen Bilder zu konzentrieren und sich nicht in Details zu verlieren.

Da größere Bücher meist nicht an einem Tag hergestellt werden, brauchen gerade kleinere Kinder die Unterstützung, dieses Projekt über einen längeren Zeitraum erfolgreich zu Ende zu bringen. So lernen sie auch Durchhaltevermögen und Verbindlichkeit. Kleinere Kinder werden nur einzelne Bilder zu einem gemeinsamen Buch beitragen, da ihre Interessen nicht so lange gebunden werden können. Hier steht in jedem Fall das gemeinsame Ergebnis im Vordergrund.

19.3 Märchenbücher gestalten

Für die Gestaltung eines Märchenbuches sind verschiedene Arbeitsschritte notwendig, die sich auch auf die Bearbeitung anderer Geschichtenbücher übertragen lassen. Bevor Sie loslegen, erstellen Sie eine Planung mit folgenden Fragen, an denen Sie die Kinder je nach Alter beteiligen:

1. **Welches Märchen eignet sich für die Gestaltung als Märchenbuch?**
   - Es hat einen kurzen Text.
   - Die Geschichte hat eine einfache Handlung mit wenigen Figuren.
   - Der Inhalt des Märchens ist leicht verständlich. Am besten eignen sich leicht variierte Szenen, z. B. bei Sterntaler die **wiederholten** Begegnungen, bei denen das Mädchen immer wieder etwas von seiner Habe verschenkt.
   - Der Text lässt sich leicht in einzelne Bilder umsetzen.
   - Die Kinder merken sich die wesentlichen Inhalte und erzählen diese allein zu den einzelnen Bildern.

2. **Welche Gestaltungstechnik ist altersgerecht und welches Material wird dafür benötigt?**
   - Die Technik sollte einfach und bekannt sein.
   - Die Technik sollte klare und inhaltsstarke Bilder ermöglichen. Allgemeine Details stehen nicht im Vordergrund.
   - Außer den Mal- und Collageutensilien werden die Materialien für die Gestaltung des Einbandes benötigt: Tonkarton in verschiedenen Stärken, Karton in verschiedenen Dicken, Schnur, Locher, eventuell eine Papierschneidemaschine für saubere Schnittkanten, Nadel, Garn, Stoff für den Buchrücken.

3. **Was sind die Hauptfiguren/Hauptobjekte des Märchens? Was sind ihre wesentlichen Merkmale? Welche Attribute kennzeichnen sie? Wie lauten die Schlüsselworte des Märchens? Was sind die wichtigsten Gegenstände, die illustriert werden müssen, um einzelne Szenen wiederzuerkennen?**
   Die Hauptpersonen behalten am besten durchgängig ihre wichtigsten Merkmale wie Haarfrisur und Kleidung. Es sei denn, gerade die Veränderungen sind das Thema.

4. **In welche Szenen bzw. Bilder kann das Märchen aufgeteilt werden?**
   Lieber weniger als zu viele! Vermeiden Sie Nebenschauplätze. Achten Sie darauf, dass die einzelnen Bilder einem »roten Faden« folgen.
5. **Der Hintergrund charakterisiert Ortswechsel. Auch hier achten Sie auf die wichtigsten Kennzeichen oder Utensilien.**
6. **Wie werden die einzelnen Seiten gestaltet?**
   ◆ Das Format muss ausgewählt werden.
   ◆ Die Szenen müssen auf die Buchseiten aufgeteilt werden. Skizzieren Sie am besten Seiten und Szenen.
   ◆ Zierleisten, Passepartouts für die Bilder, Gestaltung des Bucheinbandes (Vorderseite, Rückseite) und die Buchbindung (siehe unten) müssen bedacht und festgelegt werden.

Achtung: *Bei der Planung der Seitengrößen muss genügend Platz für die Bindung berücksichtigt werden. Ebenso wichtig ist es, genau zu vermerken, wo die Bindung/Lochung ihren Platz bekommt. Es kann hilfreich sein, ein kleines Modell »zum Begreifen« zu erstellen.*

---

7. **Falls Text geplant ist, muss entschieden werden, wie dieser geschrieben oder gedruckt wird (große, dicke Buchstaben, Schreibschrift?). Eine einfache Möglichkeit, klar lesbare Buchstaben zu erhalten, ist das Schreiben auf dem Computer (auch dies können Kinder je nach Alter schon übernehmen). Entsprechende Passagen werden ausgedruckt und eingeklebt. Große Druckbuchstaben erleichtern den Kindern das Wiedererkennen einzelner Buchstaben und das Lesenlernen (siehe Kapitel 17, »Projektaktivität: Die Schreibwerkstatt«).**
8. **Welches Kind übernimmt welche gestalterische Aufgabe?**
   Besprechen Sie die Arbeitsteilung und die Bedeutung gegenseitiger Unterstützung für ein gemeinsames Ziel.
9. **Umsetzen der einzelnen Arbeitsschritte: Gestalten der Bilder, Aufkleben der Bilder auf Passepartoutseiten, eventuell Textseiten erstellen und einkleben, Gestalten des Deckblattes, Blätter binden.**

Es gibt verschiedene Möglichkeiten, die Märchenbücher zu binden:

◆ Die einfachste Variante besteht darin, die Blätter zu lochen und mit einer Schnur oder feinen Kordel lose zusammenzubinden.
◆ Man kann die Seitenblätter in der Mitte vernähen und zusammenklappen. Als Buchrücken kann Stoff auf die Buchdeckel geklebt werden (nur vorne und hinten, sodass die Seiten ganz aufgeklappt werden können).
◆ Die stabilste Variante besteht darin, die Märchenbücher mit einer Spiralbindung zu versehen. Diese Bindung wird von einigen Copy-Shops angeboten.
◆ Die professionellste Variante ist es, die Seiten in einer Druckerei kleben zu lassen (Klebebindung).
◆ Besonders gut geschützt sind die Blätter, wenn sie vor dem Binden laminiert werden.

Beispiele für kurze Märchen, die sich gut zum Gestalten eignen

Sterntaler, Der süße Brei, Der Bauer und der Teufel, Hans im Glück, Bremer Stadtmusikanten, Die Prinzessin auf der Erbse. Märchen anderer Kulturen können zusätzlich die Integration und das Kulturwissen fördern, z. B. Drei kleine Schweinchen (England), Drei Bären (Russland).

1 *Rotkäppchen, Märchenbuch*

19.4 Klappbilderbücher gestalten

Klappbilderbücher zeichnen sich dadurch aus, dass sich auf den einzelnen Seiten bestimmte Abbildungen bzw. Klappen öffnen und verschließen lassen. Das Öffnen z. B. eines Fensters regt das Entdecken und Aufdecken an, mit dem Schließen wird das Gesehene wieder versteckt, um anschließend erneut aufgedeckt zu werden. Insbesondere für kleine Kinder, die sich noch mit dem Entwicklungsschritt der **Objektpermanenz** beschäftigen, ist dies eine interessante Tätigkeit. Immer wieder erleben die Kinder den Überraschungseffekt, wenn sie das Türchen neugierig öffnen. Für ältere Kinder hat die eigene Gestaltung eines Klappbilderbuches den Charakter, Überraschungen zu schenken – ähnlich einem Adventsbilderkalender, wie es ihn früher häufig gab.

Ein Klappbilderbuch erfordert folgende Arbeitsschritte:

1. Es wird ein Bild gemalt, das Möglichkeiten des Öffnens oder Aufdeckens bietet, z. B. Fenster, Türen, Kisten, Körbe, Töpfe, verhüllende Tücher (Tischdecke).
2. Mit einem Cutter werden beispielsweise die Fensteröffnungen an drei Seiten aufgeschnitten. Das Schneiden mit dem Cutter auf fester Unterlage muss bei kleinen Kindern von der pädagogischen Fachkraft ausgeführt werden.

3. Das Bild wird auf ein gleich großes Papier gelegt und die Öffnungen werden mit Bleistift vorsichtig auf dem unteren Blatt angezeichnet.
4. Nun wird in diese vorgezeichnete Bildfläche ein Bild gemalt. Es können Gegenstände oder kleine Handlungen abgebildet werden, je nach Alter der Kinder.
5. Das erste Bild mit der Gesamtabbildung wird auf das zweite Blatt mit den Gegenständen oder Handlungen an den Rändern aufgeklebt.
6. Auf diese Weise werden mehrere Seiten gestaltet und zu einem Buch zusammengefügt.

Beispiele für Geschichten, die sich für Klappbilderbücher eignen

◆ Einzelne Entdeckungsbilder: »Was ist im Korb, unter dem Teppich, im Schrank versteckt?«
◆ Kasperle in verschiedenen Szenen
◆ Einblick in verschiedene Zimmer in einem Haus

19.5 Bewegliche Bilderbücher gestalten

In beweglichen Bilderbüchern gibt es in den einzelnen Bildern mehrere (mindestens zwei) Ebenen, zwischen denen sich Figuren aus festem Papier an einem Führungsstab hin- und herbewegen können. Die Erzählungen werden durch diese bewegten Bilder anschaulicher. So »hüpft« z. B. der Hase tatsächlich von links nach rechts durch die grüne Wiese, wenn er mit dem Igel um die Wette läuft.

Ältere Kinder schulen mit dem Führen und Erstellen der beweglichen Figuren ihre Feinmotorik. Das Interesse an dieser Art Bilderbuch ist groß, da das Kind selbst aktiv beim Lesen mitwirken kann. Schon Vorschulkinder können in Gruppenarbeit für die Kleineren ein bewegliches Bilderbuch herstellen. Diese Aufgabe stärkt das Selbstbewusstsein und die jüngeren Kinder greifen gerne zu diesen kostbaren Unikaten.

Für jede Ebene eines beweglichen Bilderbuches werden zwei Motive benötigt: eins für den Hintergrund und eins für den Vordergrund. Die Motive sollten eindeutig zu erkennen sein, z. B. ein Wald

2 *Wer ist im Schrank?*
Ein Gespenst! Lukas (5,4 Jahre)

3 *Wer wohnt im Haus?*
Mira (5 Jahre), Klappbilderbücher

4 *Zwei Ebenen mit zwei Figuren, noch nicht verklebt*

5 *Zwei Ebenen mit zwei Figuren, zusammengeklebt*

für den Hintergrund und eine Wiese für den Vordergrund.

Folgende Arbeitsschritte sind für die Gestaltung erforderlich:

1. Das Bild für den Hintergrund wird gemalt.
2. Das Bild für den Vordergrund wird gemalt. Der Vordergrund wird an den Seiten ca. 2 cm höher als das Hintergrundbild gemalt, um noch genügend Klebefläche zur Verfügung zu haben.
3. Der Vordergrund wird ausgeschnitten und an den Bildseiten auf den Hintergrund aufgeklebt. Der untere Bildrand bleibt offen, hier werden später die beweglichen Figuren durchgesteckt.
4. Bei mehreren Ebenen werden die beschriebenen Schritte wiederholt, wobei jede Ebene kleiner als die vorherige sein muss, aber immer über die ganze Bildbreite reicht.

5. Nun werden die Figuren auf festen Zeichenkarton gemalt oder bei Aquarelltechnik später aufgeklebt. Größere Kinder malen die Figur auf die Vorder- und Rückseite des Kartons.
6. An die Figuren wird der Führungsstab aus fester Pappe geklebt. Die Länge des Stabs richtet sich nach der Höhe der Bildebene, in der die Figur agieren soll.
7. Die Bildseiten werden auf Karton geklebt, eventuell mit Textseiten (jeweils auf der Rückseite der vorherigen Bildseite) versehen und dann gebunden.

Das bewegliche Bilderbuch lässt sich sehr gut mit dem Klappbilderbuch kombinieren, z. B. wird ein Fenster geöffnet, aus dem eine winkende Fee herausschaut.

Anregungen für die gestalterische Arbeit mit Kindern und Jugendlichen

◆ Kleinkinder (1 – 3 Jahre) setzen Bilder ohne Text um. Hierfür eignet sich beispielsweise ein einfacher Reim oder ein kleines Lied wie »Alle meine Entchen«. Die kleinen Entchen bewegen sich auf mehreren von den Kindern gestalteten Bildern durch das Wasser. Für kleine Kinder wird eine ganz einfache Technik gewählt, z. B. Aquarell Nass-in-Nass oder Malerei mit Wachskreiden. Hinterher werden die einzelnen Bilder mithilfe der Fachkraft in Buchform gebracht.

◆ Auch wenn die Bilderzeichen der kleinen Kinder nicht den allgemeinen Darstellungsformen entsprechen, binden Sie daraus ein Buch. Die Kinder werden trotzdem wichtige Erfahrungen über Bücher machen und sich wertgeschätzt fühlen.

◆ Vorschulkinder gestalten eine Geschichte mit mehreren Räumen (mit Bildern im Wald, auf der Wiese, am See). Dabei wird eine kleine, am besten rhythmische Geschichte in mehreren Teilen erzählt. Technik kann auch eine anspruchsvollere Mischtechnik sein, bei der z. B. Ölkreide und Aquarell kombiniert werden.

◆ Grundschulkinder beschreiben eine einfache Geschichte oder sogar eine selbst geschriebene Geschichte und setzen sie allein um. Sie wählen die Technik selbst aus und planen die Gestaltung eigenständig. Unterstützung ist meist nur bei der Entwicklung der Dramaturgie der Geschichte erforderlich, damit der »rote Faden« nicht verloren geht. Grundschulkinder können sich auf jeden Fall an Bilder mit mehreren Ebenen und Handlungsfiguren wagen.

Ein Feuerwerk für die Schildkröte, Miron (6 Jahre): Die Schildkröte wohnt am See; plötzlich ein Feuerwerk!

19.6   Spezielle Bücher gestalten

Aktives Märchenbuch: Die Kinder gestalten zu dem Märchen »Der süße Brei« ein Bilderbuch und kochen auch selbst einen süßen Brei. Für das Fingerspiel »Himpelchen und Pimpelchen stiegen auf einen Berg« basteln die Kinder kleine Filzmützen, die sie auf die Finger stecken. Dann begleiten sie die einfachen Bilder im Buch.

Sammelbuch: Die Kinder kleben alle Dinge aus dem Alltag, die ihnen wichtig sind (kleine Bilder, Notizen, Eintrittskarten usw.), in ein Buch. Alternativ stellen sie thematische Bücher zusammen wie »Blätter«, »Pflanzen« oder »Sand«, die einen festen Platz im Regal bekommen. Sammelbücher werden auch gerne über Ausflüge oder Ferienerlebnisse erstellt.

Daumenkino: Grundschulkinder haben schon so viel feinmotorisches Geschick und Geduld, dass sie ein Daumenkino herstellen können. Dafür werden viele kleine Bilder mit einer sich bewegenden Figur gezeichnet. Von Bild zu Bild verändert sich die Bewegung der Figur nur minimal. Das Papierformat für die kleinen Bilder sollte nur etwa 5 x 3 cm betragen – eben daumengroß. Am besten eignet sich einfaches Computerpapier. Die einzelnen Blätter werden fest an einer Seite verbunden und los geht es: Wenn man mit einer Hand das Büchlein

festhält, kann man mit dem Daumen der anderen Hand die Blätter schnell »durchlaufen« lassen. Da das Auge nicht so schnell alle Zeichnungen einzeln erfasst, entsteht der Eindruck, dass die gezeichnete Figur sich bewegt.

Aus Alt mach Neu: Grundschulkinder oder Jugendliche nehmen ein ausrangiertes Buch als Grundlage für eine eigene Gestaltung. Sie verändern einzelne Abbildungen, überarbeiten die Texte, fügen zusätzliche Seiten ein oder kleben nicht benötigte Seiten zusammen. Auf diese Weise entsteht ein inhaltlich neues Buch.

Aufgabe

Überlegen Sie für andere Fachgebiete wie Musik, Gesundheit, Bewegung oder Gesellschaft Themen, die man mit Kindern in Form eines Bilderbuches bearbeiten kann. Bedenken Sie dabei verschiedene Altersstufen.

Fachübergreifende Themen wie Gesundheit und Gesellschaft

Kochbuch: Die Kinder kochen zusammen und bilden anschließend alle Zutaten und Kochschritte anschaulich in einem Kochbuch ab. Hierfür ist die Collagetechnik (siehe Kapitel 18) sehr gut geeignet. Mengenangaben und spezielle Hinweise können schriftlich von der Erzieherin oder von älteren Kindern ergänzt werden. Wie wäre es mit einem Pizzarezeptbuch in Pizzaform?

Philosophiebuch: Kinder stellen viele offene Fragen, mit denen sie versuchen, sich ein Verständnis für die Welt zu erarbeiten. Sammeln Sie diese Fragen und erstellen sie gemeinsam ein »Buch der Fragen« zum Philosophieren.

6 *Titelbild für das Buch »Wir machen einen Obstsalat«, Gruppenarbeit Vorschulkinder*

 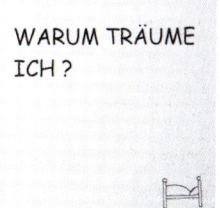

WARUM TRÄUME ICH ?

 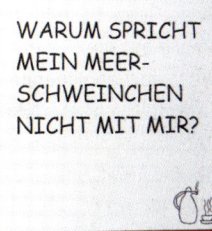

WARUM SPRICHT MEIN MEER- SCHWEINCHEN NICHT MIT MIR?

 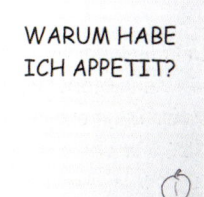

WARUM HABE ICH APPETIT?

7 *»Warum?« Philosophieren mit Kindern, Gemeinschaftsarbeit von Mechelke, Erkan, Tatjana (Schüler)*

20 ZIELE KREATIVEN GESTALTENS

20.1 Motivationsansätze in der künstlerischen Erziehung

Die künstlerische Erziehung bezieht sich auf folgende Bereiche:

* die Kunst an sich
* ästhetische Bildung
* methodische und praktische Überlegungen zum Gestaltungsprozess

Sich künstlerisch auszudrücken, ist ein grundlegendes Bedürfnis des Menschen. Auf dieses Bedürfnis einzugehen, ist eine wichtige Aufgabe der Erzieherin. Dies kann unter Berücksichtigung unterschiedlicher Ziele erfolgen. Jeder künstlerischen Aktivität liegt die Frage nach der Motivation dafür zugrunde:

* Soll ein bestimmtes Produkt entstehen, z. B. eine Laterne zum Laternelaufen, oder etwas, das den Eltern vorgezeigt werden kann?
* Sollen den Kindern neue Erfahrungen vermittelt werden?
* Soll die Ausdrucksfähigkeit der Kinder gestärkt werden?
* Sollen bei einzelnen Kindern bestimmte Fähigkeiten gefördert werden?

Die künstlerische Erziehung muss stets vor dem Hintergrund einer Zielverfolgung stehen, die auch den Eltern deutlich gemacht werden muss, um diese vor Enttäuschungen zu bewahren und auf-

tretendem Unmut vorzubeugen. Nicht selten wird ein Kind, wenn es von den Eltern vom Kindergarten abgeholt wird, gefragt: »Na, was hast du heute Schönes gemalt oder gebastelt?« Wenn das Kind dann kein fertiges, erkennbares Bild vorweisen kann, sind oft deutliche Enttäuschung oder Missbilligung im Gesicht der Eltern zu sehen. In unserer Gesellschaft liegt der Schwerpunkt auf sichtbaren, vorzeigbaren Ergebnissen. Spätestens in der Schule haben die Kinder ein Produkt abzuliefern, das bewertet und benotet wird. Dies wirkt sich jedoch nicht förderlich auf die Kreativität und die Freude am Gestalten aus.

20.2 Ästhetische Erziehung

> **Ästhetik:** *die Wissenschaft vom Schönen, die Lehre von den Gesetzmäßigkeiten und der Harmonie in Natur und Kunst; das stilvoll Schöne*

Ästhetik im eigentlichen Sinne

Die Definition von Ästhetik, die auch im Alltagssprachgebrauch gern so verwendet wird, führt schnell in eine Sackgasse. Ästhetische Erziehung, die sich an dem angeblich Schönen orientiert, an dem, was die Werbung, die Medien oder die Spielzeugindustrie vorgeben, bleibt oft in romantisierenden Schablonen, naivem Realismus und einem »süßen« Kindchenschema stecken. Schönheit, die von Ordnungs- und Sauberkeitsprinzipien diktiert wird, erlaubt keine eigene, vom Erleben geprägte Bild- und Gestaltungssprache. Bildstereotypen und Dekorationen bestimmen dann den Gestaltungsausdruck. Kreative Fähigkeiten, zumindest auf dem Gebiet der Kunst, werden nicht weiterentwickelt, was viele Erwachsene später oft mit dem Satz »Ich konnte noch nie malen« erklären.

> **stereotyp:** *schablonenhaft, stark vereinfacht*

Kehrt man zum Ursprung des Worts »Ästhetik« zurück, erschließen sich ganz andere Bedeutun-

1 *Spielen im Park mit Freunden, Jan (5,5 Jahre)*

gen. Die Bezeichnung Ästhetik leitet sich von dem altgriechischen Wort »aisthesis« ab, das sich auf das Erlangen von Erkenntnissen über die Sinneswahrnehmungen bezieht. Wahrnehmungen bringen uns die Welt näher und verbinden unsere Gefühle mit der Umwelt. Als Voraussetzung für eine geistige Tätigkeit braucht der Mensch sinnliche Erkenntnisse über sich (Innen) und die Welt (Außen). Wahrnehmen als geistige Tätigkeit beinhaltet Wählen, Ordnen, Bewerten und in Zusammenhänge stellen. Aus allen Wahrnehmungen werden Schlussfolgerungen und Erkenntnisse gezogen: Wenn jemand sich an einer heißen Herdplatte verbrannt hat, nimmt er Hitze und Schmerz wahr. Aus dieser Erfahrung wird die Erkenntnis gezogen, dass heiße Dinge Gefahr und Schmerz bedeuten können. Im persönlichen Kontext erhalten Erkenntnisse oft auch noch eine Bedeutung, einen Sinn.

Ästhetische Prozesse sind Erkenntnisprozesse, die auch die Selbstwerdung und Identitätsfindung fördern.

Sinneswahrnehmung durch ästhetische Erziehung

Gerade bei Kindern ist das direkte Begreifen und Erkennen der Welt mit den Sinnen grundlegend für eine gesunde körperliche, emotionale und geistige Entwicklung. Kinder lernen mit allen Sinnen und erschließen sich so die Welt. Um diese Wahrnehmungsfähigkeiten zu entwickeln bzw. zu erlernen, ist das Kind auf Anregungen angewiesen. Das Kind ist damit beschäftigt, Wahrgenommenes und imaginäre Bilder zu verbinden, denn die Wirklichkeit an sich ist für das Kind in Bezug auf sich selbst wichtig.

In Gestaltungsprozessen sind diese persönlichen und emotionalen Bedeutungen gegeben. Je nachdem, was ein Kind an wahrnehmenden Erfahrungen in der Welt macht, bildet es sich sein **Bild von der Welt** und drückt dies im gestalteten Bild aus. Persönliche Bedeutungen entstehen nur, wenn sie mit emotionalen Werten gefüllt werden. Deshalb bietet isoliertes Üben von Einzelfunktionen nicht die Vielfalt und Vielschichtigkeit von zusammenhängenden Erfahrungen im Alltag.

Ästhetische Erziehung bietet über unterschiedlichste Anregungen für alle Sinne (seien es Materialien, Techniken, Themen, Experimente, Kunstwerke) vielfältige Sinneswahrnehmungen und -erfahrungen, verbunden mit Erkenntnissen und Gefühlen.

2 *Heute male ich einen Baum mit einem dicken Stamm, Niki (6 Jahre)*

3 *Mit Ton arbeiten*

Die Gestaltung mit Ton ist hierfür ein hervorragendes Beispiel: Das Material Ton fühlt sich weich an (= Sinneswahrnehmung), das Matschen mit dem weichen Ton löst angenehme sinnliche Körpergefühle aus. Beim weiteren Erforschen des Materials erkennt das Kind, dass es den Ton formen kann, und entdeckt in dem gekneteten »Klumpen« z. B. einen Drachen, den es nun zu »seinem Drachen« ausgestaltet. Dieser Drache, erzählt das Kind, beschütze es vor dem bösen Hund von nebenan. Das Kind drückt damit seine Ängste aus und findet sogar eine kreative Lösung für ein Problem aus seinem Alltag. Damit gibt es der Gestaltung eine eigene, gefühlsbetonte Bedeutung.

»Suche ich nur das Vertraute oder bin ich auch bereit, mich auf Unbekanntes einzulassen? Lasse ich mich ein, dann entsteht ein Selbstbildungsprozess, den ich selbst führe und in dem ich bestimme, wie weit ich gehe und wann ich ihn beende. Ich beziehe Stellung, formuliere meine Eindrücke, verarbeite sie und gewinne neue Erkenntnisse.«
(Anke, Schülerin)

Beim Gestalten berührt man nicht nur ein Material, sondern wird ebenso von diesem berührt, d. h., man nimmt wahr, wie man das Material empfindet, welche Gefühle damit verbunden werden. Wie ein Kind auf ein Material zugeht, wie es dieses erforscht, hängt mit seinen bisherigen Erfahrungen zusammen, wenn es auf die Welt zugeht.
Eine fühlende, denkende und **handelnde Auseinandersetzung** (= Gestalten) mit verschiedenen Materialien, die erforscht werden wollen, ermöglicht es dem Kind, sich das Material – die Welt – eigenständig anzueignen. Ästhetische Erfahrungen sind die Basis für eine handelnde Auseinandersetzung mit Materialien (oder mit Phänomenen, Situationen, Personen) und entsprechenden Gefühlen. Erfahrungen bleiben bei Kindern an sinnlich konkrete Handlungen gebunden. Erst dann überprüft das Kind in der (denkenden) Reflexion diese Erfahrungen und Handlungen und verankert das Wahrgenommene im Bewusstsein. Fühlen, Handeln und Erkennen sind verknüpft abgespeichert als Informationen über die Welt.

Eigene Gestaltungserfahrungen ermöglichen es Kindern, sich mit ihrer Umwelt auseinanderzusetzen, sie sich zu eigen zu machen und einen individuellen Bezug zur Realität herzustellen. Sich mit Materialien zu beschäftigen und sie zu erkunden, bedeutet,

◆ sich Unbekanntes vertraut zu machen,
◆ Teile anders zusammenzufügen und neue Zusammenhänge herzustellen,
◆ Bestehendes zu verändern und
◆ sich immer auch in Bezug dazu zu stellen.

Ideen über die Welt(-materie) bekommen eine Gestalt und werden über einen emotionalen Bezug zu persönlichen Symbolen, zum Ausdruck von Individualität und Ichstärke.

Sinneswahrnehmungen werden zu Sinn-Wahrnehmung, wenn wir mit allen Sinnen die Welt erforschen und schöpferisch mitgestalten dürfen.

Reflexion

1. Erinnern Sie sich in einem inneren Rückblick auf die eigene Kindheit an Spiele und Materialien, mit denen Sie sich beschäftigt haben. Welche Haltungen von Eltern, Erziehenden und Lehrern bezüglich Ihrer kreativen Fähigkeiten haben Sie erlebt? Welche Anregungen haben Sie erhalten? Was hat Sie gehemmt?
2. Tragen Sie Ihre unterschiedlichen Erfahrungen zusammen und überlegen Sie, wie sich »Ihre Kindheitserfahrungen« heute auf Ihre eigenen Gestaltungsfähigkeiten, die Freude und das Vertrauen darin auswirken.

»Ich habe durch den Unterricht gelernt, die Furcht aufzugeben, etwas falsch zu machen, mehr herauszufinden, wie es für mich richtig gestaltet ist.« (Ines, Schülerin)

Reggio-Pädagogik

In diesem Zusammenhang ist die Reggio-Pädagogik erwähnenswert, die auf der Überzeugung aufbaut, dass die kindliche Erkenntnis nicht als Ergebnis pädagogischer Arbeit zu sehen ist, sondern aus dem selbstständigen Erforschen der Welt durch die kindliche Neugier und den ungebremsten Tatendrang entsteht. Kreative Aktivitäten haben in diesen Erkenntnisprozessen einen hohen Stellenwert. Die pädagogischen Fachkräfte vertrauen auf die kindlichen Potenziale und bieten mit entsprechenden Materialien, Räumen und Themen Entwicklungsimpulse an.

4 *Eine Pampelmuse und Zitronen, Jana (5 Jahre)*

Aufgabe

Sehen Sie sich den Film »Ich bin ganz verliebt in meine Spinne …, wie in dich, Matthias« über die Reggio-Pädagogik gemeinsam an und diskutieren Sie ihn z. B. unter folgenden Fragestellungen: Welche Haltungen der Erziehenden kommen Ihnen bekannt vor, was erscheint Ihnen fremd? Gibt es Anregungen, die Sie aufgreifen wollen? Wenn ja, begründen Sie diese.

Ziele der ästhetischen Erziehung

Ästhetische Erziehung hat somit den Auftrag, Kindern die Fähigkeiten des Wahrnehmens und Gestaltens der eigenen Umwelt nahezubringen und Freude an den eigenen Schöpfungskräften zu empfinden sowie Vertrauen darin zu entwickeln. Dabei soll sich die ästhetische Erziehung nicht auf künstlerische und musische Aktivitäten beschränken. Es gehört ebenso dazu, Kinder in Museen zu führen, ihnen andere Kulturen und Kulturkunstwerke nahezubringen, Kunstwerke und Künstler kennenzulernen, Ästhetik in Bilderbüchern, Werbung und anderen Medien zu reflektieren. Nur so gelingt es, den Sinn für Ästhetik in unterschiedlichsten Prägungen zu fördern.

Erwachsene sollten Kindern mehr zutrauen! Sich mit Kunst (auch mit moderner abstrakter Kunst) zu beschäftigen und diese Impulse kreativ und mit eigenen Ideen umzusetzen, finden schon jüngere Kinder anregend. Erhalten kleine Kinder die Möglichkeit, vielfältige Materialien, Werkzeuge und Techniken auszuprobieren, alte und moderne

5 *Kuchenmaschine aus Schrott, Lisa und Jannis (5 und 6 Jahre)*

Kunstwerke oder sogar Künstler kennenzulernen sowie eigene Gestaltungsfähigkeiten zu erproben, entwickeln sie meist schnell ein handwerkliches Geschick und ästhetisches Gespür.

Offenheit gegenüber Fremdem und Ungewohntem, kritische Betrachtung von Bestehendem, das Vertrauen, Lösungen für Veränderungen zu finden, wird diese Kinder dann auch in Zukunft begleiten. Ästhetische Erziehung unterstützt somit auch die Entwicklung zum mündigen Bürger.

Aufgabe

»Der Mensch lebt nicht vom Brot allein.« (Bibel, 5. Buch Mose, 8/3) Diskutieren Sie diesen Satz im Hinblick auf Ihre bisherigen Erfahrungen und Erkenntnisse.

20.3 Prozessorientiertes Arbeiten

Beim prozessorientierten Arbeiten steht der Prozess des Gestaltens im Vordergrund und nicht das Endergebnis, das Endprodukt. Das Augenmerk wird auf die Erfahrungen gelenkt, die während des Prozesses gemacht werden können – auch wenn kein Produkt am Ende herauskommt, weil das Kind sein Werk z. B. zerstört. Beim prozessorientierten Gestalten können sich die Kinder selbstbestimmt und in eigener Motivation mit dem Material und Gestaltungsprozess auseinandersetzen. Die Kinder bestimmen selbst ihren Lernprozess.

Fähigkeiten, die beim prozessorientierten Gestalten gestärkt werden, sind:

- **Individueller Ausdruck.** Das Gestalten von Gefühlen und Gedanken bietet die Chance, diese zu verarbeiten und zu bewältigen. Auch Aggressionen haben hier einen Platz!
- **Identitätsfindung.** Sie wird unterstützt, da individueller Ausdruck und eigener Stil erlaubt und erwünscht sind. Zeit und Raum für eine Aktion werden selbst bestimmt (Wie lange male ich an einem Bild? Wann halte ich es für fertig? Wie groß will ich heute malen?).

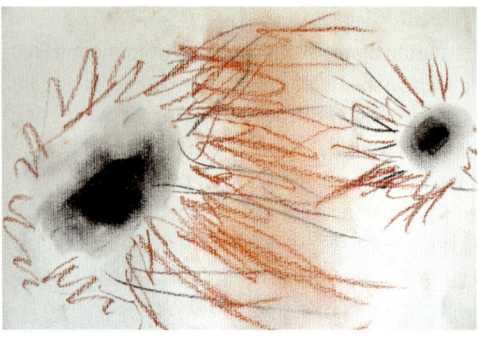

6 *Wutkampf*

- **Selbstwertgefühl** und **Selbstvertrauen.** »Das habe ich gemalt!«
- **individuelles Experimentieren.** Das Experimentieren mit Materialien ermöglicht das Sammeln vielfältiger Erfahrungen.
- **Differenzierungsvermögen.** Über verschiedenste Erfahrungen lernen die Kinder, immer differenzierter zu unterscheiden (Welche Eigenschaften hat das Material Ton? Wie verhält Ton sich bei Hitze oder mit Wasser gemischt? Kann ich damit malen?).
- **Grenzerfahrungen.** Welche Kraft darf ich wie einsetzen? Wo setzt mir das Material Grenzen? (»Irgendwann zerfällt ein Bogen Papier, wenn ich ihn zu lange und mit zu viel Wasser bearbeite.«) Wo liegen meine eigenen Grenzen? (»Kann ich einen großen Stein zu Ende behauen oder reichen meine Kräfte nur für einen etwas kleineren Stein?«) Grenzen können aber auch erweitert werden (»Heute habe ich einen größeren Stein fertiggestellt!«).

Selbstwirksamkeit: *Das Gefühl, selbstbestimmt in der Umwelt etwas zu bewirken.*

7 *Ytongstein bearbeiten, Jan (4 Jahre)*

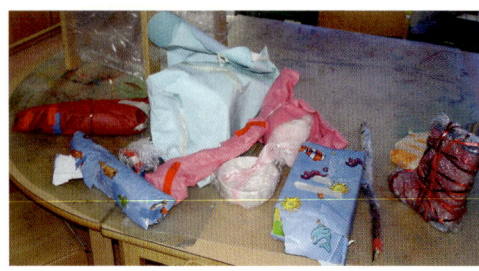

8 *Schnüren und Wickeln – wichtig ist hier die Verpackung!*

- ◆ **Frustrationstoleranz.** Prozessorientiertes Gestalten bietet die Chance, den Umgang mit Frustrationen und das **Aushalten von Krisen** zu lernen. (»Das wird alles ganz anders, als ich es mir vorgestellt habe.« »Ich weiß nicht mehr weiter …, was kann ich jetzt noch tun?«)
- ◆ **Finden von neuen Lösungen.** Die Fähigkeit, sich **neu zu orientieren**, entsteht aus dem Umgang mit Krisen und Frustrationen. Aus Fehlern entstehen neue Möglichkeiten. Dies ist ein wichtiger kreativer Akt.
- ◆ **Veränderungen aushalten.** Es wird geübt, ein nicht umsetzbares Ziel nicht weiterzuverfolgen. (»Das Pferd aus Ton wird eben ein rundes, freundliches Schwein, weil der Ton für hohe Beine zu weich ist.«)
- ◆ **Wahrnehmung mit allen Sinnen.** Beim prozessorientierten Arbeiten mit Materialien darf auch zweckentfremdet experimentiert werden. (»Papier kann ich mit Farbe bemalen, mit Wasser vermatschen und dann zu einer kleinen Plastik formen. Nach dem Trocknen kann ich diese Papierform anbrennen und beobachten, wie sie sich verändert – vielleicht bleibt nur noch Asche übrig, mit der ich wieder malen kann.«)
- ◆ **Selbstständigkeit.** Selbstsicherheit basiert auf dem Vertrauen, Dinge, die dem Empfinden widersprechen oder von außen als »Fehler« betrachtet werden, verändern zu können. Und gerade beim Malen und Plastizieren hat das Kind immer wieder die Möglichkeit zu solchen Veränderungen.

9 *Steinbalance*

- ◆ **Entscheidungsfindung.** Sie ist die notwendige Basis für Selbstständigkeit. (»Ich wähle aus, welche Farben ich verwenden will, und der Elefant wird grün, weil er gerade Gras gefressen hat.«).
- ◆ **Entspannung** und **Freude.** Im prozessorientierten Arbeiten werden keine Leistungsanforderungen gestellt. Das Kind wird da abgeholt, wo es steht, und entsprechende Erfahrungen und Impulse werden angeboten. Es besteht das Vertrauen, dass das Kind sich die Auseinandersetzungen sucht, die es gerade für seine Entwicklung braucht. Daher können gut altersübergreifende Angebote gemacht werden.
- ◆ **Soziale Kontakte.** In dieser Form des Arbeitens werden von den Kindern selbst soziale Kontakte geschaffen und genutzt. Ein Bild allein oder gemeinsam gemalt bietet die Möglichkeit, ins Gespräch zu kommen.
- ◆ **Innere, wertschätzende Selbstkommunikation** sowie **Kommunikation mit anderen.** Sie werden durch verschiedene Gestaltungsprozesse ermöglicht.
- ◆ **Entdeckungsimpulse.** Neugier auf die Umwelt sowie die Bereitschaft, sich mit den Phänomenen der Welt auseinanderzusetzen und diese zu integrieren, werden gegeben.

20.4 Produktorientiertes Arbeiten

Beim produktorientierten Arbeiten gibt es ein festes Ziel, nämlich das Endprodukt. Zum Schluss der Gestaltungsaktion soll etwas Bestimmtes herauskommen: eine Einladungskarte aus Schablonen geschnitten, ein Blumentopf aus Ton, ein benutzbarer Eierwärmer usw. Das Ergebnis soll ansprechend, schön, für jeden erkennbar, benutzbar und eventuell verkäuflich sein. Um diese Ziele zu erreichen, sind für Kinder eine genaue Anleitung, bestimmtes Material und eine präzise Vermittlung, wie das Ergebnis aussehen soll (»was am Ende herauskommen soll«), erforderlich.

Für produktorientiertes Gestalten müssen den Kindern Material, Technik, Weg (Anleitung für einzelne Handgriffe und Handlungsfolgen) und Ergebnis/Ziel genau vorgegeben werden.

Die Kinder müssen diesen Vorgaben genau folgen, damit das Ergebnis erreicht wird. (Wenn eine bestimmte Laterne mit den Kindern gebaut werden soll, müssen die Kinder der Bauanleitung folgen, sonst entsteht eine andere Laterne.) Die Kinder lernen dabei verschiedene Techniken kennen und haben (meist) ein befriedigendes Erfolgserlebnis.

Für bestimmte Situationen ist es erforderlich, **ergebnisorientiert** zu arbeiten. Wenn z. B. Einladungskarten für das Sommerfest im Kindergarten hergestellt werden sollen, ist es wichtig, dass Einladungskarten entstehen, die verwendbar sind. Auch sollten alle Karten den gleichen Inhalt haben. Individuelles Experimentieren ist hier nur begrenzt sinnvoll. Dadurch werden andere innovative Lösungen in diesem Moment nicht beachtet.

Ab dem Grundschulalter wollen Kinder oft ein bestimmtes Ergebnis erzielen, das sie auch benutzen können, z. B. einen Stuhl bauen, der nicht zusammenfällt, oder einen Drachen herstellen, der tatsächlich fliegt. In diesem Alter haben die Kinder schon die entsprechenden Fähigkeiten, bestimmten Arbeitsschritten zu folgen und präzise zu arbeiten. Wenn sie erst einmal bestimmte Techniken kennengelernt haben, können sie diese auch weiter selbstständig anwenden.

Es ist dann möglich, dass ein Kind, welches einmal das Grundprinzip »Bauen einer Laterne/eines Drachens« kennengelernt hat, beim nächsten Mal eine ganz neue Technik einsetzt und sein individuell gestaltetes Modell entwirft.

Durch produktorientiertes Arbeiten lernen die Kinder Ausdauer (ein Produkt fertigzustellen), sie lernen, sich an bestimmte Regeln und Arbeitsabläufe zu halten (erst muss die Form gezeichnet, geschnit-

10 *Einladungskarte Ostern*

11 *Ein Drachen als stolzes Endergebnis!*

ten, gefaltet und dann geklebt werden), und sie sind hinterher sicher stolz und selbstbewusst, da sie etwas Bestimmtes hergestellt haben. Im Gegensatz zum prozessorientierten Gestalten bestimmen die Kinder jedoch nicht selbst ihren Bildungsprozess. Nach den Erkenntnissen der neuesten Lernforschung entwickeln sich die Kompetenzen der Kinder aber gerade durch selbst bestimmtes Lernen am besten.

Kompetenz: *das Vermögen, die Fähigkeit*

20.5 Kompetenzorientiertes Arbeiten

Beim kompetenzorientierten Gestalten liegt der Schwerpunkt auf der Förderung bestimmter Eigenschaften und Fähigkeiten. Dafür sind die Kinder in verschiedenen Situationen unter folgenden Fragestellungen zu beobachten:

- In welchen Bereichen zeigen die Kinder besonderes Interesse?
- Wie gehen die Kinder mit Herausforderungen um?
- Wie ist das Sozialverhalten der Kinder?
- Welche Fähigkeiten sind besonders entwickelt?
- Wo benötigen Kinder Unterstützung, Ermutigung und dementsprechende Förderangebote?
- Welche Impulse sind für neue Entwicklungsschritte notwendig?

- Welche Fragen stellen sich die Kinder gerade, um sich die Welt anzueignen und ihre Fähigkeiten zur Entfaltung zu bringen?

Anhand dieser Fragen ergeben sich verschiedene **Kompetenzbereiche** (siehe Kapitel 20.5.1 bis 20.5.4), mit denen sich die einzelnen Kinder besonders beschäftigen und in denen sie gut entwickelt sind bzw. in denen sie noch Lernschritte benötigen: motorischer Kompetenzbereich, kognitiver Kompetenzbereich, sozialer Kompetenzbereich und emotionaler Kompetenzbereich. Die Kinder können sich auch mehr oder weniger ausgeprägt in unterschiedlichen Kompetenzbereichen befinden. Wurde über die Beobachtung eines Kindes herausgefunden, in welchen Bereichen das Kind in der Weiterentwicklung motiviert und unterstützt werden soll, können entsprechende Impulse gegeben und Angebote gemacht werden. Die sozialen Kompetenzen eines Kindes werden beispielsweise gefördert, indem ein Kind, das gerne malt, motiviert wird, mit anderen Kindern zusammen eine Kunstaktivität durchzuführen. Einige Kompetenzen können durch klare Aufgaben mit vorgegebenen Arbeitsschritten weiterentwickelt werden. Die Förderung der Handmotorik kann z. B. durch das Formenzeichnen mit Wachsmalstiften erfolgen.

Je offener eine Aufgabe formuliert wird, je weniger genau eine Arbeitsanleitung ist, je mehr dem Gestalten freier Raum gegeben wird, umso mehr entsteht ein prozessbetontes und ausdrucksorientiertes Gestalten.

20.5.1 Motorische Kompetenzen

Die motorischen Kompetenzen umfassen die
- Grobmotorik,
- Feinmotorik, Handmotorik,
- Wahrnehmung.

Die motorischen Kompetenzen müssen so ausgebildet werden, dass sie automatisiert werden. Nur so hat das Kind genügend Kapazitäten, um sich auf die Entwicklung von Denkvermögen und Sprache zu konzentrieren.

Die Wahrnehmungskompetenz beinhaltet die Fähigkeit, Signale von Sinnesorganen aufzunehmen und interpretieren zu können. Die

12 *Ausdrucksstarkes Zeichnen, Spaß im Regen, Lisa (5 Jahre)*

wahrgenommenen Signale werden in einen Zusammenhang gebracht und mit bisherigen Erfahrungen vernetzt. Die verschiedenen Wahrnehmungen sind:

- visuelle Wahrnehmung (sehen)
- auditive Wahrnehmung (hören)
- taktile Wahrnehmung (Fühlsinn, Oberflächenwahrnehmung der Haut)
- kinästhetische Wahrnehmung (Gefühl für Lage und Bewegung der Muskeln, Tiefensinn)
- vestibuläre Wahrnehmung (für das Gleichgewicht)
- olfaktorische Wahrnehmung (riechen)
- gustuale Wahrnehmung (schmecken)

Außerdem müssen verschiedene Bewegungen koordiniert werden, um gezielte Handlungen ausführen zu können. Hierzu gehören beispielsweise:

- Körper-Hand-Koordination. Die Körpermotorik oder Grobmotorik beschreibt die Bewegungen des gesamten Körpers, der großen Muskelgruppen. Die Handmotorik oder Feinmotorik bezeichnet dagegen nur die differenzierten Bewegungen der Hand und der Finger.

13 *Auch Malen braucht eine gute Auge-Hand-Koordination*

Aufrecht sitzen zu können, ist beispielsweise eine grobmotorische Kompetenz und für viele sitzende Tätigkeiten Voraussetzung. Eine gute Entwicklung der Feinmotorik ist auch für die Ausbildung der Sprachorgane wichtig.

- Auge-Hand-Koordination. Sie beschreibt die Fähigkeit, die Bewegungen der Hand mit dem Auge zu führen, statt dass das Auge den Bewegungen der Hand folgt. Diese Fähigkeit ist für das Zeichnen und Schreiben notwendig.
- Koordination des Krafteinsatzes. Alle feinmotorischen Tätigkeiten erfordern einen koordinierten Krafteinsatz.
- Ausgewogenheit von Vitalität und Spannung. Ein Gleichgewicht ist notwendig, um sich aktiv ausdrücken und einbringen zu können.
- Körper-Raum-Wahrnehmung. Sie ist wichtig, um ein räumliches Gefühl für Dimensionen, Richtungen, Objektpositionen, Proportionen (Höhe, Breite, Tiefe) zu entwickeln und um das dreidimensionale Vorstellungsvermögen zu trainieren. Letzteres ist die Grundlage für mathematisch-logische Denkvorgänge.
- Kreuzlateralität. Beide Hände über Kreuz einsetzen können.

20.5.2 Kognitive Kompetenzen – Sachkompetenzen

Die kognitiven Kompetenzen umfassen folgende Fähigkeiten:

- verschiedene Techniken kennen und anwenden; Ablauf von Arbeitsschritten merken und verfolgen
- imaginatives und assoziatives Denken
- Merkfähigkeit, Umsetzung und Transfer (Übertragung) auf andere Bereiche sowie eigenständiges vorausschauendes Planen üben
- eine Komposition anlegen und gestalten
- Konzentration und Aufmerksamkeit einbringen
- Motivation und Durchhaltevermögen zeigen
- divergentes Denken (ein künstlerisches Problem von verschiedenen Seiten angehen)
- Figur-Grund-Wahrnehmung. Sie ermöglicht das Unterscheiden von Figuren im Vordergrund und im Hintergrund.

14 *Experimente mit Tinte und Feder*

15 *Leckeres Obst, Mira (6 Jahre)*

- Werkzeug sachgerecht anwenden (Draht schneiden mit einer Drahtschere), Werkzeug sachgerecht aufbewahren
- Risiken einschätzen können
- ökologisches Wissen über Materialien anwenden (Welche Materialien sind giftig? Wie müssen sie entsorgt werden, z. B. Gipsreste?), Sicherheitsmaßnahmen treffen
- Farb- und Formunterscheidung, Materialunterscheidung, Mengen- und Richtungsunterscheidung erfassen
- Kenntnisse über Statik und Gleichgewicht beim Bauen und Konstruieren einbringen, Proportionen, Höhe, Tiefe, Breite abschätzen
- Ordnungsprinzipien kennen und in eigenen Sammlungen und Dokumentationen anwenden
- Experimente ausprobieren
- kulturelle und historische Unterschiede erfahren und benennen

20.5.3 Soziale Kompetenzen

Zu den sozialen Kompetenzen gehören:
- gegenseitige Wahrnehmung (»So male ich – wie malst du?«)
- Wertschätzung der Werke anderer Menschen und Kulturen
- Unterstützung und Einordnung in Gruppenprozesse
- Einbringen von Ideen und Impulsen – Partizipation
- Aufbringen von Geduld und Aufschieben von Bedürfnissen, um gemeinsam ein Ziel zu verfolgen, Rücknahme eigener Interessen für ein gemeinsames Ziel
- sich Mehrheitsentscheidungen unterordnen (demokratisches Prinzip)

16 *Raumfähre, gemeinsam gestalten mit Schrott, Gruppenarbeit*

17 *Austausch über Gemaltes, Nikolai und Johannes (beide 5 Jahre)*

- Kommunikation untereinander, um ein gemeinsames Ziel zu erreichen, sowie Austausch über unterschiedliche Sichtweisen und Gefühle
- Durchsetzungsvermögen sowie Rücksichtnahme und Integration von Randpersonen
- Unterscheiden und Akzeptieren von unterschiedlichen ästhetischen Standpunkten, z. B. in der Kita und zu Hause
- Geschichtsbewusstsein für künstlerische Ausdrucksmöglichkeiten

20.5.4 Emotionale Kompetenzen

Emotionale Kompetenzen spiegeln sich in folgenden Fähigkeiten wider:

- sich der eigenen Gefühle bewusst sein und ihnen Ausdruck verleihen
- die eigenen kreativen Kompetenzen kennen (ich kann malen, zeichnen, bauen)
- Vertrauen in eigene Impulse zur Materialerforschung entwickeln
- eigene Vorlieben für Farben und Materialien erkennen
- Ausdauer und Frustrationstoleranz üben, um ein gesetztes Ziel zu erreichen
- Durchsetzungsvermögen und Nachgiebigkeit in sozialen Prozessen zeigen
- über Entscheidungsfähigkeit, Strukturiertheit, Selbstkontrolle verfügen
- Sinnlichkeit und die Fähigkeit, genießen und entspannen zu können
- Empathie für andere

18   *Den Regenbogen genießen*

20.6 Ausdrucksorientiertes Arbeiten

Beim ausdrucksorientierten Arbeiten steht der Spontanausdruck im Vordergrund. Emotionen sollen geweckt und vorhandene Gefühle gezeigt werden.

Ausdrucksorientiertes Gestalten und hier insbesondere das Ausdrucksmalen erfordert offene Aufgaben. Ein Thema kann vorgegeben werden, aber es gibt nicht zwingend ein Endprodukt. Auf diese Weise wird der Prozess des Ausdrückens und Gestaltens von Gefühlen und inneren Vorgängen betont.

Kinder, die es nicht kennen, frei zu gestalten, benötigen die Unterstützung der Erzieherin: Sie können offene Themen und einfache Anregungen geben, z. B. eine bestimmte Farbe auszuprobieren. Sie können Impulse geben durch Fantasiereisen oder Musik, um das Vertrauen dieser Kinder in ihre eigenen gestalterischen Kräfte zu stärken.

In der heutigen Zeit unterliegen wir alle und besonders Kinder einem immer größer werdenden Input von Eindrücken. Diese müssen geordnet und verarbeitet werden. Eindrücke sind immer mit Emotionen verschiedenster Art verbunden. Haben wir zu wenig Gelegenheiten, diese Eindrücke und Emotionen zu bearbeiten oder in unser Erfahrungsfeld einzusortieren, werden wir überreizt, unsicher und orientierungslos. Das Ausdrücken von inneren Vorgängen, das Darstellen von Konflikten löst körperliche und seelische Anspannungen, Aggressionen und Frustrationen. Neue Lösungswege werden entwickelt und innere wie äußere Eindrücke integriert. Das Kind (ebenso der Erwachsene!) kann sich nun wieder offen dem Alltagsgeschehen zuwenden.

Malen, das den Schwerpunkt auf den Ausdruck legt, ist immer eine präzise Sprache. Um zu verstehen, was ein Bild erzählen will, ist es hilfreich, den Entstehungsprozess des Bildes mitzuerleben und dann mit offenen Fragen zu erfahren, was das Kind beim Malen erlebt hat. Siehe auch Kapitel 22.1.1 »Kommunikation« und Kapitel 24.2 »Hilfestellungen«.

Bilder entstehen oft gerade dort, wo Worte fehlen!

Ausdrucksmalen

Das Ausdrucksmalen nach Bettina Egger fordert besondere Rahmenbedingungen, um möglichst intensiv die Auseinandersetzung mit der Umwelt und den damit verbundenen Gefühlen bearbeiten zu können: ein Raum mit wenig Ablenkung, Ruhe, einfache Techniken, genügend Material, große Pinsel und große Formate, Malen im Stehen, um größtmögliche Bewegungsfreiheit zu haben, keine gestalterischen Regeln. Diese Voraussetzungen ermöglichen nach Bettina Egger ein hohes Maß an individuellem Ausdruck.

Aber auch unter anderen Voraussetzungen ist ausdrucksorientiertes Arbeiten möglich. Wichtig bleibt immer, sich über die unterschiedlichen Zielsetzungen klar zu werden und diese gegen mögliche Nachteile abzuwägen, damit das Gestalten nicht zu einer reinen Beschäftigung der Kinder reduziert wird oder nur den Erwartungen einiger Eltern oder anderer Personen Genüge getan wird.

19 *Große Malwand für stehendes Malen*

Aufgaben

1. Die Ziele der ästhetischen Erziehung lassen sich mit verschiedenen Gestaltungsmethoden (siehe Kapitel 20.3 bis 20.6) erreichen. Sie sind entsprechend der Zielgruppe und der Technik auszuwählen. Erstellen Sie eine Übersicht, z. B.: Welche Technik/welches Thema eignet sich gut für Kinder zwischen 3–6 Jahren, um soziale Kompetenzen zu fördern?

2. Finden Sie in Kleingruppen Beispiele aus Ihrer Praxis für die verschiedenen Zielsetzungen beim prozess-, produkt-, kompetenz- und ausdrucksorientierten Arbeiten.

3. Erarbeiten Sie gemeinsam für jede der genannten Arbeitsorientierungen eine beispielhafte Kurzplanung für eine Kunstaktivität. Mit welchen anderen Fachbereichen können Sie diese verknüpfen?

20.7 Kompetenzen beim plastischen Gestalten

Viele Kompetenzen des plastischen Gestaltens entsprechen denen des bildnerischen Gestaltens (siehe Kapitel 20.5 »Kompetenzorientiertes Arbeiten«). Daher werden an dieser Stelle nur jene Kompetenzen aufgezählt, die **ausschließlich** für das dreidimensionale Gestalten gelten.

◆ Raumorientierung durch Wahrnehmen von Tiefe, Höhe und Breite eines Objekts
◆ Raumverhältnisse: Erkennen von Positionen verschiedener Objekte und des eigenen Körpers im Raum
◆ Entfernungen einschätzen: Erkennen der Distanz von Objekten im Raum untereinander, auch bezogen auf den eigenen Körper
◆ Wahrnehmen und Unterscheiden von Richtungen im Raum: oben, unten, links, rechts, vorne, hinten
◆ Unterscheiden von dreidimensionalen Formen wie Kugel, Quader, Kegel, Zylinder
◆ Einschätzen und Verändern von Raumdimensionen, z. B. einen hohen Turm in ein Regal stellen und dafür Platz schaffen
◆ Durchführen von raumorientierten Tätigkeiten wie Schreiben bzw. Linien in eine Richtung ziehen können
◆ Konstruieren und Aufbauen von dreidimensionalen Objekten
◆ Auseinandersetzen mit statischen Problemen
◆ Beschäftigen mit Gleichgewichtsthemen

◆ Grenzen von Materialien bezogen auf dreidi-
  mensionales Gestalten erfahren und erweitern
◆ Krafteinsatz und -dosierung adäquat einsetzen
◆ Werkzeug kennen und benutzen können
◆ Grundlagen von Mathematik erfahren (Men-
  gen, Maße, Richtungen)

20 *Plastizieren von Figuren*

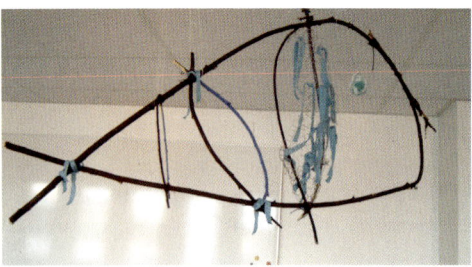

21 *Fisch aus Ästen, Draht und Stoff*

22 *Leicht – Schwer: Hängender Stein*

20.8 Orientierung an den Rahmenplänen für frühkindliche Bildung

Die neuen Leitlinien frühkindlicher Bildung in den
einzelnen Bundesländern setzen ähnliche Schwerpunkte wie die Reggio-Pädagogik. Bilder und Plastiken der Kinder werden nicht mehr unter der Prä-
misse betrachtet, dass »etwas Schönes« entsteht,
sondern der Schaffensprozess und das Endprodukt
an sich stehen im Mittelpunkt. An ihnen lassen sich
die Denkoperationen, emotionalen Auseinandersetzungen, Lernstrategien und Lösungswege sowie
Handlungskompetenzen, die ein Kind angewendet
hat, erkennen. Der Erzieherin bieten sich über die
Beobachtung dieser Prozesse individuelle Ansatz-
punkte für die Auswahl der passenden Angebote
und Materialien, die die kindlichen Entwicklungsimpulse unterstützen und fördern.
Grundlage für diese neuen Bildungspläne sind
die wissenschaftlichen Erkenntnisse der Hirnfor-
schung, u. a. von Joachim Bauer, Gerald Hüther
und Gerd Schäfer. Sie zeigen auf, dass jedes Kind
von Geburt an (wenn nicht schon seit der Zeu-
gung) eigene Impulse zur Weiterentwicklung in
sich trägt und diesen konsequent folgt. Kinder
sind geborene Lernende. Sie erforschen, fragen,
experimentieren von sich aus, um sich die Welt
anzueignen. Dies verändert völlig den pädagogischen Umgang mit kindlichem Lernen. Pädagogisches Anleiten bedeutet nicht mehr, dass ein fertiges Produkt nach fest gefügten Vorstellungen und
strenger Anleitung erstellt wird. Ästhetische Erziehung heißt nun, ein Kind unterstützend zu begleiten, damit es mit den ihm wichtigen Materialien
eigene Ideen und Fragen in einem offenen Gestaltungsprozess umsetzen und beantworten kann. Es
geht also heute darum, die Kinder in ihren eigenen
Selbstbildungsprozessen zu unterstützen.
Orientiert an dem im Vordergrund stehenden
Selbstbildungsprozess des Kindes, finden sich in
verschiedenen Bereichen der Bildungspläne Fragen, mit denen die Beobachtungen und Förde-
rungsüberlegungen unterstützt werden können. Dabei gehen die Autoren der Bildungspläne
einheitlich von den jüngsten wissenschaftlichen
Ergebnissen aus, beispielsweise, dass die Wissens-
aneignung und -verknüpfung nur mit schon abge-

speicherten Kenntnissen funktioniert. Das Kind folgt beim Forschen, Lernen und der Weiterentwicklung eigenen Impulsen. Somit geht es weniger darum, Kindern ein festes Ziel »überzustülpen«, als den Interessen und Fragen der Kinder mit Material und Experimentierangeboten sowie Lernsituationen zu folgen. Nur durch eigenes Verändern und Anpassen von selbst gemachten Erfahrungen und Beobachtungen verbindet ein Kind neues Wissen mit schon abgespeicherten Informationen und revidiert diese falls notwendig entsprechend. Im methodischen Vorgehen wird Wert auf die Wahrnehmungs- und Gestaltungsförderung gelegt. Erlebnisse, Erfahrungen und Erkenntnisse sollen als Basis für selbstständiges Lernen im Mittelpunkt stehen.

Die folgenden Fragen dienen als Hilfestellung, die Sicht des Kindes zu erkennen, um sie in Aktivitäten und Projekte einzubeziehen.

Das Kind sieht die Welt

Womit beschäftigt sich das Kind?
Welche Farben gefallen dem Kind in der Natur, auf Bildern, in der eigenen Kleidung? Achtet das Kind auf Lichtveränderungen und ihre Auswirkungen auf Farben? Welche natürlichen oder künstlichen Materialien gefallen dem Kind? Kombiniert es verschiedene Materialien zu neuen Gestaltungen?
Wie setzt sich das Kind mit seiner Welt auseinander?
Arbeitet das Kind gern mit seinen Händen und wie benutzt es sie? Welche Techniken interessieren das Kind: lösen – auseinandernehmen – zusammenbauen – verbinden, durchbohren? Mit welchen bildnerischen, plastischen oder textilen Materialien setzt es sich gern auseinander: Aquarellfarbe, Kreide, Kohle, Stifte, Sand, Ton, Wolle, Stoffe, Draht, Stein? Interessiert es sich für den Werkzeuggebrauch? Wie drückt das Kind seine Erlebnisse und Erfahrungen aus?

Das Kind innerhalb der sozialen Gemeinschaft

Mit welchen Kindern gestaltet das Kind am meisten?
Welche Kinder arbeiten mit welchen Materialien gemeinsam? Welche Techniken interessieren diese Kinder am meisten? Welche Themen für kreatives Gestalten stehen im Vordergrund? Welche Kinder sind Vorbilder? Welche Möglichkeiten für einen kreativen Kulturaustausch gibt es?

23 *Das Material erforschen*

24 *Gemeinsam eine Schnurinstallation knüpfen*

25 *Moschee*

26 *Lehmhütte*

Wie sehen die Handlungsräume des Kindes aus? Welche Räume, Unterstützung, Material und Zeit stehen den Kindern zur Verfügung? Welchen kulturellen, ästhetischen Austausch gibt es zwischen den Familien und dem Kindergartenalltag (z. B. Bilder, Fotos, Lebensmittel, Textilien, Spielzeug, Kulturgegenstände)?

Das Kind erforscht die Welt

Beschäftigt sich das Kind mit anderen Kulturen und anderen Epochen?

Kennt das Kind die Architektur seiner Umgebung? Hat das Kind schon andere Bauwerke gesehen, z. B. Hochhäuser, Häuser von F. Hundertwasser, Lehmhütten? Welche historischen Bauten, Denkmäler, Parkanlagen erlebt und kennt das Kind in seiner nächsten Umgebung? Welche Kunstformen kann das Kind in der Umgebung entdecken, z. B. Graffiti, Plakate, Kunstwerke, Postkarten, Kunstbücher? Welche Erfahrungen hat das Kind mit welchen Medien?

Kennt das Kind verschiedene kulturelle Kunstwerke und Bauten wie Kirchen, Klöster, Moscheen, Synagogen, Rathäuser? Bringt das Kind von Reisen in andere Orte, Länder Bilder oder Gegenstände mit? Lernt es andere Orte kennen?

Kennt das Kind verschiedene Künstler – vielleicht sogar aus persönlichen Kontakten? Sind die Eltern des Kindes kreativ tätig?

War das Kind schon im Museum oder einer Ausstellung? Hat das Kind schon einmal selbst eine Ausstellung mit veranstaltet? Hat das Kind Zugang zu

Bildmaterial über historische Künstler? Kann das Kind selbst ein Atelier besuchen?

Wie haben die Menschen früher gemalt und womit? Kann das Kind diese Techniken heute ausprobieren?

Wie gestalten die Menschen in anderen Kulturen und Religionen ihre Bilder, Plastiken und Architektur? Welche Materialien verwenden sie und kann das Kind dies praktisch und sinnlich nachvollziehen?

Aufgaben

1. Diskutieren Sie in Gruppenarbeit die verschiedenen Frageansätze. Entwickeln Sie eigene Vorschläge und Angebote für die Erforschung der Fragen.

2. Stellen Sie Ihre Anregungen und Überlegungen in Tafelbildern der Gesamtgruppe vor.

20.9   Nachhaltiges Lernen

Voraussetzungen für nachhaltiges Lernen

Die neuen Erkenntnisse aus der Gehirnforschung über Lernprozesse zeigen auf, dass der Ausgangspunkt für selbstständige Lernprozesse immer die sinnliche Wahrnehmung ist. Diese führt zu körperlichen, sozialen oder künstlerischen Handlungen. Durch das aktive Handeln wird die Sinneswahrnehmung reflektiert und mit bisherigen Gedankenstrukturen verbunden.

Eine künstlerische Gestaltung macht die sinnliche Erfahrung sichtbar: Es wird ohne Worte ausgedrückt, was das Kind wahrgenommen und bewegt hat. Dadurch werden einerseits die neuen Erkenntnisse in bisher bekannte Zusammenhänge integriert und emotional verarbeitet. Andererseits entstehen neue Assoziationen und Anregungen, die wiederum zu anderen Anschauungen und Erkenntnissen führen. Deshalb sollten gestalterische Prozesse und Ergebnisse mit dem Kind sprachlich ergänzt werden, indem das Kind die Möglichkeit erhält, von seinen Erfahrungen, Gefühlen und Erkenntnissen zu erzählen.

Sinnliche – körperliche – Wahrnehmung, bildlicher Ausdruck und symbolische Vorstellung sowie sprachliche Formulierung ebnen den Weg, Wissen und Zusammenhänge als verbindliche, abrufbare, aber auch veränderbare Wissensmodelle zu speichern.

Um nachhaltig zu lernen und eine entsprechende Grundstruktur anzulegen, müssen verschiedene Lernebenen und Sinne angesprochen werden. Einseitige Förderung und Forderung verhindern eine umfassende Gesamtentwicklung, da »alles mit allem zusammenhängt«.

Kunst macht nachhaltiges Lernen möglich

Wahrnehmungen, Anregungen und Angebote werden künstlerisch – kreativ – verarbeitet. Kinder finden auf diese Weise eigene Lösungswege, die oft nicht den Vorstellungen der Erwachsenen entsprechen, aber eben ihre eigenen sind. Sie hinterfragen damit auch althergebrachte Erwartungen und Vorgaben der vorhergehenden Generation. Kinder stellen kritische Fragen und sind offen für Veränderungen, da sie noch nicht in gewohnten Denkmodellen verhaftet sind. Diese Offenheit gegenüber Neuem und Fremdem gilt es zu erhalten, da sie eine Fähigkeit ist, die in Zukunft immer notwendiger gebraucht wird. Sich beschleunigende gesellschaftliche und wirtschaftliche Veränderungen, ein immer globaler wirkendes Weltgeschehen fordern zu offenen Denkweisen und innovativen Gesellschaftsmodellen auf.

Künstlerisches Gestalten, das mit Veränderungen, mit immer neuen Spielereien und Experimenten eine stimmige Lösung sucht und dabei oft gesellschaftliche Strömungen und Fragestellungen vorwegnimmt, unterstützt nachhaltig die gesellschaftlich notwendige Fähigkeit zur Kreativität

27   *Gekaufte Herzen*

28   *Ein selbst gebasteltes Herz aus Einpackfolie*

und Zukunftsentwicklung. Kunst nimmt sich die Freiheit, althergebrachte Herangehensweisen zu übergehen und eigene Mittel und Wege zu finden, etwas auszudrücken. Dabei werden auch soziale Kompetenzen durch gemeinschaftliche Kunstprojekte oder den Bezug zu konkreten Gestaltungen sozialer Umfelder, z. B. Stadtplanung, gefördert. Die Gegenwart wird mit den Augen der Zukunft gesehen.

Mit der künstlerischen Gestaltung lernen die Kinder auch, dass es Werte und Werthaltungen gibt, dass gegenseitiger Respekt vor dem künstlerischen Ausdruck für ein gemeinsames Zusammenleben notwendig ist. Kulturelle Vielfalt sorgt für künstlerische Anregungen und Lernmöglichkeiten. Kulturelle Stätten als Lernorte vermitteln historisch wertvolle künstlerische Umsetzungen.

Im selbsttätigen Gestalten wird Konsumverhalten hinterfragt. Kritisches Denken und Handeln werden angeregt. Wie viel befriedigender ist es, etwas selbst Produziertes zu verwenden als einfach nur zu konsumieren?

Dies kann sich auch nachhaltig auf Suchtverhalten und Gesundheitsprävention auswirken, da es sehr befriedigend ist, schöpferisch selbsttätig zu sein und seinen inneren Auseinandersetzungen in Gestaltungen Ausdruck zu verleihen.

Die beschriebenen Aspekte spielen auch in der Weltdekade der UN »Bildung für nachhaltige Entwicklung 2005–2014« eine wichtige Rolle. In der »Hamburger Erklärung« von 2003 wurden zehn Jahresthemen aus der Weltdekade differenziert. Sie geben geeignete Anregungen für (künstlerische) Nachhaltigkeitsprojekte.

Aufgaben

1. Informieren Sie sich über die zehn Jahresthemen in der »Hamburger Erklärung« von 2003 zur Weltdekade der UN.

2. Überlegen Sie anhand der Zielsetzungen von künstlerischem-handwerklichem Gestalten sowie den Impulsen der UN-Weltdekade für nachhaltige Entwicklung praxisnahe Beispiele für Nachhaltigkeit und Kunst.

21 KREATIVITÄT

21.1 Was ist Kreativität?

Kreativität ist heute gern in aller Munde und im Zweifelsfall wird etwas als»kreativ« bezeichnet, um es zu rechtfertigen. Dabei ist die Tragweite dieses Begriffs gar nicht so leicht zu erfassen oder einzugrenzen. Aber gerade das ist auch ein Merkmal der Kreativität: Sie lässt sich nicht einfach mit wenigen Worten ausdrücken.

Kreativität braucht Fantasie

Kreativität ist eng verbunden mit dem Begriff der Fantasie. Fantasie gibt die Kraft, über alles, was ist, hinauszugehen: In der Fantasie ist alles möglich. Sie passt sich an bestehende Wirklichkeit an, macht neue Entwürfe für Gegenwärtiges und weist so in die Zukunft. Fantasie wirkt wie unbewusste Wahrnehmung, beschreibt Eindrücke mit allen Sinnen und lässt dabei neue Bilder/Assoziationen mit einfließen, unbewusste Bilder tauchen auf und der Geist bleibt lebendig.

»Auf den Flügeln seiner Einbildungskraft verlässt der Mensch seine engen Schranken der Gegenwart.« (Friedrich Schiller)

Kreativität ist in Aktivität umgesetzte Fantasie, denn bleibt eine Idee nur Fantasie, dringt nichts nach außen und nichts verändert sich. Aus unendlich vielen Möglichkeiten konkrete Dinge entstehen zu lassen, ist gleichzusetzen mit Kreativität. Das muss und darf sich nicht nur auf die Kunst beziehen, sondern auf alle Lebensbereiche!

Kreativität verbindet die Vergangenheit mit der Gegenwart und Zukunft: Menschliche Erfahrungen und menschliches Wissen werden mit Bestehendem für die Zukunft weiterentwickelt. Jemand ist kreativ, wenn er neue Ideen und Lösungen in den Alltag bringt. Dafür ist es notwendig, das Wissen und die Erfahrungen zu aktivieren und neu zu kombinieren. Je mehr gedankliche Verbindungen neu hergestellt werden, desto größer wird das Wissensnetz, werden neuen Dinge und Strukturen erschaffen.

Kreativität ist aber nicht immer willkommen, stellt sie doch mit innovativen Ideen und ungewöhnlichen Umsetzungen oft das Vernünftige, das Vertraute und alte, lieb gewonnene Gewohnheiten infrage. Häufig wird Kreativität nur Künstlern und »Spinnern« zugestanden, bei ihnen ist »kreatives Chaos« erlaubt, während sonst zumeist sehr auf Ordnung und Logik geachtet wird.

»Jeder Mensch ist ein Künstler.« (Joseph Beuys)

1 Kreativ: Mit Teebeuteln ein dreidimensionales Objekt gestalten

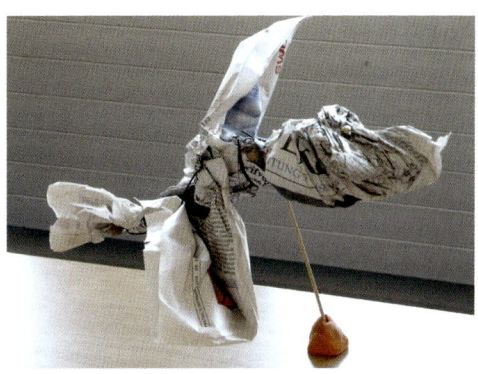

2 Papiervogel

In allen Menschen steckt ein hohes Maß an Kreativität, das entwickelt werden will. Kreativität muss nicht gelernt werden, sondern die Potenziale müssen gelebt und trainiert werden. Kreatives Schaffen drückt zum Teil die Persönlichkeit aus. Die Umsetzung von Ideen und Fantasien ist eine Sinnquelle zum Wohlfühlen, sich als beteiligt und potent zu erleben. So kann Kreativität den Impuls dafür geben, an gesellschaftlichen Prozessen zu partizipieren und diese im kleinen oder großen Rahmen mitzugestalten.

Wer seine kreativen Potenziale lebt, kommt sich selbst näher, das Selbstwertgefühl steigt, da Kreativität bestätigend wirkt, wenn sich die Möglichkeiten, die in einem stecken, entfalten dürfen. Wenn man diese Potenziale nach außen umsetzt und lebt, wird man auch immer daran erinnert, wie man gemeint ist und was in einem steckt.

Potent: *1) leistungsfähig 2) mächtig, einflussreich 3) zahlungskräftig, vermögend 4) zeugungsfähig*

Voraussetzungen für Kreativität

Damit Kreativität entstehen kann, braucht es **Entspannung und Muße**, in der gedankliche Möglichkeiten fließen können. Es braucht **Offenheit** für Fremdes und Vertrautes, um verborgene Schätze zu entdecken, sowie **Freiheit**, sich zu äußern. Kreativität steht im Widerspruch zu Zwang. Außerdem notwendig ist **Neugierde** – ein Streben, das lernen und wissen will. Auch Mut, **Wissen in Frage zu stellen** und zu überprüfen, um **aus Fehlern zu lernen**,

spielt eine entscheidende Rolle für kreatives Denken und Handeln. Ganz wichtig ist eine **aktive und wache Sinnestätigkeit**.

Die Fähigkeit, mit **Gegensätzen** umzugehen, Paradoxe auszuhalten, statt sie zu entfernen, um schnell die alte Ordnung wiederherzustellen, unterstützt eine kreative Haltung. Das Vermögen, ein **Gleichgewicht** zwischen Kunst und Wissen, Logik und Fantasie herzustellen, ist wichtig. Und was auf den ersten Blick erstaunlich erscheint: Um kreativ sein zu können, ist eine **bewusste Körperlichkeit und Fitness** hilfreich, denn Körper und Geist gehören zusammen. Ein Bewusstsein dafür, dass **alles miteinander in Verbindung** steht, ist für kreative Lösungen wichtig.

Paradoxon: *Ein Paradoxon ist eine scheinbar falsche Aussage, die aber bei genauerer Analyse auf eine höhere Wahrheit hinweist.*

Formen der Kreativität

Es wird unterschieden zwischen künstlerischer, zweckfreier Kreativität und produktiver Kreativität. Die Übergänge zwischen diesen beiden Kreativitätsformen sind jedoch fließend und ohne künstlerische Kreativität gäbe es keine produktive Kreativität.

Produktive Kreativität sucht nach konkreten Problemlösungen für den Alltag, z.B. wie Schwierigkeiten im Team behoben oder bestimmte Projekte finanziert werden können oder einfach nur, wie beim Backen eine fehlende Zutat ersetzt wer-

3   *Farbkissen, angeregt von Gotthard Graubner.*
Die Farbwirkung intensiviert sich durch das Polstern der Farbfläche

4   *Farben herstellen aus buntem Krepppapier, das in Wasser getaucht wird und dann abfärbt*

den kann. Produktive Kreativität wird in Politik, Wirtschaft, Technologie, Bildung und Wissenschaft benötigt, um innovative Lösungen für gesellschaftliche wie private Probleme zu entwickeln.

Künstlerische Kreativität legt ihren Schwerpunkt auf den Ausdruck, um auf individuelle oder gesellschaftliche Themen hinzuweisen. Dafür werden immer wieder neue Wege und Mittel gesucht. Künstlerische Kreativität ist oft ein Seismograf für gesellschaftliche Veränderungen, die in dieser Form – der Kunst – eine erste Ausdrucksform finden.

21.2 Phasen eines kreativen Prozesses (nach Rudolf Seitz)

Kreative Prozesse durchlaufen meistens folgende Phasen:

◆ **Problemphase.** Es gibt ein Problem, das eine Lösung braucht. Der Moment, in dem nach einem künstlerischen Ausdruck für eine Frage oder Gefühle gesucht wird, stellt letztlich das »Problem« dar.

◆ **Suchphase.** Alle bekannten Informationen, Wissen und Erfahrungen werden für eine mögliche neue Kombination zur Lösungsfindung getestet. Dies kann sehr schnell gehen oder ein längerer Prozess des Versuchs und Irrtums sein.

◆ **Lösungsphase.** Eine neue Idee, ein neuer Gedanke, eine neue Form, eine neue Sichtweise für Zusammenhänge und Beziehungen entsteht.

◆ **Verwirklichungsphase.** Die angestrebte Lösung wird real umgesetzt, formuliert, angewendet, sichtbar gemacht.

21.3 Was braucht Kreativität in der Erziehung?

21.3.1 Pädagogische Unterstützung

Kreativität braucht eine kreative Umgebung mit unterstützenden Erziehenden. Sich auf die Suche zu machen nach eigenen kreativen Lösungen, erfordert oft Ermutigung vonseiten der Erwachsenen. Um Kinder zu motivieren, ihren Gestaltungskräften zu vertrauen, ist es notwendig, dass die

Erzieherin selbst positive Erfahrungen mit (auch ungewohnten) Gestaltungsprozessen und Materialien gesammelt hat, dass sie sich selbst in ihrer Kreativität reflektiert und ausprobiert hat. Erst dann kann sie sich auf das Experimentieren der Kinder einlassen und diesen Prozess mit ehrlichem Interesse unterstützen und fördern. Ist die pädagogische Fachkraft in der Lage, sich an der eigenen Kreativität zu erfreuen und die darin enthaltenen Möglichkeiten zu schätzen, wird sie auch kindlicher Kreativität Anerkennung schenken.

> »Wenn ich hinter einer Kunstaktion stehe, selbst Spaß habe und neugierig bin, was da entstehen wird, dann überträgt sich das auf die Kinder. Die sind dann voll bei der Sache und vertiefen sich völlig in den Prozess. Ich brauch fast nur noch dabei sein und zusehen.« (Tim, Schüler)

Eine kreative Einstellung spiegelt sich in der Offenheit für die Fragen der Kinder wider und darin, dass keine bestimmten Ergebnisse erwartet werden. Zusätzlich besteht das Vertrauen, dass Kinder eigene Schöpfungskräfte haben und diese mit Unterstützung weiterentwickeln können. Unterstützung bedeutet in diesem Fall zur Seite zu stehen, wenn Fragen auftauchen, sowie den Kindern bei neuen Fragen eigene Lösungswege zu erlauben, statt ihnen mit dem Wissensvorsprung eines Erwachsenen fertige Lösungen vorzugeben. Dies erfordert Geduld und insbesondere das Aushalten, dass andere (»falsche«) Ergebnisse entstehen als geplant und dass manche Prozesse länger dauern als vorgesehen. Unterstützend wirken auch Impulse, die die Wahrnehmung differenzieren, sowie Anregungen, die die Kinder dazu veranlassen, ihren eigenen Gedanken und Erinnerungen Gestalt zu geben.

> »Am Anfang fiel es mir schwer, mich zurückzunehmen. Ich wollte den Kindern ständig Hinweise geben, wie sie etwas am besten lösen. Inzwischen finde ich es sehr entspannend und spannend, darauf zu vertrauen, dass jedes Kind seinen eigenen kreativen Weg finden wird.« (Sabine, Schülerin)

Bei der pädagogischen Unterstützung sollte auch die Vorbildfunktion im Sinne des **Gender-Mainstreamings** berücksichtigt werden. So ist es für eine kreative Entwicklung beider Geschlechter sinnvoll, eine Erzieherin beim Bauen, Sägen, Tapezieren oder Reparieren beobachten zu können und einen Erzieher beim Malen und Kleben.

Kreativität braucht außerdem **Partizipation** – die Möglichkeit, Ideen und deren Umsetzung in eine Gruppe einzubringen, die Chance, bei Gestaltungen, Themen, Materialien mitzubestimmen. Partizipation vermittelt die wichtige Erfahrung, dass das eigene kreative Potenzial wertgeschätzt wird und man an der Welt aktiv teilnimmt.

21.3.2 Zeit

Kreativität braucht Zeit – Zeit zum Erfühlen, zum Erforschen, zum Entdecken, Zeit, etwas aufzubauen und doch wieder zu zerstören oder erst zu zerstören, um dann neu zu kreieren, Zeit für Überlegungen, für schöpferische Pausen, Zeit des Nichtstuns und Fantasierens, Zeit, die Dinge in Ruhe zu betrachten, Probleme zu reflektieren, um sich dann über Ideensammlungen und aktivem Ausprobieren einer Lösung zu nähern, Zeit, sich intensiv und so lange mit einem Werk bzw. Thema zu beschäftigen, bis man das Gefühl hat, zufrieden/befriedigt zu sein. Unter Zeitdruck können schwieriger fantasievolle Ideen entstehen, können sich schwerer schöpferische Kräfte entfalten.

Genügend Zeit zu lassen, ist im Alltag nicht immer einfach, denn es warten viele andere Aufgaben, die erledigt werden müssen oder Aufmerksamkeit verlangen. Dennoch sollte versucht werden, immer wieder einen großzügigen Zeitraum für künstlerische Aktivitäten zu schaffen, der frei von Termindruck und Zeitzwängen ist.

»Ich habe deutlich gemerkt, dass ich Zeit brauche für meine kreativen Ideen – den Kindern lasse ich jetzt auch viel mehr Zeit, etwas zu entdecken und entstehen zu lassen. Manchmal brauchen sie Tage, um mit einer Idee zum Ende zu kommen. Gut, wenn ich ihnen diesen Freiraum geben kann und sie in ihre ›Arbeiten‹ eintauchen können!«
(Mareike, Schülerin)

21.3.3 Raum

Auch die Art des Raumes, in dem kreative Prozesse stattfinden, in dem Ideen und Fantasien in die Tat umgesetzt werden oder in dem einfach nur Materialerforschung betrieben wird, ist wesentlich für die Entwicklung von Kreativität. Ein kreativer Raum im doppelten Sinne soll ein geschützter Raum sein, in dem die Kinder nicht einzelne Funktionen oder Fähigkeiten trainieren, sondern ihre Interessen auf einer sachlich-materiellen Ebene erforschen können. Ein Raum, in dem sie selbstbildend tätig werden können.

Kreatives Gestalten braucht Platz, auch für größere Projekte. Ideal ist ein Raum mit Atelier- **und** Werkstattcharakter, in dem Materialien einladen zum Wahrnehmen, Betrachten, Erforschen und Gestalten. Eine Werkstatt, in der sich Ideen anhand der Materialien und Werkzeuge entwickeln können. Hier finden sich Materialien wie Kleister, Farben, Zeichenmaterialien, Sand, Ton, Holz, die die Sinne und Emotionen ansprechen. Die Materialien brauchen eine klare Ordnung und sollten sichtbar sein, also nicht in Schränken und Schubladen »versteckt« werden. Nicht Sauberkeit und penible Ordnung sollten den Raum bestimmen, sondern ein strukturiertes Angebot an verschiedenen Materialien, Sammelobjekten und Werkzeugen. Arbeitsflächen und Wände zum Malen oder Zeichnen einerseits und andererseits ein Werktisch zum Feilen, Sägen und Bohren bieten verschiedene Möglichkeiten für die Arbeitsweise. Die Atmosphäre soll einladen, selbst aktiv zu werden, eigenständig Werkzeuge zu benutzen und die eigenen Imaginationen in reale Bilder oder Werkgestaltungen umzusetzen. Tonwannen oder Sandbecken, an

5 *Atelierwerkstatt: Werkbank*

denen die Kinder jederzeit gestalten können, sind eine sinnvolle Ergänzung.

Für den sicheren Umgang mit Materialien und Werkzeugen können die Kinder einen »Werkzeugführerschein« machen, indem sie den sicheren und pflegenden Umgang lernen. Wichtig sind der Zugang zu Wasser und ein pflegeleichter (d.h. leicht abwischbarer) Boden. Helles Tageslicht und/oder eine gute Ausleuchtung sollten vorhanden sein.

Für spannende, alle Sinne anregende Erfahrungen bietet sich auch der **Naturraum** draußen an. Hier sind viele einfache Gestaltungen möglich.

Ein Wort zu den Fenstern eines Raumes: Fenster verbinden den Innenraum mit der Außenwelt. Sie sorgen dafür, dass die Räume gut mit Tageslicht versorgt werden. Und sie lassen uns teilhaben an

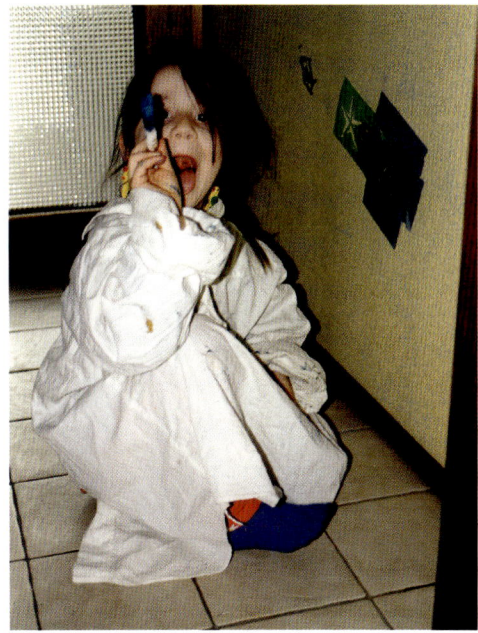

8 *An der Wand malend*

6 *Ateliertisch mit Malwand*

7 *Trockenregal*

den Lichtstimmungen der Jahres- und Tageszeiten. Je nach Wetter verändern sich die Lichtverhältnisse und wirken auf die Stimmung der Menschen. Von außen betrachtet werden Fenster zu Gesichtern eines Hauses – gar keine oder kleine Fenster wirken oft verschlossen und abweisend. Großzügige Fenster erlauben Einblicke: Kann ich hinter den Fenstern meine Freunde oder die Erzieherin entdecken? Grundsätzlich stellt sich die Frage, ob die Fenster durch Fensterbemalungen oder Fensterbilder gestaltet werden sollen. In der Reggio-Pädagogik wird das Spiel mit transparenten Materialien an Fenstern angeregt, um die Wahrnehmungen von farbigem Licht auf Gegenstände zu beobachten. Ansonsten sollte man die Fenster als Verbindung nach außen frei lassen, statt wie häufig zu beobachten mit Schablonen-Fensterbildern oder großflächig deckenden Bemalungen der Erzieherinnen die Wahrnehmung der Fenster zu verfälschen. Geben Sie den Kindern die Möglichkeit, das lebendige, sich ständig ändernde Wechselspiel von Himmel und Erde mit allen Jahreszeiten, von Licht und Schatten zu erfahren. Dies ist gerade für die kleinen Kinder besonders wichtig, da sie ihr Wissen auf ihren Erfahrungen aufbauen.

21.3.4 Material

Das Material sollte vielfältige sinnliche Anregungen bieten und seine Eigenschaften sollten so offen wie möglich, d.h. veränderbar sein. Besonders »unbestimmte«, »unfertige« und »rätselhafte« Materialien, die zum Erforschen und Entdecken einladen, ermöglichen verschiedenste Interaktionen. Die Materialien sollten so wenig wie möglich ein realistisches Abbilden fordern sowie frei von Zweck, festen Form- und Funktionszuweisungen sein. Je weniger Verwendungsvorgaben das Material macht, desto größer ist das Feld für eigene, fantasievolle Bearbeitungen. Zufallsgebilde können individuell interpretiert und entsprechend vollendet werden.

Elementare Materialien wie Steine, Ton, Stöcke, Holzreste, Muscheln, Fossilien bieten oft die vielfäl-

9 *Speckstein als Naturmaterial darf draußen bearbeitet werden*

12 *Alte Ziegelsteine regen an, großzügig damit zu bauen*

10 *Anregende Materialien*

11 *Stoffe, die mit Rostteilen in der Erde vergraben waren*

13 *Ein echtes Vogelnest regt an zu künstlerischer Gestaltung*

tigsten sinnlichen Erfahrungsfelder und stimulieren die Fantasie und Gestaltungslust. Materialien, die sich durch die vier Elemente oder Licht verändern, den Kreislauf des Lebens widerspiegeln, erlauben naturwissenschaftliche Beobachtungen und künstlerische Experimente, z. B. Rauchzeichen auf Papier, in Erde eingegrabene Stoffe, verrostete Metallteile und vieles mehr.

»Es ist spannend, herauszufinden, was für eine Form einem Material innewohnt, und diese ans Licht zu bringen.« (Samira, Schülerin)

Materialien, die durch eigenen Krafteinsatz veränderbar sind, wie Holz oder Stein, fordern ein bewusstes Körpergefühl. Interessante Anregungen geben auch Stoffe, die sich unter Hitze oder Druck verändert haben, z. B. geschmolzene Plastikteile. So können die Kinder einerseits Materialien entsprechend einer Idee suchen, andererseits mit den kreativen Impulsen, die ein Material bietet, gestalten.

Für die Praxis folgt daraus, dass einerseits Material von guter Qualität und nach ökologischen Kriterien ausgesucht bereitzustellen ist. Wobei gute Qualität in diesem Zusammenhang bedeutet, dass es vielseitig einsetzbar ist und für ein befriedigendes Erfolgserlebnis sorgt. Gute Acrylfarbe beispielsweise ermöglicht eine farbintensive Gestaltung auf Papier und anderen Materialien, bei der die Farbintensität auch nach dem Trocknen bestehen bleibt.

Die Farbe kann pastos, verdünnt oder mit Strukturmaterial angedickt verwendet werden, um unterschiedliche Wirkungen zu erzielen. Andererseits können einfache Naturmaterialien und günstige Materialien wie Schrott, Dübel, Holzreste, alte Ziegelsteine, Pappröhren, Papiere und Kunststoffteile ganz neue Gestaltungsideen ermöglichen.

Das Gestalten mit Alltagsmaterialien fördert den Prozess des Umdeutens. Dinge aus dem Alltag (besonders Wegwerfprodukte) bekommen eine neue Bedeutung und werden für den Gestaltungsprozess inspirierend und wertvoll. Statt zu konsumieren und wegzuwerfen, setzen Kinder erfinderisch diese Abfallprodukte für ihre Ideen ein.

Dinge umzudeuten, auseinanderzunehmen und in neue Zusammenhänge zu setzen, neu zusammenzusetzen und den Materialien eine neue Funktion zu geben, ist eine kreative Leistung.

Ungewohnte Materialien haben oft einen großen Aufforderungscharakter, z. B. das Bauen einer Skulptur aus Drahtkleiderbügeln oder das Konstruieren mit Elektroteilen lassen ganz verschiedene Ausführungen zu. Betrachtet man Alltagsdinge unter kreativen Gesichtspunkten, eröffnet sich eine ganz neue Materialfülle.

Aufgabe

Gestalten Sie in Kleingruppen aus Papier, Kleber, einer Packung Teebeutel und eventuell weiteren Materialien eine Arbeit, in der die Teebeutel das Hauptmaterial sind. Siehe auch Bild 1 in diesem Kapitel.

Gehen Sie dabei nicht von der Funktion des Teebeutels aus, sondern erforschen Sie seine Form, Farbe, Konsistenz usw.

Stellen Sie Ihre Arbeiten vor der Gesamtgruppe vor.

14 Elektrotier

Reflexion

1. Welche Erfahrungen machen Sie beim Arbeiten mit ungewohnten Materialien?
2. Welche Schwierigkeiten hatten Sie zu überwinden?
3. Konnten Sie sich beim Gestalten von gegenständlichen Themen lösen?

»In der Praxis kann ich jetzt mit meinen eigenen Erfahrungen den Kindern die Entscheidung überlassen, welches Papier, welches Format und welche weiteren Materialien sie wählen wollen. Und ich kann ihnen auch einfache wie gute (teure) Materialien geben, ohne kontrollieren zu müssen, was die Kinder damit gestalten. Meine Sichtweise auf Materialverschwendung hat sich völlig geändert.« (Katarzyna, Schülerin)

Kreatives Gestalten für Kinder unter drei Jahren

Erste kreative Fähigkeiten werden angeregt, indem die Kinder bekannte Dinge aus dem Alltag in anderen Zusammenhängen oder Orten wiederfinden und wiedererkennen, z. B. Abbildungen von Teller und Tasse in einem Bilderbuch oder später in einer selbst gestalteten Collage. Es unterstützt ihre **Vorstellungskraft**, um dann in der Begegnung von inneren Imaginationen und Außenwelt das eigene Weltbild immer mehr zu differenzieren. Das Malen und plastische Gestalten entsteht ohne Vorgabe, sondern aus dem Bewegungsbedürfnis und Forscherdrang des Kindes, Materialien kennenzulernen, heraus. Zufällig entdeckte Selbstwirksamkeit durch Spurenhinterlassen wird wiederholt und differenziert. Aus den Spuren entstehen universelle Zeichen und Symbole als Ausdruck ihrer Körperwahrnehmungen. Die Bilder müssen nicht »fertig« gemalt werden, schon ein Strich ist eine Spur!

Welche Spuren hinterlassen meine Hände?

Der Anerkennung erster Schmiererfahrungen als Ausdruck der Selbstwirksamkeit und des Erlernens motorischer Fähigkeiten kommt eine große Bedeutung zu. Daher sollten den Kleinen entsprechende Materialien und Räume zur Verfügung gestellt werden.

Über Austausch mit Erwachsenen und anderen Kindern lernen die Krabbelkinder, dass es Unterschiede zwischen **individuellen und allgemeinen Symbolen** gibt.

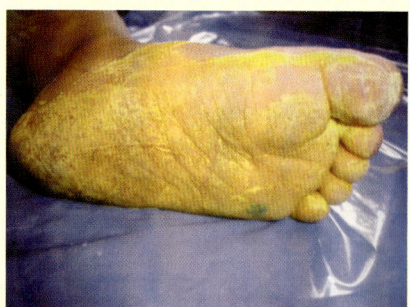
Ein sehr sinnliches Erlebnis, wenn der Fuß bemalt wird

Ebenso entdecken Kinder, dass ein Ding für ein anderes stehen kann, z. B., dass eine Schachtel ein Auto sein kann, und probieren diese Erkenntnis vor allem im Spiel vielfältig aus. Dabei wechseln die Bedeutungen der eigenen Gestaltungen noch sehr schnell – dies ist ein Hinweis auf aktive Denkvorgänge, in denen das Kind noch mit verschiedenen Möglichkeiten spielt bzw. diese erforscht. Diese anfänglichen »**Bedeutungssprünge**« sind wichtige Entwicklungsschritte. Die Kinder entwickeln anschaulich-symbolisches Denken und differenzieren ihre Gestaltungen immer mehr mit Details. Wenn die Sicherheit erreicht ist, sich sichere innere Bilder von den Gegenständen zu machen, dann kann sich das Kind wieder spielerisch davon entfernen und sich schöpferisch betätigen.

Für die **Erzieherin** bedeutet das, dass sie sich ein gutes Wissen über die Entwicklungsschritte der Kleinen aneignen muss, um diese verstehen und schätzen zu können und um entsprechende Angebote machen zu können (siehe auch Zeichenentwicklung in Kapitel 25, Entwicklung plastischen Gestaltens in Kapitel 26, Architektur/Bauen in Kapitel 38.2 f.). So traut sie den Kindern in ihrem Selbstbildungsprozess schon viel zu und begleitet sie beobachtend und unterstützend. Bezogen auf das kreative Erforschen und Gestalten heißt das, dass die Aufgabe der Fachkraft in erster Linie darin besteht, verschiedenste Materialien und Räume mit völlig offenem Ergebnis anzubieten. Sie muss den Kindern den inneren Raum zur Verfügung stellen (»es zulassen«), zu schmieren und

Hier werden verschiedene Malwerkzeuge ausprobiert

zu matschen, ohne den **Eltern** »schöne Produkte« vorweisen zu können. Hier besteht eine wichtige Aufgabe darin, die Eltern über die Bedeutung dieser Entwicklungsschritte zu informieren.

Um mit den Kindern eine gezielte Aktion durchzuführen, sollte die Pädagogin darauf achten, dass es zu keiner **Reizüberflutung** kommt. Die Kinder widmen sich oft intensiv einem Material, einer Technik und wollen nicht abgelenkt werden durch neue Impulse. Die Wahl der Materialien und Techniken sollte individuell an den Entwicklungsstand und die Bedürfnisse des Kindes angepasst sein.

Gut ist es, wenn Sie mit einer sehr **kleinen Gruppe** von 2–4 Kindern arbeiten können. Am besten arbeiten Sie im Gruppenraum, damit die anderen Kinder sich auch ein Bild davon machen können und angeregt werden, mitzumachen. Die ganz Kleinen (Einjährige) sehen oft nur zu, deshalb wiederholen Sie manche Techniken auch immer wieder, um den Zeitpunkt zu erwischen, wenn diese jungen oder die zögerlichen Kinder einsteigen wollen.

Überhaupt **wiederholen Sie:** Lieber eine Technik viermal anbieten, als im gleichen Zeitraum vier verschiedene Techniken! Das Interesse am Ausprobieren verschiedener Techniken oder dem Erforschen von Materialien ist in dieser Altergruppe sehr schnell geweckt, dann aber unter Umständen auch genauso schnell wieder verflogen. Es kann Ihnen passieren, dass Sie fünf Kindern Malkittel anziehen, schnell Platz an einem Tisch schaffen und die Aktion ist fünf Minuten später wieder vorbei. Bemerkungen wie »Das hat sich aber nicht gelohnt!« sind dann fehl am Platz, da die Kinder verschiedene Impulsangebote brauchen und diese eben zu unterschiedlichen Zeitpunkten ihrer Entwicklung nutzen.

Noch wichtiger als bei den großen Kindern ist eine **gute Vorbereitung des Arbeitsplatzes** und der Materialien. Kinder in diesem Alter warten nicht so geduldig, sie verstehen nicht, wenn man »eben noch etwas holen muss«, weil man es vergessen hat. Dies kann ganz schnell ein Grund sein, dass ein Kind die Neugierde in der Zwischenzeit auf etwas anderes lenkt (oder eben ein Chaos entsteht, wenn die Erzieherin einen Putzlumpen oder den vergessenen Pinsel holt).

Planen Sie nur **kurze Beschäftigungszeiten** ein, da die Kinder noch keine langen Aufmerksamkeitsspannen haben. Die Kinder sollten schon einige Regeln kennenlernen, z. B., dass Farben und Knetmasse prinzipiell nicht in den Mund gehören, da das Kind nicht unterscheiden kann, welche Materialien essbar sind oder nicht. Informieren Sie sich beim Kauf von fertigen Produkten über die Inhaltsstoffe und ob diese der

DIN/EN 71 entsprechen, da es vorkommt, dass Kinder eben doch Materialien in den Mund stecken. Je jünger die Kinder sind, desto mehr müssen Sie darauf achten, dass die Materialien ungiftig sind.

Als Erzieherin müssen Sie sich erlauben, gute Materialien und Materialvielfalt auch in großer Menge und immer wieder zur Verfügung zu stellen. Das ist keine Verschwendung, sondern entwicklungsfördernde Notwendigkeit. Probieren Sie ruhig selbst einmal aus, mit Kleister oder Matsch zu spielen, um sich den Erfahrungen der Kinder (wieder) anzunähern und diese nachvollziehen zu können.

Malen mit Wasser und Sand – der Pinsel ist ein Besen

Überhaupt sind die Kinder zwischen 12 und 18 Monaten anfangs eher mit der **Erforschung** verschiedener Materialien und deren Eigenschaften beschäftigt, als künstlerische Gestaltungen im engeren Sinne zu erschaffen. Meist ist es so, dass die Kinder selbstständig auf neue Materialien zugehen, wenn sie halbwegs gut laufen können. Als Fachkraft sollten Sie darauf achten, dass die **Materialien gut handhabbar** sind, also solche Materialien anbieten, die die Kinder ohne Anleitung verwenden können und womit sie einfach spannende Ergebnisse und sinnliche Erfahrungen erzielen können. Stellt man den Kindern **offene Materialien** wie Kleister, Aquarellfarben, Kohle, Kreide, Rasierschaum, Sand zur freien Verfügung, werden sie diese genau zu dem Zeitpunkt verwenden, wenn die entsprechenden Entwicklungsschritte anstehen.

Malen mit Händen und Füßen

Da die eigenen **Körpererfahrungen** grundlegend sind für Kinder unter drei Jahren, wird gern der eigene Körper mit dem zu erforschenden Material bemalt und beschmiert. Dann erst werden Papier oder Leinwand sowie verschiedene Werkzeuge interessant, um Spuren zu hinterlassen – am liebsten jedoch mit den eigenen Körperteilen. Erlauben Sie den Kindern auch, sich »schmutzig zu machen«, indem sie entsprechende Malkittel oder Schmutzkleidung anbieten.

Papier reißen

Als Maluntergründe sollten Sie den Kindern neben verschiedenen Papieren und Pappen in unterschiedlichen Größen und Formen (!) ebenfalls Spiegel, Folien oder Plexiglas anbieten. Auch Steine, Fliesen und der Straßenbelag sind interessante Maloberflä-

Papier schneiden

chen. Gerne malen die Kinder im Stehen oder Sitzen an der Wand.

Bieten Sie **Gestaltungswerkzeuge**, die eine leichte Handhabbarkeit aufweisen, an: z. B. dicke Pinsel, selbst gebaute Pinsel aus Lappen, Schwämme, Stöcke, Kämme, große Holzlöffel, Schaumstoffrollen. Auf sogenannte Helferscheren sollten Sie verzichten, da diese die Handstellung und Richtung des Kindes beeinflussen. Es gibt Kinderscheren mit einer kleinen Feder, die den Krafteinsatz der Kleinen unterstützen.

Trennen, Reißen und Auseinandernehmen sind wichtige Erfahrungen im gestalterischen Prozess. Bieten Sie verschiedene Papiersorten zum Schneiden, Schnipseln und Reißen an, damit die Kinder unterschiedliche Trenneigenschaften kennenlernen. Die Kinder lieben es, mit den selbst geschnittenen (!) Formen Collagen zu kleben und aus dem Zerschnittenen etwas Neues entstehen zu lassen.

Kleben, Wickeln und Verbinden sind ebenso Techniken, mit denen Kinder sich lange beschäftigen können. Hier bieten sich außer Kleister einfache Klebestifte, unterschiedliche Klebebänder, Klammern, Wollreste und verschiedene Schnüre an.

Neben Malmitteln ist es wichtig, den Kindern auch **plastische Materialien** anzubieten. Dafür eignen sich weiche, leicht formbare und veränderbare Materialien wie Ton, Salzteig oder zum Beispiel Brötchenteig. Kinder können dabei intensiv den Teig kneten, zupfen und eben auch formen. Auch hier sollten Sie diese Aktion oft wiederholen, damit die Kinder Zeit haben, die gemachten Erfahrungen zu festigen. Ton ist ein elementares Material, was viele ursprüngliche Erfahrungen bietet und wichtige Entwicklungsimpulse setzt (siehe auch Kapitel 28 »Tonerlebnisse statt Tonergebnisse«). Ebenso sind Wasser und Sand

Mit Ton matschen

Gemeinsam malen und beobachten, was die anderen machen

elementare kreative Materialien – vor allem, wenn sie miteinander kombiniert werden können. Am einfachsten findet man Matsch draußen in der Natur. Dort können die unterschiedlichen Eigenschaften von Erden und Sand beobachtet werden: Welche Formen können damit gebaut werden? Welche Spuren hinterlassen sie auf Stein oder Straße?

Die **Raumgestaltung** hat sehr großen Einfluss auf die Angebote, die Sie machen können, ohne ständig auf Sauberkeit achten zu müssen: Die Möglichkeit, auch im Raum einen Sandkasten oder im Badezimmer Freiraum für »wässrige Gestaltungen« anzubieten, sind gute Voraussetzungen für eine umfassende kreative

Förderung. Sehr gut ist es, wenn es einen »Nassraum« gibt, in dem die Kinder ihren gesamten Körper für den Gestaltungsprozess mit einbeziehen können. Hier können sie dann (eventuell nur mit der Windel bekleidet) im Planschbecken agieren und (farbige) Wasserspuren auf verschiedenen Materialien hinterlassen, sich mit Rasierschaum einseifen oder selbst bemalen und damit Abdrücke hinterlassen. Notfalls kann ein Raum auch mit fester Baufolie für solche Aktionen abgedeckt werden. Für Malaktionen ist ein Waschbecken in der Nähe sehr praktisch. Kreativität braucht den Freiraum, auch kleckern und klecksen zu dürfen!

Die Fenster sollten Sie ungestaltet lassen, damit die Kinder uneingeschränkt die Licht- und Wetterverhältnisse erleben können. Am besten sind große Fenster bis zum Boden, die einen guten Einblick oder Ausblick erlauben. Sind die Fenster nicht in Kinderhöhe, können Sie ein Podest bauen lassen, das den Kindern das Hinausschauen in die Welt ermöglicht.

Neben dem Gestalten und Experimentieren für sich allein haben auch schon bei den Kleinen unter drei Jahren **andere Kinder** eine große Bedeutung. Die Kinder beobachten sehr interessiert, was andere Kinder tun, um sich davon anregen zu lassen und diese Tätigkeiten nachzuahmen. Oft sind das viel wichtigere Impulse als jene, die von Erwachsenen ausgehen. Daher ist es gut, immer wieder Aktionen zum gemeinsamen kreativen Handeln anzubieten, z. B. das gemeinsame Plastizieren an einem großen Tonklumpen oder das Malen auf einer großen Leinwand.

Sie können auch schon Kindern unter drei Jahren die »Schätze« der **Kunstgeschichte** als Anregungen nahebringen. Ganz wichtig ist es, den Kindern die Verbindung zu ihren Alltagserfahrungen und Beobachtungen zu ermöglichen. Wenn Sie dann passende Materialien und Techniken anbieten, können die Kinder sich auch wunderbar mit den Gestaltungen z. B. von Hundertwasser, Chagall oder Miro auseinandersetzen.

Da die Kinder eventuell sehr individuelle Entwicklungsschwerpunkte setzen, ist es Ihre Aufgabe, durch gute **Beobachtung** herauszufinden, welche Materialien, Techniken oder Themen ein Kind gerade interessieren. Ermuntern Sie die Kinder immer wieder, ihre Themen mit verschiedenen Materialien darzustellen, um ihre **Ausdrucksmöglichkeiten** zu erweitern.

Dafür können Sie mit den Kindern auch **Sammlungen** von Materialien anlegen, z. B. Stöcke und Steine, verschiedene Stoffe, Gegenstände aus der Küche oder dem Bad, selbst gesammelte kleine Fundstücke. Denn Sammeln und Ordnen (= Differenzieren) ist eine wichtige Leidenschaft der Kinder: Die Fundstücke können in Eimern, Schachteln oder Dosen offen aufbewahrt werden. So können die Kinder diese eigenständig umfüllen, betrachten oder in neuen Gestaltungen verändern.

Achten Sie dabei darauf, dass die anregenden Materialien auch **kulturelle Vielfalt** widerspiegeln, zum Beispiel Beschriftungen aus anderen Sprachkulturen oder Spielzeug und Bilderbücher aus anderen Ländern. Thematisieren Sie diese Unterschiede und sprechen Sie mit den Kindern über verschiedene Zeichen und Symbole in Kunst und Kultur des Alltags.

> *»Das Kind ist vor allem an dauerhaften Spuren interessiert. Denn die Beständigkeit der grafischen Spur beglückt es besonders. Darin bildet sich das Gegenteil der klingenden Spur, die natürlicherweise wieder verschwindet.« (Daniel Widlöcher, 1995)*

Die künstlerischen Entwicklungsschritte der Kinder unter drei Jahren sind im Wesentlichen Ausdruck ihrer Körpererfahrungen (siehe auch die Zeichenentwicklung im Kapitel 25).

Beobachtungen kindlicher Zeichen- und Gestaltungs- spuren weisen auf die Urformen von Linien, Krei- sen und Spiralen hin. Diese Urzeichen werden durch erste **physikalische Erfahrungen wie Schwerkraft, Gleichgewicht und Zentrifugalkraft** bestimmt. Mit dem Wissen darüber können Sie als Erzieherin schon den Kindern unter drei Jahren entsprechende krea- tive Gestaltungs- und Endeckungsimpulse ermögli- chen. Die **Schwerkraft** lässt die Dinge immer wieder auf dem Boden landen – in vielen Wiederholungen setzt sich das Kind mit diesem Naturgesetz ausein- ander. Lasse ich etwas fallen, fällt es immer senkrecht – gezeichnet entspricht diese Bewegung einer gera- den Linie. Und manche herabgefallenen Dinge erge- ben Spuren, z. B. ein mit flüssiger Farbe getränkter Schwamm. Bewege ich mich dagegen schwingend durch den Raum, entstehen kurvige, gebogene Wege und Linien. Auf großen Malblättern an der Wand, auf/ unter den Tisch geklebt kann das Kind diese Bewe- gungsspuren aus verschiedenen Perspektiven groß- zügig sichtbar machen.

Wenn Kinder laufen lernen, müssen sie das **Gleichge- wicht** beherrschen. Mit dem Aufeinanderstapeln von Bauklötzen üben sie, ein Gleichgewicht mit Dingen herzustellen. Bieten Sie einmal Bausteine aus Natur- materialien an, z. B. gesägte Aststücke. Diese sind nicht ganz so regelmäßig und fordern neue Lösun- gen zum Bauen. Steckbausteine fordern die physika- lischen Erforschungen von Gleichgewicht und Statik nicht sehr – daher bieten Sie nicht nur diese an. Auch bei Abklatschbildern wird ein Gleichgewicht der For- men und Farben hergestellt. Ebenso lassen einfache Drucktechniken das Gemalte 1 : 1 wiedererscheinen (siehe Drucktechniken in Kapitel 17).

Das Prinzip **Rotation**, »alles dreht sich«: Das Kind experimentiert damit, indem es Bälle und Kugeln rollt, sich um sich selbst dreht und die Welt »um sich herum« erforscht. Hier entstehen erste Kreise und Spi- ralen auf dem Papier oder im Sand. Farbe auf Bällen, Kugeln oder Walzen greifen diese Bewegung für Bil- der wieder auf und hinterlassen interessante Spuren auf dem Papier. Lassen Sie die Kinder die Kugeln direkt mit der Hand über das Papier bewegen – das Rollen ist

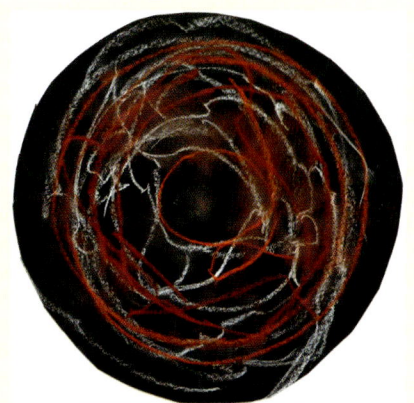

Rundes Bild (beim Malen drehbar), Rötel und Kreide, Cirin (3 Jahre)

Einpacken und verstecken

Fließbild mit flüssigen Aquarellfarben

dann nicht nur sichtbar, sondern auch spürbar und die Bewegung kann vom Kind selbst gelenkt werden. Geben Sie den Kindern runde Papierformen, die sich beim Malen drehen lassen.

Kinder lieben das Spiel von **Verstecken und Entdecken.** Sie setzen sich dabei mit dem Thema der Objektpermanenz auseinander. Dinge werden zugedeckt, gefaltet, eingepackt und verschnürt – und wieder ausgepackt. Für das Einwickeln brauchen sie viel Klebeband und Schnur. Gegenstände (bunte Stoffe, Kugeln, Blätter) können in Rollen, Schachteln oder Dosen verschwinden, Geräusche ergeben und wieder auftauchen. Noch spannender ist es, Dinge in transparenten Gefäßen zu verstauen: Sie bleiben sichtbar und verändern sich doch, z. B. in einer bunten Flasche.

Kleine Kinder untersuchen die verschiedenen **Transportwege.** Sie versuchen nachzuvollziehen, wie Veränderungen stattfinden bzw. was sich nicht verändert. So wird Wasser oder Sand immer wieder von einer Schüssel in die andere gekippt. Der Weg von Kugeln in der Kugelbahn wird verfolgt. Die Bewegung der Pinselspur auf dem Papier wird beobachtet. Flüssige Farbe bewegt sich auch, wenn ich das Papier drehe und wende.

Über diese verschiedenen Sinneswahrnehmungen und Ausdrucksformen stellen die Kinder Zusammenhänge her. Sie stellen Gemeinsamkeiten und Unterschiede fest und lernen Dinge einzuordnen, sie gewinnen Erkenntnisse über sich, ihre Ausdrucksmöglichkeiten und die Welt.

»Sauberkeitsansprüche töten die Kreativität.« (Semra, Schülerin)

Kinder mit Behinderungen und Lernschwierigkeiten

Kinder mit Integrationsbedarf stellen an die Erzieherin eine große Herausforderung. Gerade das kreative, sinnliche Gestalten mit verschiedenen Materialien ermöglicht diesen Kindern, einen eigenen Ausdruck zu finden. Vielfältige Anregungen und Anreize, die sie für ihre Entwicklung brauchen, können durch die intensive Beschäftigung mit sinnlichen Materialien wie Ton, Kleisterfarbe, Kreiden, flüssige Farben oder Naturmaterialien gegeben werden. Spielerisch kann die Differenzierung der Motorik gefördert werden. Die meisten Techniken können leicht abgewandelt werden und ermöglichen diesen Kindern wichtige Erfahrungen und Erfolgserlebnisse. Gerade für Kinder mit besonderen Bedürfnissen ist es wichtig, durch genaue Beobachtung individuell passende Materialien anzubieten und auch die selbstständige Handhabung zu gewährleisten. Ermöglichen Sie den Kindern, mit entsprechenden Materialien sowohl im Raum als auch im Freien »ihre Zeichen und Spuren« zu hinterlassen und allgemeine Symbole kennenzulernen. Sehen Sie dies immer auch als »Kommunikation ohne Worte« und zeigen Sie Ihre Wertschätzung für diese Kunstwerke.

Kinder mit Einschränkungen lassen sich sehr durch andere Kinder motivieren und anspornen. Daher ist es sehr wichtig, immer wieder gemeinsame Gruppenaktivitäten zu ermöglichen, bei denen sich die Kinder gegenseitig unterstützen. Sich zugehörig zu fühlen und seinen Teil zu einem gemeinsamen Werk beizutragen, ist eine hohe Lernmotivation. Auch Kinder mit Einschränkungen lernen am besten über lustvolle Erfahrungen, die sie ohne Erfolgs- oder Ergebnisdruck genießen. Ermutigen Sie alle Kinder, ihren Interessen zu folgen und Kompetenzen auszubauen. Sie haben ihr eigenes Lerntempo – lassen Sie ihnen Zeit, sich Neues anzueignen und mit »alten Erfahrungen« zu verknüpfen.

21.4 Kreatives Gestalten mit Schablonen?

Wer kennt sie nicht, die Schablone aus den Bastelbüchern? Mit ihr lässt sich immer ein gutes Erfolgserlebnis erreichen! Schritt für Schritt kann eine Bastelidee mit der Schablone fertiggestellt werden: Es muss nur genau ausgeschnitten, ausgemalt und geklebt werden und schon entsteht ohne eigene Überlegungen ein schönes Produkt, das schnell Gefallen bei den Eltern und Kollegen im Kindergarten und in der Schule findet. Die vorgegebene Idee und die genau beschriebenen Arbeitsschritte vermitteln Sicherheit auf dem unbekannten Feld der Kreativität. Aber ist das Arbeiten mit Schablonen kreativ?

Gestalterische Übung

Teilen Sie sich in zwei Gruppen auf.
- Eine Gruppe hat die Aufgabe, aus Tonpapier, Glitzer, Sternchen und Schablonen eine Gestaltung zum Thema »Weihnachten« zu erstellen.
- Die andere Gruppe hat die Aufgabe, aus Puddingfarbe (Rezept siehe Kapitel 15 »Projektaktivität: Puddingfarbe«) mit Duftöl, Glitzer, Sternchen und Papier eine Gestaltung zum Thema »Weihnachten« zu erstellen.

Stellen Sie dann Ihre Werke und Ihre Erfahrungen im Schaffensprozess vor.

15 *Schablonen-Fensterbild Winter aus Tonpapier*

Reflexion

1. Welche Unterschiede können Sie zwischen den beiden Gestaltungsprojekten feststellen?
2. Wie kreativ sind Schablonen und welche Merkmale haben Ergebnisse mit Schablonen im Vergleich zu frei entworfenen Gestaltungen?
2. Führen Sie eine Pro-und-Kontra-Diskussion zum Thema »Schablone« durch.

Vor- und Nachteile der Arbeit mit Schablonen

Basteln mit Schablonen und fertigen Vorgaben ist das stereotype Nacharbeiten von vorgegebenen Ideen. Meist sind die Kinder auf die Hilfestellung der Erzieherin angewiesen, um ein Ergebnis zu erzielen, wie es im Bastelbuch gezeigt wird. Die Kinder sind also abhängig von der Fachkraft. Alle Kinder machen die gleiche Tätigkeit, lernen die gleichen Handgriffe, benutzen das gleiche Material. Die Ergebnisse unterscheiden sich kaum und die Kinder identifizieren sich selten mit ihren »Kunstwerken«. Warum auch? Stände nicht der Name auf der Rückseite, würde niemand mehr wissen, wer was angefertigt hat, da alle Arbeiten sehr ähnlich aussehen.

Im Sinne der ästhetischen Bildung werden beim Arbeiten mit Schablonen sehr wenig Sinneswahrnehmungen und Entwicklungsprozesse angeregt. Der Gestaltungsprozess ähnelt eher einer Massenproduktion ohne individuellen Bezug und Ausdruck. Selbstbildung findet keinen Raum.

Es gibt jedoch auch Argumente für die Arbeit mit Schablonen: Die Kinder lernen, bestimmten Arbeitsschritten selbstständig zu folgen. Außerdem entspricht die Schablone mit ihrer genauen Vorgabe und Anleitung einem »roten Faden für Gestaltung«. Dies gibt insbesondere unsicheren Kindern Sicherheit und ermöglicht ihnen (mithilfe der Erzieherin), ein konkretes Erfolgsprodukt zu erstellen. Aber selbst wenn Kinder sich ohne genaue Anleitung einen Flieger bauen wollen, machen sie wertvolle Erfahrungen auch anhand von Fehlern, die den Flieger zum Absturz bringen. Hier ist zu unterscheiden, welcher Prozess im Vordergrund steht. Beispiel: das Bauen eines Drachens oder das Erlebnis, die

Bewegung des Drachensteigens (mit einem selbst gemachten Drachen).

Soll aufgrund des leichter zu erzielenden Erfolgserlebnisses nicht auf Schablonen verzichtet werden, lässt sich ein kreativer Mittelweg einschlagen: Statt vorgefertigter Schablonen verwenden die Kinder selbst hergestellte Schablonen, wenn sie z. B. eine Kreisform für das Basteln eines Pompons benötigen. Ebenso können sie für ihre Gestaltungen Schablonen aus Büchern abmalen, also erarbeiten. Sie lernen dabei eine gute Beobachtungsgabe sowie das Umsetzen von Maßangaben.

Ob mit Schablone oder ohne Schablone – wichtig bleibt immer, dass die Kinder einen selbstbestimmten und nicht der Einfachheit halber einen »schablonierten« Weg gehen. So entwickeln sie ihrem eigenen Lerntempo entsprechend Modelle, die sie an ihr Ziel führen. Für diesen Weg brauchen sie die Begleitung durch und die Reflexionsmöglichkeit mit der Erzieherin.

»Wichtig war für mich die Erkenntnis, dass Rezepte, Vorlagen und vorgegebene Materialien mich in meiner eigenen Ideensammlung behindern. Viel spannender ist es, selbst etwas zu entwickeln.« (Andrea, Schülerin)

Kopierte Vorlagen zum Ausmalen und Ausschneiden

Das Ausmalen und Ausschneiden kopierter Vorlagen ermöglicht eine schnelle und einfache Produktion vorgegebener Bildideen. Diese Bilder sind meist stereotyp, orientieren sich oft am Kindchenschema, idealisierten Scheinwelten und spiegeln meist sehr wenig von der Alltagswelt der Kinder wider. Die Kinder lernen nicht, ihrer eigenen sinnhaften, imaginativen Bilderwelt zu folgen und diese ernst zu nehmen, sondern orientieren sich an anspruchslosen Wunschwelten. Sie werden nicht gefordert, ihre Sinnesfähigkeiten anzuwenden, zu differenzieren und weiterzuentwickeln, sondern greifen auf fertige Aussagen und Produkte(-ideen) zurück. Dies fördert ein Konsumverhalten, bei dem Eigeninitiative, Entscheidungsfreudigkeit, Verantwortlichkeit und individueller Ausdruck nicht gefragt sind.

16 *Das Steigen des Drachens erleben*

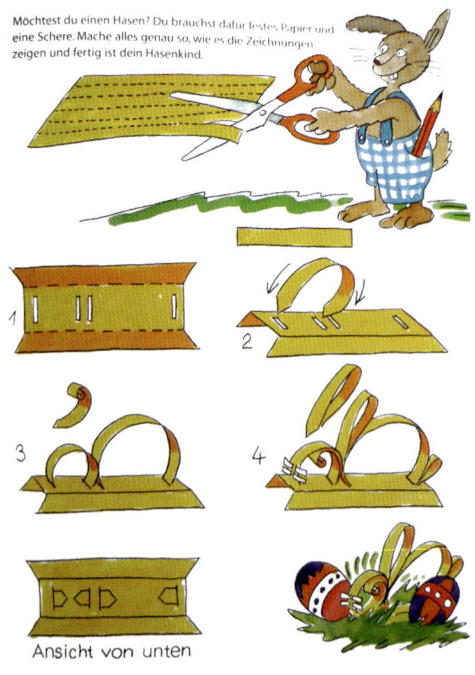

17 *Bastelanleitung Osterhase*

18 *Schablonenhase*

19 *Weihnachtsfensterbild*

20 *Verniedlichte Stereotypien von Pferden*

21 *Zum Ausmalen*

Kindchenschema: *Die Bezeichnung für eine Reihe von Schlüsselreizen, die im menschlichen Verhalten den Mechanismus für Brutpflege auslösen. Zum Kindchenschema gehören vor allem große Augen, volle Wangen, rundliche Körperformen und eine hohe Stirn über einem relativ kurzen Gesicht.*

Das Fernsehen, das Internet, viele Kinderbücher, die Spielzeugindustrie und die Werbung überschwemmen den Markt mit einfachsten Bildstereotypen. Deshalb haben die Kinder nur wenig Möglichkeiten, sich mit verschiedenen Stilen, Materialien, Kulturen und der Geschichte auseinanderzusetzen. Die Kinder entwickeln schon früh Wahrnehmungsstereotypen, die eine Offenheit gegenüber Neuem und Fremdem nicht zulassen und ihren wirklichen Fähigkeiten nicht entsprechen. Im Konsumieren von einfachsten Aussagen erhalten die Kinder ein reduziertes Weltbild.

Konsum *(lat. consumere »verbrauchen«): bedeutet in der Wirtschaftstheorie jede Inanspruchnahme eines Gutes oder einer Dienstleistung zur unmittelbaren Bedürfnisbefriedigung.*

Aufgaben

1. Vergleichen Sie Bilderbücher, in denen verschiedene Darstellungstechniken angewendet werden, mit Bilderbüchern, die nach einfachstem Kindchenschema »gestrickt« sind. Welche Aussagen vermitteln die unterschiedlichen Bilder? Welche Einsichten über die Welt können Kinder über die verschiedenen Darstellungen erhalten? Welche Impulse liefern die Bücher den Kindern für eigene bildnerische Ausdrucksformen?

2. Diskutieren Sie den Einfluss der Medien auf Werte und Normen der Kinder, bezogen auf die kreative Entwicklung.

21.5 Kitsch oder Kunst?

Viele Merkmale von Kitsch finden sich bereits im obigen Text über Schablonen und Konsum. An dieser Stelle soll der sogenannte Kitsch noch einmal genauer betrachtet werden. Der Begriff war und ist umstritten und dient in erster Linie dazu, bestimmte Kunstwerke von der »hohen Kunst« abzugrenzen. Er beinhaltet fast immer eine abwertende Haltung.

Was ist Kitsch nun genau? Die gestalterischen Merkmale lehnen sich oft an die tradierte Kunst an (z. B. naturalistische Darstellung), deren Aussagen aber auf Gefühle in besonders harmonisierender und idealisierender Weise abzielen. Die Abbildungen spiegeln selten eine realistische Welt, sondern meist »süßliche« Wunschvorstellungen wider. Sehnsüchte werden angesprochen: seien es harmonisierende oder eher heroische Darstellungen. Kitsch benutzt auch sehr stark sexualisierte Klischees. Dafür wird die Wirklichkeit entsprechend gefühlsbetont in einer sehr vereinfachenden Bild- und Symbolsprache abgewandelt zu einer Darstellung, die bei genauerer Prüfung nicht glaubhaft ist. Inhalte werden so leicht verständlich übermittelt, dass eigene Überlegungen sowie geistige und sinnliche Tätigkeiten nicht mehr notwendig sind. Kitsch fehlt jeder persönliche Ausdruck, der eine individuelle Auseinandersetzung darstellt. Der Hang zur Verniedlichung und zu dekorativen Inszenierungen verhindert einen Blick auf das tatsächliche Leben. Dabei ist zu beachten, dass oft traditionelle und eben emotionale Bedeutungen an Kitsch

22 *Oblatenbild*

geknüpft werden. Wichtig erscheint eine Beschäftigung mit der Thematik, um einen bewussten Umgang mit den kitschigen Darstellungsformen und -inhalten zu ermöglichen. Denn es kann Kinder, die mit vielen kitschigen Bildern umgeben sind, dabei behindern, eigene Ausdrucksformen (die auch Gefühle von Wut, Trauer, Angst behandeln) zu finden. Durch einseitig kitschige Werke werden die differenzierten Wahrnehmungsmöglichkeiten eingeschränkt.

Kitsch ist fast immer für eine Massenproduktion gedacht, die sich jeder leisten kann, und dient daher mit »schönen Gefühlen« ausschließlich dem Markt- und Konsuminteresse.

Beispiele: Vor einiger Zeit setzte ein Künstler den Hasen aus dem berühmten Aquarell »Feldhase«, das Albrecht Dürer 1502 zeichnete, in eine rote, dreidimensionale Plastik um. Diesen »roten Plastikhasen« stellte er als Kunstwerk aus. Das Interesse und die Nachfrage für dieses Objekt wurden daraufhin so groß, dass die Dürer-Hasen auch in anderen Farben und in zahlreichen Geschäften angeboten werden. Wie einst die Vorgartenzwerge finden sich nun lauter bunte Hasen in den Gärten. Ebenso erging es anderen alten Kunstwerken, z. B. den Engeln von Raffael, die heute Briefpapier, Dosen oder Tassen verzieren.

Offen bleibt die Frage: Kitsch, Kunst oder Kommerz?

Aufgaben

1. Beurteilen Sie das Bild »Kinder auf der Brücke« nach formalen und inhaltlichen Ansprüchen und Reduzierungen. Welche Rolle spielt das Kindchenschema in diesem Bild?

23 *Kinder auf der Brücke, Bildpostkarte aus der Zeit um 1900*

2. Nehmen Sie »kitschige« Bilder, z. B. Oblatenbilder, als Ausgangspunkt für eine eigene Gestaltung. Entwickeln Sie die Oblatenbilder weiter. Anspruchsloser Kitsch kann so verwandelt werden, dass er eine individuelle Aussage erhält.

24 *Kitsch gestalten mit Oblaten*

Projektaktivität ALTERNATIVE MALMATERIALIEN ERFORSCHEN

Allgemein bekannt und gern genutzt ist das Malen mit Farben: Aquarellfarben, Kreiden, Buntstifte und sogar Farben aus Pflanzen werden verwendet.

Nun können Sie die Kinder anregen, noch ganz andere Malmittel zu entdecken. In einer ersten Gesprächsrunde erfragen Sie, welche Alternativen sich die Kinder zu den bekannten Malmitteln vorstellen können, was sie vielleicht schon selbst ausprobiert haben. Ob man auch mit Curry, Ketchup oder Senf malen kann? Welche Spuren hinterlassen Tee oder Kaffee auf dem Papier? Lassen Sie die Kinder mit begrenzter Materialmenge experimentieren – schließlich sind dies auch Lebensmittel. Geben Sie den Kindern den Hinweis, doch einmal Zitronensaft auszuprobieren. Diese »Zauberfarbe« sieht man auf Papier erst sehr wenig. Doch nach dem Bügeln (natürlich kommt dieser Hinweis von Ihnen) können die Kinder deutlich ihre Zitronensaftzeichnung erkennen. Es lassen sich weitere Geheimschriftzeichnungen und Briefe anfertigen.

Dann stellen Sie den Kindern Zeichnungen mit Öl von Joseph Beuys vor. Die Kinder werden bei ihren eigenen Experimenten mit Sonnenblumenöl und Leinöl (aus dem Künstlerladen) feststellen, dass das Leinöl viel stärker riecht als normales Sonnenblumenöl und auch viel dunklere Spuren hinterlässt. Die Kinder können mit weiteren neuen Malmitteln experimentieren: Ruß, kräftiges Salzwasser auf schwarzem Papier, »Rostsuppe«, Lippenstift, Schokolade, Kakao, Krepppapier oder Holzlasuren.

Viele alternative Malmittel können entdeckt werden, falls mal keine »echten Farben« zur Hand sein sollten.

Alternative Malwerkzeuge: Lappen, Stöcke, Wattestäbchen, Spritzpistole, Kugeln, Rasierpinsel, Bürsten, Schrubber, Gießkanne, Blumenspritze, Luftpumpe, Hände, Füße, Nasenspitze

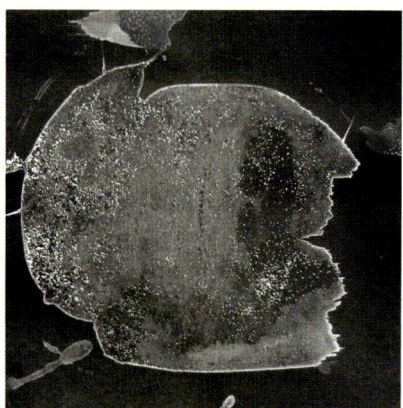

Malen mit Salzwasser auf schwarzem Papier

22   KOMMUNIKATION

Kunst ist immer auch Kommunikation: Ein Werk erzählt von seiner Künstlerin, jemand sieht etwas in einem Bild, eine Zeichnung für jemanden enthält geheime Botschaften, der Bildhauer ist im Austausch mit sich selbst, und eine Gruppe Kinder setzt sich malend auseinander, um nur einige Aspekte der Kommunikation in und mit der Kunst aufzuzeigen.

Kommunikation enthält immer soziale, kognitive und symbolische Aussagen. Diese verschiedenen Formen wurden zum Teil in den gestalterischen Übungen zu Farbe und Farbwahrnehmung (Kapitel 1) ausprobiert und reflektiert. Hier sollen diese Aspekte noch einmal explizit behandelt werden.

22.1   Kunst ist Kommunikation

Kreatives Gestalten bedeutet immer auch Kommunikation, egal, ob etwas allein, zu zweit oder in der Gruppe gestaltet wird.

22.1.1 Kommunikation in der Einzel-arbeit – Selbstkommunikation

Auch das Malen allein ist Kommunikation. Angeregt durch Eindrücke von außen entstehen im Inneren Gefühle und Gedanken, die wiederum einen Ausdruck nach außen suchen. Wenn mit dem Malen, Plastizieren oder Zeichnen begonnen wird, entwickelt sich ein innerer Dialog zwischen den Gefühlen, Gedanken und dem, was auf dem Papier entsteht. Gleichzeitig teilt sich das Kind durch das Gestaltete der Außenwelt mit, zeigt etwas von dem, womit es sich auseinandersetzt, was es beschäftigt, ängstigt oder erfreut. Bedürfnisse und Gefühle, aber auch Entwicklungen und Veränderungen werden sichtbar – ohne Worte! In der Einzelarbeit hat das Kind uneingeschränkt die Möglichkeit, sich intensiv mit bestimmten Materialien auseinanderzusetzen und einen ganz eigenen Ausdruck zu finden. Es findet eine intensive Selbstwahrnehmung statt. Das Kind identifiziert sich klar mit seinem Werk.

Aus einer offenen Malsituation können sich zwei verschiedene Prozesse entwickeln: So kann das Kind fasziniert mit dem Material experimentieren, ohne einen bestimmten Inhalt zu transportieren. Oder es beginnt, ein für sich bedeutsames Erzählbild zu gestalten. Dann braucht es ein Gegenüber, das sich für diese Nachricht interessiert und sie »liest«.

Die Einzelarbeit bietet die hervorragende Möglichkeit, mit dem Kind Kontakt aufzunehmen, ins Gespräch mit ihm zu kommen und zu erfahren, was das Kind bewegt. Auch wenn die Erzieherin »nur« den Entstehungsprozess des Bildes mitverfolgen kann, wird sie eventuell wichtige Informationen darüber erhalten, wie und womit sich das Kind auseinandersetzt. Das Kind möchte nicht einfach nur hören: »Das hast du aber schön gemacht!« Es will nicht einfach nur formal gelobt werden, denn die inhaltliche Absicht, eine Botschaft, eine Geschichte von sich zu erzählen, wird so nicht anerkannt. Das ist besonders schwierig, wenn das fertige Bild gar nicht mehr entzifferbar ist, weil mehrere Schichten des malerischen Erzählens übereinandergelegt sind.

Fragen zum Malprozess und dem Werk sollten immer offen formuliert werden, damit sie zum Erzählen einladen. Fragen, die mit dem Wort warum beginnen, drängen oft in eine Rechtfertigungsposition. Zeit und Ruhe für ein austauschendes Gespräch lassen einen ernst gemeinten Dialog mit dem Kind entstehen.

1 *Sonnenbild, Malen mit flüssiger Farbe*

2 *Zu zweit an einem Objekt gestalten*

1. Finden Sie verschiedene offene Fragen, die einladen zu erzählen, wie ein Bild entstanden ist, welche Aspekte wichtig gewesen sein könnten o. a.

2. Nehmen Sie Ihre eigenen Erfahrungen als Grundlage für ein Gespräch, bei dem Sie sich »gesehen« gefühlt haben. Knüpfen Sie einen Transfer zum Fach Kommunikation.

22.1.2 Kommunikation in der Paararbeit

Beim gemeinsamen Gestalten zu zweit wird Kontakt mit dem Partner aufgenommen. Dieser Kontakt kann unterschiedlich aussehen: zögernd, forsch, abwehrend oder freundlich. Die Partner stellen sich selbst dar, spüren und zeigen ihre Grenzen auf, teilen etwas von sich mit und setzen sich mit dem Anderen, »Fremden« auseinander. So werden Gemeinsamkeiten, aber auch Differenzen wahrgenommen. Auf dieser Grundlage kann eine Beziehung entstehen. Im gemeinsamen Gestalten geht es wie beim Sprechen um ein »Hinhören«, um das Wahrnehmen von dem Anderen und ein Einlassen auf ein »Gespräch« im gemeinsamen Gestalten. Diese Kommunikation gelingt ebenso wie beim verbalen Austausch umso besser, je mehr ich mitbekomme, was mir mitgeteilt wird, und je mehr

ich klar antworten kann. Die **Selbstwahrnehmung** ist also eine wichtige Grundlage für gemeinsames Gestalten. In dieser gemeinsamen Aktion erfahre ich auch vom anderen etwas über mich. Die sozialen Kompetenzen werden gestärkt, indem man lernt, sich selbst anzunehmen und auch den anderen zu akzeptieren, um entsprechend zu agieren. Dies findet einen direkten Ausdruck auf dem Papier: Spuren beider Partner sollen bei einem gemeinsamen Bild/Werk sichtbar sein.

22.1.3 Kommunikation in der Gruppenarbeit

Gruppenarbeit erfordert unterschiedlichste Kommunikation: Einerseits geht es darum, sich selbst mit seinen Vorstellungen und Bedürfnissen einzubringen, andererseits muss sich jedes Gruppenmitglied mit den Standpunkten und Wünschen mehrerer anderer auseinandersetzen, damit etwas Gemeinsames entsteht. Gemeinsamkeiten und Unterschiede treten deutlich hervor und es ist notwendig, sich auf Kompromisse zu einigen, mit denen möglichst alle einverstanden sind. Dafür sind die oben beschriebenen Fähigkeiten von Selbstwahrnehmung und Akzeptanz gegenüber anderen notwendig. Für das höhere Ziel des gemeinsamen Werkes werden Einzelwünsche verhandelt und müssen eventuell zurückgestellt werden. Soziale Kompetenzen sind gefordert.

Schüchterne Kinder sind gefordert, sich durchzusetzen, statt sich zurückzuziehen, und sehr bestimmende Kinder können lernen, sich anzupassen und sich im Sinne der Gemeinsamkeit zurückzunehmen. Die Kinder lernen, aufeinander zu achten und sich gegenseitig zu unterstützen. In einer Gemeinschaftsarbeit werden meist unterschiedlichste Fähigkeiten verlangt, was Kindern, die sonst eher am Rand stehen, die Möglichkeit bietet, sich einzubringen, sich zu integrieren. Kinder, die Hemmungen haben, sich gestalterisch zu betätigen, können sich in der Gruppe und von der Gruppe gestärkt fühlen und so ihre Hemmungen abbauen.

Ziel der Gruppenarbeit ist es, dass am Ende alle das Gefühl haben, mitgewirkt zu haben, und dass sich die Gruppe als Ganzes fühlt. Der Gruppenzusammenhalt wird durch Gemeinschaftsarbeiten sehr stark gefördert. Die Gruppenarbeit bietet viele Möglichkeiten der Entwicklungsförderung, erfordert von der Erzieherin jedoch eine genaue Kenntnis der Kinder sowie präzise Überlegungen, welche Ziele verfolgt werden, damit der Gruppenprozess von ihr gesteuert werden kann und positiv verläuft.

Zeichen-Sprache: Für die Kommunikation innerhalb der Gruppe können Sie Zeichnungen nutzen, die die Kinder selbst hergestellt haben, z. B. gemeinsame Regeln, Merkzettel für einen Einkauf, Hinweisschilder oder Erinnerungen der Kinder für eigene Mitteilungen innerhalb des Morgenkreises. Damit geben Sie den Kindern die Möglichkeit, mit ihren Zeichnungen und Bildern aktiv und verantwortlich am Alltagsgeschehen zu partizipieren.

Nach gemeinsamen Kunstaktionen sollten Sie jedem Kind noch einmal die Möglichkeit geben, sein Werk mit seinen Gedanken und Gefühlen dazu den anderen vorzustellen. Diese kleine Reflexionsrunde stärkt das Selbstbewusstsein, den sprachlichen Ausdruck und die wertschätzende Kommunikation der Kinder untereinander.

22.2 Gestalterische Kommunikationsübungen

In den Kapiteln zu den Farben Rot, Blau, Gelb und Grün (Kapitel 4.5.1 bis 4.5.4) wurden bereits Erfahrungen mit Einzel-, Paar- und Gruppenarbeit reflektiert. Im Folgenden gibt es Übungen zur Kommunikation im gestalterischen Bereich, mit denen die Erfahrungen vertieft werden können. Die Übungen eignen sich auch gut zum Kennenlernen und Vorstellen. Etwas abgewandelt eignen sie sich auch für Kinder und Jugendliche.

◆ **Kommunikationsübung: Mein Name**
Schreiben Sie Ihren Namen, mit dem Sie sich vorstellen wollen (Vor- oder Nachname, Rufname, Spitzname, Wunschname), mit Ölkreidestiften einmal mit der rechten und einmal mit der linken Hand auf ein großes Papier. Anschließend gestalten Sie das verbleibende Umfeld mit Farben, Formen oder gegenständlichen Darstellungen, mit denen Sie etwas über sich mitteilen wollen: was Sie genießen, welche Farben sie lieben, wo Sie am liebsten entspannen, was Sie sich wünschen usw.

Reflexion
In einer Vorstellungsrunde erzählen Sie etwas über Ihren Namen, den Malprozess (Wie hat mir das Malen gefallen? Fand ich das Malen entspannend? Wie hat mir das Malmittel Ölkreide gefallen?) und darüber, was Sie auf dem Bild ausdrücken wollen.

Für Kinder, die ihren Namen noch nicht schreiben können, kann das Thema der Vorstellung konkretisiert werden: »Was ich gern esse«, »Meine Lieblingsfarben« usw.

3 *Eine Landschaft aus Ton gestalten, Gruppenarbeit*

4 *Feuer und Wasser, Namensbild, Amelie*

◆ Kommunikationsübung:
   Ein Haus, ein Baum, ein Hund

Zwei Personen malen mit einem Stift, den beide(!) festhalten, vorgegebene Formen, ohne zu sprechen.

Reflexion

Wer führt? Wer folgt? Wie wurde sich geeinigt?
Die Übung ist erst für Jugendliche geeignet, die schon entsprechend differenziert wahrnehmen und reflektieren können.

◆ Kommunikationsübung:
   Unterhaltung zu zweit

Zwei Personen haben die Aufgabe, abwechselnd nonverbal (= ohne zu sprechen) Farben und Formen (nicht gegenständlich!) wie eine Unterhaltung zu malen. Am besten eignen sich dafür Ölkreiden oder (für Mutige) Acrylfarben, mit denen auch übermalt und gemischt werden kann. Ziel ist das Gestalten eines gemeinsamen Werks!

Reflexion

Welche Erfahrungen haben Sie gemacht? Wer setzte welche Impulse, ergänzte oder setzte Kontraste? Was hat Sie gehemmt, was hat Sie ermutigt?
Die Übung ist erst für Jugendliche geeignet, die schon entsprechend differenziert wahrnehmen und reflektieren können.

◆ Kommunikationsübung:
   Gruppenbild Baum

Eine Gruppe bekommt die Aufgabe, ohne vorherige Verständigung und nonverbal (= ohne zu sprechen) auf einem großen Papier einen Baum zu malen und diesen entsprechend auszugestalten.

Reflexion

Wie sieht der Baum aus? An welchen Teilen haben Sie mitgewirkt? Wer hat bestimmt, wo die Krone und die Wurzeln sind? Finden Sie sich im Bild wieder? Wie haben Sie das Miteinander erlebt – welcher Gruppenprozess war für Sie sichtbar?
Diese Übung ist für Gruppen ab dem Schulalter geeignet. Die Reflexionsfragen müssen dem Alter entsprechend angepasst werden. Eine gemeinsame Besprechung nach dem Malen rundet die gemeinsame Aktion ab.

◆ Kommunikationsübung: kreative
   Kommunikation (verbal und nonverbal)

Diese gestalterische Übung ist fächerübergreifend zu Kommunikation sowie zu Theater und Musik ausgelegt.
Suchen Sie sich ein Gedicht (z. B. von Joachim Ringelnatz oder Ernst Jandl) oder einen Liedtext aus, zu dem Sie in Kleingruppen folgende Fragen bearbeiten:

1. Was sind die wichtigsten Aussagen des Textes – welche Assoziationen und Bilder fallen Ihnen spontan dazu ein? Welche Aussagen des Textes sind Ihnen am wichtigsten?

5 *Leuchtturm und Performance zu einem Gedicht von Ringelnatz im Projekt Kunst und Sprache*

2. Planen Sie eine kleine Aufführung des Textes in Form eines Theaterstücks, einer nonverbalen Performance, eines kurzen Musicals, eines rhythmischen Sprechgesangs o. a. Arbeiten Sie dafür die wichtigsten Szenen und Merkmale heraus.
3. Entwerfen Sie für die Aufführung entsprechende Requisiten und Raumgestaltungen. Sie können den Raum mit Papier verwandeln, aus Draht und Kleisterpapier große Figuren oder Masken bauen (siehe Kapitel 31.3.2 »Pappkameraden und Fabelwesen«) oder ein großzügiges Bühnenbild malen.

Performance: *eine künstlerisch vorgeführte Aktion*

Reflexion
1. Welche Erfahrungen machten Sie bei den einzelnen Arbeitsschritten? Was fiel Ihnen schwer, was empfanden Sie als einfach?
2. Was ist bei der Durchführung dieser Übung mit Kindern zu beachten?

Projektaktivität   GEFÜHLE UND KONFLIKTE KOMMUNIZIEREN

Gefühle wahrzunehmen und adäquat auszudrücken, ist eine wichtige Grundlage, um für sich zu sorgen und ebenso empathisch mit anderen Menschen umzugehen. Um gesund zu bleiben, ist das Wahrnehmen und Ausdrücken von Gefühlen sehr wichtig.
Kinder können ihre Gefühle hervorragend mit künstlerischen Mitteln ausdrücken. Schon von klein auf kann mit Kindern thematisiert werden, dass es Wut-, Trauer-, Freuden- oder Angstgefühle und ebensolche Bilder gibt. Folgende Fragen können hierbei helfen:
◆ Wie sehen die Farben für ein Trauerbild aus?
◆ Wie wird ein Gesicht gezeichnet, wenn es wütend ist?
◆ Was kann man im Bauch sehen/fühlen, wenn man Angst hat?
◆ Wie sieht der Schatten von jemandem aus, der wie ein Rumpelstilzchen tobt?
Ebenso können Streitbilder oder Freundschaftsbilder gemeinsam gestaltet werden. Beim »Pinselkampf« dürfen sich die Kinder auf dem Papier mit Farbe rangeln und raufen. Als Gegenbild wird dann gemeinsam gemalt, wie es aussieht, wenn man sich mag und Frieden geschlossen hat. Vielleicht gibt es irgendwo noch einen kleinen schwarzen Fleck, aber das meiste ist wieder bunt.
Ältere Kinder können schon einzelne Streitigkeiten gestalten und in einer Geschichte dazu thematisieren. Die Bilder sind dann Grundlage für gemeinsame Gespräche über Gefühle, die einen Streit auslösen, und darüber, wie es in solchen Situationen weitergeht:
◆ Wie fühlt sich zum Beispiel der »Gegner« oder ein Zuschauer?
◆ Wie wirken großformatige Streitbilder?
◆ Welche Farben lassen die Tränen wieder bunt leuchten?
◆ Welche Bilder bringen mein Herz zum Hüpfen?

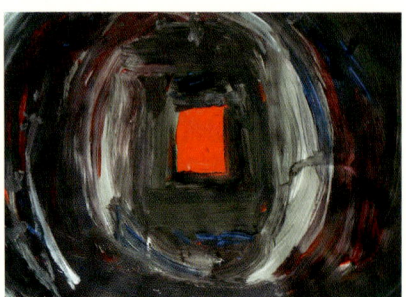

Angst brennt

Freude bringt Farben

In uns allen steckt Wut

Ich bin traurig

Für diese Auseinandersetzungen mit Gefühlen können verschiedene Techniken eingesetzt werden:

◆ Die Kinder können z. B. aus Zeitschriften Gefühlsbilder ausschneiden und entsprechend farbig weitergestalten.

◆ Aus Ton können Wutmonster oder Wutvulkane entstehen.

◆ Eine Gefühlsmaske kann erst gestaltet und dann gespielt werden (Verbindung zum Fach Theater).

◆ Mithilfe kunsthistorischer Bilder (z. B. »Der Schrei« von Edvard Munch) können Gefühlsbeobachtungen besprochen und weitergestaltet werden.

Gerade wenn es schwierig ist, Gefühle zu verbalisieren, bietet das Malen eine wichtige Ausdrucksmöglichkeit. Ton zu schlagen und ihn zu kneten, ist eine befriedigendere Lösung, als tatsächlich Dinge zu zerstören. Wer es lernt und übt, seine Gefühle auf diesen Wegen auszudrücken und auch wahrzunehmen, findet leichter Wege, wenn es darum geht, Konflikte anders als mit Gewalt zu lösen.

In einem zweiten Schritt entwickeln Sie »Mutbilder« mit den Kindern, in denen Sie Lösungen wie z. B. Krafttiere entwickeln, die die Kinder in schwierigen Situationen stärken können.

Diese Aktivität kann gut in das Projekt »Gewaltfreie Kommunikation« eingebunden werden.

23 KUNSTBETRACHTUNG MIT KINDERN UND JUGENDLICHEN

23.1 Große Kunst für kleine Kinder

Auch mit »großer Kunst« können sich schon kleine Kinder auseinandersetzen und müssen nicht künstlich aus der »Welt der Erwachsenen« ausgeschlossen werden. Eine systematische Bildbetrachtung, wie sie in der Schule gelehrt wird, enthält folgende Kriterien:

* Inhalt
* Form, Gestaltung, Komposition
* Symbol, Sinn, Deutung
* subjektives Empfinden

Für Kinder sind die subjektive Wahrnehmung und der Inhalt am interessantesten, aber mit gezielten Fragen nehmen sie auch sehr deutlich Gestaltungselemente wahr. Sogar zur Symbolebene haben sie schon einen Zugang.

Um mit Kindern ein Bild gemeinsam zu erfassen, empfiehlt es sich, bestimmten Schritten zu folgen. Die Bilder können mit den Kindern in guten Kunstbänden oder als Kunstdrucke, aber am besten als Original in einer Ausstellung oder in einem Museum studiert werden (siehe auch Kapitel 18 »Projektaktivität: Mein Hosentaschenmuseum« und Kapitel 24 »Projektaktivität: Kinderkunstmuseum« und Kapitel 3.2 »Der Maler Paul Klee«).

1 *Kunstgeschichte als Anregung: Bild von Jan Brueghel*

23.2 Was erzählt mir ein Kunstwerk?

Bei der Betrachtung eines Kunstwerks erfolgen das Verstehen und das Lernen durch Sehen, Austauschen und Gestalten.

23.2.1 Betrachtung eines bildnerischen Kunstwerks

Das ausgewählte Kunstwerk sollte zunächst still betrachtet werden. Dabei können Notizen gemacht werden. Ist die Betrachtung eines Originals nicht möglich, eignet sich die Projektion durch einen Beamer sehr gut für eine große Darstellung. Folgende Aspekte verschaffen einen Zugang zu Kunstwerken:

* Was sehe ich? (Motiv, Gegenstand, Person, Thema, Titel)
* Größe und Format
* Material
* Technik
* Farben (grell, kalt, warm, dunkel o.a.), Kontraste, Formen (spitz, rund), Konturen (betont, dick, fein), Malstil (Pinselstrich, detailliert, flächig expressiv, Ton in Ton)
* Was ist im Vordergrund zu sehen – wie ist der Hintergrund gestaltet? Wie ist die Bildaufteilung (Komposition)?
* Welche Perspektive wurde gewählt (Froschperspektive, betrachtet von unten, Vogelperspektive, betrachtet von oben)? Welche Position hat der Betrachtende?
* Welche Bedeutung haben Landschaft und Architektur im Bildzusammenhang?
* Welche Gefühle löst das Bild in mir aus (Freude, Neugier, Ablehnung, Langeweile)?
* Woran erinnert mich das Bild in meinem Lebensalltag (Entspannung, Spiel, Armut, Geborgenheit, Strenge, Arbeit)?
* Welchen Platz im Bild würde ich am liebsten einnehmen? Wie würde ich mich dort fühlen?
* Wie stimmen Bildtitel und Bildinhalt überein? Worauf weisen sie hin?
* Was erzählt mir das Bild sonst noch?

3 *Angeregt von Henri Matisse, Johannes (4,5 Jahre)*

2 *Henri Matisse: Entwurf zum Bühnenvorhang für »L'etrange Farandole«, Scherenschnitt, 1938*

Eine Bildbetrachtung braucht Ruhe und Zeit. Jede Ablenkung stört die Betrachtung. Es sollte die Möglichkeit gegeben sein, ein Bild aus unterschiedlichen Blickwinkeln zu erfassen, um es intensiv erarbeiten zu können, es sich »zu eigen zu machen«.
Im nächsten Schritt werden die Beobachtungen in Kleingruppen gesammelt und ausgetauscht. Dabei ist es wichtig, dass unterschiedliche Wahrnehmungen anerkannt werden.
Das Sehen und Austauschen wird ergänzt durch **gestalterische Umsetzungen** zur Bildbetrachtung:
- ein passendes Standbild/eine passende Körperhaltung für das ausgewählte Werk finden
- eine kleine Geschichte zum/um das Werk herum erzählen, um den Eindruck des Bildes zu vertiefen
- ein Gedicht zu dem Werk verfassen
- das Werk oder einen beeindruckenden Ausschnitt skizzieren – es werden verschiedene Blickrichtungen und Bildeindrücke sichtbar
- mit selbst gesuchten Materialien ein Bild, eine Collage oder ein dreidimensionales Werk über die eigenen Eindrücke zu dem betrachteten Werk erstellen (alle Skizzen, Bilder oder anderen Unterlagen können ebenfalls dafür verwendet werden)
- eine Fotokopie des Kunstwerks zerschneiden und die einzelnen Teile von verschiedenen Teilnehmern weiterbearbeiten lassen

- aus einer Fotokopie des Kunstwerks einen zentralen Teil entfernen, ihn anschließend mit eigenen Motiven füllen und das Bild so verfremden
- alle gestalteten und verfremdeten Kunstwerke ausstellen und sich über die Ergebnisse austauschen

Henri Matisse *(1869 – 1954) war ein französischer Maler, Grafiker, Zeichner und Bildhauer. Er zählt mit Pablo Picasso zu den bedeutendsten Künstlern der Moderne. Mit seinen in den 1940er-Jahren entstandenen Scherenschnitten schuf Matisse ein Spätwerk, das ihn bis heute leicht wiedererkennen lässt.*

»Wir begegnen in der Kunst einer Ausdrucksform, die wir vielleicht nicht auf Anhieb verstehen, die uns sogar abstößt oder uns neugierig machen kann, ohne zu wissen warum.
Wir werden mit fremden Sehweisen konfrontiert und aufgefordert, uns damit auseinanderzusetzen. Der künstlerisch gestaltete Raum dient der ›Sichtbarmachung‹ innerer Vorgänge und Gefühle, stellt einen inneren Dialog des Künstlers zu bestimmten Themen dar.
Dadurch haben wir die Möglichkeit, neue sinnliche Erfahrungen zu machen, alte Denkmuster zu überprüfen und vielleicht sogar über Grenzen zu gehen, wenn wir bereit sind, auf diesen Dialog einzusteigen. Es ist ein Abenteuer der besonderen ART.« (Anke, Schülerin)

23.2.2 Betrachtung eines plastischen Kunstwerks

Das ausgewählte Kunstwerk sollte zunächst still betrachtet werden. Bei der Fotobetrachtung einer Skulptur in einem Kunstband sollten verschiedene Ansichten des Objekts gefunden werden. Folgende Aspekte helfen bei der Betrachtung eines dreidimensionalen Objektes, einer Plastik/Skulptur:

◆ Was sehe ich? (Motiv, Gegenstand, Person, Thema, Titel)
◆ Größe
◆ Material
◆ Technik
◆ Welche räumliche Position nimmt das Werk ein (frei stehend, liegend, hängend, im Boden o. a.)?
◆ Welche Formen sind hervorstechende Merkmale (Ecken, Kanten, Rundungen, Mulden, Löcher)? Gibt es Polaritäten?
◆ Wie verhält sich die Plastik zum Raum? Ist sie raumgreifend, in den Raum ragend, umschließt sie Raum, grenzt sie ihn aus?

◆ Wie ist die Oberfläche gearbeitet? Welche Auswirkungen hat dies auf den Ausdruck der Figur?
◆ Welche Ansicht ist die wichtigste?
◆ Welche Gefühle löst die Plastik in mir aus (Irritation, Anspannung, Interesse)?
◆ Woran erinnert mich die Plastik in meinem Lebensalltag (Entspannung, Spiel, Armut, Geborgenheit, Strenge, Arbeit)?
◆ Wie stimmen der Titel und der Eindruck überein?
◆ Was erzählt mir die Plastik sonst noch?

Im nächsten Schritt werden die Beobachtungen ausgetauscht und anerkannt.

Es folgen gestalterische Betrachtungsweisen:

◆ in die Haltung des Werks hineinschlüpfen und wahrnehmen, wie sich das anfühlt (stabil, unsicher, verkrampft, beweglich, dynamisch)
◆ den Schwerpunkt der Skulptur ausmachen

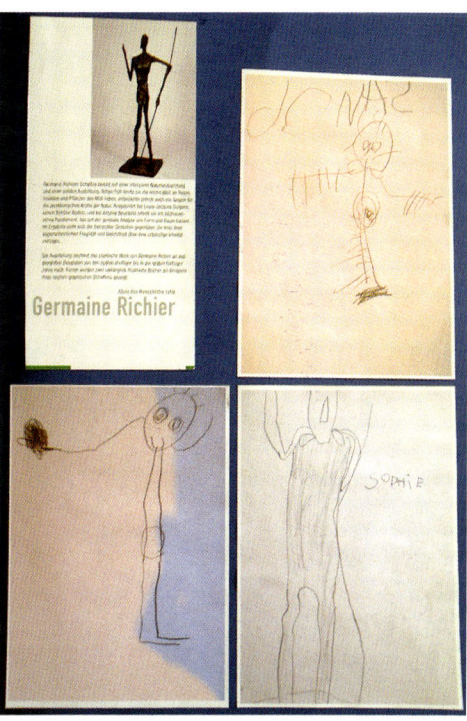

4 *Skizze einer Skulptur von Germaine Richier (französische Bildhauerin), Lena (6 Jahre)*

5 *Info über den Besuch einer Ausstellung von Germaine Richier mit Skizzen von Vorschulkindern*

◆ eine kleine Geschichte zum/um das Werk herum erzählen, um den Eindruck des Werks zu vertiefen
◆ das Werk aus dem beeindruckendsten Blickwinkel skizzieren – dabei werden verschiedene Blickrichtungen und Werkseindrücke sichtbar
◆ mit verschiedenen Materialien die eigenen Eindrücke in Form einer Plastik oder als Bild/Collage wiedergeben und sich über die entstandenen neuen Kunstwerke austauschen

Wer ist der Künstler?

Zur Kunstbetrachtung gehört es außerdem, Informationen über den Künstler zu sammeln:
◆ In welcher Zeit hat der Künstler gelebt?
◆ Wo hat der Künstler gelebt (in welchem Land, auf dem Lande oder in der Stadt, am Meer oder in den Bergen)?
◆ Welche Motive und Themen gestaltete der Künstler?
◆ Womit hat sich der Künstler besonders beschäftigt?
◆ Welchen soziokulturellen Hintergrund hat das Dargestellte?
Um Vergleiche anstellen zu können, ist es hilfreich, andere Werke des Künstlers, ähnliche Motive anderer Künstler, Werke der gleichen Stilepoche oder aktuelle Kunst auszustellen. Dafür kann beispielsweise ein »Galerietisch« mit Postkarten, Büchern und Fotos aufgebaut werden, zu dem die Kinder Zugang haben, um sich eigenständig mit dem Bild-

7 *Angeregt durch eine Arbeit von Günther Uecker*

material zu beschäftigen. Gemeinsamkeiten und Unterschiede der ausgestellten Werke werden im Gespräch herausgefunden und geben neue Anregungen für eigene Gestaltungen.
Ebenfalls spannend ist es, dieselben Materialien eines Künstlers auszuprobieren, um sich in die Arbeit des Künstlers besser hineinversetzen zu können und um etwas ganz Eigenes mit den Materialien entstehen zu lassen.

Reflexion

1. **Wie haben Sie Zugang zu den einzelnen Kunstwerken gefunden?**
   Kunstwerke wirken oft auf den ersten Eindruck unverständlich und fremd. Durch eine intensivere Beschäftigung, individuelle Verständnismöglichkeiten sowie das aktive Gestalten zu dem Werk fällt es leichter, Verständnis zu entwickeln und einen Zugang zum Inhalt eines Kunstwerks zu finden.
2. **Was hat sich für Sie durch die intensive Betrachtung und Beschäftigung mit den Kunstwerken und den Künstlern verändert?**
   Wenn mit Kindern eine Bildbetrachtung durchgeführt wird, lässt sich diese spannend einleiten, indem das Bild unter einem Tuch versteckt oder für die Bildbetrachtung ein besonderer Ort gewählt wird.
   Wichtig ist, dass die Kinder die Interpreten und Akteure der Bildbetrachtung bleiben! Mit spannenden Fragen können die Kinder zu sensiblen Wahrnehmungen und eigenen Überlegungen,

6 *Galerietisch mit Bildern von Marc Chagall*

auch bezogen auf ihren Alltag, angeregt werden. Kinder sind bei den Informationen über einen Künstler nicht an Daten und Fakten interessiert. Vielmehr sind sie von emotionalen Erlebnissen des Künstlers bewegt, z. B., dass ein Künstler im Norden lebte, wo es im Winter wenig Licht gibt, und er deshalb so helle Bilder gemalt hat. Ein anderer Künstler malte deshalb gerne in den bunten Farben der Südsee. Mit entsprechenden Anregungen können die Kinder dann zur eigenen gestalterischen Aktivität geführt werden. Eine Bildbetrachtung muss nicht unbedingt mit einer künstlerischen Gestaltung vertieft werden, sondern es eignen sich auch andere Bereiche dafür, z. B. Musik, Spiel, Sprache, Bewegung, Natur.

3. **Was war Ihnen wichtig, in Ihre eigene Gestaltung einfließen zu lassen?**

9 *Paula Modersohn-Becker: Worpsweder Bauernkind auf einem Stuhl sitzend, 1905*

Aufgabe

Suchen Sie gemeinsam in Kleingruppen verschiedene Darstellungen von Kindern in der Kunst aus verschiedenen Zeitepochen. Recherchieren Sie, welche soziokulturellen Einflüsse die Darstellungsformen von Kindern beeinflusst haben. Stellen Sie einen Vergleich an, wie das Bild des Kindes heute in der Kunst und in der Gesellschaft aussieht.
Als Anregung können Sie sich Bilder von Pieter Brueghel, Diego Velázquez, Philipp Otto Runge, Paula Modersohn-Becker, Pablo Picasso sowie moderne Fotografien/Bilder des 21. Jahrhunderts (eventuell aus Zeitschriften) anschauen.

10 *Martin Honert: Foto, 1993*

8 *Edvard Munch, Die tote Mutter, 1899/1900*

11 *Philipp Otto Runge: Die Hülsenbeckschen Kinder, 1805/1806*

Reflexion

1. Welche Informationen haben Sie allein aus den Bildern ziehen können? Welche Hintergrundinformationen über die entsprechende Zeit haben Ihnen die verschiedenen Bilder mit Kindern vertiefend verdeutlicht?
2. Welchen Wandel hat das Bild des Kindes durchgemacht?

Aufgabe

Besuchen Sie ein Kunstmuseum. Nehmen Sie bewusst wahr, welche Eindrücke Sie auf diesem Ausflug beeindrucken:
Wie sind die Ausstellungsräume? Welche Kunstwerke sprechen Sie an, stoßen Sie ab? Auf welche Kunstwerke können Sie sich einlassen und eine Kunstbetrachtung darüber durchführen? Welche Prozesse werden bei Ihnen durch die Begegnung mit realen Kunstwerken angestoßen?
In einer Bearbeitung anhand der Kunstbetrachtung (siehe oben) können Sie sich die Werke erschließen – wichtig ist, dass Sie einen eigenen gestalteten Ausdruck für Ihre Erfahrungen erstellen. Zum Beispiel können Sie eine Museumszeitung gestalten. Stellen Sie diese der Gruppe vor und reflektieren Sie gemeinsam, welche Prozesse und Erfahrungen mit Kunstwerken Kommunikation herstellt.

»Kunst als Abenteuer! Doch nicht jedem fällt es leicht, sich dem Unbekannten in der Kunst zu öffnen. Man steht mit Unverständnis davor und der erste Impuls ist weiterzugehen. Gebe ich dem nicht nach und bleibe stehen, dann können Fragen auftauchen wie: Warum gefällt mir das nicht, warum kann ich damit nichts anfangen, welche Erwartungen habe ich eigentlich, warum eigentlich Kunst und was soll sie bewirken? Schon steckt man mittendrin in einer Auseinandersetzung und damit in einem Prozess, der neugierig machen kann, wenn man sich darauf einlässt. Vielleicht ist es auf einmal gar nicht mehr so wichtig, ob einem das Bild gefällt oder nicht, sondern dieser vom Bild ausgelöste Prozess steht im Vordergrund. Vielleicht kann ich sogar ein Bild, das ich vorher abgelehnt habe, auf einmal gut finden.« (Anke, Schülerin)

12 *Die Museumszeitung – eine künstlerische Reflexion*

Anregungen für die gestalterische Arbeit mit Kindern und Jugendlichen

◆ Für jüngere Kinder sind die Bilder von Paul Klee oder Friedensreich Hundertwasser anregend (siehe Kapitel 16.3 »Der Maler Paul Klee« und Kapitel 5 »Projektaktivität: Friedensreich Hundertwasser«).

◆ Ältere Kinder sind von den farbenprächtigen Blumenbildern in Aquarelltechnik von Emil Nolde (1867–1956) fasziniert.

◆ Jugendliche setzen sich mit den Gesichtern des expressionistischen Künstlers Alexej Jawlensky (1864–1941) auseinander. Welche Eindrücke hinterlassen die Gesichter des Spätwerks von Jawlensky? Wovon träumen diese Gesichter? Die Jugendlichen können ein Gesamtwerk aus eigenen Gesichtsbildern und begleitender Musik zur Präsentation erstellen.

◆ Für alle Altersgruppen interessant ist ein Besuch bei einem Künstler im Atelier, um dort vor Ort die Werke im **Gespräch mit dem Künstler** zu erfahren (und vielleicht dort auch selbst zu arbeiten?). Denn es ist wichtig, dass die Kinder die Möglichkeit haben, ihre Eindrücke von Werken und Gesprächen gestalterisch zu verarbeiten.

◆ In vielen Gemeinden gibt es eine sogenannte **Artothek**. Hier können Bilder von Künstlern für eine kleine Gebühr ausgeliehen werden. So haben Sie die Möglichkeit, mit Kindern Kunstbetrachtungen an realen Werken durchzuführen. Diese Werke haben eine viel intensivere Ausstrahlung als Drucke und sind in Orginalgröße zu betrachten. Technik und Arbeitsmaterialien sind deutlich sichtbar und bieten so direktere Anregungen zu eigenen Gestaltungen.

Projektaktivität   MUSEUMSBESUCH

Im Museum Kunst erleben

Um Kindern die Möglichkeit zur Bildung zu geben, brauchen sie die Chance, sich mit Kulturen und Geschichte auseinanderzusetzen. Ein Besuch in einem Museum bietet dafür vielfältige Anregungen. Schon auf dem Weg zum Museum sehen die Kinder mehr Bilder als im Museum selbst: Werbung, Leuchttafeln, Schaufensterdekorationen usw. Kinder lernen, diese visuellen Botschaften zu verstehen und mit deren Oberflächlichkeit umzugehen, ehe sie lesen können. Diesen Bildern stehen die selbst geschaffenen Bilder und Erinnerungen gegenüber. Dazwischen stehen die Werke historischer und aktueller Kunst.

Ein Museumsbesuch bedeutet die Chance zu Kulturteilnahme. Die Sprachen der Kunstwerke zu verstehen, braucht Begleitung. Begleitung, die nicht nur erklärt, sondern eigene Wege zum Entdecken und Aneignen ermöglicht und unterstützt. Überreizt von visuellen, virtuellen Bildern, die ständig reproduziert werden (z. B. Werbebilder), brauchen Kinder Originale, um mit allen Sinnen ein Werk zu begreifen. Museen und Ausstellungen sind Orte für Originale, sie bieten die Bedingungen für eine direkte Begegnung mit ihnen.

Im Bereich der bildenden Künste eignet sich für einen Besuch ein Kunstmuseum mit historischen und aktuellen Werken am besten. Wenn es kein derartiges Museum in der Nähe gibt, kann eine aktuelle Kunstausstellung besucht werden. Größere Museen bieten häufig museumspädagogische Aktionen für unterschiedliche Altersgruppen an. Die Museumsführung wird dann auf die Kinder abgestimmt, meist mit eigenen künstlerischen Betätigungen in Zusammenhang mit den gesehenen Werken.

Vorbereitung eines Museumsbesuchs

Bevor ein Kunstmuseum besucht wird, sollten mit den Kindern entsprechende Bücher über Künstler, Werke oder Techniken besprochen bzw. ausprobiert werden. Die Betrachtung eines Kunstwerks (siehe Kapitel 23.2 »Was erzählt mir ein Kunstwerk?«) kann den Kindern den Zugang zu Bildern öffnen: Sie lernen es, Kunstwerke genau zu betrachten sowie den eigenen Emotionen und Assoziationen zu vertrauen. Bei einer Betrachtung kann beobachtet werden, wo die Interessenschwerpunkte der Kinder liegen und welche Fragen sie haben:

◆ Interessiert sie der historische Aspekt?
◆ Interessiert sie die Technik?
◆ Interessiert sie die Darstellungsform?
◆ Interessiert sie das Thema?

Dies erleichtert die Auswahl eines bestimmten Museums oder einer bestimmten Ausstellung. Denn um an Kunst und Kultur heranzuführen, ist der einfachste Weg, das zu vertiefen, was das Interesse der Kinder geweckt hat. Vielleicht wollen Sie die Kinder aber auch generell an Kunst im Museum heranführen.

Sinnvoll ist es, vor dem Museumsbesuch mit der Gruppe, selbst das Museum zu besuchen, um eine Vorauswahl an Besichtigungsstücken für die Kinder zu treffen. So können während des gemeinsamen Besuches einige Objekte gemeinsam betrachtet und besprochen werden und bei den übrigen Werken steht es den Kindern offen, sie weiter zu erforschen. Auf diese Weise wird eine Reizüberflutung im Museum verhindert. Die Werke können unter bestimmten Gesichtspunkten ausgewählt werden: Bilder mit Darstellungen von Kindern aus verschiedenen Kunstepochen verdeutlichen, wie Kinder früher gelebt haben. Bilder von Tieren können verschiedene Malstile aufzeigen, z. B. ein Reh aus der Romantik sieht anders aus als ein Reh von Franz Marc.

Kinder sind auch für moderne, ungegenständliche Kunst und technische Medien wie Videos offen. Sie finden dazu oft einen ganz neugierigen Zugang – leichter als manch Erwachsener!

Franz Marc: Reh im Blumengarten, 1913

Eigene Porträts in historische Bilder kleben

Die Fragen für die Bildbetrachtung sollten vor dem Besuch formuliert werden, z. B.:

♦ Welche Kleidung tragen die Menschen auf den Bildern?
♦ Mit welchen Farben und Formen hat der Künstler gemalt?
♦ Was gefällt euch an dem Bild?
♦ Welche Bezüge zum Alltag gibt es?

Gutes Bildmaterial aus dem Museumsshop oder aus der Bibliothek dient vor dem Besuch als Informationsquelle und zur Motivation. So können die Kinder schon einige Arbeiten von Künstlern kennenlernen und mit der Technik einer genauen Bildbetrachtung vertraut gemacht werden.

Mit den Kindern muss auch besprochen werden, was ein Museum genau ist, welche Regeln dort zu beachten sind und welche Verhaltensregeln für den Weg ins Museum gelten.

Durchführung eines Museumsbesuchs

Im Museum oder in der Ausstellung können sich die Kinder zuerst über den Raumeindruck eines Museums austauschen, bevor sie die Bilder betrachten. Nach der Bildbetrachtung können die Kinder in Standbildern oder in einem spontanen Rollenspiel ausdrücken, was sie in den Kunstwerken sehen, oder sie malen das Bild in ihrer

Ausdrucksweise nach bzw. zeichnen eine Plastik nach. Das erfordert sehr genaues Hinsehen und Umsetzen auf dem zweidimensionalen Papier. Es ist beachtlich, was Kinder alles beobachten und mit ihren Mitteln abbilden können. Die Gestaltung entspricht dem Erzählen einer Geschichte.

Für ältere Kinder kann eine Museumsrallye organisiert werden: Bestimmte Fragen führen durch die Ausstellung. Die Kinder suchen selbst die Bilder oder Werke und beobachten dabei genau. Sie erhalten kleine Aufgaben zum Zeichnen, Schreiben oder Dichten. Die Ergebnisse und Eindrücke werden später künstlerisch ausgewertet und präsentiert.

Nachbearbeitung eines Museumsbesuchs

Zurück im Kindergarten gestalten die Kinder die Eindrücke des Besuches nach: in einer einfachen Technik oder genau in der Technik des Künstlers. Andere passende Abbildungen, z. B. Postkarten, können gesammelt und zusätzlich verarbeitet werden. Aus den entstandenen Werken lässt sich eine eigene Ausstellung aufbauen oder aus den Notizen, dem Informationsmaterial und den selbst kreierten Werken werden spannende Museumsbücher gefertigt. Eine weitere Möglichkeit besteht

Museumsbesuch

Puzzle eines Bildes, das die Kinder im Museum finden sollen

darin, aus einem bearbeiteten Museums-bild ein Puzzle herzustellen.

Die Kinder können auch in einem Schuh-karton ihr eigenes Museum einrichten. Dafür werden aus alten Ausstellungskatalo-gen Bilder ausgeschnitten und in den Kar-ton geklebt. Dazu gehören eigene kleine Werke oder Kopien. Kleine Figuren werden als Besucher hineingestellt oder der Karton wird zum speziellen Guckkasten, der Plas-tiken der Kinder im besonderen Ambiente präsentiert.

Für einen Museumsbesuch ist es wesent-lich, dass die Kinder anschließend die Mög-lichkeit haben, das Gesehene weiterzu-verarbeiten. Sie können das Erlebte durch eigenes Gestalten in ihr Alltagswissen inte-grieren, auch wenn das, was die Kinder beeindruckt hat, manchmal die Busfahrt und nicht ein Kunstwerk ist. Jedoch hilft dies, Erfahrungen und Einblicke in andere Orte, Themen und Zeiten zu ordnen und zu erfassen.

Mit einem Museumsbesuch werden den Kindern kulturelle Räume eröffnet, sie set-zen sich mit eigener und fremder Kultur auseinander. Sie erfahren Hintergründe über geschichtliche Zusammenhänge sowie eigene historische Wurzeln. Die Fähigkeit, durch genaues, vielschichtiges Beobachten zu differenzieren, wird geför-dert. Durch gemeinsames Reflektieren und Austauschen üben die Kinder, Zusammen-hänge und einen Transfer auf andere Situa-tionen herzustellen.

Künstlerische Vorbilder regen eigene Gestaltungsmöglichkeiten an und vermit-teln andere Darstellungsformen und Tech-niken. Letztlich entsteht eine ganz neue Qualität, das Gesehene, die Gefühle und die Gedanken in einem ästhetischen Pro-zess noch einmal zu formulieren.

Nachts in der Galerie, Gemeinschaftsarbeit Jugendlicher

Gestalten von Eindrücken, Gemeinschaftsarbeit Jugendlicher

24.1 Lob und Tadel in der künstlerischen Erziehung

Neugier und Aufmerksamkeit für das kreative Schaffen vermitteln dem Kind Anerkennung und Interesse an seiner Person und seinen Werken. Fragen und Austausch über das Gemalte, um das Bild zu verstehen, würdigen das Gemälde. Es muss aber nicht jedes Detail des Bildes verstanden werden und es muss nicht alles gefallen. Eine ehrliche und wertschätzende Meinung gibt dem Kind die Chance, ebenso selbstbewusst zu dem Gestalteten zu stehen.

Heute besteht oft die Meinung, dass alle Werke eines Kindes gelobt werden sollten, dass nichts bewertet werden dürfe. Aber ist das Ausdruck von ehrlichem Interesse an der Arbeit des Kindes oder besteht das Ziel darin, sich schnell Ruhe zu verschaffen und keine Stellung beziehen zu müssen? Kinder wollen keine höfliche Antwort, sondern Anteilnahme an ihren Entwicklungsschritten. Dabei geht es nicht darum, zu beurteilen, ob das Bild »schön«, schlecht oder falsch ist. Als Basiswissen sollte bei der Erzieherin ein fundiertes Wissen über die entsprechenden Entwicklungsschritte und -schwierigkeiten vorhanden sein, um unterstützend reagieren zu können (z. B. das Bedürfnis, am Ende der Grundschulzeit perspektivisch zu zeichnen, aber noch nicht die entsprechenden Fähigkeiten entwickelt zu haben, siehe auch Kapitel 25 »Zeichenentwicklung«).

24.2 Hilfestellungen in der künstlerischen Erziehung

Viele Erwachsene glauben, dass Kinder malen wollen oder sollen wie Erwachsene. Aber Kinder haben ganz eigene Ausdrucksformen entsprechend ihrer Entwicklung. Es ist für das Kind wichtig zu spüren, ob eine Erzieherin sich für die Malarbeit interessiert, ob die Erzieherin eine Meinung dazu hat und ob sie den Stil des Kindes annehmen kann. Das Engagement, mit dem das Kind eine Malaufgabe gelöst hat, kann mit folgendem Satz gelobt werden: »Da

hast du ja eine schwierige Aufgabe gelöst.« Wenn deutlich wird, dass das Kind Unterstützung benötigt, sollte sie angeboten werden: »Hier ist alles ganz verschwommen, soll ich dir noch einmal zeigen, wie das Wasser abgetupft werden kann?« Eine lustlos hingeworfene Zeichnung sollte nicht pauschal gelobt werden, sondern es darf hinterfragt werden, ob das Kind wohl doch keine Lust zum Malen gehabt habe. Nur so wird das Kind in seinem Ausdrucksschaffen ernst genommen. Offene Fragen ermöglichen, mit dem Kind über den Prozess und das Bild ins Gespräch zu kommen: »Erzähl mir doch einmal, was du da so kleines Rotes gemalt hast«, »Wohin will der Hund auf deiner Zeichnung denn gehen?«, »Wie hast du diese Farbe angemischt?«, »An welcher Stelle hast du angefangen zu malen?«

Für die künstlerische Erziehung ist es wichtig, sich über die eigenen Leistungsansprüche bewusst zu werden und diese zu reflektieren. Sonst besteht die Gefahr, dass aus bestimmten Vorstellungen heraus, wie ein Bild von einem selbst oder vom Kind auszusehen hätte, dem Kind vermittelt wird, dass es so nicht richtig ist. Gerade in der Schule bestimmen oft das Bewerten und Beurteilen nach festgelegten Maßstäben das kreative Schaffen – und blockieren es eventuell ein Leben lang. Kleinere Kinder ziehen sich oft aufgrund zu großer Reinlichkeitserziehung vom neugierigen, kreativen Experimentieren zurück. Sie merken auch schnell, wann sie den Erwartungen der Erwachsenen nicht entsprechen. Wie können blockierte Kinder zum Malen motiviert werden? Hier ist die Kreativität der Erzieherin gefragt, indem sie Situationen von Wohlwollen und Ermutigung, freiem Experimentieren und sinnlichem Ausprobieren schafft, z. B.:

- Malen mit den Füßen
- Malen nicht nur auf Papier, sondern auf Stein, Rinde und Blättern
- freies Kritzeln im Stehen oder Liegen
- Matschen mit Sand und Lehm
- »Malen« mit der Spritzpistole
- Zeichnen mit Holzkohle

Anhand von Beobachtungen und Gesprächen mit dem Kind kann herausgefunden werden, welche Hemmungen ein Kind blockieren und welche Materialien es interessieren. Auch ein bestimmtes Thema oder eine spezielle Aufgabe kann motivieren, um ins Gestalten zu kommen. Erhält zum Beispiel ein Kind die Aufgabe des Farbenanrührens und übernimmt es damit gleichzeitig die Rolle, anderen Kindern die Technik des Malens mit Aquarell zu zeigen, wird es auch eher selbst engagiert, Aquarell zu malen. Manche Kinder sind sehr wenig motiviert, zu zeichnen und zu malen. Ihre kreativen Fähigkeiten können vielleicht im dreidimensionalen Gestalten mit Ton, Holz oder Stein angeregt werden.

Aufgabe der Erzieherin ist es, dafür zu sorgen, dass die Kinder sich untereinander respektvoll begegnen und nicht andere Bilder und Werke verspotten. Wenn Kinder sich angenommen und geachtet fühlen, nehmen sie diese Haltung auch anderen gegenüber ein. Daher ist es erforderlich, die Werke aller Kinder sorgfältig zu behandeln und auszustellen. Im Gespräch und mit Anschauungsmaterial aus den eigenen Portfolio- und Sammelmappen kann den Kindern deutlich gemacht werden, dass jedes Kind bestimmte Entwicklungsschritte vollzieht und daher auch das »Krickelkrackel« der Kleinsten wichtig und bemerkenswert ist. Gemeinsame kindgerechte Betrachtungs- und Reflexionsrunden am Ende von Kreativphasen unterstützen diese wertschätzende Haltung untereinander.

»Ein Fehler ist kein Fehler, sondern eine in diesem Zusammenhang nicht brauchbare Lösung.«
(Taylor)

»Was soll ich malen?«

Diese Frage wird jeder Erzieherin häufiger gestellt. Natürlich kann sie daraufhin konkrete Vorschläge machen, aber weitaus anregender ist es, herauszufinden, was das Kind interessiert, bewegt oder beschäftigt, damit das Malen kein Lückenbüßer wird oder nur die Interessen der Erwachsenen erfüllt. Fragen nach den Erlebnissen des Kindes, die Anregung, verschiedene Bücher anzusehen oder eine bestimmte Musik zum Malen auszuwählen, können dem Kind bei der Motivsuche helfen. Noch offener ist die Ermutigung, die Lieblingsfarben und die Lieblingsmaterialien zu holen. Wahrscheinlich bekommt das Kind dann auch eine Idee. Das Vertrauen in die kreativen Fähigkeiten und die Fantasie des Kindes stärken das Kind darin, selbstbestimmt einen eigenen Anfang zu finden.

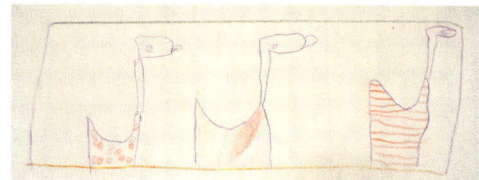

2 *Kleine Giraffen, Lina (5 Jahre)*

3 *Miron und seine zwei Katzen (5,6 Jahre)*

1 *Krickelkrackel*

»Mal du mir das!«, »Kannst du mir das vorzeichnen?«

Auch diese Aufforderung und Bitte wird häufig an die Erzieherin herangetragen. Folgt die Erzieherin der Aufforderung, kann sich das für das Kind negativ auswirken, da ein Erwachsener immer anders zeichnet als das Kind. Meist hält das Kind die Leistung des Erwachsenen für besser und nachahmenswert. Daher wird das Vertrauen des Kindes in seine eigenen Fähigkeiten geschwächt und es wird entmutigt, eigene Lösungswege zu finden.

Sinnvoller ist es, dem Kind mit Fragen und Beobachtungshilfen den Weg zu selbstständigen Schritten offen zu halten. Impulse wie »Welche Farbe hat dein Tier denn, hat es einen Schwanz und wie ist sein Fell – struppig oder glatt?« unterstützen das Kind dabei, seine eigene Bildsprache zu finden. Ebenso können die Kinder in Büchern nachsehen, wie etwas aussieht, um es dann eigenständig zu malen. Manchmal besteht sogar die Möglichkeit, direkt die erwünschten Dinge »live« anzusehen, z. B. eine Kuh oder einen Bagger auf einer Baustelle nebenan.

»Ich kann das nicht!«

Diese Feststellung ist oft nur eine Bitte, mehr Information über etwas zu erhalten. Auch hier helfen Fragen und Anregungen: »Was ist denn alles an deinem Auto dran?«, »Welche Farbe hat dein Fahrrad denn?«, »Erinnere dich einmal, was du gesehen hast oder vielleicht willst du in einem Buch genau nachsehen?« Es kann aber auch bedeuten, dass das Kind an Material, Thema oder Technik nicht interessiert ist. Bei dieser Aussage eines Kindes ist es wichtig, dass Sie nach dem wahren Grund forschen.

Kunstwerke der Kinder verbessern

Niemand wird es mögen, wenn jemand in sein Kunstwerk hineinmalt, um es zu korrigieren. Diese Art des Verbesserns zeigt wenig Achtung und Respekt vor dem Ausdruck und der Gestaltung einer anderen Person. Zwar mag das Bild nun »richtig« sein, aber es ist nicht mehr das eigene Werk. Besser ist es, Anregungen zu Änderungen zu geben, die in ein neues Gemälde einfließen können. Erläuterungen zur technischen Ausführung werden auf einem Extrablatt verdeutlicht.

4 *Das Reh wurde nach einem Bild in einem Buch gezeichnet*

24.3   Präsentation der Kunstwerke

24.3.1 Bildmappe

Um die aufmerksame und achtende Haltung in der künstlerischen Erziehung zu untermauern, sollte zumindest für die größeren, bedeutenderen Werke eine Bildmappe angelegt werden, in der Bilder und Zeichnungen gesammelt werden können. Einerseits erkennt das Kind so, dass seine Arbeiten geachtet werden, indem sie sorgfältig aufbewahrt werden. Andererseits ermöglicht die Bildmappe das Nachvollziehen und Dokumentieren der bildnerischen Entwicklung des Kindes. Die Bildmappe ist daher ein Teil des **Portfolios**. Beschriftungen (Titel, Datum und Name) sollten nicht vorne auf das Bild geschrieben werden. Zwar können Eltern und Erzieherinnen dann sofort das Bild identifizieren, es ist jedoch ein Eingriff in die Bildkomposition! Auch in die Bilder Erwachsener würde niemand einfach seine Notizen hineinschreiben. Anders ist es, wenn das Kind explizit wünscht, dass Name und Titel etc. vorn auf das Bild geschrieben werden. Die Kinder selbst signieren ihre Werke gerne mit großen Schriftzeichen und Buchstaben auf der Bildseite – dies gehört zu ihrer Gestaltung dazu (siehe auch Kapitel 2 »Das Kunstportfolio«).

24.3.2 Ausstellung

Damit die Bilder und Werke der Kinder, ihre Freude und Ausdruckskraft nicht einfach in Mappen und dunklen Schubladen verschwinden, sollten die Kunstwerke immer wieder einmal in Form einer Ausstellung der Öffentlichkeit präsentiert werden. Dafür benötigen die Bilder oder Objekte wie andere Kunstwerke entsprechende Rahmen, Podeste, Vitrinen und Ausstellungsflächen. Bilder entfalten erst in Rahmen und Passepartouts vollständig ihre Wirkung. Objekte bekommen in einer Vitrine oder einem Ausstellungstisch ihren entsprechenden »Rahmen«.

Eine Ausstellung erzählt von den Themen, von den Experimenten und Materialien, mit denen sich die Kinder beschäftigt haben. Indem die Arbeiten ausgestellt werden, zeigen sich die kleinen Künstler, sie erfahren Interesse und Anerkennung, was sie wiederum ermutigt, weiter mit Pinsel, Farbe, Hammer und Stein aktiv zu bleiben. Eltern, Mitarbeiter/-innen, Freunde, Nachbarn, Bürgermeister/-innen oder Pfarrer bekommen in den Werken etwas von der Sichtweise und Welt der Kinder mitgeteilt. Sie lernen die Ausdrucksweisen der Kinder kennen und lassen sich vielleicht von der Begeisterung der Kinder zu eigenen kreativen Aktivitäten ermutigen.

Für dreidimensionale Werkstücke sollte es eine Vitrine geben, in der die Gestaltungen sicher und sichtbar präsentiert werden.

Ausstellungen werden nach bestimmten Kriterien der Werksgruppen zusammengestellt: Künstler, Thema, Material, Technik, Größe, Farbe, eine die Ausstellungsobjekte verbindende Geschichte. Es ist darauf zu achten, dass die Objekte für alle sichtbar (auch für die Kinder!) aufgestellt bzw. aufgehängt und gut beleuchtet werden. Wichtig: Die Räume dürfen nicht überladen sein, da sonst die einzelnen Stücke nicht mehr zur Geltung kommen. Daher ist es besser, weniger Objekte und diese ganz besonders hervorgehoben auszustellen. Die Ausstellungsorte müssen sauber und aufgeräumt sein, um die Betrachter nicht von den Kunstwerken abzulenken. Es gilt die Regel »weniger ist mehr«. Sie können auch mit den Kindern zusammen eine Ausstellung aufbauen – dies fördert den demokratischen Gruppenprozess und die Präsentation wird einen ganz eigenen Charakter erhalten (siehe unten »Kinderkunstmuseum«).

24.3.3 Galerie des Alltags

Es sollte auch Ausstellungsflächen und Möglichkeiten zum Hängen oder Stellen der täglich entstehenden Kunstwerke geben. Eine Pinnwand, an der die Bilder einfach ausgewechselt werden können, und Bilder in hochwertigen Rahmen, die entsprechend einer Galerie aufgehängt werden, vermitteln eine Wertschätzung. Räume, die auf diese Weise liebevoll und achtsam gestaltet werden, erhalten eine anregende Stimmung.

5 *Tonmodelle im Garten anlässlich eines Sommerfestes*

6 *Galerie des Alltags*

Projektaktivität   KINDERKUNSTMUSEUM

Ein Projekt, mit dem die künstlerische Entwicklung des Kindes gefördert werden kann, ist die Einrichtung eines Kinderkunstmuseums oder einer Kinderkunstgalerie, in der die Kinder ihre Kunstwerke ausstellen und der Öffentlichkeit präsentieren können. Ausgestellt werden können Bilder, Plastiken, Objektkunst, Gedichte und Geschichten. So wird für die Besucher anschaulich, wie kreativ und innovativ Kinder Kunst schaffen und wie wichtig es ist, Kinderkunst entsprechend zu fördern. Schon im frühesten Alter ist die künstlerische und musische Förderung eine wesentliche Grundlage für eine gesunde Entwicklung, auf der später die schulischen Leistungen aufbauen. Dies kann zusätzlich in entsprechenden Erläuterungen und Vorträgen deutlich gemacht werden.

Mit der Einrichtung eines Kinderkunstmuseums erfahren die Kinder eine große Wertschätzung ihrer Arbeiten, welche auch immer ihre Auseinandersetzungen mit der Welt an sich aufzeigen. Sie merken, dass sie auf ihrem Weg, sich die Welt anzueignen, ernst genommen werden. Dies ermutigt die Kinder, weiter offen und interessiert am Lernen und Entwickeln zu bleiben.

In einigen Städten Deutschlands bestehen sogar Kinderkunstmuseen oder -galerien, in denen die Werke der Kinder verkauft werden, um weitere Kunstprojekte zu finanzieren.

25 DIE ZEICHENENTWICKLUNG DES KINDES UND JUGENDLICHEN

25.1 Die Phasen der kindlichen Zeichenentwicklung

Zeichnen ist ein grundlegendes Bedürfnis von universeller Bedeutung – zu allen Zeiten und Kulturen wurde und wird gezeichnet. Dabei kann man feststellen, dass immer und überall bestimmte Urzeichen wie Kreis, Spirale, Kreuz allein für sich mit Symbolbedeutung stehen oder als Grundlage differenzierter Zeichnungen dienen. Diese Zeichensprache zu entwickeln, ist also allen Menschen gemein.

Die Darstellungen kindlicher Zeichnungen und ihre Entwicklung wird in der Literatur von verschiedenen Autoren mit unterschiedlichen Bezeichnungen belegt. Gemeinsam ist die grobe Aufteilung der Phasen kindlicher Zeichenentwicklung in vorfigurative und figurative Phase (Bettina Egger) bzw. in die Phasen des kindlichen Realismus und visuellen Realismus (Daniel Widlöcher). Die Phasen werden als aufeinander aufbauend betrachtet, wobei Entwicklungsmerkmale zweier Phasen auch gleichzeitig auftreten können, also nicht zwingend nacheinander folgen müssen. Immer wieder greifen ältere Kinder auch auf frühere Darstellungselemente zurück, wenn sie dies als notwendig erachten. Beispielsweise kann ein fünfjähriges Kind eine detaillierte Seitenansicht eines Schiffes zeichnen, die Menschen darauf ähneln aber kleinen Kopffüßlern.

Die beschriebenen Entwicklungsschritte beziehen sich nur auf die reine Zeichnung mit Stiften oder klaren Pinselspuren, alle experimentellen Techniken und Malereien wurden außer Acht gelassen.

Die Zeichenentwicklung ist stark an die emotionale, motorische und kognitive Entwicklung des Kindes geknüpft. Wichtig ist zu wissen, dass erste Spuren zu hinterlassen ein Ausdruck der Körperwahrnehmung und des Körperempfindens ist.

Erst wenn alle motorischen Fähigkeiten gut differenziert entwickelt sind, malt ein Kind nicht mehr über den Bildrand hinaus. Die Fähigkeit, sauber auszumalen, besitzt es erst in der Grundschule.

25.2 Die vorfigurative Phase (Alter ca. 1–3 Jahre)

Vorfigurative Phase bedeutet, dass das Kind noch nicht gegenständlich zeichnet, sondern einen Ausdruck seiner emotionalen, motorischen und kognitiven Gesamtentwicklung abbildet. Die Lust an der Motorik des Zeichnens ist wichtiger als das Abbilden von Gegenständen. Die gesamten Körpererfahrungen sind die Grundlage dieser ersten Zeichenspuren.

1 *Verschiedene Zeichenelemente der vorfigurativen Phase*

2 *Haus mit den Urzeichen Kreis, Spirale, Dreieck, Rechteck*

25.2.1 Das Schmieren

Am Anfang steht das Entdecken und Kontrollieren der Körperbewegungen. Das Kind ist noch ganz »Körper-Ich« und nimmt seine Umwelt nur in Beziehung zur Körpererfahrung wahr. Das Kind ist sein Körper. Es hat noch kein Gefühl für Körpergrenzen, sondern erlebt sich noch als symbiotische Einheit mit der Mutter. Es hat noch keine Orientierung im Raum und wenig Kontrolle über seine Motorik. Wichtiger Entwicklungsschritt ist das gezielte Greifen von Gegenständen.

Die ersten Zeichenspuren, die ein Kind hinterlässt, entstehen durch zufällige Schmieraktivitäten mit Speiseresten oder Speichel. Mit ca. einem Jahr entdeckt das Kind, dass es bei seinen Streichbewegungen über den Tisch Spuren hinterlässt (z. B. mit Spinat), und wiederholt diesen Vorgang. Dabei erkennt das Kind, dass es die Ursache für diese Spuren ist, es versteht, dass seine Aktivität eine Wirkung hat (Selbstwirksamkeit). Die bewusst wiederholten Schmierspuren sind sein erster Ausdruck von Ich-Bewusstsein.

Die Zeichenentwicklung des Kindes wird dadurch unterstützt, dass es seine gesamte Körpermotorik und Handbewegungen immer kontrollierter einsetzen kann. Mit ca. einem Jahr bewegt es noch seinen ganzen Körper schwungvoll hin und her und erzielt damit diagonale Linien auf einem Papier. Dicke, weiche Stifte oder Wachsmalblöcke werden fest im Faustgriff gehalten. Gezielt bestimmte Farben zu verwenden, ist Kindern in diesem Alter noch nicht wichtig. Schwung-, Hieb- oder Zickzackkritzel kennzeichnen diese ersten Zeichenspuren.

25.2.2 Die Urzeichen

In der ersten Phase der Zeichenentwicklung erarbeitet sich das Kind die Urformen Kreis, Kreuz, Spirale, Leiter als Ausdruck seiner Orientierung in sich und im Raum. Die Formen und Zeichen stellen noch keine Figuren oder Abbilder der Umwelt dar, sondern sind Ausdruck des seelischen und körperlichen Wachsens und Entwickelns. Die motorische Entwicklung schafft die Vorraussetzungen für das Zeichnen der Urelemente. Dabei erfolgt die Entwicklung vom ganzen Körper zur Differenzierung einzelner Hand- und Fingerstellungen (vom Faustgriff zum Dreipunktgriff).

3 *Kritzelknäuel*

Die folgenden Symbole rechnet Bettina Egger zu der vorfigurativen Phase:

◆ **Das Kritzelknäuel oder Urknäuel und offene Ovale**

Wenn das Kind **den Unterarm allein** bewegen kann, entstehen Diagonalen und Halbkreise auf dem Papier, die sich kombiniert und auf einer Stelle wiederholt zu einem Kritzelknäuel entwickeln. Der Stift wird noch im Pfötchen- oder Faustgriff gehalten (ca. 1,5–2 Jahre). Bewegt das Kind gezielt **nur die Hand**, ist es ihm möglich, offene Kreise und Ovale auszuführen. Nun hat das Kind ein erstes Ich-Bewusstsein, Grenzen werden erfahren, aber noch nicht deutlich gesetzt. Dies geschieht mit ca. 2 Jahren.

◆ **Gerade Linie**

Horizontale und vertikale Linien kann das Kind zeichnen, wenn es **sein Handgelenk gerade** halten kann und den Arm dabei über das Papier zieht. Der Stift wird dabei immer mehr zwischen den Fingern gehalten. Für eine gerade Horizontallinie oder Vertikallinie muss das Kind ein entsprechendes Gefühl zur Raumorientierung haben.

4 *Gerade Linien*

5 *Konzentrische Kreise mit einem Kreuz in der Mitte*

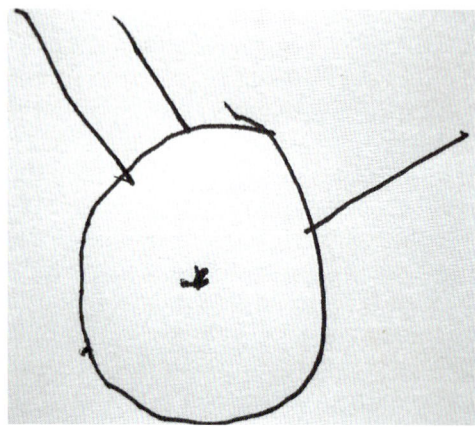

6 *Kreis mit Bauchnabel und Tastarmen*

◆ **Das Urkreuz**

Ein Kreis mit einem Kreuz darin oder nur Kreuze weisen nach Bettina Egger ebenso auf die Orientierung des Kindes im Raum hin. Das Kind unterscheidet nun innen und außen, oben und unten, aufgerichtet oder liegend, links und rechts, ohne dies schon mit Worten benennen zu können. Das Aufgerichtete (Vertikale) wird verbunden mit dem Wegstrebenden (Horizontale).

◆ **Der Kreis**

Die Fähigkeiten des Kindes entwickeln sich weiter dahin, dass es seine Handbewegungen langsamer werden lassen und stoppen kann, wann es das möchte. Solange das Auge noch der Hand folgt und nicht umgekehrt, bleibt der Kreis offen. Erst mit einer guten Auge-Hand-Koordination (die Hand wird vom Auge geführt) und dem kontrollier-

ten Beenden der Bewegung schließt sich der Kreis, können Linien miteinander verbunden werden. Der Stift wird immer mehr im Dreipunktgriff gehalten, ebenso kann das Kind nun großzügige Formen mit der Schere schneiden. Das Kind erlebt sich als Körper mit eigenen Grenzen und kann dies sichtbar machen. Dies geschieht mit ca. 2,5–3,5 Jahren. Der Kreis ist als Urform ein uraltes Symbol für das Selbst, das Ich. Wenn das Kind sich als Ganzes mit eigenen Grenzen erlebt, kann es sich von der Mutter entfernen. Nach Bettina Egger steht ein Kreis mit einem Punkt in der Mitte für das Ich im Zentrum der Welt (»Ich bin der Nabel der Welt«). Ist mit dem Kreis nicht das Kind selbst gemeint, steht er für andere Menschen.

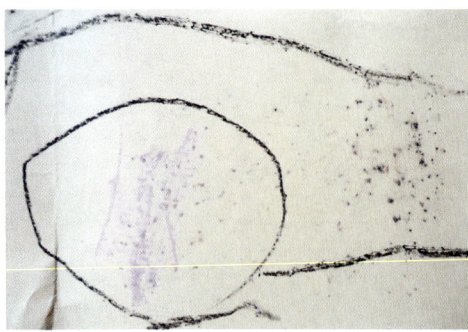

7 *Pulspunkte*

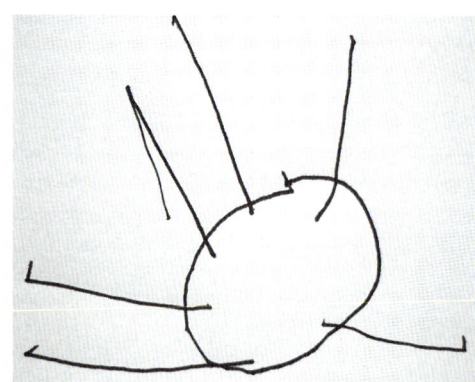

8 *Eine Tastfigur zeigt die Grenzen des Körpers mit seinen Bewegungen nach außen an*

9 *Eine Tastfigur kann später im sprachlichen Austausch über Deutungen auch eine Sonne werden*

◆ **Pulspunkte**

Manchmal trommeln Kinder mit wildem Schwung auf das Papier. Bettina Egger nennt diese Punkte Pulspunkte als Ausdruck von Rhythmus, als Ausdruck von Leben, Bewegung, Atem, Puls und Herzschlag.

Kreis, Kreuz und Punkte werden von den Kindern miteinander kombiniert und spiegeln die Erforschung der Innen- und Außenwelt, die Orientierung im Raum und der eigenen Grenzen wider. Geprägt sind diese Erfahrungen von Körpergefühlen und Körperwahrnehmungen.

◆ **Die Spirale**

Auch die Spirale gehört wie der Kreis und das Kreuz zu den Urformen der Menschheit. Sie wickelt sich von innen nach außen oder von außen nach innen. Sie steht entweder für die Bewegung hinaus in die Welt zum Du oder zurück in die symbiotische Sicherheit mit der Mutter oder dem eigenen Ich.

11 *Raumkonstruktion mit Leiter*

10 *Spiralen*

◆ **Kreuzungen**

Kreuzungen, Gitter oder leiterartige Gebilde zeichnet das Kind, um den Raum, das leere Papier zu strukturieren und zu ordnen.

◆ **Kasten und Raumbilder**

Ein Kasten entsteht, wenn das Kind den Raum, in dem es malen und agieren will, klar mit geraden Linien begrenzt. Dies ist ein sichtbares Signal für Raumwahrnehmung und die Grenzen des Raumes. Der Malraum wird mit verschiedenen Linien und Zeichen strukturiert.

12 *Eine Pfütze (Kasten als Raumbegrenzung)*

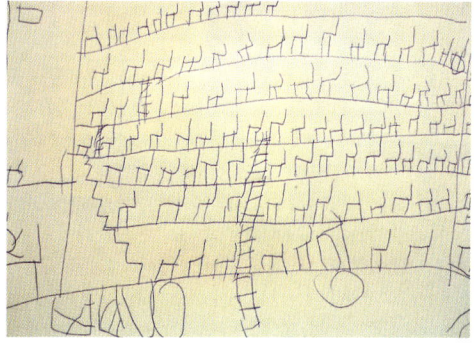

13 *Rhythmische Bearbeitung des Raumes mit Zeichen*

Anregungen für die gestalterische Arbeit mit Kindern und Jugendlichen

In dieser Phase ist es hilfreich, den Kindern großzügige Malflächen für das Malen mit Stiften und Finger-farben zu ermöglichen. So können sie ihre »Schmieraktivitäten« ohne Nachteile für die Umwelt ausle-ben, um ihre Erkenntnisse über Ursache und Wirkung zu vertiefen. Die Schmierspuren sind die Grund-lage für den Beginn der Linie, die sich mit der Verfeinerung der Motorik differenziert. Weiche Buntstifte, Wachsmalblöcke oder feste Wachskreidestifte sind die geeigneten Malmittel, um die Fähigkeiten über das Wiederholen zu üben. Das Malen im Stehen an einer Malwand unterstützt das Bedürfnis, den gan-zen Körper einzusetzen. Eine aufrechte Haltung fördert ein körperbetontes Malempfinden und stabili-siert das Bewusstsein.

Kinder brauchen in dieser Phase sinnliche Anregungen für ihre Erkenntnisprozesse – achten Sie auf Materialien und Techniken, die viel Körpererfahrung erlauben. Lesen Sie dazu auch Kapitel 21 »Kreatives Gestalten für Kinder unter drei Jahren«.

25.2.3 Die Urzeichen zu figurativen Darstellungen mit Bedeutung kombiniert

Gegen Ende der vorfigurativen Phase werden die Urzeichen zu figurativen Darstellungen kombi-niert. Zu den Körperwahrnehmungen kommen die Sprache und der Intellekt. Im 3. Lebensjahr sind die Kinder schon so sprachgewandt, dass sie ihre Zeichnungen benennen. Während am Anfang For-men willkürlich mit Sinn und Bedeutungen belegt werden bzw. sie nur eine individuelle Bedeutung für das Kind haben, lernt das Kind im Austausch mit Erwachsenen und durch Beobachtungen, dass bestimmte Formen einen allgemeinen Symbolge-halt haben, der über die eigene Bedeutung hin-ausgeht. Beispielsweise entspricht ein Kreis mit nach außen gerichteten Strichen erst einmal dem Körperempfinden von nach außen gerichteten Bewegungen – das ist der spontane zeichnerische Ausdruck. Im Gespräch lernt das Kind, dass dieses Symbol leicht variiert eine Sonne mit Strahlen oder Arme an einem Bauch oder Haare auf einem Kopf sein kann. Die emotionale Entwicklung des Kindes ist gekennzeichnet durch das erfolgreiche Ablö-sen von der Mutter, das Kind spricht nun von sich in der ersten Person. Je größer seine Ich-Kompeten-zen sind, desto mehr kann es seine Aufmerksam-keit nach außen richten. Beides findet Ausdruck in immer zahlreicheren Menschendarstellungen (sich selbst und andere) und in dem Interesse, die Erfah-rungen mit der Umwelt erzählerisch darzustellen.

Sobald das Kind zeichnerischen Ausdruck der Körperempfindungen mit einer allgemeinen Bedeutung verbindet, entsteht absichtsvolles Malen. Das Kind beginnt figurativ zu zeichnen und will etwas Bestimmtes darstellen, beginnt gegen-standsbezogen zu zeichnen.

25.3 Die figurative Phase bzw. der Beginn des kindlichen Realismus (Alter ca. 3 – 6 Jahre)

Dem Kind steht nun ein Repertoire an Grundfor-men zur Verfügung, die es von den motorischen und kognitiven Fähigkeiten her bewältigt, und es versteht die Bedeutungen einfacher Symbole und beginnt, diese entsprechend zu geplanten Figuren zu vereinen. Die erworbenen Grundformen werden immer weiter differenziert, immer mehr Details des Dargestellten werden abgebildet, um Unterschiede sichtbar zu machen. Hauptthema der ersten gegen-ständlichen Darstellungen ist der Mensch. Dies ist die Zeit, in der die »Kopffüßler« entstehen.

Wichtigstes Merkmal des kindlichen Realismus ist: Das Kind malt, was es weiß – nicht, was es sieht.

◆ **Der Kopffüßler – Entwicklung der Menschen-darstellung**

Als Ausdruck der wichtigsten Körperempfindungen besitzt der Kopffüßler ein Zentrum, von dem aus Bewegungen in die Welt gehen. Alles ist Kopf. Kopf und Rumpf werden noch nicht getrennt gemalt: Arme und Beine sind als Striche an dieses kreisförmige Zentrum gehängt. Hände und Füße werden noch nicht differenziert, auch die richtige Fingerzahl wird erst später erfasst und abgebildet. Augen und Mund als wichtige Wahrnehmungsorgane sind deutlich erkennbar abgebildet.

Bis zur realistischen Darstellung des Menschen gibt es verschiedene Übergangsstadien, in denen die Kinder immer stärker die Körperproportionen bildnerisch erfassen. Wie die Entwicklung der Menschenzeichnungen in der gesamten Menschheitsgeschichte verwendet das Kind in jedem Fall eine

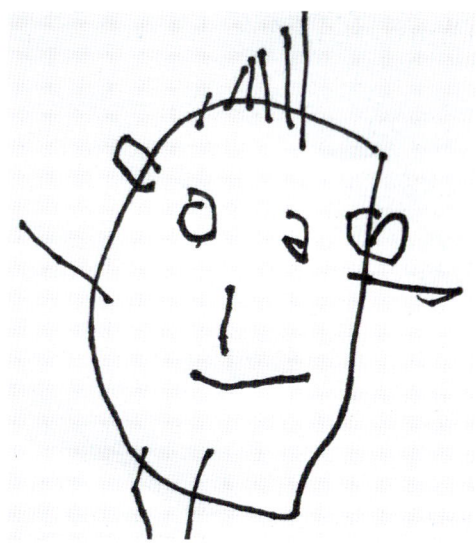

14 *Kopffüßler*

15 *Entwicklung der Menschendarstellung: Lächelnder Kopffüßler*

16 *Kopf und Bauch sind hier am wichtigsten*

17 *Hier ist schon der ganze Mensch in seiner Grundstruktur erfasst*

18 *Der Beginn organische Körperformen zu zeichnen*

19 *Selbstdarstellung mit Fingern und Zehen*

20 *Übergangslösungen der Menschdarstellung*

21 Röntgenbild, Junge (8 Jahre)

22 Ausflug mit dem Pferdewagen

vertikale Achse, zu der figürliche Merkmale gemalt werden. Auch der Zeitpunkt dieses Entwicklungsschrittes findet als kulturelle Universalie auf der ganzen Welt statt. Jedoch gibt es Unterschiede in der weiteren Zeichensprache. In Gesellschaften, die das Individuum in den Mittelpunkt stellen, zeichnen sich Kinder größer und gern mit freundlicher Mimik, während Kinder aus Gesellschaften, die die Gruppe in den Vordergrund stellen, sich kleiner und seltener mit Gesicht malen. Beides sind unterschiedliche Anpassungsstrategien, die man bei der Betrachtung von Selbstdarstellungen der Kinder beachten muss, um keine falschen Schlüsse zu ziehen. Die Darstellung von Menschen bleibt bis zum Grundschulalter eine Frontalansicht (außer den Füßen). Erst dann erscheint der gesamte Mensch im Profil.

Die figurative Phase bzw. der kindliche Realismus ist durch folgende Gestaltungsmerkmale gekennzeichnet:

◆ **Röntgenbilder:** Da das Kind malt, was es weiß, und nicht das, was es sieht, entstehen Röntgenbilder, in denen das Innenleben von Häusern, aber auch von Tieren und sogar von Menschen sichtbar wird.

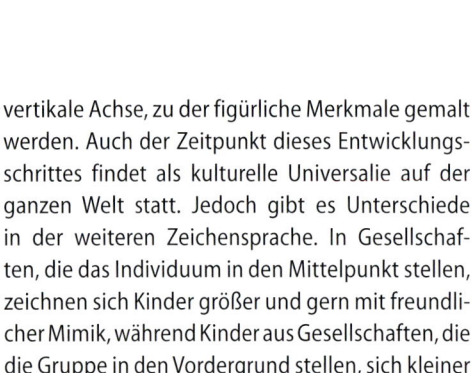

23 Nach dem Zahnarztbesuch, Hermann (5,1 Jahre)

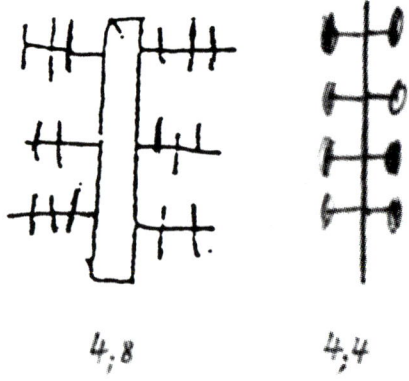

24 Frühe Baumzeichnungen, Kinder (4,8 und 4,4 Jahre)

◆ **Dreidimensionalität.** Das Kind beherrscht das perspektivische Malen noch nicht. Deshalb hat eine Kuh vier gleich lange Beine und zwei Ohren nebeneinander (»ich weiß, eine Kuh hat vier Beine und zwei Ohren«). Was weiter weg ist, wird an den oberen Bildrand, nähere Objekte an den unteren Bildrand gemalt – aber alles gleich groß.

◆ **Simultanbild.** Auf einem Bogen Papier werden zeitlich und/oder räumlich getrennte Aktivitäten nebeneinander dargestellt, z. B. das Kuchenbacken in der Küche und das Kuchenessen im Wohnzimmer. Da Kinder in dieser Phase räumliche Überschneidungen und Überdeckungen vermeiden, zeichnen sie nebeneinander, was eigentlich hintereinander steht oder nacheinander passiert.

◆ **Größe und Proportion.** Größen und Proportionen entsprechen auf den Bildern nicht der Wirklichkeit, sondern der erzählerischen Bedeutung, die das Kind ihnen gibt, z. B. Mutter und Vater werden überproportional dargestellt, weil sie für kleine Kinder besonders wichtig sind.

◆ **Formen und Farben.** Sie haben oft symbolischen Charakter, so hat z. B. das Pferd einen grünen Bauch, weil es gerade grünes Gras gefressen hat, oder das klischeehafte Sonnengelb wird zum symbolischen Rot, weil das Kind die Sonne als sehr heiß empfindet, oder der Hund hat eine ganz lange Nase, weil er damit gerade schnuppert.

◆ **Der rechte Winkel.** Um verschiedene Richtungen klar abzugrenzen, wird der rechte Winkel als Merkmal verwendet, z. B. wird der Schornstein rechtwinklig an das Dach gezeichnet, Zweige werden senkrecht vom Stamm abgezweigt.

◆ **Erzählbild.** Gern erzählen die Kinder, während sie malen, und entsprechend passieren auf dem beendeten Bild viele Erlebnisse gleichzeitig – es entsteht ein Erzählbild, das einlädt, mit dem Kind ins Gespräch zu kommen. Da kann deutlich werden, wie Kinder ihr Wissen und ihre Vorstellungen über die Welt in Bildern verbindend dar-

stellen. Natürlich greift das Kind auch Symbole aus der Umwelt auf und fügt sie in das Bildgeschehen ein. Zur Geschlechtsidentifizierung im Bild greifen die Kinder auf die Stereotypen von Hose und Rock zurück.

◆ **Streubilder.** Alle Objekte werden frei über das Papier gestreut, ohne Rücksicht auf Perspektive.

◆ **Bewegung.** Kinder versuchen, nicht nur ruhende Objekte zu malen, sondern zeigen auch bewegte Figuren. Das erreichen sie, indem sie die bewegten Linien wiederholen, z. B. rotierende Räder.

25 *Erzählbilder*

26 *Ein Streubild mit verschiedenen Merkmalen des kindlichen Realismus*

27 *Omnibus in voller Fahrt, Hermann (3,6 Jahre)*

Anregungen für die gestalterische Arbeit mit Kindern und Jugendlichen

Es sollten von klein auf verschiedenste Materialien, Techniken und Werkzeuge angeboten werden. Die Kinder haben so die Möglichkeit, sich früh ein Repertoire an (auch motorischen) Erfahrungen und Einsichten über künstlerische Möglichkeiten und Ausdrucksformen anzulegen. Bieten Sie möglichst oft keine oder offene Themen an sowie Experimente mit guten Materialien. Ermöglichen Sie, auf großen Formaten auf unterschiedlichen Malgründen zu arbeiten, da es dem Bewegungsbedürfnis der Kinder entgegenkommt. Beobachten Sie, wie sich die feinmotorischen Bewegungen entwickeln, um entsprechende Angebote machen zu können. Eine gute Kraftdosierung, geschmeidige Handgelenksbeweglichkeit, Handgelenksdrehfähigkeit sowie eine isolierte Fingerbeweglichkeit sind wichtige motorische Voraussetzungen für das Schreibenlernen.

Um den Kindern Perspektivwechsel zu ermöglichen, ist es gut, diese auch räumlich zu erfahren. Lassen Sie die Kinder z. B. auf einem Papier malen, das an die Tischunterseite geklebt ist, oder erlauben Sie, dass die Kinder (entsprechend gesichert) auf dem Tisch hockend malen. Ermöglichen Sie vielfältige visuelle Wahrnehmungen, indem Sie den Kindern entsprechende Materialien zum Betrachten und Zeichnen anbieten und auch draußen direkt in der Natur Zeichenerfahrungen sammeln lassen.

Aufgaben

1. Sammeln Sie in Ihren Einrichtungen Kinderzeichnungen (vielleicht haben Sie auch noch Werke aus der eigenen Kindheit?) und versuchen Sie, die Zeichnungen den verschiedenen Phasen zuzuordnen. Begründen Sie Ihre Zuordnungen.

2. Beobachten Sie Kinder beim Zeichnen und notieren Sie den Entstehungsprozess. Tauschen Sie sich über Ihre Beobachtungen aus.

3. Gibt es Kinder, für die Förderimpulse sinnvoll wären? Wie könnten die Fördermaßnahmen aussehen? Stellen Sie Ihre Überlegungen dem Plenum vor und diskutieren Sie diese.

25.4 Die Phase des visuellen Realismus (Grundschulkind)

Im Laufe der Zeichenentwicklung verschwinden mehr und mehr die Merkmale einer Kinderzeichnung und eine wirklichkeitsgetreue Wiedergabe rückt in den Vordergrund. Das Grundschulkind mit ca. 6 oder 7 Jahren bis ca. 9 Jahren hat ein entwickeltes Körperbild, erfasst differenziert Details und benutzt Symbole in seinen Bildern. Nun wird der Wunsch nach Annäherung an die Realität größer und das Kind stellt entsprechend höhere Ansprüche an sich. Es zeichnet nicht mehr alles, was es weiß, sondern nur noch die sichtbaren (visuellen) Dinge. Individuelle, emotionale Symbole verschwinden. Es bemüht sich um Perspektiven und passt Farben, Formen und Proportionen der Wirklichkeit an. So werden Menschendarstellungen nicht mehr mit den geometrischen Grundformen, sondern mit **organischen Körperformen** gezeichnet.

Nun werden auch Körperbewegungen dargestellt. Wenn das Kind differenziertere Richtungsangaben als den rechten Winkel zeichnen kann, ist es ihm möglich, auch **Bewegungshaltungen** auf dem Papier zu zeigen.

Das Kind versucht sich an Bildern mit **Grund- und Aufriss**, um seine Raumwahrnehmungen zweidimensional auf das Papier zu bringen. Die Gegenstände werden wie auf einer Landkarte angeordnet (**Landkartenbilder**).

Erste **perspektivische Versuche** stehen für eine Annäherung, das Gesehene ebenso abzubilden. Dazu gehören auch **Überschneidungen**, die Raumtiefe andeuten.

28 *Mädchen, Kohle und Pastell, Minthe (8 Jahre)*

Während das Kind anfangs seine gemalten Objekte über das ganze Papier streute (Streubilder), ist ihm nun eine symbolische **Standlinie**, die extra am unteren Bildrand gezogen wird, wichtig. Auch der Himmel besteht anfänglich nur aus einer Linie am

29 *Ein Pferd, das frisst und pinkelt, Anne (7 Jahre)*

30 *Hund in Bewegung, Bleistift, Minthe (9 Jahre)*

oberen Bildrand. Mehrere Standlinien übereinander werden **Streifenbilder** genannt.

Farben werden nun meist als tatsächliche **Objektfarbe** wiedergegeben.

Diese vielen Ansprüche nach wirklichkeitsgetreuer Darstellung stellen das Kind vor neue Probleme, die es nur mit viel Üben und Beobachten malerisch lösen kann. Das Interesse am konstruierten und genauen Abbilden wächst – die Kinder entwerfen geometrische Mandalas (siehe Kapitel 6). Sie pausen Bilder aus Büchern ab und zeichnen mit dem Lineal genaue Linien. Manche Kinder malen in dieser Phase lieber nur noch vorgefertigte Bilder aus oder kopieren Vorlagen, weil sie Angst haben, »Fehler« zu machen. Zu dieser Zeit ist die Gefahr der Entmutigung sehr groß – vor allem, wenn Erwachsene »richtige« Abbildungen erwarten. Kommt in der Schule noch das Bewerten der Werke dazu, verweigern sich viele Kinder, ihren eigenen kreativen Weg zu finden.

31 *Polizist regelt den Straßenverkehr, Junge (6 Jahre)*

32 *Ritt über Wasser, Pastellkreide, Minthe (8 Jahre)*

33 *Hochzeitsgesellschaft, Anne (7 Jahre)*

Anregungen für die gestalterische Arbeit mit Kindern und Jugendlichen

Empfehlenswert ist es, neben beobachtendem Zeichnen von wirklichen Gegenständen abstrakte oder gegenstandslose Kunstwerke als Alternativen und Vorbilder vorzustellen sowie entlastende Techniken und Experimente anzubieten.

Wichtig ist, dass die Kinder nicht durch überzogene – fremde wie eigene – Ansprüche blockiert und gehemmt werden, sondern weiter im kreativen Schaffen Ausdruck und Entspannung finden. Allein schon die weitere Auseinandersetzung mit Material und Techniken wird Auge und Hand sowie eine kreative Haltung schulen. Sie können den Kindern auch Konstruierhilfen an die Hand geben, z. B. über die Proportionen eines Gesichtes.

25.5 Malen ist kein Muss

Das Wissen über die Zeichenentwicklung eines Kindes ist immer auch ein hilfreiches diagnostisches Mittel, um den Entwicklungsstand feststellen zu können. Es lässt sich erkennen, wo ein Kind Unterstützungs- und Förderbedarf hat.

Es gibt jedoch Kinder, die nicht gern malen, und zwar aus den verschiedensten Gründen: Sie toben lieber, sie haben Schwierigkeiten mit der Handmotorik, sie sehen schlecht, sie ekeln sich vor flüssigen Farben, sie bauen lieber mit Sand und Steinen usw. Durch Beobachtung ist jedoch auch in diesem Fall festzustellen, welche Materialien, Techniken, Themen oder Situationen das Kind motivieren. Berücksichtigt werden sollte dabei, dass alle Kinder die verschiedenen Phasen, sich Formen und Zeichensymbole anzueignen, durchlaufen – manche früher, manche später.

Statt das Kind zu verbessern oder zu belehren, können andere Wahrnehmungen und Übungen eine gute Grundlage für die gesamte Entwicklung liefern, z. B.:

◆ Handmotorik kann auch mit plastischem Gestalten gefördert werden.
◆ Intensives Körperbewusstsein (alle Finger, Füße malen) kann auch in den Bereichen Bewegung und Spiel unterstützt werden.

Wenn unterschiedliche Angebote gemacht werden, entstehen meist von allein die entsprechenden Formen und Symbole.

Mit psychologischen Interpretationen eines Bildes sollte vorsichtig umgegangen und eine Fachkraft zurate gezogen werden, bevor übereilte und falsche Schlüsse gezogen werden. Kinder verwenden nämlich oft bestimmte Farben und Formen einer eigenen Symbolsprache, die dann nicht mit der allgemeinen Symboldeutung übereinstimmt. Wichtig ist es immer, das Gespräch mit dem Kind zu suchen, weil sich nur so die Bildaussage schlüssig nachvollziehen lässt.

25.6 Die Zeichenentwicklung des Jugendlichen

Jugendliche in der Adoleszenz stoßen in ihrer Auseinandersetzung mit der Welt, mit der Hinterfragung bestehender ethischer Werte und mit der Frage, wie sie diese Themen realistisch wie symbolisch abbilden, leicht an ihre Grenzen. Sie benötigen gerade in dieser Zeit die fachkundige Unterstützung, um naturgetreue Darstellungen zu bewältigen.

Gefühlsbetonte Themen wie Liebe, Einsamkeit, Gerechtigkeit, Krieg, Selbstvertrauen und Selbstzweifel prägen die Bildinhalte. Bildmotive sind oft von Erotik, Brutalität, Romantik, Liebes- und Todessehnsucht bestimmt. Auf der Suche nach Leitbildern werden Poster und Abbildungen von Stars aus der Film- und Musikszene gesammelt und abgezeichnet. Diese Starabbildungen liefern auch gute Ansätze für Collagen.

Kreatives Gestalten bezieht sich bei Jugendlichen auch auf das **visuelle Umfeld:** Kleidung, Wohnung und Verkehrsmittel sowie die Präsentation und Gestaltungen im Computer/Internet (siehe Kapitel 39–42 Medien).

34 *Lebensbaum, Mädchen (15 Jahre)*

36 *Hund, Ölkreide, genaue Beobachtung und Farbver-fremdung, Minthe (13 Jahre)*

35 *Bleistiftzeichnung, Michelle (17 Jahre)*

In dieser Zeit kleiden sich die Jugendlichen gern schwarz und ziehen es vor zu zeichnen, statt farbig zu malen. Zeichentechniken und Themen, die auf genauer Beobachtung sowie auf der Gestaltung von Hell-Dunkel-Kontrasten oder Schattenstudien (mit Schraffuren) beruhen, finden großen Anklang (siehe Kapitel 3 »Gestalten mit Linien«). Wenn Jugendliche farbig gestalten, beginnen sie, in ihren Bildern Farben differenziert zu mischen, um eine möglichst realistische Wiedergabe auch in Abhängigkeit von Licht und Schatten zu erreichen. Hier bietet sich ein großes Aktionsfeld, künstlerische Impulse zu geben(zum Beispiel mit Verfremdung spielen).

Die **Parallel- und Zentralperspektive** wird von Jugendlichen erst in der Schule erlernt bzw. erarbeitet. Dabei geht es darum, Raumwahrnehmungen mit ihrer gesamten Tiefenwirkung zu gestalten.

Dafür ist aber eine fachliche Anleitung notwendig – sonst bevorzugen Jugendliche eine Darstellungsart ohne Raumbezug.

Menschendarstellungen werden organisch mit entsprechenden Details gezeichnet. Das eigene Gesicht/Porträt oder eine Selbstdarstellung und auch spielerische Verfremdungen davon können in dieser Zeit der Neuorientierung und Selbstsuche ein passendes Thema sein.

Viele Jugendliche entwickeln ihre gestalterischen Fähigkeiten aus Enttäuschung oder Ablehnung nicht weiter. Gerade hier sind motivierende Angebote im abstrakten und experimentellen Bereich notwendig, um das kreative Potenzial der Jugendlichen auf jeden Fall weiterzuentwickeln (siehe auch Kapitel 16 »Projektaktivität: Gestalten von Graffiti). Eine gute Möglichkeit ist es, die Jugendlichen gesellschaftlich partizipieren zu lassen, indem sie gemeinnützige Räume gestalten oder großformatig eigene Theaterkulissen bauen und malen.

37 *Zeichnung, Nadine (17 Jahre)*   38 *Perspektive, Nadine (16 Jahre)*   39 *Porträt von Jonas (14 Jahre)*

26 DIE ENTWICKLUNG DES PLASTISCHEN GESTALTENS DES KINDES UND JUGENDLICHEN

26.1 Bedeutung des plastischen Gestaltens

Wenn wir ein Ding hören, sehen oder riechen, können wir meist nicht sicher sein, ob dieses Ding tatsächlich existiert. Erst wenn wir das Objekt berühren und in seinen Eigenschaften fühlen können, nimmt es Realität an und gibt uns die innere Sicherheit von Existenz, versichert uns auch der eigenen physischen Lebendigkeit. Das Tasterleben ist somit eine grundlegende Erfahrung von Leben. Diese Erfahrungen machen wir Menschen mit den Berührungen der ersten Bezugspersonen. Die Befriedigung dieser sinnlichen Tasterfahrungen, verbunden mit den anderen Sinnen, ist notwendig für eine gesunde emotionale wie kognitive Entwicklung. Aus dem passiven Berührt-Werden wird aktives Greifen. Das Kind begreift seine Welt über taktile Sinneswahrnehmungen.

Mit wachsendem Alter spielen nicht nur Materialerfahrungen, sondern auch das aktive Orientieren und Gestalten im Raum eine wichtige Rolle. Auf der Grundlage von Bedeutungen und Symbolen wächst der Wunsch erst nach Ausdruck und Materialerfahrung, dann nach abbildendem Gestalten, also Bauen von dreidimensionalen Objekten der Umwelt. Beim handwerklichen, künstlerischen Gestalten erfolgt eine noch größere Auseinandersetzung mit Techniken des Aufbauens, Trennens, Abtragens, Verformens, Konstruierens und Montierens als beim bildnerischen Gestalten. Dies alles sind wesentliche Grunderfahrungen in der Materialbearbeitung. Auch physikalische Phänomene und Naturbeobachtungen spielen eine wichtige Rolle und lassen sich hervorragend mit einbeziehen, z. B. bei der Holzbearbeitung muss die Wachstumsrichtung des Holzes beachtet werden.

1 *Erste Berührungen*

2 *Ich feile Rillen! Tina (2,5 Jahre)*

26.2 Vom forschenden Tasten zum Ausdruck (Alter ca. 1–2 Jahre)

Bisher gibt es nur wenige Untersuchungen über die Entwicklung plastischen Gestaltens bei Kindern. Dieses Kapitel stützt sich weitestgehend auf die Überlegungen von Daniela Braun.

Wie die Zeichenentwicklung ist auch die Entwicklung des plastischen Gestaltens von kognitiven, motorischen und emotionalen Fähigkeiten abhängig.

Mit etwa 5 Monaten kann ein Kind gezielt greifen, um diesen Gegenstand zu erforschen. Bewegen, betasten, begreifen sind die wichtigen Erkundigungstätigkeiten. Nach Hetzet und Todt haben jüngere Kinder anfangs eher Interesse an der Größe eines Objektes, erst später wird die Formenvielfalt wichtiger. Mit ca. einem Lebensjahr beginnen Kinder also, nicht nur Farben, sondern auch Formen zu erfassen.

Bearbeitung von Ton in verschiedenen Altersstufen

- **Mit ca. einem Jahr** erforscht ein Kind ein Stück Ton. Es ist ein hervorragend geeignetes Material für die Kleinsten, da es als reines Naturmaterial nicht gefährlich werden kann. Der Klumpen Ton wird mit beiden Händen bearbeitet, geschlagen, geschmiert, gebohrt, aus den Fingern gequetscht oder zerrieben, zerpflückt oder geworfen und mit Gegenständen bearbeitet. Diese Tätigkeit ist wie das Schmieren mit Farbe von der Funktionslust sowie dem Wiederholen und Beobachten der Bewegungen geprägt. Diese Bewegungen werden noch nicht mit einem Gestaltungsziel ausgeführt. Hauptsächlich wird das Material an sich in seinen Eigenschaften erforscht.
  Mit der Zeit differenziert das Kind seine Handmotorik, d.h., die Hand und einzelne Finger werden gezielt eingesetzt. Das Kind erkennt, dass bestimmte Bewegungen bestimmte Formspuren hinterlassen. Mit dem Anwenden des **Zangen- und Pinzettengriffs** entstehen neue Knetbewegungen. Das Kind bemerkt auch, dass unterschiedlicher **Krafteinsatz** unterschiedliche Auswirkungen hat. Es kann einen Klumpen Ton zerquetschen oder platt schlagen. Diese Erfahrungen kann es nur mit veränderbarem Material machen, also nicht mit festen Bauklötzen.

- **Bis zum Alter von etwa 3 Jahren** arbeiten Kinder prozessorientiert, ohne den Wunsch, ein lange haltbares Produkt herzustellen. Die feiner werdende und rhythmisch eingesetzte Handkoordination zeigt sich in runderen Formen, erste Würste können gerollt und Kugeln auf der Tischplatte mit dem Handinneren geformt werden. Dafür ist auch eine gute Augen-Hand-Koordination erforderlich. In der Zeichenentwicklung ist dies – zum Vergleich – die Phase, in der das Kind die Geschwindigkeit seiner Bewegung kontrollieren kann und Kritzelknäuel sowie einzelne Linien malt und zum geschlossenen Kreis gelangt.
  Wie beim Zeichnen erfährt das Kind auch beim plastischen Gestalten über den Austausch mit Erwachsenen etwas über die allgemeine Bedeutung einzelner Formen wie Schlange, Wurst oder Ball. Es beginnt, bewusst eine Form nachzubilden.

3 *Jan erforscht den Ton (2,8 Jahre)*

Anregungen für die gestalterische Arbeit mit Kindern und Jugendlichen

Für die Entwicklung der gesamten Handmotorik ist es förderlich, den Kindern weiche Knetmassen anzubieten. Aufgrund seiner elementaren Eigenschaften für verschiedenste Sinneswahrnehmungen eignet sich Ton besonders gut, da er immer wieder mit Wasser aufbereitet werden kann. Kleinere Kinder sollten feuchten, leicht zu bearbeitenden **Ton** erhalten. Das rhythmische Rollen der Hände, um eine Kugel auf dem Tisch oder frei in der Hand zu formen, ist eine große motorische Herausforderung, da beide Handflächen gegenläufig bewegt werden. Diese motorischen Fähigkeiten sollten immer wieder angeregt werden.

Zauberwolle

Fertige **Knetmasse** ist meist bunt eingefärbt und beim Mischen entsteht eine schmutzig graue Masse, die schnell austrocknet und zerbröselt. Selbst hergestellte Knetmasse aus Mehl, Alaun und Wasser oder Salzteig ist sehr geschmeidig und samtig weich. Um verschiedene sinnliche Anregungen und Erfahrungen zu ermöglichen, sollten den Kindern großzügig verschiedene Plastiziermaterialien angeboten werden. Auch Zauberwolle, Sand oder Wachs kann dazugehören.

Knetmasse

Die geformten Teile sollten wie Bilder einen Ausstellungsplatz erhalten. Nach ein paar Tagen, wenn das Interesse erlischt, kann die Knetmasse weiterverwertet werden. Auch wenn Kindern in dieser Phase der Prozess des Erforschens wichtiger ist als ein Endprodukt zu gestalten, sollte das Material nur dann sofort in den Materialbehälter zurückgegeben werden, wenn die Kinder von sich aus ihre Formen gleich wieder zusammenkneten. Wenn Kinder dazu neigen, ihre beendeten Formen erhalten zu wollen, ist das ein Zeichen dafür, dass ihnen auch das Ergebnis als Ausdruck und Mitteilung wichtig ist.

26.3 Bedeutung gebendes Gestalten (Alter ca. 3–6 Jahre)

Über Gespräche und Beobachtung anderer Gestaltungen erfahren Kinder, dass sie ihren Formen **Bedeutungen** und Namen geben können. Nun beginnt eine neue Phase, in der sie gezielt erkennbare Formen gestalten. Dabei gestalten die Kinder viele Darstellungen noch in der Fläche bzw. als Relief. Schwierige Teile wie ein Gesicht werden oft flächig mit Kratzen und »Aufkleben« von Augen, Nase und Mund gearbeitet. Aufrecht stehende Menschen und Tiere stellen das Kind anfangs noch vor zu große statische Probleme und werden daher ebenfalls flächig gestaltet. Nur sehr einfache Dinge wie eine Frucht oder ein Haus werden in einem Stück dreidimensional gebaut.

Wie bei Bildern erzählen die verschiedenen Formen eine Geschichte, ein Erlebnis. Schon beim Herstellen erzählen die Kinder oft, was alles passiert. Die Formen besitzen einen eigenen Ausdruck von der geistigen Auseinandersetzung, die das Kind mit der Welt führt.

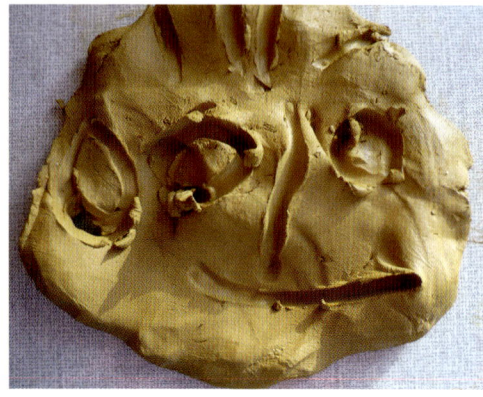

4 *Ton als Fläche zum Zeichnen, Gesicht, geritzt in eine Tonplatte*

Anregungen für die gestalterische Arbeit mit Kindern und Jugendlichen

Zusätzliches Werkzeug wie Stöckchen, Messer, Schaber, Drähte und Naturmaterialien unterstützen den erzählenden Charakter.

Mit ihrer immer größer werdenden Erfahrung setzten sich die Kinder auch mit statischen Problemen auseinander und erproben ihre dreidimensionale Gestaltung als Körper im Raum. Durch einfache Anleitungen können leicht Impulse zu erfolgreichem dreidimensionalen Gestalten mit plastischen Materialien gegeben werden (siehe Kapitel 28 »Tonerlebnisse statt Tonergebnisse«). Die Kinder setzen sich dabei mit den Grenzen von Material und Machbarkeit auseinander und können eventuell mithilfe von Zusatzmaterial wie Draht oder Holz diese Grenzen erweitern.

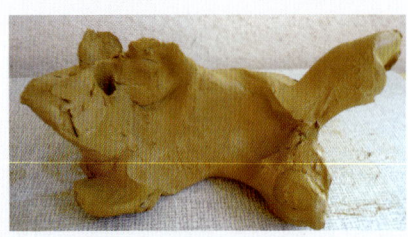

Schlafendes Tier aus Ton

Quetschfiguren aus Ton, Lisa, Samira (je 5 Jahre)

26.4 Von der Fläche in die Höhe – dreidimensionales Bauen und Konstruieren

Die visuelle und taktile Wahrnehmung von Farbe, Größe und anderen räumlichen Gegebenheiten ist die Basis für Raumwahrnehmung überhaupt. Kinästhetische und vestibuläre Erfahrungen befähigen das Kind immer mehr, selbst **zu konstruieren** und zu interpretieren. Seine kognitiven Fähigkeiten werden angeregt und weiterentwickelt. Räumliches Vorstellungsvermögen hat einen großen Einfluss auf die Schreib- und Lesefähigkeiten sowie auf alle **mathematisch-logischen Denkprozesse**.

In den plastischen Gestaltungsprozessen entscheidet das Kind immer öfter über verschiedene Ausdrucks- und technische Umsetzungsmöglichkeiten, z. B. können Augen als Höhlung, als gekratzter Strich oder aufgedrückte Kugel dargestellt werden. Die **Differenzierungen** werden umfangreicher und das Kind erarbeitet sich ein Repertoire an **räumlichen Ordnungen** und Strukturierungen.

Eine differenzierte Wahrnehmung von Objekten und deren Gestaltung verstärkt die Raumwahrnehmung. Ein Haus hat eine Tiefe, Höhe und Breite und ist in seiner Wirkung abhängig von dem umgebenden Raum. Hausobjekt und Raum gestalten sich gegenseitig. Beispielsweise wirkt auf einer großen Wiese ein kleines Haus anders als in einem kleinen Garten, umgekehrt verändert ein großes Haus die Wirkung einer kleinen Fläche. Diese räumlichen Wirkungen können die Kinder beim dreidimensionalen Gestalten im Raum bewusst wahrnehmen. Will es sein Tonmodell ins Regal stellen, muss es ein Fach finden, das hoch und tief genug ist. Plastisches Gestalten und dreidimensionales Gestalten ermöglichen also verschiedene alltagstaugliche Erfahrungen zur **Raumorientierung** und zu **Raumdimensionen**.

Auch das **Entfernungssehen, die Tiefenwahrnehmung sowie die Distanz** unter den Objekten und zum Betrachter sowie die Beachtung verschiedener Proportionen werden geübt. Diese Fähigkeiten sind besonders wichtig im Verkehr, um die Entfernung herannahender Fahrzeuge einschätzen zu können. Das Kind entwickelt aus seinen Erfahrungen ein Raumgefühl, wie es die Objekte in Bezug auf den eigenen Körper im Raum erkennt. Je häufiger ein Kind mit großzügigen Raumobjekten experimentieren kann, desto eher lernt es, mit raumgestaltenden Mitteln umzugehen.

Das Bauen und Konstruieren von großen, manchmal sogar überlebensgroßen Gestaltungen gibt den Kindern ein starkes Selbstbewusstsein, da seine Selbstwirksamkeit deutlich sichtbar ist. Erweitern Sie die plastischen Materialien um Materialien wie Holzreste, Gips, Draht und Papier, um solche raumgreifenden, dreidimensionalen Gestaltungen zu ermöglichen (siehe auch die folgenden Kapitel im Teil Plastisches Gestalten). Das Bearbeiten von Stein und Holz vermittelt wieder andere Raumeindrücke. Einem frei im Raum stehenden Objekt aufrecht gegenüberzustehen, bringt ganz wesentliche Körper-, Bewusstseins- und Raumwahrnehmungen mit sich. Hier können auch intensive naturnahe Erfahrungen in der Naturwerkstatt (LandArt) für Kinder vermittelt werden.

Plastisches und dreidimensionales Gestalten verschafft dem Kind ganz eigene Erlebnisse, sich im Raum zu erfahren und diesen mit eigenen Plastiken und Objekten zu verändern.

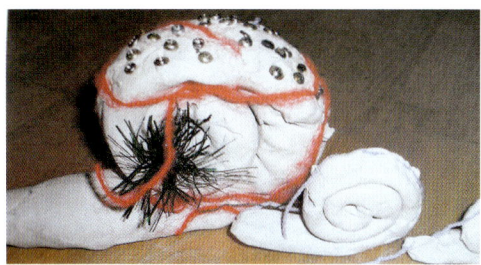

5   *Schnecke aus Ton mit Restmaterialien, verziert*

6   *Holztier, Malin*

Anregungen für die gestalterische Arbeit mit Kindern und Jugendlichen

Mit Materialien wie Kaninchendraht und Papier, Kartons und Holzbrettern können sehr große, die Raumwirkung verändernde Objekte geschaffen werden. Kinder erfahren dabei andere Materialien in ihren Eigenschaften und Qualitäten bezogen auf Stabilität und Gleichgewicht. Neue raumgreifende Konstruktionen, z. B. aus Draht und Papier oder Gips, werden möglich, vielleicht sogar Objekte, die selbst begehbar sind – ein Raum im Raum. Auch stehende und hängende Objekte können gestaltet und die durch sie erfolgte Veränderung des Raumes erlebt werden.
Selbst gestaltete Raumteiler aus Kaninchendraht, in den auch kleinere Kinder Dinge hängen oder knüpfen können, ermöglichen neue Raumerfahrungen.

Zum dreidimensionalen Gestalten gehört nicht nur das bisher beschriebene plastische Gestalten, sondern auch das Bauen. Informationen über die Entwicklung des Bauens sowie Anregungen für die Bauecke befinden sich im Kapitel 38 »Kleine und große Bauwerke«.

Aufgaben

Neben dem Bauen von großen dreidimensionalen Objekten ist auch das Gestalten von ganzen Räumen zu Kunstwerken eine eigenständige Kunstform.

1. Informieren Sie sich über die Bedeutung von Rauminstallationen.

2. Welche Künstler/-innen haben die Rauminstallationen gebaut?

3. Überlegen Sie, welche Erfahrungen und Anregungen die Auseinandersetzung mit Rauminstallationen für Kinder und Jugendliche haben kann.

7 *Kunststöcke gestalten einen Außenraum,*
Gemeinschaftsarbeit Jugendliche

27 DREIDIMENSIONALES GESTALTEN – KÖRPER UND RAUM

27.1 Bedeutung des plastischen Gestaltens

Malen und Zeichnen ist Arbeiten im zweidimensionalen Raum, gebunden an die begrenzte Fläche von Papier, Leinwand oder ähnlichem Malgrund. Plastizieren, Bauen und Konstruieren ist Arbeiten im dreidimensionalen Raum und ermöglicht ganz neue Erfahrungen, auch mit neuen Materialien. Raumgreifende Gestaltungen haben eine ganz eigene Wirkung und fordern Gestalter wie Betrachter, sich körperlich dazu in Beziehung zu setzen.
Plastisches Gestalten mit verschiedenen Materialien regt die Auseinandersetzung mit den Möglichkeiten und Grenzen dreidimensionalen Gestaltens an. Je nach Material erhalten die Plastiken verschiedene Charaktere. So werden Drahtplastiken eher klein, während beim Arbeiten mit Naturfundstücken sehr große Werke entstehen können. Auch die

1 *Pablo Picasso: Frau mit Kinderwagen, Plastik aus Bronze, 1950*

Erfahrungen mit Statik und Gleichgewicht hängen stark von den einzelnen Materialien ab. Wichtig ist es, den entstandenen Werken zur Präsentation ein Podest und den entsprechenden Raum zu geben.

Dreidimensionale Kunst braucht die drei Dimensionen dieser Welt.

Je früher und uneingeschränkter Kinder verschiedenste Materialien für dreidimensionales Gestalten im Raum ausprobieren können, desto eher sind sie mit ihrer Handhabung und ihren Möglichkeiten sich auszudrücken und damit zu gestalten vertraut. Unterschiedliche Arbeitsmethoden und der Werkzeuggebrauch vermitteln den Kindern auf experimentellem und spielerischem Wege handwerkliche Kompetenzen, andere Sehgewohnheiten und unterstützen die Gesamtentwicklung.
Plastisches Gestalten mit alternativen Materialien als Knete wird in den Kindertagesstätten eher selten angeboten, dabei ist der Umgang mit Dreidimensionalität und Raum beispielsweise wichtig für die geistige Entwicklung mathematischer Grundlagen. Auch das Schreibenlernen braucht ein sicheres Gefühl für Raumorientierung und deren Anwendung.
Im Kapitel 28 »Tonerlebnisse statt Tonergebnisse« wird das Material Ton als ein Urmaterial, was alle Altersstufen ab 1–2 Jahren zum Gestalten anregt, vorgestellt. Mit Ton können grundlegendste Erfahrungen mit weichem plastischen Material, das leicht formbar ist, und mit dreidimensionalem Gestalten erworben werden. Materialien wie Gips, Holz oder Stein bieten ganz neue Reize und Herausforderungen. Schon die Herangehensweise zum Beispiel an das feste Material Stein oder Holz braucht ganz eigene Vorraussetzungen. Es vermittelt neue raumgreifende Erlebnisse. Die Ergebnisse des Gestaltens zum Beispiel mit Draht und Gips bringen meist zarte Gestalten hervor, das Arbeiten mit Stein stabile, starre Skulpturen.

2 *Skulptur, Holz*

4 *Meret Oppenheim: Das Frühstück im Pelz, Objektkunst, 1936 © photo SCALA, Florence*

Begriffsklärung

Zwischen den Begriffen Plastik und Skulptur wurde kunsthistorisch formal und konzeptionell unterschieden:

* **Eine Plastik** war bis um 1900 ein dreidimensionales Werk, das aus knetbarem Material als Grundlage aufgebaut wurde (Tonplastik; Gipsplastik; Bronzeplastik, deren Grundlage ein Tonmodell ist). Die Themen wurden meist naturalistisch (= gegenständlich) dargestellt und waren deutlich erkennbar.
* **Eine Skulptur** wurde aus einem Stück Material (Stein, Holz) durch Wegnehmen, Abschlagen, Abfeilen usw. herausgearbeitet. Auch diese Stein- und Holzskulpturen wurden naturalistisch gearbeitet.

3 *Camille Claudel: Die alte Helene, Plastik, 1882*

Zu Beginn des 20. Jahrhunderts wurde diese formale Einteilung in Plastik – Aufbauen – und Skulptur – Wegnehmen – durch neue Impulse in der Kunst aufgehoben. Neue Materialien und Materialkombinationen veränderten die Techniken sowie den Stil und Ausdruck. Abstrakte und gegenstandslose Darstellungen hielten Einzug in die Kunst. Der Begriff Skulptur wurde auch für diese abstrakten Materialkompositionen verwendet. Alltagsmaterialien fanden immer mehr Verwendung in den Gestaltungen – es entstand die Objektkunst, die keinerlei klassische Stilmerkmale aufweist.

27.2   Vom Handwerk zur Kunst

Dreidimensionales Gestalten entspricht oft eher dem Werken und Bauen. Der Gebrauch des »richtigen« Werkzeugs rückt das Gestalten in die Nähe des Handwerks. Hier wird heute noch unterschieden, ob es sich um Kunsthandwerk oder Handwerk an sich handelt.

In vorindustriellen Zeiten haben die Menschen darin keine strenge Trennung vollzogen: Sie haben Gebrauchsgegenstände funktional hergestellt und dann künstlerisch verziert und bearbeitet. Erst mit dem Luxus der Massenherstellung fand eine Trennung von Gebrauchsgegenständen und Kunst statt. Kunst wurde zur »l'art pour l'art«, schuf sich nur noch um ihrer selbst willen. Handwerk wurde in die Fabriken abgeschoben und stand unter dem Diktat der reinen Funktionalität. Daneben etablierte sich das Kunsthandwerk, in dem Alltagsgegenstände zusätzlich geschmückt und unter künstlerischen Gesichtspunkten hergestellt wurden.

5 *Türklopfer, A. Vittorio, Venedig, 16. Jahrhundert*

Kunsthandwerk wird jedoch oft zur Schablone, da es dem Kunden gefallen muss, d. h. nach dessen Maßstäben gestaltet wird. Alltagstauglichkeit und der künstlerische Wert stehen dabei eventuell im Hintergrund.

Kinder dagegen kennen diese Trennungen (noch) nicht. Das, was sie gestalten, verbindet sowohl ihr Bedürfnis, sich künstlerisch auszudrücken als auch Benutzbares oder Verwendbares herzustellen. Sie benutzen Werkzeuge und Materialien sehr neugierig und unbedarft, um ihre gestalterischen Ziele zu erreichen. Bei ihren handwerklichen Tätigkeiten werden ihnen eher von außen Riegel vorgeschoben. Denn wo – im Vergleich zu früher – erleben Kinder noch handwerkliche Ausübungen von Erwachsenen mit? Wo können sie sich an solchen handwerklichen Tätigkeiten beteiligen und erhalten Anleitungen für den angemessenen Einsatz von Werkzeugen? Die meisten Erwachsenen arbeiten heute in handwerksfremden Bereichen. Und der Wohnraum bietet selten genug Platz für eine Werkstatt, in der gemeinsam gebaut und konstruiert werden kann. Umso wichtiger ist es, den Kindern andernorts die Möglichkeit zur Auseinandersetzung mit Werkzeug und entsprechenden Materialien zu bieten, denn handwerkliche Fähigkeiten sind eine wesentliche Grundlage für künstlerisches, dreidimensionales Gestalten und Bauen.

27.3 Voraussetzungen für plastisches Gestalten

Vorraussetzungen für dreidimensionales Gestalten sind, dass die Feinmotorik und Handmotorik ausgereift sind sowie die Augen-Hand-Koordination. Kraft muss gezielt eingesetzt werden können. Bewegungen müssen richtungsgeführt ausgeübt werden können. Diese Kompetenzen lassen sich entwickeln mit der frühen Möglichkeit, sich auszuprobieren und zu differenzieren. Die Konzentrationsfähigkeit wird nebenbei spielerisch trainiert.

Anfangs lassen sich die Kinder vom Material leiten, aber ebenso wollen sie erfahren, wie Werkzeug eingesetzt wird. Sie probieren, mit Säge, Schere oder Seitenschneider zu trennen. Sie benutzen Hammer und Nagel oder Leim, um Verbindungen für ihre Konstruktionen zu erhalten. Dabei folgen sie erst später eigenen Konstruktionsplänen, anfangs geht es nur um das Erproben von Materialien und Techniken.

Oft besteht das Interesse, kaputte Dinge zu reparieren, z. B. ein zerbrochenes Holzspielzeug zu kleben. Hier sollten die Kinder in die »Erwachsenentätigkeit« mit einbezogen werden. Dies vermittelt ihnen eine Wertschätzung gegenüber Dingen, anstatt einer Konsum- und Wegwerfhaltung. Nachhaltigkeit, ökologisches Bewusstsein und Partizipation werden aktiv erlebt. Auch große Projekte wie ein Hüttenbau auf dem Außengelände, das Bauen eines Lehmofens o. a. können mithilfe der Kinder verwirklicht werden. Kinder fühlen sich dabei ernst genommen und sie erhalten sogar öffentliche Anerkennung für ihre funktionstüchtigen Bauwerke.

6 *Bau einer Baumhütte*

Am besten sollte die Einrichtung über einen Werkraum mit Werkbank und einen gut sortierten Werkzeugschrank verfügen. Gute Werkzeuge aus dem Fachhandel sind sicherer im Umgang, da damit gute und effektive Ziele erreicht werden können. Von Spielzeugwerkzeug ist abzuraten, da es keine gleichwertigen Erfahrungen ermöglicht. Richtiges Werkzeug vermittelt den Kindern außerdem eine Anerkennung und das Zutrauen in ihre Fähigkeiten.

Von den Kindern muss ein verantwortungsbewusster Umgang und die Einhaltung von Regeln eingefordert werden. Die Regeln beziehen sich auf die Handhabung der Werkzeuge an sich, aber auch auf die Aufmerksamkeit untereinander, z. B.:

◆ Jemand, der sägt, wird nicht abgelenkt oder angestoßen.
◆ Mit Werkzeug in der Hand wird nicht herumgetobt.
◆ Werkstücke werden möglichst immer eingespannt.
◆ Ein Erste-Hilfe-Kasten ist in der Nähe.
◆ Wenn Bohrer verwendet werden, achtet man darauf, dass keine Tücher, Schals oder lange Haare in die Drehbewegung kommen können.

Aufgaben

1. Reflektieren Sie Ihre eigenen Erfahrungen mit Werkzeug und handwerklichen Tätigkeiten.

2. Wie gehen Sie mit geschlechterrollentypischen Haltungen und Erwartungen bezüglich Handwerk und Werkzeuggebrauch um?

7 *Werkbank*

◆ Werkzeug wird aufgeräumt, damit andere sich nicht verletzen.
◆ Kabel hängen nicht quer im Raum.

Um ihnen eine selbstständige Handhabung der Werkzeuge zu erlauben, können die Kinder einen »Werkzeugführerschein« ablegen. Kinder lernen so früh einen aufmerksamen Umgang mit Werkzeugen sowie Gefahren zu erkennen und sich und andere zu schützen.

27.4   Übungen zur Raumwahrnehmung und zu Materialien

Diese Übungen werden in einem leeren Raum oder am besten draußen in einem Garten oder Freigelände durchgeführt. Es sind Bewegungs- und Körperwahrnehmungsübungen sowie kleine Gestaltungsexperimente zum Thema »Raumwahrnehmung« und zum Kennenlernen von Materialien. Führen Sie einige der Übungen auch in kleinen Gruppen aus.

Gestaltungsübungen zur Raum- und Materialwirkung

◆ Stellen Sie einen Stuhl in einen sonst leeren Raum – was verändert sich?
◆ Nehmen Sie viele Stühle und stellen Sie diese in verschiedenen Anordnungen auf: im Kreis, als Schlange, als Schnecke, frontal nach vorne, nach eigenen Ideen. Welche Ordnung ist einladend, ablehnend, übersichtlich, kommunikationsfördernd und -hemmend?
◆ Stapeln Sie die Stühle übereinander – was passiert? Wie verändert die »Stuhlplastik« den Raum? Beschreiben Sie die »Stuhlplastik«.
◆ Jede Plastik, jeder Gegenstand hat Höhe, Tiefe und Breite. Jeder Körper kann sich im Raum anders zeigen: Breiten Sie sich aus, machen Sie sich breiter als hoch. Werden Sie ganz klein. Stellen Sie sich ganz schmal und hoch.
  Beobachten Sie Ihr Körpergefühl, wie verändert sich das Raumgefühl mit lauter »sich breit machenden« Personen; wenn Sie am Boden liegen usw.?
◆ Gehen Sie einmal bewusst durch die Räume Ihrer Schule – welche Eindrücke erhalten Sie?

8 *Wurzelwesen*

9 *Aus Stöcken eine dreieckige Form gestalten*

Welche Räume sprechen Sie an, welche möchten Sie lieber gleich wieder verlassen? Finden Sie Charakteristika für die Räume, z. B. einladend, entspannend, eng, bedrückend.

◆ Gehen Sie nach draußen ins Gelände und nehmen Sie bewusst den Raum um Sie herum wahr: Wo erleben Sie Weite? Wie ist es, eine Baumallee entlangzugehen? Wie erleben Sie sich unter einem großen Baum, hinter einer Hecke?

◆ Bringen Sie von Ihrem Ausflug ein Objekt, das Sie »angelacht« hat, mit. Bauen Sie nun als Gruppe ohne zu sprechen gemeinsam eine Skulptur. Es darf so lange etwas verändert werden, bis alle einverstanden sind. Wie wirkt die Skulptur? Welche Erfahrungen haben Sie beim gemeinsamen Bauen ohne zu sprechen gemacht?

◆ Gestalten Sie eine Skulptur aus Naturmaterial, die hoch ist, und eine Skulptur, die breit ist. Experimentieren Sie ebenso mit den Formen Kreis, Dreieck, Kugel und Quader.

◆ Lassen Sie aus Naturmaterialien eine Gestalt entstehen, die auf einer weiten Fläche oder unter einem Baum positioniert ist.

◆ Bearbeiten Sie einen Ast, sodass eine spannende Skulptur entsteht. Wie können Sie ihn stellen oder legen oder bearbeiten, damit sein Charakter besonders klar herauskommt?

Reflexion

1. Welche Erfahrungen und Einsichten über Raum und Materialwirkungen haben Sie gemacht? Übertragen Sie im Austausch Ihre Erkenntnisse auf Ihre Arbeit mit Kindern.

2. Welche Wahrnehmungsübungen können Sie sich für Kinder vorstellen?

3. Erarbeiten Sie in Gruppenarbeit weitere Übungen und tauschen Sie diese in der großen Runde aus.

Tastübung zum Erfahren von Form und Oberfläche

Unter einem Tuch werden verschiedene Formen und Objekte versteckt. Einzeln werden die Formen ertastet und beschrieben.

◆ Welche Formen haben die Objekte? (rund, eckig, mit Mulden, scharfe Kanten, dick, schmal)

◆ Welche Oberfläche haben die Objekte? (rau, weich, glatt, kratzig)

◆ Wie schwer sind die Objekte? (schwer, leicht)

◆ Wie fühlen sich verschiedene Materialien an? (Stein, Metall, Ton)

Reflexion

1. Wie ließ sich auf die oben beschriebene Art und Weise eine Skulptur erschließen? Über das Betasten von Skulpturen erfahren wir intensiv die einzelnen Formen und ihre Beziehung zum Raum. Auch die Oberfläche einer Skulptur gibt uns viele Informationen über die Aussage des Werks.

Im Gegensatz zum Museum gibt es im öffentlichen Raum Bildhauerwerke, die sinnlich auch über Berühren und Ertasten oder sogar mit Betreten erfahren werden können. Dies kann gut mit Kindern für eine ganzheitliche Erfahrung genutzt werden.

2. Welche inneren Vorstellungen oder Assoziationen haben Sie wahrgenommen?

Kreatives Gestalten für Kinder unter drei Jahren

Ab etwa 2 Jahren beginnen die Kinder, verschiedene Materialien auch zum Bauen und Kneten zu erforschen. In der Entwicklung des plastischen Gestaltens (Kapitel 26) wird deutlich beschrieben, wie die Kinder anfangs eher Gegenstände aufeinanderlegen und in die Höhe bauen. Plastische Materialien wie verschiedene selbst hergestellte Knetmassen werden anfangs eher zerrupft, gerieben, gedrückt oder auseinandergerissen. Formen entstehen zufällig und werden manchmal weitergestaltet. Oft werden diese Formen auch einfach wieder zerstört, indem sie für etwas anderes weiterverwendet werden. Formen wie kleine Kugeln oder Rollen werden von den Kindern selbst entwickelt. Ältere Kinder beginnen dann, die einzelnen Formen für sich zu deuten und zu benennen. Dazu erfinden sie kleine Geschichten. Auch allgemeine Bedeutungen werden bald angenommen und so entstehen Schlangen, Regenwürmer, Bälle und runde Obstsorten wie Äpfel.

Probieren Sie ruhig verschiedene Modelliermassen aus, um den Kindern verschiedene sinnliche Erfahrungen zu ermöglichen. Die verschiedenen Modelliermassen werden in ihren Knet- und Aufbaueigenschaften unterschiedlich gut zu verarbeiten sein und ergeben so neue Ergebnisse. Erlauben Sie den Kindern auch, mit diesen Teigen und Knetmassen zu matschen und zu schmieren, um das sinnliche Vergnügen daran zu unterstützen. Achten Sie darauf, dass beim Experimentieren keine Produktorientiertheit entsteht. Kinder in diesem Alter wollen selten fertige Produkte zum Nach-Hause-Nehmen herstellen, sondern ihren eigenen Forscherprozessen folgen. Auch ist es wichtig, dass Sie den Kindern Naturmaterialien wie Ton und Matsch zukommen lassen (siehe Kapitel 28 und 30).

Erste Kneterfahrungen

Bieten Sie den Kindern außer Holzklötzen und fertigen Steckbauteilen auch verschiedene Schachteln zum Stapeln an. Diese können mit Kleister einfach zu Türmen oder anderen dreidimensionalen Objekten verleimt werden.

Kleine Holzstückchen, Mosaiksteinchen oder einfache Alltagsmaterialien können die Kinder auf verschiedene Gründe wie Holz oder Pappe aufkleben. Dies ermöglicht erste Relieferfahrungen.

Ein Mosaik kleben

Einfache erste dreidimensionale Erfahrungen können die Kinder auch mit einer Mischung aus Sand und Kleister machen. Erst können sie diese Masse matschen, dann in einen mit Folie ausgelegten Kartondeckel füllen. Nach dem Trocknen der Kleister-Sandmischung erhält man ein interessantes Relief, das bemalt werden kann.

Gerade die kleinen Kinder lieben es, verschiedene Materialien zu verstecken und wieder zu entdecken – sich eingeschlossen. Dafür eignen sich gut große Pappkartons, die als Höhlen mit Fenstern umgestaltet werden können. Auch so werden Raumerlebnisse und dreidimensionale Erfahrungen vermittelt.

27.5   Räume als Raumerlebnis

Um Kindern die Experimentierfreudigkeit und das Neugierverhalten zu erhalten, ist die Raumgestaltung unter Beachtung der folgenden Fragestellungen von großer Wichtigkeit:

◆ Welche Möglichkeiten bieten Räume Kindern?
◆ Welchen kindlichen Bedürfnissen werden Räume gerecht?
◆ Wo werden durch Raumgestaltung Impulse und Anregungen verhindert oder gegeben?

Kinder erfassen die Welt mit allen Sinnen und schaffen sich so eine Orientierung im Raum. Dafür brauchen sie Erfahrungen, die verschiedene Sinneswahrnehmungen ansprechen und Lernreize anbieten. Räume sollten die Möglichkeit für selbstständiges Tun und Erforschen geben. Auch für soziale – emotionale – Tätigkeiten muss es Raum geben, in dem die Kinder frei agieren können. Unterschiedliche Raumangebote können z. B. sein:

◆ Ein Kindercafé, in dem gemeinsam gegessen wird, schafft einen gruppenübergreifenden Treffpunkt.
◆ Die Höhle auf der Hochebene ist Rückzugsort für die Piraten.
◆ Im Kunstraum/in der Kunstecke stehen verschiedenste Materialien zur Verfügung und Boden und Tische stehen für freies künstlerisches Gestalten bereit.
◆ Im Ruhezelt ist das Licht gedämpft und gemütliche Kissen und Decken laden zum Entspannen ein.

◆ Im Forscherraum/in der Forscherecke stehen Waagen und Instrumente bereit.
◆ Im Bewegungsraum können sich die Kinder frei bewegen, ohne Gefahr etwas umzureißen.

Wichtig ist, dass die Kinder die verschiedenen Angebote in Sinn-Zusammenhänge bringen können und die Vielfalt klar strukturiert ist. Die Kinder sollen individuell ihren Erfahrungsraum finden (können). Selbstständigkeit und Selbsttätigkeit der Kinder sollen weitestgehend möglich sein. Die Gestaltungsmöglichkeiten werden letztlich durch den Ansatz des Kindergartens bestimmt: Stehen für die offene Arbeit Funktionsräume zur Verfügung oder findet die Arbeit klassisch an verschiedenen Stellen in einem Raum statt?

Aufgaben

1. Welche Raumgestaltungen in Kindertagesstätten kennen Sie aus Ihrer Kindheit und aus heutigen Einrichtungen?

2. Untersuchen Sie die Räume nach Möglichkeiten und Anregungen für Erfahrungen und Selbstbildung.

10 *Hochebene mit Rutsche im Bewegungsraum*

11 *Forscherecke*

27.6 Gestaltung der Räumlichkeiten

Farbe

Um für die verschiedenen Sinne Anregungen zu bieten, darf ein Raum nicht nur aus aneinandergereihten Flächen in verschiedenen Farben bestehen. Ein Raum braucht wie ein Bild ein Zentrum, das nicht in der geometrischen Mitte liegen darf, weil sonst kein Entdeckergeist geweckt wird. Welche Farben verwendet werden, sollte ausprobiert werden. Jedoch empfiehlt es sich, die Decke in einem anderen, helleren Farbton als die Wände zu bemalen, damit der Raum ein »schützendes Dach« erhält.

Raumeinteilung

Nicht nur die Bodenfläche, sondern auch die Höhe eines Raums bestimmt die Raumwirkung. Podeste, Klettertürme oder Hochebenen bieten nicht nur Reize für den kinästhetischen und vestibulären Sinn, sondern strukturieren den Raum mit als ein Ganzes. Hängende Teile eignen sich zur Raumtrennung. Stellwände unterteilen den Raum und lassen sich immer wieder variieren.

Material

Auch die Wahl der Materialien, die sich in dem Raum befinden, bestimmen maßgeblich seine Atmosphäre: zarte transparente Stoffe, dicke weiche Teppiche, einfache Holztische, kühle Steinfliesen. Achten Sie auf ökologisch unbedenkliche Materialien, um die Gesundheit der Kinder nachhaltig zu schützen.

Formen

Für das Wohlbefinden, aber auch zur Orientierung gerade für die kleineren Kinder sind einfache, klare Formen wichtig. Sie unterstützen die Übersichtlichkeit des Raums. Trotzdem können einzelne Raumteile auch versteckt liegen und geheimnisvoll für Spiele gestaltet werden. Jedoch verunsichert eine zu große Formvielfalt. Weniger ist oft mehr.

Licht und Lichtführung

Licht lässt Räume gemütlich, einladend oder steril und kalt wirken. Die Natur stellt Lichtquellen mit unterschiedlichen Charakteren zur Verfügung, ständig in der Veränderung und lebendig durch Jahres- und Wetterbedingungen.

Leuchtröhren an der Decke nehmen den Gegenständen die Plastizität, verhindern Schatten und damit elementare Erfahrungen für das Spiel mit unterschiedlichem Licht und Schatten. Licht kann Akzente setzen oder besondere Orte markieren. Flexible Lichtquellen erlauben, auf unterschiedliche Situationen und Bedürfnisse einzugehen.

Große Fenster erweitern und öffnen Räume in die Welt nach draußen. Dieser Blick sollte auch für kleine Kinder erfahrbar sein: Fenster, die Kleinkindern nur den Blick in den Himmel ermöglichen, schließen diese ein, statt ihnen einen Blick in die Welt zu öffnen. Daher sollten einige Fenster großzügig bis zum Boden reichen.

Mit Lichtspielen durch farbige Glasfenster oder Folien können verschiedene Farbwahrnehmungen verstärkt und neue Eindrücke vermittelt werden.

Außengelände

Eine große Bedeutung für die Arbeit mit Kindern hat das Außengelände. Es muss Möglichkeiten für die Selbstbildung der Kinder bieten: Viele Erkenntnisse über biologische und physikalische Phänomene können Kinder draußen in der Natur erhalten.

Berge, Gräben, Brücken und Höhlen unterstützen motorische Erfahrungen. Haben die Kinder die Möglichkeit, in einem Beet selbst zu säen und zu ernten, können sie die Wachstumsprozesse der Natur begleiten. Sie entdecken Kleintiere wie Mäuse und Vögel und lernen, ihre Spuren zu verfolgen. Vielleicht können sie auch die Verwandlung

12 *Mein Bauplatz*

einer Raupe zu einem Schmetterling beobachten. Gibt es auf dem Außengelände einen Zugang zu Wasser und einen Platz zum Bauen, Matschen und künstlerischem Arbeiten, haben die Kinder die Chance, ihre Ideen mit Naturmaterialien direkt und kreativ umzusetzen. Sie erhalten so einen Zugang zum Raum »Natur« und lernen, die Natur zu respektieren. Der Naturraum sollte veränderbar sein, um vielfältige Möglichkeiten für Bewegung, Entspannung und Entdeckung zu bieten.

Um die Gestaltung eines Außengeländes zu planen, sind folgende Fragen hilfreich:

◆ Wie groß ist das Gelände?
◆ In welcher Umgebung liegt es? (Lärmbelästigung der Kinder durch eine laute Straße?)
◆ Gibt es Bäume als Schattenspender?
◆ Sind Freiflächen für Fußballspiele usw. vorhanden?
◆ Besteht die Möglichkeit, Baumstämme statt Klettergerüste einzubringen?
◆ Gibt es Rückzugsecken wie Weideniglus oder Gebüsch?
◆ Wie wird der kinästhetische Sinn angeregt (Hügel, Balanciermöglichkeiten, Tunnel)? Wo können die Kinder Wachstum und Pflege von Pflanzen erleben?
◆ Wie sind die Elemente Wasser, Erde, Feuer und Luft vertreten?
◆ Welche Ideen haben die Kinder für ihr Außengelände?

13 *Kletterdrachen auf dem Außengelände*

Einbeziehung aller Sinne

◆ Für den visuellen Sinn spielen Farben und Formen eine große Rolle:
   – Welche Farbgestaltung haben die Wände, Fußböden und Möbel?
   – Helfen die Farben, den Raum zu strukturieren oder verwirrt die Farbvielfalt eher?
   – Welche Farben sind für welche Aktivitäten geeignet? Eine Ruheecke kann ruhig in warme Blautöne mit blauem »Himmel« getaucht sein, aber auch ein sanftes Orange wie in einer warmen Höhle wirkt entspannend.
◆ Für die Anregung des vestibulären Sinns, den Gleichgewichtssinn, sind verschiedene Bodengestaltungen, Schrägen zum Kullern und Krabbeln geeignet, die das Kind herausfordern, zu balancieren und immer wieder ein Gleichgewicht herzustellen.
◆ Für die Entwicklung des kinästhetischen Sinns, der Informationen über Stellung des Körpers im Raum sowie über Muskelspannung, Zeit und Kraftverhältnisse vermittelt, sollte eine Spiel- und Betätigungslandschaft eingerichtet werden, die den Kindern Möglichkeiten zum Ausprobieren und Trainieren gibt. Seile, Kissen, Netze, Nischen und Höhlen sind sowohl anregend für Strukturerfahrungen als auch für fantasievolle Spiele.
◆ Für den taktilen Sinn sollten verschiedene Materialien tastbar sein. Dies können in der Kuschelecke besonders weiche, samtige Stoffe sein oder im Türrahmen eine selbst gestaltete Tastreihe aus Natur- und Kunstmaterialien.
◆ Auch der auditive Sinn, das Hören, braucht positive Beachtung: Kinder spielen oft sehr lautstark und viele Räume unterliegen daher einem steten Lärmpegel. Lärmdämmende Maßnahmen wie Bauten aus Holz oder spezielle Ruhezonen sollten Kindern die Möglichkeit zur Stille und zum Rückzug geben.
◆ Der olfaktorische Sinn, der Geruchssinn, hat für die Raumgestaltung eine untergeordnete Rolle. Es ist jedoch darauf zu achten, dass Räume nicht aufgrund ihres schlechten Geruchs abgelehnt werden – dies gilt besonders für die Toilettenräume! Um eine entspannte Sauberkeitserziehung zu gewährleisten, sollten auch diese Räume freundlich und einladend gestaltet sein.

14 *Toilettenraum*

Bei der Gestaltung von Kindergärten müssen viele Faktoren berücksichtigt werden, von denen oben einige beschrieben wurden. Weitere grundlegende Faktoren sind:

◆ Umgestaltungsmöglichkeiten
◆ Ökologie
◆ Reinigungsmöglichkeiten
◆ Sicherheit
◆ Finanzen

Als Grundregel für alle Raumgestaltungen gilt: Weniger ist oft mehr.

Aufgaben

1. Erarbeiten Sie in Kleingruppen einen Entwurf für ein optimales Außengelände zur Förderung der Selbstbildungsmöglichkeiten und Anregung aller Sinne für Kinder. Entwerfen Sie Modelle für verschiedene Altersgruppen (Kinder, Grundschulkinder, Jugendliche).

2. Überlegen Sie Veränderungsvorschläge für eine Ihnen bekannte Einrichtung nach der Idee, dass Räume der »dritte Erzieher« sind.

Projektaktivität **TRAUMRÄUME**

Material

Verschieden große Schachteln und Kartons, verschiedene Farbmittel wie Stifte, Acrylfarbe, Sammelmaterialien, Stoffe, Kleber, Tacker

Vorbereitung

Mit den Kindern wird besprochen, dass die Schachteln als kleine Räume neu gestaltet werden sollen. Damit genug interessantes Sammelmaterial vorhanden ist, haben die Kinder eine Zeit lang den Auftrag, spannende farbige Objekte zusammenzutragen. Dies kann auch unter einem bestimmten Themenschwerpunkt geschehen (siehe auch Kapitel 18 »Projektaktivität Hosentaschenmuseum«).

Technik

Nun gestalten die Kinder ihren eigenen Karton mit den Fundstücken innen wie außen(!): durch Bekleben, Aufbauen, Durchbohren, Verschachteln, Verschrauben, Nageln usw. Dabei können Höhlen, Marsflugzeuge, Hochhäuser oder einfach »neue Räume« entstehen. Am Ende erhält jedes Objekt einen Namen, mit dem es den anderen vorgestellt wird, z. B. »Blauer Traumraum«.

Je nach Alter der Kinder werden die Kunstwerke gemeinsam betrachtet und Fragen zur Wirkung von Farbe und Raum diskutiert. Anschließend werden Ausstellungsflächen gesucht und die Kinder überlegen, wie sie den Raum mit ihren »Traumraumobjekten« verändern wollen. Vielleicht besteht ja die Möglichkeit, alle Kisten zu einem Turm aus verschiedenen Farbräumen zusammenzufügen. Dann sind die einzelnen Werke zu einem Raumobjekt zusammengewachsen.

Traumraum mit Sternenteppich

Traumraum mit Kicker

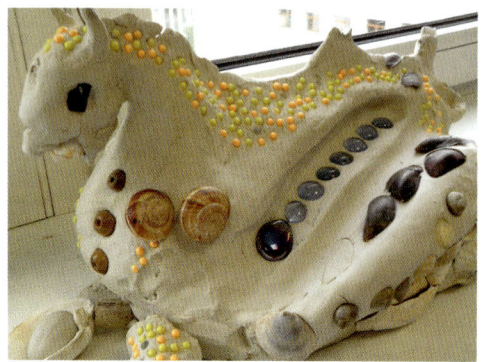

1 *Fabelwesen mit eingearbeiteten Materialien*

Ton ist ein Naturmaterial von im wahrsten Sinne des Wortes elementarer Bedeutung. Es bietet für alle Altersstufen (von 1–99 Jahren!) viele Gestaltungsmöglichkeiten und Techniken. Ton ist einfach und ausdrucksstark zu verarbeiten. Viele Erzieherinnen und Erzieher bieten den Kindern Ton nicht an, da keine Möglichkeit besteht, die Tonprodukte zu brennen. Tongestaltungen müssen jedoch nicht gebrannt werden. Nicht gebrannte, gut getrocknete Teile halten relativ lange und können auch bemalt und verziert werden. Der Vorteil ist, dass in diese Tonkunstwerke schon im Gestaltungsprozess noch andere Materialien wie Steine, Stöcke, bunte Glasstückchen eingearbeitet werden können, die dann auch im getrockneten Objekt bleiben. Dies ist vor allem für die jüngeren Kinder eine interessante Variante. Erst für ältere Kinder (im Hort oder Jugendhaus) ist das Brennen und Glasieren wichtig. Es gibt also viel altersgerechte Gestaltungsarten für das Material Tonerde.

28.1 Was ist Ton?

Ton ist ein Verwitterungsprodukt, es wird im Tage- und im Untertagebau gewonnen. Die verwitterten Stoffe sind selten an den Entstehungsorten zu finden, da sie von Wasser und Wind »weitergetragen« werden. Die Stoffe, die der zukünftige Ton auf seiner Reise mitnimmt, z. B. Holz, Knochen und Sand, geben dem Ton später durch ihre Oxidation die unterschiedlichen Farben. Die Beimengungen haben auch Einfluss auf die Eigenschaften des Tons. Ein stark mit Sand, Eisen und Kalk vermengter Ton ist Lehm und wird vorwiegend für Ziegelsteine, Dachziegel und Bodenplatten verwendet. In einigen Gegenden und manchmal sogar auf dem Kindergartengelände gibt es Lehmgruben, in denen die Kinder selbst sehen können, woher dieses Material stammt und in denen sie damit experimentieren dürfen. Mit dem Material können Lehmhütten und Lehmöfen gebaut werden.

Im feuchten Zustand kann Ton beliebig geformt werden. Die Plastizität ist dabei abhängig vom Wassergehalt des Tons, die Quellfähigkeit ist wiederum abhängig von den verschiedenen Tonmineralien.

Das Material Ton verbindet in einzigartiger Weise alle Elemente in sich: Erde, Wasser, Luft und Feuer, wenn es gebrannt wird. Die Alchemie des Lebens wird in diesem Prozess der Veränderung sicht- und fühlbar.

28.2 Geschichte des Tons

Das Material Ton gibt es seit Menschengedenken. In der Mythologie der jüdischen, christlichen und islamischen Religion ist der Mensch »aus Erde vom Ackerboden« geformt worden. Das Urmaterial Tonerde wurde in allen Kulturen der Welt für die Herstellung von Gefäßen zur Aufbewahrung von Lebensmitteln und auch damals schon für Skulpturen verwendet. Früh schon wurden Tonziegel für den Bau von Häusern und Dachziegel gebrannt. Auch heute bestehen viele moderne Häuser aus dem traditionellen Baumaterial Ton.

Lehm und Ton waren neben Holz und Stein immer ausreichend verfügbar, aber Ton ist das am einfachsten zu gestaltende Material aufgrund seiner weichen Plastizität. Mit der Entdeckung des Brennvorgangs, bei dem das Tonobjekt fest wird, gewann der Ton weiter an Bedeutung, denn er wurde zu einem nützlichen Material für den unterschiedlichen Gebrauch im Alltag und für die künstlerische Gestaltung.

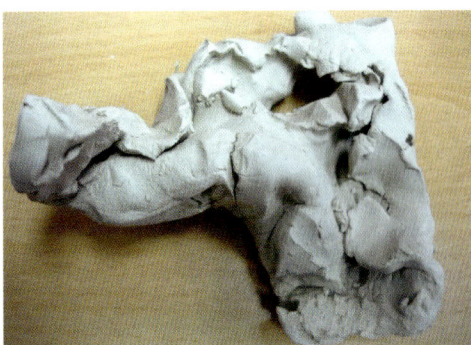

3 *Erste Formgebung, Lara (2,3 Jahre)*

2 *Alte aus Ton gebrannte und glasierte Schale*

Mit Ton zu experimentieren bedeutet, den Kindern die ganze Kulturgeschichte unserer Vorfahren näherzubringen. Anschauliches Material in Heimat-, Völker- oder Freilichtmuseen erzählt von gelösten Schwierigkeiten wie der sicheren Aufbewahrung von Lebensmitteln oder dem Hausbau, aber auch von den festlichen, religiösen Fragen der Menschen (Bibel: Schöpfungsgeschichte), in denen Ton/Lehm eine wichtige Rolle gespielt hat: kleine Tonfiguren im Orient, lehmverputzte Häuser in aller Welt, Masken in Afrika, irdenes Geschirr in Europa. Die Beschäftigung mit dem Material Ton wird zum Bildungserlebnis im weitesten Sinn.

Aufgaben

1. Bringen Sie in Erfahrung, wo Tonarbeiten ausgestellt sind.

2. Informieren Sie sich über die historische und aktuelle Verwendung von Ton in Ihrer Gegend, z. B. im Hausbau, bei der Geschirrherstellung.

3. Informieren Sie sich, ob in Ihrer Gegend Ton oder Lehm vorhanden ist oder sogar abgebaut wird. Sie können dort Ton/Lehm im ursprünglichen Zustand für sich und die Kinder erlebbar machen.

28.3 Bedeutung des Tons in der künstlerischen Erziehung

Im Zeitalter von Computer und Hightech können beim Arbeiten mit Ton ganz ursprüngliche, archaische Erfahrungen gemacht werden. Mit der »Mutter Erde« in so engem Kontakt zu sein, löst bei einigen Menschen angenehme Kindheitserinnerungen und bei anderen schlicht Ekel vor dem »Dreck« aus. Aufgrund der Entfremdung von Natur und elementaren sinnlichen Naturerfahrungen sowie einer übertriebenen Reinlichkeitserziehung bereitet die Arbeit mit Urmaterialien nicht allen Kindern gleichermaßen viel spontane Freude. Meist hilft es, den Kindern Zeit zu lassen für eine Annäherung an dieses vielfältige, sinnliche Material.

Tonprojekte lassen sich hervorragend mit den Lernbereichen Ökologie und Natur verbinden, indem die Kinder beispielsweise draußen mit selbst gegrabenem Lehm experimentieren.

Vertiefen sich die Kinder in den Schaffensprozess mit Ton, zeigen sie ungeahntes Durchhaltevermögen und Konzentration. Mit Ton können keine Fehler gemacht werden und es kann immer wieder von vorn begonnen werden. Das ist sehr ermutigend und motivierend. Mit der sich entwickelnden Handmotorik beim scheinbar ziellosen Kneten und Matschen werden im Gehirn die kinästhetische Wahrnehmung und das erste Formerleben angeregt. Mit Ton zu arbeiten, spricht alle Wahrnehmungssinne an und gibt Impulse für differenzierte Körperlichkeit und verschiedene Gefühle. Durch rhythmisches Bearbeiten (Kreis-, Roll-, Klopfbewegung) entstehen in den Kinderhänden schnell regelmäßige Formen (Kugel, Rolle, Kachel). Jede Berührung hinterlässt sofort Spuren im Ton, was zu vielfältigen Ideen anregt.

Viele Kinder mit Störungen in der Wahrnehmung und in der Motorik werden durch die Beschäftigung mit diesem Material gefördert. Das Fördern der Handmotorik ist auch wichtig für die Sprachentwicklung, da beide Bereiche sich im Gehirn beeinflussen. Spielerisches Gestalten mit Ton unterstützt also das Sprechenlernen.

Beim Arbeiten mit diesem plastischen Material lernen Kinder, dass die Menge und das Gewicht beim Kneten konstant bleiben, es jedoch keine Formkonstanz gibt.

Ton stellt bei Aufbauarbeiten eine große statische Herausforderung für die Kinder dar, da er sich leicht unter seinem eigenen Gewicht wieder verändert.

Ton bietet sich aufgrund seiner weichen Plastizität und Formbarkeit optimal für das Ausdrucksgestalten an: In dem Formen mit Ton setzen sich die Kinder oft intensiv mit grundlegenden Gefühlen auseinander, ohne dass diese explizit benannt werden müssen. Durch das kraftvolle Bearbeiten und Schlagen der Tonmasse können z. B. Aggressionen ausgedrückt und verarbeitet werden: Schon allein der Krach, der dabei entsteht, kann befreiend wirken. Der Ton verändert sich, wenn er mit Wut bearbeitet wird, aber er wird nicht verletzt; so können die Kinder all ihre kraftvolle Wut in den Ton geben, ohne etwas zu zerstören. Nach einer »destruktiven« Beschäftigung mit der Tonerde folgt meist eine konstruktive und entspannte Phase des Gestaltens. Lassen Sie die Kinder ruhig auch einmal den Ton mit den Füßen treten/bearbeiten.

Motorisch unruhigen Kindern, die viel zappeln und ständig in Bewegung sind, hilft es manchmal, in Situationen, in denen sie sich konzentrieren sollen (z. B. im Morgenkreis), ein kleines Stück Ton zu kneten. Die motorische Spannung (und vielleicht auch die seelische Anspannung) können so in die Aktivität des Knetens geleitet werden.

In der Beschäftigung mit dem Material Ton können Kinder sich auch mit ihren Gefühlen zu Sexualität, Körperteilen und Körperfunktionen auseinandersetzen. Die verschiedenen Farben des Tons in Ocker, Braun und Weiß lassen bei den Kindern leicht Assoziationen zu ihren Ausscheidungen kommen. Hier dürfen sie »damit« spielen sowie die damit verbundenen Gefühle ausdrücken und verarbeiten.

Mit ihren erworbenen handwerklichen Fähigkeiten fühlen sich die Kinder stolz und mächtig. Es stärkt das Selbstbewusstsein, seine Kräfte am Ton auszuprobieren und statische Schwierigkeiten wie Stabilitätsprobleme einer Plastik gelöst zu haben.

Auch auf das soziale Lernen wirkt sich das gemeinsame Arbeiten mit Ton positiv aus. Kinder gestalten und entwickeln eine gemeinsame Idee und müssen sich dabei über viele Einzelschritte auseinandersetzen, verständigen und einigen. Die Kinder können einzelne Werke zusammenstellen und so gemeinsam ein Ganzes bauen oder von vornherein an einem gemeinsamen Projekt bauen. Für den gruppendynamischen Prozess können je nach Alter verschiedene Übungen/Themen von der Erzieherin angeboten werden. Gemeinsam können die Kinder sich Regeln für das Bauen mit Ton geben, sodass alle Kinder gleichberechtigt beteiligt und integriert werden können.

Ton oder Knete?

Im Vergleich zu Knete, die sich eher für kleinteiliges, detailliertes Arbeiten eignet, können Kinder sich beim Ton mit großen verwandelbaren Massen auseinandersetzen. Es lassen sich große dreidimensionale Objekte herstellen, die vielseitige Raumerfahrungen möglich machen. Ton hat allerdings im Vergleich zur Knete auch Nachteile: Bei längerem Arbeiten trocknet er, wird rissig, hart und schwerer verformbar. Unter Zugabe von Wasser wird der Ton eventuell so weich, dass er in sich zusammenfällt oder sogar flüssig wird. Knete bleibt dagegen in ihrer Konsistenz eher verwendbar und verfügbar. Einzelne Tonteile lassen sich nur mithilfe von Schlicker zusammenfügen, Knete ist hingegen von sich aus meist klebrig. Der Ton bietet aber mehr sinnliche Anregungen und Erfahrungen als Knete. Beim Arbeiten mit Ton können naturwissenschaftliche Aspekte (Erde, Entstehung, Veränderung durch die Elemente Wasser, Luft, Feuer), religiöse Aspekte (Bibeltexte) und kulturhistorische Fragen (Verwendung von Ton für Gefäße usw. in alten und anderen Kulturen) angesprochen werden. Getrocknete Tonformen lassen sich länger aufbewahren oder bespielen als Kneteprodukte, selbst wenn sie nicht gebrannt sind.

4 *Rollen, Kugeln und neue Formen entdecken*

5 *In einer Töpferwerkstatt*

Aufgaben

1. Diskutieren Sie Ihre Erfahrungen mit Knete und Ton. Welche Vor- und Nachteile sehen Sie?

2. Welche weiteren Plastiziermaterialien kennen Sie? Beschreiben Sie die unterschiedlichen Eigenschaften und Einsatzmöglichkeiten.

28.4   Einrichtung einer Töpferwerkstatt

Die Einrichtung einer speziellen Töpferwerkstatt ist ideal. Dies lässt sich in Abhängigkeit von den räumlichen und finanziellen Möglichkeiten umsetzen. Bei der Einrichtung sollte darauf geachtet werden, dass alle Materialien in gut erreichbaren Regalen gelagert werden können. Außerdem müssen die Regale ausreichend Platz für die Tonobjekte zum Trocknen bieten. Als Fußbodenbelag empfiehlt sich ein abwischbarer, unempfindlicher Boden, damit die Kinder mit Wasser und Ton experimentieren können. Ton lässt sich leicht aus Kleidern und vom Boden entfernen: Wenn er getrocknet ist, kann er einfach weggefegt, ausgeklopft oder abgesaugt werden. Als Arbeitsfläche eignen sich hohe, stabile Tische zum Arbeiten im Stehen, um mit ganzem Körpereinsatz dabei sein zu können.

Auf der glatten Tischplatte oder einem Wachstuch lässt sich festgetrockneter Ton einfach mit einem Schaber entfernen. Tonreste und -spuren sollten immer erst einmal trocken zusammengekehrt werden, da man bei Gebrauch eines nassen Wischlappens nur Tonschlicker/-schmiere erhält. Überhaupt ist es sinnvoll, eine »Wasserquelle« in der Nähe zu haben, um die Hände zu reinigen. Werkzeuge, Naturmaterialien, Glitzersteine, Schrottteile usw. zum Weitergestalten sollten leicht erreichbar sein. Für ein alltägliches Angebot mit Ton empfiehlt sich eine **Tonwanne mit verschließbarem Deckel**, um den Ton feucht zu halten. In diesem Tonbett können die Kinder selbstständig mit Ton gestalten und die Wanne »nach getaner Arbeit« wieder verschließen. Unbeschwert matschen und experimentieren können die Kinder natürlich mit Ton am besten im Außengelände.

Vorsicht: *Giftige Farben und Glasuren sollten nur im Beisein von Erwachsenen benutzt und nach Gebrauch weggeschlossen werden.*

28.5   Brennofen und Brennen

Es werden viele verschiedene Öfen für unterschiedliche Einsatzmöglichkeiten angeboten. Sie unterscheiden sich z. B. in der Größe, der maximalen Temperatur und der Bedienung. Für die passende Auswahl ist eine Beratung im Fachhandel hilfreich. Wenn aus Kostengründen kein Brennofen gekauft werden kann, sollte in Erfahrung gebracht werden, ob die Objekte der Kinder woanders gebrannt werden können. Jugendeinrichtungen, Kirchengemeinden oder Läden für Künstlerbedarf brennen oft Tonobjekte gegen eine Bezahlung.

Um eine Figur zu brennen, muss sie bestimmte Bedingungen erfüllen: Sie darf keine Luftlöcher enthalten, deshalb ist es sinnvoll, sie auszuhöhlen. Dies sollte bei jüngeren Kindern von der Erzieherin erledigt werden. Außerdem muss sie gut durchgetrocknet sein. Dafür werden mit einem Schaschlikstab kleine Löcher in die Figur gestochen (möglichst an Stellen, die nicht den Charakter der Figur verändern) und sie wird ca. zwei Wochen an einem trockenen Ort (Heizungskeller, Trockenraum oder sonniges Fensterbrett) aufbewahrt. Die Figur darf keine Fremdstoffe enthalten, die ein Platzen der Tonmasse beim Brennen auslösen könnten.

Aufgaben

1. Informieren Sie sich über die verschiedenen Tonsorten und ihre Verarbeitungsmöglichkeiten.

2. Holen Sie Erkundungen ein über die Brennvorgänge mit unterschiedlichen Temperaturen.

Wichtig: Töpfern ohne Brennofen

Falls es keine Möglichkeit zum Brennen gibt, sollte Sie dies nicht vom Gestalten mit Ton abhalten. Auch nicht gebrannte Teile halten lange. Gerade kleine Kinder gestalten oft Objekte, die gar nicht für einen Brand aufgebaut sind. Sind die Objekte beispielsweise mit anderen Materialien wie Holz oder Steinen verziert und bestückt, dürfen sie nicht gebrannt werden, da diese beim Brand zerstört oder sogar gesprengt werden könnten. Auch nicht gebrannte Teile lassen sich bemalen und verzieren. Kinder sind schon zufrieden, wenn ihre Kunstwerke ausgestellt werden oder sie damit weiterspielen dürfen. Sind die Teile weitestgehend aus einem Stück gearbeitet, sind sie relativ stabil. Wichtig ist, dass sie nicht feucht werden, da sie sich sonst langsam wieder auflösen.

28.6   Töpferwerkzeug

Folgende Werkzeuge und Hilfsmittel sollten in einer Töpferwerkstatt zur Verfügung stehen:

- **Kleinere Bretter.** Sie sind sehr praktisch, da an ihnen der Ton nicht kleben bleibt. Auf ihnen kann gearbeitet und später das vollendete Werk leicht transportiert werden.

- **Schneidedraht.** Dies ist ein dünner Draht, an dessen Enden zwei Haltehölzer befestigt sind. Mit ihm können größere oder kleinere Tonstücke aus dem großen Tonbatzen geschnitten werden. Man kann ersatzweise auch ein Stück feste Schnur benutzen.

- **Modellierhölzer.** Diese länglichen Holzstäbchen mit unterschiedlich geformten Enden können verwendet werden, um Formen auszukratzen, Rillen zu ziehen usw.

- **Schlingen** an Holzstäbchen. Sie werden verwendet, um Formen auszuhöhlen oder um Formen vom Tisch zu lösen.

6 *Gebrannte Tierfiguren, verschieden glasiert*

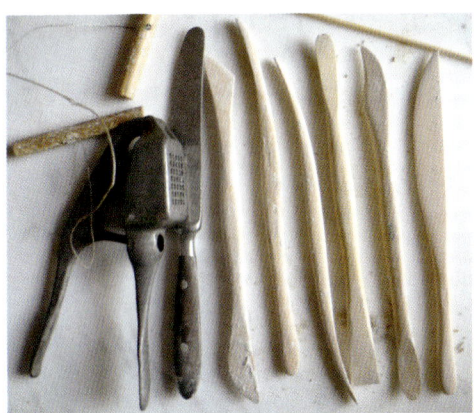

7 *Werkzeuge zum Tonbearbeiten*

8 *Verschiedene Tonsorten*

◆ **Alte Messer, Gabeln und Löffel, altes Nudel-holz, Kämme und Bürsten, Knoblauchpresse.**
Sie können vielfältig eingesetzt werden und dürfen daher nicht fehlen. Die Würstchen aus der Knoblauchpresse ergeben z. B. Haare, Bärte oder Fell, sie sind aber sehr zerbrechlich und müssen gut befestigt/verschmiert werden. Mit dem Nudelholz lassen sich Tonplatten ausrollen.

28.7   Materialauswahl und Materiallagerung

Ton

Meist wird Ton in 10-kg-Paketen, die in Folie eingeschweißt sind, verkauft. Er wird in verschiedenen Farben angeboten: Braun, Ocker, Weiß oder Rotbraun. Außerdem werden nach dem Verwendungszweck Aufbau-/Modellierton und Drehton unterschieden, die unterschiedlich viel Schamotte enthalten. Schamotte ist gebrannter und gemahlener Ton, der dem Ton für seine Stabilität und Standfestigkeit beigegeben wird. Aufbau-/Modellierton für einfaches Plastizieren enthält einen hohen Anteil Schamotte (25 %). Für Arbeiten an der Drehscheibe wird Ton mit einem geringen Schamotteanteil verwendet, damit sich der Ton möglichst dünn drehen lässt. Für einfache Arbeiten im Kindergarten kann günstiger Ton in einer Ziegelei erworben werden.
Erhalten Sie fertigen Ton aus einem Künstlerbedarfsladen, ist dieser sofort gebrauchsfertig. Lediglich mehrmals benutzter Ton oder Ton aus

Ziegeleien, mit denen Produkte zum Brennen hergestellt werden, sollten besser vor der Bearbeitung geschlagen (= kräftig auf den Tisch geworfen) werden, um Luftblasen zu entfernen. Luftblasen lassen den Ton beim Brennen platzen und zerstören die gesamte Form.

Lagerung des Tons

Ton muss luftdicht aufbewahrt werden, damit er nicht austrocknet. Am besten eignen sich dafür alte Plastikeimer, die sich mit einem Deckel luftdicht schließen lassen (z. B. große Mayonnaiseeimer aus Großküchen). Falls der Ton nicht luftdicht verpackt werden kann, wird er in ein feuchtes Tuch eingewickelt und anschließend in einer Plastiktüte oder unter einer Plastikfolie aufbewahrt. Auch größere Werkstücke, an denen später weitergearbeitet werden soll, werden auf diese Weise feucht gehalten. Große Tonobjekte sollten langsam trocknen.

Getrockneten Ton aufarbeiten

Auch wenn sonst prozessorientiert gearbeitet wird, werden ab und zu Tonobjekte getrocknet. Wenn diese Tonobjekte keine Aufmerksamkeit mehr erhalten, können sie mit einem Hammer zerkleinert und in einer Wanne mit Wasser eingeweicht werden. Nachdem die Tonstücke genug Wasser aufgesaugt haben, wird die ganze Masse durchgeknetet, bis sie sich wieder zu einer einheitlichen Masse verbunden hat. Diese Aufbereitung kann über einen längeren Zeitraum erfolgen. Deshalb empfiehlt es sich, die Wanne immer wieder abzudecken und die

239

Kinder regelmäßig matschen und kneten zu lassen. Die Kinder fasziniert die Verwandlung der an der Luft getrockneten Tonerde mit Wasser zu Matsch. Das sinnliche Spielen mit Wasser und Ton genießen sie. Der Tonmatsch kann auch mit den Füßen lustvoll geknetet werden.

Schlicker
Schlicker ist mit sehr viel Wasser verdünnter Ton. Mit Schlicker können ältere Kinder, die ihre Objekte nicht aus einem Stück gearbeitet haben, Teile zusammenfügen oder reparieren. Schlicker ist wie ein »Töpferklebstoff«. Dafür müssen die »Klebeflächen« eingeritzt, mit Schlicker bestrichen, leicht zusammengedrückt und anschließend sehr gut verstrichen werden.

Engoben und Glasuren
Engoben oder Sinterengoben sind keramische Pulverfarben, die mit Wasser angerührt direkt auf die gerade fertiggestellten Objekte aufgetragen und gemalt werden. Sie werden dann mitgebrannt. Sie sind meist erdfarben und ungiftig.
Glasuren werden nach(!) dem ersten Brennen aufgetragen. Meist entspricht die Glasurfarbe vor dem Brand nicht der Farbe danach. Dieser unterbrochene Schaffensprozess und das abstrakte Vorstellen der zukünftigen Glasurfarbe am vollendeten Produkt sind erst für ältere Kinder umsetzbar. Außerdem sind die Glasuren meist sehr giftig und deshalb nicht für kleine Kinder geeignet.

28.8   Plastisches Gestalten mit Ton

28.8.1   Übungen zur Wahrnehmung des Materials Ton
Zur Einstimmung geht es darum, das Material Ton mit Wahrnehmungsübungen sinnlich begreifbar zu erfahren. Die Übungen lassen sich in abgewandelter Form auf die Arbeit mit Kindern übertragen. Nehmen Sie sich die Menge Ton, die sich auf Sie bezogen in Größe und Gewicht richtig anfühlt und die Sie frei in den Händen halten können. Mit geschlossenen Augen führen Sie nun verschiedene Tast- und Formübungen durch.
◆ Erforschen Sie mit der ganzen Hand und einzelnen Fingern den Ton: Wie fühlt sich der Ton an? (kalt, nass, glitschig, hart, weich, fest, dick, eckig)
◆ Was können Sie alles mit diesem Material tun? (drehen, streichen, kneten, drücken, bohren, würgen, schlagen, rollen, streicheln, um die Hand wickeln)
◆ Geben Sie in das Stück Ton einen »Kraftabdruck«, indem Sie einen Finger, alle Finger oder die ganze Hand in den Ton drücken – dies ist Ihr ganz persönlicher Kraftabdruck. Er macht sichtbar, wie viel Kraft Sie haben. Fühlen Sie mit geschlossenen Augen andere Abdrücke: Was lernen Sie dabei kennen? Erst dann betrachten Sie gemeinsam die entstandenen Formen.

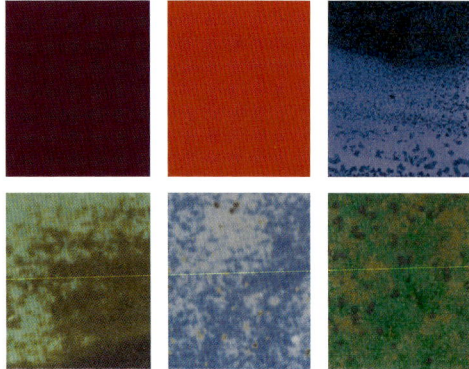

9 *Glasuren*

10 *Wahrnehmungsübung Kraftabdruck*

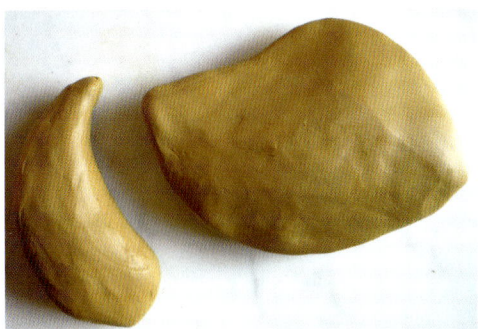

11 *Handschmeichler*

- Formen Sie ohne hinzusehen einen »Handschmeichler«. Ein Handschmeichler ist eine Form, die sich in der Hand gut anfühlt. Anschließend fühlen und betrachten Sie die anderen Schmeichelformen.
- Formen Sie mit geschlossenen Augen eine Kugel frei in der Hand. Die Kugel soll genau die Größe und das Gewicht haben, dass sie sich gut in die eigenen Hände schmiegt. Anschließend fühlen und betrachten Sie durch Weitergeben die anderen Kugeln. Beobachten Sie, wie es Ihnen beim Formen und Halten der Kugel geht. Eine Kugel zu formen beruhigt und zentriert, da eine Kugel ein Zentrum hat und »eine runde Sache« ist. Zu jedem passt eine Kugel! Sie ist somit auch Ausdruck von Individualität.

Reflexion

1. Welche Erfahrungen haben Sie bisher mit Ton gemacht?
2. Tauschen Sie sich über Ihre ersten Eindrücke beim Wahrnehmen von Ton aus. Wie haben Sie das Material und die einfachen Formen erfahren?

Meist wird beim Gestalten mit Ton schnell an fertige Produkte gedacht. Der Ton an sich ist jedoch ein sinnliches Material, das sehr offen ist für verschiedene Erfahrungen. Daher kann Ton auch gut altersübergreifend angeboten werden. Es gibt verschiedene Aufbautechniken mit Ton, die von kleinteiligem, produktorientiertem Gestalten ausgehen. Man kann den Ton in kleine Stücke zupfen, die aufeinandergelegt und dann miteinander verstrichen werden. Sehr bekannt ist auch die »Würstchentechnik«, bei der hohle Gefäße durch Übereinanderlegen von Tonrollen in die Höhe gearbeitet werden. Dies ist für kleine Kinder schwer umzusetzen. Für sie ist es besser, aus einem Stück heraus zu gestalten und dann zu den spontan entstandenen Formen Assoziationen weiter auszubauen (siehe auch Kapitel 28.9.1). Lernt man den Ton als sinnliches Material kennen, entwickeln sich im Prozess oft ganz andere Formen, als wenn man sofort mit einer festen Vorstellung ans Gestalten geht.

Kreatives Gestalten für Kinder unter drei Jahren

Ton als elementares Naturmaterial ist wunderbar geeignet für die ersten plastischen Erfahrungen der Kinder. Es ist ungefährlich, wenn die Kinder den Ton in den Mund stecken und kosten oder ihn lustbetont auf dem Körper verreiben, da der Ton keine Hautprobleme verursacht.

Im Alter von 1–2 Jahren erforschen die Kinder das Material ohne festes Ziel. Am besten stellt man den Kindern zum Erforschen einen 10-Kilo-Block zur Verfügung. Die Kinder können so an einem großen Stück verschiedene Erfahrungen sammeln, indem sie Stücke abreißen, den Finger hineinbohren oder den Ton »schlagen«. So können sie die Konsistenz des Tons erkunden, seine Oberfläche erfahren und umgestalten, sie können ihn riechen und ihre Kräfte an ihm ausprobieren. Lassen Sie die Kinder am Anfang ohne Werkzeuge und Wasser experimentieren, um Reizüberflutungen zu vermeiden. Mit Wasser gemischt, geschmiert und weiterbearbeitet geht es darum, den »Tonmodder« mit allen Sinnen zu erfahren und die Veränderungen wahrzunehmen. Ganz nebenbei wird die Handmotorik differenziert und erste Kugeln, Rollen und Berge entstehen von allein. Mit lautmalerischen Tönen begleitet werden dann kleine Geschichten zu den sich ständig wandelnden Formen erzählt.

Am Ende des Prozesses ist es den kleinen Kindern meist nicht wichtig, dass ihr Produkt getrocknet und ausgestellt wird. So können die Kinder mit einer entsprechenden Geschichte lernen, dass die Tongestalten nach dem Kneten und Bespielen wieder zurück in die Tonkiste kommen, um am nächsten Tag zu wieder neuen Formen gestaltet zu werden.

Ältere Kinder (ab ca. 4 Jahren) entdecken in dem »Gematschten« eine Figur, die sie auch ausgestalten wollen (für Erwachsene sind diese Figuren oft nicht erkennbar – aber trotzdem zu beachten!). Diese Figuren können auch getrocknet und eventuell gebrannt werden.

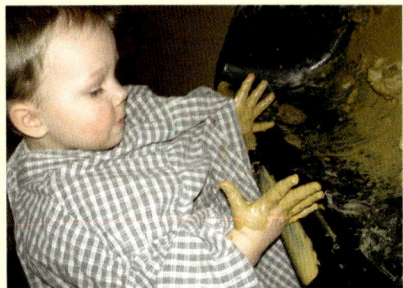

Was für ein Gefühl an den Händen   *Hier entsteht eine Rolle aus Ton*

Um eine Figur zu brennen, muss sie bestimmte Bedingungen erfüllen (siehe oben). Gerade für die Kleinen ist der zeitliche Prozess des Trocknens und Brennens noch nicht überschaubar – ihnen ist das zeitnahe Handeln und Forschen wichtig! Nicht gebrannte Teile können ebenso bemalt und verziert werden und halten relativ lange. Viel interessanter für die Kinder ist, dass sie schon im Gestaltungsprozess andere Materialien wie Stöcke, Steine, Glaskugeln in den Ton einarbeiten können. Diese können mittrocknen und dann weiterbespielt werden.

Liegt der Ton als ganzer Block auf dem Tisch, können sich auch mehrere Kinder gleichzeitig mit dem Material beschäftigen. Dies motiviert auch spontan zu Gemeinschaftsarbeiten.

Intensive Körpererfahrungen machen die Kinder, wenn sie auf einer großen Folie oder in flachen Plastikwannen (am besten im Sommer auf dem Außengelände) nach Herzenslust mit Ton und Wasser experimentieren können – und zwar mit dem ganzen Körper. Die Kinder können sich mit Tonschlicker bemalen oder mit Füßen Spuren hinterlassen. Sie erfahren dabei, wie Ton seine Konsistenz mit Wasser und Sonnenwärme/Zimmerwärme verändert, und genießen das sinnliche Matschen.

Tonbilder können die Kinder gestalten, indem sie in flach gedrückten Ton die unterschiedlichsten Materialien abdrücken (Schnur, Schuhsohlen, Stoffe, Steine, Blätter), oder die Kinder arbeiten Naturmaterialien einfach in ihr Tonwerk ein. Mit einem Stöckchen können kleine Zeichnungen in den Ton geritzt werden. Diese Zeichnungen lassen sich wieder verstreichen, so kann das Spurenritzen wiederholt werden.

Bieten Sie das Material Ton ruhig regelmäßig an. Denn die Kinder lernen intensiv durch wiederholte Erfahrungen.

28.8.2 Übungen zu Gestaltungs- qualitäten, Grundformen und Fühltafeln

Gestaltungsqualitäten und Grundformen erforschen

Gestalten Sie in Kleingruppen verschiedene polare Themen wie hoch – tief, dick – dünn, rund – eckig, konkav – konvex. Gestalten Sie jedes Gegensatz- paar für sich und verwenden Sie den Ton großzügig, damit Ihre Arbeit nicht zu klein, sondern anschau- lich und fühlbar groß wird.

Genauso formen Sie eine große Kugel, ein Ei, einen Würfel und eine Pyramide.

13 *Formqualität eckig*

---

konkav: *bedeutet hohl-rund, nach innen gewölbt*
konvex: *bedeutet nach außen gewölbt*

Reflexion

Betrachten und reflektieren Sie die entstande- nen Formen: Welche Erfahrungen haben Sie gemacht? Welche Formen fielen Ihnen leicht zu gestalten? Welche Formen erlebten Sie als unpassend zum Material? Wie verhalten sich die einzelnen Formen zum Raum?

Die wichtigsten Grundformen des plastischen Gestaltens sind Kugel, Quader, Kegel, Zylinder, Pyramide, Oktaeder. Die wichtigsten Formqualitä- ten plastischen Gestaltens sind rund, eckig, hoch, tief/niedrig, breit, lang, kurz, dick, dünn, konkav, konvex, innen, außen.

Fühltafeln aus Tonplatten gestalten

Rollen Sie Tonplatten aus und schneiden Sie diese mit einer Schablone in gleich große Stücke. Rit- zen Sie nun mit Stöckchen und anderem Werkzeug Bilder in die Platten. Versuchen Sie auch, Formen herauszuheben oder mit Ton aufzusetzen sowie leichte Erhebungen zu schaffen. So entsteht ein Relief, das nicht mehr zweidimensional wie ein Bild, aber auch nicht wirklich dreidimensional wie eine stehende Plastik in den Raum greift. Bohren

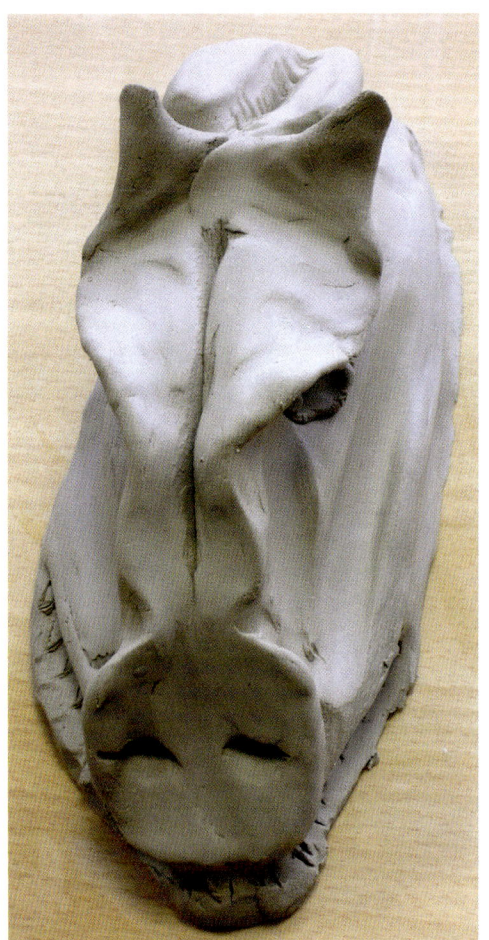

12 *Formqualität schmal/dünn*

243

14 *Relieftafeln für eine gemeinsame Wandgestaltung*

15 *Eine Tonkugel wird mit einem Draht geteilt.*
Die Kugelhälften werden mit einem Löffel ausgehöhlt.
In eine Hälfte werden kleine Tonkügelchen gelegt.
Die zusammengefügten Tonhälften werden verstrichen,
mit einem Holzstäbchen werden Luftlöcher gebohrt.

Sie in die Platten zwei Löcher, um sie später an zwei Nägeln aufzuhängen. So können Erzählbilder oder einfache Ornamente in den Ton gedrückt werden. Spannend ist es auch zu beobachten, welche Spuren bestimmte Gegenstände und Materialien (wie Schnur oder Stoff) im Tonbett hinterlassen. Die verschieden gestalteten, gebrannten Platten werden nebeneinander/untereinander an einer Holzplatte aufgehängt und können so als Fühltafel einen für alle erreichbaren Platz im Raum erhalten.

Reflexion

Legen Sie Ihre Werke zusammen und betrachten Sie die Vielfalt an Ideen, Formen und Geschichten, die Sie als Gruppe geschaffen haben. Lassen Sie vorsichtig Ihre Hände die Oberfläche ertasten. Wie erfahren Sie diese Oberflächengestaltungen mit dem Auge und wie mit den Fingern? Auf diese Art lassen sich ganze Wandbilder, eventuell bemalt, herstellen.

Relief: *ein plastisches Bildwerk auf einer Fläche*

28.8.3 Übungen zur Gestaltung von Körpern und Figuren

Ton-Rasseln zum Tönen gestalten

Formen Sie eine nicht zu kleine Kugel, die gut in Ihre Hände passt. Schneiden Sie die Kugel mit dem Schneidedraht in zwei Hälften. Höhlen Sie nun beide Hälften mit einem kleinen Löffel aus. Die

Kugelwand sollte noch etwa 0,5 cm dick sein. Rollen Sie mehrere kleine Kügelchen, die Sie in eine der Kugelhälften legen. Streichen Sie die Ränder der Kugelhälften mit Schlicker ein und fügen Sie sie wieder zu einer Kugel zusammen. Verstreichen Sie die Ränder zusätzlich gut. Mit einem Zahnstocher bohren Sie nun mehrere Löcher in die Kugel, damit beim Brand die heiße Luft entweichen kann. Außerdem können Sie mit dem Zahnstocher die Rasseloberfläche mit Ornamenten und Bildern verzieren. Die Kügelchen im Innern der Rassel lösen sich beim Trocknen und tönen (nach dem Brand) in der Kugel, wenn sie geschüttelt wird. Die Tonrassel muss auf jeden Fall gebrannt werden, damit der Hohlkörper stabil ist und klingen kann.

Arbeitsweisen zur Herstellung von Tonfiguren

Ton hat nur im feuchten Zustand klebende Eigenschaften, im Gegensatz zu Plastilin oder Knete. Um kleine Teile zusammenzufügen, müssen diese gut verbunden und verstrichen werden. Dies erfordert sehr viel Fingerspitzengefühl. Alle nicht gut verbundenen Teile fallen während des Trocknens einfach wieder ab, was für die Kinder sehr frustrierend ist. Daher ist es besser, Tonfiguren aus der Tonmasse heraus organisch zu gestalten, anstatt mehrere Teile zu einer Figur zusammenzufügen.

Mit aus der Hand gedrückten menschlichen und tierischen Gestalten werden nicht nur Frustrationen vermieden, sondern es wird den Kindern etwas vom organischen Wachsen und Entwickeln im Gegensatz zum technischen Konstruieren und Zusammenbauen eines Roboters vermittelt. Eine Mensch- oder Tiergestalt aus Ton wächst und entsteht wie in der Natur.

Es entspricht zwar der plastischen Entwicklung, dass Kinder aus Einzelteilen eine Gestalt »zusammenbauen«, mit dem Gestalten aus der Masse lernen sie jedoch eine andere und für das Material Ton befriedigendere Herangehensweise kennen. Je früher sie diese Erfahrungen machen, desto vertrauter wird diese Gestaltungsmethode für sie sein.

Wird den Kindern genügend Ton zur Verfügung gestellt und ihrer Fantasie freier Lauf gelassen, werden schnell zu den Gestalten und Tieren passende Landschaften, Häuser und andere Utensilien hinzukommen. Die Kinder erzählen oft Geschichten dazu oder berichten, was sie gerade erleben. Am Ende kann es passieren, dass die Menschen und Tiere wieder zu Erde werden. Nicht das Produkt, sondern die Erlebnisse und der Prozess sind entscheidend für das sinnliche Gestalten mit dem Material Ton.

Tierfiguren aus einem Tonei gestalten

Nehmen Sie sich eine für Sie passende Menge Ton und formen Sie diese zu einem großen Ei. Am schmalen Ende drücken Sie den Ton zusammen, sodass ein Hals entsteht. Jetzt ist Vorne und Hinten an dem Tier erkennbar. Aus dem Rumpf ziehen Sie nun vier Beine, am Po plastizieren Sie einen kurzen Schwanz.

Lassen Sie aus dieser Grundform die unterschiedlichsten Fantasietiere entstehen: Aus dem Ei entwickelt sich ein Bär, eine Schildkröte, ein Fisch oder ein Drache. Dabei ist zu beachten, dass Gliedmaßen nicht zu sehr in den Raum ragen – sie brechen sonst leicht ab. Besser ist es, z. B. einen langen Schwanz elegant an den Körper zu legen. Wer Schwierigkeiten mit der Statik hat, kann ein schlafendes Tier formen.

16   *Kleiner Eisbär, Minthe (6 Jahre)*

Menschliche Figuren aus einem Tonstück gestalten

Nehmen Sie sich ein frei in den Händen zu haltendes Tonstück und formen Sie es zu einer länglichen Wurst. Halten Sie diese Wurst in einer Hand mit den Fingern umschlossen. Drücken Sie nun den Ton mit dem Daumen und Zeigefinger ein und verengen ihn dadurch. Auf diese Weise entstehen ein Hals und ein Kopf. Aus dem unteren Stück, dem Rumpf, ziehen Sie an jeder Seite einen Arm heraus. Ebenso

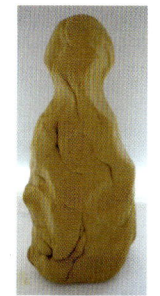
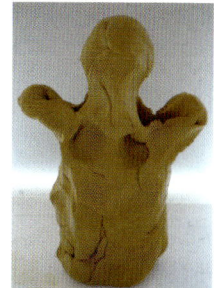

17   *Menschliche Figur aus einer Tonrolle, schon mit Kopf*
Die Arme werden aus der Tonrolle gezogen
Beine als Einschnitt fest stehend
Mit zwei einzeln stehenden Beinen

verfahren Sie mit den Beinen oder Sie deuten die Beine nur mit einer »Beinrille« an, um eine bessere Stabilität zu erhalten Weibliche Figuren können einen langen Rock tragen, der der Figur viel Halt gibt. Zum Schluss ziehen Sie Füße aus den Tonbeinen. Alle weiteren Merkmale können Sie nach dem gleichen Prinzip aus der Tonmasse gewinnen oder mit Stäbchen hineinkratzen.

Reflexion

Stellen Sie die gestalteten menschlichen Figuren zusammen, sodass sie in Beziehung, im Gespräch miteinander sind. Auch die Tierfiguren können mit eingebaut werden. Betrachten Sie in der Gruppe Ihre Ergebnisse und vergleichen Sie die beiden unterschiedlichen Herangehensweisen: in der herkömmlichen Art Teile zu einer Gestalt aneinanderfügen oder aus einem Stück organisch eine Gestalt herausarbeiten.

28.9   Ton aus der Masse heraus bearbeiten

Üblicherweise werden den Kindern kleine Portionen des Tons in die Hand gedrückt, um einzelne Werke damit zu schaffen. Das Material Ton bietet jedoch die Möglichkeit, von einem großen Tonklotz ausgehend, »aus der Masse heraus« zu gestalten. Dies ermöglicht ganz andere Herangehensweisen und Erfahrungen. So werden die Kinder eher großzügige und großformatige Gestaltungen schaffen, sie werden eher dreidimensional in die Höhe arbeiten, statt kleinteilig in der Fläche zu bleiben. Da der Ton schon als dreidimensionale Masse bereitsteht, bietet er sich schnell zu Themen an wie reliefartigen Landschaften mit hohen Bergen, tiefen Tälern oder Höhlen, die aus dem Tonblock gegraben werden können. Große Fantasiewesen und Tiere entstehen leicht mit kräftigen Körperformen und Körpervolumen. Selbst Jüngere können aus einem Block ein hohes Gebäude entstehen lassen. Die Kinder können sich großzügig mit Mengen und Volumen sowie ihren Formveränderungen auseinandersetzen. Am Tonblock machen die Kinder an sich schon die Erfahrung von Räumlichkeit, von einer ihnen gegenüberstehenden Masse, die zum plastischen Bearbeiten in ihrem Körpervolumen einlädt. Diese plastischen Erfahrungen bietet nur das Material Ton.

28.9.1   Anregungen für Ton aus der Masse heraus bearbeiten

Matschlandschaft (Gruppenarbeit ab ca. 2–6 Jahre): Eine Matschlandschaft, für die viel Tonmasse zur Verfügung gestellt wird und bei der die Kinder auch mit Wasser plantschen dürfen, wird schon die Kleinsten anregen, den Ton gemeinschaftlich zu bearbeiten. Älteren Kindern können dazu Geschichten oder Informationen zur Erdentstehung erzählt werden, um sie zu inspirieren. Auch andere Materialien aus Garten und Natur können eingefügt werden. Vielleicht lässt sich die Aktion draußen in der Natur durchführen, was einer möglichen Verschmutzung von Räumen vorbeugt und schon deshalb entspannender ist.

Weitere anregende Themen:

* Vulkane, in die nach der Vollendung Wunderkerzen gesteckt werden, um einen Vulkanausbruch zu simulieren
* Mondlandschaft mit Raketen und Mondwesen
* Land der Zwerge, Feenlandschaft, Wasserlandschaft mit richtigen Flussläufen und Seen

Kleine Spielgeister: Kleine Tonstücke werden in der Hand etwas zurechtgedrückt und dann mehrmals auf den Tisch geklopft, damit sie einen festen Stand bekommen. Mit einem Stöckchen kann ein einfaches Gesicht gestaltet werden. Nun muss der kleine Geist nur noch durch Trocknen fest werden und kann dann für die Spiellandschaften verwendet werden.

Kleine Gefäße aus Ton: Aus einer dicken Kugel kann man leicht eine kleine Schale entstehen lassen. Dafür drückt man mit dem Daumen oder mehreren Fingern in die Mitte der Kugel und erweitert diese Mulde so lange, bis man die richtige Schalengröße erhalten hat. Die Form etwas auf den Tisch klopfen, sodass eine Standfläche entsteht, und fertig ist das erste Geschirrschälchen.

Verrückte Häuser: Die einfachsten Bauten entstehen, indem ein fester Tonklumpen mit dem Messer in Hausform geschnitten und dann verziert wird. Aus einem oder mehreren Tonklumpen können

19 *Kopfgestaltung aus einem geworfenen Stück Ton*

18 *Verrückte Häuser*

durch Ziehen und Aushöhlen der Masse ganz fantasievolle Bauten gebildet werden. Allein oder in Gruppenarbeit entstehen so verschiedene Modelle für eine ganze Stadt. Nach dem Trocknen können die Häuser bemalt und weiterbespielt werden.

Tongesichter: Dicke Tonklumpen werden auf den Boden fallen gelassen oder mit Kraft auf den Tisch geworfen. Was für eine Form entsteht dabei? Was lässt sich in der Form entdecken? Vielleicht ein Gesicht, das mit Stöckchen oder Werkzeug gezeigt werden kann. Anfangs arbeiten die Kinder zweidimensional, indem sie eine Tonplatte schaffen und Augen, Nase und Mund hineinkratzen oder aufkleben. Mit dieser »Zufallsform« kommen Kinder leicht in ein dreidimensionales Gestalten eines Kopfes.

Masken: Diese können leicht mit entsprechender Anleitung und Anregung (gemeinsames Betrachten von Abbildungen mit Masken fremder Völker oder sogar ein Besuch in einem Völkerkundemuseum) aus Ton hergestellt werden. Masken sind ein immer wieder faszinierendes Thema – alle schwierigen Gefühle lassen sich in dieses fremde »Gesicht« übertragen. Deshalb werden von den

Kindern gerne Monster und Schrecken erregende Wesen in diese Tonmasken gebrannt. Auch ältere Kinder beschäftigen sich gerne mit dem Thema des Verwandelns mit Masken. Wenn die Tonmaske nicht gebrannt werden soll, kann sie mit Papier kaschiert weitergestaltet werden (siehe Kapitel 31.3.5 »Kaschieren«).

Indianersteine (Vorschulkinder): Nach indianischer Überlieferung sollen runde Steine das Abbild des Universums sein. Eckige Formen stehen weniger im Einklang mit der Schöpfung. Aus Ton in zwei Farben lassen sich solche Indianersteine nachbilden. Zwei faustgroße gleichfarbige Klumpen Ton werden zu zwei Halbkugeln geformt. Die Ränder der Halbkugeln werden mit dem andersfarbigen Ton eingefasst. Dann werden beide Kugeln aneinandergefügt und die Naht gut verstrichen. Die Kugeln werden nun zum Trocknen gelegt. Sind sie fest getrocknet, wird die Oberfläche des Tonsteins mit einem echten, glatten Stein poliert. Der Indianerstein erhält so eine glänzende Oberfläche. Die Bearbeitung in mehreren Arbeitsschritten erfordert und fördert die Ausdauer und Handmotorik.

28.9.2 Bilder aus Ton

Spuren im Ton: In flach gedrückten Ton werden die unterschiedlichsten Materialien abgedrückt (Schnur, Schuhsohlen, Stoffe, Steine, Blätter).

Tonbilder: Kleine bezeichnete Tontafeln wurden früher als Notizen im Handel verwendet (z. B. wie viel Ware in einem Tonkrug enthalten war). Auf eine Tonplatte (mit der Hand platt gedrückt oder mit einem Nudelholz glatt gerollt) kann mit einem spitzen Gegenstand ein Bild geritzt werden. Etwas schwieriger ist es, das Bild wie ein Relief mit Erhöhungen und Vertiefungen zu gestalten. Eventuell aufgelegte Teile müssen gut verstrichen werden, damit sie nach dem Trocknen nicht einfach abfallen!

Tonfarbe: Verschiedenfarbiger Ton wird mit Wasser verdünnt. Mit der Tonfarbe bemalen die Kinder draußen die Pflasterung großzügig. Dafür werden Besen verwendet. Für Gestaltungen auf dem Papier können Borstenpinsel eingesetzt werden.

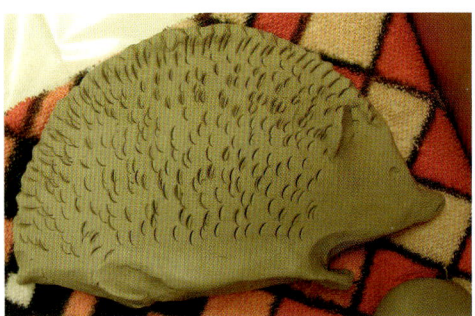

20 *Igel als Tonrelief*

21 *Fühltafel*

28.9.3 Plattenbau und Aufbauarbeit aus Ton

Die Riesenechse
(Gruppenarbeit): Der Ton wird zu Platten ausgerollt, die anschließend zu Röhren zusammengefügt werden. Die aneinandergereihten Röhren ergeben den langen Körper der Echse, an den Füße, Augen, Maul und vielleicht sogar wehrhafte Echsenzacken auf dem Rücken angesetzt werden.

Der Baum
(Gruppenarbeit): Wieder werden in Gruppenarbeit Tonplatten hergestellt, die dann zu einem Stamm mit Ästen zusammengefügt und aneinandergereiht werden. Daran werden viele einzelne Blätter, Blüten und Früchte befestigt. Und welche Tiere leben auf und in dem Baum? Oder wohnen hier sogar Baumgeister?

Turmbau
Ältere Kinder entwerfen vielleicht schon Konstruktionen aus Tonplatten, die miteinander verstrichen werden. Je mehr die Kinder mit viel Masse arbeiten, desto großzügigeres Gestalten ist möglich! Damit große und hohe Werke eine bessere Stabilität erhalten, können die Tonplatten um geknülltes Zeitungspapier gelegt werden. Nach dem Trocknen müssen die Papierstützen entfernt werden. Dies kann durch Verbrennen des Papiers erfolgen (nicht in einem Innenraum!). Falls Papier in einem Hohlraum liegt, muss ein größeres Loch zum Entweichen der heißen Luft beim Brennen gebohrt werden. Je höher die Türme werden sollen, desto mehr ist die Auseinandersetzung mit Material, Gleichgewicht und Statik gefragt. Zu Weihnachten können Lichterhäuser mit vielen Fensteröffnungen entworfen werden, in die sich gefahrlos Kerzen stellen lassen.

Porträt in Ton
(für Jugendliche): Mit der Suche nach und der Auseinandersetzung mit der eigenen Identität in der Jugend ist es ein reizvolles und anspruchsvolles Thema, einen Kopf in natürlicher Größe zu plastizieren. Der Kopf wird von unten mit kleinen Tonstückchen oder Würsten hohl(!) aufgebaut. Über Beobachtungen im Spiegel oder bei anderen Menschen wird ein Gesicht entwickelt. Die Jugendlichen sollten sich vorher überlegen, welchen Charakter sie ihrem Porträt geben wollen. Für eine bessere Stabilität kann der Kopf mit Zeitungspapier ausge-

stopft werden. Da dieser Gestaltungsprozess meist länger dauert, werden die Tonteile, damit sie nicht austrocknen, zwischendurch in feuchte Tücher und Folie gewickelt. Nur feuchter Ton kann weiterbearbeitet und aufgebaut werden.

Projektaktivität   WALDGEISTER

Eine für alle Altersgruppen immer wieder reizvolle Aktion ist das Gestalten von Waldgeistern aus Ton – draußen in der Natur oder im Park. Dafür kann je nach Alter die Gestaltungsaktion in unterschiedliche Zusammenhänge von Geschichten, Mythen oder Naturbetrachtung gebracht werden. Auch ein Theaterstück kann wunderbar dazu inszeniert werden. Hier bietet sich also die Einbindung mehrerer Lernbereiche an!

Lassen Sie jedes Kind sich in einem Waldstück einen Baum aussuchen, der es besonders anspricht, sei es, weil die Rinde so interessant ist, sei es, dass die verschlungene Form des Baumstamms hervorsticht oder das schützende Blätterdach.

Nun nehmen die Kinder sich ausreichend Ton und kleben diesen in Augenhöhe an den Baumstamm. Mit den Fingern oder mithilfe von Stöckchen formen sie das Gesicht oder auch den ganzen Körper ihres »Waldgeistes«, der in diesem Baum wohnt und nun herausguckt. Mit Blättern, Beeren, Nadeln und Steinchen können diese Gesichter weiter ausdifferenziert werden. Die Kinder haben dann die Aufgabe, sich eine Geschichte zu ihrem Waldgeist auszudenken und in einem gemeinsamen Rundgang ihren Waldgeist mit der Geschichte vorzustellen. Hilfreich sind die einfachen Fragen: Wie heißt du? Woher kommst du? Was magst du gern, was nicht?

Oft ergeben sich mit zufälligen Besuchern, die die Waldgeister entdecken, spannende Gespräche und viele positive Aha-Erlebnisse. In den darauffolgenden Tagen können die Geister wieder besucht werden und die Kinder beobachten, wie der Ton sich je nach Wetterlage verändert. Manchmal muss schnell Abschied genommen werden, manchmal bleiben die Baumgeister länger sichtbar.

Waldgeist, Arne

Waldgeist, Cirin

29 PLASTISCHES GESTALTEN MIT GIPS

29.1 Was ist Gips?

Der Name Gips ist aus dem griechischen Nomen »gypsos« (Gips, Kreide) abgeleitet. Gips ist ein Naturmaterial. Der Gipsstein (Kalziumsulfat) wird unter anderem im Harz und in Süddeutschland abgebaut.

Schon in der Jungsteinzeit wurde Gips als Baumaterial verwendet, meist zur Verzierung der Innenräume oder als Mörtel, dem Kalk oder Steine zur Streckung beigemengt waren (Gipsmörtel). In Europa nahm die Verwendung von Gips ab dem 11. Jahrhundert zu, Gips wurde zum Verfugen von Mauerwerk benutzt. Ab dem 17. Jahrhundert wurde Gips dann besonders für die aufwendigen Stuckarbeiten in den Innenräumen wichtig. Im Mittelalter wurde gipshaltiges Gestein in Steinbrüchen oder bergmännisch abgebaut, sortiert und in Brechmühlen zerkleinert, sodass es in Gipsbrennereien durch den Brenn- oder Kochprozess weiterverarbeitet werden konnte. Anschließend wurde der Gips in einer Gipsmühle fein gemahlen.

Weil heute Kalziumsulfat-Gips bei vielen chemischen Prozessen in der Industrie als Sekundärprodukt entsteht, beispielsweise bei der Zitronensäureherstellung, gibt es keine gezielte industrielle Herstellung im größeren Stil. Je nach Reinheit und Feinheit unterscheidet man Baugips, Estrichgips und Stuckgips. Auch Tafelkreide und Malkreide besteht in Deutschland aus Gips.

Für gestalterische Arbeiten wird das reine Gipspulver für Stuck angewendet. Mit Wasser vermengt wird es erst zu einem dünnflüssigen Brei, der jedoch schnell erhärtet. Bei diesem chemischen Aushärtungsprozess entsteht Wärme, die sogar fühlbar ist. Das ist für Kinder eine spannende Beobachtung. Der Gips verändert beim Trocknen nicht nur seine Härte, sondern auch seine Farbe: Der dünnflüssige Gips ist grau und schwer, der gehärtete, getrocknete Gips weiß und leicht.

Nach dem Aushärten und Trocknen bleibt die Gipsform so weich, dass sie mit einfachem Werkzeug bearbeitet werden kann. Eine Gipsform lässt sich auch vergrößern, indem neuer Gips über sie gegossen oder Gipsbrei »angeklebt« wird.

Beim Ausgießen einer Hohlform mit Gips bildet der Gips bis in feinste Einzelheiten diese Negativform positiv ab. Selbst kleinste Spuren wie ein Fingerabdruck werden sichtbar. Die getrocknete Form kann z. B. bekratzt, beschnitten, gesägt, ausgehöhlt, geraspelt, geschliffen oder bemalt werden.

Sicherheitsmaßnahmen: Kindern muss deutlich gemacht werden, dass sich Gipspulver sehr gern und leicht mit Wasser vermengt und anschließend verhärtet – egal, wo er sich gerade befindet. Gipspulver darf deswegen nie gegessen werden oder in Nase, Augen oder Ohren gelangen, da auch dort aus Pulver fester Stein wird!

Aufgaben

1. Wo wird Gips abgebaut?

2. Finden Sie heraus, in welchen Bereichen überall Gips verwendet wird.

1 *Stuck in einem Treppenhaus*

29.2 Bedeutung von Gips in der künstlerischen Erziehung

Das Material Gips lässt sich einfach im Kindergarten verwenden und bietet vielfältige Einsatz- und Experimentiermöglichkeiten. Gips ist preiswert und in jedem Baumarkt erhältlich. Gips ermöglicht naturgetreue Abdrücke und Formen, die in der Weiterbearbeitung verfremdet werden können. Mit seinem vom Flüssigen ins Feste übergehenden Charakter zeigt er interessante Spielarten als Material. Alltagsgegenstände bekommen durch das Gestalten mit Gips (z.B. durch Abdrücke im Gips oder durch Einhüllen mit Gipsbinden) einen neuen Charakter. Auch lassen sich Gips und Gipsbinden gut mit anderen Materialien verbinden, was reizvolle Kontraste ermöglicht. Das Gestalten von Körperabdrücken mit Gipsbinden unterstützt die Körperwahrnehmung und bietet sich für Jugendliche als Auseinandersetzung mit Rollenbildern und großformatigen Körperformen an.

29.3 Material, Werkzeug, Arbeitsplatz

Bei der Vorbereitung und Ausstattung eines Arbeitsplatzes für die Arbeit mit Gips sind folgende Materialien und Werkzeuge erforderlich:

Material
Modelliergips oder Alabastergips, Wasser, Eimer, Schüsseln, Gipsmulden (Becher aus weichem Kunststoff, an deren weichen Wänden Gipsreste leicht gelöst werden können; im Baumarkt erhältlich), Stab zum Anrühren, Zeitungspapier, Abdeckfolie zum Auslegen

Gips anrühren
Schritt 1: Den Gips in einem sauberen Gefäß anrühren. Dabei immer das Gipspulver in das kalte Wasser geben – nie umgekehrt! Das Gefäß darf dabei nur bis zur Hälfte mit Wasser gefüllt sein, da sich z.B. beim Einrühren von zwei Teilen Gips in einen Teil Wasser die Gesamtmenge verdoppelt.

2 *Zweige in Gipsbinden gehüllt werden zur Skulptur*

3 *Gipspulver und Messbecher*

4 *Der Gips wird mit den Händen erforscht*

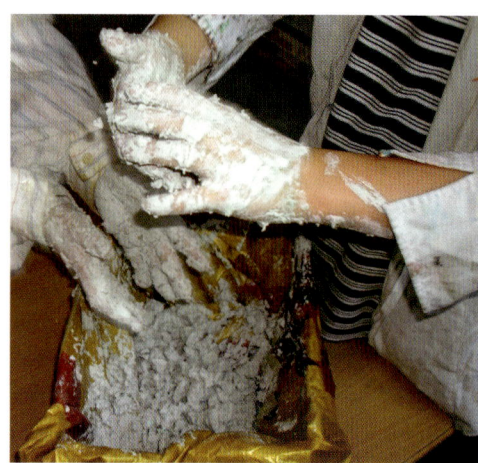

5 *Gipsreste an den Händen werden entsorgt*

Für die Dosierung muss die Anleitung auf der Packung beachtet werden. Meist wird der Gips im Verhältnis 2:1 mit Wasser gemischt, im Verhältnis 3:1 ergibt es eine modellierbare Gipsmasse. Achtung: Dicker angerührter Gipsbrei härtet sehr schnell aus! Schritt 2: Das Gipspulver zunächst im Wasser »ersäufen«. Mit diesem Fachbegriff ist gemeint, dass das Pulver anfangs nur in das Wasser geschüttet wird und erst wenn alles Pulver im Wasser verschwunden ist, wird mit dem Rühren begonnen. Gipspulver und Wasser nur kurz verrühren, bis ein dickflüssiger Brei entstanden ist, der dann in die Formen gegossen wird. Das Schütteln der Formen verhindert, dass sich Luftblasen festsetzen. Beim Aushärten/Abbinden wird der Gips aufgrund einer chemischen Reaktion warm. Überalterter Gips bindet langsamer ab.

Schritt 3: Wenn die Oberfläche hart, aber noch feucht ist, die Umhüllung (Ton, Papier) entfernen. Nun kann damit begonnen werden, die Gipsform mit Werkzeug weiterzugestalten.

Damit die Kinder das Material und die Materialveränderung des Gipses kennenlernen können, empfiehlt sich die Tütenplastik (siehe Kapitel 29.4.5 »Experimente mit Gips«). Die Kinder können dabei genau sichtbar und fühlbar den Prozess mitverfolgen.

Achtung: Gipsreste entsorgen!

Gips und Gipsreste an Händen und Werkzeugen dürfen niemals in das Abwassersystem geraten, da sie dort schnell die Rohre zusetzen würden. Deshalb müssen alle festeren Gipsreste von Händen und Geräten in einen Mülleimer gebürstet werden. Reste aus Eimern und Schüsseln lassen sich nach dem Trocknen herauskratzen und mit dem Müll entsorgen.

Werkzeug

Messer, Sägen, Schab- und Ritzwerkzeuge, Feilen, Schleifpapiere
Achtung: Außer Messern, die rostfrei sind, die Werkzeuge nicht für die noch feuchten Gipsformen verwenden, da diese sich mit Gipsresten verschließen und rosten! Erst nach dem vollständigen Durchtrocknen können diese Werkzeuge benutzt werden.

Zum Ausgießen

Hohlformen wie Tetrapaks, Pappschachteln (mit Folie ausgelegt), Joghurtbecher, Schüsseln, Eimer, Gefäße, die nach oben hin weiter werden, billiges Speiseöl oder Vaseline als Trennmittel

Zum Bemalen

Wasserfarben oder Acrylfarben, Pinsel, Wasser, Lappen, Schuhcreme, Buntstifte, Bleistifte

Arbeitsplatz

Der Fußboden muss abwischbar sein oder mit Folie ausgelegt werden. Am besten befindet sich ein Waschbecken im Raum. Nicht fehlen darf ein großer Mülleimer für die Gipsreste! Die Tische werden mit Folien abgedeckt und mit Zeitungspapier ausgelegt: So können feuchte Gipsreste leicht antrocknen und mit der Zeitung entfernt werden. Für die fertigen Formen sollte es einen trockenen, warmen Platz geben. Nicht gut trocknende Teile können leicht verschimmeln.

29.4   Techniken für Gipsplastiken

In den folgenden Kapiteln werden keine expliziten Gestaltungsübungen vorgestellt, sondern verschiedene Techniken zum experimentellen Ausprobieren und Reflektieren. Die einfachsten Techniken sind die Abgusstechniken in verschiedene Formen. Anspruchsvoller sind die Gestaltungen von Gipsskulpturen, die das dreidimensionale Vorstellungsvermögen der Kinder fordern und fördern.

In noch feuchte Gipsformen kann leicht gekratzt und geschabt werden. Gut durchgetrocknete Gipsformen können feiner geraspelt und geschliffen werden. Dies erfordert aber ähnlich wie die Steinbearbeitung mehr Kraft und Ausdauer. Dafür kann diese Arbeit auch in Innenräumen durchgeführt werden, im Gegensatz zur Steinbearbeitung. Das Bearbeiten einer kleinen Gipsskulptur ist so eine gute Vorbereitung für das Gestalten mit Stein.

6 *Mit Gips gefülltes Tonbett*

29.4.1   Spurensuche im Gipsabdruck

Material

Ton, Wasser, Gips, Gefäß und Stab zum Anrühren, Werkzeug, Fundstücke wie Muscheln oder Pflanzen, Plastiktiere zum Abdrücken

Technik

Legen Sie ein interessantes Tonrelief (vertieft oder erhöht) **mit einem Rand von etwa 2–3 cm** für eine Abgussform an. Achten Sie darauf, dass Sie keine Unterhöhlungen herstellen, da Sie dort den Ton nach dem Abgießen und Aushärten schlecht aus dem entstandenen Gipsrelief entfernen können.

Experimentieren Sie auch mit Abdrücken von Gegenständen in den feuchten Ton. Den Gips nach Anleitung anrühren und in die vorbereitete Form füllen. Nach dem ersten Aushärten den feuchten Ton vorsichtig entfernen. Die Gipsform drehen und eventuelle Unreinheiten entfernen oder den unregelmäßigen Rand mit einem Messer/Schaber bearbeiten.

Erst wenn die Gipsform ganz ausgetrocknet ist (an der weißen Farbe erkennbar), kann die Form bemalt und eventuell lackiert werden.

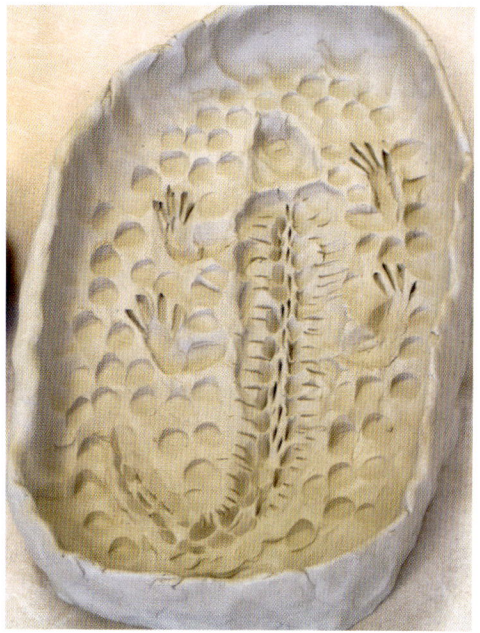

7 *Selbst gestaltetes Relief in Ton für den Gipsabguss*

Anregungen für die gestalterische Arbeit mit Kindern und Jugendlichen

Interessante Ergebnisse sind mit dem Ausgießen von Alltagsgegenständen, zum Beispiel einem alten Gummihandschuh, zu
erzielen. Was wird an der Form hinterher alles zu entdecken sein?
Wie kann sie weitergestaltet werden? Welche Formen sind noch
interessant zum Ausgießen – funktioniert das mit allen Formen?

Gipsabguss nach Modell aus Ton, bemalt

Reflexion

1. Wie wurde das von Ihnen gestaltete Relief
   wiedergegeben und was müssen Sie bei den
   Gestaltungen der Kinder beachten?
2. Welche Spuren haben Gegenstände und ihre
   Gestaltungen im Gips hinterlassen?
3. Zu welchen Spurengestaltungen haben Sie
   diese Beobachtungen angeregt?
   Immer wieder überraschend ist die Beobachtung, dass das Relief seitenverkehrt wiedergegeben wird, vor allem bei eingearbeiteten Schriftzügen muss dies beachtet werden. Für Kinder
   ist dies eine interessante kognitive Herausforderung. Neben Ton kann auch Gips feinste Spuren wiedergeben, was ebenso bei der Spuren-
   sicherung in der Kriminalistik genutzt wird. Für
   die Gestaltung können ganz bewusst Spuren
   gelegt werden, die dann eine spannende Oberfläche hinterlassen. Genaues Beobachten und
   Kombinieren werden damit angeregt.

Alberto Giacometti *(1901 – 1966) war ein
Schweizer Bildhauer, Maler und Grafiker. Er gehört
zu den bedeutendsten Bildhauern des 20. Jahrhunderts. Giacometti hat extrem lange, sich zu Linien
im Raum verschmälernde Skulpturen gestaltet, die
sein besonderes Kunstverständnis verdeutlichen. Er
hat viele Gipsskulpturen hergestellt.*

Aufgaben

1. Informieren Sie sich über die Technik Gipsabguss einer Tonplastik.
2. In welchen Bereichen ist der Gipsabguss eine
   wichtige Technik?

29.4.2 Gipsskulpturen

Material
Flache Schachteln, Deckel oder ein unbearbei-
tetes, glattes Tonbett, Tetrapaks, Frischhaltefolie
oder feste Tüten, Speiseöl/Vaseline zum Ausstrei-
chen der Hohlformen, Tüten in verschiedenen Größen, Eimer, Schüsseln, Wasser, Gefäß und Stab zum
Anrühren, Werkzeuge zum Schaben und Kratzen,
Farben zum Anmalen

Kratztechnik
Mit dem Ton haben Sie die Möglichkeit, sich eine
eigene Form zu entwickeln. Die Form des reli-
effreien, glatten Tonbetts muss nicht wie üblich
rechteckig sein. Probieren Sie einmal aus, die Neutralform aus Ton geschwungen oder zackig zu entwerfen. Wissen Sie, wie die Form eines Spunks aussieht? Ein Spunk ist in der Geschichte von Pippi
Langstrumpf ein Fantasietier. Aber wie sieht Ihr
Spunk aus? Entwerfen Sie Ihr eigenes Spunk!
Das Tonbett muss nicht mit Öl eingerieben werden,
da der feuchte Ton ausreichend trennt. Nun den
flüssigen Gips einfüllen und aushärten lassen.
Vereinfacht können Sie den Gips in eine flache Neutralform gießen, z. B. in den Deckel einer mit Frischhaltefolie glatt ausgelegten Schuhschachtel, einen
aufgeschnittenen Tetrapak.
Nach dem Entfernen des Tonbetts oder der Schach-
telhülle erhalten Sie eine flache Gipsplatte, die Sie
mit Kratz- und Schabwerkzeugen an der Oberfläche
bearbeiten können. Nach dem vollständigen Trocknen kann das gekratzte Relief bemalt werden.

8 *Gips in Plastikbecher gefüllt für Skulpturen*

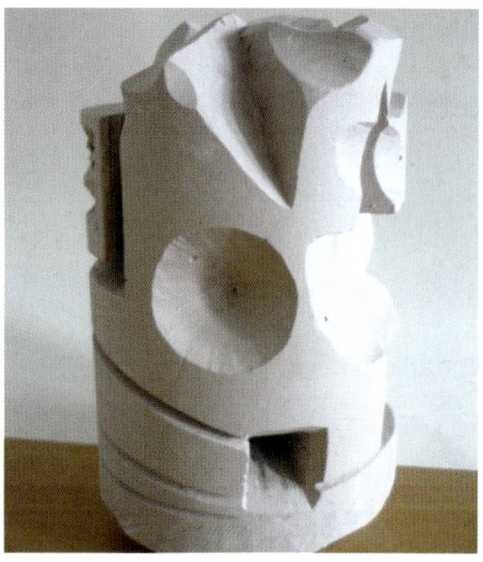

9 *Bearbeitete Skulptur aus einem Gipsblock*

Skulpturtechnik

Füllen Sie in große Tetrapaks (z. B. ausgewaschene Saft- und Milchtüten), Joghurtbecher, Schüsseln oder sogar in Eimer Gipsmasse. Vor dem Einfüllen müssen feste Gefäße mit Speiseöl oder Vaseline ausgestrichen werden, damit sich nach dem Abbinden des Gipses die Form leicht herauslösen lässt.

Lösen Sie die Neutralformen aus den Gefäßen. Nun haben Sie die Möglichkeit, den Gipsblock dreidimensional – also von allen Seiten – mit dem Werkzeug zu bearbeiten. Solange der Gips feucht ist, darf er nur mit einem Küchenmesser bearbeitet werden, andere Werkzeuge würden verkleben und rosten! Die Methoden des Raspelns, Schneidens, Schabens, Kratzens, Klopfens, Sägens mit Werkzeug aus der Werkzeugkiste können nach dem Trocknen des Gipsblocks angewandt werden – diese Techniken erfordern dann mehr Krafteinsatz. Da die feuchten Gipsreste sehr klebrig sind, führt man diese Arbeiten am besten auf Zeitungspapier aus, das man mit den Resten entsorgen kann.

Nach dem vollständigen Austrocknen(!) können Sie überlegen, ob Sie Ihre Skulptur bunt bemalen oder ob Sie die Form an sich betonen wollen, indem Sie die weiße Farbe des Gipses mit einem einfachen weißen (oder anderen einfarbigen) Anstrich verstärken.

Reflexion

Welche Erfahrungen haben Sie mit dem Gestalten aus dem Block gemacht? Welche Schwierigkeiten hatten Sie? Welche Vorteile sehen Sie für die Arbeit mit Kindern und Jugendlichen? Was muss beachtet werden?

Bei der Gestaltung der Gipsskulpturen lassen sich erste Erfahrungen darin sammeln, einen Block in seiner räumlichen Gesamtheit zu betrachten und zu bearbeiten. Dies ist gar nicht so einfach, da es einiger Übung bedarf, sich ein Objekt dreidimensional vorstellen und alle Aspekte erfassen zu können. Wie lässt sich z. B. etwas Rundes aus einer eckigen Form herausarbeiten? Was muss weggenommen werden, was muss stehen bleiben, damit die Seiten- und Vorderansicht passend sind? Es kann mit ganz einfachen organischen Formen begonnen werden, um ein Gefühl für das dreidimensionale »Wegnehmen« zu bekommen. Gerade dies ist eine neue Erfahrung: Statt durch Hinzufügen von Material (wie beim Aufbauen einer Plastik aus Ton), entsteht die Skulptur durch das Wegnehmen von Material. Dies erfordert eine ganz andere Herangehensweise und bringt neue Erfahrungen.

29.4.3 Gipsabguss in Sand

Material

Sand im Sandkasten oder in Schüssel/Schachtel, Gips, Wasser, Gefäß und Stab zum Anrühren, Abdruckformen wie Gummitiere oder Muscheln Der Sand muss leicht angefeuchtet sein, damit er die eingedrückte Form erhält.

Technik

Drücken Sie in ein mäßig feuchtes Sandbett eine Figur (z. B. Dinosaurierfigur aus Plastik), einen Alltagsgegenstand oder die eigene Hand. Entfernen Sie das Objekt vorsichtig. Die Form darf sich nur nach oben verjüngen, da die Sandform sonst zerfällt. In die zurückgebliebene Hohlform gießen Sie Gipsmasse. Nach dem Aushärten bergen Sie die Figur aus dem Sand, nach dem vollständigen Trocknen befreien Sie sie vorsichtig mit einem dicken Pinsel nur(!) vom losen Sand. Die detailgetreue Plastik bleibt so mit einer interessanten Sandpatina überzogen. Auch selbst entworfene kleine Reliefs können in den Sand gedrückt und abgegossen werden.

> »Die Gips-in-Sand-Technik ist so einfach und mit so viel Erfolg umzusetzen. Die Kinder haben draußen im Sandkasten und im Blumenbeet mit vielen Abdrücken vom Fuß bis zu Spielzeugen experimentiert! Die Blumenerde-Abdrücke waren ganz dunkel und ein toller Kontrast zu den hellen Sandformen.« (Samira, Schülerin)

29.4.4 Gipscollage

Material

Neutralform aus Ton, Plastik oder Pappe, Gips, Wasser, Gefäß und Stab zum Anrühren; Naturmaterialien, Sammelobjekte

Technik

In eine große flache Neutralform (= Form, deren Boden eben bleibt) mit einem ca. 3–5 cm hohen Rand gießen Sie Gips. Solange der Gips noch nicht fest ist, arbeiten oder stecken Sie weitere Gegenstände hinein: Steinchen, Muscheln, Plastikteile. Diese Werke können Sie wie eine dreidimensionale Collage in ihrer Eigenwirkung stehen lassen oder

10 *Gipsbanane im Sandbett*

11 *Sandabguss von einem Dinosaurier mit Sandpatina*

12 *Naturmaterialien im Gipsbett*

13 *Kinderhemd in flüssigen Gips getaucht*

Sie bearbeiten sie weiter, indem Sie Teile bemalen. Nach dem Festwerden des Gipses können Sie mit Gipsbinden weitere Gipsteile (Arm-/Handformen, Masken aus Gipsbinden, siehe unten) an der Gipsplatte befestigen. Die Gipscollage lässt sich auch gut mit gipsgetränkten Kleidungsstücken und Stoffen ergänzen.

Tipp: *Sie können den Gips auch vor dem Verrühren mit Farbpigmenten/Temperafarbe vermengen oder das Wasser mit Acrylfarbe mischen, sodass eine farbige Gipsmasse entsteht.*

29.4.5 Experimente mit Gips

In Gips getaucht: Hängen Sie in flüssigen Gips getauchte Stoffe und Kleidungsstücke auf einem Bügel oder einer Wäscheleine zum Austrocknen und Aushärten auf. Achtung, es tropft! Dieses Experiment ermöglicht ein Spiel mit Verfremden und Umfunktionalisieren: Ein T-Shirt ist nicht mehr weich und formbar, sondern steif wie ein Brett, zeigt aber einen ganz natürlichen Faltenwurf. Sollen die Kleidungsstücke Volumen erhalten, müssen sie entweder mit Zeitungspapier ausgestopft oder um einen entsprechenden Hohlkörper gewickelt werden. Diese Technik ermöglicht es, zusammen mit Körperformen und Masken aus Gipsbinden eine große Plastik herzustellen (siehe auch Projektaktivität).

Wurfplastik: In Gips getauchte Stoffe werden auf den Boden geworfen (vorher den Raum gut mit Folie abdecken). So entstehen Wurfplastiken, in denen die Kraft des Aufpralls sichtbar bleibt. Welche Assoziationen haben Sie zu den Wurfplastiken? Wie wollen Sie dies weiterverarbeiten? Für jüngere Kinder ist die Verwandlung von weich-flüssig zu hart-fest faszinierend und das Werfen an sich ist spannend. Aus den »Zu-Fall-Produkten« können überraschende Objekte werden!

Die Tütenplastik: Füllen Sie in eine kleinere oder größere Tüte Gipsbrei. Schließen Sie die Tüte mit etwas Luftraum, damit beim folgenden Formen keine Gipsmasse überfließt. Drücken Sie die Tüte, solange der Gips noch weich ist, in beliebige Formen. Öffnen Sie nach leichtem Aushärten des Gipses die Tüte oder bohren Sie Luftlöcher hinein, damit der Gips trocknen kann. Entfernen Sie die Tüte für den Trocknungsprozess möglichst bald. Sie erhalten eine organisch geschwungene Plastik, auf der die Druckeinwirkungen sichtbar sind. Gerade für jüngere Kinder entstehen so einfache, witzige Zufallsobjekte, die zu bunten Malereien auf der Plastik inspirieren.

Anregungen für die gestalterische Arbeit mit Kindern und Jugendlichen

◆ Ältere Kinder passen mehrere mit Gips gefüllte Tüten durch Drücken aneinander an. Nach dem Trocknen entstehen so mehrere Teile, die spielerisch auseinander- oder zusammengefügt werden können. Mit entsprechender Bemalung ist dies ein interessantes dreidimensionales Experiment.

◆ Jugendliche gestalten mit in Gips getauchten Objekten (Alltagsmaterialien) kritische Kunstwerke zu einem gesellschaftlichen Thema.

Kreatives Gestalten für Kinder unter drei Jahren

Voraussetzung für diese Gestaltungsarbeiten ist, dass die Kinder sich an die Sicherheitsregeln halten können (siehe oben). Arbeiten Sie nur mit 2–3 Kindern, um die Kinder gut im Blick zu haben und sie leicht unterstützen zu können.

Um die Eigenschaften von Gips kennenzulernen, können Sie den Kindern das Pulver zeigen und mit allen Sicherheitsmaßnahmen (Staubentwicklung vermeiden!) den Gips mit Wasser in ihrem Beisein anrühren. Dann gießen Sie etwas Gips in eine durchsichtige Gefriertüte. Nun dürfen die Kinder beobachten, tasten und fühlen, wie der Gipsbrei warm wird und aushärtet. Hier können die Kinder die chemischen Veränderungen von Pulver zu Brei in harte Masse mit Wärmeentwicklung genau mitbekommen.

Verfremdung, Gipsbinden um Kartons und einen Ast gewickelt und angemalt

Schon Krippenkinder arbeiten gerne mit Gipsmasse. Mit einer Kelle oder einem großen Löffel können sie den Gipsbrei auf eine Pappe streichen und aufhäufen. So entstehen kleine Relieflandschaften. Mit spitzen Gegenständen wie Gabel oder Stöckchen können Zeichen in die weiche Gipsfläche gekratzt und als Collage mit anderen Materialien und Fundstücken ergänzt werden. Ebenso interessant ist es, den Gipsbrei in Sandmulden oder kleine Formen (z. B. in einer Pralinenschachtel) zu füllen, um zu entdecken, welche Positive entstehen. Die Gipswerke können weiterbearbeitet werden durch Bemalen, Bekratzen oder Bekleben mit Materialien.

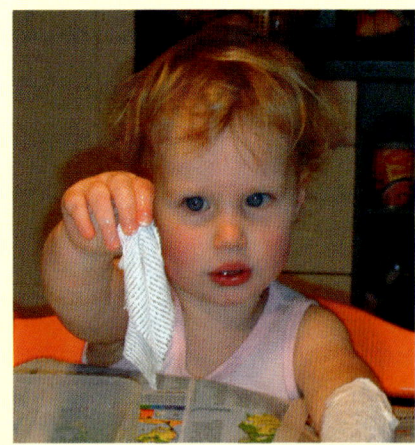

Mit Gipsbinden meinen Arm eingipsen, Tina (2,5 Jahre)

Dunkel bemalte Gipsplatten können mit einem Nagel bekratzt werden. Dadurch werden die weißen Zeichenlinien aus Gips sichtbar.

Einfache Gegenstände wie Baumwurzeln und Äste können die Kinder mit Gipsbinden verkleiden und verändern. Ganz mutige Kinder wollen auch schon ausprobieren, sich eine Hand eingipsen zu lassen. Am besten lassen Sie die Kinder eine Faust machen, da diese schneller und einfacher abzuformen geht. Achten Sie darauf, die Gipsbinden nicht zu nah am Handgelenk zu schließen, damit die Form leicht von der Hand abgezogen werden kann.

29.4.6 Gipskörperformen und Gipsmasken

Mit Gipsbinden können realitätsgetreue Formen von Gesicht und Körperteilen hergestellt werden. Am besten lassen sich die Körperformen zu zweit oder in der Kleingruppe herstellen. Es ist immer auch eine Vertrauensübung, Körperteile eingipsen zu lassen, und muss dementsprechend sensibel durchgeführt werden.

Material

Gipsbinden, Wasser, Schüsseln, alte Scheren, Vaseline oder fettreiche Creme, Reinigungstücher, Handtücher, evtl. Haarbänder
Gipsbinden bestehen aus medizinischer Gaze, die in Gips getränkt wurde. Sie sind in Apotheken erhältlich und relativ teuer. Inzwischen bietet auch der Kunstmaterialversand einfache Gipsbinden zum künstlerischen Gestalten an. Es kann auch im Krankenhaus nach Gipsbinden mit abgelaufenem Verfalldatum gefragt werden, die dann vom Krankenhaus nicht entsorgt werden müssen.

Technik

Für die Handform aus Gipsbinden: Schneiden Sie die Gipsbinden in verschieden große Streifen. Stellen Sie eine Schüssel mit warmem Wasser bereit. Cremen Sie die Hand auf dem Handrücken und an den Seiten gut mit Vaseline ein. Tauchen Sie die Gipsbindenstücke kurz(!) ins Wasser. Anschließend legen Sie sie auf die Hand und verstreichen die Oberfläche etwas. Lassen Sie die einzelnen Stücke etwas überlappen und legen Sie die nächsten Schichten am besten quer dazu, sodass eine stabile Hülle entsteht. Für eine Handform brauchen Sie **drei Lagen** Gipsbinden übereinander.
Achten Sie darauf, dass Sie nur die Oberseite der Hand und der Finger eingipsen, um nach dem Aushärten die Gipshülle leicht von der Hand abziehen zu können. Dies ist vor allem bei kleinen oder ängstlichen Kindern wichtig. Die Handformen lösen sich am besten, wenn die Hand innen bewegt wird. Falls Sie die Hand ganz umschließen wollen, müssen Sie die Gipshülle nach dem Aushärten vorsichtig (am besten an der Handinnenseite) mit der Schere aufschneiden und die Schnittstelle später wieder mit Gipsbindenstücken schließen.
Die Körperformen aus Gipsbinden können Sie nun bunt oder uni bemalen.

14 Gipsbinden in kleine Streifen geschnitten und Wasser zum Eintauchen

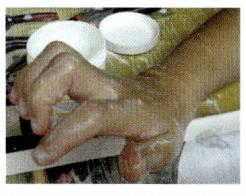 
 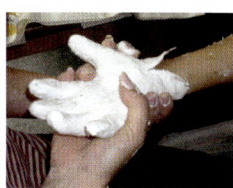

15 1. Hand dick eincremen
2. Drei Lagen Gipsbinden um die Hand wickeln
3. Die Handform wird zum Lösen von unten aufgeschnitten
4. Vorsichtiges Abziehen der Gipsform

Reflexion

1. Wie haben Sie das passive Eingegipstwerden bzw. das aktive Eingipsen empfunden?
2. Welche Regeln halten Sie beim Eingipsen von Körperteilen für wichtig?

Eine gute Erklärung der einzelnen Arbeitsschritte vorher und während des Auflegens der Gipsbinden ist wichtig. Es sollte auch vorher genau abgeklärt werden, wo die Grenzen des Einzelnen liegen und dann beachtet werden. Für den einen ist es richtig, die ganze Hand »herzugeben«, jemand anderes will sich nur mit einem Finger »einlassen«.

Anregungen für die gestalterische Arbeit mit Kindern und Jugendlichen

Von einzelnen Körperteilen wie Händen, Bauch, Füßen können ebenso Gipsbindenformen abgenommen werden (Eincremen nicht vergessen). Diese lassen sich mit Gipsbinden auch zu ganzen Körperplastiken verbinden (siehe am Ende dieses Kapitels »Projektaktivität Großplastik mit Gips«). Die Körperformen können dabei vollplastisch frei im Raum stehend gearbeitet werden oder auf einem Brett befestigt als Körperrelief wirken. Eine Bemalung oder ein »Einkleiden« ist möglich, manchmal wirken die Formen unifarben am besten.

Masken aus Gipsbinden

Eine Maske aus Gipsbinden herzustellen, ist erst für ältere Kinder (ab dem Grundschulalter) geeignet. Viele Kinder finden es faszinierend, von sich eine naturgetreue Maske erstellen zu lassen – andere erschreckt der Gedanke, Gipsbinden im Gesicht zu haben und sich anderen Menschen zu überlassen. Daher sollte dies immer ein freiwilliges Angebot sein. Die Gipsmaske kann in verschiedenen Schwierigkeitsgraden hergestellt werden: als Maske mit frei gelassener Augenpartie und ohne Mundpartie, als Maske mit frei gelassener Augenpartie, als Maske, die das ganze Gesicht abbildet.

Es ist wichtig, vorab genau über den Vorgang zu informieren und ein Zeichen zum sofortigen Abbruch bei Angst oder Ekel zu vereinbaren. Für diesen Gestaltungsprozess sind also viel Fingerspitzengefühl und Aufmerksamkeit sowie eine Vertrauen schaffende Atmosphäre erforderlich.

Technik

Nachdem die Person, die von ihrem Gesicht eine Maske herstellen lassen will, sich entschieden hat, wie groß diese Maske sein darf, cremt sie sich ihr Gesicht gut mit Vaseline ein, besonders die Augenbrauen. Die Haare werden am besten zurückgestrichen oder -gebunden, damit sie nicht in der Gipsmaske hängen bleiben. In einer entspannten Position, liegend oder mit zurückgelegtem Kopf, wird ein Handtuch zum Schutz der Kleidung um die Schultern gelegt.

Nun werden wie bei den anderen Körpergipsformen die kurz in Wasser eingetauchten Gipsbindenstücke auf das Gesicht überlappend aufgelegt und sanft verstrichen. **Auf jeden Fall die Nasenöffnungen frei lassen!** Bleiben Sie, während Sie die Gipsbinden auflegen, im Kontakt mit der Person, die sich eine Maske machen lässt. Drei Lagen Gipsbinden sind für eine Maske ausreichend. Achten Sie darauf, dass Sie am Rand keine Haaransätze eingipsen – dort zieht es sonst unangenehm beim Abziehen der Maske.

Die meisten Kinder und Jugendlichen finden es sehr angenehm, wenn die Gipsbinden auf dem Gesicht verstrichen werden. Die Kinder bemerken auch, wie die Maske durch das Abbinden des Gipses warm wird. Die Person unter der Maske kann nach dem Festwerden ihr Gesicht bewegen und verziehen und löst so die Maske vom Gesicht. Am besten zieht sich die Person die Maske selbst vom Gesicht.

Die Ränder der Maske werden nun gerade geschnitten und die Nasenlöcher mit Gipsbinden verschlossen. Weiß belassen sieht eine Maske des kompletten Gesichts sehr beeindruckend aus. Masken mit Augen- oder Mundöffnungen können bemalt und beklebt und auch für Maskenspiele verwendet werden.

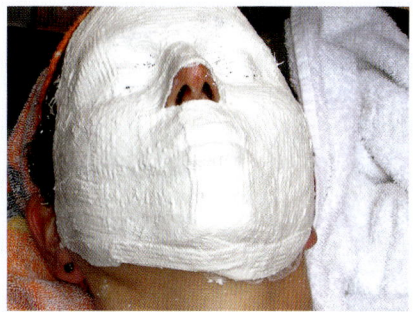

Herstellen einer Gipsbindenmaske – die Nase bleibt frei

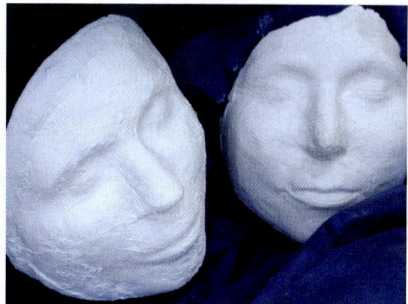

Masken aus Gipsbinden

Reflexion

1. Wie haben Sie passiv oder aktiv das Auftragen der Gipsbinden auf das Gesicht erlebt? Was war dabei für Sie wichtig?
2. Wie haben Sie es erlebt, Ihr eigenes Gesicht als Maske oder als Porträt wiederzuentdecken?
3. Welche Gestaltungen können Sie sich mit Kindern und Jugendlichen mit Gipskörperformen und Gipsmasken vorstellen? Stellen Sie eine Ideensammlung zusammen.

29.4.7   Gipsporträt mit Gipsguss

Mit dieser Technik lässt sich ein Gipspositiv von einer Negativform erstellen. Gerade für Jugendliche ist das Anfertigen des eigenen Porträts eine sehr spannende und anregende Aktion und auch Selbstreflexion. Die technischen Schwierigkeiten können von ihnen schon gut gemeistert werden.

Material

Gipsbindennegativ von einem Gesicht (Maske), Speiseöl, Alabaster- oder Modelliergips, Wasser, Eimer, Sandbett zum Abstützen, Rührstab

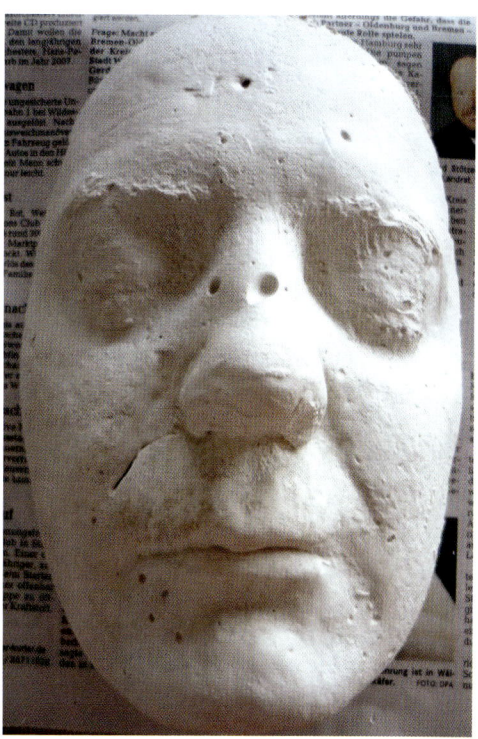

16 *Gipsabguss von einer Gipsmaske*

Technik

Bauen Sie die Ränder der Maske mit Gipsbinden noch etwas mehr nach außen/oben. Dann streichen Sie die Maske innen mit Vaseline ein und legen sie am besten in ein stabiles Sandbett, damit sie beim Abfüllen nicht umkippen kann. Nun füllen Sie die Maske mit dünn angerührter Gipsmasse. Falls Sie einen Haken zum Aufhängen eingießen wollen, bringen Sie ihn vor dem Abfüllen ein. Nach dem Trocknen entfernen Sie vorsichtig die Maske und haben nun sowohl eine Negativform als auch ein vollplastisches Positiv dazu. Körperplastiken können ebenso abgegossen und weitergestaltet werden.

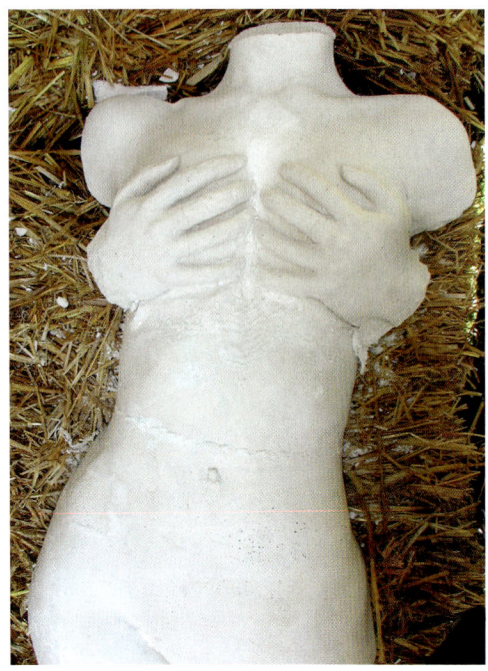

17 *Abguss einer Körperform*

Anregungen für die gestalterische Arbeit mit Kindern und Jugendlichen

Grundschulkinder erstellen einen Fußabguss aus dem Negativ eines Gipsbindenabdrucks. Diese Gipsfüße werden von allen Kindern einer Gruppe thematisch zusammengestellt: Beispielsweise markieren die neutralen oder bemalten Gipsfüße einen besonderen Ort oder führen zu einem bestimmten Platz, der für die Kinder wichtig ist.

Mit solch einer dreidimensionalen Gestaltung wird ein Weg oder Ort im Kindergarten aufgewertet und mehr ins Bewusstsein gerückt. Auch andere Körperteile und geschlossene Formen können mit entsprechender Vorbereitung abgegossen werden.

29.4.8 Freie Figuren im Raum – Draht und Gipsbinden

Zur Einstimmung auf das Biegen des Drahts eignet sich das Kapitel 33.3.1 »Drahtplastik – Drahtskizze«.

Material

Draht, Drahtschere oder Zange, Holzreststücke als Podest, Gipsbinden, Schere, Wasser, Schüssel, Farben, Pinsel, Faden

Technik

Biegen Sie mit etwas dickerem Draht kleine abstrakte oder gegenständliche Figuren, deren Zwischenräume mit **einer Schicht** Gipsbinden bespannt werden können. Die einzelnen Drahtstreben können ebenfalls mit Gipsbinden umwickelt werden. So bekommen sie mehr Stabilität nach dem Trocknen und mehr Volumen für die Optik. Verwenden Sie möglichst nur eine Schicht Gipsbin-

18 *Großer Engel in Arbeit*

19 *Im Sprung, Draht-Gipsbinden*

den, um die zarte Transparenz der Objekte zu erhalten. Suchen Sie für die stehenden Figuren einen passenden Sockel aus Holz oder anderem Material. Bohren Sie in diesen Sockel mit einem feinen Bohrer oder Nagel ein Loch in der Dicke des Drahts. Stecken Sie ein oder mehrere Drahtenden in den Sockel und geben Sie der Figur so Halt. Es empfiehlt sich, die Befestigung in dem Sockel vor der Bespannung mit Gipsbinden vorzunehmen.

Alternativ lassen sich die Objekte mit einem Faden aufhängen. Abschließend können Sie die Figur mit verdünnten Acrylfarben oder Wasserfarben bemalen. Die Plastiken wirken leicht und verspielt.

Anregungen für die gestalterische Arbeit mit Kindern und Jugendlichen

Kinder umwickeln kleine Schachteln und Gefäße mit Gipsbinden und verbinden diese eventuell zu größeren Plastiken. Dabei können mit Gipsbinden umwickelte Drähte, die die Teile zusammenhalten, leichte und dünne Verbindungsstränge und Leitungen sein. Die Kinder konstruieren so dreidimensionale Objekte, die sie anschließend bunt bemalen und bekleben. Durch die Gipsbinden erhalten die Objekte eine interessante Oberfläche.

GROSSPLASTIK MIT GIPS (FÜR JUGENDLICHE)

George Segal: Rock and Roll Combo, 1964

Die oben beschriebenen Techniken »In Gips getaucht« mit »Gipscollagen« und »Gipskörperformen und Gipsmasken« lassen sich sehr gut zu einem größeren Projekt verbinden. In der gemeinsamen Projektarbeit wird das Gruppengefühl gestärkt, Wertehaltungen können angesprochen und ausgedrückt werden. Als Anregung können Sie sich die Werkabbildungen von George Segal ansehen.

George Segal *(1924–2000) war ein US-amerikanischer Künstler, der vor allem durch seine großformatigen lebensgetreuen Abbildungen in Gips bekannt wurde.*

Zur Einstimmung wählen Sie einen Text oder ein Lied mit dem Thema der Selbstdarstellung, Selbstsuche oder Rollenidentifikation aus. Stellen Sie dies zur Diskussion. Die Jugendlichen entwickeln dazu Standbilder, Posen und Gesten. Standbilder stellen mit einem Körperausdruck und/oder einer Körperhaltung Stimmungen und Gefühle einer Person nonverbal dar,

z.B.: Wie sieht eine »coole«/eine traurige/ eine verliebte Haltung aus?
Die deutlichsten Merkmale eines Standbildes werden in der Gruppe herausgearbeitet, damit die Beobachtungen später auf die Gestaltung übertragen werden können (gebeugte, geöffnete oder geschlossene Haltung).
Als Nächstes müssen sich die Jugendlichen auf eine Darstellung und die technische Umsetzung einigen. In diesem Prozess können immer wieder Änderungen auftreten. Mit Gipsbinden werden Masken und Körperteilformen für die Großplastik hergestellt. Kleidungsstücke werden entsprechend in Gips getaucht und geformt. Die Jugendlichen müssen entscheiden, ob die Großplastik stehen, hängen oder auf ein Brett montiert werden soll, und die hierfür notwendigen Maßnahmen ergreifen.

Körperformen und Masken im Standbild erproben

Nun können die Einzelteile mit Gips, Gipsbinden und eventuell Draht zu einem einheitlichen Werk verbunden werden oder
sie können als Einzelwerke für sich stehen. Auch andere Materialien können mit
eingearbeitet werden. Die Jugendlichen
entscheiden, ob die Plastik uni oder farbig bemalt werden soll. Auch einen Titel
soll das Kunstwerk von den Jugendlichen
erhalten, bevor sie das Werk der Öffentlichkeit vorstellen, und es muss ein repräsenta-
tiver Platz gefunden werden.

Am Ende wird der gesamte technische
und inhaltliche Prozess mit den Jugendlichen reflektiert, um ihnen die Möglichkeiten zur Diskussion und bewusster Stellung-
nahme zu geben. Vielleicht kann auch eine
öffentliche Ausstellung mit Zeitungsnotiz
erreicht werden.

Engel, Körperbildabguss

*Kleidungsstück in Gips getaucht und als Bildfläche
weiterverarbeitet*

30 PLASTISCHES GESTALTEN MIT NATURMATERIALIEN UND FUNDSTÜCKEN

30.1 Fundstücke faszinieren Kinder

Kinder lieben es, alle möglichen Dinge zu sammeln, nicht nur Naturmaterialien, sondern auch andere Fundstücke. In der Natur entdecken Kinder viele Materialien, die im Spiel eine neue Funktion bekommen. Ebenso übt Sperrmüll auf Kinder eine Faszination aus: Dort finden sie Dinge mit einer Geschichte und mit entsprechenden Gebrauchsspuren, Gegenstände, die aus dem Zusammenhang genommen eine ganz neue Bedeutung bekommen können. Diese Fundstücke dürfen ohne Konsequenzen auseinandergenommen und ihr Innenleben erforscht werden. Naturmaterialien und alle Arten Fundstücke können zu etwas Neuem zusammengesetzt, gebaut und konstruiert werden (siehe auch Kapitel 5 »Collagen gestalten« und »Projektaktivität Hosentaschenmuseum«).

1 *Andy Goldsworthy: The Cone, 2003*

30.2 Land-Art oder Naturwerkstatt mit Kindern

30.2.1 Was ist Land-Art?

In der Natur werden der Körper und alle Sinne auf bewussten und unbewussten Ebenen vielfältiger angeregt, gefordert und wahrgenommen als im Alltagskontext. Von daher ist es eine logische Konsequenz, mit kreativer Gestaltung auch in die Natur zu gehen und diese als Gestaltungselement zu nutzen.

Land-Art entstand in den 1970er-Jahren vor allem in den USA und ist eine Kunstrichtung, die abgewandt vom traditionellen Kunstschaffen die Natur als Gestaltungsfläche und -mittel nutzt. Die Natur in ihrer Gesamtheit mit ihren den Witterungseinflüssen von Sonne, Regen, Wind und Jahreszeiten ausgesetzten Veränderungen ist Thema und Ausgangspunkt für die Gestaltungen. Da die Werke oft nur begrenzt halt- und sichtbar sind, müssen sie mit Fotos, Videos oder Zeichnungen dokumentiert werden. Bekannte Vertreter dieser Kunstrichtung sind Andy Goldsworthy und Richard Long.

Andy Goldsworthy *(*1956 in Cheshire, England): Er gilt als einer der wichtigsten Vertreter der Natur-Kunst, einer Variante der Land-Art. Seine Arbeiten zeichnen sich durch ihre Vergänglichkeit aus, da er ausschließlich mit Naturmaterialien arbeitet, die er an Ort und Stelle vorfindet, beispielsweise Steine, Blütenblätter oder Holz. Dabei verwendet er stets nur natürliche Hilfsmittel (z. B. Dornen und Stöckchen oder Grasfasern), um etwas zu befestigen. Seine teils gewagt fragilen Kunstwerke (Blütenblätter in einen Fluss gestreut) dokumentiert er kurz vor dem endgültigen Zerrinnen.*

»Warum konnte man nicht das ganze Leben durch die Fähigkeit bewahren, Erde und Gras und rauschenden Regen und Sternenhimmel als Seligkeiten zu erleben?« (Astrid Lindgren, »Ferien auf Saltkrokan«)

30.2.2 Einstimmung

Gehen Sie in die Natur und beobachten Sie aufmerksam die vielen Einzelheiten und Eindrücke, die Ihnen begegnen. Suchen Sie sich einen Platz, an dem Sie Zeit haben, die Stimmung des Ortes auf sich wirken zu lassen.

◆ Welche Elemente, Farben, Pflanzen oder Strukturen entdecken und faszinieren Sie?

◆ Mit welchen Materialien können Sie sich vorstellen, zu experimentieren?

30.2.3 Gestalterische Übungen

Bei der künstlerischen Gestaltung mit Naturmaterialien sollten folgende Regeln beachtet werden:

◆ Konzentration auf wenige Materialien

◆ Einsatz von Kontrasten, z. B. hell-dunkel, hochtief, bunt-monochrom, viel-wenig, leichtschwer

◆ Wahl einfacher Formen und Symmetrien

◆ Verwendung klarer Konturen und Linien

◆ Spiel mit Polaritäten, Serien und Reihen

◆ Arbeit mit Flächen und Linien

◆ Entscheidung für raumfüllende, kompakte oder raumgreifende, in den Raum hineinragende Formen

◆ Spiel mit Rhythmus und Wiederholung

Techniken, um mit Naturmaterialien zu gestalten:

◆ Schichten und Stapeln von Steinen, Ästen oder Blättern

◆ Nähen mit Blattstielen, Gras oder Dornen

◆ Nageln mit Dornen

◆ Flechten mit Gräsern oder weichen Ästen wie Weide oder Haselnuss

◆ Kleben mit Matsch, Wasser oder Eis

◆ Klemmen von elastischen Materialien zwischen feste Steine oder Stämme

◆ Schnüren mit biegsamen Kletterpflanzen wie Efeu oder Gräsern

◆ Hängen von und mit Astgabeln

Die folgenden Gestaltungsübungen können für alle Altersgruppen angeboten und weiterentwickelt werden. Nach einigen Anregungen entstehen schnell eigene Ideen und fantasievolle Umsetzungen. Zur Einstimmung auf das Gestalten können Mythen, Sagen und Geschichten von Waldgeistern,

Wiesenfeen oder sagenhaften Wesen wie dem bayrischen Wolperdinger (ein Wesen aus mehreren Tieren) dienen. Um diese Gestalten lassen sich ganze Spielwelten erschaffen.

Gestalterische Übung
Materialien kennenlernen

Sammeln Sie Materialien, die Sie ansprechen, die »mitwollen« und die Sie vielleicht schon zu Gestaltungen anregen, weil sie so interessant wirken. Nun ordnen Sie als Gruppe diese Materialien nach Farbe oder Form oder Oberflächenstruktur oder Gewicht. Sie können diese Ordnungsprinzipien nacheinander wiederholen und so die vielen Gemeinsamkeiten und Unterschiede von oft wenig bedachten Materialien wahrnehmen.

2 *Die Materialien werden geordnet zu einem Band aus einzelnen Flächen*

3 *Binsengras als Hauptmaterial zu einer Fläche gelegt*

5 *Visitenkarte, Iris*

4 *Material ordnen nach Farbe oder Struktur, Material fest-weich, dick-dünn*

Reflexion

Wie hat Ihnen das Sammeln und Ordnen gefallen? Welche Erfahrungen haben Sie persönlich gemacht?

Das Sammeln, während man frei im Wald »herumstromert«, wird von den Kindern sehr genossen. Achten Sie auf gemeinsame Regeln von Treffpunkten und Nicht-außer-Hörweite-Geraten, um kein Kind zu verlieren. Beim Ordnen können verschiedene Kompetenzen gefördert werden, die Kinder müssen genau differenzieren, sich einigen und einordnen in schon bestehende Ordnungssysteme. Auch die genauen Bezeichnungen werden kennengelernt. Die Kinder sind fasziniert von den vielen Entdeckungen. Zum Abschluss lassen Sie die Kinder mit den Materialien ein Bild gestalten.

Gestalterische Übung

Meine Visitenkarte

Aus den gesammelten Materialien legen Sie eine persönliche Visitenkarte. Suchen Sie sich einen regelmäßigen und dezenten Hintergrund und gestalten Sie nur aus Naturmaterialien ein für Sie passendes Bild.

Gestalterische Übung

Kunstwerke aus einem Naturmaterial

Gehen Sie in die Natur und beginnen Sie dort, **ein Material** der Natur, für das Sie sich entschieden haben, zu sammeln: Stöcke, Zapfen, Blätter, Steine, Samen usw. Legen Sie mit dem Material eine Reihung, um Gemeinsamkeiten und kleine Unterschiede wahrnehmen zu können. Versuchen Sie, die Reihung so zu präsentieren, dass die Qualitäten Ihrer Sammlung, also die Farben, Formen oder Strukturen, besonders zur Geltung kommen. Suchen Sie also einen entsprechenden Hintergrund: sei es reine Erde, ein glatter Stein oder ein ausgelegtes Tuch. Liegen die Dinge, stecken sie im Boden oder hängen sie an einem Ast? Finden Sie eine passende Darstellung. Der Hintergrund und die Reihung sollen zu einem Werk werden.

6 *Schlange aus Hagebutten*

Reflexion

Stellen Sie sich die verschiedenen Natur-Kunst-werke vor und lassen Sie die Stimmungen auf sich wirken.

Es ist erstaunlich, einmal ein Bild mit Stöckchen und Blütenblättern zu »malen«, und doch hat es sehr viel Ausdruckskraft. Ganz neue Gestaltungs-möglichkeiten werden vermittelt. In der reduzier-ten Materialerfahrung wird erlernt, aufmerksam auf die Kleinigkeiten zu achten und diese als Aus-drucksmittel zu verwenden. Am Anfang mag sich diese Reduzierung sehr ungewohnt anfühlen, aber um aufmerksam für die Qualitäten in der Fülle der Natur (Naturmaterialien und -erscheinungen) zu werden, muss zuerst eine Konzentration auf Weni-ges erfolgen. Dies schärft die Wahrnehmungs- und Differenzierungsfähigkeiten.

Für das Gestalten in der Natur stellen sich zwei Fra-gen:

◆ Wie kann ich von der Natur um mich herum etwas aufgreifen und als Kunstwerk weiterführen?
◆ Wie kann ich mein Werk so gestalten, dass es sich absetzt von der Umgebung und als Gestal-tung erkennbar wird?

Gestalterische Übung

Positiv- und Negativbild auf dem Waldboden

Legen Sie sich auf den Waldboden und lassen Sie Ihre Mitschüler den Boden um Sie herum von Nadeln, Blättern befreien, sodass, wenn Sie wie-der aufgestanden sind, Ihre Körperform sichtbar zurückbleibt. Umgekehrt können um den liegen-den Körper Naturmaterialien wie Blüten, Zapfen oder Blätter gelegt werden, damit nach dem Auf-stehen ein Negativbild zu sehen ist.

Gestalterische Übung

Kunstwerk aus Stöcken

Suchen Sie sich einen Platz, der für Sie als Gruppe stimmig ist, und erfinden Sie ein Naturkunstwerk aus Stöcken, die Sie zuvor gesammelt haben. Das Kunstwerk soll die Atmosphäre dieses Platzes widerspiegeln. Für den Bau des dreidimensionalen Objekts in Gruppenarbeit stecken Sie die Stöcke in den Boden, spannen sie zwischen Baumstämme, legen sie einzeln auf den Boden oder stellen sie gebündelt auf den Boden.

7 *Skulptur gemeinsam aus Stöcken gestaltet*

Reflexion

Welche verschiedenen Lösungen haben Sie gefunden und wie haben sich diese in die Land-schaft eingepasst?

Sobald Kinder gut laufen können, beginnen sie, Stöcke zu sammeln und mitzuschleppen. Können die Kinder frei agieren, werden gern einfache Hüt-ten mit den Stöcken gebaut. Daher lassen sich die Kinder leicht zu anderen Gestaltungen mit Stöcken motivieren. Für die Herausforderungen der Verbin-dungen und Befestigungen brauchen jüngere Kin-der noch Unterstützung. Je nach Alter können die Aufgaben variiert werden, um z. B. eine aufstei-gende Linie, einen Kreis oder einen Vorhang aus Stöcken zu bauen.

Gestalterische Übung

Experimente mit Schnee und Eis

Wenn draußen Minusgrade herrschen und Schnee liegt, bieten sich Experimente mit Eis und Schnee an.

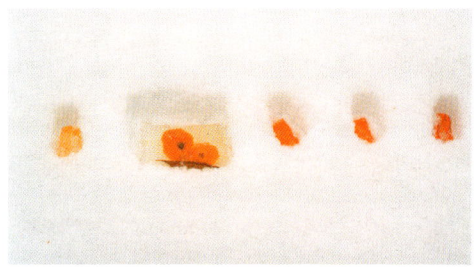

8 *Eisbild mit Orangenschalen im Schnee, Sabine*

9 *Eisring, Miron (14 Jahre)*

Reflexion

1. Welche Erfahrungen haben Sie dabei gemacht, nur mit Naturmaterialien zu gestalten?
2. Welche unterschiedlichen Qualitäten konnten Sie durch die intensive Beschäftigung mit einem Material feststellen?
3. Konnten Sie Ihre Werke einfach zurücklassen und den Elementen der Natur wieder anvertrauen oder waren Sie enttäuscht, nichts oder nur wenig mitnehmen zu können?
4. Hat sich Ihre Wahrnehmung für Natur verändert?

»Die Naturwerkstatt mit Kindern hat ihren großen Reiz darin, dass sie draußen fast immer und überall ohne große Vorbereitung gemacht werden kann. Die Kinder sind einfach gerne in der Natur und beschäftigen sich mit dem, was sie finden sehr kreativ – da entstehen viele neue gute Ideen fast von allein.« (Tanja, Schülerin)

◆ Lassen Sie Wasser in verschiedenen Plastikformen wie Eimern, Schüsseln, Tellern über Nacht gefrieren. Mit den entstandenen Eisformen bauen Sie eine Eiskonstruktion. Spielen Sie mit den Gegensätzen von kleinen und großen, dicken und dünnen Teilen, die Sie zusammenfügen. Sie können das Wasser für die Eisformen zuvor mit Wasserfarbe färben und erhalten dann zart-bunte Eisgebilde.
◆ Frieren Sie einfache Alltagsgegenstände mit Wasser in Gefrierbeuteln draußen oder im Gefrierschrank ein. Nach dem Erhärten entfernen Sie die Tüte und bauen Ihr Eisbild draußen im Schnee ein. Oder Sie konstruieren aus verschiedenen Eisteilen und dem Eisbild ein transparentes, leicht wirkendes Kunstwerk aus Eis. Die Einzelteile können mit Wasser verbunden werden, da es beim Verbinden schnell gefriert. Aber Vorsicht: Eis ist ein sehr zerbrechliches Naturmaterial!
◆ Bauen Sie mit Schnee bewusst Formen, in die/ hinter die Sie etwas stellen können. Bei Dunkelheit erleuchten Sie die Formen mit Teelichtern. Wie verändern sich die Werke durch das warme Kerzenlicht?

Gestalten in und mit der Natur erfordert die Bereitschaft, sich ganz dem Prozess hinzugeben und das Produkt am Ende loszulassen. Die Veränderungen der Jahreszeiten werden deutlich sichtbar, Themen wie Vergänglichkeit und Tod, aber auch Naturschutz lassen sich vertiefen. Insbesondere die Wahrnehmung für kleine Details, Variationen und Veränderungen wird sensibilisiert. Auch die Raumwahrnehmung wird gefördert: Wie ist der Raum im Dickicht des Waldes, wie auf einer Lichtung oder einem freien Feld?

Einher geht eine Aufmerksamkeit und Wertschätzung hinsichtlich Natur und natürlichen Prozessen. Ein achtsamer Umgang mit den Elementen kann spürbar und nachhaltig geübt werden. Wie benutze ich die Naturmaterialien? Das unbedarfte Verhältnis von Kindern zur Natur und ihren Materialien kann vertieft werden. Gerade für Kinder, die aufgrund ihrer Lebenssituation wenig Möglichkeiten haben, Wald und Wiesen selbsttätig zu erforschen, stellen solche Angebote wichtige Annäherungs- und Erfahrensmöglichkeiten dar.

Anregungen für die gestalterische Arbeit mit Kindern und Jugendlichen

Steinbild: Die Kinder legen aus Steinen ein Bild mit einem Rahmen. Welche Steine passen am besten wohin?

Mandala: Die Kinder legen aus verschiedenen Materialien ein Naturmandala – ein Ornament im Kreis (siehe Kapitel 6 »Projektaktivität Das Ding mit dem Kreis – das Mandala«). Die Kinder füllen eine großflächige Form wie einen Kreis mit einem Material aus. Welche Wirkung hat dies?

Steinmaus, Sabine

Pilzsporenbild: Sammeln Sie mit den Kindern ein bis zwei Pilze (vorsichtig über dem Boden abschneiden, um nicht das unterirdische Wurzelgeflecht zu verletzen) und klopfen Sie die Sporen aus den Pilzen auf ein weißes Papier. Die Sporen werden dann mit Haarspray fixiert. Es entstehen zarte Zufallsbilder.

Wachstumsbilder: Die Kinder sammeln im Frühjahr in kurzen Zeitabständen Blätter, die sie dann mit Farbe einfärben und abdrucken. Verschiedene Wachstumsstadien und Formen werden so deutlich sichtbar.

Blattgerippe: Die Kinder sammeln im Herbst trockene Blätter von verschiedenen Bäumen und Büschen. Mit einer Kleiderbürste werden nun die Blätter so bearbeitet, dass nur das Blattgerippe stehen bleibt. Die verschiedenen Blattadern können aufgeklebt, benannt und mit den Frühlingsdrucken (siehe oben, Wachstumsbilder) verglichen werden.

Erdbilder: Die Kinder kleben auf eine einfache weiße Kartonkarte (Format A6) mittig ein Stück doppelseitiges Klebeband. Im Wald wird die zweite Schutzfolie von der Klebefläche abgezogen. Die Kinder drücken nun die Klebefläche einfach auf den Boden. Dabei kleben zufällig Erde, Moos, Steinchen, Tannennadeln fest und ergeben ein »Erdbild«. Alternativ sammeln die Kinder Naturmaterialien und drücken sie gezielt auf der Klebefläche fest.

Farbensuche: Die Kinder sammeln gezielt Farbtöne in der Natur. Jüngere Kinder ordnen z. B. verschiedene Blattgrüntöne auf eine fertige Klebefläche (siehe oben). Ältere Kinder ordnen dieses Farbspiel in der Natur direkt an, z. B. eine grüne Schlange auf braunem Waldboden, die sich einen Baumstamm hinaufbewegt, oder gelbe Blüten als Kreisfläche auf einem alten Baumstamm. Ton und Schlamm eignen sich als Kleber. Besonders Jugendliche können hier ihre Farb- und Formerfahrungen künstlerisch einbringen.

Zwei Beispiele für einfache Erdbilder

Witterungswerke: Sonne, Wind, Regen nehmen über, aber auch unter der Erde Einfluss auf Materialien und verändern diese. Bestes Beispiel ist der Rost an Eisenteilen. Vergraben Sie mit den Kindern altes Spielzeug, alte Fotos, Stoffe, Eisenteile. Nach etwa einem halben Jahr werden die Dinge wieder ausgegraben. Welche Veränderungen und Spuren hat die Natur hinterlassen? Natürlich können die Dinge nun auch weiterbearbeitet werden.

Wurzelwerke: Aus alten Wurzelstücken werden Fantasietiere kreiert. Wo sie wohl leben?

Naturgestaltungen: Betrachten Sie mit Jugendlichen den Film des englischen Naturkünstlers Andy Goldsworthy und lassen Sie die Jugendlichen sich Anregungen durch Abbildungen aus seinen Büchern für eigene großzügige Naturgestaltungen holen.

Kreatives Gestalten für Kinder unter drei Jahren

Kleine Kinder erforschen in erster Linie draußen in der Natur die Materialien, die sie entdecken. Sand in verschiedenen Konsistenzen von trocken-fließend bis nass-schwer wird vielleicht lange Zeit immer wieder untersucht. Wasser ist eines der interessantesten Materialien drinnen wie draußen. Meist experimentieren die Kinder mit ihrem ganzen Körper, mit allen Sinnen. Daher wird Sand auch gerne mal gekostet. Diese grundlegenden ästhetischen Erfahrungen sind wichtig und förderlich für eine gute Gesamtentwicklung. Eigenaktivität und Kreativität der Kinder werden angeregt.

Sie sollten daher viel Zeit mit den Kindern draußen verbringen. Besuchen Sie möglichst Gegenden mit verschiedenen offenen Böden mit Erde, Mulch, Waldboden, Wiese oder Schotter. Neben den physischen Erfahrungen eines unterschiedlichen Untergrunds (Wie laufe ich über Stock und Stein?) erfahren die Kinder auch grundlegende naturwissenschaftliche Phänomene. Die Untersuchungen der Kinder können Sie mit einfachen Sammlungen von Materialien (Eimerchen und Taschen mitnehmen!), die die Kinder bei den Ausflügen selbst finden, unterstützen. Lassen Sie die Kinder für genauere Betrachtungen die Fundstücke auf ein helles Tuch legen oder auf ein vorgekleistertes Papier kleben.

Auch einfache Reihen/Schlangen – vor allem aus Stöcken und Steinen – finden kleine Kinder spannend und hüpfen gerne daran entlang. Überhaupt bieten sich viele Gestaltungen mit Stöcken und Steinen an, da diese gerade von kleinen Kindern gern gesammelt werden. Sie können die Steine und Stöcke mit Ölkreiden bemalen und dann wieder im Wald auslegen lassen. Im Herbst können Laubhaufen gestaltet werden. Wie groß kann ein Haufen werden? Die Kinder können sich auf den Boden legen und das Laub um sich herum entfernen lassen, dann ist ihr Körperumriss zu sehen.

Regen Sie die Kinder zu vielen bewussten Wahrnehmungen an: Wie fühlt sich die Rinde unter der Hand oder an der Wange an? Wo liege ich am Boden weich oder hart? Im Sommer bieten sich Wasserspiele an: Alte Babyflaschen mit Saugern, deren Trinkloch vergrößert wurde, eignen sich, um Wasserspuren im trockenen Sand oder auf Terrassensteinen zu hinterlassen – mit einer Gießkanne ergibt es breitere Spuren dazu. Wenn Sand schön feucht ist, können mit einem Stock wunderbar Spuren hineingekratzt werden. Besen und Rechen hinterlassen ebenso interessante Zeichenlinien. In einem Schlamm-

Bemalte Steine

und Matschloch können die Kinder vielseitige, sinn-liche Erfahrungen machen: Man kann den Schlamm »quatschen« hören, wenn man durchstiefelt, man kann mit nackten Füßen durchwaten oder sich selbst mit Schlamm bemalen, man kann beobachten, wie im heißen Sommer das Matschloch kleiner wird und aus-trocknet, wie sich bei starkem Regen große Pfützen bil-den oder wie es im Winter zufriert. Aus Blättern werden kleine Boote, die in großen Pfützen schwimmen kön-nen. Was kann noch alles in der Pfütze schwimmen? Und wenn das Pfützenwasser mit Gummistiefeln schön

Mit Schlamm malen

durchgematscht wurde, kann man bestimmt auch mit diesem braunen Wasser und dem Schlamm auf Papier malen! Probieren Sie es ruhig mal aus. Grasbüschel auf dem Papier gerieben ergeben dazu grüne Spuren. Noch ein paar Blätter und Stöckchen mit Kleister eingeklebt – und fertig ist das Naturbild.

Einfache Klebebilder erhalten Sie, wenn Sie den Kindern Kärtchen geben, auf denen ein Streifen Doppel-klebeband befestigt ist. Diesen brauchen die Kinder nur auf den Waldboden drücken und fertig ist das Waldbodenbild, da viele Materialien auf der Klebefläche haften bleiben. Natürlich können Sie auch aus-gewählte Blätter, Gräser oder Beeren daraufkleben.

30.3   Gestalten mit Fundstücken des Alltags

30.3.1 Fundobjekte regen die Kreativität an

Überall, auf verlassenen Plätzen, beim Sperrmüll oder auf dem Flohmarkt, gibt es interessante Dinge zu finden, die schon Spuren des Benutzten und Gelebten zeigen. Diese Dinge können Geschichten erzählen und regen die Fantasie zu ganz eigenen Gestaltungen an. In unserer Gesellschaft stehen diese oft weggeworfenen Objekte im starken Kon-trast dazu, dass alles »neu, schön und glatt« sein soll. Aber neue Dinge fordern nur selten zum ide-enreichen Spielen und Gestalten auf, denn sie sind schon fertig, wirken meist nicht besonders leben-dig und laden nicht dazu ein, sie in ihrem Ausdruck zu verändern.

Mit der Verwendung von »Abfallmaterialien« wird eine Situation von »sich wundern und neu über-denken« geschaffen. Von alten, selbst entdeckten und gefundenen Materialien gehen ganz andere Impulse für die Gestaltung, aber auch für Denk- und Diskussionsprozesse aus. Das Material wird

als zweck- und funktionsfrei angesehen und erhält daher einen Eigenwert, der andere Regeln für die Gestaltung aufstellt. Das Zusammenfügen solcher Fundstücke wird als Montage, Objektkunst oder Assemblage bezeichnet.

> **Assemblage:** *Assemblages (franz. zusammen-fügen) sind Kunstwerke, in denen vorgefundene Materialien in eine Bildstruktur eingebunden sind. Dabei entsteht eine reliefartige Wirkung. Die Assemblage ist eine Weiterentwicklung der Col-lage, siehe auch Kapitel 18 »Collagen gestalten«.*

30.3.2 Gestalterische Übung

Material und Werkzeug

Alte Elektrogeräte, verschiedene Schraubenzieher, Zangen, Hammer, Heißklebepistole, Draht, Schnur, Alufolie, Nägel, Schrauben, alte Kunststoffteile
Nehmen Sie keine Fernsehgeräte, da diese giftige Materialien enthalten. Alte Elektrogeräte können Sie bei Recyclinghöfen bekommen. Kinder setzen zum Arbeiten Kinderschutzbrillen auf!

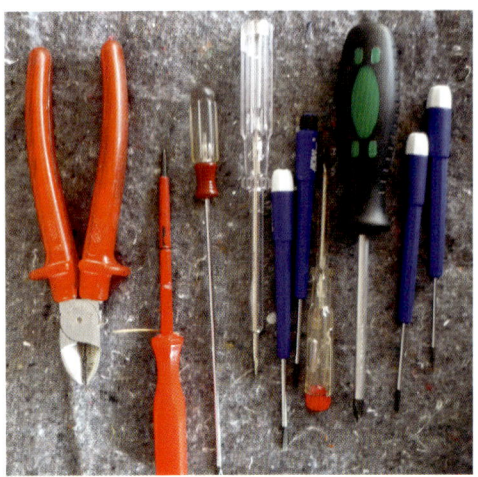

10 *Feine Werkzeuge zum Auseinandernehmen von alten Elektrogeräten*

Technik

Bauen Sie ein altes Elektrogerät auseinander. Schrauben, Stecker, Drahtspulen und andere interessante Teile sammeln Sie in einem Karton. Aus den entdeckten, ausgebauten Stücken konstruieren Sie nun mit Heißklebepistole, Draht und Nägeln ein neues Kunstwerk zum Thema »Roboter« oder »Zukunftsmaschine«.

Reflexion

Welche Erfahrungen haben Sie mit dem Auseinandernehmen und diesen technischen Gestaltungen gemacht? Hatten Sie schon Erfahrungen mit diesen Werkzeugen?

Für Kinder ist es sehr interessant, alte »echte« elektronische Geräte mit »echten« Werkzeugen auseinanderzunehmen. Sie fühlen sich ernst genommen, wenn sie die Werkzeuge ausprobieren dürfen, um das Innenleben von Maschinen zu erforschen. Dabei wird nebenbei stark die Feinmotorik gefördert. Je nach Alter benötigen sie beim Montieren, Zusammenkleben oder Schrauben Unterstützung. Vorsicht bei dem Bedienen der Heißklebepistole – diese kann bei falscher Anwendung Verbrennungen verursachen.

Hier können Sie auf **Gender-Aspekte** achten, indem Sie sowohl Jungen wie Mädchen motivieren und unterstützen durch Ihr eigenes Vorbild. Erklären Sie Kindern auch, wie wichtig es ist, alte Geräte zu recyceln und nicht einfach wegzuwerfen. Ein Besuch in einem Recyclinghof kann die Kinder weiter informieren über die Weiterverwertung von »alten« Materialien.

11 *Roboterkleidung, Gruppenarbeit*

30.4 Recyclingkunstwerke

30.4.1 Kunst mit Aufforderungs-
charakter

In der Kunstszene gab und gibt es einige Künstler, die Alltagsmaterialien für die Gestaltung verwenden. Der Künstler Marcel Duchamp erklärte schon im Jahr 1914 Alltagsgegenstände zu Kunstwerken: Es ging ihm darum, nicht über Gestaltung, sondern durch die Präsentation unveränderter Alltagsobjekte die Betrachter mit der Wirklichkeit zu konfrontieren – ein Protest gegen die klassische Kunstauffassung, die nur bestimmte Materialien gelten ließ.

Die Künstler Pablo Picasso und Georges Braque verwendeten im Kubismus Alltagsteile in ihren Kunstwerken und schufen so neue Definitionen für die Skulptur- oder Objektkunst.

Jüngere Künstler wie Joan Miro oder Jean Tinguely erfanden fantasievolle Skulpturen aus Abfallmaterial. Die Künstlerin Meret Oppenheim wurde mit ihren »objets trouve« (Fundobjekten) sehr bekannt.

Für manche Künstler liegen die Beweggründe, »Recyclingkunst« herzustellen, nicht nur darin, neue Ausdrucksformen in Abgrenzung zu den herkömmlichen Kunstschulen zu finden, sondern sie wollen die Menschen auch auf die Naturkatastrophen und die Konsequenzen hinweisen, die durch Konsumverhalten und Müllberge entstehen.

Aufgaben

1. Suchen Sie weitere Werkabbildungen von Meret Oppenheim, Pablo Picasso, Georges Braque, Marcel Duchamp und Kurt Schwitters, um einen Einblick in Kunstrichtungen zu erhalten, die mit »Gebrauchtem« arbeiteten. Führen Sie Werkbetrachtungen durch (siehe Kapitel 23.2 »Was erzählt mir ein Kunstwerk?«).

2. Sammeln Sie über einen längeren Zeitraum Alltagsmaterialien, die Sie aufgrund ihrer Farbe, Form, Materialeigenschaften oder der Lebensspuren, die sie tragen, interessant finden. Versuchen Sie dabei, die Fundobjekte von ihrer gewohnten Funktion zu lösen und nur ihre interessanten Qualitäten für mögliche Gestaltungen zu erfassen.

30.4.2 Gestalterische Übung

Material
Rostige Teile, Scharniere, farbige Plastikstückchen, Dosen, Bürsten, Metallfedern, Draht und Kabel, altes Besteck, Spiegel, Schwämme, Schnüre, Federn, Muscheln, Äste, Holzspäne, Treibholz, Alleskleber, Klebeband, Maschendraht

Werkzeug
Tacker, Hammer und Nägel, Zangen, Feilen, Bohrer, Handsäge

Gestalterische Übung
Fügen Sie in Kleingruppenarbeit die Fundstücke zu einem Werk zusammen. Verwenden Sie dafür Recycling-, aber auch Naturmaterialien. Finden Sie für Ihr Werk einen besonderen Titel oder sogar eine kleine Geschichte. Gestalten Sie anschließend in Einzelarbeit ein Objekt aus Ihren Fundstücken. Finden Sie auch dafür einen Titel.

12 *Meret Oppenheim: The Squirrel, 1969, The Israel Museum, Jerusalem*

13 *Bürstentier, Anja*

»Das finde ich schon sehr gut, dass ich nun das Vertrauen habe, mit Restmaterialien aus dem Alltag wunderbare Impulse geben zu können. Früher hieß es oft, dass für Bastelmaterialien kein Geld da ist. Da wurde immer nur an farbiges Tonpapier und Kleber gedacht. Heute organisiere ich Stoffreste, Verpackungsmaterialien von Firmen oder alte Steine von Baustellen und die Kinder bauen die tollsten Sachen damit. So kann ich ihnen Umweltbewusstsein spielerisch vermitteln.« (Katja, Schülerin)

Reflexion

1. Wie haben Sie das Sammeln der Materialien erlebt? Konnten Sie Veränderungen in Ihrer Wahrnehmung bemerken?
2. Wie empfanden Sie das Arbeiten mit diesen gebrauchten Materialien?
3. Wie gefallen Ihnen die fertigen Objekte? Welche Eigenschaften, welchen Ausdruck können Sie darin entdecken?

Wurde ein Material erst einmal von seiner gewohnten Funktion gelöst, kann die schon bestehende Form, Farbe, Oberfläche schnell Assoziationen hervorrufen und zu neuen Ideen inspirieren. Gewohntes kann sich verwandeln und öffnet neue Perspektiven. Dies ist ein sehr kreativer Prozess, der schon beim Sammeln und Ordnen der Funde beginnt. Das Suchen und Finden an sich schärft die Wahrnehmung und regt alle Sinne an.

Zwischen all den Konsum- und Werbeartikeln einem gebrauchten Gegenstand einen ganz eigenen Wert zu geben, setzt andere Denk- und Wahrnehmungsstrukturen voraus. Dieser Prozess fordert dazu heraus, vorurteilsfrei zu betrachten, und eröffnet die Möglichkeit, ebenso unbelastet mit den Fundstücken zu gestalten, frei vom Druck, etwas herstellen zu müssen. Dies bietet eine Chance für lebendige Kunstwerke.

Aufgabe

Informieren Sie sich über das von der Reggio-Pädagogik inspirierte Projekt Remida und diskutieren Sie, inwieweit solch ein Projekt bei Ihnen möglich wäre.
www.remida.de

Anregungen für die gestalterische Arbeit mit Kindern und Jugendlichen

Kleine Kinder gestalten Fundkästen mit Alltagsfundstücken. Als wichtigstes Material brauchen sie dafür eine große Kiste aus fester Pappe oder Holz (z. B. ausrangierte Schubladen, Weinkisten). Die Kinder arrangieren die Fundstücke mit oder ohne Thema in der Kiste und kleben sie ein. Die Fundstücke können zuvor mit Werkzeugen wie Bohrer, Säge und Hammer bearbeitet werden. Anschließend bemalen die Kinder die Kisten innen und/oder außen mit Acrylfarben.

Themenvorschläge für die Kisten: »Mein Urlaub«, »Was ich mag«, »Wunschkiste für die Welt«

Projektaktivität   WIR BAUEN MIT SCHROTT

Kinder finden Schrott und alte, weggeworfene Teile toll. Leider dürfen sie diese selten sammeln und noch seltener werden sie angeregt, damit zu konstruieren und zu bauen.

Das Interesse der Kinder an Sperrmüll in der Straße wollen wir nutzen und mit ihnen Schrottobjekte bauen. Mit den Kindern besprechen wir, was man braucht, um große Schrottobjekte bauen zu können. Die Eltern werden informiert, um mit den Kindern Dachböden und Garagen durchzusehen und alte Bretter, Gartenschläuche, Fahrradteile, Waschtrommeln oder andere große Teile für die Aktivität zusammenzutragen. Am Aktionstag liegt ein großer Haufen von interessanten Materialien auf dem Freigelände. So große Objekte baut man am besten draußen, um viel Platz zu haben.

Für Verbindungen von verschiedenen Teilen müssen sich die Kinder nun andere Lösungen als Kleben überlegen. Dafür gibt es Schnüre und Draht. Entsprechende Werkzeuge wie Säge, Hammer, Zangen und Seitenschneider zum Auseinandernehmen liegen bereit. Nach den Sicherheitseinweisungen bilden sich kleine Interessengruppen nach Materialauswahl. Nun beginnen die Kinder, die Materialien zusammenzufügen und an haltbaren, stabilen Lösungen für Statik oder Gleichgewicht zu tüfteln. Erwachsene dürfen zurückhaltende Unterstützung anbieten. Unterschiedliche Objekte entstehen, dabei haben die Kinder schnell konkrete Vorstellungen, was ihr Objekt darstellen soll.

Die Kinder suchen selbstständig nach Plätzen im Freigelände, an denen sie ihre Objekte präsentieren wollen. Aus dem Gestalten entsteht bei einigen Kindern schnell das Bespielen ihrer Werke. Das Freigelände hat sich ebenso wie der Schrott zu einem Kunstwerk verwandelt.

Dies ist eine Weltraumrakete, in die man sich reinsetzen kann

Maja baut aus einem alten Futtertrog eine große Maske

31 PLASTISCHES GESTALTEN MIT PAPIER

31.1 Papier – traditionsreiches Gestaltungsmaterial

Als Bild- und Textträger sowie Verpackungsmaterial ist Papier hinreichend bekannt. Mit der Entdeckung des Papiers wurde es möglich, platzsparend und vielfältig Informationen festzuhalten. Kommunikation über Bildzeichen bekam einen wichtigen Stellenwert und hat eine lange Tradition. Selbst heutzutage hat Papier neben den modernen Medien eine wichtige Kommunikationsfunktion. Auch als Material für Geldscheine, Briefmarken und Wertpapiere spielt Papier eine besondere und nicht wegzudenkende Rolle. Im Gegensatz dazu steht Papier als Wegwerfmaterial in Form von Papiertaschentüchern, Toilettenpapier oder Küchentüchern. Im künstlerischen Bereich dient Papier nicht nur als Text- und Farbträger, sondern es lässt sich auch dreidimensional gestalten.

Schon im alten Japan und China wurden Gebrauchs- und Kunstgegenstände wie Lampen, Fächer, Geschirr oder Masken aus Papier gefertigt. Origami, die japanische Papierfaltkunst, existiert seit 794 n. Chr. und findet noch heute großen Gefallen. Erst Jahrhunderte später wurde Papier auch in Europa für Masken und Papiertheater verwendet. Im 20. Jahrhundert wurde Papier maßgeblich durch die künstlerischen Arbeiten von Pablo Picasso und Georges Braque als eigenständiges Ausdrucksmittel eingesetzt. Collagen und plastische Objekte aus Papier entstanden. Dies war der Anfang, Papier nicht nur für Bilder und Objekte, sondern auch für Skulpturen, Environments oder konzeptuelle Kunst zu verwenden.

Environment: *bezeichnet eine Kunstform, die eine räumliche Situation durch Anordnung verschiedener Objekte oder Materialien (z. B. Sand, Blütenstaub, Fett) herstellt, eine begehbare Raumgestaltung. Bedeutende Künstler: George Segal, Joseph Beuys, Wolf Vostell*

1 *Papier als Objekt*

2 *Papier als Gestaltungsmaterial*

Um Kindern ein Gesamtbild über Papier, also seine Verwendung und Herstellung sowie seine Wiederverwertbarkeit als Rohstoff zu vermitteln, eignet sich beispielsweise ein Besuch in einem Papierwerk, einem Verlag, einer Druckerei, einer Verpackungsmaterialfirma oder einem Recyclingunternehmen.

Aufgaben

1. Informieren Sie sich, ob in Ihrer Umgebung Papier verarbeitende Unternehmen besichtigt werden können.

2. Erforschen Sie die Unterschiede von verschiedenen Papieren, z. B. Transparentpapier, Karton und Zeitungspapier, in Bezug auf Materialkunde und Funktionen.

Es raschelt, knittert, reißt.
Es ist geduldig, trägt Erinnerungen, schöne Worte.
Und es ist fast überall – Papier.
(Gedicht der Schülerinnen Ilona, Rosi, Jutta,
Samira)

Einstimmung

Überlegen und sammeln Sie, welche Assoziationen Ihnen zu Papier einfallen. Papier ist weich, trocken, störrisch, schmiegsam, geduldig, rau, fest usw.

Was können Sie mit Papier alles tun? Welche Techniken kennen Sie? Papier können wir beschreiben, bemalen, reißen, schneiden, stapeln, falten, knicken, knautschen, perforieren, prägen, knüllen, wickeln, rollen, heften, lochen, kleben, verbrennen, formen, weben, flechten usw.

Ertasten Sie verschiedene Papiere und beschreiben Sie deren Eigenschaften: Papierbögen, Computerpapier, Butterbrotpapier, Schachteln, Geschenkpapier, Briefpapier, Zeitungen, Zeitschriften, Papprühren, Seidenpapier, Kartons, Wellpappe, Architektenpapier.

3 *Papiersorten*

31.2   Übungen zur Wahrnehmung von Papier

Sammeln Sie unterschiedliche Papiere sowie Kartone mit verschiedenen Oberflächen und legen Sie eine Sammlung an.

◆ Welche Unterschiede stellen Sie beim Tasten fest?
◆ Wie reagiert welches Papier auf Reißen (Reißrichtung)?
◆ Wie reagiert welches Papier auf Knüllen?
◆ Kann Papier gesägt werden?
◆ Nehmen Sie mit einem Aufnahmegerät die verschiedenen **Geräusche** auf, die mit unterschiedlichen(!) Papieren erzeugt werden können: knistern, reißen, rascheln, knattern. Komponieren Sie ein kleines Konzert aus »Papiermusik«. Welche verschiedenen Werkzeuge können Sie für die Bearbeitung von Papier einsetzen? Probieren Sie außer Locher und Scheren (Linkshänderscheren nicht vergessen!) auch Nadeln, Ahle, Schnittmusterrädchen (aus dem Schneidereibedarf), Lochzange, Cutter.
◆ Experimentieren Sie mit **Papier und Licht:** Welche Papiere sind transparent und wie lässt sich die Lichteinwirkung für Gestaltungen mit Farbe und Licht nutzen (z. B. Lampen, Fensterbilder, Leuchtobjekte, bei denen durch Perforieren, Lochen und Schlitzen des Papiers interessante Effekte entstehen)? Aquarellpapiere können z. B. mit einer Behandlung durch Wachs oder Öl transparent gemacht werden.

4 *Werkzeuge und Material, um Experimente durchzuführen*

5 *Dreidimensionales Gestalten mit Papier – hier etwas Hängendes*

6 *Papierkugel mit Draht*

- ◆ Machen Sie **naturwissenschaftliche Beobachtungen**, indem Sie testen, welches Papier wie mit Wasser oder Feuer reagiert und sich verändert: In einen Becher mit gefärbtem Wasser werden gleich große Papierstücke für 30 Sekunden eingetaucht. Wie sich die Saugfähigkeit der einzelnen Papiersorten verhält, kann man nun genau beobachten. Mit entsprechenden Sicherheitsvorkehrungen werden draußen in einer feuerfesten Schale mit Sand verschiedene Papiere angezündet. Man kann beobachten, ob und wie die Papiersorten brennen und welche Rückstände übrig bleiben.
- ◆ Aus Papier werden inzwischen auch **Möbel** gebaut. Sie erhalten ihre Stabilität durch Falten und Knicke, die die belastenden Kräfte ableiten (Wellkarton). Probieren Sie, schwere Gegenstände auf einem über zwei Gläser gelegtes Papier zu deponieren. Was passiert? Nun knicken Sie das Papier mehrmals zu einer Zickzackform und führen den Versuch mit dem geknickten Papier durch. Was beobachten Sie? Gestalten Sie etwas Dreidimensionales, ohne gegenständlich zu werden, mit verschiedenen Papieren.

»*So wie ich groß geworden bin, gehörten sinnliche Erfahrungen und Selbstentdecken nicht dazu. Das Ergebnis, das Produkt war einfach wichtig. Heute erwarten viele Eltern das auch noch. Aber meistens kann ich sie im Gespräch überzeugen, dass selbst entdeckendes Lernen nachhaltiger ist als schöne Produkte für das ›Müttermuseum‹.*« (Sandra, Schülerin)

31.3 Gestalten mit Papier

31.3.1 Räume aus Papier
Papier wird in erster Linie als zweidimensionales Material genutzt. Es lässt sich aber auch in dreidimensionale Gestaltungen umwandeln, die ganze Räume in ihrer Wirkung verändern.

7 *Papierraum*

8   *Raum aus Papierbahnen*

9   *Papierkiste – ein Tisch in Papier gekleidet*

Material

Rollen mit Makulaturpapier (erhältlich in Druckereien), Kreppklebeband, Schnur

Gestalterische Übung

◆ Verändern Sie gemeinsam die Raumwirkung
mit Papierbahnen, die Sie im Raum aufhängen
und befestigen, z. B. ein Fenster abhängen, Bahnen quer durch den Raum spannen, Bahnen als
Raumtrennung einsetzen.

◆ Knüllen Sie Papier und geben Sie den raumfül-
lenden Papierobjekten einen Platz im Raum.
Verändern Sie die Positionen und beobachten
Sie die Wirkung.

◆ Wickeln Sie Alltagsgegenstände wie Tische,
Stühle oder die Kaffeekanne in Papier ein. Wie
verändert das Papier den Gegenstand?

Reflexion

1. **Welche Beobachtungen und Erfahrungen
haben Sie mit den Papiergestaltungen
gemacht?**

2. **Wie haben die Papiergestaltungen den Raum
verändert?**
Papier ist ein leichtes und geduldiges Material,
nicht teuer und für einfache Raumveränderungen gut geeignet. Dabei können schon wenige
Papierbahnen für ganz neue Erfahrungen sorgen. Mit wenigen Bearbeitungen des Papiers
können große Effekte erreicht werden: Glatte
Flächen, geknüllte Formen oder fein säuberlich
gefaltete Papiere wirken durch Form, Volumen
und Oberfläche.

Anregungen für die gestalterische Arbeit mit Kindern und Jugendlichen

◆ Kinder erstellen und gestalten eine **ganze Stadt** aus zusammenhängenden Kartons und Papierbahnen. Auch ein Tunnel aus mit Klebeband aneinander verbundenen großen Kartons ist eine spannende Raumerfahrung, sowohl von außen als auch von innen.

◆ Die Kinder bauen aus einem großen Angebot an verschiedenen Papieren (z. B. Papierstreifen aus dem
Aktenvernichter, Makulaturpapier) **großformatige Nester**. Hierbei probieren die Kinder unterschied-
liche Verbindungstechniken für Papier aus: mit Klebeband kleben, mit Schnur, Wäscheklammern,
Musterklammern oder Heftzwecken verbinden oder einfach tackern.

- Grundschul-»Indianer« errichten einen **Tipi-Bau:** Äste werden in Kegelform zusammengestellt und eventuell oben mit einer Schnur verbunden. Damit eine Grundlage für die Zeitungsbögen entsteht, wird eine dünne Schnur über die Äste gespannt. Nun werden leicht angefeuchtete Zeitungspapier-bögen auf das Schnur-Ast-Gerüst gelegt. Weitere Schichten werden mit Kleister eingestrichen und aufgelegt. Die Konstruktion ist leider nur bei trockenem Wetter draußen verwendbar.

- **Wellkartonräume:** Aus Wellkarton werden neue Räume geschaffen. Er lässt sich leicht schneiden und biegen. Beim Bemalen bleibt der Wellkarton stabiler als normaler Karton. Die Kinder können auch runde Räume aus Wellkarton konstruieren.

- **Jugendliche können experimentelle Techniken mit Papier ausprobieren,** z. B. aus Papier Kissen nähen, Lichtobjekte aus gefaltetem Papier herstellen oder einfach abstrakte Formen, die mit Kleister und Holzleim stabilisiert werden. Auch die Einbindung von Naturmaterialien in diese Objekte kann einen starken Eindruck hinterlassen.

31.3.2 Pappkameraden und Fabelwesen

Einstimmung

Für Kinder ist es wichtig, auch größere Plastiken herzustellen. Es ermöglicht ihnen, ihr raumgrei-fendes Werk als ein Gegenüber zu erleben, das sie geschaffen haben. Sie können um die Plastik he-rumgehen und mit ganzem Körpereinsatz von allen Seiten agieren und bauen. Wirkungen von Raum und Körper werden deutlich erlebbar und unterstützen die Raumwahrnehmung sowie das räumliche Vorstellungsvermögen. Papier ist dafür ein leichtes und einfach einzusetzendes Material.

Hasendrahtplastiken

Größere Plastiken aus Papier brauchen ein stabi-les Gerüst aus Hasendraht oder anderem Draht-geflecht, um das mit Kleister bestrichene Papiere gewickelt werden.

Material

Hasendraht, Drahtschere, Malerabdeckpapier aus dem Baumarkt, Blumendraht, Kleister, Holzleim, Eimer, Stab zum Anrühren des Kleisters, Papier oder Folie zum Abdecken, Acrylfarbe, Pinsel o. Ä. zum Bemalen, eventuell Holzplatte und Dachlat-ten, eventuell Gipsfuß (= Eimer mit ausgehärteter Gipsmasse) zum Stabilisieren

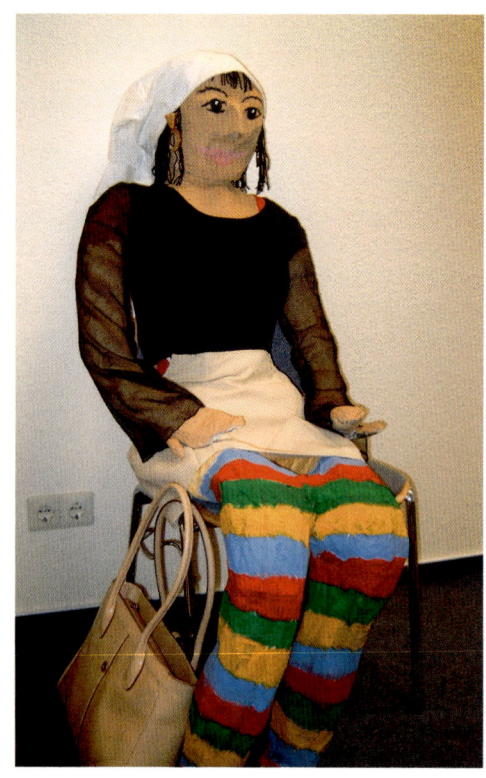

10 *Mitbürgerin; Hasendraht, Kleisterpapier, Kleidung*

Technik

Als Erstes wird der Kleister nach Packungsanleitung angerührt, da er Zeit zum Quellen benötigt. Nach dem Quellen wird pro 1 Liter Kleister etwa 1 Esslöffel Holzleim untergemengt – der **Holzleim** unterstützt einen schnellen Trocknungsprozess und härtet das Papier besser als der Kleister allein.

Vor dem Zuschneiden des Drahtgeflechts ist zu überlegen, aus welchen Grundformen sich eine Figur am besten zusammensetzen lässt, z. B. können Arme oder Beine aus Zylindern geformt werden. Grundformen wie Zylinder, Kegel und Kugel lassen sich am besten mit dem Drahtgeflecht herstellen und zu einer Figur verbinden.

Mit der Drahtschere werden großzügige Stücke von der Drahtrolle geschnitten. Vorsicht: Die abgeschnittenen Enden des Drahts pieksen und kratzen leicht! Durch Ausbeulen, Eindrücken und Einschnüren des Drahts werden erste Formen gebildet. Öffnungen werden mit der Drahtschere geschnitten. Einzelne Teile werden gebogen und mit dem Blumendraht fest angebunden. Wackelnde Teile lassen sich später schwer mit dem feuchten und leicht reißbaren Papier umwickeln. Falls eine Standfigur konstruiert werden soll, muss das Drahtgerüst stabil stehen oder auf ein Holzbrett getackert werden. Eventuell ist auch ein Gipsfuß hilfreich.

Nun werden vom Malerabdeckpapier großzügige Streifen abgerissen und mit Kleister eingestrichen. Die Streifen werden am Anfang möglichst in einem Stück um das Drahtgestell gewickelt. Das Papier klebt nicht auf dem Draht, sondern nur auf dem Papier, weshalb sich die Bahnen anfangs überlappen müssen. Etwa drei Schichten Malerabdeckpapier insgesamt müssen am besten in Quer- und Längsschichten aufgetragen werden. Feinheiten können mit Zeitungspapier ausgeformt und aufgeklebt werden. Kleine Rundungen werden aus geknülltem Zeitungspapier, das anschließend mit gekleistertem Zeitungspapier abgedeckt wird, geschaffen. Das Hasendraht-Papierobjekt muss nun etwa zwei bis drei Tage trocknen und kann dann mit deckender Acrylfarbe bemalt, eingekleidet und geschmückt werden.

Gestalterische Übung

Bauen Sie in Gruppenarbeit eine menschliche Figur oder ein Fabeltier. Fertigen Sie auf jeden Fall vorab einen Entwurf mit großzügigen Vereinfachungen an und greifen Sie dabei auf die plastischen Grundformen (Quader, Kegel, Kugel, Zylinder) zurück, damit Sie erkennen, wie Sie Ihr Objekt am besten realisieren können. Erst dann sollten Sie den Hasendraht zuschneiden. Achten Sie auf stabile Verbindungen der einzelnen Drahtformen.

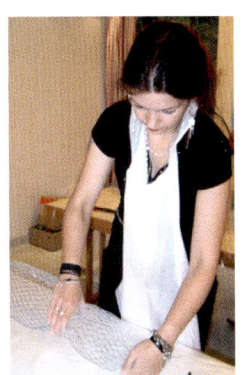

11 *Aus Drahtgeflecht wird die Echsenform gebogen, das Geflecht wird mit eingekleistertem Papier ummantelt, noch unbemalt, die Echse wird bemalt, die fertige Echse*

Reflexion

1. Welche Erfahrungen machten Sie bei diesem großformatigen Bauen? Welche Schwierigkeiten konnten Sie erkennen? War ein guter Entwurf hilfreich für Sie?

Auch für Erwachsene ist es immer wieder eine besondere Erfahrung, eine große Plastik zu bauen. Die eigene Körper- und Raumwahrnehmung wächst und regt dazu an, die Objekte für Bühnenbilder oder ganze Raumveränderungen zu nutzen. Ein auf die Grundformen reduzierter Entwurf unterstützt eine leichte Umsetzung von großteiligen Objekten und ermöglicht eine stabile Konstruktion. In jedem Fall fördert solch eine Aktion das Arbeiten im Team oder in der Gruppe.

2. Diskutieren Sie, inwieweit Kindern diese Technik zugetraut werden kann, auch in Hinsicht auf die Verletzungsgefahr mit dem Draht.

Jüngere Kinder werden noch nicht allein mit der Technik des Drahtschneidens und Drahtbiegens zurechtkommen. Deshalb wird die Erzieherin bei dieser Zielgruppe das Gerüst, evtl. nach den Vorgaben der Kinder, selbst erstellen und dann von den Kindern bekleben lassen. Diese Tätigkeit üben jüngere Kinder sehr gerne aus. Vorschul- und Grundschulkinder können einfache Drahtgestelle schon selbst herstellen und bearbeiten. Die Verletzungsgefahr führt gleichzeitig zu einer erhöhten Aufmerksamkeit und Auseinandersetzung mit dem Material und seinen Risiken, insofern bietet sie den Kindern die Möglichkeit, sich auch mit diesen Aspekten auseinanderzusetzen.

Anregungen für die gestalterische Arbeit mit Kindern und Jugendlichen

- Bauen Sie mithilfe eines Holzgestells aus zwei stabilen Untertischböcken (aus dem Baumarkt) und angenagelten Stangen ein **Tier**, das kleine Kinder später auch besteigen und erklettern dürfen. Umgeben Sie das Holzgestell mit Hasendraht, um weiche Rundungen wie Bauch, Kopf, Rücken und Beine zu formen. Die Kinder bekleben dann das Drahtgerüst mit eingekleisterten Papieren und bemalen das getrocknete Papier. Ein mögliches Thema, an dem sich mehrere Kindergartengruppen beteiligen können, ist das Märchen »**Die Bremer Stadtmusikanten**«.

- Kindergartenkinder ummanteln einen alten Stuhl und machen ihn so zu einem fürstlichen **Thron** oder einem Tier, auf dessen Schoß sie sitzen können.

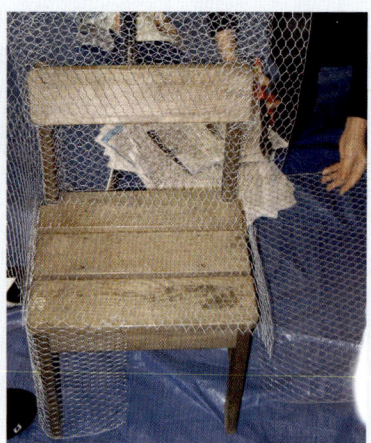

Das Drahtgeflecht für den Stuhl

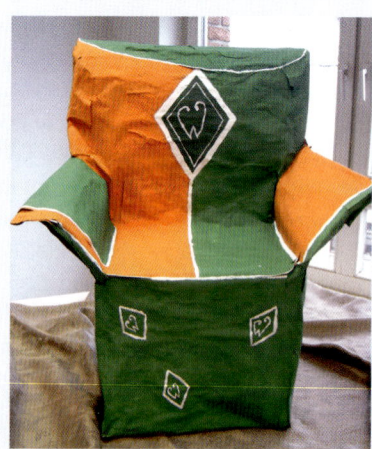

Ein Stuhl für Werder-Fans

- Grundschulkinder, die bereits eigenständiger arbeiten wollen, bauen **Dinosaurier**, **Drachen** oder andere Fabelwesen.

- Das Bauen **historischer Standbilder** aus der näheren Umgebung ist eine begreifbare Umsetzung von Geschichtsverständnis.

31.3.3 Knüllobjekte

Kleinere Plastiken lassen sich aus geknülltem Zeitungspapier formen. Dabei wird mit sehr einfachen reduzierten Formen ohne Details gearbeitet. Die Einzelheiten können nach dem Trocknen aufgemalt oder geklebt werden.

Material

Zeitungspapier, Kreppklebeband, Schnur, angerührter Kleister mit Holzleim, Abdeckmaterial, Farbmaterial zum Bemalen der trockenen Objekte

Technik

Einzelne Zeitungspapiere werden zu unterschiedlichen Formen gedrückt, zusammengelegt und anschließend mit einem Bogen Zeitungspapier umwickelt. Das Zeitungspapier wird mit Klebeband fixiert. Weitere geknüllte oder gerollte Teile werden zusammen- und aneinandergefügt, um eine Gesamtform entstehen zu lassen. Das Klebeband dient weniger zur Verbindung der Einzelteile (diese Verbindung ist wenig stabil!) als zum Einschnüren und Fixieren der Zeitungsbögen. Ebenso kann Schnur dafür verwendet werden. Zum Schluss werden eingekleisterte Zeitungsstücke in mehreren Schichten (mindestens drei Schichten!) aufgetragen und das Objekt in die endgültige Form gebracht. Bei der Fixierung der Form ist es hilfreich, wenn zu zweit gearbeitet wird. Nach dem Trocknen kann das Objekt bemalt und verziert werden.

Gestalterische Übung

Formen und kleben Sie eine Tier- oder Menschenfigur mit der Knüllfigurtechnik.

12 *Die Schwimmerin, Knüllfigur, Marie*

13 *Elefant, Knüllfigur, bemalt*

Anregungen für die gestalterische Arbeit mit Kindern und Jugendlichen

◆ Jüngere Kinder formen einen **Riesenbonbon** und bemalen ihn bunt. Zu Weihnachten oder zu Ostern formen sie **Kugeln und Eier**, die sie bemalen oder bekleben, z. B. mit Glitzer.

◆ Vorschulkinder und Grundschulkinder formen immer gerne Tiere, deshalb bauen sie einen eigenen **Zoo**.

◆ Größere Kinder bauen witzige **Kultfiguren** wie die »Diddl-Maus«.

31.3.4   Plastiziermasse aus Papier – selbst hergestelltes Papiermaschee

Eine einfache, stabile Plastiziermasse lässt sich aus Papierbrei mit Kleister und feinem Sägemehl herstellen, das sogenannte Papiermaschee/Pappmaschee. Die Kinder können alles selbst mischen und kleinere Objekte daraus formen.

Material

Zeitungspapier oder alte Eierkartons, angerührter Kleister, Holzleim, feines Sägemehl (in Schreinereien nachfragen), großes Gefäß

14 *Zeitungsschnipsel mit Kleister durchkneten*

Technik

Das Zeitungspapier und die Eierkartons werden zerkleinert und einen Tag in Wasser eingeweicht. Überschüssiges Wasser wird abgegossen oder mit einem Küchensieb abgefiltert. Das eingeweichte Material wird am besten mit dem Küchenmixer püriert. Durch Zugabe von Kleister, Holzleim und Sägemehl entsteht eine knetbare Masse. Die Pappmascheemasse kann auch ohne Sägemehl angemischt werden. Die Masse mit Sägemehl wird jedoch fester und kann nach dem Aushärten zusätzlich mit Schleifpapier bearbeitet werden. Damit die Masse wirklich homogen ist, empfiehlt es sich, die Zutaten nach dem Mixen zusätzlich mit den Händen durchzukneten. Alle Klümpchen müssen aufgelöst werden! Das Pappmaschee kann nun gut mit den Händen geformt werden. Nach einigen Tagen sind die gestalteten Formen ausgehärtet. Die Objekte sollten in einem trockenen, luftigen Raum trocknen, da sie leicht Schimmel ansetzen können.

Gestalterische Übung

Formen Sie aus der Pappmascheemasse Puppenköpfe. Übertreiben Sie ruhig beim Ausarbeiten der Physiognomie der Gesichter – das lässt die Charaktere deutlicher hervortreten. Planen Sie vorab, ob Sie die Puppe später auf einem Stab oder einem Finger tragen wollen – dementsprechend müssen Sie im Hals ein großes oder kleines Loch bohren. Nach dem Trocknen bemalen Sie die Köpfe und verzieren sie mit Stoffresten, Hüten und Schmuck (siehe auch Kapitel 35 »Spielfiguren gestalten«).

Reflexion

Vergleichen Sie das selbst hergestellte Pappmaschee mit anderen Knetmassen und Ton. Welche Vor- oder Nachteile erkennen Sie?

Es ist eine besondere Erfahrung, Pappmaschee selbst herzustellen. Für das Zerkleinern der Zeitungen ist Geduld erforderlich. Das Durchkneten der Pappmascheemasse ist dann ein sinnliches Erlebnis. Für kleinere feste Objekte, die leicht und nicht zerbrechlich sein sollen (z. B. Puppenköpfe), ist diese Knetmasse gut geeignet.

15 *Teufel, Puppenkopf aus Pappmaschee, bemalt*

Anregungen für die gestalterische Arbeit mit Kindern und Jugendlichen

- ◆ **Gegenstandslosen Formen** wie einem langen Stab geben die Kinder mit der Plastiziermasse eine Struktur. Anschließend bemalen sie sie, sodass ein interessantes Objekt entsteht.

- ◆ **Kleine Tiere** aus Pappmaschee sind für Kinder aller Altersgruppen immer wieder ein spannendes Thema.

- ◆ Die Kinder formen und bemalen runde Formen als **Küchlein, Obst, Eier und Gemüse** für den Kaufmannsladen.

- ◆ **Mondlandschaft:** Auf ein Stück Karton aufgetragen, verwandelt Pappmaschee eine Fläche zum Relief. Geknülltes Zeitungspapier, überklebt mit gekleisterten Bögen, ergibt einen landschaftsähnlichen Untergrund für das Pappmaschee. Erden, Asche oder Erdpigmente in die noch feuchte obere Schicht gerieben, lassen eine ungewöhnlich lebendige Farbgebung entstehen.

Kuchen für die Puppenstube

- ◆ Die Kinder tragen auf ein Stück Karton ein Relief mit einem bestimmten Muster auf, z. B. für ein **Wappen**.

◆ Vorschulkinder und Grundschulkinder haben schon das handmotorische Geschick, um eine **Handpuppe** oder kleine Tiere herzustellen. Auch **Knöpfe und Perlen** als Schmuck sind ein reizvolles Thema.

◆ Ältere Kinder stellen eine **Marionette** aus mehreren Teilen her.

Paradiesvogel aus Pappmaschee

Kreatives Gestalten für Kinder unter drei Jahren

Kleine Kinder wollen erst einmal erforschen, was man mit verschiedenen Papieren machen kann. Was passiert, wenn ich Eierkarton mit Wasser fülle? Wie groß kann das Loch im Aquarellpapier werden, wenn ich immer weiter mit dem Pinsel reibe? Erlauben Sie auch solche materialfremden Versuche der Kinder. Für die Kinder ist die Anwendung der Schere genauso wie Papierreißen eine große feinmotorische Herausforderung. Diese Aktivitäten können Sie immer wieder mit verschiedenen Papieren anregen. Lassen Sie die Kinder selbst die Technik des Schneidens entdecken, statt ihnen mit einer Helferschere die Selbstbildung zu nehmen. Die ersten selbst gerissenen oder geschnittenen Schnipsel können in einem Kleisterbild dokumentiert werden. Spannende Reliefbilder entstehen, wenn die Kinder geknüllte und gefaltete Papiere mit einkleben.

Ich übe, allein mit der Schere zu schneiden

Jüngere Kinder finden großen Gefallen am Zerreißen und »Vermatschen« der Schnipsel mit Wasser und Kleister. Mit sinnlichem Vergnügen wird das Pappmaschee durchgeknetet oder sogar -getreten. Die entstandene Masse kann um Alltagsgegenstände wie Dosen oder Schachteln gelegt und verändert werden. Auch Naturmaterialien (z. B. Stöcke) kann man mit Pappmaschee ummanteln und sie auf diese Weise verfremden. Einfach auf eine feste Pappe geklebt, entstehen Reliefs aus Pappmaschee, die die Kinder mit Farbe weitergestalten können. Manchmal reicht für einfachstes Pappmaschee, Toilettenpapier mit Wasser zu vermatschen und auf die Pappe aufzudrücken oder erste kleine Objekte daraus zu formen.

Regen Sie an, Schachteln und Kartons mit Kleister zu größeren Objekten zusammenzukleben. Erste Landschaften und Türme können so entstehen. Und natürlich finden auch die Kleinen großen Gefallen an einem großen Karton, in dem sie sich eine Höhle oder ein Haus einrichten können. Falls Sie mehrere Kartons organisieren können, kann daraus eine regelrechte Höhlenburg mit geheimen Gängen entstehen, die von den Kindern beklebt und bemalt werden kann. Dabei wird Psychomotorik und Raumerleben der Kinder gefördert.

Schiff ahoi

»Das ist sehr schwierig für die Eltern zu verstehen, dass die Kinder nicht immer etwas herstellen. Sie fragen: ‚Ihr habt heute mit Pappmaschee geknetet, was hat denn mein Kind gemacht?' Aber da gibt es nichts zum Zeigen. Das Kind hat einfach nur gematscht und geknetet. Das ist manchmal schwer auszuhalten.« (Kismet, Schülerin)

31.3.5   Kaschieren – Papiergefäße für die Puppenküche

Das Abnehmen von Formen mit Papier oder Stoff wird als Kaschieren bezeichnet.

Material

Schüssel, Becher, Teller, die sich ohne Verengung oder Einkerbungen verjüngen, aus Glas, Metall oder Plastik (von unglasiertem Ton oder Keramik ist die Papierform nicht mehr ablösbar),
als Trennmittel: Vaseline oder einfaches Speiseöl,
Zeitungspapier, angerührter Kleister mit Holzleim, Bootslack

Technik

Die Form kann **von außen oder innen** kaschiert werden. Die jeweilige Seite wird dünn mit dem Trennmittel eingestrichen, damit sich die Papierform später leicht ablösen lässt. Das Zeitungspapier in Streifen reißen und mit Kleister einstreichen. Das Gefäß damit einmal mit einer Querschicht und dann mit einer Längsschicht auslegen, also erst von der Mitte aus zum Rand, dann die nächste Lage quer dazu. Es werden mindestens sechs Schichten benötigt, damit das Gefäß nach dem Trocknen die Form

behält. Luftblasen müssen gut ausgestrichen werden. Der Rand wird entweder gleich abgeschnitten oder umgeklappt auf die Kleisterlagen geklebt.
Details wie kleine Muster können aus gerolltem Zeitungspapier auf den Rand oder auf die Gefäßfläche mit Kleister aufgeklebt werden.
Ein besonderer Effekt wird erzielt, wenn die erste und letzte Schicht mit Geschenkpapier ausgelegt wird. Dabei ist der Umkehreffekt zu beachten, wenn die Schale später aus der Form genommen wird.

16 *Papierstreifen, Kleister und eine Schale zum Kaschieren*

17 *Noch feuchte Schale mit gerolltem Rand*

18 *Schale mit Transparentpapier als letzte Schicht, Dagmar*

Die Schale nach einem Tag von der Form lösen, dann aber wieder leicht einlegen, damit sie sich beim weiteren Trocknen nicht verzieht. Nach einigen Tagen ist die Schale getrocknet und kann nun bemalt und beklebt werden. Damit die Gefäße etwas gegen Feuchtigkeit geschützt sind, werden sie mit Bootslack eingestrichen. Diese Arbeit sollte wegen des giftigen Bootslacks von der Erzieherin ausgeführt werden.

Reflexion

Welche Eigenschaften werden mit dem Kaschieren gefördert bzw. gefordert?

Die taktile Wahrnehmung und die Handmotorik zum Reißen der Streifen und Einkleben werden stark gefördert. Die Kinder müssen auch eine Portion Ausdauer mitbringen, um alle Lagen zu verkleben. Kaschieren eignet sich gut als Einzelarbeit.

Anregungen für die gestalterische Arbeit mit Kindern und Jugendlichen

- **Luftballonform:** Die Kinder kaschieren die Form eines aufgeblasenen Luftballons mit Zeitungspapierschnipseln. Ein faszinierender Effekt ergibt sich, wenn statt Zeitungspapier Transparentpapier verwendet wird. Nach dem Aufschneiden kann die Form als **Lampion** benutzt werden.

- Kleinkinder ummanteln Gefäße, ohne die Form abzulösen. So entstehen z. B. individuelle **Blumenübertöpfe** zur Aufbewahrung von Stiften.

- **Dosentiere:** Grundschulkinder ummanteln Dosen und setzen Pappmascheefiguren an den Rand.

- **Tablett:** Für Jugendliche ist es eine Herausforderung, große Objekte wie ein Tablett aus Papier herzustellen. Hierfür empfiehlt es sich, stärkeres Papier (Malerabdeckpapier) in mehreren Lagen zum Kaschieren zu verwenden. Die Lackierung muss zur besseren Stabilisierung mehrmals aufgetragen werden.

Grünes Tablett

Projektaktivität   EXPERIMENTE MIT PAPIER

Es kann spannend sein, die verschiedenen Eigenschaften von Papier zu erforschen. Man kann z. B. ganz wissenschaftlich untersuchen, wie saugfähig verschiedene Papiersorten sind: Dazu werden Papierstreifen für eine bestimmte Zeit in farbiges Wasser getaucht (am besten gleichzeitig). Hinterher kann man an der Höhe des feuchten Papiers die Saugfähigkeit des Materials ablesen. Ein ähnliches Experiment zeigt die Belastbarkeit von Papier: Etwa gleich schwere Steine werden in verschiedene Papiere (Zeitungspapier, Taschentuch, Schreibpapier und Transparentpapier) gewickelt und in Wasser getaucht. Hier braucht es etwas Geduld, bis sichtbar ist, welche Papiersorte am belastbarsten ist. Spannend ist es auch, herauszufinden,

wie viel Gewicht Papier aushält bzw. welche Tricks Papier so tragfähig machen, dass man daraus sogar Möbel gestalten kann: Durch Biegen und Falten wird Gewicht besser verteilt - und ein dünnes Schreibpapier trägt z. B. eine Blumenvase.

Es wird interessant, wenn die Kinder mit diesen Kniffen ganze **Bauwerke aus Papier** ohne Drahtgerüste konstruieren. Ein Höhepunkt kann das Bauen einer Kugelbahn aus Papier sein. Lassen Sie die Kinder ausprobieren, welche Techniken zum Bauen und Verbinden aus verschiedenen Papieren sie finden. Machen Sie die Kinder auf die naturwissenschaftlichen Zusammenhänge aufmerksam und verdeutlichen Sie Techniken wie Reißen, Stecken, Biegen, Falten, Falzen u.a.

Projektaktivität   PAPIERSCHÖPFEN

Eine ganz besondere und vor allem begreifbare und sinnliche Tätigkeit ist das eigene Schöpfen von Papier. Verschiedenste Zutaten erlauben vielfältige Experimente und mit den selbst geschöpften Papieren stehen viele Möglichkeiten der Verwendung und Gestaltung offen. Fast jedes Papier kann wieder aufbereitet werden. Papierschöpfen findet mit viel Wasser und »Panscherei« statt, deshalb empfiehlt es sich,

diese Aktion im Sommer draußen zu veranstalten.

Material
Zeitungspapier, Pack- und Briefpapier, Eierkartons (kein Papier mit glänzender Oberfläche), Wasser, Wanne, Mixer, Weißleim, Schöpfrahmen, Filztücher, Pressplatten aus mit Resopal beschichteten Brettern, Schraubzwingen

Schöpfen

Das Wasser auspressen

Technik

Die Schöpfrahmen bestehen aus zwei Teilen: Das Schöpfsieb ist ein Holzrahmen, der mit Fliegengitter (Baumarkt) bespannt ist. Ein ebenso großer Rahmen bildet den Deckel.

Das Papier wird in kleine Schnipsel gerissen, in warmem Wasser eingeweicht und mit dem Mixer zerkleinert. Der Papierbrei (= die sogenannte Pulpe) wird in der Wanne mit Wasser zu einem flüssigen Brei verdünnt. Für eine bessere Bindung des Papiers kann mit Wasser verdünnter Weißleim zugefügt werden.

Zum Schöpfen werden die beiden Schöpfsiebe aufeinandergelegt und senkrecht in die Wanne mit dem Papierfaserbrei eingeführt. Unter Wasser werden die Siebe waagerecht gedreht und nach einem Schwenken herausgehoben. Damit das Wasser ablaufen kann, werden die Siebe leicht schräg gehalten. Der Siebdeckel wird nun abgenommen und der verbliebene Faserbrei auf ein Filztuch, das auf einem Brett liegt, gestürzt. Auf das geschöpfte Papier wird ein weiteres Filztuch gelegt, auf das wiederum geschöpftes Papier gestürzt wird. Weitere Lagen aus Papier und Filz können folgen. Zum Schluss wird ein zweites Brett aufgelegt und mit Schraubzwingen alles so lange zusammengepresst, bis kein Wasser mehr ausläuft. Die Papiere können auch mit einem Nudelholz ausgepresst werden. Nun werden die Papiere vorsichtig vom Filz gehoben und zum Trocknen in die Sonne gelegt oder gehängt.

Geschöpftes Papier mit bunten Fäden

Experimente

Spannende Experimente ergeben sich, wenn Gräser, Blüten, dünne Samen, Konfetti, Glitzer, farbige Papierstreifen, Schnüre, Wolle usw. in den gerade herausgehobenen Papierbrei gemischt werden. Auch zerkleinerte oder gekochte Pflanzenfasern aus Blättern wie Brennnessel, Lauch, Mais können in die Pulpe gemischt werden. In einem weiteren Experiment kann das Wasser zum Einweichen gefärbt werden.

Frisch vom Filz gehobene Papiere können um Alltagsgegenstände herum gelegt werden und nehmen so beim Trocknen deren Form an.

Die getrockneten, geschöpften Papiere dienen nicht nur als Schreibunterlage – aus ihnen lassen sich Bucheinbände, Mappen, Briefumschläge oder sogar interessante Raumobjekte fertigen.

Aufgaben

1. Informieren Sie sich über organische Faltkunst und welche Techniken für Kinder geeignet sind. Was lernen Kinder bei dieser Papiertechnik?

2. Informieren Sie sich darüber, wie Papierflieger gefaltet werden. Überlegen Sie sich eine entsprechende Aktion für Kinder (je nach Alter).

32   SKULPTUREN GESTALTEN

32.1   Skulpturenbau fördert räumliches Denken

Im Gegensatz zum aufbauenden Gestalten von Plastiken wird bei der Skulptur Material entfernt und die Form aus einem Block herausgearbeitet. Dies erfordert ein ausgeprägtes Vorstellungsvermögen, denn es muss mit wenigen Anregungen des Steins oder des Holzes vorstellbar sein, welche dreidimensionale Form in dem Material steckt. Außerdem muss ein inneres Bild der notwendigen Arbeitsschritte entwickelbar sein, um die gewünschte Figur zu erhalten. Denn entferntes Material kann nicht wieder angefügt werden: »Was weg ist, ist weg!«

Skulpturgestalten stellt an die Gestaltenden zusätzlich die Herausforderung, richtiges Werkzeug auszuwählen und es funktionsgerecht einzusetzen. Dafür sind verschiedene motorische Fähigkeiten notwendig, vor allem, einzelne Bewegungen isoliert zu beherrschen. Beispielsweise wird beim Sägen die Kraft in die Stoßbewegung gelegt und beim Rückziehen der Säge wird diese leicht ohne Druck angehoben. Die Kinder erlernen die Techniken aktiv bei der Auseinandersetzung mit Werkzeug und Material. Selbst Dreijährige können schon an Werkzeuggebrauch, z. B. von Hammer oder Säge, herangeführt werden.

Da viele Kinder nicht die Möglichkeit haben, zu Hause mit Werkzeug zu arbeiten, kann das Ausprobieren im Kindergarten oder Hort ihr Selbstbewusstsein stärken. Räumliches Denken und Vorstellen werden mit der Gestaltung von Skulpturen stark gefördert. Dies ist für das Schreibenlernen wie für mathematisch-logische Denkvorgänge wichtig.

Gestalten mit Stein

Arbeiten mit Stein ist eine aufwendige Tätigkeit: Geduld, Kraft und Ausdauer sind bei diesen Werken gefragt. Meist werden diese Arbeiten über einen längeren Zeitraum umgesetzt. Zielstrebigkeit und eine hohe Motivation sind wichtig. Ständige Konzentration ist notwendig, da Denk- oder Konstruktionsfehler nicht so leicht »ausgebügelt« oder ver-

ändert werden können. Kreative Pausen sind daher unbedingt erforderlich! Meist wird beim Gestalten mit Stein in sehr unterschiedlichem Tempo gearbeitet, da jeder eine eigene Herangehensweise hat.

32.2   Ytong

Ytongsteine sind große, weiße, grobporige Porenbetonsteine, die im Baumarkt oder manchmal als Rest/Bruchstücke an Baustellen erhältlich sind. Trotz ihrer Größe wiegen die einzelnen Steine wenig, da sie viele Poren enthalten. Ytongstein lässt sich leicht mit Holzbearbeitungswerkzeugen wie Säge, Feile und Raspel bearbeiten.

Wofür sind Ytongsteine geeignet?

Ytong, auch Gasbeton oder Blasenbeton genannt, eignet sich sehr gut für große Bearbeitungen. Die einzelnen Steine lassen sich ebenso in Gruppenarbeit zu einem Ganzen zusammenfügen, wodurch den Raum bestimmende Gestaltungen entstehen können. Gerade in einem Garten oder Außengelände wirken solche Ytongskulpturen beeindruckend.

1   *Ein kleines Tier steht auf einem Berg, Ytong, Marc (6 Jahre)*

Material und Werkzeug

Ytongsteine, Holzwerkzeuge wie Sägen, Feilen, Raspeln, eventuell Hammer und Meißel, Schleifpapier, Tiefengrundfarbe, Pinsel, Acrylfarben, weiße Außenwandfarbe, Fliesenkleber oder Mörtel (Baumarkt) zum Kleben

Die Tiefengrundfarbe wird nur für Objekte, die für das Außengelände gedacht sind, aufgetragen. Es härtet den porösen Ytongstein und macht ihn wetterfest. Dann muss die Außenwandfarbe aufgemalt werden, um die Poren zu verschließen. Tiefengrund nicht von den Kindern auftragen lassen! Bunte Acrylfarben werden erst auf dieser Grundierung verwendet. Innenraumobjekte können direkt mit Acrylfarben bemalt werden.

Werkzeugpflege: Alle Werkzeuge, vor allem Raspeln und Feilen, werden nach dem Arbeiten mit einer Drahtbürste gereinigt. Achtung: Die Holzwerkzeuge, die für Ytongarbeiten verwendet wurden, sind für die Holzbearbeitung untauglich geworden.

Schutzmaßnahmen: Da beim Bearbeiten des Ytongsteins viel Staub und Abfall entstehen, sollte nur draußen und am besten mit Atemschutzmaske gearbeitet werden. Auch Schutzbrillen gegen herumfliegende Kleinteile sind zu empfehlen. Der Abriebstaub sollte regelmäßig feucht zusammengekehrt werden.

Technik

Der Stein wird mit der Säge in eine grobe Grundform entsprechend des vorgestellten Modells gebracht. Es empfiehlt sich, immer eine Gestaltung zu wählen, die viel Masse beinhaltet, da sonst in aufwendiger Arbeit viel Stein abgeschliffen werden muss. Hammer und Meißel sind mit Vorsicht einzusetzen, da schnell ungeplant Teile abbrechen. Feinheiten und Rundungen werden mit Feilen geschliffen. Es ist darauf zu achten, dass einzelne, besonders tragende Teile nicht zu dünn oder abstehend gearbeitet werden – sie könnten leicht abbrechen. Zum Schluss wird die Oberfläche mit Schleifpapier geglättet.

Soll eine Skulptur aus mehreren Teilen zusammengesetzt werden, können diese mit Fliesenkleber oder Mörtel verklebt werden. Um die Skulptur wetterfest zu machen, muss sie mit Tiefengrund eingestrichen werden. Anschließend kann sie mit Außenwandfarbe weiß bemalt werden. Durch das Weiß wird vor allem die entstandene Form hervorgehoben. Mit Acrylfarbe kann die Skulptur auch bunt bemalt werden.

Gestalterische Übung

Skizzieren Sie auf einem Papier Ihre Idee für eine Ytonggestaltung. Zeichen Sie nun mit einem dicken Bleistift auf allen Seiten des Steins an, was Sie entfernen müssen, um sich Ihrer Skizze anzunähern. Am besten schraffieren Sie diese Teile schwarz. Stellen Sie den Stein auf einen festen Untergrund in einer guten Arbeitshöhe, sodass Sie ihn mühelos bearbeiten können. Machen Sie immer wieder kreative Pausen, in denen Sie Ihren Stein aus der Entfernung betrachten. Drehen Sie den Stein regelmäßig, um alle Ansichten im Blick zu haben.

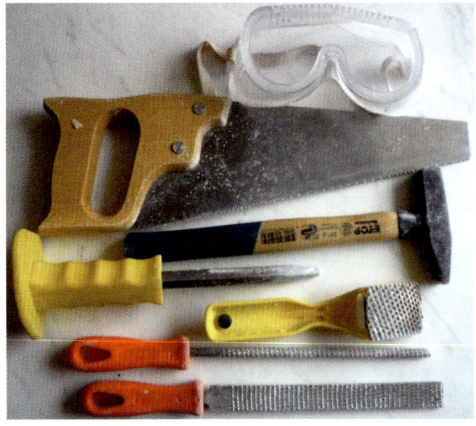

2 *Fuchsschwanz, Meißel, Hammer, Raspeln und Schutzbrille*

3 *Arbeitsplatz mit Werkzeugen, Skizze und angezeichnetem Ytongstein*

Nach der Fertigstellung überlegen Sie, wie und wo Sie die Steinskulpturen am besten präsentieren können. Manche Steine brauchen ein Podest, um ihre Wirkung entfalten zu können. Andere stehen auch gut auf dem Boden oder im Gras.

Reflexion

1. **Betrachten Sie bei einer Ausstellung Ihre präsentierten Werke. Sammeln Sie Ihre Erfahrungen und Hinweise für die Bearbeitung, tauschen Sie sich aus.**

   Beim Bearbeiten eines Steins wird es (mindestens) eine Schaffenskrise geben, wenn ein Teil ungeplant abbricht oder unerwarteten Widerstand bietet. Das gehört zum Prozess dazu und stärkt das Durchhaltevermögen und das Vertrauen in die eigene Kraft. In so einer Phase hilft es meistens, erst einmal etwas Abstand zu gewinnen, bevor man sich wieder der Aufgabe stellt. Hier ist es wichtig, die Kinder im Blick zu haben, um sie gegebenenfalls auffangen zu können.

2. **Welche Arbeitsschritte müssen Sie bei der Arbeit mit Kindern besonders planen?**

   Bei der Planung mit den Kindern ist darauf zu achten, dass sich das Motiv und die Umsetzungsfähigkeiten die Waage halten. Aus einem großen eckigen Stein ein kleines rundes Objekt feilen zu wollen, ist eine (zu) große Herausforderung an die Kraft und Geduld, da hierfür am meisten Material abgetragen werden muss. Die Kinder brauchen daher eine erfahrene Begleitung, um umsetzbare Objekte zu verwirklichen. Meist haben die Kinder eine große Idee, doch es fällt ihnen leicht, diese im Prozess zu einer einfacheren Lösung zu variieren.

   »Ich finde es gut, wenn man bei den Kindern so wenig wie möglich eingreift und sie ihren eigenen Selbstbildungsprozess mit einer Idee, einem Material finden lässt. Das ist eine ganz schöne Gratwanderung – wann brauchen sie meine Unterstützung und wann lenke ich sie nach meinen Vorstellungen.« (Gökan, Schüler)

4 *Feilen am Ytongstein*

5 *Den Schmuckstein bemalen, Mira (6 Jahre)*

Kreatives Gestalten für Kinder unter drei Jahren

Kleinkinder ab ca. 2,5 Jahren können schon mit einfachen Werkzeugen unter Aufsicht umgehen. Achten Sie darauf, dass die Kinder Schutzbrillen tragen und sich an die Regeln für die Arbeit mit Werkzeug halten können. Am besten lassen Sie die Kinder die Steine draußen auf dem Boden bearbeiten. Die Kinder werden keine geplanten Objekte aus dem Stein herausarbeiten, sondern eher die Werkzeuge und ihre Spuren im Stein erproben. Die dabei entstehenden Reliefs können eine reizvolle Oberfläche ergeben. Meist geht es um das Ausprobieren der eigenen Kräfte: Wie lange muss ich bohren, um ein Loch durch den Stein zu bekommen? Wie lange muss ich den Stein mit dem Hammer bearbeiten, um ihn in kleine Stücke zu schlagen? Der Abrieb beim Feilen fasziniert die Kinder, sie spielen gerne mit dem selbst produzierten »Mehl«. Einige Kinder wollen ihre Objekte noch bemalen.

Ich habe ein Loch geschlagen, Jannes (3 Jahre)

Anregungen für die gestalterische Arbeit mit Kindern und Jugendlichen

◆ Vorschulkinder gestalten **Meereswelten**. Dafür ritzen sie **Ornamente** in die Oberfläche und malen sie bunt an. Die einzelnen Steine können dann zu einer Mauer zusammengesetzt und mit Mörtel verbunden werden. So eine Mauer kann ein interessanter Raumteiler im Außengelände werden.

◆ **Tiere:** Grundschulkinder wagen sich an die Gestaltung von Tieren. Es empfiehlt sich, dafür einfache, bekannte Tiere zu wählen, z. B. eine Schildkröte, einen Elefanten, dessen Rüssel in den Stein integriert wird. Abstehende Einzelteile sollten wegen der Bruchgefahr vermieden werden!

◆ **Maskenköpfe** sind einfach umzusetzen, da nicht alle Seiten des Steins bearbeitet werden müssen.

◆ **Steingeister**, angeregt durch die Skulpturen der Osterinseln, ermöglichen einfaches großformatiges Gestalten.

◆ **Abstrakte organische oder eckige Formenspiele** sind ein für Jugendliche geeignetes Thema. Anregungen kann auch das Werk des Bildhauers Brâncuşi geben.

Frau aus Ytong, Marie (15 Jahre)

Constantin Brâncuşi *(1876 – 1957): Brâncuşi war ein rumänisch-französischer Bildhauer der Moderne. Ab 1904 lebte und arbeitete er in Paris. Brâncuşi zählt zu den prägenden Bildhauern des 20. Jahrhunderts, indem er mit der wirklichkeitsgetreuen Wiedergabe von Objekten durch Reduktion brach. Ab 1907 bildete sich sein individueller Stil heraus, der von afrikanischer und rumänischer Kunst beeinflusst war.*

Seine Arbeiten in Bronze, Marmor, Holz und Gips zeigen häufig abstrakte eiförmige Köpfe und fliegende Vögel; sie gehören zur Avantgarde der bildenden Kunst.

Constantin Brâncuşi: Der Kuss, 1908

32.3 Speckstein

Speckstein (Steatit) ist ein Naturmaterial, das auch Seifenstein genannt wird. Diesen Namen hat er erhalten, da er zu den weichsten Steinen zählt. Auf der Mohs´schen Härtegradskala von 1 bis 10 erreicht der Speckstein den Härtegrad 1, im Gegensatz zum Diamanten, der einen Härtegrad von 10 hat. Speckstein gibt es in den Farben Hell- bis Dunkelgrün, Hell- bis Dunkelrosa, Weiß, Braun, Grau oder auch Gelblich und Schwarz. Die Farben entsprechen meist unterschiedlichen Härten.

Wofür ist Speckstein geeignet?

Mit Speckstein wird nicht so großformatig wie mit Ytong gearbeitet. Ganz im Gegenteil lassen sich aus ihm sogar sehr kleine Formen, Skulpturen und Schmuckanhänger fertigen. Schon die Inuit haben aus Speckstein Figuren geschnitzt und in Afrika gibt es heute noch viel Kunsthandwerk aus diesem weichen Stein. In Europa wird Speckstein auch als Bodenbelag oder für Kaminofenverkleidungen verwendet.

6 *Speckstein als Naturmaterial darf draußen bearbeitet werden*

7 *Specksteindosen, Afrika*

Eine Zeit lang war Speckstein in den Verdacht geraten, krebserregende Fasern zu enthalten. Inzwischen bietet der Kunstfachhandel Speckstein mit Zertifikat an, das garantiert, dass der Speckstein überprüft wurde und unbedenklich für die Gesundheit ist. Da der Stein weich ist, erfordert die Bearbeitung keinen großen Kraftaufwand. Es stellt sich schnell ein Erfolgserlebnis ein und es ist ein sehr sinnliches Vergnügen, diesen Stein zu fühlen, zu streicheln und mit einfachem Werkzeug zu bearbeiten. Seine unregelmäßigen Formen und Adern regen dazu an, aus dem Stein heraus eine Gestaltung zu entwickeln. Herausforderungen können Adern im Stein sein, die den Stein an dieser Stelle brüchig machen.

Eine Alternative zu Speckstein ist **Alabaster**, der härter ist und daher mehr Kraft erfordert. Er ist besonders für die Arbeit mit Jugendlichen geeignet.

Material und Werkzeug

Alle Werkzeuge aus der Holzbearbeitung: Raspel, Feile, Schnitzmesser, Sticheleisen, Fuchsschwanz, Puksäge, Handbohrer

8 *Verschiedene Specksteinraspeln und Specksteinstücke*

Im Handel werden besondere kleine Specksteinraspeln angeboten, die durch ihre unterschiedlichen Formen verschieden einsetzbar sind, z. B. Riffelraspeln, mit deren gebogenen Enden sich kleine Mulden in den Stein raspeln lassen. Mit den Riffelraspeln können auch Durchbrüche oder Löcher gestaltet werden.

Weiteres Material: Schleifpapiere Körnung 100 bis 240, Schmirgelschwämme aus dem Baumarkt (stattdessen können auch Putzschwämme verwendet werden), Öl, Wachs.

Schutzmaßnahmen: Da bei den Schleif- und Raspelarbeiten sehr viel feiner Staub entsteht, sollte nur im Freien gearbeitet werden. Zusätzlich wird der Stein auf ein feuchtes Tuch gestellt, das regelmäßig ausgespült wird. Auch ein Mundschutz ist sinnvoll.

Einstimmung

Betrachten Sie bei einem kleinen Spaziergang durch ein sogenanntes Gucki Ihre Umgebung einmal mit anderen Augen. Ein Gucki ist ein fester Karton mit einem kleinen Loch, das man sich nicht direkt vor das Auge hält, sondern in halber Armlänge Abstand durchsieht.

Welche Formen unabhängig von der Funktion eines Gegenstandes entdecken Sie, wenn Sie durch das Gucki andere Sehgewohnheiten entdecken? So sehen Sie nun statt eines ganzen Astes eine runde, längliche Form. Fertigen Sie dazu ein paar Skizzen an. So schärfen Sie Ihren Blick für offene und abstrakte Formen.

9 *Konzentriertes Gestalten an einem Speckstein*

Technik

Der Speckstein wird geraspelt und geschliffen, d. h., das Material wird abgetragen. Er kann auch geschnitzt, geschabt oder gesägt werden. Lediglich das Bearbeiten mit Stecheisen und Klöpfel (aus der Holzverarbeitung) ist weniger geeignet, da der Stein leicht zerspringt. Daher sollte bei diesem Bearbeiten sehr vorsichtig vorgegangen werden. Es wird von außen nach innen und von grob zu fein bis zur endgültigen Form gearbeitet. Achtung bei Adern und Rissen – hier bricht der Stein leicht! Ist die grobe Raspelarbeit beendet, wird der Stein mit Schleifpapier oder den Schmirgelschwämmen fein geschliffen und geglättet. Mit Öl und Wachs kann der Stein poliert werden, damit die Farbe und Maserung des Steins gut zur Geltung kommen.

Gestalterische Übung

♦ **Handschmeichler:** Schleifen Sie mit Schleifpapier aus einem kleinen Stück Speckstein einen Handschmeichler, also eine Form, die rund und weich in der Hand liegt.

♦ **Individuelle Steinform:** Betrachten Sie den Stein von allen Seiten genau und beobachten Sie, welche konkaven oder konvexen Formen der Stein bietet. Welche Formen wollen betont werden? Welche Assoziationen fallen Ihnen ein? Welche Form kann daraus entstehen? Bearbeiten Sie den Stein mit Werkzeugen und entwickeln Sie aus den gegebenen Formen eine gegenständliche oder abstrakte Gestaltung.

Reflexion

Wie war das Arbeiten mit dem weichen Stein? Fiel es Ihnen schwer, den Formen des Steins zu folgen?

Der Speckstein bietet durch seine aus dem Steinbruch geschlagene, unregelmäßige Form von sich aus Anreize für Gestaltungen. Es ist am Anfang einfacher, abstrakt zu feilen und zu raspeln, als ein bestimmtes Motiv umzusetzen. Der nächste Schritt liegt darin, in den angebotenen Formen des Steins Gegenständliches zu assoziieren und dieses dann herauszuarbeiten. So ist im Stein vielleicht ein Tier, eine alte Frau oder einen Engel zu entdecken. Manchmal ist es reizvoll, den Stein an manchen

10 *Engel mit Entwurfskizze, Speckstein*

11 *Engel, beendet*

Stellen bewusst unbearbeitet zu lassen oder nicht ganz zu glätten. Mit den verschiedenen Oberflächen kann eine Spannung erzeugt werden. Da der Stein sich aber mit dem Beschleifen oftmals mehr mit seinen Farben und eventuellem Linienspiel zeigt, ist das Arbeiten mit Speckstein immer ein Prozess – und daher ist Offenheit für Veränderungen gefragt. Eventuell muss eine Gestaltung sogar ein neues Thema bekommen, wenn eine wichtige Ecke abbricht. Der Bildhauer muss also »in Kommunikation mit dem Stein« gehen und sehen, »was der Stein hergibt«.

Anregungen für die gestalterische Arbeit mit Kindern und Jugendlichen

Speckstein abstrakt, Ulla

- ◆ **Anhänger:** Für kleinere Kinder ist es spannend und kraftfordernd genug, einen kleineren Speckstein mit Schleifpapier und Schmirgelschwamm zu bearbeiten. In das gerundete Stück kann dann mit der Bohrmaschine oder einem Handbohrer ein Loch gebohrt werden und fertig ist ein schöner Anhänger an einem Lederband, wie ihn nicht nur Naturvölker gern tragen.

- ◆ **Tier im Stein:** Grundschulkinder können Ausdauer und Geduld zeigen, wenn sie einen größeren Stein bearbeiten. Sie können versuchen, in dem Stein ein Tier zu entdecken und es zumindest teilweise herausarbeiten. Es kann z. B. eine Echse auf dem groben Stein liegen oder eine Maus guckt aus dem Stein heraus.

- ◆ Jugendliche erarbeiten zum Thema »**Kommunikation**« eine ausdrucksstarke Maske oder Geste aus dem Stein. Anregend dazu sind Gespräche über Kommunikation mit nonverbalen Standbildern.

- ◆ Einfache **abstrakte Formen** aus dem, was der Stein anbietet, herauszuarbeiten, ist eine kreative Herausforderung für Jugendliche.

Aufgabe

Informieren Sie sich über die verschiedenen Herkunftsländer und unterschiedlichen Eigenschaften (Farbe, Härte) von Speckstein.

33 PLASTISCHES GESTALTEN MIT HOLZ

33.1 Holz – ein vielseitiges Naturprodukt

Holz ist ein Naturprodukt, das hauptsächlich für Möbel, Böden, Hauskonstruktionen und Haushaltsgegenstände verwendet wird und auch für die Papierindustrie eine wichtige Bedeutung hat. Außerdem wird Holz seit Menschengedenken als Brennstoff genutzt. Auch Torf, Steinkohle und Braunkohle sind aus untergegangenen Wäldern – also Holz – unter Druck und Hitze entstanden und noch heute wesentliche Energiequellen.

Unsere Vorfahren nutzten, solange sie Nomaden waren, das Holz der Bäume nur zum Feueranzünden und die Früchte, Blätter sowie die Rinde der Bäume als Nahrungs- und Heilmittel. Als die Menschen sesshaft wurden, entstanden die ersten Holzbauten und viele Gegenstände und Gerätschaften aus Holz. Auch später, als bereits Metall verwendet wurde, wurde es häufig mit dem reichlich vorhandenen und günstigen Holz kombiniert. Holz blieb bis zur Industrialisierung der Hauptrohstoff und ist bis heute ein nachhaltiger Rohstoff und Energieträger. Mit dem Schwinden der Wälder und Regenwälder wird Holz mehr und mehr zu einem kostbaren Naturprodukt.

In Heimatmuseen können Kinder die Verwendung von Holz für Werkzeuge wie Pflug, Wagen oder kleine Gerätschaften im Haushalt (wie Butterfass oder Holzteller) kennenlernen. Auch alte Möbelstücke wie Truhen und Alkovenbetten aus Holz sind dort zu sehen.

1 *Altes Butterfass*

Einstimmung

Um die Kinder auf das Thema Holz einzustimmen, können Besuche im Wald stattfinden. Die Kinder können die verschiedenen Bäume genauer betrachten: Was für Blattformen und -farben gibt es? Welche Unterschiede sind bei den Rinden zu entdecken? Ein Blick in die Höhe zeigt, wie die Baumkronen sich unterscheiden. Außerdem sind die Früchte und Samen der Bäume interessante Betrachtungsobjekte. Frottagen der Rinden und Blattgeäste, Zeichnungen, Sammlungen und Bilder können zu einem »Baumbuch« zusammengestellt werden.

Vielleicht können die Kinder auch eine Schreinerei/Tischlerei besuchen und mit einem Tischler über seine Arbeit reden? Auch im Alltag gib es vieles aus Holz zu entdecken: von der Holzperle bis zum Holzhaus. Hier können die Kinder auf Entdeckungsreise gehen.

Wissenschaftliche Erkenntnisse über die Eigenschaften von Holz können die Kinder in Experimenten nachvollziehen:

◆ Holz kann brennen und man kann sogar Holzkohle daraus entstehen lassen (siehe Kapitel 16.4.3 »Zeichnen mit Kohlestiften«).

◆ Holz kann schwimmen: Es ist leichter als Wasser, deshalb wurden Schiffe zuerst aus Holz gebaut. Die Kinder können selbst kleine Boote aus Holz schnitzen.

◆ Holz kann klingen: Die Kinder experimentieren mit Holzinstrumenten wie Xylofon und Flöte oder einfachen Holzstücken.

2 *Holzarten*

3 *Mit gutem Messer erste Schnitzversuche*

♦ Holz ist tragfähig: Aus Holz werden Brücken gebaut. Die Kinder experimentieren im Garten mit Holzlatten und Brettern und bauen Stege.
♦ Holz ist biegsam. Gemeinsam mit den Kindern bauen Sie ein Weidenrutenhaus aus gebogenen Weidenruten.
♦ Holz kann brechen: Welche Äste brechen wann (dicke, morsche, dünne, junge)?
♦ Was gibt es zu entdecken, wenn an einem Ast entlang der Faser oder quer zur Faser geschnitten wird?
♦ Erste Schnitzversuche verdeutlichen den genauen Umgang mit dem scharfen Werkzeug Schnitzmesser an Stöcken. Schnitzen fasziniert Kinder sehr. Lassen Sie sie dies ruhig üben mit genauen Regeln!

33.2   Material, Werkzeug, Arbeitsplatz

Holzarten

♦ **Harthölzer** wie Buche, Eiche, Esche, Ahorn sind für die Bearbeitung durch Kinder nur zum Nageln, Leimen und Schrauben geeignet, da die Fasern härter und dichter sind als beim Weichholz.
♦ **Weichhölzer** wie Linde, Kiefer, Pappel (sehr weich) eignen sich für Säge-, Raspel- und Schleifarbeiten.

Holzwerkstoffe

♦ **Sperrholz** besteht aus kreuzweise verleimten Holzschichten. Die kreuzweise Leimung verhindert das »Arbeiten«, also das ungleichmäßige Trocknen und Verziehen des Holzes.
♦ **Tischlerplatte** ist eine stabile Platte, die aus einem festen Holzkern, der aus Holzstäben verleimt ist, und zwei dünnen Deckschichten besteht.
♦ **Spanplatten** werden aus zerkleinerten Holzspänen gewonnen. Die Holzspäne werden mit Kunstharzen verbunden und dann unter starkem Druck gepresst. Spanplatten gibt es unbeschichtet oder mit einer Kunststoff-/Furnierbeschichtung gefasst. Spanplatten sind recht schwer, weniger belastbar und brechen leicht.
♦ **Holzkiste zum Anregen:** Es bietet sich an, in einer Holzkiste verschiedene Hölzer zu sammeln: z. B. Holzreste aus der Schreinerei, Holzspäne, Holzstöcke in verschiedenen Stärken, verschiedene Holzplatten für Säge- und Laubsägearbeiten, Rindenstücke, Aststücke, Baumscheiben, Wurzeln.

Materialien zum Leimen und zur Oberflächenbehandlung

♦ Der **Weißleim** muss auf fettfreie, staubfreie und trockene Flächen dünn aufgetragen werden. Die Teile werden dann am besten mit einer Schraubzwinge zusammengedrückt. Der Trocknungsprozess dauert etwa 30 Minuten. Auf größere Flächen wird der Leim mit einem Pinsel aufgestrichen. Der Pinsel muss nach der Verwendung sofort mit Wasser gereinigt werden. Überschüssiger, durch das Drücken an der Seite der Bretter austretender Leim wird mit einem sauberen Tuch weggewischt. Geklebte Teile sollten einen Tag trocknen, bevor sie weiterbearbeitet werden.

- **Holzbeize** wird meist aus einem Pulver und Wasser angerührt. Es gibt die Beize in verschiedenen Farbtönen, sodass sich die Werkstücke damit unterschiedlich einfärben lassen. Die Maserung bleibt nach dem Auftrag mit einem Pinsel sichtbar, was gestalterisch geplant werden kann. Wird das Holz vor dem Beizen angefeuchtet, wird der Beizeauftrag stufenlos. Nach dem Trocknen (ca. ein Tag) kann die Oberfläche mit Wachs, Öl oder Lack versiegelt werden. Achtung: Beize darf nicht an Hände oder Kleidung kommen! Farbflecken lassen sich aus Textilien und Holz nicht mehr entfernen.
- **Lack** sorgt für eine wasserfeste Versiegelung des Holzes. Vor dem Auftrag muss das Holz geschliffen werden. Lack kann mit dem Pinsel oder als Sprühfilm aufgetragen werden. Die Pinsel müssen mit Lösungsmittel (Achtung giftige Dämpfe!) gereinigt werden. Sprühlack darf nur im Freien aufgetragen werden! Unbrauchbar gewordene Lösungsmittel werden in einem Schraubglas zum Sondermüll gebracht.
- **Wachse und Öle** veredeln und verschließen die Oberfläche mit natürlichen Mitteln, sind aber nicht dauerhaft für außen geeignet. Die Maserung bleibt sichtbar.
- **Acrylfarben** eignen sich für die farbige Bemalung von Holz. Acrylfarben machen das Holzstück, wenn alles(!) bemalt ist, wasserfest. Die Maserung verschwindet unter der Farbe.

Werkzeug

- **Der Hammer** wird nicht zu weit oben am Stiel angefasst, damit der Schwung und die Kraft gut ausgenutzt werden können. Das Holzstück, in das genagelt wird, liegt auf einem festen Untergrund.

- **Raspeln und Feilen** werden in einer Hin-und-Her-Bewegung über das Holzstück gezogen – jedoch wird nur bei der Stoßbewegung Material abgetragen. Das Wegnehmen von Material ist für Kinder oft eine ungewohnte Vorstellung.
- **Die Feinsäge** darf nur in der Stoßrichtung belastet werden, beim Zurückziehen wird sie leicht angehoben und entlastet. Diese unterschiedlichen Bewegungen und Krafteinsätze müssen Kinder erst lernen. Der **Fuchsschwanz** eignet sich für grobe Sägearbeiten. Wichtig ist es, senkrecht mit wenig Druck zu sägen.
- Eventuell werden benötigt: Handbohrer, Standbohrer, Bohrmaschine, verschiedene Schraubzwingen, Schraubendreher, Beißzange zum Ziehen von Nägeln; Schleifpapier in verschiedenen Stärken, Nagelsortiment, Schraubensortiment, Schleifklotz, Holzdübel, Draht.

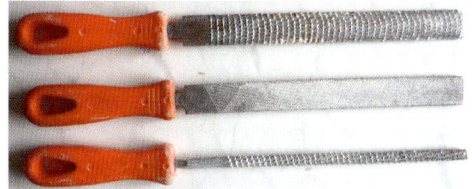

4 *Verschiedene Sägen, Feile und Raspeln, Ahle und Handbohrer für einfache Löcher*

Sicherheitsmaßnahmen

Beim Umgang mit »echtem« Werkzeug müssen Kinder sich genau an die Regeln für eine sichere Handhabung halten. Dies gilt insbesondere für elektrische Werkzeuge. Deshalb ist eine genaue Einweisung erforderlich. Kabel müssen gut verlegt sein, damit sie keine Stolperfallen bilden. Das zu bearbeitende Werkstück ist möglichst eingespannt entweder in einen Schraubstock oder mit einer Schraubzwinge am Tisch befestigt.

Alle Werkzeuge müssen regelmäßig auf ihre Funktionsfähigkeit überprüft und eventuell repariert werden. Nur gutes Werkzeug bietet Sicherheit und ermöglicht optimale Arbeitsergebnisse. Ein Verbandskasten für kleinere Abschürfungen sollte bereitstehen.

Aufgaben

1. Stellen Sie verschiedene Bäume und ihre Verwendung als Hölzer vor.

2. Erkunden Sie, in welchen Schritten aus einem Baum ein Schrank entsteht.

Eine Holzwerkstatt einrichten

Das Arbeiten mit Holz ist eine staubige, oft laute Angelegenheit. Um Werkzeuge ordentlich einzusetzen, braucht man eine Werkbank, an der Holzstücke eingespannt werden, um sie sicher zu sägen, schleifen oder raspeln. Diese Überlegungen sind wichtig, wenn mit Holz gearbeitet werden soll und ein guter Standort gefunden werden muss. Im Sommer kann leicht eine Werkstatt im Freien eingerichtet werden.

Statt einer Werkbank kann auch ein stabiler, fest stehender Arbeitstisch mit mobilen Schraubstöcken verwendet werden.

33.3   Holzbearbeitung

Im Folgenden werden einige grundlegende Bearbeitungsmöglichkeiten von Holz kurz vorgestellt:

- **Sägen:** Um sägen zu lernen, müssen die Kinder ein Gefühl für Rhythmus besitzen oder entwickeln. Zum Sägen wird das Holzstück immer im Schraubstock oder in der Zwinge eingespannt. Als Werkzeuge für das Bearbeiten eignen sich: Fuchsschwanz, Feinsäge oder eine Laubsäge mit Sägetischchen. Um mit der Säge nicht so leicht abzurutschen, wird erst eine kleine Rille zum Ansetzen der Säge gesägt. Mit Stoß- und Ziehbewegungen wird die Säge nun rhythmisch durch das Holz gezogen. Dabei wird in erster Linie mit der Kraft der Stoßbewegung gesägt. Beim Sägen mit dem Fuchsschwanz empfiehlt es sich, mit beiden Händen den Griff zu halten, um Verletzungen bei einem eventuellen Abrutschen zu verhindern.

- **Bohren:** Auch für das Bohren wird das Holzstück eingespannt. Die Bohrstelle wird mit einer Ahle vorgestochen, damit der Bohrer Halt findet. Unter die Bohrstelle wird ein Abfallholz gelegt, um nicht in den Tisch zu bohren. Gebohrt wird nun mit einem Handbohrer oder einer Bohrmaschine. Für das Bohren mit dem Handbohrer benötigen Kinder die Fähigkeit, mit beiden Händen gleichzeitig verschiedene Tätigkeiten ausführen zu können. Auch die Kraftdosierung und das Gleichgewicht der Bewegung müssen stimmen, um ein Loch bohren zu können.

- **Schleifen:** Ein Werkstück kann auch mit Feilen und Raspeln in Form gebracht werden. Die Oberfläche wird erst mit grobem und dann mit feinem Schleifpapier geglättet und geschlossen. Nun kann die Oberfläche bemalt, gebeizt oder lackiert werden. Kinder sind von dem entstehenden Schleifstaub meist fasziniert.

- **Verbindungen herstellen:** Einzelne Holzteile können mit Holzleim verklebt werden. Dafür werden die beiden glatten und sauberen Holzflächen mit Leim eingestrichen und dann fest aufeinandergepresst. Am besten werden die geklebten Holzstücke mit Schraubzwingen zusammengedrückt, bis der Leim ausgetrocknet ist. Eine andere Verbindung ist über Nageln oder Schrauben möglich.

◆ Für Verbindungen mit **Dübeln** (z. B. um einfache Regale zu bauen) müssen mit dem Bohrer zuerst Dübellöcher vorgebohrt werden. Die Dübel werden erst in eines der Holstücke geleimt. Dann können die Bohrlöcher am Gegenstück angezeichnet und gebohrt werden. Die Holzflächen, die zu verbinden sind, werden mit Holzleim eingestrichen, ebenso die neuen Bohrlöcher. Nun werden die schon eingeleimten Dübel in die Bohrlöcher des zweiten Holzstücks gepresst und mit Zwingen bis zum Austrocknen des Leims stabilisiert.

33.4   Gestalten mit Holzresten

Einen einfachen Einstieg in das Gestalten und Experimentieren mit Holz erhält man, indem man Holzreststücke verarbeitet. Diese Holzreste kann man oft kostenlos aus Tischlereien erhalten. Kleinere Kinder können das Zusammenkleben und Nageln ausprobieren und einfach zum Thema »hoch« oder »lang« etwas aus den Holzteilen konstruieren. Ältere Kinder wollen sich vielleicht an ein gegenständliches Thema wagen.

33.4.1 Schutzgeist

Material
Holzreste aus der Tischlerei (Holzklötze, z.B. 5 x 14 x 7 cm oder 5 x 12 x 5 cm, Brettchen, Lattenstücke, Platten), Naturholzstücke, Nägel in verschiedenen Stärken und Längen, Holzkleber, Schrauben Acrylfarben, Becher, Wasser, Pinsel, Lappen
Sonstiges: Perlen, bunte Bänder und Schnüre, Stoff- und Fellreste, Glassteinchen, Federn, Muscheln, »Tüddelkram«, Draht

Werkzeug
Sägen, Hammer, Bohrmaschine oder Handbohrer, Schraubendreher

Technik
Aus den Holzresten wird eine »Figur« gebaut, indem die verschiedenen Klötzchen, Brettchen und Leisten gesägt und zusammengeklebt und/oder genagelt, geschraubt werden. Einzelteile lassen sich als Arme, Brüste, Flügel, Hut, Nase verwenden.
Zum Schluss wird der Schutzgeist mit Acrylfarbe bemalt. Natürlich bekommt er oder sie auch einen Namen.

5 *Turm aus Holzresten*

6 *Schutzgeist, Miron (4 Jahre)*

Gestalterische Übung

Verarbeiten Sie Holzstücke unterschiedlicher Formen und Größen zu dem Thema »Mein Schutzgeist«. Probieren Sie dabei Verbindungen mit Nägeln, Schrauben und Leim aus.

Reflexion

1. Welche Erfahrungen haben Sie mit der Verarbeitung von Holz bzw. Holzresten?
2. Welche Erfahrungen haben Sie mit dem Bauen eines Schutzgeistes mit Holzresten gemacht?
   Viele Kinder kennen es oft nicht (mehr), dass die Eltern selbst kleine Möbelstücke bauen. Sie haben keinen Zugang zu den Werkzeugen und den möglichen Techniken. Hier können sie mit Reststücken selbst ausprobieren, wie verschiedene Hölzer sich mit Werkzeugen bearbeiten lassen. Auf recht einfache Art kann das Nageln und Kleben von Hölzern kennengelernt werden. Dabei wird beim Nageln stark die Auge-Hand-Koordination trainiert. Je nach Alter können die Kinder verschiedene Schwierigkeitsgrade für ihren Schutzgeist wählen. Letztlich wird jeder ein Erfolg!

7 *Holztier, Iris*

33.4.2 Fantasiewesen

Material

Wurzelstücke, Treibholz, Schleifpapier mit verschiedener Körnung, eventuell Nägel, Hammer, Kleber, Schnüre

Technik

Die Fantasiewesen werden ebenso wie der Schutzgeist (siehe oben) angefertigt. Sie können auch weitere Verbindungen mit Schnüren herstellen. Dabei ist zu überlegen, ob das »Wesen« ein Podest oder einen Ständer benötigt.

Gestalterische Übung

Bauen Sie aus Wurzelstücken, Ästen und Treibholz ein Fantasiewesen. Sie können die Oberfläche einzelner Teile mit Schleifpapier glätten und so die besondere Farbe und Maserung der Naturstücke hervorheben.

Reflexion

Was ist beim Werkzeuggebrauch für Ihre Arbeit mit den Kindern zu beachten?

Kinder sind sehr stolz, wenn ihnen der Umgang mit richtigem Werkzeug zugetraut wird. Je eher sie mit den Regeln und Gefahren umgehen lernen, desto einsichtiger und sicherer sind sie im Einsatz mit Werkzeugen. Schon Dreijährige hantieren gerne mit einem Hammer und lernen dabei Zielsicherheit durch die Schulung der Auge-Hand-Koordination. Je besser Kinder mit dem Gebrauch von Werkzeugen vertraut sind, desto eher setzen sie diese ein, um vorhandene Formen zu verändern. Ansonsten verbleiben sie oft bei vorgefundenen Stücken. Kinder ab etwa 5 Jahren können schon wichtige Teilaspekte eines Arbeitsablaufs erkennen und für eine große Gestaltung einsetzen. Sie gehen aber noch nicht planvoll konstruierend an eine Gestaltung heran, deshalb entstehen die Werke Stück für Stück.

33.4.3   Marionette aus Asthölzern

Material
Asthölzer aus dem Wald, Ösen, Kleber für das Spielkreuz, Faden

Werkzeug
Säge, Nagelbohrer zum Vorbohren für die Ösen, Rundzange

Technik
Skizzieren Sie kurz Ihr Marionettenobjekt. Notieren Sie die Menge und Größe der einzelnen Teile. Sägen Sie stabile Asthölzer in die entsprechenden Längen für die einzelnen Marionettenteile. Bohren Sie mit dem Nagelbohrer die Löcher für die Ösen vor. Setzen Sie die Ösen ein und verbinden Sie die einzelnen Teile miteinander. Befestigen Sie ebenso Ösen für die Marionettenfäden. Das sichtbare Astholz ist bei dieser Gestaltung sehr reizvoll. Die Marionette kann jedoch auch mit Acrylfarbe bemalt werden. Bauen Sie anschließend ein Spielkreuz. Verbinden Sie das Spielkreuz über Fäden mit der Marionette (siehe auch Kapitel 36.6 »Marionetten«).

Gestalterische Übung
Entwerfen Sie eine einfache Marionette aus Astholz aus dem Wald und setzten Sie diese um.

8 *Marionette aus Aststücken*

Reflexion
1. Welche Anforderungen müssen Kinder bewältigen können, um eine Marionette zu bauen?
2. Wo sehen Sie die größten Schwierigkeiten, um mit Kindern eine Marionette zu bauen?

Für diese kreative Gestaltung müssen Kinder bereits differenzierten Arbeitsschritten folgen können. Sie brauchen das feinmotorische Geschick und die Kraft, die kleinen Ösen und Haken in die Marionettenglieder zu bohren. Mit Unterstützung und Begleitung werden sie auch das Fadenkreuz an der Marionette befestigen können. Eine Marionette zu bauen, ist schon ein kleines Kunsthandwerk.

Anregungen für die gestalterische Arbeit mit Kindern und Jugendlichen

◆ Das Schleifen von **Handschmeichlern** aus weichen Wurzelstücken oder aus Treibholzstücken ist eine einfache rhythmische Tätigkeit, die Konzentration und Entspannung bewirkt. Mit Schleifpapier – zuerst mit grober Körnung, dann mit immer feiner werdender Körnung – wird das Holzstück zunehmend zarter und anschmiegsamer in der Hand. Hinterher nicht das Einölen vergessen. Je nach Alter können die Kinder ihr Stück ganz oder teilweise rund schleifen.

◆ **Mein Stock wird ein Kunststock:** Kinder finden Stöcke aus dem Wald immer interessant und tragen sie gern nach Hause. Sie werden für die vielfältigsten Spiele eingesetzt. Einen der Stöcke schnitzen die Kinder ganz individuell, schmücken, bemalen und gestalten ihn: Es wird ein Kunststock, mit dem sie sich hinterher vorstellen können, »der Stock erzählt etwas über mich«. Es kann z. B. ein Indianerstock, ein Ritterstock oder ein Pippilottastock werden.

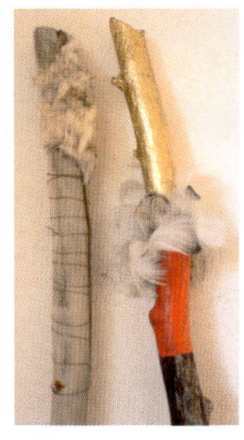

Kunststöcke

- **Igeltiere:** Ein einfaches Stück Holz mit einer großen Oberfläche wird mit vielen Nägeln gespickt. Kinder ab 3 Jahren üben bei diesem Fantasietier vor allem das Nageln. Weitere Holzstücke kleben sie als Beine und Nase an.

- **Stadt:** Aus alten Holzkisten und Obstkisten, die zusammengenagelt und geleimt werden, entstehen große Bauten für eine Stadt – am besten als Gruppenarbeit im Außengelände.

- **Schiffsbau:** Aus Reststücken lassen sich einfache Schiffe entwerfen. Für den Mast wird ein Loch gebohrt, in das ein Rundholz geleimt wird. Drähte oder Schnüre schaffen Verbindungen für die Segel. Je nach Alter der Kinder können die handwerklichen Techniken verfeinert werden. Aus einem umgedrehten alten Tisch kann mit Holzlatten und alten Brettern ein großes Schiff, das sogar zu betreten ist, gebaut werden. Dies ist als Gruppenarbeit geeignet.

- Jugendliche bauen einfache **Möbelstücke** wie ein Regal. Hierbei können handwerkliche Grundkenntnisse vermittelt und geübt werden.

Aufgabe

Informieren Sie sich über den Bildhauer David Nash, der Holzskulpturen aus großen Holzstücken gestaltet. In seinen Skulpturen erforscht er das Material Holz in seinen Eigenschaften und stellt verschiedenste bildhauerische Fragen. Welche Impulse können Sie auf die kreative Praxis mit Kindern und Jugendlichen übertragen?

33.5 Gestalten mit der Laubsäge

Für Laubsägearbeiten braucht man eine Laubsäge, in die unterschiedliche Sägeblätter eingespannt werden können, und ein Laubsägetischen, das am Tisch festgespannt wird. Laubsägearbeiten können an jedem Tisch durchgeführt werden, da das Sägetischchen mit einer Zwinge dort befestigt wird. Das Sägetischchen verhindert, dass in die Tischplatte gesägt wird. Beim Laubsägen wird am besten mit Rundsägeblättern gearbeitet, da der rhythmische Bewegungsablauf damit leichter fällt und das Sägen um Ecken möglich ist. Am Anfang sollte das einfache Geradeaussägen geübt werden. Wird diese Technik beherrscht, können sich die Kinder an Kurven und Ecken wagen. Am schwierigsten ist es, nur so viel Druck in die Sägebewegung zu bringen, dass das Sägeblatt nicht reißt. Nach etwas Übung wird hierfür ein Gefühl entstehen.

Material

Laubsäge, verschiedene Sägeblätter, Sägetischchen, Sperrholzplatte, Handbohrer, Schnur, Perlen

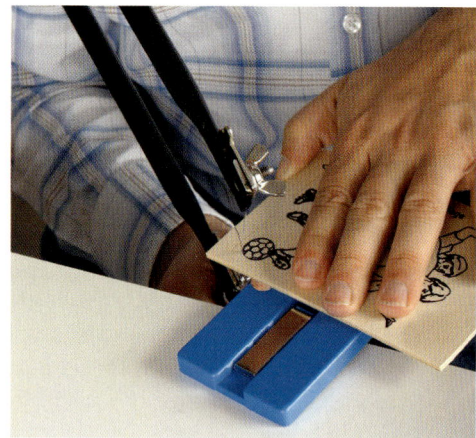

9 *Laubsäge und Sägetischchen*

Gestalterische Übung: Hampelmann oder Hampelfrau

Entwerfen Sie eine eigene Hampelfigur. Deren einzelne Teile wie Arme, Beine und Rumpf zeichnen Sie mit Bleistift auf das Holz vor. Dann sägen Sie die Teile mit der Laubsäge aus und bohren an den Verbindungsstücken und für die Aufhängung Löcher.

10 *Seiltänzerin, Sperrholzsägearbeit*

Schleifen Sie die Ränder der Holzteile und bemalen Sie die Einzelteile nach Ihren Vorstellungen. Verbinden Sie die zusammengehörenden Armlöcher und

Beinlöcher und zum Schluss diese beiden Fäden mit einem neuen einzelnen Faden, der über den Rumpf der Figur als »Ziehschnur« hinaus hängt. Perlen dienen zur Befestigung der Fäden an der Figur. Alternativ können die Fäden festgetackert werden.

Reflexion

Sammeln Sie Ihre Erfahrungen mit der Laubsäge und dem Zusammensetzen einer Hampelfigur. Welche Hilfen brauchen die Kinder Ihrer Meinung nach bei dieser Gestaltung, um möglichst selbstständig zu arbeiten?

Ähnlich wie beim Bau einer Marionette müssen die Kinder schon eine genaue Arbeitsabfolge und feinmotorische Fähigkeiten beherrschen. Konzentration und Ausdauer bei der langen Sägearbeit ist notwendig. Wenn die Kinder einen eigenen Entwurf für ihre Hampelfigur machen konnten, ist die Motivation, ihr eigenes Objekt zu Ende zu bringen, meist vorhanden. Das Selbstbewusstsein ist nach Vollendung dieses Werks sicher gestiegen. Von der Erzieherin wird erwartet, dass sie sich mit den entsprechenden Werkzeugen und Techniken auskennt oder dass sie sich genauso forschend an die Technik heranwagt, dass die Kinder mit ihr gemeinsam die technischen Schwierigkeiten meistern.

Anregungen für die gestalterische Arbeit mit Kindern und Jugendlichen

- Eine Variante zu den Hampelmannfiguren sind **Hampeltiere**.

- **Puzzle sägen:** Die Kinder sägen ein eigenes Puzzle aus einfachen Formen. Voraussetzung hierfür ist, dass sie schon in der Lage sind, um Kurven und Ecken zu sägen. Die Einzelteile können mit Ornamenten bunt bemalt werden.

- **Stempel aus Holz:** Die Kinder entwerfen großformatig eigene Formen oder Buchstaben, die sie dann aussägen. Eventuell kann die Stempelseite mit Moosgummi verstärkt werden. Ein auf der Rückseite aufgeklebtes Holzstück dient als Griff. Nun können großzügige Plakate und Bilder gedruckt werden.

Hampelente, Thetis (8 Jahre)

- **Zaungäste:** Mit der Laubsäge werden große Figuren und Tiere ausgesägt. Am unteren Ende wird eine Halterung (dickeres Holzstück von hinten angeklebt) eingeplant, an der die Figur später am Zaun verschraubt wird. Nach der Bemalung müssen die Figuren mit Bootslack lackiert werden, damit sie wetterfest sind.

◆ Jugendliche entwerfen **Scherenschnitt-Bilder** aus Holz. Für die Ausführung brauchen sie viel fein-motorisches Geschick und Geduld. Innenformen werden zuerst angebohrt, dann wird das Sägeblatt durchgezogen und die Form innen ausgesägt. Für die Weihnachtszeit geben solche Scherenschnitte einen reizvollen Hintergrund für Kerzenlichter ab.

Kreatives Gestalten für Kinder unter drei Jahren

Den einfachsten Zugang, um mit Holz zu gestalten, haben die kleinen Kinder, wenn sie selbst Stöcke und Wurzelstücke im Wald finden. Dabei interessiert sie oft die Form, das Material an sich, und sie sehen Gegenständliches in einer Wurzel nur im Zusammenhang ihrer Spielgeschichten. Stöcke werden gerne zu Werkzeugen und Kampfgeräten verwendet. Größere Gestaltungen mit entsprechenden Verbindungen entsprechen selten ihren Vorstellungen.

Holzreste benutzen Kinder unter 3 Jahren zuerst als Bausteine. Durch Beobachtung und Anregung können auch sie schon ihre »Bauklötze« aufeinanderkleben und bemalen. Die Kleinen interessieren sich bereits sehr für den Werkzeuggebrauch, erproben dabei ihren Kraftein-satz und üben ihr feinmotorisches Geschick. Schließlich ist es nicht einfach, einen Hammer mit einer Hand zu heben und genau zu zielen oder eine Säge zu ziehen. Je nach Entwicklungsstand der Kinder (ab ca. 2,5 Jahren) können Sie ihnen anbieten, Nagelproben in weichem Holz zu machen oder einfache Holzstücke abzusä-gen. Für den Werkzeuggebrauch benötigen die Kinder

Beim Sägen und Schleifen

eine **gute Anleitung**. Zum Sägen eignet sich am besten eine Puksäge, die auf Zug arbeitet und auch Metall und Kunststoff sägen kann. Die ersten Sägebewegungen des Kindes unterstützt ein Erwachsener. Zum Nageln eignen sich ein kleiner Kugelhammer (für weiche Dellen im Holz) und ein einfacher Haus-haltshammer (für das Einschlagen von Nägeln). Zu Anfang eignen sich große Nägel mit einem breiten Kopf. Je früher sie Werkzeuge benutzen dürfen, desto eher können Kinder diese sachgerecht anwenden! Trauen Sie den jungen Kindern ruhig etwas zu. Aber denken Sie daran: Es geht in erster Linie in diesem Altersabschnitt darum, das Material zu erforschen und die Anwendung von Werkzeug an sich auszupro-bieren – noch nicht darum, bestimmte Produkte herzustellen. Erst wenn die Basis von Materialbeherr-schung und motorischen Fertigkeiten gelegt ist und sprachlicher Ausdruck entwickelt wurde, kommt es zu inneren Vorstellungen und dann auch zu äußeren Produkten.

Wichtig ist es immer, weiches Holz zur Verfügung zu stellen, da es viel Kraft und Ausdauer braucht, Nägel einzuschlagen, um an einem eckigen Holzklotz etwas Rundes zu feilen oder einfach nur, um Spuren zu hinterlassen. Hier liegt die Leistung der Kinder: die Motivation, Werkzeug auszuprobieren und sichtbare Erfolge in Form von möglichst tiefen Rillen im Holz und viel Sägemehl zu erreichen!

Holzreste oder abgesägte Holzstücke – über- und nebeneinander gelegt - können mit Holzleim leicht auf ein Holzbrett oder eine dicke Pappe geklebt werden. So entstehen Landschaften, Türme oder - mit anderen Materialien kombiniert - interessante Reliefs, die sich farblich weitergestalten lassen. Holzleim muss etwas länger trocknen, ist jedoch aus der Tube leicht zu verwenden.

33.6   Arbeiten aus einem Holzstück

Ein Holzstück nur mit Sägen, Schleifen und Raspeln zu bearbeiten, ist eine große Herausforderung. Die Kinder müssen dafür Geduld und Kraft aufbringen, gleichzeitig stärkt diese rhythmische Tätigkeit das seelische Gleichgewicht.

Material
Holzstück (ca. 15 x 7 x 5 cm) aus weichem Holz (Linde, Kiefer, Pappel, am weichsten ist Balsaholz), Schleifpapier, Holzleim, Acrylfarbe, Pinsel

Werkzeug
Verschiedene Raspeln und Feilen, Feinsäge

Gestalterische Übung: das Holztier
In einem Vorentwurf sollten Sie die Figur möglichst in sehr einfachen Grundformen mit wenig Details vorgezeichnet haben, da Einzelheiten schwer umzusetzen sind. Spannen Sie Ihr Holzstück im Schraubstock ein, sägen Sie die Ecken und Kanten, die Sie nicht benötigen, ab und erarbeiten Sie die erste Form mit Feilen und Raspeln, um Rundungen zu erhalten. Diese Grundform schleifen Sie dann mit feinem Schleifpapier. Zum Schluss wird die Figur mit Acrylfarbe bemalt.

Reflexion
Welche Erfahrungen haben Sie mit dem Erarbeiten einer Figur mit Raspeln, Feilen und Schleifen gemacht?

11   *Schlange, gefeilt aus einem Stück*

Anregungen für die gestalterische Arbeit mit Kindern und Jugendlichen

Möbelbau aus Aststücken (für Jugendliche)
Jugendliche besitzen schon die motorischen und planerischen Fähigkeiten, Möbelstücke selbst zu entwerfen und zu bauen. Originelle Möbel eigenhändig zu gestalten ist eine große Motivation und Herausforderung für Jugendliche. So wollen sie sich einerseits von der Masse absetzen und etwas Eigenes entwickeln, gleichzeitig können sie in der Gruppe ihr Bedürfnis nach Peergroup befriedigen. Daher sollte diese Aktion einer Gruppe angeboten werden – auch damit man sich gegenseitig beim Bauen helfen kann.

Selbst gebaute Möbel für das Jugendheim

Zur Verfügung stehen dicke Baumstammstücke als Sitzfläche und große Aststücke, die als Lehne eingesetzt werden. Eine stabile Verbindung der Lehne am Stamm wird durch Bohrung und Verschraubung erreicht. Die Bemalung der einzelnen Stuhlobjekte wird individuell mit Acrylfarbe gelöst. Für die Tischplatte wird eine feste Holzplatte gekauft und an den Astbeinen mit Metallwinkeln befestigt. Natürlich wirken die Stühle am besten in der Gruppe, so wie sie in der Gruppe entstanden sind.

FAHRZEUGE AUS HOLZ GESTALTEN

Viele Kinder sind dafür zu begeistern, sich ein eigenes Fahrzeug zu bauen. Je nach Alter können einfache oder aufwendige Modelle entwickelt werden. Die Kinder lernen, sich mit Aspekten von Funktionen und Konstruktionen zu beschäftigen und diese in ihrem Werkstück selbstständig umzusetzen.

Material

Holzreste für die Karosserie, Räder (eventuell Holzräder von der Tischlerei, da sie sehr schwer auszusägen sind), Vierkanthölzer, runde Holzstäbe, Ösenschrauben, Holzleim, Acrylfarbe, Restmaterialien wie Flaschendeckel, Draht usw.

Werkzeug

Säge, Handbohrer oder Bohrmaschine, Feilen

Technik

Zuerst wird das Fahrzeug auf dem Papier entworfen und die Kinder setzen sich mit der Planung der Mechanik auseinander. Es gibt verschiedene Lösungen für Achsen und Lenkung, die ausprobiert werden können:

- **Starre Achsen** sind fest mit dem Fahrzeug verbunden, nur die Räder bewegen sich frei. Entweder werden als Achsen Vierkanthölzer, die über den Fahrzeugboden stehen, an das Fahrzeug geklebt und daran mit Schrauben kleine Holzrädchen befestigt oder die Holzrädchen

Fahrzeug, Holzreste und andere Restmaterialien, Lukas (5 Jahre)

werden direkt mit Schrauben als Achse in das Holz gedreht. Die Räder bewegen sich leichter, wenn eine Unterlegscheibe zwischen Rad und Fahrzeugboden geschoben wird.

- **Bei beweglichen Achsen** sind die Räder fest an der Achse befestigt und die ganze Achse dreht sich. Dafür werden die Achsen am Fahrzeugboden aus Holz mit Ösenschrauben befestigt. Die Achsen müssen in gleicher Höhe befestigt sein, damit alle Räder den Boden berühren.

- Die **Lenkung** wird nach genauer Anleitung ausgeführt. Hier muss genau gemessen und gearbeitet werden.

Die Karosserie kann nun unterschiedlich ausgebaut und geschmückt werden: Lastwagen mit Ladefläche, Fantasiewagen mit Aufbauten, Scheinwerfer, Stoßstangen, Auspuff oder Gepäckträger können angebaut oder aufgemalt werden.

Projektaktivität   NAGELOBJEKTE VON UECKER ENTDECKEN

Günther Uecker (*1930): Uecker, ein deutscher Maler und Objektkünstler von internationalem Rang, wurde vor allem bekannt mit seinen reliefartigen Nagelbildern. Ein Teil seiner künstlerischen Objekte kann der kinetischen Kunst zugeordnet werden.

Die Nagelbilder von Günther Uecker weisen meist eine Bewegung auf, sodass die Nägel in ihrer Gesamtheit eine spannende Dynamik erreichen. Mit Kindern kann man diese Bilder gut für Bildbetrachtungen und handwerkliche Gestaltungen nutzen. Bei den Bildbetrachtungen helfen die Anregungen, eine Bewegung, eine Körperhaltung, einen Ton für das Bild zu finden, um sich dem Ausdruck des Werkes von Uecker anzunähern. Diese Bildbetrachtung spricht die meisten Kinder an. In der eigenen Werkstatt stehen den Kindern nun verschiedene Naturholzstücke und Resthölzer zur freien Verfügung, um eine eigene Nagelskulptur, ein Nagelbild oder Nagelrelief zu entwickeln. Nägel in verschiedenen Längen, Dicken und Materialien liegen bereit. Vielleicht muss an einem Probestück noch einmal das Nageln geübt werden? Dann können die Kinder aus ihren Werkbetrachtungen von Uecker eigene Entwürfe anfertigen.

Gut ist es auch, die Kinder einen Titel für ihr eigenes Werk finden zu lassen. Ihre Nagelkunstwerke werden den anderen Kindern im Kindergarten natürlich in einer kleinen Ausstellung vorgestellt. Bei diesem Projekt verbindet sich die Museumspädagogik gut mit dreidimensionalem Gestalten, indem alle Kompetenzen gefördert werden.

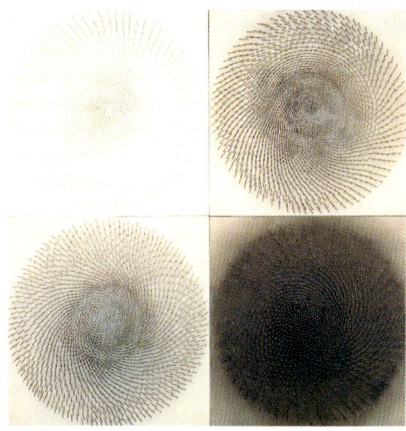

Günther Uecker: Nagelobjekt

Wald, Anna (5 Jahre), nach Betrachtung von einer Skulptur von Uecker

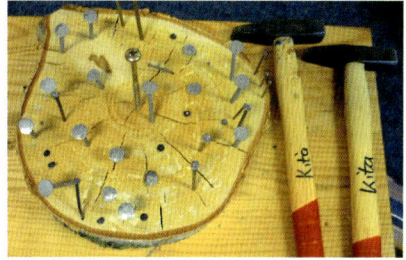

Häuptling, Jan (4,5 Jahre), nach Betrachtung von einer Skulptur von Uecker

34.1 Metalle – vielseitig und modern

Metall ist das Material unserer Gesellschaft, seine industrielle Verwendung hat uns in der Menschheitsgeschichte schnell in die Neuzeit katapultiert. Metall wird meist mit Maschinen, Fahrzeugen oder Stahlbau – jedenfalls immer mit sehr großen Objekten – verbunden. Deshalb erscheint es auf den ersten Blick etwas ungewöhnlich, dass schon Kinder mit Metall gestalten können. Aber Metall hat auch in vielen Alltagsgegenständen wichtige Funktionen.

Einstimmung

◆ Wo kommen die Metalle eigentlich her?
◆ Welche Metalle sind bekannt?
◆ Wo ist im Alltag überall Metall zu finden?
◆ Wie wird Metall verarbeitet? Mit kleinen Experimenten können die Eigenschaften von Metall erforscht werden: Was passiert mit Eisen im Feuer? Kann Eisen schwimmen? Wie schwer ist Eisen oder Zink? Leitet Metall Elektrizität? Was ist eigentlich Rost und wie entsteht er?

Metalle haben natürlich unterschiedliche Eigenschaften. Für ein erstes Kennenlernen experimentieren die Kinder mit Draht und Metallfolien. Dabei können sie auch die Werkzeuge wie Blechschere, Zangen, Seitenschneider und Hammer aus-

2 *Espressokännchen heute*

probieren. Als erste Übung kann Metall getrennt, geschnitten oder gebogen werden. Ältere Kinder probieren auch das Weichlöten aus.

Aufgabe

Sammeln Sie in Kleingruppen Informationen zu Metallen wie Eisen, Kupfer, Zink, Aluminium und Stahl.

1 *Alte Mokkakännchen aus Kupfer*

3 *Wickeltier, Marc (7 Jahre)*

34.2 Material und Werkzeug

Metalle

- **Eisen** wird meist auf die Frage nach einem Metall als Erstes genannt. Viele Sagen und Mythen ranken sich um dieses Metall, z. B. um den griechischen Gott Mars. Eisenerz wird in Hochöfen zu Stahl reduziert. Stahl wird beispielsweise für Bleche, Drähte, Schrauben sowie als Stahlarmierung für den modernen Hausbau verwendet.
- **Kupfer** fällt durch seinen warmen Rotton auf, in feuchter Luft bildet sich darauf nach einiger Zeit eine grüne Patina aus essighaltiger Lösung – der Grünspan. Kupfer spielt in der historischen Verwendung von Metall eine große Rolle. Es gilt als das zuerst verwendete Metall für gehämmerten Schmuck und Gefäße. Später wurden andere Verarbeitungstechniken entdeckt. Im 15. Jahrhundert wurde es auch als Kupferstich für die Drucktechnik wichtig. Kupfer lässt sich leicht biegen und wird deshalb oft für Wasserrohre und z. B. Dachrinnen verwendet. Früher wurden ganze Dächer damit gedeckt.
- **Aluminium** ist ein sehr leichtes und leicht zu biegendes Metall. Es ist korrosionsbeständig, kann aber nicht gelötet werden. Es befindet sich auch in der Alufolie.
- **Zink** hat einen stumpfen silbernen Farbton. Es ist leicht zu biegen und lässt sich gut löten.
- **Zinn** hat einen niedrigen Schmelzpunkt, weshalb es als Lötzinn eingesetzt wird. Am Silvesterabend werden traditionell kleine Gießformen damit gefüllt als Orakel (Zinngießen, auch Bleigießen).

Werkzeug

Flach-, Rund-, Spitzzange zum Biegen, Blechschere zum Schneiden, Metallsäge zum Zersägen von Metallröhren oder Stäben, Seitenschneider zum Trennen von Drähten, verschiedene Hämmer, unterschiedliche Feilen (um Schnittkanten zu schleifen), eventuell Lötkolben, Lötzinn, Lötfett, Nägel oder Punzen (= speziell geformte Eisen zum Treiben von Metall)

4 *Die wichtigsten Werkzeuge und Schutzbrille*

34.3 Gestalten mit Draht

Draht wird häufig im Alltag benutzt: Blumen werden mit Blumendraht zusammengebunden, ein Maschendrahtzaun wird aus Draht gespannt. Mit Draht lassen sich auch kleine und größere Spielereien gestalten und mit anderen Materialien verbunden entstehen leichte und interessante Formen. Draht lässt sich einfach formen und eignet sich daher für die schnelle Umsetzung spontaner Ideen.

34.3.1 Kleine und große Drahtfiguren

Material

Blumendraht, Aluminiumdraht, verzinkter Draht dickerer Stärke, kleine Holzstücke als Podeste für die Drahtfiguren, eventuell Faden zum Aufhängen

Werkzeug

Kleine Kneifzange oder Seitenschneider, eventuell kleine Rundzange, Nagelbohrer oder kleiner Bohrer mit Bohrmaschine (um ein Loch in das Holzstück zu bohren)

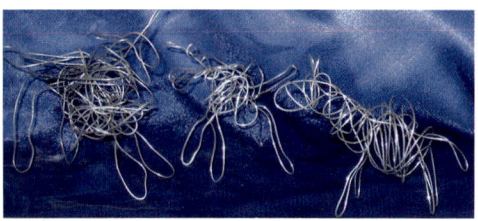

5 *Tiere aus Draht*

Gestalterische Übung

Schneiden Sie ein langes Stück Blumendraht mit der Kneifzange ab. Formen Sie den dünnen Draht möglichst durch Hin- und Herlegen und Hin- und Herwinden zu einer kleinen Plastik mit Raumvolumen. Drücken Sie diese nun in eine einfache Tierform. Am besten biegen Sie die gesamte Figur aus einem Stück. Die Figuren sollen nicht naturgetreu, sondern **skizzenhaft** bleiben. Ihre Größe braucht nicht mehr als 15 x 15 cm zu erreichen. Die Figuren können zum Aufstellen auf Holzstücken oder zum Hängen geeignet sein.

Schneiden Sie ein großzügiges Stück Draht dickerer Stärke ab. Biegen Sie mit dem Draht große, einfache Formen. Versuchen Sie, sowohl eine zwei-dimensionale als auch eine dreidimensionale Drahtfigur zu biegen. Lassen Sie die Drahtplastik ruhig größer ausfallen. Befestigen Sie die Draht-plastik auf einem Holzstück oder hängen Sie sie mit einem zarten Faden auf.

Reflexion

1. Betrachten Sie die kleinen und die großen Drahtfiguren. Welche Assoziationen und Ideen kommen Ihnen dazu?

2. Wie haben Sie das Arbeiten mit den unterschiedlich dicken Drähten erfahren?

   Mit dem schnellen und skizzenhaften Biegen und Drehen des Drahts entsteht schnell ein »Körper«. Wenn die Umrisse einer Form mit Draht dargestellt werden, wirkt die Drahtgestaltung fast wie eine Zeichnung.

3. Welche Aspekte sind zu beachten, wenn Kinder Draht bearbeiten?

   Körper aus Blumendraht zu biegen, eignet sich für Kinder ab Grundschulalter aufwärts. Beim Biegen mit dickerem Draht können auch jüngere Kinder einfache Formen erfinden.

Anregungen für die gestalterische Arbeit mit Kindern und Jugendlichen

- ◆ Grundformen aus Draht zu biegen, vermittelt schon kleinen Kindern eine einfache Auseinandersetzung mit dreidimensionalem Gestalten.

- ◆ Ältere Kinder setzen Menschen in Bewegung in dieser Technik um, z. B. beim Tanzen, Springen, Eislaufen.

34.3.2   Draht mit anderen Materialien kombinieren

Draht lässt sich hervorragend mit anderen Materialien verbinden und bietet deshalb viel Freiraum für ungewöhnliche Experimente.

Material

Dickerer Draht, Perlen, Stoffstreifen, »Krimskrams«, Naturmaterialien, Klebstoff, Papier (nicht färbendes Seidenpapier, Transparentpapier, Butterbrotpapier), Kleister, eventuell Holzstücke als Podest, Nägel und Krampen (= gebogene Nägel)

Werkzeug

Seitenschneider, Rundzange, Hammer

Gestalterische Übung

Biegen Sie ein großzügiges Stück Draht in eine zweidimensionale Form. Arbeiten Sie dabei oder hinterher Perlen, Stoffstreifen und Naturmaterialien in die Gestaltung ein. Experimentieren Sie, ob Sie abstrakt (ungegenständlich) oder figurativ (darstellend) arbeiten wollen.

Biegen Sie eine dreidimensionale Plastik aus Draht, bei der durch Drahtschlaufen Flächen entstehen,

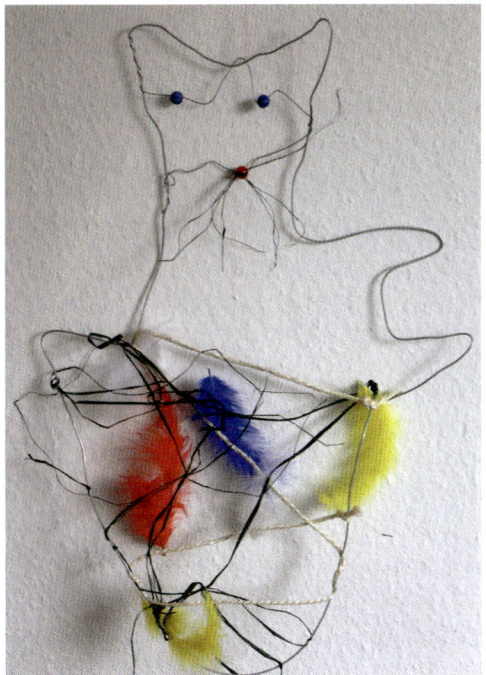

6 *Katze aus gebogenem Draht und anderen Materialien*

die Sie mit Papier überziehen. Das Papier legen Sie am Rand um den Draht und befestigen es mit Kleister. Experimentieren Sie mit bespannten und offenen Flächen, sodass das Drahtgerüst sichtbar bleibt.

8 *Drahtform mit Transparentpapier und Innenleben*

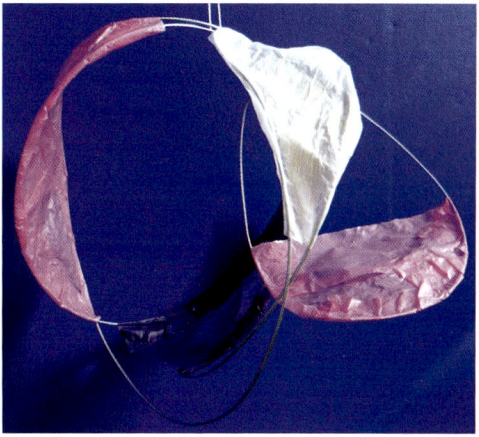

7 *Draht, gebogen und mit Transparentpapier bespannt*

Legen Sie zwischen zwei Papierstücke Naturmaterial, das Sie durch Zusammenkleben der Papierränder einschließen. Kleben Sie dieses Papierobjekt in eine Drahtfläche. Gegen das Licht gehalten wird das eingeschlossene Naturobjekt als Schatten verwandelt sichtbar. Suchen Sie einen entsprechenden Platz zum Aufhängen oder Hinstellen.

Verbinden Sie experimentell Naturmaterialien sichtbar mit Draht, sodass der Draht als Gestaltungselement deutlich wird, z. B. ein Bündel trockenes Gras mit Golddraht einwickeln – so wird aus einfachem Heu etwas Wertvolles.

Reflexion

1. Betrachten Sie die Kunstwerke aus Draht und tauschen Sie sich dabei über Ihre Erfahrungen mit den Drahtexperimenten aus.
2. Welche Fähigkeiten können mit solchen Experimenten angeregt werden?

   Wie beim Zeichnen regt das spielerische Drehen und Formen des Drahts an, zu experimentieren, statt exakt Formen nachbilden zu wollen. Mit Draht lassen sich recht einfach Bewegung und humorvolle Figuren darstellen. Kombiniert mit anderen Materialien entsteht ein spannendes Wechselspiel zwischen dem zarten Draht und dem Charakter des verwendeten Materials. Im Kapitel 29.4.8 »Gestalten mit Gipsbinden« finden Sie weitere Anregungen für die Arbeit mit Draht.

Kreatives Gestalten für Kinder unter drei Jahren

Kinder können schon früh handwerkliche Tätigkeiten mit Draht und entsprechendem Werkzeug ausprobieren. Mit Flachzangen und Rundzangen (kleine, handliche Modelle gibt es im Bastelladen) können die Kinder üben, Draht mit einem Werkzeug zu biegen.

Achtung: Das Benutzen des Seitenschneiders zum Drahtschneiden sollte nur unter Aufsicht erfolgen! Dieses Werkzeug sollte nicht in Kinderhände gelangen, da der Seitenschneider ähnlich wie eine Schere funktioniert, aber wesentlich schärfer ist.

Einfacher Blumendraht oder Basteldraht in Gold und Silber eignet sich gut für erste Versuche mit Draht. Es gibt ihn in verschiedenen Stärken, sodass unterschiedliche Erfahrungen gemacht werden können. Für erste Biegeversuche können die Drahtenden mit Klebeband umwickelt werden. Drahtbiegen geht natürlich auch ohne Werkzeuge und fördert sehr die Feinmotorik. Lassen Sie die Kinder einmal verschiedene Drahtstärken und -farben miteinander verbinden. Der Draht kann auch um Gegenstände gewickelt werden und diesen Gegenstand verfremden. Ebenso kann der Draht um ein Nudelholz oder einen dicken Stift gewickelt und als Spirale wieder abgezogen werden. Diese Drahtgebilde können als stehende oder hängende Objekte ausgestellt werden.

34.3.3 Maschendraht und Co.

Mit Maschendraht und Draht sowie Teilen aus alten Elektrogeräten lassen sich spannende Objekte gestalten, die auch draußen aufgestellt werden können. Zwar werden einige Teile Rost ansetzen, aber dies kann zu dem faszinierenden Charakter dieser Arbeiten einen positiven Beitrag leisten.

Kinder finden es sehr spannend, das Innenleben von Elektrogeräten zu erforschen. Sie reagieren stolz, wenn sie die Geräte selbst auseinandernehmen können und dabei echtes Werkzeug verwenden dürfen. Mit den Teilen aus den Geräten können die Kinder immer wieder verschiedene Werke interessant ergänzen.

Alte Elektrogeräte gibt es in Recyclinghöfen. Es sollte nach Geräten gefragt werden, die keine gefährlichen Stoffe beinhalten (siehe auch Kapitel 30.3 »Gestalten mit Fundstücken des Alltags«).

Material

Hasendraht und Draht in verschiedenen Stärken, Metallteile aus ausgeschlachteten Elektrogeräten, Kronkorken, Schraubverschlüsse, eventuell Holzstücke für ein Podest, Nägel, kleine Krampen (= gebogene Nägel), »Krimskrams«

Werkzeug

Verschiedene Zangen, Hammer, Drahtschere, evtl. Heißklebepistole

Gestalterische Übung

Schneiden Sie den Hasendraht in großzügige Stücke und bauen Sie mit diesen Teilen ein Insekt. Zum Verbinden der Teile verwenden Sie Draht. Fügen Sie weitere Metallteile oder »Krimskrams« aus dem Fundus gestaltend ein. Befestigen Sie Ihr Insekt eventuell zur Stabilisierung mit Krampen auf einem Holzpodest.

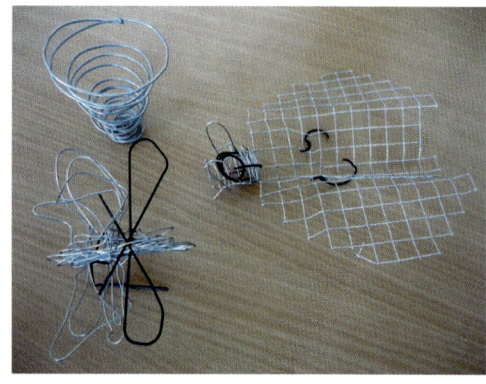

9 *Insekten, Maschendraht und Draht*

34.4 Gestalten mit Kupfer-blech, Kupferfolie und Weißblech

Kupfer, dünn ausgewalzt, wird zu Kupferblechen, die leicht gebogen werden können, z. B. als Dachrinne. Noch feiner ausgewalzte Bleche sind Folien, die leicht zum Relief gedrückt und geformt werden können.

Weißblech ist ein dünnes, kalt gewalztes Stahlblech, dessen Oberfläche elektrolytisch mit Zinn beschichtet wurde. Diese Beschichtung dient vor allem dem Korrosionsschutz. Etwa 90 Prozent des in Deutschland produzierten Weißblechs werden zur Herstellung von Verpackungen verwendet (z. B. Getränkedosen). Weißblech ist zu 100 Prozent recycelbar und kann beliebig oft ohne Qualitätsverlust wiederverwendet werden.

Beim Arbeiten mit Metallblechen werden handwerkliche Fähigkeiten gefördert. Techniken wie Schneiden, Biegen sind meist schon bekannt. Prägen und Punzieren oder das Herstellen von Verbindungen durch Löten werden seltener angewandt.

Punzieren: Bei der alten Technik des Punzierens wird in Metallbleche oder auf Leder mit einem Metallstempel ein Muster oder Bild dauerhaft »gestempelt«. Dafür eignet sich auch ein einfacher Metallstab, der in die Folien mit leichten Hammerschlägen Muster drückt.

Jüngere Kinder können mit Kupferfolie oder dünnem Weißblech kleine Werke schneiden und punzieren. Die Weißblechfolie lässt sich leichter biegen als Kupferblech, für das auch mehr Kraft zum Schneiden benötigt wird. Ältere Kinder verwenden das stärkere Kupferblech und entwerfen daraus großzügige Formen, die sich für die Gestaltung von Außengeländen eignen. Besonders spannend ist die Verwendung eines Lötkolbens, der jedoch aufgrund der Verbrennungsgefahr nur von Grundschulkindern und Jugendlichen eingesetzt werden sollte.

34.4.1 Löten

Für Kinder ist nur das Weichlöten geeignet, da das Hartlöten dem Schweißen gleichkommt und daher zu gefährlich und zu schwierig umsetzbar ist. Für das Weichlöten wird der elektrische Lötkolben erhitzt. Die Lötstellen werden mit Lötfett eingestrichen, damit sich das Lot oder Lötzinn besser verteilen kann. Die heiße Spitze des Lötkolbens wird an das Lötzinn herangeführt, dieses wird daraufhin flüssig und ein Teil bleibt am Lötkolben hängen. Das flüssige Lötzinn am Lötkolben wird nun an die Lötstelle geführt. Durch die Erwärmung des Metallstücks verteilt sich das Lötzinn und verbindet beide Metallstücke. Arbeitsstück bis zur Erstarrung des Lötzinns nicht bewegen! Beim Abkühlen des Metalls entsteht so eine stabile Verbindung.

Die Kinder können einfache Drähte mit Formen verlöten, um einen Haltestab für ihre Figuren zu erhalten.

Schutzmaßnahmen

Feuerfeste Unterlage benutzen, da Brandgefahr besteht. Handschuhe und Schutzbrille gegen Spritzreste tragen!

10 *Lötkolben und Lötzinn*

34.4.2 Formen in Kupfer geschnitten

Material
Kupferfolie, Kupfer- oder Weißblech, dicke Nägel, Karton

Werkzeug
Blechschere, Hammer, Metallfeile, eventuell Lötkolben, Lötzinn, Lötfett

Schutzmaßnahmen
Die Blechschere ist sehr scharf – dementsprechend muss darauf geachtet werden, dass die Finger nicht vor der Schneidrichtung liegen. Auch die Ränder der geschnittenen Folie sind scharfkantig und müssen vor dem Weiterbearbeiten gefeilt werden, um Verletzungsgefahren vorzubeugen. Eventuell passende (!), feste Handschuhe anziehen.

Technik
Auf den Karton wird großzügig ein Entwurf gezeichnet, dann mit der Schere ausgeschnitten. Nun wird diese Schablone auf die Folie gelegt, mit einem Bleistift umrissen und mit der Blechschere aus der Folie ausgeschnitten. Die Kupferfolie wird mit einem dicken Nagel punziert/gelocht, dabei muss auf eine stabile Unterlage (Holz oder dicke Pappe) geachtet werden. Als Halterung wird ein dicker, langer Draht durch Biegen in einem Loch befestigt oder angelötet oder es wird ein Holzstab befestigt.

Gestalterische Übung
Entwerfen Sie eine einfache Figur, die Sie aus Kupferfolie ausschneiden und mit Ornamenten aus Punzierlöchern verzieren.

12 *Kerzenlicht, Weißblech punziert*

Gestalterische Übung: Teelicht
Schneiden Sie eine ovale Form aus Kupferblech oder Weißblech aus. In die eine Hälfte punzieren Sie mit einem dicken Nagel und einem Hammer ein kleines Ornament oder Bild. Nun wird diese Hälfte des Ovals in einem 90-Grad-Winkel nach oben gebogen. Auf die untere Hälfte können Sie ein Teelicht stellen, das Kerzenlicht wird von dem Kupferblech warm gespiegelt.

11 *Weihnachtsstecker, Kupfer punziert*

13 *Engelsform aus Kupferblech für den Garten*

Reflexion

1. Welche Erfahrungen haben Sie mit der Blechfolie gemacht? Welche Schwierigkeiten waren zu überwinden?
2. Welche Erfahrungen haben Sie mit dem Kupferblech gemacht? Welche Fähigkeiten müssen die Kinder und Jugendlichen mitbringen?

Das handwerkliche Gestalten mit Metall erfordert schon viel Kraft und Ausdauer. Man muss den verschiedenen Arbeitsschritten folgen und diese möglichst gut ausführen, um gute Ergebnisse zu erreichen. Da Verletzungsgefahr besteht, muss eine entsprechende Geschicklichkeit und Einsicht vorhanden sein. Dafür stärkt das Arbeiten mit ungewöhnlichen Materialien, Techniken und großen Formaten im Außengelände das Selbstbewusstsein sehr. Solche Aktionen sollten möglichst in Paar- oder Gruppenarbeit erfolgen.

Anregungen für die gestalterische Arbeit mit Kindern und Jugendlichen

◆ **Metallfolienbilder prägen:** In dünne Metallfolie, die auf weichem Zeitungspapier liegt, wird mit Metalldrück-Werkzeugen für Detailarbeiten oder mit einem Holzstäbchen/Kugelschreiber ein Bild geritzt. Dadurch entsteht auf der anderen Seite ein geprägtes Bild. Dieser Prägedruck wird mit schwarzer/farbiger, leicht eingebürsteter Schuhcreme hervorgehoben. Diese Technik ist schon für Kindergartenkinder geeignet.

Häuser, auf Kupferfolie geprägt, Nils (6 Jahre)

◆ **Klangspiele** aus Weißblechdosen, abgeschnittenen Dosenböden und Metallreststücken. Achtung: Handschuhe tragen und scharfe Ränder feilen! In ein Holzgerüst oder an eine Stange können an verschieden langen Schnüren einfache oder in Form geschnittene Metallstücke gehängt werden. Nun können sie durch Wind bewegt aneinanderstoßen oder mit einem Holzstab angeschlagen werden. Dies ist schon für Kinder eine interessante Bauaktion mit Verbindung zum Bereich Musik und Rhythmus.

◆ **Baummobile:** Ältere Kinder schneiden einfache Formen mit einer Aufhängemöglichkeit aus Kupferblech aus. Die Mobile werden alle zusammen in einen Baum als Blickfang gehängt. In ihnen spiegelt sich reizvoll das Licht.

◆ **Kupfertreiben:** Dies ist für Jugendliche eine spannende Aufgabe. Das Kupfertreiben schult das Form- und Raumgefühl sowie die rhythmische Beweglichkeit. Zuvor muss das einfache Treiben des vorher erhitzten Metalls erlernt werden.

Technik: Vor dem Jugendlichen befindet sich eine flache, runde Blechscheibe, die durch stetes Hämmern zu einem Gefäß geformt wird. Das Kupferblech wandert dabei spiralförmig unter einer Schlagserie nach der anderen und wölbt sich jedes Mal etwas mehr

Schale aus getriebenem Kupfer

nach innen. Das Blech darf weder zu dünn ausgehämmert noch zu dick gestaucht werden. Es gilt, einen sehr langsamen und rhythmischen Arbeitsweg mit langem Atem zu beschreiten, an dessen Ende eine weich geschwungene, warm rot leuchtende Schale die Arbeit belohnt. Natürlich können auch andere Gegenstände wie Kerzenständer oder Ringe getrieben werden.

◆ **Gartengeister**

Material: Kupferblech, stabile Stöcke aus dem Wald oder Rundholz aus dem Baumarkt, Bootslack

Werkzeug: Blechschere, Zangen, Draht, Bohrer und Schrauben zum Befestigen

Eine Figur wird erst auf Papier entworfen. Eine Halterung für die Befestigung am Stock sollte mit eingeplant werden. Es empfiehlt sich, diese in das Gesamtstück zu integrieren. Mit Bleistift wird die Schablone auf das Kupferblech übertragen, mit der Blechschere ausgeschnitten. Nach dem Schleifen der Blechränder wird die Figur am Stock befestigt. Nun lackiert man den Gartengeist mit Bootslack, damit er wetterfest ist und keinen Grünspan ansetzt.

35 GESTALTEN MIT GLAS UND MOSAIKE KLEBEN

35.1 Altersabhängige Gestaltungsmöglichkeiten

Glas ist, obwohl als Fensterglas oder Trinkgefäß allgegenwärtig, wenig im gestalterischen Bewusstsein. Für das gestalterische Arbeiten mit oder auf Glas eignen sich für den Kindergarten die Hinterglasmalerei und das einfache Bemalen und Bekleben der Fensterscheiben. Grundschulkinder können mit Reststücken aus der Glaserei einfache Glascollagen erstellen. Erst Jugendliche können für ein Glasmosaik Glas selbst schneiden und brechen.

Einstimmung
- Welche Gegenstände bestehen aus Glas?
- Wo sind wir von Glas umgeben?
- Woraus besteht Glas?
- Wo kommt Glas her?
- Wie wird Glas hergestellt?
- Welche Eigenschaften besitzt Glas?

Beim Besuch einer Glashütte kann beobachtet werden, wie aus einem Glasklumpen ein Glas geblasen wird. Vielleicht befindet sich ein Kunsthandwerker für Glas oder eine technische Glasbläserei in der Nähe, die mit den Kindern besucht werden kann. Auch ein Besuch in einem entsprechenden Museum bietet Einblicke in die Welt kostbarer alter Glasblaswerke.

1 *Trinkgläser mit verschiedenen Glasformen*

35.2 Glas

Glas ist ein Gemenge aus den Rohstoffen Sand, Soda, Pottasche, kohlensäurehaltigem Kalk und weiteren Zusätzen, das bei 1 400 bis 1 600 Grad Celsius geschmolzen wird. Die erhitzte, zähflüssige Masse kann geblasen, gezogen, gepresst, gewalzt, geschleudert oder gegossen werden. Werden Metalloxyde in die Masse gegeben, wird das Glas farbig.

In der Natur kommt Glas nicht vor. Es wurde von den alten Ägyptern oder Mesopotamiern entwickelt. Die Ägypter kannten jedoch noch nicht die Technik des Glasblasens, daher stellten sie nur kleine, undurchsichtige, farbige Schmuckperlen, Anhänger und kleine Gefäße her. Erst 100 v. Chr. wurde im Mittelmeerraum die Glasmacherpfeife zum Glasblasen erfunden. Damit konnten erstmals dünnwandige Hohlgläser, also Trinkgläser und Ähnliches, geblasen werden.

Die Römer entwickelten viele neue Glasbearbeitungstechniken, die heute noch bekannt sind. Bis Ende des Mittelalters hatten die Technik und Kunst der Glasbearbeitung keine große Bedeutung. Erst ab dem 15. Jahrhundert entstanden überall in Europa Zentren der Glasherstellung. In Venedig entwickelte sich insbesondere die Glaskunst.

Wäre Glas nicht entdeckt worden, gäbe es beispielsweise keine Fenster. Moderne Glasbearbeitungstechniken ermöglichen heute sogar den Bau ganzer Häuser mit einer gläsernen Außenhaut. Sehr viele Dinge, die wir täglich benutzen, bestehen aus Glas: Trinkgläser, Flaschen, Vasen, Karaffen, Schalen, Spiegel, Brillen- und Vergrößerungsgläser, auch banale Dinge wie Glühbirnen oder Leuchtstoffröhren. Glas spielt auch in der Chemie und für Forschungsinstrumente eine große Rolle.

Aufgabe

Informieren Sie sich, ob in Ihrer Nähe eine Glasbläserei entweder als Kunsthandwerk oder als technische Glaswerkstatt existiert. Erfragen Sie, ob ein Besichtigungstermin (auch mit Kindern) möglich ist.

35.3   Gestalten mit Glas

35.3.1   Glasmalerei und Hinterglas-malerei

Geschichte der Hinterglasmalerei

Bei der **Glasmalerei** werden lichtdurchlässige Farben (meist Wasserfarben) verwendet. Die **Hinterglasmalerei** ist eine besondere Maltechnik der Glasmalerei, bei der durch Auftragen von lichtundurchlässigen Farben (Tempera-, Öl- oder Mischfarben, heute vor allem Acrylfarben) auf die Rückseite einer dünnen Glasscheibe gemalt wird. Scheint Licht auf die bemalte Scheibe, entsteht ein besonders leuchtkräftiges Bild. Zuerst werden die Konturen gezeichnet, dann die Figuren ausgemalt und ganz zum Schluss wird der Hintergrund gemalt. Es werden auch Materialien wie Blattgold oder Stanniolpapier verwendet.

Die Hinterglasmalerei ist seit dem 14. Jahrhundert bekannt. Im 16. Jahrhundert begann, von Italien ausgehend, eine größere Produktion von Hinterglasbildern. Ab Mitte des 17. Jahrhunderts erfolgte die »hüttengewerbliche« Massenherstellung in den Alpenländern, in Böhmen, im Bayerischen Wald, in Oberösterreich, in den Mittelmeerländern und in Osteuropa. Das bis dahin künstlerisch hochwertige Hinterglasbild wurde nun von seriellen, eher stereotypen Produkten abgelöst. Die meisten Motive der Hinterglasmalerei waren religiösen Inhalts, sogenannte Votivbilder. Erst Anfang des 20. Jahrhunderts wurde die Hinterglasmalerei von den Expressionisten auch für volkstümliche Bildthemen verwendet.

Die Künstlerin Gabriele Münter (1877 – 1962) hat diese Technik künstlerisch wiederbelebt. Sie hat viele Hinterglasbilder gemalt, die sich gut als Anregung für Kinder eignen.

> **Gabriele Münter** *(1877 – 1962) war eine Malerin des Expressionismus. Sie war Mitglied der »Neuen Künstlervereinigung München« und der Künstlervereinigung »Blauer Reiter«.*

2   *Margret Hofheinz-Döring: Fischzug des Petrus, Hinterglasmalerei, 1956*

> **Votivbild:** *Ein Votivbild ist ein Bitt- oder Dankbild, das einem Heiligen der katholischen Kirche dargebracht wird.*

Material

Glasscheibe (ca. 20 x 15 cm), Wasser- oder Temperafarbe, Deckweiß, Wasser, Pinsel, Lappen, Schnur für die Aufhängung, Klebeband zum Absichern des Glasrandes

Technik

Der Malvorgang verläuft im Vergleich zur üblichen Malweise umgekehrt: Es wird begonnen mit den weißen Höhungen (= die Punkte eines Bildes, die dem Betrachter durch Lichtreflexe am nächsten erscheinen), den Konturen oder den Schriftzügen, also dem Vordergrund. Alles, was weiß erscheinen soll, wird mit Deckweiß angelegt. Auch die meist schwarzen Konturen werden als Erstes angelegt. Dann erst wird der Mittelgrund bzw. der Hintergrund aufgemalt. Am besten wird mit einem kleinen Farbentwurf gearbeitet. Dabei ist zu beachten, dass das Motiv/die Schrift seitenverkehrt gemalt werden muss.

Gestalterische Übung

Wählen Sie ein volkstümliches Motiv oder ein Mär-
chenbild. Skizzieren Sie kurz Ihre Farbvorstellungen,
bevor Sie Ihren Entwurf auf das Glas übertragen.
Experimentieren Sie mit Silber- oder Goldpapier,
das Sie abschließend hinter das Bild kleben.

Reflexion

1. **Wie schwierig fanden Sie dieses »umge-
   drehte« Herangehen an eine gegenständliche Darstellung?**
2. **Wie würden Sie mit Kindern Hinterglasmalerei gestalten?**
   Der Untergrund Glas ist sehr glatt und nimmt
   die Farbe nicht auf, die Farben bleiben darauf
   »stehen«. Daher kann nur mit wenig, eher dicker
   Farbe gearbeitet werden, um nicht einzelne
   Farbschichten nur hin- und herzuschieben. Für
   durchscheinende Effekte muss die Farbe immer
   wieder zwischentrocknen. Wenn die Gestaltung hauptsächlich mit transparenten Farben
   erfolgt, erscheint die Malerei zart und die Farben leuchten durch den Lichteinfall besonders
   intensiv. Auf diese Weise kann bei der Arbeit mit
   Kindern die genaue Technik der Hinterglasmalerei vernachlässigt werden und die neue Maler-
   fahrung – Malen auf Glas – im Vordergrund stehen. Erst Jugendliche werden das Prinzip des
   umgekehrten Farbauftrags nachvollziehen und
   umsetzen können. Je nach Entwicklungsstand
   können die Kinder ihr Bild auch erst mit einem
   schwarzen, wasserfesten Filzschreiber auf dem
   Glas anlegen (Grundschule) und dann erst die
   einzelnen Flächen farbig ausmalen. Zusätzliche
   Effekte gibt es, wenn man das Glasbild mit Sil-
   berpapier (Alufolie) oder Goldpapier hinterlegt.
   Alte Votivbilder können kulturell informieren
   und anregen.

3 *Bergsteigerkuh auf Plexiglas in der Hinterglasmal-
technik*

Anregungen für die gestalterische Arbeit mit Kindern und Jugendlichen

◆ Eine Alternative ist das **Bekleben mit Transparentpapieren:** Hierbei lassen sich wunderbare Farbeffekte und Spielereien aus Schnipseln gestalten. Ältere Kinder gestalten ein Motiv aus größeren Schnipseln. Durch das Übereinanderlegen verschiedenfarbiger Transparentpapiere werden neue Farbtöne »gemischt«. Die Kinder beobachten bei Sonnenschein die Schatten der Glasbilder und Formen an Wänden und Boden.

◆ **Rußbilder:** Eine Glasscheibe mit einer Kerze einrußen. Nun mit einem Wattestäbchen oder feinen Stöckchen den Ruß teilweise wegnehmen. Es entsteht eine interessante Zeichnung, die farbig hinterlegt werden kann.

◆ Grundschulkinder setzen **Märchen** als einfache Motive für Hinterglasmalerei auf kleinen Glasscheiben um. Ihnen entspricht das genaue Anlegen von Konturen (Vorzeichnen) mit einem wasserfesten Stift.

◆ **Glasmalerei:** Die Kinder bemalen Glas nach ihren eigenen Entwürfen mit spülfesten Glasmalfarben (erhältlich in Bastelläden), z. B. Trinkgläser, formschöne Flaschen oder einfache Teelichter aus Glas, die mit diesen Bemalungen besonders schön leuchten.

Kreatives Gestalten für Kinder unter drei Jahren

Für die kleineren Kinder sind Glasplatten oder Gläser zum Bemalen noch sehr risikobehaftet. Spannend an der Glasmalerei ist ja das Gestalten mit dem transparenten Untergrund. Eine einfache Alternative zu Glas sind dünne Plexiglasscheiben oder – kostengünstiger – einfache durchsichtige Folien, die sich sowohl mit Fingerfarben wie mit Temperafarben gestalten lassen.

Auch ist es spannend, große Baufolien auszulegen und mit ganzem Körpereinsatz Temperafarben oder Fingerfarben darauf zu drucken (für die ganz Kleinen können ungiftige Speisefarben angeboten werden). Diese Folien können im Innenraum oder im Außengelände aufgehängt werden. So verändern sie das Raumerleben bzw. werden schwingende Fahnen im Wind.

Für die ganz Kleinen ist auch diese Wahrnehmungs- und Gestaltungsaktion spannend: In Prospekthüllen können Ostereierfarbenstäbchen mit etwas Wasser gefüllt werden (1–2 Farben). Die Prospekthülle wird verschweißt oder fest zugeklebt. Die Farben können nun durch Bewegen und Berühren verteilt und gemischt werden. Bei Kälte im Gefrierschrank erstarren die Farben, sie werden wieder beweglich in der Wärme. Erste physikalische Gesetze werden so mit der transparenten Folie und der Farbe sichtbar.

Ebenso spannend ist es für die Kleinen, Wollfäden, Sand oder flache Materialien auf eine selbstklebende Folie zu legen. Eine zweite selbstklebende Folie wird mithilfe der Erzieherin angedrückt und schließt die Materialien ein. Nun kann das Ganze in eine besondere Form geschnitten werden. Fertig ist das transparente Bild!

35.3.2 Window-Colour-Technik

Eine besondere Technik ist die Window-Colour-Technik, bei der mit speziellen Farben zuerst auf Folie gemalt wird. Nach dem Trocknen ist die Farbe fest und das Bild kann von der Folie abgezogen werden. Nun wird es auf Fenster oder andere glatte Flächen (z. B. Fliesen im Bad) gedrückt. Mit den selbst entworfenen Motiven können z. B. die Toilettenräume bunt und einladend gestaltet werden.

4 *Schiff, Window-Colour-Malerei*

Entwerfen die Kinder ihre eigenen Bilder, ist es eine zwar nicht billige, aber dennoch kreative Maltechnik für Glas. Kritisch zu beurteilen ist das Malen nach Vorlagen oder das Durchpausen mit Farbvorgaben.

35.3.3 Glascollage

Material

Glasreste in verschiedenen Farben und Formen aus der Glaserei oder sogenannte Crackle-Mosaik-Platten (Crackeln ist das ungleichmäßige Reißen von Glas; Crackle-Mosaik-Platten sind in Folie geschweißte Glasplatten, in transparenten und opaken Farben erhältlich)

Untergrund: eine große Glasscheibe (Fenster oder lose Glasscheibe je nach Klebeeigenschaften auswählen, da das fertige Motiv sich eventuell nicht mehr ohne Spuren ablösen lässt) oder Kunststoffplatten

Kleber: Silikonkleber oder Glaskleber

6 *Collage mit Glasstückchen*

Werkzeug

Glasschneider, Hölzchen zum Glasbrechen, Schutzbrille und Handschuhe

Technik

Auf einer Glasscheibe werden die geschnittenen Glasstücke neben- und übereinander mit Kleber befestigt.

Gestalterische Übung

Gestalten Sie ein abstraktes Bild, indem Sie die verschiedenfarbigen Glasformen miteinander kombinieren. Legen Sie Ihre Gestaltung zuerst als Entwurf, bevor Sie sie fest aufkleben.

5 *Farbige Glasstücke*

Reflexion

Wie hat es Ihnen gefallen, mit dem ungewöhnlichen Material Glas zu arbeiten?

Planung und handwerkliches Geschick werden bei einer Collage aus Glasstücken gefördert. Je nach Größe können die Arbeiten individuell oder als Gemeinschaftsarbeit (Stichwort soziale Kompetenzen) durchgeführt werden.

Besprechen Sie auf der Grundlage Ihrer Erfahrungen Sicherheitsmaßnahmen und Planungshilfen, wenn mit Jugendlichen eine Glascollage erstellt werden soll.

Am besten wirkt eine Collage aus Glasstückchen natürlich im Licht. Daher empfiehlt es sich, diese aufzuhängen oder in einen passenden Rahmen mit Beleuchtung (z. B. als Lampe) zu stellen. Dies sind weitere handwerkliche Herausforderungen für Jugendliche, die ihre eigenen Möbel und Gebrauchsgegenstände gestalten wollen.

35.4 Ein Mosaik kleben

Eine der ältesten Darstellungsformen der Menschen ist das Mosaik. Das älteste bekannte Mosaik entstand etwa um 5000 v. Chr. in Uruk/Mesopotamien (heute Irak, Iran). Mosaike wurden zur ornamentalen Dekoration, aber auch zur bildnerischen Darstellung von religiösen und heroischen Szenen verwendet. Das Wort Mosaik leitet sich vom spätlateinischen musaicum opum (Werk für die Musen) ab. Dabei werden beim Mosaik, das zu den Maltechniken zählt, verschieden geformte flache Stückchen (meist aus Glas oder Stein) zu einem Ornament oder Bild zusammengefügt. Die Stückchen werden in einen klebenden Untergrund eingebettet und die dabei entstandenen Fugen werden mit Fugenmasse gefüllt. Mosaike wurden häufig zur Wandgestaltung eingesetzt, aber auch Gebrauchsgegenstände wie Vasen und Tische wurden und werden mit Mosaiken verziert.

> »Ich sammle leidenschaftlich kleine Fundstücke, Perlen und Steinchen. Für die Gestaltung von Mosaiken eine richtige Schatztruhe. Kindern geht es sicher ähnlich!« (Nora, Schülerin)

7 *Mosaik aus der Kirche San Vitale in Ravenna: Isaacs Opfer, 5. Jahrh. n. Chr.*

8 *Glasmosaik als Tablettboden*

Material

Mosaiksteine: Fertige Mosaiksteine kann man als kleine quadratische Steinchen in unterschiedlichen Größen und Farben in Bastelgeschäften kaufen. Diese Glassteinchen haben keine scharfen Kanten und können daher auch von kleinen Kindern problemlos eingesetzt werden. Man kann auch Kieselsteinchen, Muscheln, Perlen und Glassteinchen sammeln und für das Mosaik verwenden.

9   *Unverfugtes Mosaik mit Sammelschätzen*

10   *Wandmosaik aus Fliesenstückchen*

Untergrund: Es eignen sich Sperrholzplatten oder wasserfest verleimte Holzfaserplatten, die man entsprechend zuschneidet. Außerdem Porzellan, Keramik, Terrakotta, Metall, Steinwand.
Kleber: Der Kleber richtet sich nach dem Untergrund und den aufzuklebenden Teilen – Bastelkleber für fertige Glassteinchen, Mosaikkleber auf Silikonbasis für andere Untergründe, Fliesenkleber für Wandmosaike.
Fugenmasse: Fugenmasse in verschiedenen Farben erhält man im Baumarkt oder Bastelgeschäft. Farbige Fugenmasse entsteht auch durch Zugabe von Acrylfarbe.

Technik

Die ausgewählten Mosaiksteinchen neben dem Untergrund auslegen. Falls ein fertiges Motiv gewählt wurde, dieses mit Steinchen auf dem Untergrund probelegen. Die Steinchen mit dem Kleber aufkleben und gut trocknen lassen. Dabei zwischen den Mosaiksteinchen jeweils kleine Abstände stehen lassen. Die Fugenmasse wird mit Wasser nach Anleitung am besten in Gummibechern angerührt. Mit einem Gummischaber oder Spachtel wird die Fugenmasse dann über die geklebten Mosaikteilchen verteilt. Überschüssige Fugenmasse wird mit dem Spachtel grob abge-

nommen. Nach 15 Minuten wird das Mosaik mit einem feuchten Schwamm gereinigt (dazu am besten Handschuhe tragen). Nach dem vollständigen Austrocknen den Zementschleier mit einem trockenen, fusselfreien Tuch abpolieren.

Gestalterische Übung

Sammeln Sie verschiedene Steinchen und Materialien für ein Mosaik. Wählen Sie eine entsprechende Untergrundform und gestalten Sie Ihr eigenes Mosaik ungegenständlich oder ornamental.

Reflexion

Welche Materialien haben Sie für Ihr Mosaik ausgewählt? Wie hat es Ihnen gefallen, die Sammelschätze zu einem Bild zusammenzufügen?
Die Technik des Mosaikklebens bietet die Möglichkeit, die vielen Sammelschätze der Kinder in eine feste Gestaltung mit einer sehr alten Technik einzubinden. Dabei können Betrachtungen von alten Wandmosaiken Anregungen und Kulturwissen vermitteln. Schon Kinder können einfache Flächen ornamental oder bunt bekleben und verfugen. Größere Kinder können gezielt Bildentwürfe beitragen und Alltagsgegenstände gestalten. Konzentration und gezieltes Befolgen von Arbeitsschritten kann geübt werden. Die Fähigkeiten des Sammelns, Differenzierens und Ordnens werden gefördert. In Gemeinschaftsarbeiten können größere Flächen (z. B. ein Wandmotiv) belegt werden und das Gruppengefühl nachhaltig stärken.

36.1 Vielfältige Ausdrucks-formen und Gestaltungs-möglichkeiten

Spielfiguren bieten Kindern vielfältige Ausdrucksmöglichkeiten, sowohl was die Gestaltung als auch das Spiel mit den selbst gestalteten Figuren betrifft. Spielfiguren können aus verschiedenen Materialien für unterschiedliche Spiel- und Theaterszenen gefertigt werden. Im Spiel mit anderen Figuren bekommen soziale Kompetenzen (Kommunikation, Kooperation) eine hohe Bedeutung. Oft haben schon die Figuren an sich einen hohen Symbolgehalt. Die Spielfiguren oder Masken, vor allem wenn sie selbst hergestellt wurden, stehen für Persönlichkeitsanteile, die nur schwer oder gar nicht gelebt werden können. Das Spiel bietet Möglichkeiten, diese Anteile auszudrücken und zu verwirklichen. Auch problematische Gefühle oder bedrohliche Situationen aus dem Alltag können stellvertretend mit Spielfiguren oder Masken in den Spielszenen bewältigt und verarbeitet werden. Ein wichtiger Aspekt ist außerdem die Identifikation der Kinder mit betrachteten Spielfiguren, weswegen sie oft zur pädagogischen Vermittlung von Inhalten verwendet werden. Sogenannte Therapiepuppen werden erfolgreich im psychotherapeutischen Bereich eingesetzt, um Kindern Projektionsflächen für ihre Gefühle und Erlebnisse zu bieten.

Die Gestaltung von Figuren und Masken und der Lernbereich »Spiel und Theater« sowie Bewegung, Kommunikation und Sprachförderung greifen Hand in Hand ineinander. Daher sollte mit den gefertigten Spielfiguren und Masken auch »gespielt« und sollten Theaterstücke inszeniert werden. Insbesondere das gemeinsame Erarbeiten von Spielszenen und eine erfolgreiche Aufführung stärken die Kinder in ihren sozialen Kompetenzen. Die Kinder benötigen eine hohe Motivation, um immer wieder gut miteinander zu kooperieren und sich mit Eigenschaften anderer auseinanderzusetzen. Teamgeist, Durchsetzungsvermögen, aber auch Rücksichtnahme, Ausdauer und Einsatzbereitschaft für ein gemeinsames Ziel sind gefragt. Die Aufgabe der Erzieherin besteht darin, für eine gute Koordination zu sorgen und die Kinder in der Durchführung der verschiedenen Aufgaben zu unterstützen. Bei ihr laufen alle Fäden für die Gestaltung und Aufführung zusammen.

1 *Prinzessin und Krokodil spielen im Kasperletheater*

2 *Pappmascheekopf für eine Handpuppe*

Die Erzieherin muss darauf achten, dass die Planung und Rollenverteilung gut und einfach angelegt sind, sodass die Kinder möglichst selbstständig ihr Stück entwickeln können. Dieser Prozess ist je nach Altersgruppe unterschiedlich.

Für die textile Gestaltung der Spielfiguren ist es hilfreich, sich vorab Erfahrungen im Nähen und Sticken anzueignen. Anregungen dazu finden sich im Kapitel 38 »Verarbeitung textiler Materialien«.

Einstimmung

Die einfachsten und schnellsten Spielfiguren entstehen, indem die Finger, die gesamte Hand sowie die Zehen und die Fußsohlen mit Finger- oder Wasserfarben bemalt werden. Mit dem Bewegen und Wackeln der einzelnen Finger/Zehen lässt sich eine Geschichte eindrucksvoll begleiten. Auf der Bühne sind die Schauspieler hinter einem verhängten Stuhl versteckt, sodass nur das Finger- oder Zehentheater zu sehen ist. Für das Spiel kann schnell ein spontanes Stück selbst geschrieben werden.

»Kinder lieben es, mit Theaterfiguren zu spielen, aber sie waren noch begeisterter, ihre eigenen Spielpuppen zu bauen und dann selbst entworfene Stücke aufzuführen.« (Andrea, Schülerin)

36.2   Spielfiguren gestalten

36.2.1   Fingerpuppen

Kleinkinder machen oft mit Fingerpuppen ihre ersten Erfahrungen bezüglich Spielfiguren. Fingerpuppen sind kleine, sehr einfach gestaltete Figuren, die über einzelne Finger gestülpt werden. Begleitet von kleinen Reimen, Fingerspielen und Liedern bewegen sich die Finger und symbolisieren Zwerge oder andere kleine Figuren. Für kleinere Kinder stellt die Erzieherin die Figuren her, größere Kinder können schon selbst Fingerpuppen kleben, filzen und bemalen.

3 *Fingerpuppen, Alicja und Ilona*

Material

Filz in verschiedenen Farben, Schere, Kleber, Nadel, Faden, Wollreste, Watte, dicke wasserfeste Stifte oder dicke Filzstifte

Einstimmung

Die eigene Hand wird auf Papier nachgezeichnet. Mit Buntstiften lassen sich erste Fingerfiguren entwerfen. Kleine Inszenierungen können überlegt werden.

Technik

Mit dem Umzeichnen einzelner Finger auf Papier wird eine Papierschablone erstellt. Die ausgeschnittene Papierschablone wird auf Filz gelegt und (mit etwas Randzugabe) zweimal ausgeschnitten. Nun werden die beiden Filzstücke übereinandergelegt. Die beiden Teile können an drei Seiten geklebt oder genäht werden. Die Öffnung unten für den Finger bleibt frei.

Aus buntem Filz werden kleine Formen ausgeschnitten und als Augen, Mund, Arme oder Hände auf die Fingerpuppe aufgeklebt. Wolle oder Watte eignen sich als Haare oder Bart. Gesicht und Hände können mit dicken Stiften aufgemalt werden.

Gestalterische Übung

Entwerfen Sie verschiedene Fingerpuppen aus Filz nach Kinderreimen oder eigenen Ideen.

Reflexion

1. Hatten Sie spontan Ideen zu den Gestaltungen Ihrer Fingerpuppen?
2. Welche Schwierigkeiten sehen Sie bei der Herstellung?

Fingerpuppen sind, vor allem wenn sie geklebt werden, einfach herzustellen. Jedoch muss bedacht werden, dass die Finger der Kinder noch recht klein sind und erst ab einem gewissen Alter (ca. Vorschulalter) die Kinder ihre Fingermotorik soweit differenziert haben, dass sie diese für ein Fingerpuppenspiel nutzen können. Dann jedoch können recht schnell und einfach Puppen und kleine Stücke mit den Kindern entwickelt werden.

Anregungen für die gestalterische Arbeit mit Kindern und Jugendlichen

Filzfinger: Mehrere über Kreuz gelegte Lagen aus Filzwolle um einen Finger legen. Anschließend den Finger in warmes Wasser mit Seifenlauge tauchen. Mit der anderen Hand den feuchten Filz vorsichtig reiben und um den Finger filzen. Eventuell noch eine gefilzte Kugel als Kopf an den Filzfinger nähen. Details können aufgeklebt oder eingestickt werden. Diese Technik eignet sich ab dem Grundschulalter, da vorher ein einzelner Finger noch nicht so lange gehalten werden kann.

36.2.2 Handpuppen

Die bekanntesten und ältesten Handpuppen sind die Kasperlefiguren mit Kasperle, Seppl, Großmutter, Krokodil und Polizist. Handpuppen sind Spielfiguren, bei denen der Kopf über den Zeigefinger gesteckt wird und die Stoffarme der Figur vom Daumen und Mittelfinger bewegt werden. Der Kopf wurde früher geschnitzt, später aus anderen Plastiziermaterialien geformt. Körper und Arme waren und sind aus einem Stoffkleid, das über die Hand gezogen wird. Die Handpuppe hat also bewegliche Arme und meist einen beweglichen Kopf. Der Unterkörper bleibt unbeweglich und ist teilweise hinter der Kasperlebühne verdeckt.

Material

Plastiziermasse (siehe auch Kapitel 31.3.4 »Plastiziermasse aus Papier – selbst hergestellt«), Stoffreste, Kleber oder Nähutensilien

Technik

Aus Plastiziermasse wird ein Puppenkopf mit kräftigen Gesichtszügen geformt. Dabei ist es wichtig, ein Loch zum Aufstecken auf den Zeigefinger in den Hals zu bohren (das Loch etwas größer anlegen, da die Masse beim Trocknen schrumpft). Der Hals sollte auch etwas länger sein, damit ein Kleid daran befestigt werden kann. Nach dem Trocknen wird der Kopf bemalt und mit einer Kopfbedeckung (Haare, Kopftuch oder Hut) versehen. Um den Hals kann ein einfacher Umhang mit geknotetem Stoff als Arme geklebt werden. Wer schon Nähtechniken beherrscht, kann die Kasperlefigur mit einem richtigen Gewand mit Armen und Händen aus Filz einkleiden.

Hinter einer halben Bühne können die Spieler (nun unsichtbar) ihre Kasperlefiguren miteinander spielen lassen.

Gestalterische Übung

Gestalten Sie eine Handpuppe mit einem ausdrucksstarken Gesicht. Dabei betonen und übertreiben Sie ruhig die einzelnen Gesichtszüge – so wirkt die Mimik Ihrer Figur am stärksten. Überlegen Sie in Kleingruppen kurze Spielszenen, die Sie Kindern vorspielen können.

4 *Teufel, Handpuppe mit Pappmascheekopf und selbst genähtem Kleid, Johannes (6 Jahre)*

5 *Mädchen, Handpuppe mit Kopf aus geknülltem Kleisterpapier, Minthe (6 Jahre)*

Reflexion

1. Welche Ideen haben Sie zu Ihrer Handpuppe angeregt?
2. Wie erging es Ihnen mit den ersten Versuchen, mit Handpuppen zu spielen?

Spielfiguren können als Hinführung zum Rollenspiel und Theater dienen, da die Kinder nicht mit ihrem ganzen Körper- und Mimikeinsatz auf der Bühne stehen müssen, sondern die Spielfigur als Stellvertreterin agieren lassen können. Reime, Lieder und kleine Geschichten können durch das Spiel der Figuren die Inhalte und Assoziationen intensiv anregen und vertiefen. Neben dem auditiven wird auch der visuelle Sinn angesprochen und beim Selbstspielen sind außerdem motorische Kompetenzen erforderlich. Soziale und emotionale Kompetenzen werden gestärkt: Schon beim Herstellen der Figur identifizieren sich viele Kinder stark mit ihrer Spielfigur und drücken dabei unterschiedliche Wunschvorstellungen aus. Gerade kleine Kinder können ihre selbst hergestellten Handpuppen besser halten als fertig gekaufte, bei denen die Proportionen eher für Erwachsenenhände gemacht sind. Ältere Kinder und Jugendliche erproben sich über die Spielfigur in ihrer Selbstdarstellung und im Ausleben verschiedener Charaktere.

Anregungen für die gestalterische Arbeit mit Kindern und Jugendlichen

♦ **Styroporkugelköpfe** für Handpuppen aus interessant bemalten Styroporkugeln gestalten. Die Kugeln können auch mit selbsttrocknender Knetmasse umkleidet und ausgeformt werden. Mögliche Themen für Charakterköpfe: Zirkusfiguren und Zirkustiere, ein modernes Märchen mit Prinzessin, Königin und König.

♦ **Handschuhfigur:** Kinder verlieren oft im Winter einen Handschuh und für den zweiten gibt es keine Verwendung mehr. Aus diesem Handschuh stellen die Kinder eine einfache Handpuppe her: Sie bemalen ihn nach ihren Vorstellungen und bekleben ihn mit Wolle sowie Filz- und Stoffresten. Auch Handschuhtiere mit einem großen Maul in der Handschuhinnenseite sind eine reizvolle Gestaltungsidee!

◆ **Sockentiere:** Ebenso kann eine alte Socke über die Hand gezogen zu einem Fantasietier werden – entweder brav mit Schleife in den Haaren oder wild mit riesigen gemalten Zähnen im Maul. Die Kinder bemalen und bekleben diese wie die Handschuhfigur mit Filzstiften und Stoffresten.

Strumpfmonster, Stephanie

36.2.3 Stabpuppen

Stabpuppen sind an einem Stock oder Stab befestigte Puppen, die mit diesem bewegt werden. Eventuell sind Arme lose befestigt und können hin- und herschlenkern. Die bekannteste Stabpuppe wird aus einem Holzlöffel hergestellt.

Material

Rundholz, Stoffreste, Wollreste, Filzstifte oder Farbe, Pappe, Schere, Kleber, Holzleim, Watte

Technik

Variante 1: Auf die Pappe wird in einfachen, großzügigen Formen eine Figur gezeichnet. Diese wird mit der Schere ausgeschnitten. Die Stoffreste werden

6 *Stabpuppe mit einem Kugelkopf und geknotetem Kleid, Vanessa*

7 *Stabpuppen auf Pappkörper, Vanessa*

334

nun in Form von Kleidungsstücken passend für die Figur ausgeschnitten und aufgeklebt. Mit den Wollresten können Haare gestylt werden. Nun wird die zweidimensionale Pappfigur an dem Rundholz mit Holzleim befestigt und kann gespielt werden.
Variante 2: Eine Styropor- oder Holzkugel wird als Kopf auf den Rundstab gesteckt. Aus Stoffresten wird durch Wickeln, Knoten und Abbinden ein Körper gebunden, bei dem die Stoffzipfel die Arme und Beine bilden.

Gestalterische Übung
Wählen Sie eine Technik für eine Stabpuppe aus und gestalten Sie diese.

Reflexion
1. Welche Technik zur Herstellung einer Stabpuppe hat Ihnen mehr zugesagt?
2. Welche Vorteile sehen Sie im Spiel mit Stabpuppen im Vergleich zu den Handpuppen?
   Die Technik 1 der Stabpuppen auf Pappe erinnert an die Anziehpuppen, bei denen das Verkleiden und Einkleiden eine große Rolle spielt.

Hier kann der Fantasie für eigene Identifikationsfiguren freier Lauf gelassen werden. Die Stabpuppen aus Variante 2 legen darauf nicht so viel Wert. Beide Modelle stellen unterschiedliche motorische Anforderungen, die abwandelbar sind, z. B. kann die Pappfigur bemalt werden. Lassen Sie die Kinder ruhig selbst ihre Figur zeichnen und ausschneiden. Hier können sie sich mit Körperproportionen auseinandersetzen.
Kleine Kinder können Stabpuppen besser halten und führen als Handpuppen, welche eine konzentrierte Körperhaltung für ein Puppenspiel benötigen. Die Gestaltung mit einem lockeren Gewand oder eine festgelegte Haltung auf Pappe zeigt keine konkreten Bewegungen der Puppe und ist von daher leichter zu spielen. Mehr Differenzierungen in Körperhaltung und Gestik erlauben die Handpuppen im eigenen Spiel. Jedoch lieben es die Kinder, wenn Erwachsene ihnen mit Handpuppen etwas vorspielen und vermitteln. Hier beobachten sie genau das Gestenspiel der Handpuppen und nehmen diese als Figuren sehr ernst.

Anregungen für die gestalterische Arbeit mit Kindern und Jugendlichen

◆ **Stabkopf:** Eine schnelle Variante der Stabpuppe besteht darin, aus Ton oder Plastilin einen Kopf zu plastizieren und diesen auf einen Stock zu stecken. Auf einer einfachen Bühne können diese Köpfe in einer Spielszene mitwirken. Diese Idee kann auch leicht im Wald für ein »Waldgeisterspiel« mit Aststöcken umgesetzt werden. Bei Feuerschein im Dunkeln am spannendsten!

◆ **Kochlöffelpuppe:** Dies ist eine einfache Gestaltungsmöglichkeit für kleine Kinder. Sie bemalen die runde Löffelform als Gesicht und bekleben sie mit Wollresten. Ein Stück Stoff wickeln sie lose um den Stab und kleben oder binden ihn unterhalb des Gesichts fest.

Kochlöffelpuppen, Vanessa

◆ **Überraschungspuppe:** Auf einen Rundstab eine Kugel als Kopf kleben. Um den Rundstab einen mit Stoff verkleideten Kegel aus Pappe formen, sodass die Kegelöffnung nach oben zum Kopf zeigt. Anschließend unter dem Holzkopf ein großzügig geschnittenes, rundes Stück Stoff befestigen. Den unteren Stoffrand in die Kegelöffnung der Pappe kleben. Nun kann der Kopf in dem Kegel nach unten gezogen werden – sich verstecken – und beim Schieben nach oben wieder auftauchen.

36.2.4 Schattenspielfiguren

In den asiatischen Ländern gibt es eine lange Tradition, mit Schattenspielfiguren Fabeln, Märchen und Geschichten zu inszenieren. Ursprünglich wurden die Figuren aus Papier oder Leder gefertigt, das zum Teil kostbar bemalt oder mit Scherenschnittornamenten verziert war. Die Figur an sich sowie Arme, Hände und Beine werden an Stäben geführt. Gespielt wird hinter einer Leinwand, auf der die Schattenbewegungen der Figuren durch eine starke Beleuchtung von hinten sichtbar gemacht werden.

Material

Feste Pappe, Schere, Farben, Locher, Briefklammern mit rundem Kopf, fester Draht oder dünne Holzstäbe

Technik

Aus Pappe wird ein Rumpf mit Kopf geschnitten, passend dazu Arme und Beine. Dabei muss entschieden werden, ob die reine Seitenansicht oder (für eine bewegliche, ausdrucksstarke Figur) eine Mischung der Ansichten gewählt wird. Auf jeden Fall sollte das Gesicht als Seitenansicht geschnitten werden, mit markanten, leicht übertriebenen Merkmalen wie großer Nase oder hoher Stirn. Kleine Details lassen sich scherenschnittartig einfügen.

Arme und Beine werden durch Briefklammern beweglich mit dem Rumpf verbunden, nachdem mit dem Locher ein Loch gestanzt wird (eventuell mit Beilagscheiben). Falls die Figur nicht nur für Schattenspiele verwendet wird, kann sie auch bemalt werden. Nun wird die Figur mit Draht am besten am Kopf oder an der Brust am sogenannten Lebensstab zum Halten befestigt. An die Arme kommt ein feiner Führungsstab aus Holz oder dickerem Draht.

Das Theaterspiel findet statt hinter einem aufgespannten weißen Bettlaken, das von hinten beleuchtet wird (Strahler, Diaprojektor). Zu beachten ist, dass die Figuren dicht an der Leinwand geführt werden müssen, um deutlich sichtbar zu sein.

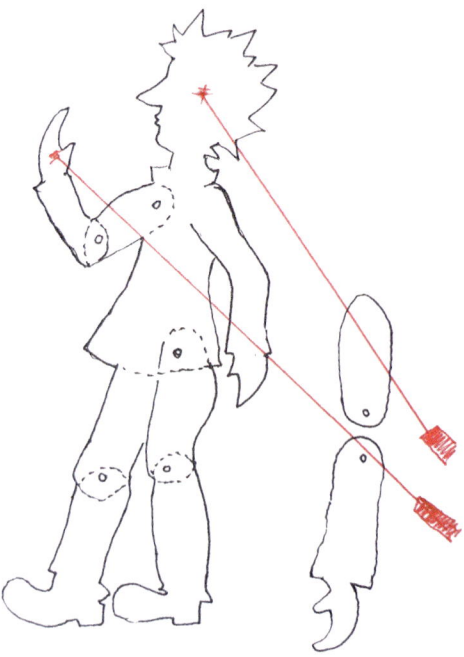

8 *Asiatische Schattenspielfigur*

9 *Schattenspielfigur mit angezeichneten Gliedern und den Führungsstäben (rot)*

10 *Hexe, Schattenspielfigur mit beweglichem Arm, Anne*

Gestalterische Übung
Wählen Sie ein Märchen aus, das Sie in Kleingruppenarbeit mit Schattenspielfiguren ausstatten und spielen.

Reflexion
1. Welche Schwierigkeiten inhaltlicher und technischer Art hatten Sie zu überwinden?
2. Für welche Altersgruppe können Sie sich diese Technik vorstellen und was müssen Sie beachten?

Da die Herstellung von detaillierten Schattenspielfiguren sowohl feinmotorisches Geschick erfordert als auch eine gute Vorstellungskraft, wie die Figuren als Schatten wirken, eignet sich diese Theatertechnik frühestens für Schulkinder. Die Kinder müssen sich bereits etwas in den verschiedenen perspektivischen Ansichten eines Körpers auskennen. Gleichzeitig wird gerade bei solch einer Gestaltung die Beobachtung und die Körperwahrnehmung von Proportionen unterstützt. Bei der Planung eines Theaterstücks muss auf eine klare Rollenaufteilung, einen deutlichen roten Faden und eine logische Struktur des Spiels geachtet werden. Je weniger Details und Nebenschauplätze, desto eindrucksvoller das Spiel!

36.2.5 Marionetten
Die aufwendigsten Spielpuppen sind Marionetten, die aus verschiedenen Gliedern, die an Fäden befestigt sind, und einem Lenksystem für die Bewegung der Glieder hergestellt werden. Marionetten haben eine lange Tradition und historische Bedeutung. In der Tschechei besteht heute noch eine große Marionettenspielkultur. Die Marionette Pinocchio mit der langen Nase ist eine berühmte Kinderbuchfigur, die die Entstehung und Erlebnisse einer Marionette aus Holz beschreibt. Die Augsburger Puppenkiste hat mit ihrem Marionettenspiel viele Theaterstücke im deutschsprachigen Raum erfolgreich aufgeführt.

Früher wurden Marionetten meist aus weichem Lindenholz geschnitzt. Heute werden einfacher zu bearbeitende Materialien wie Pappmaschee oder Styropor mit Stoff verwendet. Im Gegensatz zur Handpuppe kann die ganze Figur sehr realitätsgetreu in verkleinertem Maßstab dargestellt werden. Die Marionette wird nur über die Fäden gelenkt und gespielt, der Spieler bleibt dabei verdeckt. So erhält die Marionettenfigur für die Betrachter ein ganz eigenständiges Leben. Für das Spiel ist eine Bühne zu empfehlen, bei der die Figuren unten zu sehen sind und der Spieler oben stehend verdeckt bleibt.

Material
Pappmaschee (siehe auch Kapitel 31.3.4 »Plastiziermaterial aus Papier – selbst hergestellt«), Holzreste, Stoff, Ringösen, Acrylfarbe, Kleber oder Nähutensilien

Technik
Zuerst werden der Kopf und der Rumpf aus Pappmaschee plastiziert. Dabei kann der Kopf fest auf dem Rumpf aufsitzen oder frei beweglich später mit einer Öse verbunden werden. Im nächsten Schritt wird das Skelett der Figur geformt: Ober-

arme, Unterarme mit Händen sowie Oberschenkel und Unterschenkel mit Füßen oder Schuhen. Nach dem Trocknen und Bemalen werden alle Teile über Ringösen, die in die zu verbindenden Teile gedreht werden, miteinander verbunden. Nun kann die Figur noch mit Stoffresten eingekleidet sowie mit Wollhaaren und anderen Details vervollständigt werden, um ihr einen Charakter zu verleihen.

Durchsichtige Nylonschnüre werden an Kopf, Händen, Knien und Füßen befestigt, um die Figur naturgetreue Bewegungen ausführen zu lassen. Die Schnüre sind mit dem sogenannten Marionettenkreuz verbunden (auf ausreichende Schnurlänge ist zu achten, damit die Bewegungen leicht ausführbar sind).

Als Alternative können Restholzstückchen oder zersägte Aststückchen zu einer Marionette zusammengefügt werden.

Material und Bau des Marionettenkreuzes

Ein Rundholz (ca. 36 cm lang und 1 cm Durchmesser), ein weiteres Rundholz (ca. 28 cm lang und 1 cm Durchmesser), kleine Nägel, Holzleim In beide Rundhölzer jeweils bei einer Länge von 13 cm eine ca. 1,2 cm breite und 0,6 cm tiefe Kerbe sägen oder mit einem scharfen Küchen- oder Taschenmesser einkerben. An den Enden der Stäbe jeweils eine Einkerbung schneiden, um eine Befestigungsmöglichkeit für die Fäden der Marionette zu

erhalten. Die Einkerbungen mit Holzleim bestreichen, aufeinandersetzen und mit zwei Nägeln fixieren. Abschließend für die Fadenbefestigungen Einkerbungen an den Stabenden schneiden und darin die Fäden der Marionette befestigen.

Gestalterische Übung

Entwerfen Sie für die Gestaltung mit Pappmaschee eine Skizze für Ihre Marionette. Setzen Sie diese Einzelteile um. Wollen Sie mit Holzresten arbeiten, legen Sie Ihre Marionette mit allen Einzelteilen aus, bevor Sie daran gehen, die Ösen zu befestigen.

Entwerfen Sie in Kleingruppenarbeit ein kleines Marionettenspiel.

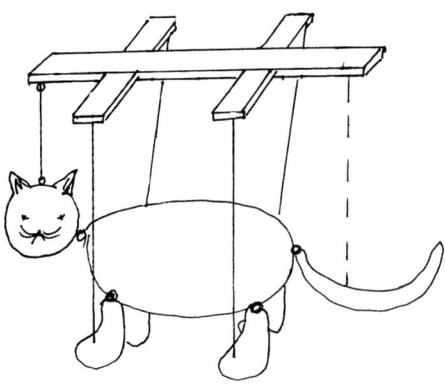

11 *Zeichnung mit Fadenführung und Marionettenkreuz*

12 *Waldgeist, Marionette, Ulla*

Reflexion

1. Welche Arbeitsschritte fanden Sie am schwierigsten, welche am reizvollsten?
2. Sammeln Sie in Kleingruppen Ideen und Umsetzungsmöglichkeiten für verschiedene Altersgruppen. Welche Ideen haben Sie für Marionettenspiele?

Für das Bauen von Marionetten müssen die Kinder schon klare Vorstellungen von dem, was sie bauen wollen, entwickeln. Sie müssen planen können, um in verschiedenen Arbeitsschritten über einen längeren Zeitraum »ihr Projekt« zu verfolgen und zu Ende zu bringen. Marionettenbau und -spiel eignen sich für Kinder ab Vorschulalter, wenn sehr einfache Modelle aus Stoff wie Gespenstermarionetten (siehe unten) gestaltet werden. Marionetten an einem Spielkreuz können erst von Grundschulkindern gebaut werden, wenn sie die technischen Zusammenhänge verstehen können. Es gibt aber auch einfache Umsetzungsmöglichkeiten wie Tiermotive, bei denen nur der Kopf und Schwanz geführt werden und die Beine lose hängen bleiben. Jugendliche können aufwendigere Figurenmarionetten aus mehreren Gliedern bauen und auf einer entsprechend entworfenen Bühne spielen. Dafür lassen sich gesellschaftskritische Themen aufgreifen und umsetzen.

Gestalterische Übung: Gespenstermarionette

Ein großes quadratisches Tuch wird in der Mitte über ein dickes Stück Watte gelegt und mit Schnur zum Kopf abgebunden. Jeweils zwei Ecken des Tuches werden ebenso abgebunden als Hände. Nun werden an Kopf und Händen Fäden befestigt, die an einen Stab nebeneinander (außen – Mitte – außen) gebunden werden. Nun kann durch Bewegen des Stabs das Gespenst seine Gruseltour beginnen!

36.3   Gestalten der Bühne

Viele Spielfiguren brauchen keine Bühne, sondern können vor Ort ihr Spiel beginnen. Durch eine Bühne und ein Bühnenbild erhalten die Figuren jedoch einen besonderen Rahmen und Aufmerksamkeit. Die einfachste Bühne kann mit einem Stuhl oder Tisch, über den ein weites Tuch gehängt wird, improvisiert werden.

Eine ebenfalls einfache Bühne entsteht durch das Aufstellen einer Flügelbühne aus einer festen Kartonwand, die zum Stehen an zwei Seiten abgeknickt wird. Im Mittelfeld des Kartons ist wie ein Rahmen ein großes Fenster herausgeschnitten, hinter dem gespielt wird. Die dicke Pappe sollte passend zum Thema des gespielten Stücks bemalt werden. Die Flügelbühne kann als Tischbühne oder größer im Raum stehend von den Kindern selbst gestaltet werden. Aus Holz mit Scharnieren versehen hat sie eine lange Überlebensdauer, erfordert jedoch einen größeren Aufwand und mehr handwerkliches Geschick.

In einer aufwendigeren Variante wird der Innenraum einer großen, am besten erhöhten Bühne gestaltet, d. h., das Bühnenbild ist durch das Bühnenfenster zu sehen und dazwischen agieren die Spielfiguren. Das Bühnenbild lässt sich auswechseln, während der Bühnenrahmen fest stehen bleibt. Der Bühnenrahmen kann auch aus Holz gesägt und bemalt werden und mit einem Vorhang versehen werden. So lassen sich die einzelnen Szenen sichtbar voneinander trennen, indem der Vorhang auf- und zugezogen wird.

13 *Kasperlebühne*

36.4 Masken gestalten

36.4.1 Kreatives Rollenspiel und faszinierendes Kunstobjekt

Masken haben schon immer eine faszinierende Wirkung sowohl auf den Träger als auch auf den Betrachter ausgeübt. Sie ermöglichen es, anonym in eine andere Rolle zu schlüpfen und die Eigenschaften der Maske zu übernehmen. Dieser Aspekt spielt bei schamanischen Masken eine große Rolle, aber auch in Karnevalsmasken liegt diese Kraft der Verwandlung. Die Betrachter hingegen sind mit etwas Unbekanntem, Verborgenem konfrontiert und müssen sich damit auseinandersetzen. In Theaterstücken stellen Masken oft Charaktere mit festen Rollen dar wie »die Alte«, »die Melancholie« oder »die Wut«. Nicht alle Masken werden gespielt, manche werden als Kunstobjekte hergestellt und aufgehängt oder aufgestellt. Die Herstellungsweise richtet sich nach diesen Zielen: Will ich mit der Maske auf die Bühne und ein Theaterstück spielen? Will ich einen kunstvollen Abdruck meines Gesichts erstellen oder will ich im Karneval einfach mal anders sein?

Je nach Alter der Kinder können die im Folgenden beschriebenen Masken zur Körperwahrnehmung, zum Theaterspielen oder einfach nur für künstlerischen Ausdruck genutzt werden. Für ein selbst entwickeltes Maskenspiel müssen die Masken in Größe und Form aufeinander abgestimmt werden. Dies erfordert eine vorhergehende Planung und Absprache.

Aufgabe

Suchen Sie Bilder von Karnevalsmasken aus verschiedenen Landesteilen und Ländern. Erkundigen Sie sich nach den Bedeutungen der einzelnen Masken und Karnevalsriten, z. B. Karneval in Köln, Bremer Karneval, Karneval in Venedig, Karneval in Rio.

36.4.2 Schminkmasken und Papiermasken – einfach herzustellen

Es gibt viele Bücher, in denen konkrete Vorlagen und Vorbilder für verschiedene Masken enthalten sind. Lassen Sie die Kinder nach ihren eigenen Vorstellungen und Fähigkeiten (entwicklungsabhängig!) Masken gestalten und sich darin ausprobieren. So entstehen individuelle und originelle Spielmasken mit ganz unterschiedlichem Ausdruck.

Schminkmaske: Die schnellste Maske der Welt ist das Schminken des Gesichts. Durch Farb- und Formenauftrag werden die Gesichtszüge verändert und verfremdet. Durch betonte Mimik wird die Maske lebendig. Es gibt gute hautverträgliche Schminkfarben auf Wasserbasis.

»Für spontane Spielideen an Regennachmittagen waren die Papiermasken genial. Die Kinder improvisierten schnell mit verschiedenen Gesichtern und Rollen. Diese Masken vermitteln eine große Leichtigkeit!« (Agnieszka, Schülerin)

14 *Es macht Spaß, sich selbst zu schminken!*

Papiermaske: Ein einfaches großes Papier wird durch Einschneiden von Augenlöchern und einer Mundöffnung zur Maske. Kleine Veränderungen der Formen haben hierbei eine große Wirkung! Mit einem Gummiband kann die Papiermaske am Kopf befestigt werden.

Papiertütenmaske: Ähnlich funktioniert das Prinzip der Papiertütenmaske, in die Augen- und Mundöffnungen geschnitten werden. Am besten eignen sich hierfür große Einkaufspapiertüten, wie es sie in manchen Supermärkten gibt (unbedingt aus Papier). Zusätzlich können Haare, große Ohren oder andere Details aus Papier geschnitten und angeklebt werden. Über den Kopf gezogen besitzen die Spieler plötzlich übergroße verfremdete Köpfe mit eigenem Ausdruck. Natürlich kann die Papiertüte auch bemalt werden.

Papiertellermasken: Ebenso schnell lassen sich aus Partytellern aus Pappe, die schon eine runde Form haben, Masken herstellen. Beim Schneiden, Kleben und Bemalen sind der Fantasie keine Grenzen gesetzt. Mit einem Gummiband können die Masken am Kopf befestigt werden.

36.4.3 Gipsmasken – anspruchsvoll und aufwendig

Etwas aufwendiger in der Herstellung ist die Gipsmaske. Ihr Vorteil ist, dass sie genau auf das Gesicht des Trägers passt. Sie kann als Vollmaske oder wie das venezianische Modell als Halbmaske gearbeitet werden. Diese Maske ist stabiler und länger verwendbar als eine einfache Papier- oder Pappmaske. Die genaue Anleitung für eine Gipsmaske ist zu finden im Kapitel 29.4.6 »Gipskörperformen und Gipsmasken«.

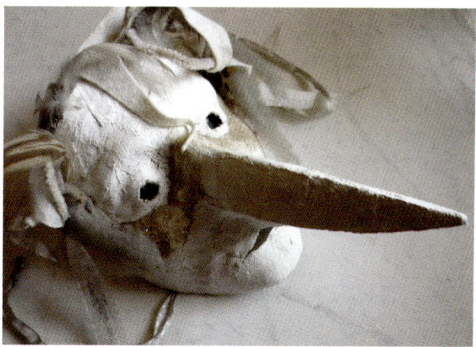

15 *Gipsmaske mit angesetzter Pappnase*

Projektaktivität   **MASKENBAU**

Masken üben auf fast alle Menschen und zu allen Zeiten eine Faszination aus. Sie geben den Menschen die Möglichkeit, sich zu verwandeln, in andere Rollen zu schlüpfen und neue Verhaltensweisen auf diesem Weg auszuprobieren. Ähnlich wie beim Verkleiden können Vorbilder nachgeahmt werden. Der Maskenträger erhält eine neue Identität und probiert andere, z. B. bedrohliche Gestalten, einmal »von innen« aus. Maskenspiel ist ein Wechsel von Innen und Außen, von Individuum und Umwelt.

Einstimmung

◆ Die Kinder betrachten sich genau im Spiegel und zeichnen sich oder sie zeichnen sich gegenseitig und benennen, was sie sehen.

Papiermaske, unbemalt

- Die Kinder betasten ihr Gesicht und erfühlen die unterschiedlichen Formen und Rundungen, dann malen sie sich blind.
- Mit einem »Gucki« (= Pappstreifen mit einem Loch zum Sehen oder eine Klopapierrolle) beobachten die Kinder ihre Umgebung und entdecken weitere Gesichter. Dies schärft ihre Wahrnehmung für unterschiedliche Formen und Linien und unterstützt abstrahierendes Vorstellen.
- Die Kinder reißen und schneiden aus Papier (A4 oder größer) Gesichter.
- Falls sich in erreichbarer Umgebung ein Museum mit Masken befindet, wird dieses mit den Kindern besucht und dabei Beobachtungen und Überlegungen zu Masken angestellt.
- Den Kindern wird Buch- und Bildmaterial für gestalterische Anregungen zur Verfügung gestellt. Der Maskenbau kann unter bestimmten Themen erfolgen, »Gefühle«, »Schutzmasken« oder »Tiermasken« (z. B. nach einem Besuch im Zirkus). Auch ein Märchenbuch mit verschiedenen Rollen kann Anregungen für einen Maskenbau geben.

Technik des Maskenbaus

Nun formen die Kinder in Ton eine Maske. Die Tonmaske wird mit einer Frischhaltefolie abgedeckt, bevor sie mit eingekleisterten Papierstreifen und -schnipseln kaschiert wird. Mindestens drei Schichten Malerabdeckpapier oder sechs Schichten Zeitungspapier müssen aufgetragen werden. Nach dem Trocknen wird die Maske bemalt und beklebt. Meist kann der Ton weiterverwendet werden. Planen Sie eine Trocknungszeit von ca. einer Woche für die Pappmascheemaske ein! In der Zwischenzeit können das Bühnenbild, die Kulisse oder auch schon Verkleidungen hergestellt werden.

Mit den fertigen Masken wird ein Maskenball veranstaltet, denn der Tanz erweckt die Maske zum Leben. Kleine individuelle Aufführungen zu den einzelnen Masken verdeutlichen die verschiedenen Charaktere. Auch eine Ausstellung mit den Masken ist interessant.

Diese Projektaktivität ist auch schon für kleinere Kinder geeignet. Dann sollten die Masken jedoch nicht für ein längeres Maskenspiel aufgesetzt werden, sondern z. B. an einem Stab getragen werden.

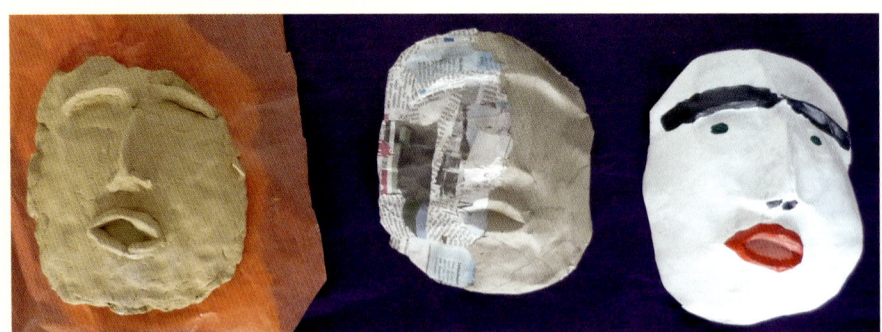

Die drei Stadien einer Maske: links Modell aus Ton, Mitte Kleisterpapier grob und fein (Zeitung), rechts bemalt

37 VERARBEITUNG TEXTILER MATERIALIEN

37.1 Zurück zur Handarbeit

Handarbeiten wie Nähen, Stricken, Sticken, Weben oder Häkeln sind in den letzten Jahren völlig aus der Mode gekommen. Kinder erleben nur noch selten, wie zu Hause Kleidung genäht oder geflickt wird, da das »Neukaufen« meist zeitsparender und oft billiger ist. So lernen die Kinder eher zu konsumieren, als selbst etwas mit textilen Materialien herzustellen, und sie finden keinen gestaltenden Bezug zu diesen Materialien, die im Alltag allgegenwärtig sind.

Die Herstellung und Verarbeitung textiler Materialien war schon immer für die Menschen wichtig. In erster Linie schützen Kleider gegen die Witterung, wärmen und schmücken die Menschen. Man findet textile Materialien auch bei der Gestaltung von Zelten, Innenräumen (Sofa, Bett, Teppiche, Wandbehänge, Vorhänge, Kissen) sowie als Schmuck oder in der Kunst. Immer waren und sind textile Produkte auch verknüpft mit Statussymbolen. In der Kleidermode findet ein steter Wechsel statt und es wird diktiert, was »in« und zu erwerben ist.

Traditionsgemäß wurden die Kenntnisse über Handarbeiten und textiles Gestalten von einer Generation zur nächsten weitergegeben. Vor allem Frauen und Mädchen war dieser Bereich zugänglich und er wurde in den Schulen gelehrt. Heute gibt es diese Geschlechtertrennung in den Schu-

1 *Sinnlicher Stoff einfach verarbeitet*

len nicht mehr und die Techniken werden kaum noch ausreichend vermittelt. Die Kinder erhalten wenig Wissen über die Herstellung ihrer Kleidung, die oft fernab von unseren Alltagssituationen in Billiglohnländern genäht wird. Für ältere Kinder und Jugendliche eignet sich das Thema »Kleidung und Textilien« sehr gut im Zusammenhang mit Fragen nach Fairtrade und Nachhaltigkeit.

Kinder verkleiden sich gern. Auf spielerische Weise benutzen sie Textilien unterschiedlicher Größe, Formen und Materialien, um neue Eindrücke zu

2 *Sofa mit verschiedenen Stoffkissen*

3 *Kunstvolle Mode*

erfahren. Durch Wickeln, Raffen und Krempeln setzen sie sich mit den verschiedenen Eigenschaften von Textilien auseinander. Um sich selbstständig anzuziehen, müssen sie lernen, die verschiedenen Verschlüsse und Verbindungen von Textilien zu handhaben. Aufgrund von Vorlieben für Farbe, Material und Form entscheiden Kinder bald selbst, was sie anziehen wollen. Hierbei werden erste Erfahrungen in handlungsrelevante Entscheidungen umgesetzt.

Kinder sind in ihrem Alltag überall von textilen Gestaltungen umgeben. Daher ist es wichtig, ihre Wahrnehmung und Experimentierfreudigkeit für diese Materialien zu unterstützen und einfache Grundtechniken zu vermitteln. Stoffe, Fasern, Fäden, Wolle und Gewebe bieten vielfältige Gestaltungsmöglichkeiten und sehr sinnliche Erfahrungen. Mit einem großzügigen Angebot an unterschiedlichen Materialien können die Kinder interessante Experimente entwickeln. Bei der Beobachtung und Durchführung von Handarbeiten erfahren sie etwas über Arbeitsabläufe beim Nähen oder Sticken, üben sich in der Handarbeit und im feinmotorischen Geschick.

37.2 Material und Werkzeug

Material
Jute, Sackleinen, Baumwollstoffe, Synthetikstoffe, Nesselstoffe, Futterstoffe, Faserpelze, Wollstoffe, Frottee, alte Bettlaken, alte Vorhänge, Altkleider (gereinigt)

4 *Wolle, Schnüre, Nähnadeln*

Fadenmaterial: Sisalschnur, Bindfäden verschiedener Dicke, Wollreste, Nähgarne, Stickgarne, Gartenbast, Hanf (Klempnerbedarf), Seile aus verschiedenem Material

Zusatzmaterial: Knöpfe, Perlen, Pailletten, Stofffarben, Batikfarben, Ölkreiden, Teppichklebeband, verschiedene Kleber (Kleister eignet sich gut für einfache und großflächige Klebearbeiten; für kleine Klebestellen, bei denen der Kleber unsichtbar bleiben soll, gibt es speziellen Stoffkleber)

Werkzeug
Verschiedene Stoffscheren, Stecknadeln, Sticknadeln (große Größen), Nähnadeln, Tacker

37.3 Fasern und Fäden erforschen

In einem ersten Schritt können die Kinder verschiedene textile Materialien, Fasern und Fäden wahrnehmen. Dies geschieht mit den Händen und Fingern – die Kinder tasten, fühlen, knittern, drücken und streicheln. Der taktile Sinn wird gefordert, Oberfläche und Struktur, Gewicht und Dicke zu erfassen. Ein visuelles Erlebnis ist das Betrachten der Oberflächengestaltung, Struktur und Farbe eines Stoffes. Oft sind Stoffe gemustert oder mit Motiven bedruckt. Durch Schneiden und Reißen erkennen die Kinder Unterschiede in den Eigenschaften von Stoffen und Fäden. An den Schnittkanten können die Kinder erfahren, dass textile Gewebe aus einzelnen Fäden/Fasern hergestellt werden: Einzelne Fäden lassen sich herauslösen und die Konstruktion des Gewebes (des »Gewebten«) wird sichtbar. Beim Auftrennen von Kleidungsstücken erkennen sie, dass diese aus einzelnen Teilen zusammengenäht wurden. Durch das großzügige Einwickeln und Einpacken von Personen und Gegenständen in Textilien können Kinder das sinnliche Vergnügen des Einhüllens in Stoff als zweite Haut erleben. Dreidimensionale Gestaltungen mit Stoffen werden angeregt. Ebenso deutlich wird, dass nur Stoff die Eigenschaft besitzt, in weiche Falten zu fallen. All diese Wahrnehmungsaktivitäten sind die Basis für eigenes Experimentieren und weiteres Gestalten mit Textilien.

Erinnern Sie sich an Ihre eigenen ersten Erfahrungen mit Stoffen und Stoffverarbeitung? Welche Stoffe haben Sie inspiriert, welche Techniken haben Sie interessiert? Tauschen Sie sich in Kleingruppen aus, wie Sie Ihre Erfahrungen für die Praxis heute anwenden würden.

37.4 Gestalten mit Faden, Schnur und Band

37.4.1 Wickeln und Schnüren

Wickeln und Schnüren, Verbinden und Knoten sind die grundlegenden Tätigkeiten mit Fäden und Schnüren. Auch diese Techniken erfordern manuelles Geschick. Das Verbinden und Zusammenbinden interessiert Kinder sehr und Wollreste, Schnüre, Seile sowie Fäden üben eine große Faszination auf Kinder aus.

Material

Sisalschnur, Hanf, Bindfäden, Wollfäden, Verbandsmaterial, Geschenkbänder
Zusatzmaterial: Stöcke, Steine, Heu, Alltagsgegenstände

Gestalterische Übung

Wickeln und schnüren Sie Stöcke und Steine mit unterschiedlichen Schnüren und Fäden. Beobachten Sie dabei die Veränderungen am Objekt, das gewickelt wird.

6 *Umwickelte Steine*

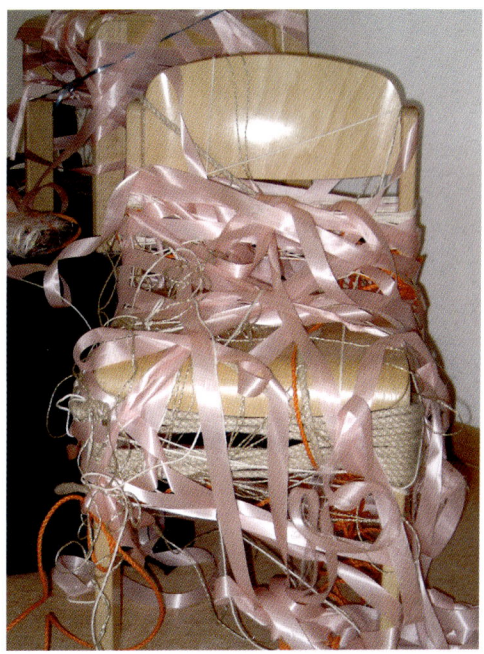

5 *Ein Stuhl wird mit Schnüren verfremdet*

Reflexion

Wie haben Sie die Tätigkeit des Schnürens und Wickelns erlebt? Wie wirken die Veränderungen durch die Schnüre?

Durch das Wickeln und Schnüren werden die Alltagsdinge verfremdet und oft ihrer Funktion beraubt. Die Wickelgegenstände werden zu Kunstobjekten. Wir können sie neu wahrnehmen und es kann z. B. beim Vernetzen eines Raums neue und spannende Bewegungsabläufe geben.

37.4.2 Kordeldrehen

Bei dieser einfachen Technik können die Kinder erste praktische Erfahrungen über das Herstellen fester Fäden und Seile erhalten.

Material

Verschiedene Wollreste, Schnüre, Fäden oder Bast, Schere, Kleber

7 Eine gedrehte Kordel und eine mit Fingern gehäkelte Schnur (rechts)

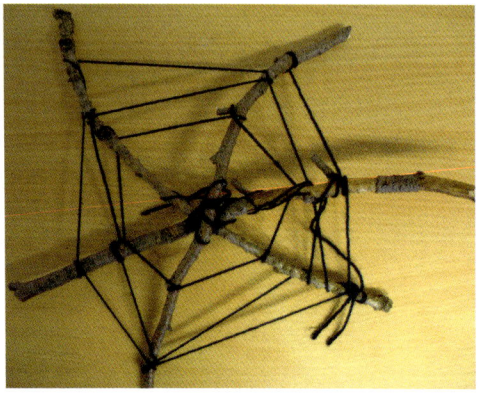

8 Spinnennetz, aus Fäden geknüpft

Technik

Die einzelnen Fäden werden miteinander zu einem festen Strang verdreht. Dann wird der gedrehte Strang einmal zusammengelegt und in die Mitte des Stranges ein schwerer Gegenstand gehängt. Nun werden die offenen Enden des Stranges in die Luft gehalten – der Strang dreht sich aufgrund der Spannung mithilfe des Gegenstands zu einer festen Kordel.

Gestalterische Übung

Drehen Sie Wollfäden oder/und andere Fasern zu einer Kordel. Experimentieren Sie mit verschiedenen Materialien und Farben. Überlegen Sie sich Gestaltungen mit den Kordeln, z. B. in Formen auf Stoff kleben.

Reflexion

Welche Erfahrungen haben Sie beim Drehen der Kordel gemacht?

Das Herstellen von Schnüren und Seilen hat eine alte Tradition. Es stärkt das Selbstbewusstsein der Kinder, wenn sie diese in ihrer eigenen Farbkombination selbst herstellen können und nicht nur von gekauften Produkten abhängig sind. Zudem werden Handmotorik und Konzentration gefördert. Physikalische Gesetzmäßigkeiten können beobachtet werden.

Anregungen für die gestalterische Arbeit mit Kindern und Jugendlichen

◆ **Flechten:** Haare werden zu Zöpfen geflochten oder bunte Bänder und Schnüre miteinander verflochten. Die Kinder erlernen dabei handmotorisches Geschick sowie einem festen, logischen Arbeitsablauf zu folgen.

◆ **Fingerhäkeln:** Ältere Kinder können schon mit einem dickeren Faden »häkeln«, um eine Schnur herzustellen.

◆ **Schnüre im Raum:** Schnüre, gerissene Stoffbänder, Schleifenbänder und Wollreste können miteinander verknüpft und dann kreuz und quer durch den Raum gespannt werden. So wird die Räumlichkeit verändert und alle müssen sich anders in diesem Raum bewegen: über Schnüre steigen, unter Bändern durchkriechen. Die Kinder üben dabei knoten, binden und verbinden. Das Verbinden und Verspinnen von Räumen (auch im Außengelände) regt die Kinder an, kreative Lösungen für Raumveränderungen zu finden. Spinnennetze können als Anregungen aus der Natur dienen.

◆ **Schnüre aus Folie:** Die Kinder verknüpfen und vernetzen ungewöhnliche Materialien wie Abdeckfolien aus dem Baumarkt, die in Streifen geschnitten wurden. Diese Übung ermöglicht neue Erfahrungen mit alten Techniken. Interessante Raumteiler und Wandbehänge oder sogar fantasievolle Kleidungsstücke können mit diesen Materialien entstehen.

◆ **Segelknoten:** Grundschulkinder lernen aus Fachbüchern, die verschiedenen Segelknoten zu knüpfen. Entsprechende Literatur zeigt die Knoten und deren Anwendungsmöglichkeiten. Diese Knoten sind gut im Alltag zu gebrauchen!

◆ Mit einer **Strickgabel** oder einer (selbst gebauten) **Strickmaschine** aus Holz können Kinder erste Strickerfahrungen sammeln. Mit der Strickgabel können Schnüre, mit der Strickmaschine sogar Flächen gestrickt werden. Es ist eine rhythmische Tätigkeit, die die Konzentration fördert. Ältere Kinder verwenden eine »Strickliesel«.

Strickmaschine

1. Überlegen Sie, welche Kompetenzen Sie mit dem Knoten und Kordeldrehen fördern können.

2. Überlegen Sie sich Möglichkeiten für Kinder, die selbst gedrehten und geflochtenen Schnüre und Bänder weiterzuverwenden, um Motivationsanreize zu geben.

3. Informieren Sie sich über weitere Gestaltungstechniken mit Schnüren wie Freundschaftsbänder oder Perlenflechten. Was können Sie welchen Kindern anbieten?

»Ich war in der Praxis erstaunt, dass auch viele Jungen so ein Interesse an textilem Gestalten zeigten. Sie genossen es, mit den bunten und weichen Stoffen zu experimentieren. Auch das Nähen fanden sie spannend und waren stolz auf ihre ersten selbst genähten Stofftiere.« (Petra, Schülerin)

37.4.3 Erste Stiche

Mit stumpfen, großen Sticknadeln können Kinder erste Stick- und Nähversuche machen. Dabei sind die Raumvorstellungskraft der Kinder (was ist oben/was ist unten?), die Feinmotorik und ein gutes Maß an Konzentration gefordert. Die Kinder müssen sich darauf konzentrieren, wie sie Stoff und Nadel halten, wie sie einstechen und den Faden durchziehen, ohne den Stoff zu raffen.

Material

Grober Jutestoff, stumpfe, dicke Sticknadeln, farbintensives, dickes Stickgarn oder grobe Fäden, Schere

Technik

Wenn kein Motiv vorhanden ist, sollten die Vorder- und Rückseiten des Stoffs für die Kinder gekennzeichnet werden. Auch die Einstichlöcher können markiert werden. Eingestochen wird immer abwechselnd von der Rückseite und der Vorderseite. Dies ist ein einfaches Auf und Ab der Stiche. Bei einer zweiten Technik wird die Nadel über die

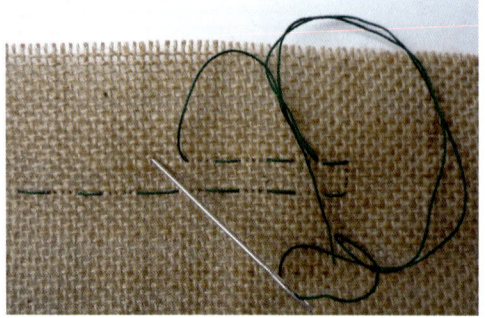

9 *Erste Stiche auf grober Jute*

10 *Eine spitze Nähnadel und eine stumpfe Sticknadel*

Experimentieren Sie mit einer oder mehreren Stickfadenfarben. Beginnen Sie zuerst mit einem nicht gegenständlichen Fadenspiel, bevor Sie eine gegenständliche Stickzeichnung gestalten.

Reflexion

Welche Unterschiede haben Sie beim einfachen Sticken im Vergleich zum gegenständlichen Sticken festgestellt?

37.4.4 Weben

Das Weben ist eine uralte Technik, um textile Gewebe herzustellen. Bereits im Neolithikum waren Webstühle bekannt, bei denen die sogenannten Kettfäden mit Steinen beschwert an Ästen hingen.

Stoffseite geführt. Die Stichlängen dürfen nicht zu lang sein. Die Kinder üben einen regelmäßigen Stich mit möglichst gleichen Abständen. Die Fadenenden können auf der Rückseite hängen gelassen werden.

Gestalterische Übung

Schneiden Sie sich ein Stück Jute zurecht. Mit einem bunten Faden beginnen Sie, ohne Vorzeichnung spielerische Fadenlinien aufzusticken.

Anregungen für die gestalterische Arbeit mit Kindern und Jugendlichen

◆ Die Kinder fertigen ein Stickbild auf Karton als Vorübung für das Sticken auf Stoff an.

◆ Die Kinder zeichnen eine einfache Gestaltung auf Karton und lochen/stanzen diese Zeichnung mit einer sogenannten »Prickelnadel« (für das Stanzen empfiehlt sich eine feste Unterlage aus Styropor oder Teppich). Anschließend verwenden sie die vorgestanzten Löcher für erste Stickversuche mit Nadel und Faden.

◆ Die Kinder probieren verschiedenste Materialien zum Sticken aus und verwenden unterschiedliches Fadenmaterial. Dabei erlangen sie Kenntnisse darüber, dass die Fadendicke, die Größe der Nadelöse und die Stoffbeschaffenheit zueinander passen müssen.

Stickmotiv Vogel, Thetis (8 Jahre)

◆ Die Kinder bemalen und bekleben die Zwischenräume von Stickereien mit anderen Materialien wie Papier, Stoffresten oder Naturmaterialien. Auch Pailletten können einen glitzernden Blickfang ergeben. Mit dem Stickfaden lassen sich auch Perlen aufnähen.

◆ Ältere Kinder entwerfen eigene Motive für einfachen Leinstoff oder sogar für die Verzierung von Jeans und Jacken, die sie eigenständig sticken.

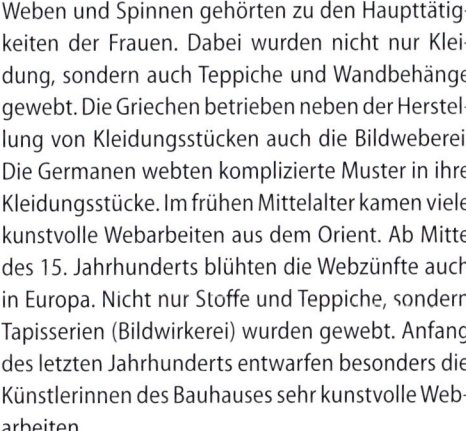

11 *Benita Otte: Kinderzimmerteppich, gewebt, 1923*

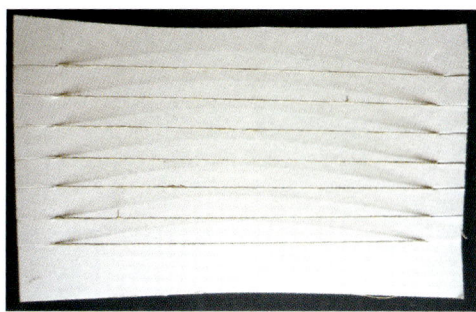

12 *Weben auf Pappe*

Weben und Spinnen gehörten zu den Haupttätigkeiten der Frauen. Dabei wurden nicht nur Kleidung, sondern auch Teppiche und Wandbehänge gewebt. Die Griechen betrieben neben der Herstellung von Kleidungsstücken auch die Bildweberei. Die Germanen webten komplizierte Muster in ihre Kleidungsstücke. Im frühen Mittelalter kamen viele kunstvolle Webarbeiten aus dem Orient. Ab Mitte des 15. Jahrhunderts blühten die Webzünfte auch in Europa. Nicht nur Stoffe und Teppiche, sondern Tapisserien (Bildwirkerei) wurden gewebt. Anfang des letzten Jahrhunderts entwarfen besonders die Künstlerinnen des Bauhauses sehr kunstvolle Webarbeiten.

Beim Weben lernen die Kinder den Aufbau eines Stoffes kennen. Sie müssen neben der rhythmischen Tätigkeit auch Konzentration und Fingerfertigkeit üben. Die einzelnen Webschritte erfordern immer wieder »Kehrtwendungen nach bestimmten Regeln«, damit ein stabiles Gewebe entsteht. Um größere Stücke herzustellen, braucht es Ausdauer und Geduld, daher bietet es sich an, diese Tätigkeit über einen längeren Zeitraum einzuplanen.

Material
Feste Pappe, Schere, Wollreste, Fäden, Schnüre

Technik
Einfache Webrahmen lassen sich schnell aus einem Stück fester Pappe herstellen. Dieses wird in ein längliches Format geschnitten und an den Schmalseiten mit kleinen regelmäßigen Einschnitten für die Fadenhaltung versehen. Nun wird der Grundfaden – der Kettfaden – jeweils von einer Seite zur anderen gezogen und in den Einschnitten gerade gehalten. Gewebt wird nur auf einer Seite! Auf ein kleines längliches Stück Pappe wird wie auf ein echtes Weberschiffchen der Webfaden aufgewickelt. Dann zieht man das Schiffchen horizontal durch die vertikal liegenden Kettfäden, wobei das Schiffchen jeweils einmal über, einmal unter einem Faden durchgezogen wird. Dieser Fadenverlauf wird als »Schuss« bezeichnet. Auf der »Rücktour« wird der Webfaden gegenläufig über und unter die Kettfäden geführt. Die Webfäden werden regelmäßig mit einem Kamm nach unten zusammengeschoben und ergeben dann die Webfläche – das Webstück.

Fadenanfänge und -enden werden erst hängen gelassen und später vernäht. Ist das Webstück beendet, werden die Kettfäden aufgeschnitten, sie können als Fransen hängen bleiben.

In Handarbeits- und Bastelläden werden kleine und größere sowie runde Webrahmen mit Webschiffchen aus Holz angeboten. Statt mit den Fingern werden die Webfäden mit dem Holzschiffchen zusammengeschoben. Die Holzwebrahmen sind stabiler und immer wieder zu verwenden.

Gestalterische Übung
Bauen Sie einen kleinen Webrahmen aus Pappe oder Ästen. Weben Sie mit Wollresten ein kleines Webstück.

14 *Kleiner Webteppich, Tabea (5 Jahre)*

13 *Webrahmen*

Reflexion

1. Wie sind Sie mit dem selbst gebauten Rahmen zurechtgekommen?
2. Was ist an der Technik des Webens schwierig und wo müssen Sie die Kinder unterstützen?

Ein selbst gebauter Rahmen hat immer einen ursprünglichen Charakter, jedoch ist er meist nur einmal zu verwenden. Manchmal kann man das Webstück sogar am Rahmen lassen, weil dies als Gesamtkunstwerk interessant ist. Wich-

tig ist auch die Motivation des Webens. Wollen die Kinder einen kleinen Teppich für die Puppenstube herstellen? Haben sie einfach Freude an den weichen Wollfäden und der Technik des Webens? Beim Weben muss genau darauf geachtet werden, dass beim Reihenwechsel die Kettfädenfolge geändert wird. Dies erfordert viel Aufmerksamkeit und Konzentration. Hier werden Sie die Kinder unterstützen müssen, damit ein sauberer Rand entsteht.

Anregungen für die gestalterische Arbeit mit Kindern und Jugendlichen

◆ **Weben mit Naturmaterialien:** Die Kinder bauen aus großen Stöcken einen einfachen Webrahmen und befestigen die Kettfäden. Anschließend weben sie Naturmaterialien wie Gräser, Zweige, Blätter, Moos in das Gerüst ein. Zusätzlich können mit Schnur Steine und Äste an/in dem Rahmen befestigt werden.

◆ **Weben im Bilderrahmen:** Die Kinder verspannen und weben verschiedene Schnüre, Bänder und Stoffe sowie Knöpfe in einen Bilderrahmen. Dabei entsteht eine bunte und abstrakte Gestaltung aus einem Materialmix.

◆ **Bunter Raumteiler:** In ein Stück Hasendraht mit größeren Maschen, der in einen großen Holzrahmen gespannt ist, können über einen längeren Zeitraum hinweg von allen Kindern verschiedene Materialien gewebt, geknüpft oder geknotet werden.

Schnüre und andere Materialien, geflochten in Drahtgeflecht

37.5 Gestalten mit Stoffen und textilen Geweben

Stoffe begeistern durch ihre Vielfalt an Farben, Strukturen und Mustern. Schon kleine Kinder können aus Stoffresten und anderen Materialien interessante Kreationen entwickeln. Neben dem Kleben und Nähen ist das Bemalen eine einfache textile Bearbeitungstechnik. Geben Sie den Kindern ruhig auch verschiedene Gardinenstoffe und Spitze sowie durchsichtige Stoffe, die sich für mehrlagige Gestaltungen eignen und das Innenleben durchschimmern lassen.

37.5.1 Patchworkbilder

Patchwork (engl.) heißt wörtlich übersetzt »Flickwerk«. Es ist eine alte Technik der Textilgestaltung, bei der kleine oder größere Stücke aus Filz, Leder, Pelz, Gewebe aus Seide, Leinen, Baumwolle u. a. zu einer größeren Fläche zusammengenäht werden. Dabei können die Stoffteile aneinander oder aufeinandergenäht werden. Werden die einzelnen Teile aufeinandergelegt und mit unterschiedlichen Stichen fixiert, so spricht man von Applikation.

Schon im ersten vorchristlichen Jahrtausend in Ägypten und Zentralasien gab es Patchworkarbeiten: Zelte, Decken und Kleidung wurden mit Patchwork künstlerisch gestaltet. Die Farben und Muster hatten oft hohen symbolischen Wert: Sie sollten Fruchtbarkeit und Glück bringen oder Unheil abhalten.

Auch in der Kunst haben Patchworkarbeiten mit Applikationen ihren festen Platz.

Mit Stoffresten lassen sich einfache und fantasievolle Patchworkbilder herstellen. Patchwork war ursprünglich eine kreative Verwertung von Stoff- und Lederresten, die zu einer Fläche zusammengenäht wurden, um sie wiederzuverwenden. Die Stoffstücke wurden kunstvoll zu Bildern und Ornamenten auf Decken, Taschen, Kissen und Wandbehänge aufgenäht. Heute hat sich daraus ein Kunsthandwerk mit eigenen Ausstellungen entwickelt. Kinder können die einzelnen Stoffe auch aufkleben, statt sie zusammenzunähen.

Am besten fragen Sie in Schneidereien, Polstereien oder bei Innenausstattern nach schönen Reststücken. Auch viele Eltern besitzen einen Fundus von Stoffrestestücken, von denen sie gern abgeben. Dabei können die Stoffreste ruhig aus kleinen Stücken bestehen, die von sich aus zu interessanten Bildern und Arbeiten anregen. Spitze, Gardinenstoffe und transparente Stoffe dürfen nicht fehlen. Daneben sollten Sie einfache Nesselstoffe und Baumwollstücke in großzügigen Größen als Grundlage (neben Papier und Pappe) besorgen. Auch Sackleinen und Jute mit ihrer groben Struktur sind für erste Betrachtungen und Stickversuche gut geeignet.

Material

Stoffreste, Schere, Kleber (Kleister oder Holzleim), Knöpfe, Fotokarton oder feste Pappe (A4)

Gestalterische Übung

Schneiden Sie verschiedene Stoffreste in kleine Stücke und gestalten Sie auf farbigem Fotokarton erstens einen kleinen Farbverlauf und zweitens ein frei gewähltes Motiv. Kleben Sie die verschiedenen Stoffstücke mit Kleister auf Fotokarton oder Pappe.

15 *Ida Kerkovius: Applikationen aus Filz, 1921*

16 *Farbverlauf aus Stoffresten*

17 *Kleine Burg, Zoe*

Reflexion

1. Wie hat es Ihnen gefallen, ein Bild mit Stoffresten zu gestalten, statt ein Bild zu malen? Welche Möglichkeiten bieten Ihnen die verschiedenen Stoffe?
2. Welche Schwierigkeiten sehen Sie für die Kinder?

Mit Stoffen zu gestalten, ist ein sehr sinnliches Vergnügen, da die Stoffe nicht nur gesehen, sondern auch gefühlt werden können. Die taktilen Wahrnehmungen regen an, zu differenzieren zwischen den einzelnen Oberflächen und Stärken der Stoffe. Die Kinder genießen es, aus vielen gemusterten und einfarbigen Stoffen auszuwählen, um diese neu zu kombinieren. Gern malen sie mit Stiften bestimmte Details dazu. Zudem können die Stoffe reliefartig mit Erhebungen oder sogar Unterfütterungen aus Watte aufgeklebt werden. Dies können gute Vorübungen für das dreidimensionale Gestalten mit Stoff sein. Es ist jedoch für Kindergartenkinder recht schwierig, Stoffe selbst zu schneiden. Hier brauchen sie neben guten Stoffscheren (Papierscheren sind nicht ausreichend!) eine Hilfe, die den Stoff so spannt, dass er beim Schneiden nicht wegrutscht. Viele kleine Stoffrestestücke können sofort verarbeitet werden und regen allein durch ihre Form zu Motiven an.

Anregungen für die gestalterische Arbeit mit Kindern und Jugendlichen

- ◆ **Fühlbilder:** Aus unterschiedlichen Stoffen (eventuell auch nicht textile, als Kontrast wirkende Materialien) kleben Kinder altersübergreifend Tastbilder zusammen.

- ◆ **Bilder im Rahmen:** Aus Abfallhölzern können einfache Rahmen geklebt oder getackert werden. Die Rückseite wird mit einem transparenten Stoff bespannt. Nun können die Kinder mit Kleister Stoffreste als Bild gestaltet hineinkleben. Ans Fenster gehängt, bekommt das Bild eine zarte, leichte Wirkung.

- ◆ **Nest:** Stoffreste in längliche Streifen reißen und schneiden. Diese können durch Wickeln und Drehen zu einem Nest gebunden werden.

Aufgabe

Ältere Kinder können schon einfache Patchworkarbeiten mit Nähen durchführen. Erkundigen Sie sich auf der Internetseite »Forum Mola-Kunst« über die simple Mola-Technik der Kuna-Indianer, die auch in Schulen vermittelt wird. Probieren Sie diese aus. www.forum-mola-kunst.de

37.5.2 Puppen und Tiere

Natürlich kennen die Kinder ihre kuscheligen Stofftiere und einfache weiche Puppen. So liegt es nahe, selbst eine Puppe oder ein Tier aus verschiedenen Stoffen herzustellen. Dafür muss eine möglichst einfache Technik angeboten werden, da es sehr anspruchsvoll ist, einen vollständigen Puppenkörper oder ein aus mehrfachen Schnittmusterteilen angefertigtes Kuscheltier zu nähen. Dies ist eine spannende Aufgabe für Jugendliche, die sich mit komplizierten Techniken und Materialien auseinandersetzen wollen. Dabei kann sehr prozessorientiert angefangen werden (mit der einfachen Abbindetechnik) und dann können die Kinder entdecken, welche Wesen sie weiter gestalten wollen. Eine gute Anregung kann das Buch »Das kleine Ich« geben, in dem ein buntes Stofftier auf die Suche nach sich selbst geht.

Material
Stoffreste, Scheren, verschiedene Wollreste oder Schnüre, Kleber, Nähnadel, Faden, Füllwolle

Technik
Einfachste Formen entstehen, wenn ein größeres Stoffstück einmal geklappt und an den offenen Ecken mit Schnüren abgebunden wird. So entsteht ein Hohlraum, der mit Watte gefüllt werden kann. Weitere Abbindungen oder Details können nun zugefügt werden, z. B. können Knöpfe als Augen angeklebt werden. Mit dieser Grundtechnik des Abbindens lassen sich verschiedene Körper entwickeln. Manche Stellen sollten mithilfe der Erzieherin zusätzlich zugenäht werden.

18 *Puppe, ganz ohne Nähen hergestellt, Sabrina*

Gestalterische Übung
Experimentieren Sie mit dieser Technik und lassen Sie sich im Prozess überraschen, welche Fantasiewesen oder Tiere entstehen.

Reflexion
1. Welche Erfahrungen haben Sie mit dieser Technik gemacht?
2. Welche Ideen für die Praxis können Sie entwickeln?
   Die Technik ist durch ihre Einfachheit sehr von Überraschungen geprägt. So kann aus einer Puppe doch ein Hund entstehen. Dadurch besteht kein Leistungsdruck, sondern Erfindungsgabe und Humor sind gefragt. Die Kinder haben mit unterschiedlichem Entwicklungsstand viele Möglichkeiten, mit angeklebten Details ihr eigenes Wesen entstehen zu lassen. Feinmotorik, Vorstellungsvermögen und soziale Kompetenzen werden nebenbei gefördert. Für die Puppen und Tiere können weitere kreative Aktivitäten folgen wie eine Puppenstube bauen, Puppengeschirr herstellen oder Theateraufführungen gestalten.

19 *Kleines Pferd, Katja*

Anregungen für die gestalterische Arbeit mit Kindern und Jugendlichen

- Größere Kinder können schon Teile der Puppen nähen und Ergänzungen einfach kleben. Dafür eignet sich gut einfacher Filz, da er bei ersten Nähversuchen nicht so leicht wegrutscht und da durch die Einfarbigkeit der Nähverlauf gut verfolgt werden kann.

- **Kopfkissen:** Mit einer starken Lampe werden die Schatten des eigenen Kopfes auf ein Papier geworfen und nachgezeichnet, Dies ist die Vorlage für ein Kissen in der eigenen Kopfform.

- Jugendliche können eine eigene **Puppe** entwerfen. Der Puppenkörper aus Stoff wird selbst vorgezeichnet, auch die Kleidung der Puppe wird selbst »designt«.

- Jugendliche können mit Fellimitatstoffen nach fertigen Schnittmustern Tiere schneidern und nähen. Dies erfordert viel Aufmerksamkeit und Geschick und ist eine spannende Herausforderung für dieses Alter.

Puppe, Dorothea (13 Jahre)

37.5.3 Stoffmalerei

Kinder malen gern und probieren gern neue Materialien aus. Das Malen auf Stoff ist eine ganz besondere Erfahrung, da der Stoff einen weichen Untergrund bietet und die Textilien später nicht nur aufgehängt, sondern auch benutzt werden können.
Stoffmalfarbe kann durch Bügeln wasserfest gemacht werden, während andere Farben durch Waschen ausbleichen und verschwinden. Dies ist bei der Auswahl der Objekte und Materialien zum Bemalen zu beachten. Kinder sind meist sehr stolz, wenn sie ihr eigenes T-Shirt bemalen dürfen. T-Shirts lassen sich auch mit einfachen Stempeln und Stofffarbe bedrucken. Für besondere Stoffe (z. B. für Regenschirme) gibt es spezielle Farben zum Bemalen. Die bemalten Objekte können mit Stickereien ergänzt werden.

Material

Buntstifte, Filzstifte, Ölkreiden, flüssige Stofffarben, T-Shirt-Painter (Stifte), Wasser, Pinsel, weißer, fester Baumwollstoff oder Nesselstoff

Gestalterische Übung

Schneiden Sie ein A4-großes Stück Stoff aus und bemalen Sie es mit den verschiedenen Malmitteln. Legen Sie ein Stück feste Pappe darunter, da die flüssige Farbe sich leicht durchdrückt. Vergleichen Sie die unterschiedlichen Wirkungen des Malmittels auf dem Stoff.

20 *Garten, mit flüssiger Stofffarbe gemalt, Nils (5 Jahre)*

Reflexion

1. Welche Erfahrungen haben Sie beim Malen auf Stoffen gemacht? Welche Unterschiede sehen Sie zum Malen auf Papier, welche Schwierigkeiten?

2. Vergleichen Sie die verschiedenen Malmittel auf Stoff und geben Sie an, für welche Altersstufen diese geeignet sind.

Der Stoff bietet dem Malmittel durch seine raue Oberfläche mehr Widerstand als Papier. Das bedeutet, dass der Pinsel oder der Stift nicht weich über den Grund gleitet und oft mit mehr Druck gearbeitet werden muss, um eine deutliche Spur zu hinterlassen. Feine Details können nur schwer abgebildet werden (siehe auch Kap. 7.2 »Malen mit Wachs und Ölkreiden«). Daher ist bei einem Entwurf auf einfache Motivwahl zu achten. Weiche Stoffe (wie T-Shirts) werden am besten über eine feste Pappe gespannt, da der Stoff sich beim Bemalen leicht verzieht und die Farbe sich durchdrückt. Der Untergrund Stoff bietet in seiner Weiterverwendung als Kleidungsstück, Tasche, Fahne, Raumteiler interessante Möglichkeiten und ist daher sehr reizvoll.

Anregungen für die gestalterische Arbeit mit Kindern und Jugendlichen

◆ Kleine Ritter entwerfen **Fahnen** aus dünnem Nesselstoff, eventuell mit selbst entworfenen Wappenmotiven.

◆ Die Kinder bemalen einen **Wandbehang** mit ihren Handabdrücken. Daran können alle Kinder altersübergreifend mitwirken. So entsteht eine originelle Raumgestaltung.

◆ **Seidenmalerei:** Mit Seidenmalfarben malen ist ein sehr farbintensives Erlebnis – ähnlich wie bei Aquarellmalerei verfließen die Farben und inspirieren zu interessanten Farbkompositionen. Um gegenständliche Motive herzustellen, wird mit dem Trennmittel Gutta gearbeitet, das dieses Zusammenfließen der Farben verhindert. Für das Seidenmalen wird ein spezieller Rahmen zum Aufspannen der Seide und Seidenmalfarbe benötigt.

Mit Wachskreide bemalte Fahnen im Wind

Seidenschal, bemalt, Minthe (10 Jahre)

37.5.4 Experimente mit Stoff und anderen Materialien

Einfache Gestaltungen mit Stoff können bereits durch die verschiedenen Farben und Strukturen interessant wirken. Die Kinder entwickeln dabei Kenntnisse über die Verarbeitungsmöglichkeiten und die unterschiedlichen Eigenschaften von Stoffen. Auch das dreidimensionale Gestalten mit Stoffen bietet eine interessante Variante, Stoffe einzusetzen. Gerade bei Stoffen wird an solche Verarbeitungsmöglichkeiten wenig gedacht, daher sollten Sie die dritte Dimension ruhig anregen und die Kinder erforschen lassen, mit welchen anderen Materialien solche Gestaltungen möglich sind. Es reichen auch einfache Pappkartons, Pappröhren, Styroporteile und Stöcke aus dem Garten.

»Ausgehend von den sinnlichen Eigenschaften der Stoffe und Schnüre war es einfach ein Vergnügen, auch einmal ganz andere Wege als Nähen mit Textilien zu beschreiten und ungewöhnliche Kombinationen auszuprobieren. Es entstehen ganz verrückte Ideen!« (Cirin, Schülerin)

21 Dreidimensionales Wesen in Blau, gefüllt mit Watte

Stoffketten: Kleine Stoffstückchen werden mit Faden und Nadel wie eine Kette aufgefädelt. Dazwischen können kleine Perlen oder Knöpfe gefädelt werden.

Fantasielandschaften und -wesen aus Stoff: Stoffstücke werden gerollt, gefaltet und geknüllt. Diese Stoffbündel werden auf einer Pappe oder einem weichen Schaumstoffuntergrund festgesteckt oder angetackert und ergeben so eine dreidimensionale Stofflandschaft. Sie kann mit Fäden, Knöpfen, Farben und anderen Materialien weiter ausgearbeitet werden. Vielleicht entsteht ja auch ein tierisches Wesen aus bunten Stoffen?

Draht und Stoff: Die Verbindung von dem festen Draht und den weichen Stoffen ist eine sehr reizvolle Kombination. Aus Draht wird ein dreidimensionales Gebilde gebogen. Über dieses Gerüst werden Stoffe gespannt, gebunden und geklebt. Dabei kann offen bleiben, ob es eine gegenständliche oder abstrakte Gestaltung wird. Die Stoffe können zusätzlich in Kleister getaucht werden.

Auch die umgekehrte Variante kann spannende Ergebnisse ergeben: Stoffe werden gedreht und geknüllt und anschließend mit feinem Draht umwickelt. Formen, die aus Hasendraht geformt sind, können mit bunten Stoffen gefüllt werden und werden so zur dreidimensionalen Skulptur.

Hasendraht und Gipsstoff: Aus Hasendraht wird eine größere Form gebaut (z. B. ein Engel) und anschließend mit in flüssigen Gips getauchten Stoffstücken umwickelt. Die Falten des Engelsgewandes kommen hierbei sehr gut zur Geltung. Mit einem Hasendrahtgerüst lassen sich auch größere Werke realisieren.

Alte Stofftiere neu erweckt: Alte Stofftiere können in flüssigen Gips getaucht werden. Der Stoff nimmt den Gips an und es entsteht eine zweite, feste Haut. So bleibt die Form der Tiere erhalten, jedoch mit einer neuen Hülle, die nach dem Trocknen spannend angemalt werden kann. Am besten eignen sich dafür Stofftiere mit kurzen Haaren.

Gips-Stoff-Bilder: Diese Technik ist schon für Kindergartenkinder geeignet. Ein mit Gips getränkter Stoff wird über ein Stück feste Pappe gelegt. Dabei kann der Stoff auf der Pappe zusätzlich geknüllt, gedrückt oder in Falten gelegt werden. So entsteht ein dreidimensionales Bild, das später farbig bemalt werden kann.

Jugendliche können mit getauchten Kleidungsstücken interessante Bildkompositionen entwerfen und kritisch gestalten. Weitere Gestaltungen aus Stoff und Gips finden sich im Kapitel 29.4.5 »Experimente mit Gips«.

22 Kleine Fliege aus Maschendraht und in Kleister getauchten Stoff, Johannes und Marc (beide 6 Jahre)

23 Engel aus Hasendraht und in Gips getauchten Stoff

24 *Modenschau mit selbst entworfenem Kleid aus Bettlaken und Gardinenstoff*

25 *Pulswärmer und Ring aus Filz*

Modenschau: Für Jugendliche ist es eine herausfordernde und spannende Möglichkeit, sich mit Textilien und Gestaltung auseinanderzusetzen, wenn sie selbst eine Modenschau inszenieren. Dafür können alte Kleidungsstücke fantasievoll umgestaltet und kombiniert werden. Auch außergewöhnliche Materialien wie Baufolien oder Tüten können zu neuen Kleidern genäht werden. Gut ist es, solch eine Modenschau bei einer öffentlichen Veranstaltung zu präsentieren.

37.6   Filzen

Filz: *Fasern aus Wolle oder Pflanzenmaterial werden durch eine meist mechanische Bearbeitung (Filzen und Walken) in einen festen Zusammenhalt gebracht. Die einzelnen Fasern sind dabei miteinander ungeordnet verschlungen und eben kein Gewebe. Filz aus Wolle ist temperaturbeständig, schwer brennbar, schallhemmend, kältehemmend, wärmend und feuchtigkeitsabweisend.*

Filzen ist ein altes Verfahren, um textile Flächen herzustellen, die dann für Kleidung und Kunsthandwerk verwendet werden. Während das Interesse am Nähen und Stricken weniger wurde, ist die uralte Technik des Filzens in den letzten Jahren wieder in Mode gekommen und verfeinert worden. Neben dem Filzen für Kleidungsstücke wird Filz für unterschiedlichste Zwecke wie Taschen, Vasen und Schmuck als Wohnaccessoire eingesetzt. Auch in der Kunst entstehen mehr und mehr interessante Filzobjekte. Filz ist also vielseitig einsetzbar. So wird Filz auch in der Technik (z. B. als Dichtung) verwendet oder in der Papierherstellung eingesetzt.

Ausgangsmaterial für Filz ist die Schafwolle, deren Verarbeitung in mehreren Schritten erfolgt: Die Schafe werden im Frühjahr und Herbst geschoren. Das abgeschorene Wollvlies besteht aus der lose zusammenhängenden Wolle, die gewaschen, sortiert und eventuell gefärbt wird. Mit einer Kardmaschine oder teilweise noch mit der Hand werden die Wollfasern anschließend in eine Richtung gekämmt. Erst dann können die einzelnen Fasern zu Wollsträngen oder Filz weiterverarbeitet werden.

26 Material zum Filzen: Wolle, Seife, Bastset zum Rollen, Handtuch

27 Filzball, Martina

Beim Filzen wird die Filzwolle in kreuzweisen Lagen aufeinandergelegt, anschließend mit Seifenwasser angefeuchtet und dann gerieben. Durch das Reiben, Rollen und Drücken verbinden sich die Wollhaare zu einer flexiblen und festen Fläche. Schon Kindergartenkinder können diese rhythmische Tätigkeit bei einfachen Formen und Flächen ausführen. Da mit weichem Material und Wasser gearbeitet wird, ist das Filzen sehr beliebt. Die Kinder lernen, die Oberfläche differenziert wahrzunehmen, den Krafteinsatz (Druck) zu dosieren, beide Hände zu koordinieren, Ausdauer und bestimmte Abläufe einzuhalten. Die intensiven Farben der Filzwolle regen die Kinder zur Auseinandersetzung mit Farbgestaltungen an.

Am besten wird draußen oder in Räumen ohne Teppichboden gefilzt, da das Arbeiten mit Wasser meist Überschwemmungen verursacht. Handtücher zum Trocknen und Handcreme sollten nach der Fertigstellung der Filzobjekte zur Verfügung stehen, damit die Kinder ungehemmt filzen und danach ihre beanspruchten Hände pflegen können.

Material

Filzwolle in verschiedenen Farben, Schere, Schmierseife, Wasser, evtl. Bastset als Walzunterlage
Seifenlauge wird aus Wasser und Schmierseife hergestellt – sie sollte sich seifig anfühlen und für den Filzprozess handwarm sein.

Wahrnehmungsübung

Lassen Sie die Kinder die Filzwolle (auch Kardwolle genannt) fühlen und zupfen. Durch Drehen und Drücken können erste weiche Formen und Fantasiegebilde entstehen. Die gezupfte Kardwolle kann auf grobes Sackleinen als Bild aufgedrückt werden, dabei wird die Transparenz der Wolle deutlich. Die einzelnen übereinandergelegten Farben scheinen wie beim Aquarell durch.

Technik

Filzen eines Balls: Umwickeln Sie einen kleinen Stein mit mehreren Strähnen Filzwolle. Rollen Sie die Kugel mit etwas Druck erst trocken zwischen den Händen, bevor Sie nach und nach Seifenlauge dazugeben. Rollen Sie nun die vollgesogene Kugel zwischen beiden Händen zuerst vorsichtig, später, wenn die Fasern beginnen sich zu verbinden, mit mehr Druck auf der Tischplatte. Die einzelnen Wollfasern verfilzen und der feste Ball wird kleiner als am Anfang. Der fertige Filzball wird unter fließendem Wasser ausgespült, um Seifenlaugenreste zu entfernen.

Reflexion

1. Wie haben Sie die Filzwolle wahrgenommen? Was war unangenehm? Was hat Ihnen gut gefallen?
2. Wie haben Sie den Filzprozess erlebt?

Der erste Kontakt mit der farbigen und weichen Filzwolle ist meist ein sehr sinnliches Erlebnis. Außerdem ist es spannend, die Veränderungen der Wolle durch Wasser, das Reiben und Drücken der feuchten Wolle wahrzunehmen. Man kann sehr genau fühlen, wie die Wollfäden immer härter und verbundener werden und wie sich die feuchte Wolle um den Stein zusammenzieht. Für die Kinder ist es ein großer Spaß, mit viel Seifenlauge, Schaum und Wasser herumzupantschen. Es erfordert jedoch etwas Geduld und Ausdauer, so lange zu filzen, bis die Wollfäden gut miteinander verbunden sind. Da der Filzprozess nicht unterbrochen werden kann, sollten die Kinder zum Kennenlernen besser mit kleinen Filzteilen beginnen, um ihre Kräfte für größere Projekte einschätzen zu lernen. Hier ist viel Motivationsarbeit gefordert, um die Kinder dazu zu bewegen, ihre Werke fertigzustellen. Die fertigen getrockneten Filzobjekte werden gern zum Spielen verwendet – ist es doch einfach kuschelig, diese zu berühren.

Anregungen für die gestalterische Arbeit mit Kindern und Jugendlichen

- **Gegenstände einfilzen:** Kleine Kinder filzen mithilfe eines Steins, da sie feinmotorisch noch nicht so differenziert arbeiten können, um einen weichen Wollkern gleichmäßig zu reiben. Der Stein erleichtert ihnen das Fassen und Arbeiten. Auch können sie zu Beginn (am besten auf einem Holzstab) eine Filzrolle aus verschiedenen Schichten rollen. Umfilzte Gegenstände können später aufgeschnitten und die Hohlkörper als Nester oder Höhlen weiter gestaltet werden.

Filzschnüre

- **Filzschnüre:** Auch diese Form lässt sich schon mit den Kleinen durchführen. Wie beim Herstellen von Knetrollen wird die Filzwolle immer wieder hin- und hergerollt.

- **Filztiere:** Verschiedene Filzformen lassen sich aneinandernähen und werden so zu Tieren oder abstrakten Gestaltungen.

- **Gedrehte Filzschlangen:** Elektrikerdraht wird mit einfachem Stoff umwickelt. Als nächste Lage wird Filzwolle kreuzweise darumgewickelt. Alles mit Seifenlauge anfeuchten und mit einem Baumwolltuch umwickeln. Nun gleichmäßig die Rolle drücken und rollen. Später direkt die Filzwollschlange weiterreiben und ausspülen. Der Draht kann nun in Schlangenform gebogen werden. Aus dem gebogenen Filzdraht können auch originelle **Armreifen** gebogen werden.

Baum im Schnee, Jan (6 Jahre)

- **Filzbilder:** Einfache Bilder lassen sich filzen, indem die farbigen Wollen auf einem einfarbigen Wollgrund angeordnet und dann eingewickelt in die Walzunterlage festgefilzt werden. Der Eindruck der Filzbilder erinnert an farbstarke Aquarelle.

Kreatives Gestalten für Kinder unter drei Jahren

Stoffe unterschiedlichster Art sind auch für die Kleinen ein wahrer Schatz an Sinneswahrnehmungen. Die Kinder können die Stoffe, die schon in kleine Stücke geschnitten sein sollten, eigenständig auf verschiedene mit Kleister eingestrichene Gründe kleben. So können die unterschiedlichen Fühlqualitäten nach dem Trocknen erhalten bleiben. Stoffe in Kleister getaucht und verstrichen ermöglichen den Kindern, die feuchten Stoffe auch zusammenzuraffen, in Falten zu legen und ein Stoffrelief zu erstellen. Andere Materialien wie Knöpfe und Naturfunde können eingefügt werden und bieten weitere sinnliche Möglichkeiten. Auch das Spiel mit Schnüren und Wollresten auf eine Fläche geklebt wird die Kleinen interessieren. Für **räumliche Gestaltungen** haben

Tina (2,5 Jahre) beim Filzen

sie auch schon das motorische Geschick, kräftige Fäden durch grobmaschigen Hasendraht zu ziehen oder zu drücken, um eine bunte Fläche entstehen zu lassen. Der Hasendraht kann auch noch mit Hilfe verformt werden! Die pieksenden Enden des Hasendrahts sollten Sie bei den Kleinen vorsichtshalber mit Klebestreifen abkleben.

Zum Umwickeln von Alltagsgegenständen können Sie ihnen zudem Klebestreifen zum Festkleben geben, da sie Knoten als Abschluss noch nicht beherrschen. Lassen Sie die Kinder möglichst selbst solche Lösungen finden.

Manche Kinder in diesem Alter finden auch das **Filzen** schon spannend. Damit sie besser zugreifen können, wickeln Sie die ersten Wolllagen um einen festen Gegenstand, z. B. eine Styroporkugel. Dann können die Kinder mit viel Seifenlauge und rhythmischen Bewegungen den Stein einfilzen. Witzig ist es, ein Stück Seife einzufilzen: Dann haben die Kinder zum Händewaschen eine Filzseife, die ihnen nicht so leicht aus der Hand glitscht. Die Kinder sind durch den weichen Filz motiviert, diese Seife auch als sinnliches Erlebnis zu benutzen.

Projektaktivität   DES KAISERS NEUE KLEIDER

In dem Märchen »Des Kaisers neue Kleider« von Hans Christian Andersen spielen Textilien eine wichtige Vermittlungsrolle. Einführend oder parallel zu den Experimenten und Gestaltungen kann das Märchen gelesen und reflektiert werden.

Um Kindern das Material Textilien nahezubringen, bietet es sich an, mit **wissenschaftlichen Untersuchungen** die Neugier zu wecken. Ihre Entdeckungen können sie dann auf den Alltag übertragen. Als

Erstes lassen Sie die Kinder verschiedene Stoffe mit geschlossenen Augen ertasten und beschreiben. Dann wird untersucht, wie die Stoffe sich unterscheiden, z. B. nach Gewicht, Oberfläche, Glanz oder Muster. Welche Stoffe kennen die Kinder aus dem Alltag? Unter einer Lupe werden einzelne Stoffteile wie Nesselstoff oder Sackleinen begutachtet und vor allem am Rand genauer betrachtet. Die Kinder stellen fest, dass einzelne Fäden miteinander verwoben sind und so das Stoffgewebe entsteht. Ihre Beobachtungen zeichnen sie auf ein Papier, um sich die Struktur des Gewebes zu verdeutlichen.

Im nächsten Schritt untersuchen die Kinder, wie verschiedene Stoffe auf die vier Elemente Feuer, Wasser, Luft und Erde reagieren, und tauschen sich über die Konsequenzen im Alltag aus. Stoffe verändern sich unterschiedlich im Feuer und nehmen auch unterschiedlich Wasser auf (am besten wiegen). Mit der Gestaltung von luftigen Fahnen aus unterschiedlichen Stoffen gehen die Kinder von der Beobachtung hin zur Gestaltung – denn jedes Kind schneidet, klebt und malt seine ganz individuelle Fahne. Bei dem Element Erde ist Geduld angesagt: Die Stoffe werden vergraben und erst in 3–4 Monaten können die Kinder beim Ausgraben Veränderungen beobachten.

Nach den wissenschaftlichen Beobachtungen geht es nun an **Gestaltungen** mit dem textilen Material. Verschiedene Farben und Oberflächen werden aus dem großen Stofffundus herausgenommen und zu Farbflächen und Bildern auf festem Papier aufgeklebt. Die Kinder entdecken, dass Stofftiere aus kuscheligen Stoffen genäht und innen mit Füllwatte ausgestopft sind. Mit Stoffresten versuchen die Kinder, erste dreidimensionale Stoffgestaltungen zu erhalten, indem sie mit Watte gefüllte Stoffe auf Pappe festtackern. Um ein eigenes Kissen oder Stofftier zu nähen, muss das Nähen mit einfachen Stichen am besten auf Sackleinen geübt werden. Die ersten Muster können schon präsentiert werden. Die Kinder entwerfen eigene Kuscheltiere auf Papier, dabei fällt es ihnen noch schwer, diese entsprechend groß und mit Volumen an Bei-

nen und Armen zu zeichnen. Erst beim Ausschneiden erkennen sie die Schwierigkeiten. Beim Zuschneiden der Formen aus Stoff ist meist die Hilfe der Erzieherin gefordert. Am besten eignet sich für die ersten Nähversuche Filz, da dieser nicht so leicht verrutscht und sich leicht durchstechen lässt. Als Nähhilfe können die einzelnen Stichlöcher mit einem Filzstift vorgezeichnet oder sogar vorgelocht werden. Nun müssen die Kinder nur bei einer Stichfolge bleiben und wechselseitig die Nadel einstechen. Dies erfordert viel Konzentration und öfter muss etwas wieder aufgelöst werden. Der Erfolg, ein eigenes Kuscheltier oder Kissen genäht zu haben, belohnt die Mühe und Ausdauer!

Zum Abschluss bauen die Kinder mit einem großen Karton einen **Stoffladen**, in dem man die vielen bunten, glitzernden Stoffe und Spitzen kaufen kann.

Stoffladen gestalten, Gruppenspiel

38.1   Wir sind umgeben von Architektur

Menschen leben in Häusern, Zelten oder früher in Höhlen. Schon immer hat der Mensch versucht, sich einen Schutzraum zu erschaffen. Je nach den örtlichen Bedingungen und den Lebensgewohnheiten gibt es verschiedenste Bauwerke, die für unterschiedliche Funktionen konzipiert sind: Bauten zum Leben, für Tiere, für Lebensmittel, für Arbeit und Produktion, für Rituale und Feste, soziale Zusammenkünfte, Bildung, Bewegung und andere. Angepasst an die zur Verfügung stehenden Baumaterialien beruhen sie auf unterschiedlichen Konstruktionen. Die ästhetischen Ansprüche an die Architektur unterliegen dem Wandel der Zeitepochen. Außerdem hat die jeweilige Kultur einen großen Einfluss auf die Formen und Materialien der Architektur.

Aufgrund der spezifischen Funktionen eines Gebäudes sind unterschiedliche bauliche Maßnahmen erforderlich. Diese haben immer einen Einfluss auf das Empfinden und die sozialen Möglichkeiten der Bewohner und Besucher. Ein Gemeindezentrum mit großzügigen Räumen und einem großen Außengelände hat auf Besucher eine andere Wirkung als die Eingangshalle eines großen Versicherungsgebäudes. Eine Hochhaussiedlung ohne Grünflächen bestimmt das Zusammenleben der Menschen anders als das Wohnen in einer Siedlung aus frei stehenden Häusern mit eigenen Gärten. Das Leben auf dem Lande im Dorf hat andere Konsequenzen als das Leben mitten in einer Großstadt. Architektur bestimmt im Einzelnen (das Haus) wie im Ganzen (die Stadtplanung) das soziale Miteinander.

Wir sind umgeben von Architektur, wir leben mit und in Architektur. Kinder nehmen die verschiedenen Lebensräume in ihrem Alltag wahr. In der Auseinandersetzung damit ergeben sich viele Fragen:

◆ Welche Bedeutung, welchen Einfluss haben die Gebäude auf die Kinder?

◆ Wie erleben sie unterschiedliche Baumaterialien wie Holz, Stein Beton oder Glas?
◆ Wie nehmen sie diese wahr?
◆ Welche räumlichen Zusammenhänge erfassen die Kinder?
◆ Kennen die Kinder Architektur aus anderen Kulturen wie Moscheen oder die bunten Holzhäuser in Skandinavien?
◆ Haben sie historische Gebäude wie alte Rathäuser, Kirchen oder typische Wohnhäuser eines Landes besichtigt?
◆ Welche Wünsche haben Kinder an Architektur und Stadtgestaltung?

Am bekanntesten sind für die Kinder die vertrauten häuslichen Räume und deren unmittelbare Umgebung. Zusätzlich der Weg zu den bekannten Läden, Arztpraxen und natürlich zum Kindergarten und später zur Schule. Je älter die Kinder werden, desto mehr können sie sich selbstständig im größeren Rahmen orientieren und ihre Umwelt erforschend erobern. Sind sie mit ihren Eltern schon einmal in andere Länder gefahren, haben sie vielleicht andere Gebäudestile kennengelernt.

In der Architektur lassen sich **interkulturelle Aspekte** thematisieren: Die Architektur in Indien, Amerika oder Europa beispielsweise weist ganz unterschiedliche Stilmerkmale auf. Dabei ist es interessant, wie die Baukultur durch die Lebensweise, das Klima und die Landschaft geprägt wer-

1 *Zelte der Nomaden*

2 *Iglu aus Eis*

3 *Gotischer Dom*

den (z. B. die Zelte der Nomaden). Kulturhistorische Bilder oder besser Exkursionen zu historischen Bauwerken in der Umgebung tragen zu einem umfassenden Verständnis für Architektur und Raumerfahrung bei. So ist es z. B. ein ganz besonderes Raumerlebnis, mitten in einem gotischen Dom mit seinen hohen Fenstern zu stehen.

38.2   Vom Baustein zum Haus – die kindliche Entwicklung des Bauens

Bis zu einem Alter von ca. 18 Monaten erforscht das Kind Bausteine vor allem hinsichtlich ihrer Grundeigenschaften: Es bewegt, dreht, wirft die Steine, sammelt sie in Behältern oder kippt sie um. Ab ca. 15 Monaten beginnt das Kind, die Bauklötze zu stapeln. Auch andere Objekte werden nun in die Höhe gestapelt. Das Kind beschäftigt sich mit der vertikalen Raumrichtung und damit, welche Bedingungen dafür notwendig sind. Mit ca. 24 Monaten werden die Dinge in Reihen angeordnet. Beim horizontalen Bauen entwickelt sich das Interesse an der Eisenbahn – das Aneinanderreihen von Gleisteilen und Zugwaggons. Daneben beschäftigt sich das Kind mit der Fläche, die es selbst durch Reihen und Nebeneinanderlegen herstellt. Auf diese Flächen werden anschließend Objekte geschichtet. Erst mit ca. 3 Jahren verbindet das Kind horizontales und vertikales Bauen miteinander und ab ca. 4 Jahren kombiniert es alle drei Raumrichtungen und kann jetzt Innenräume wie Häuser und Höhlen bauen.

38.3   Einrichten einer Bauecke

Architektur befasst sich mit dem Planen und Konstruieren von Bauwerken sowie den Bauprozessen. Unterschiedlichste Materialien werden in der wirklichen Architektur miteinander verarbeitet. Bauwerke sind nicht nur aufeinandergestapelte Steine, sondern verbinden oft verschiedene Ebenen miteinander.

Die ersten Bauwerke von Kindern entstehen in der Bauecke mit Bauklötzen. Hier machen sie Erfahrungen als Konstrukteure, die sich mit Fragen der Statik und des Gleichgewichts auseinandersetzen müssen. Leider gibt es in den meisten Bauecken nur Bauklötze in verschiedenen Größen und Maßen. Damit bleiben die architektonischen Entwürfe auf das Stapeln und Aneinanderreihen beschränkt. Kinderarchitekten brauchen wie erwachsene Architekten vielfältige und herausfordernde Materialien,

4 *Verschiedene Bausteine aus Hölzern und gebranntem Ton*

5 *Bauecke draußen mit echter Erde und echten Steinen! Miron (5 Jahre)*

die zum Konstruieren einladen. Deshalb sollten viele anregende Baumaterialien angeboten werden. Andersartige Formen und Materialien laden ein, über andere Funktionen von Architektur nachzudenken. Dabei kann z. B. ein Wasserlauf ähnlich wie die alten römischen Aquädukte entstehen. Die Kinder sind bei einer großen Materialauswahl gefordert, für weitere Baufragen (Wie verbinde ich verschiedene Teile gut miteinander?) Lösungen zu entwickeln.

Material

Baumaterialien: Bauklötze, Pappröhren, Latten, Holzreste in verschiedenen Stärken, Metallteile, Kunststoffe, Steine, alte Elektroteile, Schrauben, Schrott, Stoffe
Verbindungsmaterialien: Dübel, Klebebänder, Draht, Schnüre, Kleber

Werkzeug

Maßstäbe, Wasserwaage, Zangen, Hammer, Säge, Schere, Schaufel

---

Aquädukt: *Ein Aquädukt ist ein steinernes, brückenartiges Bauwerk mit einer Rinne, in der früher das Wasser für die Versorgung der Bevölkerung weitergeleitet wurde.*

38.4 Übungen zur räumlichen Orientierung

Während sich Kinder früher die Räume, in denen sie lebten und sich bewegten, konzentrisch aneigneten, lernen Kinder heute ihre architektonische Umwelt durch Teilräume kennen. Da Kinder einerseits über einen größeren Aktionsraum als früher verfügen (Reiten in der Vorstadt, Musikunterricht in der Nähe der Schule, Einkaufen im Zentrum), aber andererseits diese Teilräume meist nur mit dem Auto oder öffentlichen Verkehrsmitteln zu erreichen sind, bleiben die einzelnen Inseln unverbunden und für die Kinder als Gesamtraum leicht bedeutungslos. Sie erfahren den öffentlichen Raum nicht eigenständig durch aktives Entdecken und schaffen sich damit keine innere Repräsentation dieses Raums. So bleiben sie von diesem ausgeschlossen.

Um die Wahrnehmung der Kinder für räumliche Zusammenhänge und Architektur in ihrer unmittelbaren Umgebung zu sensibilisieren, wird von den ersten Erfahrungen der Kinder im eigenen Wohnraum ausgegangen. Im nächsten Schritt kann dann der Kindergarten und anschließend die nähere Umgebung erforscht werden.

38.4.1   Mein Haus – mein Zimmer

Material
Schuhkarton, kleine Pappschachteln, Styroporreste, Knete, Stoffreste, Farbe, Kleber

Gestalterische Übung
Bauen Sie in einem Schuhkarton Ihren eigenen Wohnraum nach, indem Sie kleine Schachteln u. a. für Möbel hineinkleben. Mit der Schere können Fenster und Türen hineingeschnitten werden. Mit Stiften und Farbe lassen sich weitere Merkmale eines Zimmers aufmalen. Präsentieren Sie die verschiedenen Wohnräume. Mit Knete können Sie kleine Bewohner formen.

Reflexion
Wie konnten Sie Ihre räumlichen Erinnerungen umsetzen?
Mit Kindern gilt es erst einmal herauszuarbeiten, welche Vorstellungen sie überhaupt von Begriffen wie Wohnen, Haus oder Gebäude haben und was ein Haus alles kann, wofür es wichtig ist, wie es den Menschen nützt. Dabei erfahren die Kinder auch bewusst die Differenzierungen verschiedener Räume oder Gebäude: Eine Küche ist anders eingerichtet als ein Kinderzimmer, ein Kindergarten hat andere Funktionsräume als die Wohnung. Mit Besuchen in Institutionsgebäuden wie Feuerwehr, Rathaus, Polizei oder einer Molkerei erkennen die Kinder die verschiedene Nutzung von Architektur und welche baulichen Maßnahmen dafür notwendig sind.

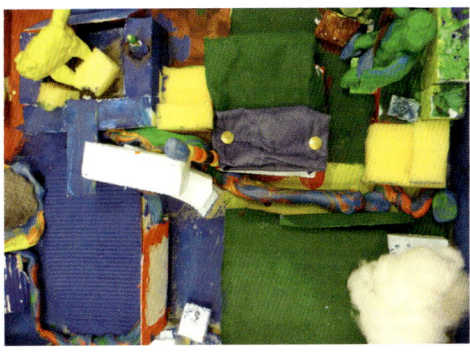

6 *Unsere Wohnung mit meiner Katze und mir, Jana (5,5 Jahre)*

7 *Mein Zimmer, Erkan (6 Jahre)*

38.4.2   Mein Weg zur Schule/zum Kindergarten – Fotosafari

Einstimmung
Stellen Sie sich, eventuell während einer Entspannungsübung, Ihren Schulweg von der Haustür bis zum Klassenzimmer so genau wie möglich vor. Achten Sie auf Kleinigkeiten, Farben oder besondere Merkmale. Tauschen Sie sich dann aus, welche Wahrnehmungen Ihnen präsent sind und welche Bedeutungen sie für Sie haben.

Material
Fotokamera, Zeichenpapier, Schere, Kleber, Stifte, Computer

Gestalterische Übung
Gehen Sie in Kleingruppen bewusst den Weg zur Schule ab (oder wählen Sie exemplarisch eine andere Strecke aus) und fotografieren Sie die Gebäude und besonderen Merkmale und Plätze dieses Weges. Kleben Sie in einem zweiten Schritt die entwickelten Bilder zu einer Collage zusammen, die die besonderen Kennzeichen dieser architektonischen Umgebung für Sie wiedergibt. Sie können auch eine Computerbearbeitung mit anschließender Beamerdarstellung ausarbeiten.

Reflexion

Oft gehen wir denselben Weg und bemerken bestimmte Kleinigkeiten und besondere Zeichen erst, wenn wir uns Zeit nehmen und einen anderen Blick einnehmen. Für die Eroberung von Räumen und Wegen sind solche Orientierungspunkte ganz wesentlich. Kinder bemerken auf ihrem Weg noch ganz andere Besonderheiten, die ihnen als wichtige Erkennungsmerkmale helfen, sich innere Raumrepräsentationen aufzubauen. Diese kleinen Übungen helfen Kindern, ein Gefühl für den Begriff Stadt oder Dorf zu bekommen.

»Ich habe meinen Schulweg plötzlich viel deutlicher wahrgenommen und Gebäude und Details an Häusern gesehen, die ich vorher nicht bemerkt habe. Mein Weg ist nun viel interessanter, denn es ändert sich ja immer wieder etwas und sei es nur die Wirkung von Licht und Schatten.«
(Gerald, Schüler)

38.4.3 Baudenkmäler

Material
Zeichenblöcke, Skizzenpapier, Stifte, Fotokamera

Gestalterische Übung
Streifen Sie durch Ihr Schulviertel und skizzieren Sie besondere Baudenkmäler, Skulpturen und Kunstwerke, die Sie entdecken. Zeichnen oder fotografieren Sie die besonderen Merkmale an Bauwerken wie Portalschmuck, Ornamentbänder, alte Erker, Fenster-/Dachformen, besondere Haustüren und interessante Einfassungen von Grundstücken. Auch dies gehört zu dem Bereich der Architekturgestaltung. Zeichnen Sie alte Fassaden(-teile). Manchmal sind sie das Einzige, was von einem historischen Bauwerk erhalten ist. Erforschen Sie, woher die Namen für Straßen und Bauwerke stammen und welche Geschichte sie vielleicht haben.
Präsentieren Sie Ihre Skizzen und Fotos als Gesamtkunstwerk und tauschen Sie Ihre Informationen aus.

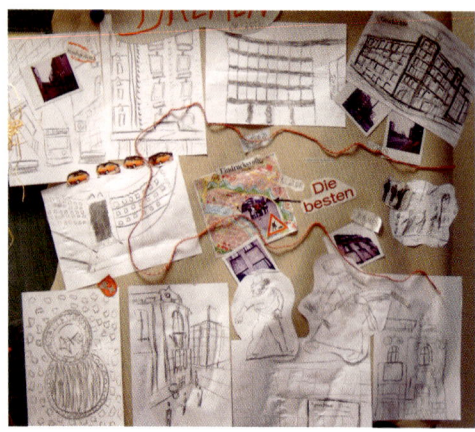

8 Zeichnungen, Fotos und Zeitungsausschnitte als Stadtcollage

Aufgabe

Informieren Sie sich grob über die Merkmale der historischen Baustile wie Romantik, Gotik, Renaissance und Barock.

Reflexion
1. Was ist Ihnen bei Ihrem Streifzug besonders aufgefallen?
2. Hat sich Ihre Wahrnehmung von der Stadt um Sie herum verändert?
3. Welchen Bezug haben Sie nun zu Ihrem direkten Schulumfeld?
4. Welche Auswirkungen wird ein Streifzug auf die Wahrnehmung der Kinder haben?
   Durch das eigenständige Finden und genaue Abzeichnen/Skizzieren/Fotografieren erfassen die Kinder aktiv die Sehenswürdigkeiten ihrer näheren Umgebung. Sie differenzieren ihre eigenen Blickwinkel, die ganz anders sind als die der Erwachsenen. Verbunden mit Geschichten und Sachinformationen können die Kinder einen Bezug zu ihrem Lebensumfeld herstellen und entwickeln eine Wertschätzung für die baulichen Gegebenheiten.

Anregungen für die gestalterische Arbeit mit Kindern und Jugendlichen

◆ **Stadtcollage:** Um die Begriffe Häuser, Gebäude, Bauwerke vielfältiger kennenzulernen, erstellen die Kinder in Gruppenarbeit eine Collage. Dazu können sie aus Illustrierten Abbildungen verschiedenster Bauwerke einbringen.

◆ **Architekturforschung:** Kinder entdecken besondere Architekturen in ihrer nächsten Umgebung. Für kleinere Kinder ist der Weg schon ein kleines Abenteuer. In Gesprächen mit den Kindern kann auf unterschiedliche Architekturen und ihre Funktionen hingewiesen werden und herausgearbeitet werden, was ihnen an diesen Gebäuden gefällt und was nicht, welche Unterschiede und Gemeinsamkeiten sie entdecken.
Welche Gebäude gibt es auf dem **Bauernhof** und wodurch unterscheiden sie sich?
Wie wird es empfunden, in einem **Hochhaus** mit dem Aufzug in das letzte Stockwerk zu fahren und die Stadt von oben zu sehen?
Ihre Erfahrungen setzen die Kinder malerisch oder gestalterisch mit Ton (siehe Kapitel 28.9 »Gestaltungsvorschläge für verschiedene Altersklassen«) oder mit Papierschachteln um.

◆ Der Besuch eines **Friedhofs** liefert Einblicke in die Umgebung. Die Kinder können vielleicht Frottagen von alten Grabsteinen herstellen. **Alte Kirchen** sind ein faszinierendes Stück Geschichte. Die Kinder lernen die Besonderheiten von Sakralbauten kennen und erfahren einen ganz eigenen Raum. Später bauen und bemalen sie selbst aus Schachteln ein Kirchenschiff mit Turm. Die Besichtigung einer **Burg** motiviert, selbst eine Ritterburg aus Ton- oder Holzresten nachzubauen.

◆ Ältere Kinder erstellen einen **Lageplan** ihrer Umgebung: Schule, Turnhalle, Fußballplatz, Straßen, Straßenbahn, Spielplätze, Läden werden auf einem großen Papier eingezeichnet. Sie arbeiten eigene Vorschläge für die Umgestaltung von Stadträumen ein und lassen Ideen für eine spiel- und bewegungsfreundliche Stadt mit einer sicheren Verkehrsplanung einfließen.

Ein alter Keller unter der Erde zum Kühlen,
Gruppenarbeit Kindergarten

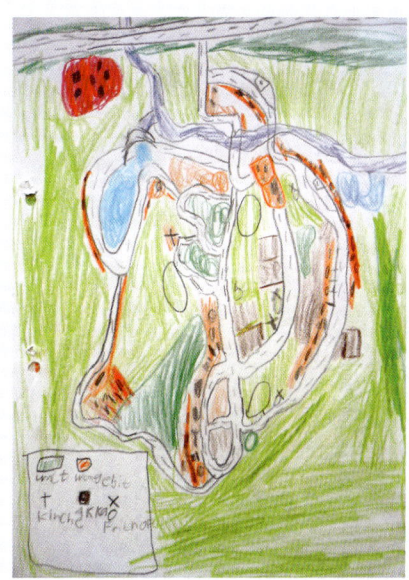

Stadtplan, Miron (8 Jahre)

38.5   Gestalten von Bauwerken

Es ist ein Urbedürfnis des Menschen, sich eine schützende Behausung zu bauen. Schon kleine Kinder lieben es, sich in Höhlen zu verstecken oder darin zu spielen. Dafür dient oft ein Tisch mit einer Decke darüber. Schon früh konstruieren Kinder mit Bauklötzen Häuser und Türme und setzen sich dabei mit den Gesetzen von Statik und Gleichgewicht auseinander. Auch mit anderen Materialien lassen sich erste eigene architektonische Entwürfe umsetzen.

Viele interessante Einblicke ermöglicht der regelmäßige Besuch einer Baustelle, bei dem verfolgt werden kann, wie ein Haus entsteht. Dabei geht es nicht nur um die Faszination der großen Fahrzeuge und Maschinen, sondern auch um die einzelnen Bauphasen, handwerklichen Tätigkeiten und die Baumaterialien wie Steine oder Beton, die notwendig sind, damit ein Haus »wachsen« kann. Auch der Abriss eines Gebäudes ist eine Beobachtung wert. Hier werden ebenso die Bauelemente und Materialien sichtbar. Architektur wird also bestimmt von Form, Funktion und Material – dies bietet unterschiedliche Ansätze zum Experimentieren.

Spannende Anregungen sind bei einem Blick in andere Kulturen zu finden und bei einem Vergleich, mit welchen Materialien und Konstruktionen dort gebaut wird: Iglus bei den Eskimos, verschiedene Zeltbauten bei Nomaden oder Indianervölkern, Holzbauten in asiatischen Ländern.

38.5.1   Türme und Brücken

Material

Pappschachteln in verschiedenen Größen, Pappröhren, Schaschlikstäbchen und Zahnstocher, Draht, Schere, Kleber, verschiedene Papiere, Stifte, Farben, Pinsel, Wasser

Gestalterische Übung

Bauen Sie aus den Schachteln Türme und Brücken. Experimentieren Sie mit verschiedenen Konstruktionen und verwenden Sie auch die Holzstäbchen als Stützhilfen. Verbinden Sie Ihre einzelnen Umsetzungen schließlich zu kleinen Gruppenarbeiten.

Reflexion

1. Welche Erfahrungen mit Statik haben Sie gesammelt?
2. Welche Ideen haben Ihnen geholfen, möglichst hohe Türme oder große Brücken zu bauen?
3. Wie können Kinder Erfahrungen mit Statik sammeln?

   Mit Kindern können statische Experimente mit Styroporteilen, in die Zahnstocher zur Verbindung eingesetzt werden, durchgeführt werden. Auch Umhüllungen aus Papier stabilisieren Schachteltürme zusätzlich.

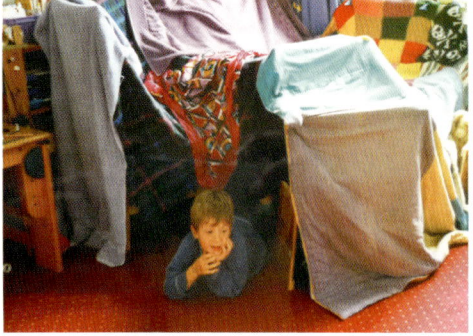

9 *Unsere Höhle aus Decken und Tüchern, Gemeinschaftsarbeit Kindergarten*

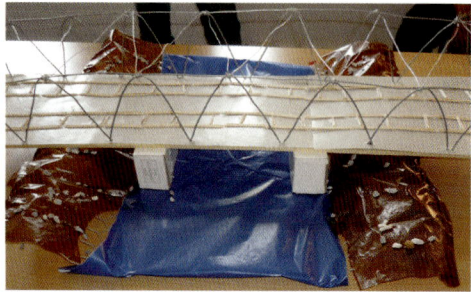

10 *Eisenbahnbrücke, Tim*

11 *Festsaal aus Pappröhren und Papier, Gruppenarbeit*

38.5.2   Nester und Höhlenbauten der Tiere

Spannende Anregungen für Bauvorhaben bietet auch die Tierwelt: Dort gibt es Spinnennetze aus körpereigenen Fäden, Termitenbauten mit hohen Türmen aus Lehm, zarte Nester von Vögeln, kunstvolle Waben von Wespen oder Korallenbauten im Meer. Die verschiedenen Baupläne sind nicht immer gleich zu erkennen – der Mensch hat sich jedoch von der Tierarchitektur inspirieren lassen. Gehen Sie auf die Suche nach Anregungen im Tierreich. Je nach »Vorbildern« müssen die Materialangebote für die Kinder variiert werden.

12 *Termitenbau*

Material
Ton, Heu, grobe Holzspäne, Naturmaterialien, Draht, Kleber, Schnur, Stöcke, Folien, Federn, Stoffreste

Gestalterische Übung
Bauen Sie ein Nest oder einen anderen Tierbau mit den vorhandenen Materialien. Experimentieren Sie mit verschiedenen Materialmixen und eigenen Konstruktionen.

Reflexion
1. Welche Informationen über die Bauten von Tieren haben Sie zu eigenen Gestaltungen angeregt?
2. Welche Anregungen waren leicht umzusetzen?

Die Informationen und Bilder von Tierarchitektur eröffnen einen kreativen Blick auf Architektur. Man kann viel mehr experimentieren, als wenn man nur an die normale »Häusle«-Architektur denkt. Spannend sind die verschiedenen Funktionen, die Tierbauten haben. Damit werden auch die verschiedenen Funktionsräume, die wir Menschen haben, deutlich.

13 *Nestbau mit Restmaterialien, Ertan*

38.5.3   Zeltstadt aus 1001 Nacht

Material

Holzstangen, kleine Äste, Schaschlikstäbchen, Transparentpapier, Folien, dünne Stoffreste, Kleber, Tacker, Schere, Schnur, Klebeband

Gestalterische Übung

Lassen Sie sich mit einem orientalischen Musikstück oder einem Märchen aus dem Orient in die Welt von 1001 Nacht versetzen. Entwerfen Sie nun in Kleingruppenarbeit eine Zeltstadt. Benutzen Sie die Holzstäbchen für die Grundgerüste und bespannen Sie diese mit Schnur, Stoffen, Folien oder buntem Papier. Verzieren Sie anschließend Ihre Bauwerke mit Glitzer, Pailletten und Sternchen.

14 *Zelt aus 1001 Nacht, Sandra und Finia (8 Jahre)*

Reflexion

Welche statischen Herausforderungen mussten Sie beim Bauen dieser fantasievollen Architektur bewältigen?

Zelte lassen sich gar nicht so leicht stabil aufstellen. Das Gerüst muss in sich so fest sein, dass es gerade stehen bleibt und sich mit dem Zeltmantel bespannen lässt, ohne darunter nachzugeben. Es muss auf einen festen Untergrund geachtet werden, sodass die Zeltstangen nicht wegrutschen. Hier können die Kinder sich intensiv mit verschiedenen statischen Lösungen beschäftigen.

Anregungen für die gestalterische Arbeit mit Kindern und Jugendlichen

◆ **Kartonhaus:** Die Kinder gestalten aus einem großen Verpackungskarton (z. B. von einer Waschmaschine) ein kleines Haus. Die Erzieherin schneidet mithilfe eines Cutters Fenster und Türen hinein. Die Kinder bemalen und bekleben ihr Haus. Anschließend richten sie ihr Haus selbst ein. In der Erweiterung kann eine ganze Pappstadt mit Gängen und Räumen entstehen.

◆ **Mäusehäuser:** Aus Schachteln verschiedener Größe bauen und konstruieren die Kinder Häuser für Mäuse. Die Schachteln werden nicht nur aufeinandergeklebt, sondern auch ineinandergesteckt, um Anbauten, Erker, Brücken, Tunnel und Türme zu kreieren. Unterschiedliche Anregungen dazu finden sich in Büchern über verschiedene Architekturen in der Welt.

◆ **Gipshäuser:** Ältere Kinder schnitzen mit Kratz- und Feilwerkzeugen aus Gipsblöcken (siehe Kapitel 29.4.2 »Gipsskulpturen«) Häuserformen oder arbeiten plastische Architekturformen heraus. Jüngere Kinder ritzen in die Oberflächen der Gipsblöcke Türen und Verzierungen. Anschließend werden die Gipshäuser bemalt.

◆ **Plattenbau:** Das Bauen mit Styroporplatten und Zahnstochern oder Schaschlikstäbchen als Verbindung fördert die Auseinandersetzung mit Statik. Aus den Styroporplatten, die es als Verpackungsmaterial gibt, lassen sich Häuser, Tunnel und Brücken im Stecksystem gestalten. Vorsicht: Beim Schneiden und Raspeln der Platten dürfen die entstehenden Styroporkügelchen nicht in Körperöffnungen gelangen oder verschluckt werden! Reste im Wertstoffmüll entsorgen.

- ◆ **Papierburg:** Grundschulkinder rollen, falten, schneiden und kleben nur aus Papier architektonische Einzelteile, die sie zu einem Gesamtbauwerk zusammenfließen lassen (siehe auch Kapitel 31.3.1 »Räume aus Papier«).

- ◆ **Architektonische Zeichnungen:** Jugendliche fertigen mit verschiedenen Zeichenmaterialien Architekturzeichnungen an. Als Motive eignen sich besonders morbide, verfallene Fabrikhallen oder ein alter Hafen. Sie werden bei einem Besuch gezeichnet oder fotografisch bearbeitet. Die Bauansichten können auch mit technischen Raffinessen des Druckens umgesetzt werden (siehe Kapitel 17 »Druckwerkstatt«).

38.6   Gestalten einer Stadt

In ihrer Wahrnehmung sehen Kinder bis zum Grundschulalter noch keinen Zusammenhang einzelner Bauwerke und Straßen in einem Stadtsystem. Häuser werden eher als Einzelteile gesehen, die in keinem Bezug zueinander stehen, Straßen werden nicht als räumliche Verbindungen erkannt. Kinder gehen von ihren eigenen Erfahrungen aus und können diese noch nicht auf das abstrakte Modell einer Stadt übertragen.

Für die vollständige und eigenständige Planung von Architekturräumen im System »Stadt« besitzen erst Jugendliche das erforderliche räumliche und soziale Vorstellungsvermögen.

Der Wahrnehmungsprozess »Architektur – sozialer Raum« sollte dennoch schon bei Kindergarten-

kindern durch das Experimentieren mit Stadtentwürfen gefördert werden. Dabei können Sie den Impulsen der Kinder folgen, die durch die Beobachtung der Flugbahn eines Flugzeugs gern auch einmal einen Flughafen sehen wollen. Bei der Fahrt mit dem Bus dorthin stellt sich vielleicht die Frage, wo die Busse nachts sind. Der Bus fährt am Museum und dem Rathaus vorbei und so ergeben sich immer neue Anregungen, die Stadt zu erobern. Sie fördern altersgemäßes Sehen und Verstehen und wecken durch Gestaltungsangebote das Verständnis für die Bedingungen des Bauen und Planens.

> »Mir war es wichtig, den Kindern zu zeigen, wie vielfältig ihre Stadt ist. Dabei habe ich nur die Impulse der Kinder aufgegriffen und thematisiert. Es war faszinierend, wie sie sich auch auf den demokratischen Verständigungsprozess, wohin es gehen soll, eingelassen haben – nicht ganz leicht, aber mit viel Erfolg!« (Robert, Schüler)

Eine Stadt wird nicht von einem Menschen allein gebaut. Wichtige demokratische Entscheidungsprozesse, das Wahrnehmen und Respektieren der Bedürfnisse anderer, das Partizipieren an gesellschaftlichen Entwicklungen kann mit einer Gemeinschaftsaktion zu Stadtplanung und Stadtentwürfen ganz direkt am gemeinsamen Modell erfahren und geübt werden. So kann aus dieser Aktion leicht ein Projekt mit verschiedenen Bereichen entwickelt werden.

15 *Stadtplanung: In einem Koffer mit Spielsteinen und auswechselbarem Boden aus Papier kann die Stadt immer wieder neu erfunden werden, Gruppenarbeit Kindergarten*

1. Informieren Sie sich über einzelne Stadtteile und ihre sozialen Einrichtungen für Kinder. Tauschen Sie sich über die »soziale Stadt« aus und verknüpfen Sie diese Informationen mit gesellschaftlichen Entwicklungen.

2. Überlegen Sie, welche verschiedenen Lernbereiche man in einem »Projekt Stadt« beteiligen kann. Beginnen Sie mit einem Brainstorming! Welche pädagogischen Ziele können Sie jeweils damit verfolgen? Stellen Sie eine übersichtliche Liste der Bereiche und Ihrer Ideen auf.

Fantasia

Material

Schachteln, Holzstäbchen, Styroporplatten, Styroporkugeln, verschiedene Pappen und Papiere, Stoffe, Metallreste, Draht, Folien, Farben, Stifte, Kunststoffreste, Joghurtbecher, eine Grundplatte aus Sperrholz oder Pappe (mind. 2 – 2,5 mm dick)

Gestalterische Übung

Besprechen Sie in Kleingruppen, wie Ihre Traumstadt aussehen soll, welche Bedürfnisse sie erfüllen soll. Entwerfen Sie aus den vorhandenen Materialien eine eigene Stadt. Gehen Sie dabei über das in der Realität Machbare hinaus und entwickeln Sie ganz eigene (auch verrückte) Ideen. Versuchen Sie außerdem, verschiedene Ebenen (Berge, Hügel, Täler) einzubauen.

Reflexion

1. Welche Grundideen waren für Sie wichtig?
2. Wie war der Arbeitsablauf in der Gruppe?
3. Welche Zusammenhänge konnten klar herausgearbeitet werden?
4. **Welche sozialen Architekturbauten wie Rathaus, Krankenhaus, Schule, Kirche, Friedhof haben Sie in Ihr Modell eingebracht?**

In diesem Bau- und Planungsprozess werden Partizipation und Demokratie großgeschrieben. Die Kinder kommunizieren miteinander und einigen sich auf gemeinsame Regeln, um im Sinne der Gemeinschaft bestmöglich eine Stadt zu gestalten. Natürlich sollen auch individuelle Bedürfnisse einen Platz bekommen. Die Kinder haben gleichzeitig die Möglichkeit, ihre Blickwinkel und Prioritäten zu verdeutlichen. Neben der Auseinandersetzung mit Material und Form spielen soziale und kommunikative Kompetenzen eine grundlegende Rolle – ganz wie im Leben der Erwachsenen.

Informieren Sie sich über unterschiedliche Stadtentwürfe in der Kunstgeschichte. Es gibt meist einen sehr deutlichen Unterschied zwischen einem gewachsenen Ort und einer auf dem Reißbrett angelegten Stadtstruktur.

- ◆ **Planung eines Spielplatzes mit Spielhaus:** Die Kinder setzen selbstständig ihre Bedürfnisse und Fantasien in einem kleinen Modell um. Zu der Planung gehören auch Materialüberlegungen und kleine Konstruktionen, die im Modell die verschiedenen Ideen der Kinder verdeutlichen.

- ◆ **Steinstadt:** Kinder bauen gerne mit »richtigem Material«, d.h. in unserem Fall mit Ziegeln oder Betonsteinen. Diese Steine sind in Baumärkten oder als Reststücke auf Baustellen erhältlich. Für die freie Gestaltung der Kinder können auch Bruchsteine eingesetzt werden. Die Aktion findet am besten draußen in sandigem Gelände statt. Hier bauen die Kinder mit den Steinen eine eigene Stadt im Sand auf. Dafür können einzelne Steine zu einem Turm gestapelt werden. Andere Steine werden einfach nebeneinander in den Sand gedrückt und zu einer Stadtlandschaft kombiniert. Die einzelnen Stadthäuser werden mit Acrylfarbe ausgeschmückt und charakterisiert. Eine neue Stadt zum Spielen ist entstanden.

- ◆ **Weidenrutenbau:** Im Frühjahr geschnittene Weidenruten eignen sich gut für einfaches und großformatiges Bauen im Freien. Wachsen die Weiden an, entsteht ein lebendiges, im Sommer Schatten spendendes Haus. Die Kinder stecken die Weidenruten nebeneinander in einen Pflanzgraben, der die Form des Bauwerks hat, sodass sie eine Wand bilden. Die Ruten werden gut festgedrückt und regelmäßig gegossen. Die Spitzen der verschiedenen »Wände« werden mit Schnur verbunden, damit sie zusammenwachsen und später ein Dach bilden können. Zusätzlich können weitere Weidenruten mit den stehenden Ruten verflochten werden, um eine stabilere Wand zu erhalten. Tunnel und kleine Rundräume lassen sich einfach verwirklichen, sogar große Weidenrutenbauten sind mit dieser Technik möglich. Der Weidenrutenbau erfordert viel Pflege!

- ◆ **Lehmbau:** Mit einem Weidenrutengerüst kann auch ein Lehmbau erstellt werden. Da das Gerüst sehr stabil sein muss, wird zwischen die Weidenruten mit losen Ästen, Stauden und Sträuchern ein dichtes »Netz« geflochten, das später den Lehm hält. Die Kinder bewerfen und bemauern das entstandene Geflecht von innen und außen mit Lehm. Ist die Lehmschicht ca. 20 cm dick, kann sie glatt gestrichen werden.

- ◆ **Wohnräume – Traumräume:** Diese Aktivität eignet sich für Kinder ab dem Grundschulalter. Die Kinder überlegen sich gemeinsam, wie sie einen realen Wohnraum nach einem Thema umgestalten wollen, z. B. ein Zimmer für Urwaldtiere, in dem große Baumstämme aus Holz oder Pappmaschee stehen und Blätterdächer von der Decke hängen. Über den Boden aus Erde kriechen die ersten Urwaldbewohner und in einer Ecke plätschert eine Quelle. Der Fantasie sind bei diesen kreativen Raumgestaltungen wenig Grenzen gesetzt. Als Themen eignen sich auch: Unterwasserwelten, Technikraum, Raum aus Stoff. Diese Aktion lässt sich in leer stehenden Wohnungen oder Häusern für einen bestimmten Zeitraum umsetzen. Fragen Sie in Ihrem Stadtteil nach – manche Ladenbesitzer sind auch bereit, leer stehende Läden als Werbeaktion übergangsweise für eine Kunstaktion zur Verfügung zu stellen.

Parkentwurf mit Sand, Steinen und Restmaterialien, Gruppenarbeit Hort

Lehmhaus

38.7   Architekturbetrachtung

Genauso wie bei einer Bildbetrachtung gibt es einfache Kriterien, um ein Bauwerk zu betrachten, zu beschreiben und in seinen Besonderheiten zu erfassen. Je nach Alter der Kinder oder Jugendlichen können mehr oder weniger sachliche Informationen einfließen. Mit der Architekturbetrachtung wird den Kindern exemplarisch ein Handwerkszeug vermittelt, um Architektur Aufmerksamkeit zu schenken und sie als Kulturgut zu begreifen. Bei Kleinkindern ist es wichtig, erst einmal Interesse für die sie umgebende Architektur zu wecken, damit sie erkennen, welche Funktionsunterschiede die Raumgestaltung bestimmen. Danach folgt das Wahrnehmen von historischen Bauten in der Umgebung. Das differenzierte Erfassen von Baustilen rückt erst bei Grundschülern und Jugendlichen in den Vordergrund.

Anhand von Fotos, Skizzen und Prospektmaterial sowie den gesammelten Informationen kann nun ein umfassendes Bild von einem Gebäude erstellt werden. Lassen Sie die Eindrücke in eine dreidimensionale Gestaltung umsetzen.

Durch ein intensives Beschäftigen mit einem Bau fällt es leichter, Bezüge und Vergleiche zu anderen Häusern herzustellen. So erschließen sich auch andere Stadtteile oder Orte – Architektur wird als Kulturgut erkannt und erfahren.

1. Das Bauwerk – Datenerfassung

Hierbei geht es um das sachliche Erfassen von dem, was zu sehen ist, z. B.:

- In welcher Gegend steht das Bauwerk?
- Welche Funktion hatte/hat das Gebäude?
- Welche Besonderheiten/baulichen Details fallen auf?
- Welche Hintergrundinformationen gibt es: Baujahr, Auftraggeber, Architekt, Baumaterialien?
- Was erzählen der Grundriss, die Dachgestaltung und der Fassadenaufriss?
- Fallen bestimmte Proportionen und Maße auf?
- Ist die Lichtführung auffallend?
- Sind Umbaumaßnahmen zu erkennen?

In der Literatur und im Internet lassen sich meist weitere Hinweise auf die Stilepoche finden und darauf, welchen Stellenwert der Bau in der Werkreihe eines Architekten hatte bzw. hat.

2. Subjektive Wahrnehmung

Die subjektive Wahrnehmung ist individuell unterschiedlich und bezieht sich auf die mit dem Bauwerk verbundenen Gefühle.

- Welche Gefühle entstehen bei der Betrachtung des Gebäudes?
- Welche Gefühle vermittelt das Innere des Gebäudes?
- Wirkt das Gebäude einladend, abweisend, schützend, weiträumig, eng, erdrückend?
- Welche Details gefallen besonders und finden große Aufmerksamkeit?

3. Bedeutung

Die Bedeutung bezieht sich auf verschiedene Faktoren:

- Welche Bedeutung hat das Bauwerk für die direkte Umgebung, für die Stadt, für einen persönlich?
- Welche Bedeutung wird dem Bauwerk in der Kunstgeschichte gegeben?

16 *Gotische Architektur, Cirin*

Aufgaben

1. Erarbeiten Sie in der Kleingruppe ein Gebäude in Ihrer Umgebung nach den oben genannten Kriterien, um erste eigene Erfahrungen mit einer Architekturbetrachtung zu sammeln.

2. Überlegen Sie sich methodische Herangehensweisen für die Architekturbetrachtung mit Kindern und Jugendlichen.

17 *Präsentation der Vielzahl an Türen in einem historischen Viertel, Gerald*

»Die intensive Betrachtung und Beschäftigung mit verschiedenen Gebäuden in meiner Stadt hat meinen Blick dafür geschärft, Architektur differenziert wahrzunehmen. Auch die kindliche Wahrnehmung von Häusern ist verständlicher für mich geworden. Sehr spannend.« (Tommy, Schüler)

Projektaktivität   FANTASTISCHE BAUTEN

Antoni Gaudí *(1852 – 1926 in Spanien): Gaudí ist vor allem für seinen eigenwilligen Stil von runden, organisch wirkenden Formen bekannt. Seine Bauwerke sind in der Formsprache der katalanischen Spielart des Jugendstils, des Modernismus, gebaut. Typische Merkmale dafür sind geschwungene Linien, unregelmäßige Grundrisse, schräge gemauerte Stützen, naturnahe weiche Formen mit vielen Motiven der Flora und Fauna. Wichtige Gestaltungselemente seiner Bauwerke sind offene Bruchsteine und Mosaike aus bunten Keramikfliesen.*

Ton wird nicht nur zur Herstellung von Gefäßen und Figuren verwendet, sondern ganze Häuser lassen sich aus Ton bauen. Auch in der Architektur spielt Ton eine wichtige Rolle. So gibt es heute noch Häuser in Europa, deren Wände aus Weidengeflecht und Tonerde bestehen. In manchen Häusern sind die Zwischenwände mit Ton gebaut, da sie ein besonders gutes Raumklima fördern.

Aber man kann ja erst einmal klein anfangen.

Das gemeinsame Betrachten von Abbildungen mit fantasievollen und traditionellen Bauten in der ganzen Welt liefert Ideen für die eigenen Entwürfe der Kinder. Besonders die Bauten von Antoni Gaudí (»der Hundertwasser der Architektur«) bieten gute Anregungen für organische Architektur aus Tonerde. Auch Friedensreich Hundertwasser selbst hat interessante Häuser entworfen und gebaut (siehe Kap. 5 Projektaktivität). Die Kinder bekommen so einen Einblick in den Bereich Architektur und können erste Bauprinzipien kennenlernen. Diese Anregungen aus der großen Architektur können Inspirationen liefern, eigene Entwürfe in Ton zu bauen.

Antoni Gaudi: Park Güell, 1900 – 1914, in Barcelona

Traumhaus, Sorka (9 Jahre)

Dieses Projekt kann man wunderbar altersübergreifend als Gemeinschaftsarbeit oder
in Einzelarbeiten durchführen. Wichtig ist
es, große Mengen an Ton zur Verfügung
zu haben. Denn in einem zweiten Schritt
lassen sich die verschiedenen Bauten vielleicht zu einer Siedlung zusammenführen.
Am besten kann man aus einem großen
Stück Ton die Formen des Fantasiehauses
herausarbeiten. So wird das Fantasiehaus
in sich stabiler und lässt mehr Spielraum
für Details und Feinheiten. Diese können
zusammen mit anderen Materialien wie
Glassteinen oder Holzstückchen angebracht werden. Informieren Sie sich über
die grundlegende Gestaltung mit Ton im
Kapitel 28 »Tonerlebnisse statt Tonergebnisse«.

Fantasiehaus »Kanne«, Irina und Daniel (9 Jahre)

TECHNISCHE MEDIEN ZUR GESTALTUNG

39   EINSATZ VON MEDIEN IN DER KÜNSTLERISCHEN ERZIEHUNG

39.1   Information und Manipulation durch Bilderflut

Schon bevor Kinder sprechen können, werden sie mit (meist technischen) Bildern konfrontiert. Der gesamte Alltag ist von einer Bilderflut geprägt: Fotos auf Werbeplakaten, Bilder auf Verpackungen, Zeitschriften, Bücher, Fernsehbilder, Filme und bei den meisten Kindern auch Computerbilder. Bilder sind ein wichtiges Kommunikationsmedium. Jedoch gibt es bei der Art und Weise der Wahrnehmung und Aufnahmemöglichkeit von Bildern große Unterschiede. So wird ein Bilderbuch in Ruhe betrachtet. Der Betrachter kann sich in die einzelnen Bilder vertiefen und gegebenenfalls zurückblättern. Plakatbilder werden meist gar nicht bewusst wahrgenommen, sondern die Werbeinformation schleicht sich ins Bewusstsein. Filme und Fernsehbilder liefern Bilder, die durch sekundenschnellen oder sogar noch schnelleren Bildwechsel Inhalte vermitteln. Es besteht kaum eine Möglichkeit, sich mit den Bildern auseinanderzusetzen. Information und Manipulation durch Bilder liegen dicht beieinander.

39.2   Selbst gestalten, statt zu konsumieren

Kinder müssen daher lernen, sich kritisch mit den technischen Medien zu beschäftigen, um sie nicht nur passiv zu konsumieren. Dies gelingt dann, wenn sie aktiv mit ihnen umgehen und sie selbst gestalten. Hierzu gehören das eigene Erstellen und Bearbeiten von Fotos, Filmen, Computergestaltungen und Internetauftritten. Durch diese Tätigkeiten eröffnet sich ein aktiver Zugang zu Medien und deren (Schein-)Bildern. Die Kinder erlernen dabei einerseits Wissen über die Funktionsweisen moderner Techniken und Kommunikationsformen und können sich andererseits kritisch mit ihren Auswirkungen auseinandersetzen. Dies betrifft insbesondere Grundschulkinder sowie ältere Kinder und Jugendliche. Sozial benachteiligten Kindern, die zu Hause keinen Computer nutzen können, bieten solche Aktivitäten Chancengleichheit und einen Zugang zur Informationsgesellschaft.

Die Multifunktionen der Medien (Schreiben, Malen, Kommunizieren, Scannen, Gestalten) werden immer mehr im Alltag eingesetzt. Durch das kreative Arbeiten mit den Medien werden wichtige Fähigkeiten erworben und neue Lehr- und Lernmöglichkeiten geschaffen, die zukunftsweisend sein können.

Das Ziel aller medienpädagogischen Aktionen besteht darin, den Kindern **Medienkompetenz** zu vermitteln. Medienkompetenz bedeutet, dass die Kinder einerseits mit Medien wie Computer, Internet, Digitalkamera umgehen können, andererseits auch kritisch dazu Stellung beziehen und reflektierend und selbstverantwortlich damit umgehen. Medienkompetenz soll ihnen außerdem die Möglichkeit bieten, innovative und kreative Gestaltungen zu erarbeiten.

Voraussetzungen für medienpädagogische Aktivitäten sind funktionierende und gut ausgerüstete Geräte. Bei der Umsetzung der Aktivitäten ist darauf zu achten, dass sie dem jeweiligen Entwicklungsstand und den Fähigkeiten der Kinder angepasst und handlungsorientiert ausgerichtet sind. Neben der aktiven Medienarbeit darf die konkrete Umsetzung in die reale Wirklichkeit auf keinen Fall zu kurz kommen. Virtuelle Aktivitäten ergänzen sinnlich reale Erlebnisse und Erfahrungen – nicht umgekehrt!

1   *Selbst gebauter Fernseher mit Filmrolle (links), Gruppenarbeit (4 – 6 Jahre)*

40 FOTOGRAFIE

40.1 Mit Bildern die Welt betrachten

Das Medium Fotografie lässt sich problemlos in den Kinderalltag integrieren: Die meisten Kinder sind schon einmal fotografiert worden, manche Kinder durften schon selbst ein Foto schießen. Über spielerische Anregungen können Kinder Schritt für Schritt mit der Technik des Fotografierens vertraut gemacht werden. Ältere Kinder und Jugendliche sind in der Lage, mit Fotos zu experimentieren und sie am Computer zu bearbeiten. Da das Medium Computer heutzutage fast überall anzutreffen ist, ist das Interesse an den modernen Bildbearbeitungsmöglichkeiten sehr groß.

Kinder wählen ihre ganz eigenen Motive – über die Bildauswahl der Kinder lässt sich ihr Blick auf die Welt nachvollziehen, denn sie fotografieren, was **ihnen** wichtig ist. Dazu gehören ebenso Dinge, die sie stören, wie Dinge, die sie schön finden. Beim Fotografieren erforschen sie ihre Umwelt und

1 *Mein Papa, Boris (6 Jahre)*

dokumentieren die für sie wichtigen Erlebnisse. Kinder erfahren, dass Bilder ein wichtiges Kommunikations- und Dokumentationsmedium sind. So wählen Kinder nicht nur ganz eigene Motive, sondern auch ganz eigene Bildausschnitte. Dabei ist es ihnen anfangs nicht wichtig, ob das Motiv in seiner Gesamtheit erfasst und scharf abgelichtet ist oder ob das Bildobjekt in einer Vielzahl anderer Bildmotive fast verloren geht. Die Wertschätzung dieser eigenwilligen Fotos, dieses eigenen Blickwinkels bleibt für die Kinder wichtig und eröffnet eventuell dem Betrachter auch Neues!

Indem Kinder selbst Fotos erstellen und damit kreativ arbeiten, lernen sie, andere Bilder kritisch zu betrachten und zu hinterfragen. Sie lernen, genau wahrzunehmen und sich bewusst mit fertigen Bildern der Umwelt auseinanderzusetzen. So wird ihnen deutlich, dass Bilder immer nur einen gewählten Ausschnitt und nicht die ganze Wirklichkeit abbilden. Dieses Erkennen zeigt die Möglichkeiten auf, mit Fotos zu manipulieren, aber auch zu experimentieren und zu spielen. So lassen sich Fotos als spannendes Ausdrucksmittel nutzen.

Aufgabe

Beobachten Sie die Kinder beim Fotografieren und sprechen Sie mit ihnen über ihre Fotos. Welche Informationen erhalten Sie von den Kindern über ihren Blick durch die Kamera?

40.2 Wie funktioniert ein Fotoapparat?

Im Prinzip ist das Loch in der Kamera, die **Linse**, mit der Pupille des menschlichen Auges vergleichbar: So wie ein Bild durch die Pupille auf die Netzhaut dahinter fällt, so gelangen Lichtstrahlen durch die Linse auf eine lichtempfindliche Fläche. Diese Fläche besteht bei einer Analogkamera aus einem chemischen Film, bei einer Digitalkamera aus einem Lichtsensor. Die Glaslinse im **Objektiv** erzeugt ein scharfes Bild, das insbesondere von der Blendenöffnung, der Belichtungszeit und der Lichtempfindlichkeit des Films bzw. Sensors abhängt.

Die **Blende** muss je nach Helligkeit unterschiedlich groß geöffnet werden – entsprechende Symbole sind oft als Sonne oder Wolken dargestellt. Die **Blendenöffnung** bestimmt, wie viel Licht auf den Film bzw. den Sensor fällt.

Die **Belichtungszeit** gibt an, wie lange der Auslöser den Verschluss öffnet, damit Licht durch die Linse auf den Film bzw. den Sensor fällt. Die Belichtungszeit hängt in erster Linie von der Bewegung des Objekts ab. Je mehr Bewegung im Bild ist, desto kürzer muss die Belichtungszeit gewählt werden.

Mit dem **Sucher** wird der Ausschnitt gesucht, der abgelichtet werden soll.

Das Objektiv einer Kamera grenzt einerseits den Blick auf die Welt ein, andererseits lässt es dem anvisierten Objekt eine größere Bedeutung zukommen. Kinder müssen erst einmal üben, ein Auge zu schließen, um durch den Sucher der Kamera zu blicken. Mit einem »Gucki« (Karton mit einem kleinen Loch) oder einem Diarähmchen können sie das üben. Sie erfahren, wie es ist, die Welt durch einen Sucher nur ausschnitthaft zu sehen und sich ein Motiv zu wählen.

Im nächsten Schritt müssen sich die Kinder mit der Technik der Kamera vertraut machen. Dabei werden u. a. folgende Fragen im Vordergrund stehen:

◆ Welche Bedienelemente hat die Kamera?
◆ Wie halte ich die Kamera gerade und ruhig?
◆ Wie fotografiere ich ein Objekt, das sich sehr nah oder sehr fern befindet?
◆ Was passiert mit dem Bild, wenn ich in die Sonne fotografiere?
◆ Welche Wirkung hat ein sich schnell bewegendes Objekt (z. B. ein Auto) auf das Foto?

Fotogramm

Damit Kinder verstehen, wie ein Foto überhaupt entsteht, eignet sich das Fotogramm als Einführung. Dafür werden in einer Dunkelkammer Gegenstände auf Fotopapier gelegt und kurz belichtet. Die Umrisse der Gegenstände sind nach dem Entwickeln wie Schattenfiguren auf dem Fotopapier sichtbar. Genauere Anleitungen können entsprechender Literatur entnommen werden.

40.3 Kameratypen

Es werden verschiedene Kameratypen angeboten, die sich hinsichtlich der Technik unterscheiden. Hier eine sehr kurze Übersicht:

Spiegelreflexkamera: Bei der »alten« Spiegelreflexkamera werden alle Bilder auf einen Film projiziert. Dieser wird meist im Fotoladen oder bei entsprechender Ausstattung und Kenntnis in der eigenen Dunkelkammer entwickelt. Ein Nachkolorieren und Verfremden der Fotos ist mit Filzstiften möglich. Höher empfindliche Filme wie 200 ASA/24 DIN oder 400 ASA/27 DIN sind zu bevorzugen. Diese Filme erfordern eine geringere Belichtungszeit, was die Gefahr von Verwackelungen reduziert.

Digitalkamera: Bei einer Digitalkamera werden die Bilder auf einer Speicherkarte festgehalten. Dieser Kameratyp bietet einige Vorteile:

◆ großes Sucherdisplay
◆ Kamera muss nicht an das Auge gehalten werden
◆ Speicherkarte für viele Fotos
◆ sofortige Überprüfung, ob ein Bild gelungen oder verwackelt ist (Wiederholung sofort möglich)
◆ Betrachtung der Bilder am Computer ohne vorherige Entwicklung
◆ Gestaltung der digitalen Bilder am Computer
◆ Bilder ausdrucken, ausschneiden und anderswo einfügen, als E-Mail verschicken, Plakate damit entwerfen

Für die grafische Gestaltung der Bilder werden vielseitige Bearbeitungsprogramme angeboten, die jedoch oft sehr komplex sind und daher eine inten-

2 *Digitale Spiegelreflexkamera*

3 *Sofortbildkamera*

sive Einarbeitung erfordern. Beispiele für Bildbearbeitungsprogramme:

- Adobe Photoshop
- Microsoft PhotoDraw
- Corel Photo-Paint

Polaroid-Sofortbildkamera: Eine Polaroid-Sofortbildkamera entwickelt ein Foto sofort nach dem Auslösen. Der Zusammenhang »Knipsen – Bildentwicklung« wird dadurch deutlich sichtbar. Leider ist der Kostenaufwand erheblich und die Qualität meist nicht so gut. Außerdem lassen sich die Fotos nicht wie Digitalbilder nachbearbeiten, dafür eignen sie sich gut z. B. für Collagen, zum Bekratzen oder Bemalen.

Aufgaben

1. Machen Sie sich mit der Technik der Spiegelreflexkamera und der Digitalkamera vertraut.

2. Informieren Sie sich in der Literatur oder im Internet, wie Fotos selbst entwickelt werden, oder besuchen Sie einen Fotokurs, bei dem alle Materialien und eine Dunkelkammer vorhanden sind.

3. Lassen Sie sich für die Digitalfotografie in Computerprogramme zur Fotobearbeitung einweisen und erproben Sie diese. Da es viele verschiedene Bearbeitungsprogramme gibt, können in den folgenden Kapiteln nur Anregungen für die Bearbeitung gegeben werden, ohne auf genauere technische Beschreibungen einzugehen.

Gestalterische Übung

Wählen Sie aus den folgenden Übungen in Kapitel 40.5 einige aus und bearbeiten Sie diese einzeln oder in Gruppen. Anschließend stellen Sie sich Ihre Erkenntnisse und Erfahrungen gegenseitig vor.

Reflexion

1. Welche Erfahrungen haben Sie mit den verschiedenen Übungen gemacht? Hat sich Ihr Blick durch die Kamera verändert?
2. Welche Aufgaben haben Sie am meisten interessiert und würden Sie gern weiterverfolgen?

40.4 Fotografie in der künstlerischen Erziehung

Die Wahrnehmung für Einzelheiten und Besonderheiten wird durch das Fotografieren geschärft. Das Gesehene bekommt durch das Festhalten mit der Kamera eine andere Bedeutung. Durch Veränderungen der Fotos können Fotomotive verfremdet und in andere Zusammenhänge gesetzt werden. Auch der Ausdruck eines Fotomotivs kann so noch deutlicher hervorgehoben werden. Sind Kinder und Jugendliche mit der Technik erst einmal vertraut, kann das Fotografieren auch als niedrigschwelliges Angebot eingesetzt werden, da künstlerische Fähigkeiten wie naturalistisches Abzeichnen nicht erforderlich sind.

Je nach Alter der Kinder bietet das Bearbeiten der Fotos die Möglichkeit, den Wahrheitsgehalt von Werbung und Film, Individualität und Masse, Schein und Wirklichkeit zu reflektieren und zu diskutieren. Indem die Kinder selbst mit den Möglichkeiten der Vervielfältigung spielen, schärfen sie den Blick auf ihre Umwelt und können aktiv darauf reagieren. Auch Veränderungen und Prozesse können mit einer Fotoserie sichtbar gemacht werden, z. B. das Verfaulen eines Apfels.

»Die Kinder waren immer sehr stolz, wenn sie selbst fotografieren durften. Für mich war interessant zu beobachten, welche Motive die Kinder aus ihrer Umgebung ausgewählt haben, was ihnen wichtig war. Auch zwischen den Kindern entstanden spannende Gespräche darüber.« (Sabrina, Schülerin)

40.5   Gestalten mit Fotografien

40.5.1   Fotografisches Gestalten für Kindergartenkinder und Vorschulkinder

Mein Kindergarten/meine Schule: Die Kinder erstellen in Gruppenarbeit eine Dokumentation eines Spaziergangs im Umfeld ihres Kindergartens/ihrer Schule. Dafür verwenden sie entweder eine Sofortbildkamera oder eine Digitalkamera. Die entwickelten Bilder stellen sie dann so zusammen, dass andere einen Eindruck über die Gegend erhalten. Es sollte ersichtlich sein, was in der Umgebung besonders gut oder besonders wenig gefällt. Die Bilder werden anschließend wie ein Bilderbuch zusammengeklebt. Dabei soll möglichst wenig Sprache und Schrift verwendet werden, sondern die Bilder für sich sprechen. Diese Übung eignet sich auch als künstlerisches Ritual für den Übergang vom Kindergarten zur Schule.

»Als ich Kinder zu einem Projekt ›Meinen Stadtteil erforschen‹ fotografieren ließ, hatte ich ganz neue Einblicke darin, was Kinder sehen und was ›man‹ sonst so interessant findet. Es wurde ein ganz neuer Stadtteil für mich!« (Patrick, Schüler)

Fotomemory: Alle Kinder werden fotografiert oder fotografieren sich gegenseitig: z. B. einmal mit Hut – einmal ohne Hut, einmal mit Brille – einmal ohne Brille. Ausgeschnitten, auf Pappe geklebt und laminiert ergeben die Fotos ein lebendiges Memory.
Für ein Fotomemory eignen sich auch Motivpaare wie Porträts als Ganzkörperaufnahme – als Nahaufnahme oder ein Foto aus der Froschperspektive – ein anderes aus der Vogelperspektive. Dabei werden bestimmte Standpunkte und ihre Wirkung erlernt. Diese Übung eignet sich gut zum Kennenlernen. Ebenso ist es spannend, ein Motiv im Ganzen und ein Detail davon zu fotografieren.

Froschperspektive: *Bei der Froschperspektive wird das Objekt von unten gesehen fotografiert. Der Gegensatz ist die* **Vogelperspektive***, bei der das Objekt von oben abgelichtet wird.*

Schneckenbuch (fachübergreifend): Die Kinder beobachten und fotografieren Schnecken. Verschiedene Schnecken und Schneckenhäuser werden gesammelt. Die Schnecken können für kurze Zeit in einem kleinen Terrarium zur Beobachtung eingesperrt werden. Aus Büchern und dem Internet werden Informationen über Schnecken zusammengetragen. Mit Knetmaterialien werden spiral-

4   *Fotomemory: Die Katze Chai von der Nachbarin*

5   *Schneckenbuch*

förmige Häuser gebaut. In Anlehnung an die Schneckenhäuser zeichnen die Kinder Spiralen auf Papier oder mit Malprogrammen am Computer. Aus den entstandenen Fotos und Zeichnungen gestalten sie anschließend ein interessantes Bilder- und Informationsbuch. Lieder und Geschichten ergänzen die naturwissenschaftlichen Beobachtungen.

Mein liebstes …: Die Kinder fotografieren ihr liebstes Spielzeug, ihren liebsten Geheimplatz, ihr liebstes Kuscheltier o. a. Es entsteht eine Fotodokumentation.

Tierfotosafari: Die Kinder machen sich auf die Suche nach Tieren in ihrer Umgebung, die sie fotografieren: Nachbars Dackel, eine Schnecke, ein Zitronenfalter, der Ameisenbau, das eigene Meerschweinchen. Eingebettet in ein Thema über Haustiere, heimische Tiere oder Naturkunde können die Kinder aktiv ihre Eindrücke, ihre Beobachtungen und ihr Wissen einbringen.

6 *Meine liebsten Kuscheltiere*

40.5.2 Fotografisches Gestalten für Grundschulkinder

Rollen verändern – Selbstwahrnehmung: Die Kinder gestalten ein ausgedrucktes Porträt malerisch weiter. Dabei können sie ihr Bild verfremden und in andere Rollenbilder schlüpfen.

Weitermalen: Die Kinder kleben ein Foto auf und gestalten es mit anderen Farbmaterialien weiter. So kann beispielsweise der Hund Fritz plötzlich unter Wasser spazieren gehen.

Autos erzählen Geschichten: Die Kinder fotografieren Autos, die ihnen auffallen, und schneiden sie aus. Nun werden die Autos in Bilder aus

7 *Tierfotosafari: Das Meerschweinchen von Lisa, der Fisch von meinem Freund*

8 *Ganz cool; Porträt weiterbearbeiten, Tanja (9 Jahre)*

9 *Porträt weitermalen, Lukas (10 Jahre)*

Zeitschriften eingefügt. Dabei soll eine Geschichte entstehen, in denen die Autos mit Sprechblasen ausgestattet werden. Welche Geschichten erleben die Autos?

Ich werbe für ...: Die Kinder porträtieren sich gegenseitig mit einer Digitalkamera. Das Fotografieren sollte so lange fortgesetzt werden, bis jeder mit seinem Bild zufrieden ist. Alle anderen Bilder werden gelöscht. Nun erstellen sie eine zweite Fotoserie mit Werbeplakaten in ihrem Umfeld. Anschließend werden die Bilder auf dem Computer weiterbearbeitet: Die Porträts werden ausgeschnitten und collageähnlich in ein Werbeplakat eingefügt. Welche Veränderungen entstehen durch das Zusammenfügen? Was wird über Werbesignale deutlich?

40.5.3 Fotografisches Gestalten für Jugendliche

Schwarz-Weiß-Sammlung: Die klassische Schwarz-Weiß-Fotografie mit der Spiegelreflexkamera hat immer noch ihren Reiz. Zur Durchführung wird ein Schwarz-Weiß-Film eingelegt. Bevor die Jugendlichen beginnen zur fotografieren, betrachten sie in Fotobüchern über historische Fotografie Schwarz-Weiß-Fotografien, um zu erkennen, welche Merkmale im Vergleich zur Farbfotografie wichtig sind. Nun entscheiden sie sich in der Kleingruppe für ein Fotomotiv, das in unterschiedlichsten Variationen in ihrer Umwelt auftaucht: Hände, Füße, Bäume, Häuser, Autos, Toiletten, Besteck. Das ausgewählte Motiv wird unter möglichst gleichbleibenden Bedingungen fotografiert, d. h., verschiedene Personen fotografieren immer den Handrücken mit ausgestreckten Fingern. Mit den Fotoserien wird eine Schwarz-Weiß-Fotogalerie erstellt. Eventuell werden die Fotos noch mit Filzstiften retuschiert und verfremdet.

Geklontes Ich: Die Jugendlichen erstellen mit der Digitalkamera verschiedene Fotos, die sie in unterschiedlichen Bewegungs- oder Ruhepositionen zeigen, z. B. sitzend, stehend, springend, kletternd, kauernd. Anschließend schneiden sie sich mit einem Computerprogramm aus den Fotos aus und fügen alle Ausschnitte in ein zuvor ausgewähltes Foto wieder ein. So wird eine Person auf einem Bild in verschiedenen Positionen und an mehreren Stellen gleichzeitig sichtbar. Die Person erscheint als Klon!

Passend zu dieser Gestaltung bietet sich eine Diskussion über Reproduzierbarkeit und Gentechnologie an.

10 *Geklontes Ich im Wald, Samantha*

11 *Geklontes Ich in den Bergen, Samantha*

Helden und Heldinnen: Die Jugendlichen suchen Fotos von Personen des öffentlichen Lebens, Filmhelden oder anderen Idolen, sammeln diese Bilder oder fotografieren sie mit der Digitalkamera ab. Sie betrachten die Bilder unter folgenden Fragestellungen:

◆ In welchen Posen sind ihre Helden und Heldinnen abgebildet?
◆ Vor welchem Hintergrund befinden sie sich?
◆ Welche besonderen Merkmale/Attribute wie Krone, Schwert, Flügel, Rednerpult oder Auto zeichnen diese Personen aus?

Anschließend fotografieren die Jugendlichen sich selbst in bestimmten Standbildern. Die Standbilder zeigen eine »erstarrte Bewegung«, die eine besondere Nachricht bzw. einen bestimmten Eindruck vermittelt. Beispielsweise drückt eine Pose mit in die Seiten gestützten Armen Stärke aus. Nun fotografieren sich die Jugendlichen gegenseitig in den Posen einer Heldin/eines Helden und suchen im Internet oder in Zeitschriften nach einem passenden Hintergrund für das Foto. Mit dem Computerprogramm werden »Heldin«/»Held« und Hintergrund zusammengefügt. Können die »neuen Helden« nun fliegen wie Superman oder sehen sie eher der Queen mit Hut ähnlich?

12 *Apfel? Apfel!*

Vorher – nachher: Die Jugendlichen beschäftigen sich mit Prozessen und damit, was diese kennzeichnet. Je einfacher die Veränderung herausgehoben wird, desto deutlicher ist der Effekt. Hierfür überlegen sie sich kleine Handlungssequenzen, in denen eine Veränderung sichtbar wird: Eine Hand hält einen Keks – ein Gesicht taucht auf – der Keks verschwindet im Mund – die Hand ist leer – das Gesicht lacht.

Diese Beobachtungen von kleinen Veränderungen können in eine kurze Geschichte münden.

Präsentation mit dem Beamer: Jugendliche können eine Bildershow oder einen Kurzfilm mit dem Beamer produzieren. Ein Beamer ist ein Videoprojektor (Digitalprojektor), der Bilder aus einem

385

Computer, DVD-Player oder Videorekorder für ein Publikum in vergrößerter Form an eine Projektionsfläche wirft.

Für Jugendliche ist es spannend, mit Beamern zu arbeiten. Sie können mehrere Beamer gleichzeitig für eine Multimediashow einsetzen. Dabei können die Bilderfolgen oder Filme auch ganz oder teilweise überlappend an die Wand geworfen werden. Auch Musik kann parallel dazu eingespielt werden. Sie müssen sich dafür mit der gesamten Technik sowie den Computerprogrammen auseinandersetzen – eine Herausforderung, die diesem Alter entsprechend ist. Jugendliche können die sie betreffenden Themen schon mit technischen Tricks bearbeiten und künstlerisch umsetzen. Dies unterstützt eine andere Art der Auseinandersetzung mit einem Thema und motiviert die Jugendlichen, sich aktiv einzubringen.

Aufgaben

1. Überlegen Sie, welche technischen Probleme beim Fotografieren in den verschiedenen Altersstufen auftauchen können.

2. Stellen Sie weitere Gestaltungsanregungen für verschiedene Altersgruppen mit Fotografien zusammen.

3. Informieren Sie sich über die wichtigsten Fotografen-Künstler (z. B. Raoul Hausmann, Man Ray) oder aktuelle Künstlerinnen wie Annegret Soltau, Katharina Mayer oder Cindy Sherman.

Projektaktivität   VERWUNSCHEN

Kinder kennen es, fotografiert zu werden, manchmal haben sie auch schon selbst ihre Freunde oder Eltern fotografiert. Bei dieser Aktivität geht es darum, die Kinder dafür zu sensibilisieren, Menschen im Zusammenhang mit Orten abzulichten, und daraus eine spannende Aussage zu erhalten. Betrachten Sie zur Einstimmung mit den Kindern Fotografien von der Künstlerin Katharina Mayer, die Kinder (manchmal verkleidet) an ungewöhnlichen Plätzen fotografiert hat, sodass eine fast verwunschene Stimmung im Bild entstand. Reflektieren Sie mit den Kindern, wie sie diese Fotografien wahrnehmen.

An welchen Orten und mit welchen Verkleidungen können die Kinder sich vorstellen, mit diesen Impulsen zu experimentieren? Zum Beispiel könnte man sich im Badeanzug auf dem Friedhof fotografieren – oder mit Prinzessinnenkleidern in einem See stehend, mit Anzug und Krawatte unter dem Küchentisch sitzend. Welche besonderen Ambiente und Utensilien können ein neugierig machendes Fotobild entstehen lassen? Welche Fragen können daraus beim Betrachter entstehen? Mit der gestellten, vorher überlegten Kombination von Orten, Menschen und Verkleidungen erfahren die Kinder, wie Bildaussagen künstlerisch kreiert werden können.

Katharina Mayer: Familie Purdy, 2001

Katharina Mayer: Carrie und ich, 2001

41 DVD- UND VIDEOFILME

41.1 Kinderfilme als Erziehungsmedium?

Filme sind für Kinder Alltag. Schon für Kleinkinder gibt es Kinderfilmprogramme im Fernsehen. Bereits Dreijährige gehen ins Kino zu Filmvorführungen und sehen zu Hause Filme auf DVD an. Nicht immer sind diese Filme verantwortungsvoll im Bewusstsein kindlicher Wahrnehmungsentwicklung gemacht. Oft sind sie nicht dem sprachlichen, bildnerischen und dramaturgischen Verständnis eines Kindes angepasst. Schnelle Bildwechsel, große Veränderungen in den Einstellungen, zu starke Anspannung erzeugende Bild- und Geschichtsinhalte, eine undifferenzierte »kindchenhafte« Sprache und eine lange Filmdauer sind nur einige Merkmale, die nicht kindgerechte Filme kennzeichnen.

Die Videokunst *bedient sich der Projektion als Medium der künstlerischen Aussage. Diese Kunstform wurde in den frühen 1960er-Jahren in Deutschland und Amerika entwickelt. Entscheidend war die technische Entwicklung der tragbaren Videoausrüstung. Seit den 1990er-Jahren werden die Videofilme oft über großformatige Beamer abgespielt.*

Aufgaben

1. Sammeln Sie in Kleingruppenarbeit Kinderfilme, die Sie kennengelernt haben. Welche Merkmale machen Ihrer Meinung nach einen guten Kinderfilm aus?

2. Stellen Sie eine Anforderungsliste an einen guten Kinderfilm auf.

3. Können Kinderfilme als Erziehungsmedium dienen?

41.2 Kinder und Jugendliche als Drehbuchautoren

Eine Möglichkeit, Kindern Filme aktiv nahezubringen, besteht darin, sie selbst einen Film drehen zu lassen. Hierfür eignen sich sowohl bedeutende Situationen (z. B. Feste) als auch einfache Alltagsszenen oder das Verfilmen eines eigenen Drehbuchs. Kleine Szenen, wie in Fernsehsendungen oft üblich, werden gern von Kindern gespielt und gefilmt. Auch Auseinandersetzungen mit aktuellen Themen wie »Streit« oder »erste Liebe« lassen sich von Kindern und Jugendlichen sehr gut filmtechnisch umsetzen.

Filmen erfordert die Kenntnis über Technik und Funktion der eingesetzten Kamera sowie ein Grundwissen über Schnitt und Vertonung, um die Filme zu bearbeiten. Da Kameras und Schnittprogramme einer ständigen Weiterentwicklung unterliegen, empfiehlt es sich, zum Zeitpunkt der Umsetzung aktuelle Informationen einzuholen. Oft kann eine Ausrüstung bei den Landes- oder Stadtbildstellen ausgeliehen werden. Dort sind für die geliehenen Geräte entsprechende Beratung und Einweisung erhältlich sowie Hinweise, wo die Filmaufnahmen – bei aufwendigen Filmarbeiten – weiterbearbeitet werden können.

Gestalterische Übung

Wählen Sie aus dem Alltag eine einfache Handlung, z. B. die Begrüßung am Morgen. Filmen Sie diese Handlungssequenz – es sollten nur wenige Minuten sein. Lassen Sie diese Filmsequenz dann bei der Vorführung in Zeitlupe über den Bildschirm laufen.

Reflexion

1. Welche Beobachtungen konnten Sie bei diesen einfachen Aufnahmen machen?
2. Finden Sie weitere Alltagssituationen und Rituale, die sich für eine Zeitlupenvorführung eignen.
3. Welche Wirkung hat die Zeitlupenaufnahme?

Gerade kleine Kinder sehen mit emotionalem Blick, d. h., sie erfassen hauptsächlich die Dinge, die sie besonders bewegen, und weniger die gesamte Handlung. Daher ist es sinnvoll, diese Kinder ohne große Planung »drehen« zu lassen. Aus der gefilmten Szene bzw. Handlung wird die Bedeutung, die diese für die Kinder hat, deutlich und wahrnehmbar – sowohl für die Kinder als auch für die Betrachter. Wenn die Kinder eine alltägliche gefilmte Handlung ganz langsam betrachten können, werden für sie Einzelheiten wie kleine Gesten und Mimik sichtbar und sensibilisieren ihre Wahrnehmung für Feinheiten. Gleichzeitig ist es lustig, »normale« Bewegungen in Zeitlupe zu beobachten.

Zu beachten ist, dass Kindergartenkinder erst den Zusammenhang von Aufnahme und Bild verstehen müssen. Um ihnen das Verständnis dafür zu vereinfachen, wird die Kamera am besten fest aufgestellt und direkt an einen Fernseher angeschlossen. Die Kinder können sich dann gleichzeitig bewegen und beobachten.

Gestalterische Übung

Stellen Sie sich vor, Sie entwerfen für das Fernsehen eine Sendung wie die Nachrichten, eine Talkshow und ein kurzes Musikvideo. Überlegen Sie sich spontan die Inhalte, Kostümierung sowie Kulisse. Die Inszenierung selbst kann improvisiert werden. Experimentieren Sie mit verschiedenen Haltungen und Mimik, um zu erfahren, was letztlich im Film am ausdrucksstärksten wirkt.

Reflexion

1. Wie leicht oder schwer fiel es Ihnen, spontan kleine Nachrichtensendungen zu inszenieren?
2. Auf welche Details müssen Sie achten, damit Sendungen möglichst interessant auf den Betrachter wirken?

Kinder sind meist fasziniert davon, selbst Fernsehen zu machen, statt es nur zu konsumieren. Grundschulkinder und Jugendliche lassen sich sehr gut mit der Gestaltung eines selbst gestalteten Musikclips motivieren. Bei der Umsetzung verwenden sie gesehene Inhalte und Darstellungsformen und gestalten diese kreativ um.

1 *Bilderfolge, Meike*

Aufgaben

1. Recherchieren Sie über Videokunst und Videokünstler (z. B. Bill Viola, Rebecca Horn, Nan Hoover). Sehen Sie sich nach Möglichkeit einige Kurzvideos an.

2. Welche Eindrücke und Gefühle beim Betrachten der Videos haben Sie berührt? Welche Impulse und Ideen können Sie in die Praxis übertragen?

Projektaktivität »GESCHNAPPT« – EIN KURZFILM MIT KINDERN IM HORTBEREICH

Für die Erstellung eines anspruchsvollen Films ist eine Auseinandersetzung mit filmdramaturgischen Mitteln, Montageregeln und Schnitttechniken erforderlich. Auch der Einsatz von Ton und Musik spielt eine große Rolle und muss daher inszeniert eingesetzt werden.

Mit je mehr Schnitten und Tricks die einzelnen Filmszenen bearbeitet werden (bzw. je mehr deutlich wird, wie ein Film ohne diese wirkt), desto besser können die Kinder nachvollziehen, wie bestimmte Filmeffekte entstehen. Dabei wird das Fernsehen/der Film entmystifiziert. Gleichzeitig wird eine realistische Einschätzung von Filmdarstellungen und Geschichten ermöglicht.

Für die Technik brauchen die Kinder noch viel Unterstützung von der pädagogischen Fachkraft. Bei Idee, Planung des Handlungsablaufs und Spiels können die Kinder selbstbestimmt ihren Film gestalten. Dafür brauchen sie auch Ausdauer über einen längeren Zeitraum. Viele soziale Kompetenzen sowie die Kommunikationsfähigkeiten werden durch das gemeinsame Drehen gefördert. Umso mehr wächst das Selbstvertrauen, wenn das Filmergebnis vollendet ist. Die Kinder erlangen zusätzlich im hohen Maße Medienkompetenz!

Fernsehen ist für die Kinder Alltag und das Gesehene beschäftigt sie oft intensiv. Auf Tassen und Taschen sind die Helden der Serien immer mit dabei und die Kinder spielen auch oft die Filmszenen im Freispiel nach. Da fällt es leicht, die Kinder zum Herstellen eines eigenen Films zu motivieren.

Sammeln Sie mit den interessierten Kindern Ideen für einen kurzen Film. Die Kinder dürfen sich möglichst eigenständig eine kurze Geschichte überlegen. Der Ablauf der Geschichte wird nun mit Ihrer fachli-

chen Hilfe in verschiedene Szenen und Bilder zerlegt. Achten Sie darauf, dass die Kinder nicht zu viele Szenen planen und den Überblick behalten. Manche Szenen müssen nämlich wiederholt gedreht werden! Besprechen Sie mit den Kindern, welche Bildeinstellung sie jeweils wählen wollen, ob sie in Vogel- oder Froschperspektive filmen und ob die Szenen Nah- oder Fernaufnahmen sein sollen. Erläutern Sie den Kindern die unterschiedlichen Wirkungen.

Nun müssen die verschiedenen Rollen verteilt und muss sich für Drehorte und notwendige Utensilien entschieden werden.

Die Kinder können ruhig auch selbst ausprobieren, wechselweise zu filmen. Skizzieren Sie die wichtigsten Punkte auf einem Storyboard zur allgemeinen Übersicht und lassen Sie die Kinder ein Regiebuch mit Ihrer Hilfe entwickeln. Dies sollten Sie möglichst offen halten, sodass Änderungen der Handlung oder der Bilder jederzeit möglich sind! So können Sie die Kinder gut mit einbeziehen und bestimmen lassen, wie der Film sich nach den Vorstellungen der Kinder prozesshaft entwickeln soll.

Je nach Alter der Kinder wird dann der Schnitt der Bilder von Ihnen oder zusammen mit den Kindern ausgeführt. Hier sind viele technische Details zu beachten,

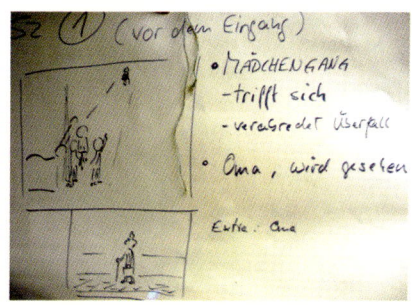

Regiebuch

die die Kinder in diesem Alter leicht überfordern. Dies gilt ebenso für das Einspie-
len der Musikstücke im Hintergrund, die
Sie mit den Kindern absprechen sollten.
Nach Fertigstellung des Bildmaterials können beim Schnitt eventuell Parallelhand-
lungen, Rückblenden, Zeit- oder Raum-
sprünge eingebaut werden.
Zum Schluss wird der Film gemeinsam
einem Publikum vorgestellt. Vergessen
Sie daher nicht, mit den Kindern einen
Abspann mit Vorstellung der Beteiligten zu
planen und durchzuführen. Dies wird auch
das Selbstbewusstsein der Kinder stärken.

Filmszenen aus »Geschnappt«

42 COMPUTER UND INTERNET

42.1 Ergänzendes Erziehungs-
medium

Computer sind nicht mehr aus dem Alltag von Wirtschaft und Verwaltung wegzudenken. Die meisten Privathaushalte besitzen einen Computer und Kinder wachsen selbstverständlich mit diesem Medium auf. Auch die meisten Schulen sind mit Computern ausgestattet, um allen Kindern eine sinnvolle Nutzung der Computer für Unterrichtsinhalte zu vermitteln und sie mit der Technik vertraut zu machen. Sie lernen über Computerspiele beispielsweise Mathematik und Deutsch. Sie holen sich über Internetseiten Informationen zu Sachthemen im Unterricht. Sie gestalten ihre Hausarbeiten und Referate am Computer. Oft können sie auch Zeichenprogramme zum Gestalten ausprobieren.

Die Computernutzung durch Kinder bleibt aber ein kritisches Thema. Denn die schnellen Erlebnisse auf dem Bildschirm ohne Anregung anderer Sinne als des visuellen Sinns, reduzieren die ganzheitliche Wahrnehmung. Wichtige Entwicklungsschritte beruhen aber immer auf einer ganzheitlichen, ineinandergreifenden Sinneswahrnehmung. Auch die Auswirkungen auf Lernprozesse sind gravierend, da das Spielen am Computer leicht eben gelernte Sequenzen wieder »löscht«. Bei vielen Spielen wird mit der steigenden Spannung und mit schnellen Erfolgserlebnissen ein hoher Adrenalinspiegel aufgebaut, weshalb dieser »Spielkick« am Computer immer wieder gesucht wird. Die Motivation, sich selbst wahrzunehmen, mit Langeweile umgehen zu lernen und kreative Potenziale darin zu entdecken sowie sich sinnvoll zu beschäftigen, wird oft zugunsten des passiven Spielkonsums verlernt.

Viele Kinder haben schon früh einen eigenen Computer im Zimmer und dürfen zeitlich unbegrenzt daran spielen. Bewegung, kreativer Ausdruck und soziale Auseinandersetzung kommen dadurch zu kurz, was gravierende Auswirkungen auf motorische und kognitive Leistungen und das Sozialverhalten hat. Über einen ungehinderten Zugang zu allen Internetseiten werden die Kinder mit Inhalten konfrontiert, die sie in ihrem unkritischen Verständnis überfordern oder sogar schädlich für sie sind.

Manfred Spitzer, eine führende Persönlichkeit in der Forschung von Lernprozessen, lehnt Computer im Kinderzimmer und Kindergarten schlicht ab:

»Nur dadurch, dass ich Wasser anfasse, kann ich lernen, was es heißt, dass Wasser nass ist. Zugleich höre ich es glucksen oder tropfen, sehe Wellen und Reflexe, rieche vielleicht das Meer (…) und erhalte so einen Gesamteindruck, der in mir (…) zu einer komplexen und differenzierten Repräsentation von Wasser führen wird. Wenn ich diese inneren Repräsentationen (noch) nicht habe, kann ich die buntesten Bilder und schrillsten Töne aus dem Computer gar nicht verstehen. Die bereits stattgefundene Wechselwirkung mit der wirklichen Realität ist also Voraussetzung dafür, dass ich mit der virtuellen Realität des Computers auch nur im Ansatz umgehen kann.« (Aus: Lernen. Gehirnforschung und die Schule des Lebens, 2007)

Aufgaben

1. Diskutieren Sie Beobachtungen und eigene Erfahrungen mit Computernutzung im Zusammenhang mit dem Zitat von M. Spitzer.

2. Welche Vorteile sehen Sie in der Computernutzung? Welche Nachteile oder Gefahren sind Ihnen aufgefallen?

3. Diskutieren Sie, ob es sinnvoll ist, auch im Kindergarten einen Computer für die Kinder zur Verfügung zu haben. Wenn ja: Wie sollte dieser genutzt werden?

4. Welche Vorteile könnte das gemeinsame Benutzen eines Computers im Kindergarten haben?

5. Machen Sie sich mit CD-ROMs für Kinder zu bestimmten Themen vertraut.

Viele Kindergärten haben inzwischen einen Computer, um den Kindern schon früh den Umgang mit diesem Medium zu vermitteln. Statt Computer und Co. zu verbannen, geht es darum, Medienkompetenz bei den Kindern zu fördern: also einen möglichst bewussten und bei älteren Kindern reflektierten und kritischen Zugang zu Medien. Dabei werden feste Regeln aufgestellt, was Programme und Zeitlimits betrifft. Es werden genaue Themen und Sachinhalte bestimmt und altersgerechte Programme angeboten. Viele Spiele vermitteln visuell-konstruktive Gestaltungen. Beispiel: In einem Computerspiel können die Kinder aus verschiedenen Teilen ein Fahrzeug zusammenbauen und anschließend auf dem Bildschirm dessen Fahrtüchtigkeit erproben. Hierzu wäre es eine förderliche Ergänzung, die Kinder auch tatsächlich ein Fahrzug aus Holz oder anderen Materialien konstruieren zu lassen.

Fazit: Das Gestalten und Arbeiten am Computer kann eine sinnvolle Ergänzung im Kindergarten- oder Schulalter sein, die Gewichtung sollte jedoch gerade in diesem Alter auf anderen Lernbereichen liegen!

1 *Buchstabengedicht, Astrid*

42.2   Gestalten am Computer

42.2.1   Buchstabenwerkstatt

Gestalterische Übung

In den Computer-Schreibprogrammen finden Sie die Möglichkeit, viele verschiedene Schriftarten zu wählen. Schreiben Sie ein kurzes Gedicht ab und experimentieren Sie dabei mit verschiedenen Schriftarten und -größen.

Verteilen Sie einen Buchstaben in verschiedenen Größen und Schriftgraden mithilfe der Leertaste wie eine Bildgestaltung über das Papier. Erinnern Sie sich dabei an die Regeln von Streuung und Verdichtung im Kapitel 16.2.2 »Verdichtung und Streuung«.

Reflexion

1. **Für Kinder ab welchem Alter können Sie sich solche Buchstabenspiele vorstellen?**
2. **Welche Ziele können mit Buchstabenspielen verfolgt werden?**

Kinder interessieren sich von allein für die Welt der Buchstaben. Sie beobachten uns Erwachsene und finden Spaß daran, uns bei einer Schreibtätigkeit am Computer nachzuahmen. Dabei können sie spielerisch Buchstabenbilder kennenlernen und diese immer differenzierter anwenden. Vielleicht entstehen schon erste kleine Briefe, die mit eigenen Malereien ergänzt werden können. Eine Schreibwerkstatt, wie in der Projektaktivität im Kapitel 17 »Die Schreibwerkstatt« beschrieben, lässt sich sehr gut mit Buchstabenspielen auf dem Computer ergänzen.

42.2.2 Malen mit einem Zeichenprogramm

Es gibt sehr einfach anzuwendende Mal- und Zeichenprogramme am Computer, die schon Grundschulkinder ausprobieren können. Der Reiz liegt auch darin, dass die derart gemalten Bilder später ausgedruckt werden. Dafür wird ein Drucker benötigt, am besten ein Farbdrucker. Dies ist eine kostenintensive Investition und auch die Verbrauchskosten sind hoch. Daher ist eine Anschaffung im Vergleich zu anderen Materialien abzuwägen.

Gerade Grundschulkinder und Jugendliche können auf der anderen Seite mit Zeichenprogrammen und Bildbearbeitungsprogrammen Bilder erstellen, deren Umsetzung ihnen bei hohen eigenen Ansprüchen mit anderen Materialien schwer fallen würde. Bei der Arbeit mit dem Computer besteht immer die Möglichkeit, vieles auszuprobieren, denn alles kann gelöscht werden und ein Neuanfang ist jederzeit möglich.

2 *Geburtstagskarte, Minthe (9 Jahre)*

Achten Sie aber auch hier darauf, dass die Themen der Gestaltungen im direkten Zusammenhang mit den Kindern und Jugendlichen stehen.

Gestalterische Übung

In Zeichenprogrammen finden Sie Zeichen für verschiedene »Werkzeuge« zum Malen und Zeichnen: z. B. Spraydose, Pinsel, Zeichenstift, Radiergummi, verschiedene Farben. Experimentieren Sie mit den Werkzeugen. Erstellen Sie dann ein Bild zum Thema »Die Hochzeit der Ungeheuer«.

Gestalten Sie eine Einladungskarte für ein Sommerfest. In den Text können Sie gespeicherte, selbst entworfene Bilder einfügen. Ebenso können Sie auf fertige Bilder im Programm und aus dem Internet (Urheberrechte beachten!) zurückgreifen und diese in den Text integrieren. Probieren Sie verschiedene Einladungsvarianten aus.

Reflexion

1. Welche Möglichkeiten und Grenzen sehen Sie, mit fertigen Bildern aus dem Programm/ Internet zu gestalten?
2. Arbeiten Sie die Vorteile von Computergestaltungen heraus.
3. Zu welchen Themen aus dem Alltag können Kinder am Computer ergänzend etwas gestalten?

Das Gestalten und Arbeiten mit Computerprogrammen kann in die pädagogische Arbeit miteinbezogen werden, wenn es als eine(!) Möglichkeit von Kreativität gesehen wird und bestimmte Regeln eingehalten werden. Speziell für Kinder entwickelte Programme zum Gestalten und CD-ROMs mit Informationen und Bildern zum Nachschlagen können Impulse für das

3 *Einladungskarte zum Sommerfest, Samantha*

Experimentieren und Weiterforschen geben. Die Kinder können die Informationen selbst gestaltend verarbeiten und immer wieder verändern. Ausgedruckte Kunstwerke können wie andere Kunstwerke ausgestellt oder in Collagen u. a. weiterverarbeitet werden.

Wichtig ist, dass die Kinder immer die Bilder der Computerwelt mit dem realen Alltag verbinden, d. h., die im Computer bearbeiteten Themen können auch getanzt, vertont oder in einem Theaterstück umgesetzt werden.

Gerade Jugendliche schätzen das Experimentieren und Spielen mit verschiedenen Ebenen, wie es nur bei Computergestaltungen möglich ist. Sie verwenden und verarbeiten auch gern Bildteile aus dem Internet für eigene Kreationen. Hier ist eine kritisch-anregende Themenstellung erforderlich, um die Jugendlichen zu fesseln.

Anregungen für die gestalterische Arbeit mit Kindern und Jugendlichen

◆ Die Kinder konstruieren und malen **Blumen und Sterne** mit einem Zeichenprogramm. Passend zur Jahreszeit können auch Schneeflocken entstehen.

◆ **Schatzkarten:** Mit den verschiedenen Werkzeugen eines Zeichenprogramms stellen die Kinder fantasievolle Landkarten für eine Schatzsuche und für Piratenspiele her und setzen diese hinterher im Spiel ein.

Blumen, Samantha

Schatzkarte, Samantha

42.2.3   Arbeiten mit dem Scanner

Das Gestalten mit dem Computer wird erweitert, wenn ein Scanner zur Verfügung steht. Ein Scanner bietet die Möglichkeit, Texte und Bilder auf Papier in den Computer zu übertragen. Dort können sie mit verschiedenen Programmen bearbeitet und weitergestaltet werden.

Gestalterische Übung

1. Wählen Sie ein eigenes Foto aus und scannen Sie dieses ein. Verfremden Sie es nun mit einem Bildbearbeitungsprogramm.
2. Scannen Sie einen Zeitungsausschnitt ein und bearbeiten Sie diesen mit einem einfachen Bearbeitungsprogramm, sodass der Inhalt hervorgehoben wird.

4 *Neue bunte Welt, gescanntes Bild, im Computer bearbeitet, Anne*

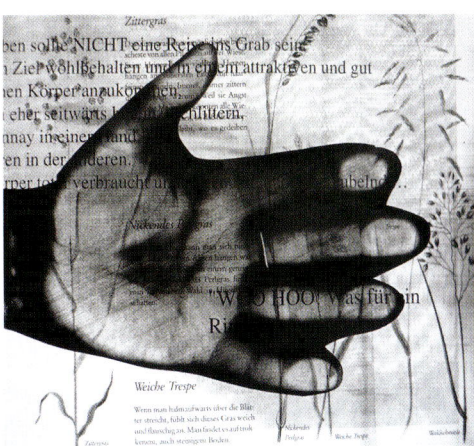

5 *Kopierte Hand, überkopiert mit zwei verschiedenen Texten*

Reflexion

1. **Welche Möglichkeiten sehen Sie, eigene Fotos oder eigene Bilder am Computer zu überarbeiten?**
2. **Wie hat Ihnen diese Gestaltung gefallen?**

Mit der Verwendung »reeller« Bilder wird ein konkreter Bezug zur materiellen Welt hergestellt. Gleichzeitig wird deutlich, wie sehr Werke durch die Möglichkeiten der Computerbearbeitung veränderbar sind. Schein und Sein werden durch solche Experimente hinterfragt und die Kinder und Jugendlichen werden für das Erkennen manipulierter Gestaltungen sensibilisiert.

»Jetzt glaube ich keinem Zeitungsbild mehr.« (Schulkind)

42.2.4   Arbeiten mit dem Kopierer

In den meisten Einrichtungen gibt es heute einen Kopierer. Dieses Gerät ist für die Kinder ein interessantes Werkzeug. Die Kopien erscheinen meist als Schwarz-Weiß-Abzüge, dies allein verändert schon den Eindruck eines Bildes. Suchen Sie sich eine Gestaltungsübung aus und experimentieren Sie damit. Vergleichen Sie anschließend Ihre Ergebnisse.

◆ Mit dem Kopierer können Bilder vergrößert oder verkleinert werden. Beim Vergrößern bleiben eventuell nur noch Teilausschnitte zurück, die einen ganz neuen Bildeindruck ergeben. Beim Verkleinern hat man die Möglichkeit, die Kopie nach eigenen Vorstellungen weiterzumalen.

◆ Kopien können mit Aquarellfarbe oder Buntstiften koloriert werden und bekommen so den Charme alter Fotografien.

◆ Aus einem vervielfältigten Bild kann ein bestimmtes Detail immer wieder herausgeschnitten und in einer neuen Gestaltung serienartig zusammengefügt werden.

◆ Bestimmte Bildausschnitte aus mehreren Bildern können in einer neuen Arbeit kombiniert werden.

◆ Eine Kopie kann mit einem anderen Bild oder Text »überkopiert« werden, indem das kopierte Blatt erneut in den Papiereinzug gelegt wird.

◆ Hände und Gegenstände können kopiert werden – welche interessanten Ergebnisse erreicht man damit? Dies ist besonders für kleine Kinder interessant.

»Gerade die kleinen Kinder fanden es faszinierend, ihre Hand zu ›kopieren‹, und wollten diese immer wieder ansehen. Die im Portfolio regelmäßig abgehefteten Handkopien zeigten den Kindern später deutlich ihr Wachsen, was sie beeindruckte.« (Yildiz, Schülerin)

42.3   Arbeiten mit dem Internet

Aufgaben

1. Tauschen Sie sich in Kleingruppen über Ihre Erfahrungen mit dem Surfen im Internet aus.

2. Welche Vorteile und welche Nachteile sehen Sie beim Internetsurfen?

3. Diskutieren Sie, welche Angebote und Aktivitäten für Kinder im Internet für welche Altersstufen geeignet sind.

4. Überlegen Sie konkrete Aktivitäten, für die Kinder und Jugendliche das Internet sinnvoll nutzen können.

Spezielle Seiten für Kinder

Im Internet gibt es inzwischen spezielle Seiten für Kinder, auf denen Informationen und Sachthemen kindgerecht aufgearbeitet sind. Die Kinder können so lernen, das Internet als Informationsquelle zu nutzen. Auch Anregungen für künstlerische Gestaltungen, Techniken und Experimente werden vorgestellt. Manchmal können die Kinder direkt kreativ werden und kleine Aufgabenstellungen lösen. Hier exemplarisch Internetadressen zum Informieren, zum Stöbern und Sich-anregen-Lassen:

◆ www.blinde-kuh.de – eine Suchmaschine für Kinder, bietet Mal- und Kunstseiten mit einer kleinen Galerie

◆ www.zzzebra.de – bietet zu verschiedensten künstlerischen, musischen, literarischen und naturwissenschaftlichen Themen kleine Experimente und Anregungen.

Regeln für das Surfen im Internet

Wenn Kinder ins Internet gehen, muss insbesondere darauf geachtet werden, dass die Seiten bekannt sind. Die Kinder dürfen grundsätzlich nicht allein ins Internet gehen, wenn keine Sicherheitssysteme vorhanden sind, welche ausschließen, dass sie andere, unbekannte Seiten aufrufen. Somit erfordert die Nutzung des Internets eine gute Kommunikation und soziale Kompetenz aller Beteiligten. Auch untereinander müssen sich die Kinder bei einem Computer in der Einrichtung verständigen und auf Lösungen einigen, wer wann was im Internet suchen oder spielen darf.

Aufgrund der enormen Vielfalt der Informationen müssen die Kinder lernen, auszuwählen und zu sortieren, was für sie wesentlich und weiterführend ist – dies ist eine große Anforderung! Sie lernen dabei auch, welche Angebote ihnen ökonomisch einen Nutzen bringen und wo leere Versprechungen sie Zeit und/oder sogar Geld kosten.

Am besten recherchieren die Kinder zu bestimmten eingegrenzten Themen, die für weitere Projektaktivitäten wichtig sind. Neben bzw. nach dem Forschen und Entdecken im Internet ist es sinnvoll, die Informationen und Ideen ganz konkret wieder in sinnliche – materielle – kulturpädagogische Projekte umzusetzen. Kinder lernen über ihre sinnlichen Wahrnehmungen! Auch Exkursionen können konkret die Internetinformationen erweitern. Mit den begleitenden Projekten lassen sich immer wieder der direkte Realitätsbezug und der emotional-sprachliche Austausch fördern. Die Umsetzungen, seien es Kunstwerke, Musikaufführungen oder Theaterstücke, können dann wieder in Eigenarbeit ins Netz gestellt werden.

Vorteile und Gefahren

Das World Wide Web führt den Kindern die weltweite Vernetzung von Menschen vor Augen, die Komplexität von Zusammenhängen auf der ganzen Welt wird deutlich. Kulturen können virtuell kennengelernt werden, Gemeinsamkeiten und Unterschiede werden festgestellt, die dann im realen Erlebnisraum überprüft und bei Aktionen wie Kulturfesten oder Afrikaprojekten sinnlich erfahrbar werden. Mit Kindern und Jugendlichen lassen sich mithilfe des Internets Weltoffenheit und nachhaltige Lebensstile thematisieren, wodurch Interesse und Verständnis für andere Kulturen und deren Lebensstile gefördert werden.

Thematisieren Sie mit den Kindern, welche und wie viele Informationen aus dem Netz für den Alltagsgebrauch sinnvoll zu nutzen (und zu verarbeiten) sind. Vermitteln Sie auch, dass nicht alle Informationen die »reine Wahrheit« sind, sondern Meinungen und Teilwissen enthalten können und entsprechend kritisch überprüft werden müssen.

Sehr kritisch zu betrachten ist der eigenständige und nicht angeleitete Umgang in sogenannten Chatrooms, in denen mit anderen Kindern oder Erwachsenen kommuniziert werden kann. Durch die Anonymität und nicht kontrollierbare Identität der Chatpartner können auch nicht wohlgesonnene Personen Einfluss und Zugriff auf die Kinder erhalten. Da Wahrnehmungen wie Mimik, Gestik und Tonfall dort nicht erfasst werden können, bekommen die Kinder oft schnell Vertrauen und können entsprechende Gefahren nicht abschätzen. Daher sollten die Kinder persönliche Daten niemals ins Internet geben, da zu leicht Missbrauch damit getrieben werden kann!

Es sehr wichtig, diese Risiken zu thematisieren und mit den Kindern und Jugendlichen entsprechende Regeln zum Schutz zu vereinbaren. Das Informationszentrum Kindesmisshandlung/Kindesvernachlässigung (IzKK) am Deutschen Jugendinstitut (DJI) weist immer wieder darauf hin, dass Internet, Computer und Handy nicht nur als Wissensquelle oder Unterhaltungsmedium genutzt werden können, sondern auch Gefahren in sich bergen: z. B. Cyberbullying (= medienvermittelte Demütigungen) oder Grooming (= die Kontaktanbahnung mit dem Ziel sexueller Belästigung und Ausbeutung). Dies kann auch in scheinbar sicheren Schüler-Chatrooms passieren. So sollte man immer wieder das Gespräch mit den Kindern/Jugendlichen suchen und eine gewisse Kontrolle über die Wege im Internet behalten.

»Die Kinder und Jugendlichen sind begeistert vom Internet und seinen Surfmöglichkeiten. Aber es ist recht schwierig, sie für Fragen wie Nutzen und Gefahren des Internets zu sensibilisieren. Da ist viel pädagogische Auseinandersetzung gefragt.«
(Ben, Schüler)

Aufgaben

1. Informieren Sie sich über Seiten für Kinder im Internet. Wie werden diese Seiten – auch aus kunstpädagogischer Sicht – präsentiert und was vermitteln sie den Kindern?

2. Diskutieren Sie, welche Aspekte im Internetumgang aus pädagogischer Sicht sinnvoll bzw. kritisch zu beurteilen sind.

PLANUNG UND DURCHFÜHRUNG VON AKTIONEN UND PROJEKTEN

43   ÜBERGREIFENDE KÜNSTLERISCHE ERZIEHUNG

»Eine umfassende Planung macht den Kopf frei für Prozesse.« (Unbekannt)

43.1   Planung und Durchführung von Kunstaktionen

43.1.1 Von der Idee zur Kunstaktion

Bevor eine Kunstaktivität durchgeführt werden kann, sind einige grundsätzliche Überlegungen wichtig:

◆ Steht die Kunstaktivität für sich oder ist sie in die Gesamtsituation des einzelnen Kindes, der Gruppe oder der Einrichtung eingebunden?
◆ Ist die Kunstaktion Teil eines Projekts?
◆ Welche Ziele werden mit der Kunstaktion verfolgt?
◆ Welche Methoden und Hinführungsweisen sollen eingesetzt werden?

Bei einer geschlossenen Planung wird ein eng vorgegebenes Ziel über eine straffe Organisation mit kleinen freien Handlungsmöglichkeiten erreicht. Abweichungen sind kaum möglich, es besteht eine hohe Erfolgskontrolle. Eine geschlossene Planung ist ergebnis- und produktorientiert (siehe auch Kapitel 20 »Ziele kreativen Gestaltens«).

Bei einer offenen Planung liegt die Betonung auf der Selbstmotivation und Lernmotivation der Kinder. Alle Beteiligten, Kinder wie erzieherische Fachkräfte, bestimmen den Prozess des Lernens und Entwickelns mit. Bei dieser Planung steht die Ausgangssituation im Vordergrund, verschiedene Handlungsmöglichkeiten werden in Betracht gezogen. Planung und tatsächliche Durchführung können voneinander abweichen – diese Planung ist prozessorientiert. Die Erzieherin kann entsprechend pädagogisch darauf reagieren.

Kinder werden nicht als »Objekte von Erziehung« betrachtet, sondern als selbstständige Individuen, die an Entscheidungsprozessen partizipieren und dadurch Selbstwirksamkeit erfahren und Verantwortung lernen.

Die im Folgenden aufgeführten Planungs- und Überlegungsschritte können auch für die Erstellung einer Hausarbeit über eine Praxisaktivität verwendet werden.

Idee
Welches Thema hat die angestrebte Aktivität?

Begründung
Was ist der Anlass für diese Aktivität? Wie kann die Aktivität begründet werden?

Situationsanalyse
◆ Informationen über die Kinder: Wo liegen die Interessen und Bedürfnisse der Kinder? Wo gibt es Lebensbezüge der Kinder zum Thema?
◆ Auswahl der Kinder für eine Aktivität: Je nach Thema können Aktivitäten und Projekte für alle Kinder oder für eine bestimmte Gruppe geplant bzw. zusammengestellt werden.

Beispiel: für Schulkinder nach Alter und Entwicklungsstand, für motorisch sehr aktive Kinder Krafttechniken, für alle Kinder das Thema Farbe.

Ziele
◆ Welche Ziele wollen Sie mit dieser Aktivität erreichen?
◆ Welche Lernerfahrungen wollen Sie den Kindern ermöglichen?
◆ Stimmen Ziele und Begründung (siehe oben) des Themas überein?

Information
Wer muss/sollte über die Aktivität informiert werden?

Planung der Durchführung/ Entscheidung für methodisches Vorgehen

◆ Auswahl der Kinder: Welche und wie viele Kinder können teilnehmen? (»Freiwilligkeit führt zum Erfolg«) Ist Einzel- oder Gruppenarbeit (altershomogen oder altersübergreifend) geplant?

◆ Zeit: Wann soll die Aktivität stattfinden? Wie lange soll die Aktivität dauern? (Wie lange können die Kinder sich konzentrieren?) Wie oft soll die Aktivität stattfinden?

◆ Ort: An welchem Ort kann die Aktivität stattfinden?

◆ Kosten: Welche Kosten entstehen und wie können diese gedeckt werden?

◆ Materialien und Medien: Welche Materialien und welches Werkzeug werden benötigt?

◆ Vermittlung/Methode: Wie wollen Sie Inhalte und Techniken vermitteln? Soll prozess-, produkt-, kompetenz- oder ausdrucksorientiert gearbeitet werden? (Siehe Kapitel 20.3 »Prozessorientiertes Arbeiten«, Kapitel 20.4 »Produktorientiertes Arbeiten« und Kapitel 20.5 »Kompetenzorientiertes Arbeiten«.)

Hinführung/Motivierung

Wie führen Sie die Kinder an das von Ihnen gewählte Kunstthema und an das Material und die Technik heran? Wie erreichen Sie Interesse und Neugier?

Durchführung

◆ Welche konkreten Vorbereitungen müssen vor der Durchführung der Aktivität getroffen werden? (Material besorgen und bereitstellen, Tische aufstellen, Sicherheitsvorkehrungen)

◆ Welche Aufräumarbeiten müssen konkret nach der Aktivität erfolgen? Welche Nachbereitungen sind notwendig? (Materialien aufräumen, Raum wischen, Bilder rahmen und aufhängen, Tonfiguren zum Brennen bringen)

Abschluss

Wie wollen Sie den Abschluss der Aktivität gestalten? (Gemeinsames Betrachten der Werke, Ausstellen der Arbeiten)

Reflexion

Wie ist die gesamte Aktivität verlaufen?

◆ Hatten die Kinder und Sie selbst Freude und Spaß?

◆ Welche Ziele haben Sie erreicht?

◆ Was ist bei der Durchführung gut gelaufen? Was müssten Sie im Wiederholungsfall verändern?

Zeit

Vorgegebene, stark angeleitete Handlungen müssen zeitlich dem Alter der Kinder angepasst sein. Kleinkinder können sich 20-30 Minuten gut auf eine angeleitete Aktion mit aktiver Beteiligung konzentrieren, bei eher freien Handlungssequenzen sind längere Aufmerksamkeitszeiten möglich.

Umfeld

Zur Planung gehört auch die Einbettung der Aktion in die gesamte Kindergartensituation (Tagesablauf), sei es innerhalb der Gruppe, als auch im gesamten Kindergarten. Das beginnt bei der Planung der Zeiten und der Räume und endet bei Projekten und Themen der Einrichtung oder des Stadtteils. Neben einer guten Organisation ist eine intensive Kooperation mit dem Kindergartenteam notwendig. Manche übergreifenden Aktivitäten verlangen auch eine Absprache mit Freizeitheimen, Vereinen, der Gemeinde oder der Schule.

43.1.2   Lernziele von Kunstaktionen

Mit Kunstaktionen werden verschiedene Lernziele verfolgt, die im Folgenden kurz zusammengefasst sind:

Psychomotorische Lernziele: Hierunter werden alle körperlichen und manuellen Fähigkeiten zusammengefasst wie Turnen, Ballspielen, Klettern sowie Malen, Zeichnen, Schneiden, Werken. Der Begriff psychomotorisch wird hierfür verwendet, weil motorische Tätigkeiten nicht von psychischen Abläufen zu trennen sind.

Kognitive Lernziele: Kognitive Lernziele beschreiben alle Vorgänge, die sich mit den Fähigkeiten des Erinnerns (Erkennen, Reproduzieren) von Wissen sowie auf die Erweiterung intellektueller Fertigkeiten beschäftigen. Dieser Bereich beinhaltet alle Verhaltensweisen, die mit Wahrnehmungs-, Gedächtnis- und Denkleistungen zu tun haben. Zu kognitiven Leistungen gehören das einfache Wiederholen und Aufsagen von Inhalten sowie das Entwickeln origineller und kreativer Lösungswege, um Materialien und Ideen innovativ miteinander zu verknüpfen.

Soziale Lernziele: Hier geht es um alle Fähigkeiten, die sich auf soziales Handeln beziehen. Hierzu zählen alle Fertigkeiten, die für einen entspannten und respektierenden Umgang mit anderen Menschen notwendig sind, wie Toleranz, Kooperation, Einfühlungsvermögen, Durchsetzung, Konfliktfähigkeit.

Affektive Lernziele: Affektives Lernen bezieht sich auf das Lernen im Bereich der Gefühle und Wertungen sowie auf Haltungen und Einstellungen. Dies bedeutet, Veränderungen von Interessenlagen wahrzunehmen und danach handeln zu können, die Entwicklung von Wertungen und die Bereitschaft, sich mit Einstellungen auseinanderzusetzen.

43.2   Planung und Durchführung eines Kunstprojekts

43.2.1   Was ist ein Projekt und wie wird es durchgeführt?

Projektarbeit bezieht sich auf den situativen Ansatz der Erziehungsdidaktik. Anknüpfend an die Lebensrealität der Kinder wird ein Lernprozess initiiert, der Spiele und Lerninhalte aus konkreten alltagsrelevanten Tätigkeiten schöpft. Durch Projektarbeit soll ganzheitliches Lernen ermöglicht werden, sodass die Kinder ihre Erfahrungen und Erkenntnisse aus dem Projekt auf andere Lebenszusammenhänge übertragen können. Sie sollen sich mit den gewonnenen Erfahrungen selbstständig handelnd und urteilend mit Alltagssituationen beschäftigen und diese aktiv bewältigen können.

Welche Schlussfolgerungen lassen sich aus den genannten Forderungen hinsichtlich der Projektdefinition ziehen? Projekte gehen von den Themen und Bedürfnissen der Kinder aus. Sie finden innerhalb wie außerhalb der Einrichtungen statt, sind also **übergreifend und beziehen alle beteiligten Personen mit ein,** z. B. den Hausmeister wie die Passantin auf der Straße bei einem Ausflug. **Über einen längeren Zeitraum wird systematisch an einem Thema unter verschiedenen Gesichtspunkten und mit verschiedenen Materialien und Methoden geforscht.**

Ebenso wie eine einzelne Aktivität wird ein Projekt durchgehend geplant und strukturiert. Die bei der Kunstaktion aufgeführten Fragen (siehe Kapitel 43.1.1 »Von der Idee zur Kunstaktion«) können auch für Projekte eingesetzt werden. Ein Projekt besteht aus mehreren Aktivitäten unter einem großen Gesamtthema, die im besten Fall am Ende zusammengeführt oder sogar ausgestellt werden.

Die Erzieherin hat die Rolle der Organisatorin, um selbstständiges Forschen und Entwickeln zu initiieren und zu begleiten. Die Kinder werden an den einzelnen Planungsschritten und am Verlauf des Projekts unmittelbar beteiligt (Partizipation). Dabei ist es wichtig, den Kindern das Entdecken von Zusammenhängen erfahrbar zu machen. Sie lernen, selbstständig zu planen und zu handeln, sich selbst Aufgaben zu stellen und Lösungswege zu entwerfen. Vielfalt und individuelles Arbeiten in Kleingruppen, je nach Motivation und Interessenslage der Kinder, sind zu beachten.

In der ersten Phase wird ein gemeinsames Thema gesucht – die Erzieherin kann aufgrund ihrer Beobachtungen Vorschläge einbringen. Das Vorhaben wird mit den Kindern besprochen und es werden erste Schritte beschlossen. Hierbei kann die Erzieherin schon erfahren, welches Vorwissen bei den

Kindern vorhanden ist und wo Interessensschwerpunkte liegen.

Im nächsten Schritt erstellt die Erzieherin allein oder im Team eine Ideensammlung für Aktivitäten in verschiedenen Bereichen, die umfassende und unterschiedliche Lernprozesse anregen. Diese Ideensammlung ist die Grundlage für eine genaue Planung. Nicht alle Ideen müssen umgesetzt werden, bieten aber Alternativaktivitäten, falls das Projekt sich anders weiterentwickelt als geplant. Nun werden die Kinder über die grobe Planung informiert, um ihr Interesse zu wecken. Parallel dazu besorgt die Erzieherin Materialien und organisiert Exkursionen.

Nun beginnt das eigentliche Projekt, in dem die Kinder die Möglichkeit haben, sich forschend und entdeckend mit einem Thema auseinanderzusetzen. Dabei werden die einzelnen Projektaktivitäten immer wieder mit den Kindern reflektiert und besprochen, um Erfahrungen und Kenntnisse deutlich über die Sprache im Bewusstsein der Kinder zu verankern. So kann die Erzieherin auch überprüfen, ob sie mit ihrer Planung und Zielsetzung noch mit den Interessen der Kinder korreliert oder ob sie Änderungen vornehmen muss. Von allen Beteiligten ist eine hohe Kooperationsbereitschaft gefordert sowie das regelmäßige Überprüfen eigener Werte und Standpunkte.

Um aus einem Projekt für weitere Projekte einen Nutzen zu ziehen, ist eine gut dokumentierte Durchführung und Reflexion hilfreich.

43.2.2   Projektplanung in fünf Schritten

Das Bild des sich selbst bildenden Kindes nach den Rahmenplänen der Länder (die auf neuesten wissenschaftlichen Erkenntnissen beruhen) ist die Grundlage dieser Planung.

Schritt 1:
Eine bestimmte Situation oder ein Thema wird als Anlass für pädagogisches Handeln erkannt. Kenntnisse über die Auswirkungen gesellschaftlicher Zusammenhänge (Wirtschaft, Recht, Politik) auf die Lebenswelt der Kinder, die Kindergruppe im Kleinen und letztlich auf das einzelne Kind werden festgehalten. Eine größtmögliche Lebensbezogenheit der Kinder zu dem Projekt sorgt dafür, die Kinder möglichst kompetent und stark für ihre Lebensbewältigung zu machen.

Schritt 2:
Die Fachkräfte erstellen eine Situationsanalyse: Welche Themen sind in der Gruppe oder bei einzelnen Kinder gerade relevant? Welche Themen sind grundlegend für alle Kinder interessant?

Schritt 3:
Die Erzieherinnen überlegen möglichst kleinschrittige **Inhaltsziele** für das Projekt. Dabei gehen sie am besten von den Gefühlen der Kinder aus, z. B. Indianerspielen ist weniger interessant wegen der Aktivitäten (Singen, Tanzen, Bauen) als wegen der Gefühle von Abenteuer, Freiheit, Kampf, Macht, Mut.

Schritt 4:
Methodische Vorgehensweisen werden geplant. Dabei können erst einmal verschiedene Aktivitäten gesammelt werden, erst dann wird geprüft, ob alle Bildungsbereiche abgedeckt werden können. Nach dieser Sammlung partizipieren die Kinder mit eigenen Ideen und Vorschlägen an der Grobplanung.

Schritt 5:
Die Durchführung wird dokumentiert. Fotos, Kunstwerke oder Aufführungen können auch den Eltern die Projektidee transparent machen.

LITERATURVERZEICHNIS

Weiterführende Literatur

Kapitel 2.3
◆ Bertelsmann Stiftung (Hrsg.): Guck mal! Bildungsprozesse des Kindes beobachten und dokumentieren; Betrifft Kinder, Heft 12/2005, S. 23–28

Kapitel 3.3
◆ Sanderman, Wilhelm: Papier, Eine spannende Kulturgeschichte. Springer, Berlin 1992
◆ Schauen und Staunen 9. So wächst das Klopapier: Wie Dinge aus Papier entstehen. Velber Buchverlag, Freiburg 2007

Kapitel 3.4
◆ Rogge-Fuchs, Barbara: Künstlerpinsel – Grundlagen, Techniken, Motive. Christophorus, Freiburg 2008

Kapitel 4.1
◆ Frieling, Heinrich: Mensch und Farbe. Heyne, München 1988
◆ Oerter, Rolf: Moderne Entwicklungspsychologie. Auer, Donauwörth 1973

Kapitel 4.3
◆ Mößner, Barbara u.a.: Werkstattbuch Farben. Herder, Freiburg 2007
◆ Seitz, Marielle und Rudolf: ROT, GELB, BLAU und alle Farben. Don Bosco, München 2008

Kapitel 4.5
◆ Die Welt der Farben (Film). Komplett Media 2009
◆ Heller, Eva: Wie Farben wirken, Rowohlt, Reinbek 1990
◆ Müller, Else: Du spürst unter deinen Füßen das Gras. Fischer, Frankfurt a. M. 1983 (Anregungen und Anleitungen für Fantasiereisen)
◆ Vopel, Klaus: Phantasiereisen. Iskopress, Hamburg 1992 (Fantasiereisen für Jugendliche)

Kapitel 4.6
◆ Cattin, Menena u. a.: Das schwarze Buch der Farben. Fischer Schatzinsel, Frankfurt a. M. 2006

Kapitel 4.7
◆ Bauer, Jutta: Königin der Farben. Beltz-Gelberg, Weinheim 2004
◆ Heller, Eva: Die wahre Geschichte aller Farben. Lappan, Oldenburg 1994
◆ Lionni, Leo: Das kleine Gelb und das kleine Blau. Oetinger, Hamburg 1962
◆ Müller, Brunhild: Malen mit Wasserfarben, Heft 9. Verlag Freies Geistesleben, Stuttgart 1995

Kapitel 4.8
◆ Bostelmann, Antje u. a.: Bananenblau und Himbeergrün. Beltz, Weinheim 2003
◆ Frieling, Heinrich: Mensch und Farbe. Heyne, München 1988
◆ Heller, Eva: Wie Farben wirken. Rowohlt, Reinbek 1990
◆ Itten, Johannes: Kunst der Farbe. Otto Meier, Ravensburg 1961
◆ Purzel, Erika: Farben sind Kinder des Lichtes. TPS Theorie und Praxis der Sozialpädagogik, Heft 9/2002, S. 30–33
◆ Riedel, Ingrid: Farben. Kreuz, Stuttgart 1984

Kapitel 5 Projektaktivität: Friedensreich Hundertwasser
◆ Schmied, Wieland: Hundertwasser 1928 bis 2000. Benedikt Taschen, Köln 2008

Kapitel 6
◆ Fabricius, Cornelia: Mit Kindern Formenzeichnen. Novalis, Schaffhausen 1990
◆ Kutzli, Rudolf: Entfaltung schöpferischer Kräfte durch lebendiges Formenzeichnen, Band 1 u. 2. Novalis, Schaffhausen 1987
◆ Niederhäuser, Hans Rudolf: Formenzeichnen. Zbinden, Basel 1983
◆ Seitz, Marielle: Urformen – Quellen der Fantasie. Don Bosco, München 1997
◆ Seitz, Marielle: Vom Formenzeichnen zum Schreibenlernen. Don Bosco, München 2006

Kapitel 6 Projektaktivität:
Das Ding mit dem Kreis – das Mandala

- Bläsius, Jutta: Mandalas mit allen Sinnen. Kösel, München 2003
- Jung, C. G.: Bilder aus dem Unbewussten. Walter, Freiburg 1989
- Seitz, Marielle: Urformen – Quellen der Fantasie. Don Bosco, München 1997

Kapitel 13 Projektaktivität:
Farben aus Wald und Wiese

- Ardley, Neil: Mein erstes Buch von der Farbe. Tessloff, Nürnberg 1991
- Blanke, Wolfgang: Malen mit Pigmenten und variablen Bindemitteln. Knaur, München 2003
- Knieriemen, Heinz u. a.: Kinderwerkstatt Naturfarben und Lehm. AT Verlag, Baden 2002
- Lionni, Leo: Frederick. Middelhauve, Köln 1985
- Olfers, Sibylle: Etwas von den Wurzelkindern. Esslinger Verlag Schreiber, Esslingen 1996
- Weber, Sabine: Färben aus dem Farbtopf der Natur. Kosmos, Stuttgart 1987
- Wittke, Karsten: Experimentieren mit Pigmenten: Farben selbst anmischen; Mit Farbatlas. Christophorus, Freiburg 2004

Kapitel 13 Projektaktivität:
Malen wie in Afrika

- Courtney-Clarke, Margaret: Die Farben Afrikas. Frederking & Thaler, München 1995
- Schreiber, Gudrun u. a.: Karibuni Watoto – Spielend Afrika entdecken. Ökotopia, Münster 1997
- Zu Gast in Afrika, Ein interkulturelles Pilotprojekt für Kindergärten. Überseemuseum Bremen, Bremen 2005

Kapitel 16

- Edwards, Betty: Das neue Garantiert zeichnen lernen. Rowohlt, Reinbek 2000
- Philip Yenawine, Bilder und Linien. The Museum of Modern Art, New York. Carlsen, Hamburg 1993
- Satora, Jen: Mit Manga zeichnen lernen. Verlag an der Ruhr, Mühlheim an der Ruhr 2005

Kapitel 16.3

- Geelhaar, Christian: Paul Klee – Leben und Werk. DuMont, Köln 1977
- Giordano, Mario: Der Mann mit der Zwitschermaschine – Augenreise mit Paul Klee. Aufbau, Berlin 2002

Kapitel 17 Projektaktivität:
Die Schreibwerkstatt

- Brügelmann, Hans u. a.: Die Schrift erfinden. Libelle, Lengwil 1998
- Seitz, Marielle: Vom Formenzeichnen zum Schreibenlernen. Don Bosco, München 2006
- Tenta, Heike: Schrift und Zeichenforscher. Don Bosco, München 2002
- Weinrebe, Helge: ABC wohin ich seh. Herder, Freiburg 2005
- Widmann-Rebay von Ehrenwiesen, Birgit: Vom Kritzeln zum Schreiben, Entwicklung der Handgeschicklichkeit, in: Klein & Groß, Heft 02–03/2008
- Zinke, Petra: Vom Zeichen zur Schrift, Begegnungen mit Schreiben und Lesen im Kindergarten. Beltz, Weinheim 2005

Kapitel 18

- Ebermann, Ulrich W.: Die Welt der Dinge, Stillleben-Objekte-Installationen. Klett, Leipzig 2004
- Pohler, Christiane: Jedes Kind ist ein Künstler. Kreativer Kunstunterricht leicht gemacht. Auer, Donauwörth 2001

Kapitel 18 Projektaktivität:
Mein Hosentaschenmuseum

- Kazemi-Veisari, Dr. Erika: Wie man den Dingen ein Zuhause gibt, in: TPS, Heft 5/2007
- Nägel, Sylvia: Schau mal, was ich gefunden habe, in: Kindergarten heute, Heft 11/2006
- Prokop, Edeltraud: Lupenauge und Pinzettengriff, in: TPS, Heft 5/2007

Kapitel 19

- Apfelkern, Hänschen: Kleine Märchen und Geschichten zum Erzählen und Spielen. Verlag Freies Geistesleben, Stuttgart 1995

◆ Becker-Textor, Ingeborg u. a.: Was Kinderge-
schichten erzählen. Don Bosco, München 2000
◆ Grimm, Gebrüder: Kinder und Hausmärchen
◆ Müller, Brunhild: Bilderbücher mit beweglichen
Figuren. Verlag Freies Geistesleben, Stuttgart
1994
◆ Schieder, Brigitta: Märchen machen Mut.
Don Bosco, München 2000

Kapitel 20
◆ Reggio Children (Hrsg.): Hundert Sprachen
hat das Kind, Ausstellungskatalog, Cornelsen
Scriptor, Berlin 2002
◆ Studer, Christina: Kinderwerkstatt Malen.
AT Verlag, Baden (Schweiz)

Kapitel 20.6
◆ Egger, Bettina: Malen als Lernhilfe. Zytglogge,
Oberhofen 1990

Kapitel 20.8
◆ Laewen, Hans-Joachim/Anders, Beate (Hrsg.):
Forscher, Künstler und Konstrukteure, Werk-
stattbuch zum Bildungsauftrag von Kinder-
tagesstätten. Cornelsen Scriptor, Berlin 2002
◆ Schäfer, Gerd E. (Hrsg.): Bildung beginnt mit der
Geburt. Beltz, Weinheim 2003

Kapitel 20.9
◆ Haan, Gerhard de u. a.: BLK Programm 21 –
Bildung für eine nachhaltige Entwicklung.
InfoBox. Freie Universität Berlin, Berlin 2002
◆ Mars, Elisabeth u. a.: Globales Lernen im Dialog
mit Kunst und Natur. Horlemann, Münster 2000
◆ www.agenda-transfer.de
◆ www.dekade.org
◆ www.dekade-projekte.org
◆ www.kinder-tun-was.de

Kapitel 21.3
◆ Csikszentmihalyi, Mihaly: Kreativität.
Klett-Cotta, Stuttgart 1997
◆ Hentig, Hartmut von: Kreativität – Hohe
Erwartungen an einen schwachen Begriff.
Hansen, München 1998
◆ Seitz, Rudolf: Phantasie und Kreativität. Don
Bosco, München 2005

◆ Walder, Elisabeth u. a.: Sehreise – In Kindern
Malfreude wecken. Haupt, Bern 2008
◆ Wildlöcher, Daniel: Was eine Kinderzeichnung
verrät. Fischer, Frankfurt 1995

Kapitel 22 Projektaktivität:
Gefühle und Konflikte kommunizieren
◆ Aliki: Gefühle sind wie Farben.
Beltz, Weinheim 1987
◆ Liebertz, Charmaine: Das Schatzbuch der
Herzensbildung, Grundlagen, Methoden und
Spiele zur emotionalen Intelligenz. Don Bosco,
München 2004
◆ Schilling, Diemut: Muse Edition – Künstler für
Kinder – Das bin ich! Bildnerisches Gestalten
mit Kindern. Verlag An der Ruhr, Mülheim an
der Ruhr 2005

Kapitel 23
◆ Couprie, Katy u. a.: Die ganze Welt.
Gerstenberg, Hildesheim 2001 (verschiedene
Kunststile und Techniken laden zum Betrachten
und Kennenlernen ein)
◆ Giordano, Mario: Pablos Geschichte – Picassos
Leben für Kinder erzählt mit Bildern aus der
Sammlung Berggruen. Aufbau, Berlin 2000
◆ Giordano, Mario: Der Mann mit der
Zwitschermaschine – Augenreise mit Paul Klee.
Aufbau, Berlin 2001
◆ Kretschmer, Hildegard: Das Abenteuer Kunst.
Prestel, München 2003 (eine Einführung in die
Geschichte der Malerei für junge Leser)
◆ Pertler, Cordula M.: Kinder erleben große
Maler. Don Bosco, München 2001 (mit Dias der
besprochenen Kunstwerke)
◆ www.musee-imaginaire.de (Anregungen
und kleine Aufgaben zu Künstlern und
Bildbetrachtungen historischer Werke)

Kapitel 24 Projektaktivität:
Kinderkunstmuseum
◆ www.klax-online.de (Die KLAX-Kindergärten in
Berlin verfolgen ein eigenes Bildungskonzept,
in dem künstlerisches Gestalten in eigenen
Ateliers einen hohen Stellenwert hat; KLAX
besitzt eine eigene Kinderkunstgalerie.)

Kapitel 25

- Bareis, Alfred: Vom Kritzeln zum Zeichnen und Malen, Bildnerisches Gestalten mit Kindern. Auer, Donauwörth 2008
- Braun, Daniela: Handbuch Kunst und Gestalten. Herder, Freiburg 1998
- Egger, Bettina: Bilder verstehen. Zytglogge, Bern 1984
- Egger, Bettina: Malen als Lernhilfe. Zytglogge, Bern 1982
- Eid, Klaus u. a.: Grundlagen des Kunstunterrichts. UTB, Stuttgart 2002
- Keller, Heidi: Kinderzeichnungen, in: Kindergarten heute Heft 9/2009, Seite 8–14
- Philipps, Knut: Warum das Huhn vier Beine hat – Das Geheimnis der kindlichen Bildsprache. Toeche-Mittler, Darmstadt 2008
- Schuster, Martin: Psychologie der Kinderzeichnung. Hogrefe, Göttingen 2003
- Seitz, Rudolf: Zeichnen und Malen mit Kindern. Ravensburger, Ravensburg 1974
- Strauss, Michaela: Die Zeichensprache des Kindes. Verlag Freies Geistesleben, Stuttgart 1983
- Wildlöcher, Daniel: Was eine Kinderzeichnung verrät. Methode und Beispiele psychoanalytischer Deutung. Fischer, Frankfurt am Main 1993
- Zimmer, Renate: Handbuch der Sinneswahrnehmung. Herder, Freiburg 2007

Kapitel 26

- Braun, Daniela: Handbuch Kunst und Gestalten. Herder, Freiburg 1998
- Zimmer, Renate: Handbuch der Sinneswahrnehmungen. Herder, Freiburg 1995

Kapitel 27

- Bertschi, Thomas: Fahnen, Inspiration zum Malen und kreativen Wirken. AT Verlag, Baden (Schweiz) 2003
- Greine, Rita: Wohlfühloasen in Kindertageseinrichtungen, Ein Werkstattbuch. Beltz, Weinheim 2000
- Lipp-Petz, Christine: Wie sieht's denn hier aus? Ein Konzept verändert Räume. Ravensburger, Ravensburg 1998
- Margit, Franz u. a.: Raumgestaltung in der Kita. Don Bosco, München 2005
- Schönrade, Silke: Kinderräume – Kinderträume. Oder wie Raumgestaltung im Kindergarten sinnvoll ist. Verlag Modernes Lernen, Dortmund 2001

Kapitel 28

- Arzenbacher, Dagmar: Das Ton-Heft. Verlag das Netz, Berlin 2009
- Bostelmann, Antje u. a. (Hrsg.): Die Töpferwerkstatt. Don Bosco, München 2004
- Kohl, MaryAnn F.: Matschen, kreatives Arbeiten mit verschiedenen Modelliermassen. Kallmeyer, Seelze/Velber 2001
- Krumbach, Monika und Dieter: Meine Welt in Ton. Töpfern mit Kindern und Jugendlichen, Ein praktisches Handbuch für Kindergarten, Schule und Freizeit. Hanusch, Koblenz 2004
- Mößner, Barbara: Das Werkbuch für Kita und Kindergarten. Herder, Freiburg 2004
- Warzecha, Rainer: Bauen und Spielen mit Lehm. Luchterhand, Berlin 1997

Kapitel 29

- Mößner, Barbara: Das Werkbuch für Kita und Kindergarten. Herder, Freiburg 2004

Kapitel 30

- Bezdek, Ursula u. a.: Kinder in ihrem Element, Sinnliches Erleben von Feuer, Erde, Wasser und Luft. Don Bosco, München 2000
- Bischofberger, Claudia: Wertlos – Wertvoll. Recycling-Ideen für den Kunstunterricht. Verlag an der Ruhr, Mühlheim an der Ruhr 2009
- Goldsworthy, Andy: Andy Goldsworthy. Zweitausendeins, Frankfurt 2001
- Goldsworthy, Andy: Rivers and Tides (DVD), Absolut Medien GmbH, Berlin 2003
- Goldsworthy, Andy: Stone. Harry N. Abrams Inc, New York 1998
- Güthler, Andreas u. a.: Naturwerkstatt Landart. AT Verlag, Baden (Schweiz) 2005
- Pouyet, Marc: Ideenbuch Landart. 500 Inspirationen für Naturgestaltungen rund ums Jahr. AT Verlag, Baden (Schweiz) 2008

Kapitel 31

- Brandenburg, Birgit: Niki de Saint-Phalle für Kinder. Eine Werkstatt. Verlag an der Ruhr, Mühlheim an der Ruhr 2004
- Michalski, Ute und Tilman: Das Ravensburger Werkbuch Papier. Ravensburger, Ravensburg 1991
- Mitgutsch, Ali: Vom Holz zum Papier. Seelier, München 1990
- Müller-Hiestand, Ursula: Papierwerkstatt. AT Verlag, Baden (Schweiz) 1999
- Müller-Hiestand, Ursula: Papiermaché. AT Verlag, Baden (Schweiz) 1996
- Reimer, Mary u. a.: 300 Papierrezepte. Kreative Ideen zum Papierschöpfen. Haupt, Bern 2001
- Shannon, Faith: Kreatives Gestalten mit Papier. Mosaik, München 1992

Kapitel 33

- Gloor, Elisabeth: Kinderwerkstatt Holz. Ravensburger, Ravensburg 1983
- Mößner, Barbara: Das Werkbuch für Kita und Kindergarten. Herder, Freiburg 2004
- Nordqvist, Sven: Pettersson kriegt Weihnachtsbesuch. Oetinger, Hamburg 1989 (hier sehen Kinder, wie Pettersson sich mit Werkzeug und Holz einen Weihnachtbaum baut)

Kapitel 35

- Hoberg, Annegret u. a.: Gabriele Münter 1877–1962 Retrospektive. Prestel, München 1992
- Schröder, Stefanie: Im Bann des Blauen Reiters – Das Leben der Gabriele Münter. Herder, Freiburg 2009

Kapitel 34.4

- Biggs, Emma u. a.: Grundkurs Mosaik. OZ Creativ, Freiburg 2005

Kapitel 36

- Diepmann, Rita: Tri-tra-trallala. 42 Kasperlstücke für den Kindergarten. Don Bosco, München 2008
- Klimke, Sylvia u. a.: Mit Kasperl durchs Jahr. 18 neue Stücke für Kinder von 3 bis 8. Don Bosco, München 2003

- Schneeberger, Gudrun: Figurenschattenspiel. Anleitung zur Gestaltung und 5 Spielstücke mit Schattenbildern. Fidula, Bobbard 2001
- Urbanski, Rudolf: Maskenbau – Schminken – Eigene Maske. Edition Aragon, Moers 1994

Kapitel 37

- Fischer, Hanna: Kreative Projekte zum textilen Gestalten. Persen, Buxtehude 2009
- Brinkmann, Anja: Alles, was ein Fräulein braucht. Knaur, München 2010

Kapitel 37.5.1

- Lammer, Jutta: Das neue Handarbeitsbuch für Kinder. Ravensburger, Ravensburg 1995
- www.forum-mola-kunst.de/christel-walter-buecher

Kapitel 37.5.2

- Lobe, Mira u. a.: Das Kleine Ich bin ich. Jungbrunnen, Wien 1992

Kapitel 37.6

- Benhöfer-Buhr, Caroline: Grundkurs Filzen. Von der Faser zum Objekt. Urania, Stuttgart 2004

Kapitel 38

- Becker Peter-Rene u. a. (Hrsg.): nestWerk, Architektur und Lebewesen. Isensee, Oldenburg 2001
- Kalberer, Marcel u. a.: Das Weidenbaubuch. AT Verlag, Baden (Schweiz) 1999
- Nadansky, Martina: Kinder planen eine Stadt, in: Kindergarten heute, Heft 9/2005
- Nadansky, Martina: Wie bauen Tiere? Wie bauen Menschen? Verlag an der Ruhr, Mühlheim an der Ruhr 2007
- Reicher, Christa u. a.: Kinder-Sichten. Städtebau und Architektur für und mit Kindern und Jugendlichen. Bildungsverlag EINS, Troisdorf 2007
- Warzecha, Rainer: Bauen und Spielen mit Lehm. Luchterhand, Köln 1997
- www.buntekuh-hamburg.de (Baukunstaktionen mit Lehm, Wasser und Feuer für soziale Brennpunkte und Bildungseinrichtungen)

◆ www.jugend-architektur-stadt.de (Verein zur Förderung der baukulturellen Bildung)

Kapitel 40

◆ Eder, Sabine u. a.: Medienprojekte in Kindergarten und Hort, Schriftenreihe Niedersächsische Landesmedienanstalt für privaten Rundfunk (NLM) Band 3, Vistas Verlag GmbH, Berlin 1999
◆ Näger, Sylvia: Kreative Medienerziehung im Kindergarten. Herder, Freiburg 1999
◆ Scholz, Sylvia u. a.: Herrenlose Hunde im Paradies, Mit Fotocollagen erzählen, in: Kindergarten heute, Heft 9/2009

Kapitel 41

◆ Deutsches Jugendinstitut (Hrsg.): Handbuch Medienerziehung im Kindergarten, Teil 2. Leske + Budrich, Opladen 1995
◆ Weber, Sigrid (Hrsg.): Die Bildungsbereiche im Kindergarten. Herder, Freiburg 2003

Kapitel 42.2

◆ Anfang, Günther u. a. (Hrsg.): Erlebniswelt Multimedia, Computerprojekte mit Kindern und Jugendlichen. Kopaed, München 2001
◆ Mohr, Anja: Digitale Kinderzeichnung. Kopaed, München 2005 (kritische Auseinandersetzung mit digitalem Malen und Anregungen für Grundschulkinder)

Kapitel 42.3

◆ Baacke, Dieter: Medienpädagogik, Reihe Grundlagen der Medienkommunikation. Niemeyer, Tübingen 1997
◆ Braun, Andrea: Spielplatz Computer, in: Welt des Kindes Heft 2/2006
◆ Moser, Sonja u. a. (Hrsg.): Spuren im Netz, Kinder- und Jugendprojekte rund ums Internet. Kopaed, München 2002
◆ Spitzer, Manfred: Vorsicht Bildschirm! Elektronische Medien, Gehirnentwicklung, Gesundheit und Gesellschaft. dtv, München 2006
◆ Spitzer, Manfred: Lernen – Gehirnforschung und die Schule des Lernens. Spektrum Akademischer Verlag, Heidelberg 2007

Kapitel 43.1

◆ Ellermann, Walter: Bildungsarbeit im Kindergarten erfolgreich planen. Beltz, Weinheim 2004

Kapitel 43.2

◆ Textor, Martin R.: Projektarbeit im Kindergarten. Herder, Freiburg 1998

Allgemeine Literaturhinweise

◆ Duden: Schülerduden Kunst. Bibliograpisches Institut, Mannheim 2007
◆ Ebermann, Ulrich W.: Die Welt der Dinge, Stillleben – Objekte – Installationen. Klett, Leipzig 2004
◆ Hetzer, Hildegard u. a. (Hrsg.): Angewandte Entwicklungspsychologie des Kindes- und Jugendalters. UTB, Stuttgart 1995
◆ Kathke, Petra: Sinn und Eigensinn des Materials. Band 1: Sand und Erde, Gezweig, Geäst, und Gehölz, Feuer, Ruß und Asche, Fundstücke. Beltz, Weinheim 2001
◆ Kathke, Petra: Sinn und Eigensinn des Materials. Band 2: Papier und Pappe, Farben, Stoffe und Textilien, Schnur, Draht und Faden. Beltz, Weinheim 2001
◆ Loo, Otto van de (Hrsg): Kinder Kunst Werk, Künstlerisches Arbeiten mit Kindern, Ein Handbuch. Kösel, München 2005
◆ Löscher, Wolfgang: Vom Sinn der Sinne. Don Bosco, München 1996
◆ Schilling, Dietmut: Das bin ich! Bildnerisches Gestalten mit Kindern. Verlag an der Ruhr, Mühlheim an der Ruhr 2005
◆ Seitz, Rudolf: alle Bücher
◆ TPS Theorie und Praxis der Sozialpädagogik: Heft 1/2009 Kreativ und selbstbestimmt, Kunst in eigener Regie
◆ Vopel, Klaus: Malen und Formen. Iskopress, Hamburg 1992 (Anregungen für Mal- und Gestaltungsanlässe für Jugendliche)
◆ Weber, Karolin: Werkweiser für technisches und textiles Gestalten Band 1 u. 2. Schulverlag Plus, Bern 2007
◆ Wolrum, Christine u. a.: Das Kunstbuch. Ravensburger, Ravensburg 1994 (lockerer Einstieg in die Kunstgeschichte ab dem Grundschulalter)

SACHWORTVERZEICHNIS

BILDQUELLENVERZEICHNIS

akg-images GmbH, Berlin: S. 9/2 (© Robert Rau-schenberg – © VG Bild-Kunst, Bonn 2010); S. 29/1 (Yves Klein: Blaues Schwammrelief, 1958, – © VG Bild-Kunst, Bonn 2010); S. 35/1 (Kasimir Male-witsch: Schwarzes Quadrat auf weißem Grund, 1913/1920); S. 35/2 (Cy Twombly: Ohne Titel, 1968); S. 46/1 (Paul Klee, Der goldene Fisch/1925 – © VG Bild-Kunst, Bonn 2010); S. 56/4 (Joan Miro »Klage der Liebenden« – ©VG Bild-Kunst, Bonn 2010; S. 74/1 (Jackson Pollock: Nummer 25 – © VG Bild-Kunst, Bonn 2010); S. 74/2 (Gabriele Münter: Äpfel auf Blau, 1908/09 – © VG Bild-Kunst, Bonn); S. 76/1 (Franz Marc: Blaues Pferd, 1911); S. 124/1 (Koll-witz, Kaethe, Hunger, 1925 – ©VG Bild-Kunst, Bonn 2010); S.130 (Hannah Hoech: Meine Haussprüche, 1922 – Berlinische Galerie – Landesmuseum für Moderne Kunst, Fotografie und Architektur – © VG Bild-Kunst, Bonn 2010); S. 224/2 Kunsthalle Ros-tock/Plastik von Camille Claudel »Die alte Helene«, Terrakotta, 1882); S. 313 (Uecker, Günther, Osaka-spiralen/© VG Bild-Kunst, Bonn 2010)

Bauhaus-Archiv, Berlin/Uwe Kerkovius: S. 351/1

Boemke, Uta, Lojt Kirkeby, Dänemark: S. 56/3; 147/1; 154; 155/4

bpk Bildagentur für Kunst, Kutur und Geschichte, Berlin: S. 9/1; 10/1; 41; 193/4 (Hamburger Kunst-halle / Elke Walford/Die Hülsenbeckschen Kinder, 1805/1806/The Yorck Project: 10.000 Meisterwerke der Malerei. DVD-ROM, 2002. ISBN 3936122202. Distributed by DIRECTMEDIA Publishing GmbH)

boesner GmbH holding + innovations, Witten: S. 19; 279/1,2

Bonik, Samantha, Hamburg: S. 384/2; 385/1; 393/1; 394

Butters, Dr. Thomas – Diplomchemiker – Ofterdingen: S. 240/1

Courtney-Clarke, M., Swakopmund/NAMIBIA: S. 82/2

Dehn, Heidi, Bemidji, Minnesota/USA: S. 291/2

Dienstbier, Akkela, Lilienthal: S. 10/2, 11, 12/2, 13–15, 17, 20, 22–24, 26–29/2-6, 30–31, 32/2, 33, 36–39, 43–46/2, 47–51, 53, 54/1, 55, 57–58, 60/2/3, 61–63/2, 64–73, 75, 76/2, 77–81, 82/1, 83–90, 92/2, 93–98, 99/1,3,4; 100–123, 124/2, 125, 126/2, 127–129, 131, 133–138, 141–146, 149–150, 152–153, 155/1,2,3, 156–159, 161, 163–164, 166, 167/1,2; 168–171, 172/2,3, 174–175, 177–182, 184–186, 188–189, 190/2, 191–192, 194,196/2, 197/2, 198, 200–202, 204–207, 209–215, 216/4,5; 217, 219–222, 225–235, 238–239, 240/2, 241–245, 247–249, 251–259, 261–263, 264/2, 265, 267–274, 276–277, 279/2, 280–277/1, 289/2, 290, 292–296/1, 297/2, 298–300, 302–303, 305–307, 309–312, 313/2,3, 314–319, 321/1, 323–325, 326/2, 329–331, 333–335, 337–338, 341–342, 343/1,2; 344–348, 349/2, 350/2,3; 351/2, 352–353, 354–361, 363/3, 364–368, 369/1,3; 370–371, 373/1, 375, 376/2, 377–380, 382–383, 384/1, 385/2, 386/2, 388–390, 393/2, 395

dpa Picture-Alliance GmbH, Frankfurt: S. 42/1; 54/2; 91/1

FIZ CHEMIE BERLIN, mit freundlicher Genehmi-gung, Berlin: S. 40/3

Fix-Jouy, Sabine, Hamburg: S. 25; 40/1; 216/1–3; 340

Fotolia Deutschland, Berlin, © www.fotolia.de: S. 32 (Photofranck); S. 40/2 (kimberly kilborn); S. 60 (Jose Hernaiz); S. 160 (Torsten Doppler); S. 160/2 (Joana Vassilopoulou); S. 250 (Benjamin Köb); S. 278/1 (Route66Photography); S. 301 (Eberhard Räder); S. 308 (fotoundmakeup); S. 319 (Bernd Jür-gens); S. 321 (Luftbildfotograf); S. 339 (Fotofreun-din); 343/3 (Petra Schloesser); 363/1 (Andrew Buckin); S. 369/2 (Umjb); S. 381 (Twilight_Art_Pic-tures)

Heruday, Sabine, Rosbach v. d. Höhe: S. 12/2; 151; 167/3; 296/2

©Hundertwasser Archiv, Wien: S. 54/3
Klassik Stiftung Weimar – Herzogin Anna Amalia Bibliothek: S. 349/1 (Künstler: Koch-Otte, Benita, 1892–1976, Teppich für ein Kinderzimmer,1923)

Kraneburg, Marcus, Stuttgart: S. 59

Kunsthalle Bremen – Der Kunstverein in Bremen: S. 193/2 (Paula Modersohn-Becker: Worpsweder Bauernkind auf einem Stuhl sitzend, 1905); S. 196/1 (Franz Marc: »Reh im Blumengarten« 1913) – Fotos: Lars Lohrisch

Lahme-Schleger, Monika, Essen: S. 197/1

Lameris-Essers, Trudy, Amsterdam/Library, Rijksmuseum, Amsterdam/NL, Objectno. RP-P-1931-2020 Duinlandschap: S. 125/1

Laute-Voßwinkel, Martina, Ottersberg: S. 63/3; 172/1,4; 173; 218; 237/1; 288/2; 289/1

Lebensgemeinschaft Wickersdorf e. V.: S. 327/2

© 2009 Liebfrauen-Überwasser: S. 363/2

Matisse, Henri, Bühnen-Vorhang, © Succession H. Matisse/© VG Bild-Kunst, Bonn 2010: S. 190/1

Mayer, Katharina, Fotografie, Düsseldorf: S. 386

Museum für Moderne Kunst, Frankfurt am Main: S. 193/3 (Martin Honert, 1993 – © VG Bild-Kunst, Bonn 2010); S. 264/1 (George Segal: »Rock and Roll Combo«, 1964/Ehemalige Sammlung Karl Ströher, Darmstadt/The George and Helen Segal Foundation/© VG Bild-Kunst, Bonn 2010) – Fotograf beider Fotos: Axel Schneider, Frankfurt am Main

Munch, Edvard, Die tote Mutter, ©The Munch Museum/The Munch Ellingsen Group/ © VG Bild-Kunst, Bonn 2010 – Foto: Lars Lohrisch: S. 193/1

NABU Naturschutz Deutschland e. V.: S. 373/2

Oppenheim, Meret (1913–1985): Object (Le dejeuner en fourrure), 1936. New York, Museum of Modern Art (MoMA). Fur covered cup, saucer and spoon; cup, 4 3/8' (10,9 cm) diameter; caucer, 9 3/8' (23,7 cm) diameter; spoon, 8' (20.2 cm) long; overall height 2 7/8' (7.3 cm). Purchase. Acc.n.: 130.1946.a-c.@2010. Digital image – The Museum of Modern Art, New York/Scale, Florance/@photo SCALA, Florence/© VG Bild-Kunst, Bonn 2010: S. 224/3

Philadelphia Museum of Art: The Louise and Walter Arensberg Collection, 1950, Bonn, (The Kiss by Constantin Brancusi, 1876–1957/© VG Bild-Kunst 2010): S. 297/1

Succession Picasso/Picasso, Pablo: Frau mit Kinderwagen, 1950/VG Bild-Kunst, Bonn 2010 – Rheinisches Bildarchiv, Köln/FotoMedienWerkstatt, Köln: S. 223

The Israel Museum, Jerusalem: Meret, Oppenheim 1913, Berlin – 1985 Bern/The Squirrel 1960/Assemblage: glass, foam, and squirrel's tail 28x16x9 cm/The Vera and Arturo Schwarz Collection of Dada and Surrealist Art in the Israel Museum/The Israel Museum, Jerusalem B98.0551@ Pro Litteris, Zürich: S. 275

TIA innovations GmbH © 2005 TIA A3 Forecast GmbH: S. 278/2

Verband Deutscher Papierfabriken e. V., German Pulp and Paper Association, Bonn: S. 18

Wikimedia: S. 266 (Andy Goldsworthy: Skulptur »The Cone«, New York 2003); S. 324 (Hofheinz-Döring, Margret: Fischzug des Petrus); S. 376/1 (Park Guell)

Wikipedia: S. 99/2 (Leonardo da Vinci: Selbstporträt, Rötel, um 1512); S. 126/1 (Albrecht Dürer: Rhinocerus, 1515, Radierung); S. 328/1 (Mosaik aus der Kirche San Vitale in Ravenna); S. 336/1 (Asiatische Schattenspielfigur)

Zentrum Paul Klee, Bern-Schweiz/© VG Bild-Kunst, Bonn 2010: S. 91/2; 92/1

Titelabbildung: Akkela, Dienstbier Lilienthal, »Roter Faden«, Mischtechnik (Glasfaser, Harz, Rosenblätter, Foto), 2009. Foto Ulli Reiß

Titelgestaltung: Harro Wolter, Hamburg

ISBN 978–3–582–04773–1

Verlag Handwerk und Technik GmbH
Lademannbogen 135, 22339 Hamburg, Postfach 63 05 00 – 2010
Internet: www.handwerk-technik.de
E-Mail: info@handwerktechnik.de

Satz und Gestaltung: dtp-design Wahner und Loch GbR, 04275 Leipzig
Druck: Grafisches Centrum Cuno GmbH & Co. KG, 39240 Calbe